U0153751

思想的・睿智的・獨見的

經典名著文庫

策劃　楊榮川

五南圖書出版公司 印行

經典名著文庫

學術評議者簡介（依姓氏筆畫排序）

經典名著文庫167

詮釋學I：真理與方法

哲學詮釋學的基本特徵

Hermeneutik I: Wahrheit Und Methode:
Grundzuge Einer Philosophischen Hermeneutik

〔德〕高達美 著
(Hans-Georg Gadamer)
洪漢鼎 譯

經典永恆・名著常在

五十週年的獻禮・「經典名著文庫」出版緣起

五南，五十年了。半個世紀，人生旅程的一大半，我們走過來了。不敢說有多大成就，至少沒有凋零。

五南忝爲學術出版的一員，在大專教材、學術專著、知識讀本已出版逾七千種之後，面對著當今圖書界媚俗的追逐、淺碟化的內容以及碎片化的資訊圖景當中，我們思索著：邁向百年的未來歷程裡，我們能爲知識界、文化學術界作些什麼？在速食文化的生態下，有什麼值得讓人雋永品味的？

歷代經典・當今名著，經過時間的洗禮，千錘百鍊，流傳至今，光芒耀人；不僅使我們能領悟前人的智慧，同時也增深我們思考的深度與視野。十九世紀唯意志論開創者叔本華，在其「論閱讀和書籍」文中指出：「對任何時代所謂的暢銷書要持謹慎的態度。」他覺得讀書應該精挑細選，把時間用來閱讀那些「古今中外的偉大人物的著作」，閱讀那些「站在人類之巔的著作及享受不朽聲譽的人們的作品」。閱讀就要「讀原著」，是他的體悟。他甚至認爲，閱讀經典原著，勝過於親炙教誨。他說：

> 「一個人的著作是這個人的思想菁華。所以，儘管一個人具有偉大的思想能力，但閱讀這個人的著作總會比與這個人的交往獲得更多的內容。就最重要

的方面而言，閱讀這些著作的確可以取代，甚至遠遠超過與這個人的近身交往。」

爲什麼？原因正在於這些著作正是他思想的完整呈現，是他所有的思考、研究和學習的結果；而與這個人的交往卻是片斷的、支離的、隨機的。何況，想與之交談，如今時空，只能徒呼負負，空留神往而已。

三十歲就當芝加哥大學校長、四十六歲榮任名譽校長的赫欽斯（Robert M. Hutchins, 1899-1977），是力倡人文教育的大師。「教育要教眞理」，是其名言，強調「經典就是人文教育最佳的方式」。他認爲：

「西方學術思想傳遞下來的永恆學識，即那些不因時代變遷而有所減損其價值的古代經典及現代名著，乃是眞正的文化菁華所在。」

這些經典在一定程度上代表西方文明發展的軌跡，故而他爲大學擬訂了從柏拉圖的「理想國」，以至愛因斯坦的「相對論」，構成著名的「大學百本經典名著課程」。成爲大學通識教育課程的典範。

歷代經典．當今名著，超越了時空，價值永恆。五南跟業界一樣，過去已偶有引進，但都未系統化的完整舖陳。我們決心投入巨資，有計劃的系統梳選，成立「經典名著文庫」，希望收入古今中外思想性的、充滿睿智與獨見的經典、名著，包括：

- 歷經千百年的時間洗禮，依然耀明的著作。遠溯二千三百年前，亞里斯多德的《尼克瑪克倫理學》、柏拉圖的《理想國》，還有奧古斯丁的《懺悔錄》。
- 聲震寰宇、澤流遐裔的著作。西方哲學不用說，東方哲學中，我國的孔孟、老莊哲學，古印度毗耶娑（Vyāsa）的《薄伽梵歌》、日本鈴木大拙的《禪與心理分析》，都不缺漏。
- 成就一家之言，獨領風騷之名著。諸如伽森狄（Pierre Gassendi）與笛卡兒論戰的《對笛卡兒『沉思』的詰難》、達爾文（Darwin）的《物種起源》、米塞斯（Mises）的《人的行爲》，以至當今印度獲得諾貝爾經濟學獎阿馬蒂亞・森（Amartya Sen）的《貧困與饑荒》，及法國當代的哲學家及漢學家余蓮（François Jullien）的《功效論》。

梳選的書目已超過七百種，初期計劃首爲三百種。先從思想性的經典開始，漸次及於專業性的論著。「江山代有才人出，各領風騷數百年」，這是一項理想性的、永續性的巨大出版工程。不在意讀者的眾寡，只考慮它的學術價值，力求完整展現先哲思想的軌跡。雖然不符合商業經營模式的考量，但只要能爲知識界開啓一片智慧之窗，營造一座百花綻放的世界文明公園，任君遨遊、取菁吸蜜、嘉惠學子，於願足矣！

最後，要感謝學界的支持與熱心參與。擔任「學術評議」的專家，義務的提供建言；各書「導讀」的撰寫者，不計代價地導引讀者進入堂奧；而著譯者日以繼夜，伏案疾書，更是辛苦，感謝你們。也期待熱心文化傳承的智者參與耕耘，共同經營這座「世界文明公園」。如能得到廣大讀者的共鳴與滋潤，那麼經典永恆，名著常在。就不是夢想了！

總策劃 楊榮川

二〇一七年八月一日

目 錄

第二部分　眞理問題擴大到精神科學裡的理解問題

第三部分　以語言爲主線的詮釋學本體論轉向

譯者序言

高達美的《眞理與方法》出版於 1960 年。自它問世以來，不僅西方哲學和美學受到它的重大影響，而且這種影響迅速地擴及西方的文藝批評理論、歷史學、法學和神學等各人文科學領域。在當代西方哲學的發展中，這本書可以說是繼胡塞爾的《邏輯研究》（1900 年）、海德格的《存在與時間》（1927 年）之後的又一部重要的經典哲學著作。

正如本書副標題所示，《眞理與方法》乃是闡明「哲學詮釋學的基本特徵」。「哲學詮釋學」（die philosophische Hermeneutik）這一名稱不僅意味著它與以往的詮釋學相比有著根本的性質轉變，而且表明了它是當代西方哲學發展的一個新的趨向，以致我們可以用詮釋學哲學（die hermeneutische Philosophie）來標誌當代西方哲學人文主義思潮中的一個重要哲學流派。

詮釋學（Hermeneutik）本是一門研究理解和解釋的學科，其最初的動機顯然是爲了正確解釋《聖經》中上帝的語言。詮釋學一詞的希臘文詞根赫爾墨斯（Hermes）本是希臘神話中的一位信使的名字，他的職務是透過他的解釋向人們傳遞諸神的消息，因此當教父時代面臨《舊約聖經》中的猶太民族的特殊歷史和《新約聖經》中的耶穌的泛世說教之間的緊張關係而需要對《聖經》作出統一解釋時，人們發展了一種神學詮釋學，即一種正確理解和解釋《聖經》的技術學，而以後當這種理解和解釋的學問被用於法律或法典時，便產生了相應的法學詮釋學。但詮釋學作爲一門關於理解和解釋的系統理論，是由 19 世紀德國哲學家施萊爾馬赫（1768-1834 年）和狄爾泰（1833-1911 年）完成的。施萊爾馬赫根據以往的《聖經》詮釋學經驗提出了有關正確理解和避免誤解的普遍詮釋學理論，從而使神學詮釋學和法學詮釋學成爲普遍詮釋學理論的具體運用。狄爾泰在施萊爾馬赫的普遍詮釋學理論設想的基礎上試圖爲精神科學方法論奠定詮釋學基礎。按照他的看法，詮釋學應當成爲整個精神科學區別於自然科學的普遍方法論。不過，不論是施萊爾馬赫，還是狄爾泰，他們的詮釋學理論都沒有超出方法論和知識論性質的研究，他們只屬於古典的或傳統的詮釋學。

哲學詮釋學正是在把傳統詮釋學從方法論和知識論性質的研究轉變爲本體論性質研究的過程中產生的。詮釋學這種根本性轉變的發動者乃是德國哲學家海德格。海德格透過對此在的時間性分析，把理解作爲此在的存在方式來把握，從而使詮釋學由精神科學的方法論轉變爲一種哲學。按照海德格的「事實性詮釋學」，任何理解活動都基於「前理解」，理解活動就是此在的前結構向未來進行籌劃的存在方式。高達美秉承海德格的本體論轉變，把詮釋學進一步發展爲哲學詮釋學。按照他的看法，詮釋學絕不是一種方法論，而是人的世界經驗的組成部分。他在《眞理與方法》第 2 版序言中寫道：「我們一般所探究的不僅是科學及其經驗方式的問題——我們所探究的是人的世界經驗和生活實踐的問題。借用康德的話來說，我們是在探究：理解怎樣得以可能？這是一個先於主體性的一切理解行爲的問題，也是一個先於理解科學的方法論及其規範和規則的問題。我認爲海德格對人類此在的時間性分析已經令人信服地表明：理解不屬於主體的行爲方式，而是此在本身的存在方式。本書中的『詮釋學』概念正是在這個意義上使用的。它標誌著此在的根本運動性，這種運動性構成此在的有限性和歷史性，因而也包括此在的全部世界經驗。」[1] 正如康德並不想爲現代自然科學規定它必須

1 《真理與方法》1975 年德文版第 XVII-XVIII 頁，現載《詮釋學 II　真理與方法》1986 年德文版，第 2 卷，第 439-440 頁。（可參見中譯本邊碼，下同。）

怎樣做，以便使它經受理性的審判，而是追問使近代科學成爲可能的認識條件是什麼、它的界限是什麼，同樣，哲學詮釋學也不是像古老的詮釋學那樣僅作爲一門關於理解的技藝學，以便炮製一套規則體系來描述甚或指導精神科學的方法論程序，哲學詮釋學乃是探究人類一切理解活動得以可能的基本條件，試圖透過研究和分析一切理解現象的基本條件找出人的世界經驗，在人類的有限的歷史性的存在方式中發現人類與世界的根本關係。很顯然，這裡哲學詮釋學已成爲一門詮釋學哲學。

《眞理與方法》全書的基本內容和線索可以用高達美自己在該書導言中的話來概括：「本書的探究是從對審美意識的批判開始，以便捍衛那種我們透過藝術作品而獲得的眞理的經驗，以反對那種被科學的眞理概念弄得很狹窄的美學理論。但是，我們的探究並不一直停留在對藝術眞理的辯護上，而是試圖從這個出發點開始去發展一種與我們整個詮釋學經驗相適應的認識和眞理的概念。」[2]這也就是說，高達美試圖以藝術經驗裡眞理問題的展現爲出發點，進而探討精神科學的理解問題，並發展一種哲學詮釋學的認識和眞理的概念。與這種思考線索相應，《眞理與方法》一書分爲 3 個部分：(1) 藝術經驗裡眞理問題的展現；(2) 眞理問題擴大到精神科學裡的理解問題；(3) 以語言爲主線的詮釋學本體論轉向。這 3 個部分分別構成 3 個領域，即美學領域、歷史領域和語言領域。

藝術經驗裡的眞理問題

按照現代科學方法論，藝術經驗乃是一種非科學的經驗，因此藝術經驗裡的眞理即使不說是非眞理，也是一種很特殊的非科學的

2　1975 年德文版第 XXIX 頁。

眞理。但是按照高達美的看法，這乃是現代科學方法論的偏見。事實上，科學認識乃是我們認識世界許多方式中的一種，我們絕不能以近代自然科學的認識和眞理概念作爲衡量我們一切其他認識方式的標準。他在本書導言中寫道：「本書探究的出發點在於這樣一種對抗，即在現代科學範圍內抵制對科學方法的普遍要求。因此本書所關注的是，在經驗所及並且可以追問其合法性的一切地方，去探尋那種超出科學方法論控制範圍的對眞理的經驗。這樣，精神科學就與那些處於科學之外的種種經驗方式接近了，即與哲學的經驗、藝術的經驗和歷史本身的經驗接近了，所有這些都是那些不能用科學方法論手段加以證實的眞理藉以顯示自身的經驗方式。」[3]因此，藝術經驗的眞理問題的探討就自然成爲我們深入理解精神科學的認識和眞理的出發點。

正如維根斯坦的語言分析以遊戲爲出發點一樣，高達美探討藝術眞理的入門概念也是遊戲（Spiel）。按照通常的理解，遊戲的主體是從事遊戲活動的人即遊戲者，但按高達美的看法，遊戲的眞正主體不是遊戲者，而是遊戲本身，遊戲者只有擺脫了自己的目的意識和緊張情緒才能眞正說在進行遊戲。所以遊戲本身就是具有魅力吸引遊戲者的東西，就是使遊戲者捲入到遊戲中的東西，就是束縛遊戲者於遊戲中的東西。遊戲之所以吸引和束縛遊戲者，按照高達美的分析，正在於遊戲使遊戲者在遊戲過程中得到自我表現（Sich-ausspielen）或自我表演（Sichdarstellung），因此高達美說：「遊戲的存在方式就是自我表現。」[4]但是，遊戲者要在遊戲中達到自我表現，需要觀賞者，或者說，遊戲是「爲觀看者而表現」，遊戲只有在觀賞者那裡才贏得其自身的完全意義。事實上，最眞實感

---

3 1975 年德文版第 XXVII-XXVIII 頁。

4 1986 年德文版第 1 卷，第 113 頁。

受遊戲，並且遊戲對之正確表現自己所意味的，正是那種並不參與遊戲，而只是觀賞遊戲的人。所以「在觀賞者那裡，遊戲好像被提升到了它的理想性」。[5]在這種意義上，我們同樣也可以說觀賞者和遊戲者一同參與了遊戲，遊戲本身乃是由遊戲者和觀賞者所組成的統一整體。

按照語詞史，遊戲（Spiel）一詞迅速把我們帶到了觀賞遊戲（Schauspiel）即戲劇一詞。戲劇是文學作品本身進入此在的活動。文學作品的眞正存在只在於被展現的過程（Gespieltwerden），這也就是說，作品只有透過再創造或再現而使自身達到表現。高達美透過繪畫概念來闡明這一點。繪畫（Bild）涉及原型（Urbild）和摹本（Abbild）。按照柏拉圖的理型論，原型和摹本的關係乃是第一性東西（理念）和第二性東西（現象）的關係，原型優於摹本。但是按照高達美的看法，繪畫與原型的關係，從根本上說，完全不同於摹本和原型的關係，因爲繪畫乃是一種表現，原型只有透過繪畫才能達到表現，因此原型是在表現中才達到自我表現，表現對於原型來說不是附屬的事情，而是屬於原型自身的存在，原型正是透過表現才經歷了一種「在的擴充」（Zuwachs an Sein）。在這裡我們看到了高達美的現象學方法，即顚倒了以往形上學關於本質和現象、實體和屬性、原型和摹本的主從關係，原來認爲是附屬的東西現在起了主導的作用。

高達美由此得出結論，藝術作品只有當被表現、被理解和被解釋的時候，才具有意義，藝術作品只有在被表現、被理解和被解釋時，它的意義才得以實現。他寫道：「藝術的萬神殿並非一種把自身呈現給純粹審美意識的無時間的現時性，而是歷史地實現自身的人類精神的集體業績。所以審美經驗也是一種自我理解的方式。但

---

5 1986 年德文版第 1 卷，第 115 頁。

是所有自我理解都是在某個於此被理解的他物上實現的，並且包含這個他物的統一性和同一性。只要我們在世界中與藝術作品接觸，並在個別藝術作品中與世界接觸，那麼這個他物就不會始終是一個我們剎那間陶醉於其中的陌生的宇宙。」[6]

任何藝術作品的再現——不論是閱讀一首詩，觀看一幅畫，還是演奏一曲音樂，演出一場戲劇——在高達美看來，都是藝術作品本身的繼續存在方式，因此藝術作品的眞理性既不孤立地在作品上，也不孤立地在作爲審美意識的主體上，藝術的眞理和意義只存在於以後對它的理解和解釋的無限過程中。他寫道：「……對藝術作品的經驗從根本上說總是超越了任何主觀的解釋視域的，不管是藝術家的視域，還是接受者的視域。作者的思想絕不是衡量一件藝術作品的意義的可能尺度，甚至對一部作品，如果脫離它不斷更新的被經驗的實在性而光從它本身去談論，也包含某種抽象性。」[7]按照高達美的看法，這就是一種過去和現在之間的溝通，藝術的眞理和意義永遠是無法窮盡的，而只存在於過去和現在之間的無限媒介過程中。

精神科學的理解問題

但是，《眞理與方法》並不停留在對藝術眞理的辯護上，而是試圖從這個出發點去發展一種與我們整個詮釋學經驗相適應的認識和眞理的概念。正如在藝術的經驗中我們涉及的是那些根本上超出了科學知識範圍外的眞理一樣，在精神科學中我們涉及的也是這樣一些類似的眞理的經驗。精神科學研討各種歷史傳承物，我們對

6　1986 年德文版第 1 卷，第 102 頁。

7　1975 年德文版第 XIX 頁。

歷史傳承物的經驗經常居間傳達了我們必須一起參與其中去獲得的眞理。

任何理解和解釋都依賴於理解者和解釋者的前理解（Vorverständnis），這是海德格在其《存在與時間》一書中就指出過的，他在那裡寫道：「把某某東西作爲某某東西加以解釋，這在本質上是透過先有、先見和先把握來起作用的。解釋從來就不是對某個先行給定的東西所作的無前提的把握。如果像準確的經典釋文那樣特殊的具體的解釋喜歡援引『有典可稽』的東西，那麼最先的『有典可稽』的東西無非只是解釋者的不言自明的無可爭議的先入之見。任何解釋一開始就必須有這種先入之見，它作爲隨同解釋就已經『被設定了』的東西是先行給定了的，也就是說，是在先有、先見、先把握中先行給定了的。」[8]對於這一點，高達美透過對啓蒙運動關於前見的成見的批判——在這方面，他認爲啓蒙運動對前見的批判，本身就是一種前見，因而他要求爲權威和傳統正名——得出結論說「理解甚至根本不能被認爲是一種主體性的行爲，而要被認爲是一種置自身於傳統過程中的行動，在這過程中過去和現在經常地得以媒介」，[9]因此「一切詮釋學條件中最首要的條件總是前理解，……正是這種前理解規定了什麼可以作爲統一的意義被實現，並從而規定了對完全性的先把握的應用」。[10]

前理解或前見是歷史賦予理解者或解釋者的生產性的積極因素，它爲理解者或解釋者提供了特殊的「視域」（Horizont）。視域就是看視的區域，它包括了從某個立足點出發所能看到的一切。誰不能把自身置於這種歷史性的視域中，誰就不能眞正理解傳承物

---

8 海德格：《存在與時間》，1979 年德文版，第 150 頁。

9 1986 年德文版第 1 卷，第 295 頁。

10 1986 年德文版第 1 卷，第 299 頁。

的意義。但是按照高達美的看法，理解者和解釋者的視域不是封閉的和孤立的，它是理解在時間中進行交流的場所。理解者和解釋者的任務就是擴大自己的視域，使它與其他視域相交融，這就是高達美所謂的「視域融合」（Horizontverschmelzung），「理解其實總是這樣一些被誤認爲是獨自存在的視域的融合過程」。[11] 視域融合不僅是歷時性的，而且也是共時性的，在視域融合中，歷史和現在、客體和主體、自我和他者構成了一個無限的統一整體。

這樣，我們就達到高達美所謂「效果歷史」（Wirkungsgeschichte）這一詮釋學核心概念了。他解釋道：「眞正的歷史對象根本就不是對象，而是自己和他者的統一體，或一種關係，在這種關係中同時存在著歷史的實在以及歷史理解的實在。一種名副其實的詮釋學必須在理解本身中顯示歷史的實在性。因此我就把所需要的這樣一種東西稱之爲『效果歷史』。理解按其本性乃是一種效果歷史事件。」[12] 按照高達美的看法，任何事物一旦存在，必存在於一種特定的效果歷史中，因此對任何事物的理解，都必須具有效果歷史意識。他寫道：「理解從來就不是一種對於某個被給定的『對象』的主觀行爲，而是屬於效果歷史，這就是說，理解是屬於被理解東西的存在。」[13] 即使對於歷史科學來說，效果歷史的反思也是歷史描述和歷史研究的基礎，如果想讓歷史描述和歷史研究完全避開效果歷史反思的判斷權限，那麼這就等於取消了歷史描述和歷史研究。在高達美看來，效果歷史這一詮釋學要素是這樣澈底和根本，以致我們在自己整個命運中所獲得的存在從本質上說也超越了這種存在對其自身的認識。

---

11 1986 年德文版第 1 卷，第 311 頁。

12 1986 年德文版第 1 卷，第 305 頁。

13 1975 年德文版第 XIX 頁。

效果歷史概念揭示了詮釋學另一重要功能即應用（Applikation）功能。按照浪漫主義詮釋學的看法，詮釋學只具有兩種功能，即理解功能和解釋功能，而無視它的應用功能。高達美根據古代詮釋學，特別是法學詮釋學和神學詮釋學的實踐，強調了應用在詮釋學裡的根本作用。他認爲，我們要對任何正文有正確的理解，就一定要在某個特定的時刻和某個具體的境況裡對它進行理解，理解在任何時候都包含一種旨在過去和現在進行溝通的具體應用。高達美特別援引了亞里斯多德關於理論知識（Episteme）和實踐知識（Phronesis）的重要區分，認爲詮釋學知識是與那種脫離任何特殊存在的純粹理論知識完全不同的東西，詮釋學本身就是一門現實的實踐的學問，或者說，理解本身就是「一種效果（Wirkung），並知道自身是這樣一種效果」。[14] 按照高達美的看法，效果歷史意識乃具有開放性的邏輯結構，開放性意味著問題性。我們只有取得某種問題視域，才能理解正文的意義，而且這種問題視域本身必然包含對問題的可能回答。這樣我們可以看出，精神科學的邏輯本質上就是「一種關於問題的邏輯」，[15] 正如我們不可能有偏離意見的對於意見的理解，同樣我們也不可能有偏離眞正提問的對於可問性的理解，「對於某物可問性的理解其實總已經是在提問」，[16] 因而精神科學的眞理永遠處於一種「懸而未決之中」。[17]

---

14 1986 年德文版第 1 卷，第 346 頁。

15 1986 年德文版第 1 卷，第 375 頁。

16 1986 年德文版第 1 卷，第 380 頁。

17 1986 年德文版第 1 卷，第 380 頁。

能被理解的存在就是語言

理解的實現方式乃是事物本身得以語言表達，因此對事物的理解必然透過語言的形式而產生，或者說，語言就是理解得以完成的形式。

與當代語言分析哲學的看法相反，高達美不認為語言是事物的符號，而認為語言乃是原型的摹本。符號本身沒有絕對的意義，它只有在同使用符號的主體相關時才有其指示意義，而且它的意義就是它所代表或指稱的事物。反之，摹本絕不是原型的單純符號，它並不是從使用符號的主體那裡獲得其指示功能，而是從它自身的含意中獲得這種功能，正是在摹本中，被描摹的原型才得到表達並獲得繼續存在的表現。高達美寫道：「語言並非只是標誌對象世界的符號系統。語詞並不只是符號，在某種較難理解的意義上說，語詞幾乎就是一種類似於摹本的東西。」[18] 因此，語言和世界的關係絕不是單純符號和其所指稱或代表的事物的關係，而是摹本與原型的關係。正如摹本具有使原型得以表現和繼續存在的功能一樣，語言也具有使世界得以表現和繼續存在的作用。就此而言，「語言觀就是世界觀」。高達美寫道：「語言並非只是一種生活在世界上的人類所擁有的裝備，相反，以語言為基礎，並在語言中得以表現的乃是：人擁有世界。對於人類來說，世界就是存在於那裡的世界……但世界的這種存在卻是透過語言被把握的。這就是洪堡從另外角度表述的命題的眞正核心，即語言就是世界觀。」[19]

世界本身是在語言中得以表現的，或者用高達美的話來說，「能夠理解的存在就是語言」。不過，這一命題並不是說存在就是

---

[18] 1986 年德文版第 1 卷，第 420 頁。

[19] 1986 年德文版第 1 卷，第 446-447 頁。

語言，而是說我們只能透過語言來理解存在，或者說，世界只有進入語言，才能表現爲我們的世界。所以高達美在本書第 2 版序言中說這一命題必須在這個意義上去領會，即「它不是指理解者對存在的絕對把握，而是相反，它是指：凡是在某種東西能被我們所產生並因而被我們所把握的地方，存在就沒被經驗到，而只有在產生的東西僅僅能夠被理解的地方，存在才被經驗到」。[20] 語言性的世界經驗是絕對的，它超越了一切存在狀態的相對性。我們世界經驗的語言性先於一切被認爲是或被看待爲存在的東西。因此語言和世界的基本關係並不意味著世界淪爲語言的對象，倒不如說，一切認識和陳述的對象乃是由語言的視域所包圍，人的世界經驗的語言性並不意味世界的對象化，就此而言，科學所認識並據以保持其固有客觀性的對象性乃屬於由語言的世界關係所重新把握的相對性。這就是高達美所謂的以語言爲主線的詮釋學本體論轉向。

現在我們必須回到《眞理與方法》一書的主題，即眞理和方法的關係。這種關係顯然是一種對峙關係，即科學的方法是不可能達到理解的眞理，高達美以這樣一段話作爲本書的結束語：「我們的整個研究表明，由運用科學方法所提供的確實性並不足以保證眞理。這一點特別適用於精神科學。但這並不意味著精神科學的科學性的降低，而是相反地證明了對特定的人類意義之要求的合法性，這種要求正是精神科學自古以來就提出的。在精神科學的認識中，認識者的自我存在也一起在起作用，雖然這確實標誌了『方法』的侷限，但並不表明科學的侷限。凡以方法工具所不能做到的，必然並且能夠透過提問和研究的學科來達到，而這種學科可以確保獲得眞理。」[21]

---

20 1975 年德文版第 XXIII 頁。

21 1986 年德文版第 1 卷，第 494 頁。

高達美 1900 年 2 月 11 日生於德國馬堡。1918 年至 1920 年代初就學於波蘭布雷斯勞、德國馬堡、佛萊堡和慕尼黑等大學，攻讀德國文學、古典語言、藝術史和哲學。1922 年在納托普（Natorp）教授指導下獲博士學位，隨後師從海德格，1928 年在馬堡大學取得教授資格，講授倫理學和美學，1937 年升爲編外教授。1939 年在萊比錫大學獲正式教授職位，1945 年任該校哲學系主任，1946-1947 年晉升爲該校校長。1947 年轉到法蘭克福大學任首席哲學教授。1949 年在海德堡大學接替雅斯培，自此之後一直在海德堡大學任教，1968 年退休後仍爲該校名譽教授。自 1940 年起，曾相繼任萊比錫、海德堡、雅典和羅馬等科學院院士，1975 年任波士頓美國藝術和科學研究院榮譽院士。高達美一生著述頗豐，主要著作有：《柏拉圖的辯證倫理學——〈斐利布斯篇〉的現象學解釋》（1931 年初版，1968 年以《柏拉圖的辯證倫理學和柏拉圖哲學其他方面的研究》爲名擴充再版）；《柏拉圖與詩人》（1934 年）；《赫爾德思想中的民族與歷史》（1941 年）；《歌德與哲學》（1947 年）；《論哲學的本源性》（1948 年）；《眞理與方法》（1960 年，1965 年，1972 年，1975 年，1986 年）；《歷史意識問題》（1963 年）；《短篇著作集》（4 卷本，1967-1977 年）；《魏爾納・索爾茨》（1968 年）；《黑格爾的辯證法——五篇詮釋學研究論文》（1971 年）；《我是誰，你是誰？》（1973 年）；《柏拉圖〈蒂邁歐篇〉裡的理念和實在》（1974 年）；《科學時代的理性》（1976 年）；《詩學》（1977 年）；《美的現實性——作爲遊戲、象徵和慶典的藝術》（1977 年）；《柏拉圖和亞里斯多德之間的善的觀念》（1978 年）；《黑格爾遺產》（1979 年）。其中《眞理與方法》是他的代表作，先後再版了 5 次，1972 年後被譯成多種語言在世界各地發行。《高達美著作集》共 10 卷，出版於 1985 年至 1995 年。

譯者最早接觸這本書是在 1983 年，記得那年我初次訪問德國時，慕尼黑大學一位哲學教授曾向我推薦了這本書，認爲要理解當代德國哲學的發展非讀此書不可。之後我在德國幾所大學的哲學教學中發現，儘管有些德國哲學家並不完全贊同高達美的觀點，但在他們的哲學講課中總帶有深厚的詮釋學意識，甚而他們廣泛地使用了一些哲學詮釋學的術語。1985 年回國後，在一次現代外國哲學年會上上海譯文出版社編輯向我提出翻譯此書的要求。爲了不辜負出版社的期望，我在 1986 年就開始了此書的翻譯工作，誰知此書的難度是這樣大，以致在 1990 年底我只能交付前兩部分的譯稿，作爲上卷出版。1989 年我應邀參加了德國波昂舉行的國際海德格研討會，會議期間我與高達美相識，並討論了此書中的一些概念的譯名。使我大爲驚訝的是，高達美本人對此書的翻譯並不感興趣，而且相反地提出了一條「不可翻譯性」（Unübersetzbarkeit）的詮釋學原理。如果從完滿性和正確性的翻譯要求出發，我們確實要承認這種不可翻譯性，因爲按照詮釋學的觀點，要把高達美本人在寫《眞理與方法》時的意義內蘊全面而客觀地表現出來，這是不可能的，任何翻譯都帶有翻譯者的詮釋學「境遇」和理解「視域」，追求所謂的單一的眞正的客觀的意義乃是不可實現的幻想。但是按照我個人的看法，如果我們把翻譯同樣也視爲一種理解、解釋或再現的話，我們也不可因爲翻譯不能正確複製原書的原本意義而貶低翻譯的價值。事實上，正如一切藝術作品的再現一樣，一本書的翻譯也是一種解釋，因而也是該書繼續存在的方式。[22] 當然由於翻譯者

22 高達美在《真理與方法》第 3 部分就明確說過：「因此，一切翻譯就已經是解釋，我們甚至可以說，翻譯始終是解釋的過程，是翻譯者對先給予他的語詞所進行的解釋過程。」（1986 年德文版第 1 卷，第 388 頁）

的哲學修養或理解視域的限制，一部翻譯作品是否是原書的一種好的解釋或好的繼續存在方式，乃是另外的一個問題。

洪漢鼎

1991 年 6 月於北京

中譯本前言[1]

這是半個世紀以前的事。我感到極大的滿意，我能在您訪問海德堡期間與您認識，這對於我來說至今還是一件很罕見的事，一位像您這樣很了解德國哲學的人曾把我的一些思考想法對您的國人開啓。

的確，我很了解人們彼此進行交往和連繫的活生生的話語的優越性。但是在這樣一個遠方的並具有古老文化的國度，儘管我的先輩康德、黑格爾、尼采和海德格的全集尚未完成，我的思想卻能介紹給生生不息的中華文化，這確實是一種榮幸。

我們深刻地感到一種畢生的使命，這一使命我們爲了人類文化的共同未來必須完成。

漢斯－格奧爾格・高達美

2001 年 6 月 26 日，海德堡

1　2001 年 6 月，我在德國杜塞道夫大學盧茨・蓋爾德塞策（Lutz Geldsetzer）教授陪同下拜訪了當時已有 101 歲高齡的高達美教授，在此次訪問時，高達美教授顯得精神很好，足足談了兩個半小時。席間我請高達美教授為《真理與方法》中譯本寫一序言，高達美欣然允諾，並且一個多星期後就寫出並寄給蓋爾德塞策教授，請他轉寄給我。從高達美來信原件可看出，當時他還使用一臺很古老的德國打字機，機械似乎不太靈活，字跡不清楚，而且有誤。

——譯者

序

原先版本的論文在收入本著作集時我又重新審閱一遍。除了個別細微的潤色外，所收錄的文章基本未加改動。原先的頁碼注在每頁頁邊上面。附錄（第1版第466-476頁），以後版本的附錄（〈詮釋學與歷史主義〉）（第2版第477-512頁），第2版序（第XV-XXVI頁）以及第3版後記（第513-541頁）都收於本書第2卷附錄中。

注釋作了相當大的增加和增多。就我認爲是有意義的而言，應當說它特別表示著研究的——不僅我自己的而且也有別人的——進展。所有的增加部分以及所有對原注釋的增補都以方括號表示出來。多次所引的著作集第2卷應當被解讀爲是本書的繼續、擴充和深入。因此兩卷有一個擴充的共同的索引附在第2卷後，原先賴納·維爾（Reiner Wiehl）先生所做的索引仍保留並在此表示致謝。

新的索引主要感謝這一版我的同事孔特·埃明（Kunt Eming）先生。我們的願望是：在眾多雜亂的概念裡使主要的概念顯示出來，特別是使第1卷與第2卷的相互隸屬性明顯表示出來。電腦將永遠學不會的東西，應當說至少被我們以某種接近的方式做成了。

HGG

（漢斯—格奧爾格·高達美）

如果你只是接住自己抛出的東西，

這算不上什麼，不過是雕蟲小技；

只有當你一把接住

永恆之神

以精確計算的擺動，以神奇的拱橋形弧線

朝向你抛來的東西，

這才算得上一種本領，

但不是你的本領，而是某個世界的力量。

——R. M. 里爾克

導言

本書所要探討的是詮釋學問題。理解和對所理解東西的正確解釋的現象，不單單是精神科學方法論的一個特殊問題。自古以來，就存在一種神學的詮釋學和一種法學的詮釋學，這兩種詮釋學與其說具有科學理論的性質，毋寧說它們更適應於那些具有科學教養的法官或牧師的實踐活動，並且是為這種活動服務的。因此，詮釋學問題從其歷史起源開始就超出了現代科學方法論概念所設置的界限。理解正文和解釋正文不僅是科學深為關切的事情，而且也顯然屬於人類的整個世界經驗。詮釋學現象本來就不是一個方法論問題，它並不涉及那種使正文像所有其他經驗對象那樣承受科學探究的理解方法，而且一般來說，它根本就不是為了構造一種能滿足科學方法論理想的確切知識。——不過，它在這裡也涉及到知識和眞理。在對傳承物的理解中，不僅正文被理解了，而且見解也被獲得了，眞理也被認識了。那麼，這究竟是一種什麼樣的知識和什麼樣的眞理呢？ [I 1]

由於近代科學在對知識概念和眞理概念的哲學解釋和論證中占有著統治地位，這個問題似乎沒有正當的合法性。然而，即使在科學領域內，這一問題也是完全不可避免的。理解的現象不僅遍及人類世界的一切方面，而且在科學範圍內也有一種獨立的有效性，並反對任何想把它歸為一種科學方法的企圖。本書探究的出發點在於這樣一種對抗，即在現代科學範圍內抵制對科學方法的普遍要求。因此本書所關注的是，在經驗所及並且可以追問其合法性的一切地方，去探尋那種超出科學方法論控制範圍的對眞理的經驗。這樣， [I 2]
精神科學就與那些處於科學之外的種種經驗方式接近了，即與哲學的經驗、藝術的經驗和歷史本身的經驗接近了，所有這些都是那些不能用科學方法論手段加以證實的眞理藉以顯示自身的經驗方式。

對於這一點，當代哲學已有了很清楚的認識。但是，怎樣從哲學上對這種處於科學之外的認識方式的眞理要求進行論證，這完全是另外一個問題。在我看來，詮釋學現象的現實意義正在於：只有更深入地研究理解現象才能提供這樣的論證。我認爲，哲學史在現代的哲學研究工作中占有的重要性可以對此作出極其有力的證明。對於哲學的歷史傳統，我們接觸到的理解是一種卓越的經驗，這種經驗很容易使我們看清在哲學史研究中出現的那種歷史方法的假象。哲學研究的一個基本經驗是：哲學思想的經典作家——如果我們試圖理解他們——本身總是提出一種眞理要求，而對於這種眞理要求，當代的意識是既不能拒絕又無法超越的。當代天眞的自尊感可能會否認哲學意識有承認我們自己的哲學見解低於柏拉圖、亞里斯多德、萊布尼茲、康德或黑格爾的哲學見解的可能性。人們可能會認爲，當代哲學思維有一個弱點，即它承認自己的不足，並以此去解釋和處理它的古典傳統。當然，如果哲學家不認眞地審視其自身的思想，而是愚蠢地自行充當丑角，那倒確實是哲學思維的一個更大的弱點。在對這些偉大思想家的原文的理解中，人們確實認識到了那種以其他方式不能獲得的眞理，我們必須承認這一點，儘管這一點是與科學用以衡量自身的研究和進步的尺度相背離的。

類似的情況也適合於藝術的經驗。這裡所謂的「藝術科學」所進行的科學研究從一開始就意識到了：它既不能取代藝術經驗，也不能超越藝術經驗。透過一件藝術作品所經驗到的眞理是用任何其他方式不能達到的，這一點構成了藝術維護自身而反對任何推理的哲學意義。所以，除了哲學的經驗外，藝術的經驗也是對科學意識的最嚴重的挑戰，即要科學意識承認其自身的侷限性。

[I 3] 因此，本書的探究是從對審美意識的批判開始，以便捍衛那

種我們透過藝術作品而獲得的眞理的經驗，以反對那種被科學的眞理概念弄得很狹窄的美學理論。但是，我們的探究並不一直停留在對藝術眞理的辯護上，而是試圖從這個出發點開始去發展一種與我們整個詮釋學經驗相適應的認識和眞理的概念。正如在藝術的經驗中我們涉及的是那些根本上超出了方法論知識範圍外的眞理一樣，同樣的情況也適合於整個精神科學。在精神科學裡，我們的各種形式歷史傳承物儘管都成了探究的**對象**，但同時在它們中**真理也得到了表述**（in ihrer Wahrheit zum Sprechen kommt）。[1] 對歷史傳承物的經驗在根本上超越了它們中可被探究的東西。這種對歷史傳承物的經驗不僅在歷史批判所確定的意義上是眞實的或不眞實的——而且它經常地居間傳達我們**必須一起參與其中去獲取**的（teil zu gewinnen）眞理。[2]

所以，這些以藝術經驗和歷史傳承物經驗爲出發點的詮釋學研究，試圖使詮釋學現象在其全部領域內得到明顯的表現。在詮釋學現象裡，我們必須承認那種不僅在哲學上有其合法根據，而且本身就是哲學思維一種方式的眞理的經驗。因此，本書所闡述的詮釋學不是精神科學的某種方法論學說，而是這樣一種嘗試，即試圖理解什麼是超出了方法論自我意識之外的眞正的精神科學，以及什麼使精神科學與我們的整個世界經驗相連繫。如果我們以理解作爲我們思考的對象，那麼其目的並不是想建立一門關於理解的技藝學，有如傳統的語文學詮釋學和神學詮釋學所想做的那樣。這樣一門技藝學將不會看到，由於傳承物告訴我們的東西的眞理，富於藝術技巧的形式主義將占有一種虛假的優勢。如果本書下面將證明在一切**理解**裡實際起作用的**事件**何其多，以及我們所處的傳統被現代歷史意識所削弱的情況何其少，那麼其目的並不是要爲科學或生活實踐制定規則，而是試圖去糾正對這些東西究竟爲何物的某種錯誤的思考。

本書希望以這種方式增強那種在我們這個倏忽即逝的時代受到被忽視的威脅的見解。變化著的東西遠比一成不變的東西更能迫使人們注意它們。這是我們精神生活的一條普遍準則。因此，從歷
[I 4] 史演變經驗出發的觀點始終具有著成為歪曲東西的危險，因為這種觀點忽視了穩定事物的隱蔽性。我認為，我們生活在我們歷史意識的一種經常的過度興奮之中。如果鑑於這種對歷史演變的過分推崇而要援引自然的永恆秩序，並且召喚人的自然性以論證天賦人權思想，那麼這正是這種過度興奮的結果，而且正如我要指出的，這也是一個令人討厭的結論。不僅歷史的傳承物和自然的生活秩序構成了我們作為人而生活於其中的世界的統一，——而且我們怎樣彼此經驗的方式，我們怎樣經驗歷史傳承物的方式，我們怎樣經驗我們存在和我們世界的自然給予性的方式，也構成了一個眞正的詮釋學宇宙，在此宇宙中我們不像是被封閉在一個無法攀越的柵欄中，而是開放地面對這個宇宙。[3]

對精神科學中屬眞理事物的思考，一定不能離開它承認其制約性的傳統而進行反思。因此，這種思考必須為自己的活動方式提出這樣的要求，即盡其可能地去把握歷史的自我透明性（Selbstdurchsichtigkeit）。為了比現代科學的認識概念更好地對理解宇宙加以理解，它必須對它所使用的概念找尋一種新的關係。這種思考必將意識到，它自身的理解和解釋絕不是一種依據於原則而來的構想，而是遠久流傳下來的事件的繼續塑造。因此這種思考不會全盤照收其所使用的概念，而是收取從其概念的原始意義內涵中所傳承給它的東西。

我們時代的哲學思考並不表現為古典哲學傳統的直接而不中斷的繼續，因而與古典哲學傳統相區別。當代哲學儘管與它的歷史源流有著千絲萬縷的連繫，但它已清楚地意識到它與它的古典範例之間有著歷史的距離。這首先在其變化了的概念關係中表現出來。無

論西方哲學思想由於希臘概念的拉丁化和拉丁文概念文字譯成現代文字而發生的變化是多麼重要和根本，歷史意識在最近幾個世紀的產生卻意味著一種更爲深刻的進展。自那時以來，西方思想傳統的連續性僅以片斷的方式在起作用，因爲人們那種使傳統概念爲自己思想服務的質樸的幼稚性已消失了。自此之後，科學與這些概念的 [I 5]
關係已令人奇怪地對科學本身變得毫無關係，不管它與這些概念的關係是屬於一種顯示博學的（且不說具有古風的）接受方式，還是屬於一種使概念淪爲工具的技術操作方式。其實這兩者都不能滿足詮釋學經驗。哲學研究用以展現自身的概念世界已經極大地影響了我們，其方式有如我們用以生活的語言制約我們一樣。如果思想要成爲有意識的，那麼它必須對這些在先的影響加以認識。這是一種新的批判的意識，自那時以來，這種意識已經伴隨著一切負有責任的哲學研究，並且把那些在個體與周圍世界的交往中形成的語言習慣和思想習慣置於我們大家共同屬於的歷史傳統的法庭面前。

本書的探究力圖透過使概念史的研究與對其論題的事實說明最緊密地連繫起來而實現這種要求。胡塞爾曾使之成爲我們義務的現象學描述的意識，狄爾泰曾用以放置一切哲學研究的歷史視界廣度，以及特別是由於海德格在幾十年前的推動而引起的這兩股力量的結合，指明了作者想用以衡量的標準，這種標準儘管在闡述上還有著一切不完善性，作者仍希望看到它沒有保留地被加以應用。

第一部分

藝術經驗裡眞理問題的展現

I 審美領域的超越

1. 人文主義傳統對於精神科學的意義

(a) 方法論問題

[I 9] 隨著 19 世紀精神科學實際發展而出現的精神科學邏輯上的自我思考完全受自然科學的模式所支配。這一點只要我們考察一下「精神科學」（Geisteswissenschaften）這一詞的歷史就很清楚，儘管這一詞僅在它的複數形式下才獲得我們所熟悉的意義。[4] 和自然科學相比較，精神科學理解自身是這樣明顯，以致那種本存在於精神（Geist）概念和精神的科學（Die Wissenschaft des Geistes）概念裡的唯心主義意蘊在此消失不見。「精神科學」這個詞首先是透過約翰・史都華・彌爾[5] 的《邏輯學》的〔德文〕翻譯者而成爲一個通用的詞。彌爾在其著作裡曾想附帶地概述一下歸納邏輯有應用於「道德科學」（moral sciences）的可能性，而翻譯者把這種科學稱之爲「精神科學」。[1] 從彌爾的《邏輯學》的內容中我們可以清楚地看出，問題根本不是要承認精神科學有某種自身的邏輯，而是相反地表明：作爲一切經驗科學基礎的歸納方法在精神科學這個領域內也是唯一有效的方法。在這裡彌爾是依據於一種英國式的傳統，這個傳統的最有成效的表述是休謨在其《人性論》導言中給出的。[2] 道德科學也在於認識齊一性、規則性和規律性，從而有可能預期個別的現象和過程。然而，即使在自然現象領域內，這一目標也

1 J. St. 彌爾：《演繹和歸納邏輯體系》，席爾（Schiel）譯本，1863 年第 2 版，第 6 卷：《論精神科學或道德科學的邏輯》。

2 大衛・休謨：《人性論》，導言。

不是到處可以同樣的方式達到的。其原因僅在於：用以認識齊一性的材料並不是到處可以充分獲得的。所以，儘管氣象學所使用的方 [I 10] 法完全類似於物理學的方法，然而由於它的材料不充分，它的預報也是靠不住的。這一點也同樣適用於道德現象和社會現象領域。在這兩個領域內對歸納法的使用，也是擺脫了任何形上學假設的，並且完全不依賴於我們如何思考我們所觀察的現象產生過程的方式。我們並不尋找某種特定結果的原因，而是簡單地確定規則性。所以我們是否相信意志自由，這完全無關緊要，——我們仍然可以在社會生活領域內作出預見。憑藉規則性去推斷所期待的現象，這絲毫不包含對這樣一種連繫方式的假定，即這種連繫方式和規則性使得人們有可能去進行預測。自由決定的加入——如果有這種決定的話——並不破壞合規則的過程，而是本身就屬於那種可透過歸納法獲得的普遍性和規則性。這就是我們在此計畫性地提出的某種關於社會的自然科學理想，這一理想在許多領域內已有了卓有成效的研究。我們只要想一想大眾心理學，就可以知道。

但是，這就構成了精神科學向思維提出的眞正問題，即如果我們是以對於規律性不斷深化的認識爲標準去衡量精神科學，那麼我們就不能正確地把握精神科學的本質。社會—歷史的世界的經驗是不能以自然科學的歸納程序而提升爲科學的。無論這裡所謂科學有什麼意思，並且即使一切歷史知識都包含普遍經驗對個別研究對象的應用，歷史認識也不力求把具體現象看成爲某個普遍規則的實例。個別事件並不單純是對那種可以在實踐活動中作出預測的規律性進行證明。歷史認識的理想其實是，在現象的一次性和歷史性的具體關係中去理解現象本身。在這種理解活動中，無論有如何多的普遍經驗在起作用，其目的並不是證明和擴充這些普遍經驗以達到規律性的認識，如人類、民族、國家一般是怎樣發展的，而是去理解這個人、這個民族、這個國家是怎樣的，它們現在成爲什麼——

概括地說，它們是怎樣成爲今天這樣的。

因爲理解了某物是這樣而來的，從而理解了某物是這樣的，這究竟是怎樣一種認識呢？這裡「科學」指什麼呢？儘管人們承認這種認識的理想是與自然科學的方式和目的根本不同的，人們仍然
[I 11] 想以一種只是否定的方式把這種認識描述爲「非精確科學」。甚至赫爾曼·赫爾姆霍茨[6]在他 1862 年著名講演中對自然科學和精神科學所作的重要而公正的審察，雖然也是盡力強調精神科學的卓越的和人道的意義——但對精神科學的邏輯性質的描述仍然是一種基於自然科學方法論理想的消極的描述。[3]赫爾姆霍茨曾區分兩種歸納法：邏輯的歸納法和藝術—本能的歸納法。但這意味著，他基本上不是在邏輯上，而是從心理學方面區分了兩種處理方式。這兩種處理方式都使用了歸納推論，但精神科學的推論方式是一種無意識的推斷。因此精神科學的歸納程序就與獨特的心理條件連在一起，它要求有一種機敏感（Taktgefühl），並且又需要其他一些精神能力，如豐富的記憶和對權威的承認，反之，自然科學家的自覺的推論則完全依賴於他自身的智力使用。——即使我們承認，這位偉大的自然研究家曾經反對那種想由自身的科學研究方式出發去制定一套普遍有效準則的企圖，很顯然，除了彌爾《邏輯學》告訴他的歸納概念外，他也並不掌握任何其他描述精神科學程序的邏輯可能性。近代力學及其在牛頓天體力學裡的勝利對於 18 世紀科學所具有的那種實際的範例性，是赫爾姆霍茨視爲理所當然的事，以致他根本未考慮這樣一個問題：究竟是哪些哲學條件使得這門新科學能在 17 世紀得以產生。現在我們知道，巴黎的奧卡姆學派[7]對此曾

3　H. 赫爾姆霍茨：《講演和報告》，第 4 版，第 1 卷，「論自然科學與整個科學的關係」，第 167 頁以下。

有怎樣大的影響。[4]對於赫爾姆霍茨來說，自然科學的方法論理想既不需要歷史學的推導，也不需要知識論的制約，這就是他爲什麼不能把精神科學的研究方式理解爲邏輯上不同於其他研究方式的原因。

這裡有一項緊迫的任務，即把像「歷史學派」那樣的實際卓有成效的研究提升到邏輯的自我意識。早在1843年，J. G. 德羅伊森[8]這位古希臘文化史的作者和揭示者就已經寫道：「沒有任何一個科學領域有如歷史學那樣無意於理論上的證明、限定和劃界。」德羅 [I 12]
伊森曾經求助於康德，因爲康德在歷史的絕對命令中「曾指明那種生發出人類歷史生命的活的源泉」。德羅伊森提出了這樣一個要求，「成爲重力中心的應是更深刻把握的歷史概念，在這概念中，精神科學的動亂不定性將得到穩固並且能有繼續發展的可能性」。[5]

德羅伊森在此所提出的自然科學的模式，並不是指在內容上符合科學理論的要求，而是指精神科學必須讓自身作爲一門同樣獨立的科學群建立起來。德羅伊森的《歷史學》（*Historik*）就是試圖解決這一任務。

甚至狄爾泰，雖然自然科學方法和彌爾邏輯的經驗主義對他發生了很強烈的影響，他卻保留了精神概念裡的浪漫主義一唯心主義的傳統。他常常感到自己優越於英國經驗主義，因爲他深深理解了究竟什麼使得歷史學派區別於一切自然科學的和天賦人權的思維。「只有從德國才能產生那種可取代充滿偏見的獨斷的經驗主義的眞正的經驗方法。彌爾就是由於缺乏歷史的教養而成爲獨斷

4 特別是自從 P. 杜恒[9]的《李奧納多・達文西研究》3 卷本（1907 年起）發表以來，該書現在由增至 10 卷本的遺著《世界體系——從柏拉圖到哥白尼的宇宙學說史》（1913 年起）所補充。〔但也可參見安納利斯・梅爾、A. 柯伊雷等人的著作。〕

5 J.G. 德羅伊森：《歷史學》（1925 年新版，E. 羅特哈克編），第 97 頁。

的。」——這是狄爾泰在他的一本彌爾的《邏輯學》裡所寫的一條評語。[6]事實上，狄爾泰爲奠定精神科學基礎所進行的幾十年之久的艱辛工作，就是與彌爾那著名的最後一章爲精神科學所提出的邏輯要求的一場持久的論戰。

雖然狄爾泰想要爲精神科學方法上的獨立性進行辯護，但他卻仍然深受自然科學模式的影響。有兩個證據可以說明這一點，這兩個證據似乎也能爲我們以後的研究指明途徑。狄爾泰在其悼念威廉・舍勒[10]的文章中曾經強調說自然科學的精神主宰了舍勒的研究，而且他還想說明爲什麼舍勒如此強烈地受到英國經驗論的影響：「舍勒是一個現代的人，我們先輩的世界不再是他的精神和他的心靈的故鄉，而是他的歷史對象。」[7]從這些話裡我們可以看到，在狄爾泰心目中，消除與生命的連繫，即獲得一種與自身歷史的距
[I 13] 離乃屬於科學認識，唯有這種距離方使歷史可能成爲對象。儘管我們可以承認，狄爾泰和舍勒兩人對歸納法和比較法的運用都是受眞正的個人的機敏所主宰，而且這種機敏是以某種心理文化爲條件的，這種心理文化實際表明了古典文化世界和浪漫主義個性崇拜在這兩位作者心中的繼續存在。然而，自然科學的模式仍然主宰了他們的科學的自我理解。

這一點在第二個證據裡尤其明顯，在這個證據裡，狄爾泰提出了精神科學方法的獨立性，並且透過對精神科學對象的考察來論證這種獨立性。[8]這種主張看起來眞像是亞里斯多德派的，並且還能表明對自然科學模式的眞正擺脫。但是在他對精神科學方法的這種獨立性的說明中，他卻援引了古老的培根派的話：「只有服從自然

6　W. 狄爾泰：《全集》，第 5 卷，第 LXXIV 頁。

7　W. 狄爾泰：《全集》，第 11 卷，第 244 頁。

8　同上書，第 1 卷，第 4 頁。

法則才能征服自然」（Natura parendo vincitur）[9]——這是一個與狄爾泰本想掌握的古典的—浪漫主義的傳統恰恰不相符合的原則。所以我們可以說，甚至狄爾泰——雖然他的歷史學識使他超過了他同時代的新康德主義——在其邏輯方面的努力中也並沒有從根本上遠遠超出赫爾姆霍茨所作出的素樸論斷。不管狄爾泰是怎樣急切地想維護精神科學在知識論上的獨立性——人們在現代科學裡稱之爲方法的東西仍是到處同一的，而且只有在自然科學中才得到其典範的表現。精神科學根本沒有自己特有的方法。但是，我們可以和赫爾姆霍茨一樣去追問，在精神科學領域內，究竟有多少東西意味著方法，以及精神科學所需要的其他條件對於精神科學的研究方式來說，是否就不比歸納邏輯更重要。當赫爾姆霍茨爲了公正地對待精神科學而強調記憶和權威，並且講到心理學上的機敏（它在這裡替代了自覺的推理）時，他是正確地指明了這一點。這樣一種機敏是依賴於什麼呢？它是怎樣獲得的呢？精神科學中合乎科學的東西是否最終就在於這種機敏而不在於它的方法論呢？

由於精神科學引起了這個問題，並且由此抵制了對現代科學概念的順應，精神科學便成爲而且始終是哲學本身的一個難題。赫爾姆霍茨和他的世紀對這個問題所給出的回答是不充分的。他們跟隨康德按照自然科學的模式去規定科學和認識的概念，並且在藝術的 [I 14]
要素（藝術感受、藝術歸納）裡找尋精神科學與眾不同的特殊性。當然赫爾姆霍茨並不相信，在自然科學研究裡有「精神一閃念」（即人們稱之爲靈感的東西），並且只把科學工作視爲「自覺推理的鐵定般的工作程序」時，他所給出的自然科學研究的圖畫也可能是相當片面的。赫爾姆霍茨援引了約翰．史都華．彌爾的證據，按照這個證據，「最新的歸納科學對邏輯方法的進展所作出的貢獻比

9 同上書，第 20 頁。

所有專業哲學家還要來得多」。[10] 對於赫爾姆霍茨來說，歸納科學絕對是科學方法的典範。

赫爾姆霍茨後來知道了，在歷史認識中起決定性作用的是另外一種經驗，這種經驗完全不同於在自然規律研究中所需要的經驗。因此他試圖去說明爲什麼歷史認識中的歸納方法與自然研究中的歸納方法處於不同的條件。爲此他使用了作爲康德哲學基礎的自然和自由的區分。因此歷史認識是另外一種不同的認識，因爲在這個領域內不存在自然法則，而只存在對實踐法則的自由依循，即對律令的自由依循。人類的自由世界並不承認自然法則的絕對普遍性（Ausnahmslosigkeit）。

但是，這種思路不是很有說服力的。當人們把對人類自由世界的歸納研究建立在康德關於自然和自由的區分上時，這既不符合康德的意圖，也不符合歸納邏輯自身的思想。由於彌爾在方法論上不考慮自由問題，他在歸納邏輯方面是比較前後一致的；反之，赫爾姆霍茨爲了公正地對待精神科學而援引康德，他這種前後不一致就不會有正確的結論。因爲即使按照赫爾姆霍茨的看法，精神科學的經驗主義也應像氣象學的經驗主義那樣受到同樣的評判，也即應當放棄和丟棄。

實際上，精神科學根本不會認爲自己單純從屬於自然科學。精神科學在對德國古典文學精神遺產的繼承中，更多地是發展了一種要成爲人道主義眞正繼承人的帶有傲氣的自我感。德國古典文學時期不僅帶來了文學和美學批評的革新——透過這種革新，消除
[I 15] 了所流傳下來的巴洛克 [11] 和啓蒙運動理性主義的趣味理想，而且同時還賦予人性概念這一啓蒙理性的理想以一種從根本上是嶄新的內容。這首先表現在赫爾德 [12] 身上，他以其「達到人性的教育」

10　赫爾姆霍茨，前引書，第 178 頁。

（Bildung zum Menschen）這一新的理想超過了啓蒙運動的至善論（Perfektionismus）[13]，並因而爲歷史精神科學在 19 世紀能得到發展奠定了基礎。[11] 當時上升爲主導地位的**教化概念**（Der Begriff der Bildung）或許就是 18 世紀最偉大的觀念，正是這一概念表現了 19 世紀精神科學賴以存在的要素，儘管精神科學還不知道在知識論上如何爲這一要素進行辯護。

(b) 人文主義的幾個主導概念

(α) 教化（Bildung）[14]

在**教化**（Bildung）概念裡最明顯地使人感覺到的，乃是一種極其深刻的精神轉變，這種轉變一方面使我們把歌德時代始終看成是屬於我們的世紀，另一方面把巴洛克時代視爲好像遠離我們的史前時期。可是，我們通常所使用的基本概念和語詞卻是在那時形成的，如果誰不想被語言所困惑，而是謀求一種有歷史根據的自我理解，那麼他就會看到自己必須面對整個一堆語詞史和概念史的問題。下面的探討只是本書整個研究工作的一個開端，有助於我們所進行的哲學探究。我們所認爲的一些不言而喻的概念，如：「藝術」、「歷史」、「創造性」、「世界觀」、「體驗」、「天才」、「外在世界」、「內在性」、「表達」、「風格」和「象徵」，本身就具有極其豐富的歷史內涵。[12]

如果我們轉而考察教化概念——我們已經強調過這一概念

---

[11] 〔參見我的論文〈赫爾德和歷史世界〉（載《短篇著作集》，第 3 卷，第 101-117 頁）；該文也收入我的著作集，第 4 卷。〕

[12] 〔關於政治—社會方面的語詞，目前可參看奧托·布魯納、維納·康策和賴因哈特·科澤勒克編輯出版的《歷史基本概念辭典》，關於哲學的語詞參閱 J. 里特的《哲學歷史辭典》。〕

對於精神科學的重要性——我們便會幸運地受益於一個既存的考察。[13] 這個考察對於這個詞的歷史作了很好的研究：它最初起源於中世紀的神祕主義，以後被巴洛克神祕教派所繼承，再後透過克洛普施托克[15] 那部主宰了整個時代的史詩《救世主》而得到其宗教性的精神意蘊，最後被赫爾德從根本上規定爲「達到人性的
[I 16] 崇高教化」（Emporbildung zur Humanität）。19 世紀的教化宗教（Bildungsreligion）保存了這個詞的深層內容，而我們的教化概念則是從這裡得到規定的。

對於「教化」這詞我們所熟悉的內容來說，首先要注意到的是：「自然造就」（natürliche Bildung）這個古老的概念——它意指外在現象（肢體的形成，臻於完美的形式），並且一般意指自然所造成的形式（例如：「山脈形成」）——當時就幾乎完全與這個新概念相脫離。教化後來與修養概念最緊密地連繫在一起，並且首先意指人類發展自己的天賦和能力的特有方式。赫爾德所賦予這一概念的特徵，是在康德和黑格爾之間才圓滿完成的。康德還沒有在這樣一種意義上使用「教化」這個詞，他講到過能力（或「天賦」）的修養（Kultur），這樣一種修養就是行爲主體的一種自由活動。所以他在講到人對自己的義務應當是不讓自己的天賦退化時，只稱之爲修養，而不使用「教化」這個詞。[14] 反之，黑格爾在人對自身的義務問題上採納類似康德的觀點時，卻已經講到了自我造就（Sichbilden）和教化，[15] 而威廉·馮·洪堡[16] 以他那與眾不同的

---

13 參見 I. 沙爾施米特：《造就和教化兩詞的意義變化》，博士論文，柯尼斯堡，1931 年。

14 I. 康德：《道德形上學》，第 2 部分「德性學說的形上學最先根據」，第 19 節。

15 G.F.W. 黑格爾：《著作集》（1832 年起），第 18 卷，《哲學綱要》，第 1 教程，第 41 節以下。

靈敏感覺已完全察覺到修養和教化之間的意義差別。他說：「但是如果我們用我們的語言來講教化，那麼我們以此意指某種更高級和更內在的東西，即一種由知識以及整個精神和道德所追求的情感而來，並和諧地貫徹到感覺和個性之中的情操（Sinnesart）。」[16] 教化在這裡不再指修養，即能力或天賦的培養。教化這詞的這種意義提升實際上是喚醒了古老的神祕主義傳統，按照這種傳統，人是按照上帝的形象創造的，人在自己的靈魂裡就帶有上帝的形象，並且必須在自身中去造就這種形象。對應於教化這個詞的拉丁文是「formatio」，而在其他語言，如：在英語裡的對應詞（在沙夫茨伯里[17]）則是 form（形式）和 formation（形成）。在德語裡與 forma 這個概念相應的推導詞，例如：Formierung（塑形）和 Formation（成型），很長時間與教化這個詞處於競爭之中。自從文藝復興時期的亞里斯多德主義以來，forma 就已完全脫離了其技術方面的意義，並以一種純粹能動的和自然的方式加以解釋。儘管如此，「教化」這詞對「形式」這詞的勝利看來仍不是偶然的， [I 17] 因為在教化（Bildung）裡包含形象（Bild），形象既可以指摹本（Nachbild），又可以指範本（Vorbild），而形式概念則不具有這種神祕莫測的雙重關係。[18]

與通常的從變異（Werden）到存在（Sein）的演變相適應的，教化這詞〔如同今天所用的「成型」（Formation）〕與其說表示變異過程本身，不如說更多地表示這種變異過程的結果。這種演變在教化這裡是特別明顯的，因為教化的結果並不是在技術構造的方式裡完成的，而是從塑形和教化的內在過程中產生的，因此教化的結果總是處於經常不斷的繼續和進一步教化之中。就這方面來說，教化這詞絕非偶然地與希臘語裡的 physis（自然）相類似。正

---

16 威廉·馮·洪堡：《全集》，科學院版，第 7 卷，第 1 部，第 30 頁。

如自然一樣，教化沒有自身之外的目的。〔我們將對「教化目的」（Bildungsziel）這詞及其所指內容持懷疑的態度，這只能是來自教化的從屬的意思。教化本身根本不可能是目的，它也不能作爲這樣的目的被追求，因爲這樣的目的只存在於人們所探究的教育者的意圖中。〕在這裡，教化概念超出了對天賦的自然素質單純培養的概念，儘管它是從這樣的概念推導出來的。對自然素質的培養乃是發展某種被給予的東西，因此自然素質的訓練和培養只是一種達到目的的單純手段。所以，一本語言教科書的教學內容乃是單純的手段，而不是目的本身，掌握它只有助於語言能力的提高。反之，在教化中，某人於此並透過此而得到教化的東西，完全變成了他自己的東西。雖然就某種程度而言，所有被吸收的東西都是被同化了的，但是在教化裡，被同化了的東西並不像是一個已喪失其作用的手段。在所獲得的教化裡，實際上沒有什麼東西是喪失了，而是一切東西都被保存了。教化是一個眞正的歷史性的概念，並且正是因爲這種「保存」的歷史性質，教化對於精神科學中的理解有了重要的意義。

所以，對「教化」這詞的歷史最初的考察，就把我們帶進了歷史性概念領域，有如黑格爾首先在他的《第一哲學》[19]中對教化所作的卓越考察。實際上，黑格爾對什麼是教化已經作出了最清楚的說明。我們將首先跟隨他。[17] 他已經看到，哲學「在教化中獲得了其存在的前提條件」，而且我們還可以補充說，精神科學也是隨著教化一起產生的，因爲精神的存在是與教化觀念本質上連繫在一起的。

17　黑格爾：《哲學綱要》，第41-45節。〔現在可參見J-E. 普萊內斯的彙編集《教化理論——問題和立場》，佛萊堡，1978年。此集也包含了布克、普萊內斯和沙夫的繼續研究成果。〕

人之爲人的顯著特徵就在於，他脫離了直接性和本能性的東
西，而人之所以能脫離直接性和本能性的東西，就在於他的本質具
有精神的理性的方面。「根據這一方面，人按其本性就不是他應當
是的東西」——因此，人就需要教化。黑格爾稱之爲教化的形式本 [I 18]
質的東西，是以教化的普遍性爲基礎的。從某種提升到普遍性的概
念出發，黑格爾就能夠統一地把握他的時代對於教化所作的理解。
向普遍性的提升並不是侷限於理論性的教化，而且一般來說，它不
僅僅是指一種與實踐活動相對立的理論活動，而是在總體上維護人
類理性的本質規定。人類教化的一般本質就是使自身成爲一個普遍
的精神存在。誰沉湎於個別性，誰就是未受到教化的，例如：他沒
有節制和分寸地聽任其盲目的憤怒。黑格爾指出，這樣一種人根本
缺乏抽象力：他不能撇開自己本身，而且不能看到某種普遍性，而
他自身的特殊性卻是由這種普遍性出發才得到正確而恰當的規定。

因此，教化作爲向普遍性的提升，乃是人類的一項使命。它要求爲了普遍性而捨棄特殊性。但是捨棄特殊性乃是否定性的，即對欲望的抑制，以及由此擺脫欲望對象和自由地駕馭欲望對象的客觀性。這裡，現象學辯證法的演繹就補充了《哲學綱要》裡所陳述的東西。在《精神現象學》裡，黑格爾闡述了一個眞正「自在和自爲」的自由的自我意識的發生過程，並且指出了勞動的本質不是消耗（verzehren）而是塑造（bilden）物品。[18][20] 勞動著的意識在勞動賦予物品的獨立存在中又發現自己是一個獨立的意識。勞動是受到抑制的欲望。由於勞動塑造了對象，並且是無自我地活動著和企圖

---

[18] 黑格爾：《精神現象學》（「哲學叢書」114），霍夫邁斯特編，第 148 頁以下。〔也可參見我的論文〈黑格爾的自我意識辯證法〉（載《黑格爾辯證法》，第 2 版，第 49-64 頁；現收入我的著作集，第 3 卷）以及 L. 希普的著作《對實踐哲學原則的確認：對黑格爾耶拿時期精神哲學的探究》，佛萊堡，1979 年。〕

得到普遍性的，所以勞動著的意識就超越了其自身此在的直接性而達到了普遍性——或者像黑格爾自己所說的，由於勞動著的意識塑造了物品，它也就塑造了自己本身。黑格爾的意思是這樣：由於人獲得了一種「能力」，一種技能，所以他於此中就獲得了一種特有的自我感。在人整個地投入於某個生疏的對象中，由於無自我的勞動而捨棄的東西，在他成爲勞動著的意識時，又重新歸還予他了。作爲這樣的意識，他在自身中發現了他自己的意義，而且就勞動來說，說勞動在塑造事物，這是完全正確的。勞動著的意識的自我感就包含著構成實踐性的教化的一切要素，即放棄欲望的直接性，放棄個人需求和私有利益的直接性，以及對某種普遍性的追求。

在《哲學綱要》裡，黑格爾透過一系列例子論證了追求普遍
[I 19] 性的這種實踐性教化的本質。例如：在節制裡就有這種實踐性教化的本質，節制透過某種普遍性東西——例如：健康的考慮——限制了過分滿足需求和過分使用力量。同樣，在謹愼裡也表現了這種本質，謹愼在面對個別的情況和事情時，常常總是讓人考慮到其他也可能是必然的東西。不過，每一種職業選擇都具有某種這樣的本質。因爲每一種職務總具有某種屬命運的東西、某種屬外在必然性的東西，並且指望給自身以一項人們將不視爲私有目的的任務。因此，實踐性的教化就表現在：人們整個地直至一切方面都從事其職業活動。但這也包括人們克服那種對他們作爲人的特殊性來說是生疏的東西，並使這種東西完全成爲他自己的東西。因此熱衷於職業普遍性的活動同時「就知道限制自身，這就是說，使其職業完全地成爲他自己的事情。這樣一來，職業對他來說就不是一種限制」。

在黑格爾對實踐性教化的這種描述中，我們已經認識到歷史性精神的基本規定，即自己與自己本身和解，在他物中認識自己本身。這基本規定在理論性教化的觀念裡得到了完滿的表現，因爲採取理論性態度本身就已是疏離（Entfremdung），即指望「處置一

些非直接性的東西，一些生疏的東西，處置一些屬於回憶、記憶和思維的東西」。這樣，理論性的教化就超出了人類直接獲知和經驗的事物之外。理論性的教化在於學會容忍異己的東西，並去尋求普遍的觀點，以便不帶有個人私利地去把握事物，把握「獨立自在的客體」。[19] 因此，一切教化的獲得都包含理論興趣的發展，黑格爾認爲古代世界和古代語言特別適合於這一點，因爲這個世界是相當遙遠和陌生的，這必然使我們與自身相分離——「但是，這個世界也同時包含著返回到自身，與自身相友善和重新發現自身的一切起點和線索，不過，這是一個按照精神的眞正普遍本質的自身。」[20]

人們在作爲文科中學校長的黑格爾 [21] 的這段話中，將看到古典主義的那種偏見，即精神的普遍本質正是在古代尤其易被發現。不過，這裡的基本思想還是正確的。在異己的東西裡認識自身、在異己的東西裡感到是在自己的家，這就是精神的基本運動，這種精 [I 20]
神的存在只是從他物出發向自己本身的返回。就此而言，一切理論性的教化，甚至包括對陌生的語言和表象世界的領會，也只是很久以前開始的某個教化過程的單純延續。每一個使自己由自然存在上升到精神性事物的個別個體，在他的民族的語言、習俗和制度裡都發現一個前定的實體，而這個實體如他所掌握的語言一樣，他已使其成爲他自己的東西了。所以，只要單個個體於其中生長的世界是一個在語言和習俗方面合乎人性地造就的世界，單個個體就始終處於教化的過程中，始終處於對其自然性的揚棄中。黑格爾強調說，民族就是在這樣的屬它自己的世界中表現自己的此在。它從自身作出，因而也是從自身設定出它成爲自在的東西。

由此可見，構成教化本質的並不是單純的疏離，而是理所當然

---

19 黑格爾：《著作集》，第 18 卷，第 62 頁。

20 黑格爾：《紐倫堡著作集》，J. 霍夫邁斯特編，第 312 頁（1809 年講演）。

以疏離爲前提的返回自身（Heim kehr zu sich）。因此教化就不僅可以理解爲那種使精神歷史地向普遍性提升的實現過程，而且同時也是被教化的人得以活動的要素。這是怎樣的一種要素呢？這就是我們要向赫爾姆霍茨提出的問題。對此問題，黑格爾的答覆將不會使我們滿意。因爲對於黑格爾來說，教化作爲疏離（Entfremdung）和同化（Aneignung）的運動是在某種完全充溢的實體中，在消除一切對象性的事物中實現的，而這種結果在哲學的絕對知識中才能達到。

正如我們不把意識歷史性的見解與黑格爾的世界歷史哲學連繫起來一樣，我們也不認爲教化作爲精神的一個要素和黑格爾的絕對精神哲學有連繫。我們必須明確，即使對於已脫離黑格爾的歷史精神科學來說，完滿的教化（die vollendete Bildung）這一觀念仍是一個必要的理想，因爲教化是精神科學賴以存在的要素。即使在古老語言中對身體的外觀稱之爲「完美形式」（vollkommene Bildung）的東西，與其說是指某種發展的最後階段，還不如說是指那種開創一切發展並使所有肢體能和諧運動的成熟階段。正是在這種意義上精神科學才假定：科學意識乃是一種已教化過的意識，並因此具有了正確的、不可學的和非效仿的機敏，而這種機敏像一個要素一樣構成了精神科學的判斷能力（Urteilsbildung）和認識方式。

赫爾姆霍茨關於精神科學的活動方式所描述的東西，特別是他稱之爲藝術家的情感和**機敏**的東西，實際上就是以教化這種要素爲
[I 21] 前提條件，在這種要素中，精神獲得了一種特別自由的運動性。所以赫爾姆霍茨講到了「隨意性（Bereitwilligkeit），歷史學家和語文學家由於這種隨意性而在記憶中獲得了截然不同的經驗」。[21] 從

21　赫爾姆霍茨，前引書，第 178 頁。

自然研究者思考所遵循的「自覺推理的鐵定般的工作程序」的理想來看，赫爾姆霍茨這種描述可能是相當膚淺的。赫爾姆霍茨所運用的**記憶**概念，對於解釋這裡所包含的過程是不夠的。如果人們在機敏或情感中所想到的是一種意外的心智能力——這種能力運用強有力的記憶並這樣達到了並非可嚴格把握的知識，那麼這種機敏或這種情感實際上就沒有正確地被理解。使得這種機敏可能發生作用的東西，導致對這種機敏的獲得和占有的東西，並不單純是一種有益於精神科學認識的心理學設置。

此外，如果人們在記憶中所看到的只是某種一般的素質或能力，那麼人們也就沒有正確地把握記憶自身的本質。記住（Behalten）、遺忘（Vergessen）和再回憶（Wiedererinnern）屬於人類的歷史構成，而且本身就構成了人類的一段歷史和一種教化。誰像訓練一種單純能力一樣地訓練記憶力——所有記憶技巧都是這樣的訓練——，他所獲得的記憶力就不是他固有的東西。記憶力必定是被造就而成的，因爲記憶力根本不是對一切事物的記憶。人們對有些東西有記憶，對另一些東西則沒有記憶，而且人們像從記憶中忘卻一些東西一樣在記憶中保存了另一些東西。正是時間使記憶現象從能力心理學的平均化傾向中解放出來，並把這種記憶現象視爲人類有限歷史性存在的一個本質特徵。遺忘實際上屬於記憶和回憶，這一點長久以來未受到充分重視。遺忘不僅是一種脫落和一種缺乏，而且如 F. 尼采所首先強調的，它也是精神的一種生命條件。[22] 只有透過遺忘，精神才獲得全面更新的可能，獲得那種用新眼光去看待一切事物的能力，以致過去所信的東西和新見到的東西融合成一個多層次的統一體。「記住」乃是有歧義

22 F. 尼采：《不合時宜的思想》，第 2 卷，「歷史學對生活的利弊論之一」。

的。它作爲記憶（mnēmē）包括對回憶（anamnēsis）的關係。[23] 但是，這也同樣適合於赫爾姆霍茨所使用的「機敏」概念。所謂機敏，我們理解爲對於情境及其中行爲的一種特定的敏感性和感受能
[I 22] 力，至於這種敏感性和感受能力如何起作用，我們是不能按照一般原則來認識的。因此，不表達性（Unausdrücklichkeit）和不可表達性（Unausdrückbarkeit）屬於機敏的本質。我們可以很機敏地（taktvoll）說某事，但這總是表示：我們很機敏地使某事被略過而不被表達，而不機敏地（taktlos）說某事則是指說出了人們只能略過的東西。但略過（übergehen）並不指不看某物，而是指這樣去看某物，即不是正面觸及它，而是旁敲側擊地觸及它。因此，機敏就有助於我們保持距離，它避免了對人私有領域的冒犯、侵犯和傷害。

這樣，赫爾姆霍茨所講的機敏就不會與這種習慣的和日常交往的現象相等同了。但是它們兩者之間也有某種本質上的共同點。因爲就連在精神科學裡起作用的機敏也並非只限於一種感情和無意識的東西，它同時也是一種認識方式和存在方式。這一點在上面對教化概念所進行的分析中，就更加明顯地表現出來。赫爾姆霍茨稱之爲機敏的東西就包含教化，而且是一種既是審美性教化又是歷史性教化的功能。如果我們在精神科學研究中能信賴他的機敏，那麼我

23 記憶的歷史不是對記憶的訓練史。記憶法雖然規定這個歷史的一部分，但對那裡出現的**記憶**（memoria）現象的實用主義考慮卻意味著記憶現象的縮小。其實奧古斯丁本應處於這種記憶現象歷史的中心，因為他完全改變了他所接受的畢達哥拉斯—柏拉圖的傳統。以後我們還要回到歸納問題中的**記憶**（mnēmē）功能問題。〔參見《人文主義與象徵主義》（卡斯特里編，1958年）裡 P. 羅西的文章〈文藝復興時期藝術思想中的形象構造〉，以及 C. 范蘇里的文章〈在布魯諾關於盧勒斯藝術思想的早期論文中的人文主義和象徵學說〉。〕

們就一定對審美的東西和歷史的東西有感覺，或者造就感覺。因爲這種感覺不是簡單地出自天性的東西，我們就有理由講到審美的或歷史的意識，而不眞正講到感覺。但或許這樣的意識與感覺的直接性是有關係的，也就是說，這意識知道在個別事件中確切地作出區分和評價而無須說明其緣由。所以，誰具有了審美感覺，誰就知道區分美的和醜的，好的品質和糟的品質；誰具有了歷史感覺，誰就知道對一個時代來說什麼是可能的，什麼是不可能的，而且他就具有對過去區別於現在的那種異樣性的感覺。

如果所有這樣都以教化爲前提，那麼這就意味著：教化不是一個程序或態度的問題，而是一個既成存在的問題（Frage des gewordenen Seins）。如果我們不事先具備一種對於藝術作品或過去的「他者」的接受性，那麼我們就不能對傳承物作出更精確的考察和更澈底的研究。我們追隨黑格爾正是把這一點強調爲教化的普遍特徵，即這樣地爲他者、爲其他更普遍的觀點敞開自身。在這更普遍的觀點中，存在著一種對於自身的尺度和距離的普遍感覺，而
且在這一點上存在著一種超出自身而進入普遍性的提升。保持距離 [I 23]
地看待自身和自己的個人目的，就是指看待這些東西如同其他東西看待這些東西一樣。這種普遍性無疑不是一種概念的或知性的普遍性。從普遍性事物出發，特殊事物是得不到規定的，也沒有什麼東西令人信服地被證明。受到教化的人爲其敞開自身的普遍觀點對這個人來說，並不是一個適用的固定標準，對他來說，這個普遍觀點只作爲可能的他者的觀點而存在。就這一點而論，受到教化的意識實際上就更具有某種感覺的特質。因爲每一種感覺，例如：視覺，當它達到了它的範圍並爲某個領域敞開自身，而且在對它如此開啓的東西中把握了差異時，它就已是普遍的了。受到教化的意識之所以超越於所有的自然的感覺，就在於後者總是被限制於某個特定範圍。受到教化的意識可以在一切方面進行活動，它是一種**普遍的感**

覺（ein allgemeiner Sinn）。

我們所說的一種普遍的和共同的感覺，實際上就是對教化本質的一種表述，這種表述使得人們聯想到某種廣闊的歷史關係。對教化這一概念的思考，如這概念作爲赫爾姆霍茨的思想基礎所考慮的，使我們重又回到了這個概念的廣闊歷史中。如果我們想把精神科學對哲學所表現的問題從那些人爲地束縛了 19 世紀方法論的狹隘眼光中解放出來，那麼我們就必須跟隨這種歷史關係一段路程。現代的科學概念以及與此相應的方法論概念是不充分的。精神科學之所以成爲科學，與其說從現代科學的方法論概念中，不如說從教化概念的傳統中更容易得到理解。這個傳統就是我們所要回顧的**人文主義傳統**。這個傳統在與現代科學要求的對抗中贏得了某種新的意義。

分別地考察一下自人文主義時代以來對「學院派」科學的批判是怎樣受到重視的，以及這種批判是怎樣隨著其論敵的變化而一同發生變化的，這倒是一件有意義的事情。最初是一種想重新恢復古典文化的動機。人文主義者尋求希臘語言和**博學**之路的熱情，除了好古的偏愛外，還意味著更多的東西。古典語言的復興同時就導致了對修辭學的重新評價。因此，這種復興一方面反抗「學院派」，也就是反抗經院科學，另一方面支持一種在「學院派」中達不到的人類智慧的理想——這實際上是在哲學一開始時就已經存在的一種對抗。柏拉圖對詭辯派的批判，尤其是他對伊索克拉底[22]的那種
[I 24] 特有的心理矛盾的態度，指明了這裡存在的哲學問題。面對 17 世紀自然科學的新方法論意識，這個古老的問題不可避免地更加尖銳化。鑑於這種新科學的獨占性要求，人們便越來越迫切地提出了這樣的問題，即在人文主義的教化概念中是否存在著眞理的固有源泉。事實上我們將看到，這個問題就是人文主義教化思想的繼續存活，19 世紀的精神科學正是從這個思想的繼續存活中才獲得了其

眞正的生命，雖然它並沒有承認這一點。

所以，在當時起決定性作用的不是數學而是人文主義研究，這從根本上說是不言而喻的事。那麼，17 世紀的新方法論對於精神科學來說究竟能有什麼意義呢？對此，我們只需要閱讀一下《波爾．羅亞爾邏輯》[23] 有關章節就行了，這些章節論述了理性規則在歷史眞實裡的應用，以便讓人認識到這種方法論概念運用於精神科學其成效將是何等可憐。[24] 如果 17 世紀的新方法論是指，要眞實地判斷某個事件，我們必須考慮該事件所伴隨的情況，那麼，這實際上是方法論上的一種陳詞濫調。——詹孫教派 [24] 的信徒就是想以這種論證方式對於奇蹟究竟在什麼程度上値得相信這一問題給出一個方法論的指點。他們試圖把新方法的精神運用到某種未受檢驗的奇蹟信仰中，而且主張以這種方式使《聖經》傳說和教會傳統的眞正奇蹟合法化。新科學爲舊教會服務，這是再清楚不過的了，不過，這種情況絕不會繼續，而且一旦基督教的前提本身被人懷疑，人們就能想像必定會發生什麼事。當自然科學的方法論理想被應用於證明《聖經》傳說裡的歷史證據時，這種理想將不可避免地導致對基督教來說是災難性的完全不同的後果。從詹孫教派的奇蹟批判走向《聖經》的歷史批判，其路程並不很遙遠，對此，斯賓諾莎就是一個很好的例子 [25]。以後我們將指明，這種方法如果被澈底地用作爲精神科學眞理的唯一準則，那就等於對這種眞理的自我廢棄。

(β) 共通感（Sensus communis）[26]

在這種情況下，我們有必要回憶一下人文主義傳統，並且追問從這種傳統究竟對於精神科學的認識方式可以學到些什麼。對此，

---

24 《波爾．羅亞爾邏輯》，第 4 部分，第 13 章以下。

維柯[27]的《論我們時代的研究方法》一書爲我們提供了一個很有
[I 25] 價值的出發點。[25]維柯對人文主義所進行的捍衛，正如書名所表示的，是透過耶穌會的教育學促成的，並且旨在反對笛卡兒和詹森教派。維柯的這種教育學計畫，正如他的《新科學》的草案一樣，是以古老的眞理爲基礎的。因此他援引了**共通感**，即共同的感覺，以及人文主義的雄辯（eloquentia）理想，即古代傳授智慧概念裡已具有的要素。「絕妙的講話」（eu legein）自古以來一直有一種雙關的意思，它絕不只是一種修辭學的理想。它也意味著講出正確的東西，即說出眞理。因此「絕妙的講話」不僅是一門講話的藝術，一門怎樣講得妙的藝術。

所以，在古代，這種理想不僅被許多修辭學教師聲稱是熟悉的，同樣也被許多哲學教師聲稱是熟悉的。修辭學自古以來一直與哲學發生衝突，並且爲了反對「詭辯派」的空疏的思辨，它要求教導眞正的生活智慧。因此，本身就是修辭學教師的維柯在這裡自然就繼承那種由古代而來的人文主義傳統。顯然，這種傳統對於精神科學的自我理解來說有著重要意義，尤其是修辭學理想的那種積極的雙關意義，這種理想不僅被柏拉圖低估，而且也被近代的反修辭的唯方法論所忽略。就這方面而言，我們可以在維柯這裡找到許多我們將要研究的東西。——但是，維柯對共通感的引用，除了修辭學的要素外，還包含古代傳統裡的另一個要素。這就是學者（Schulgelehrte）和學者所依賴的智者（Weise）之間的對立，這種對立在犬儒學派[28]的蘇格拉底形象裡就已獲得了它的最早的形式，並且在 Sophia（理論智慧）和 Phronesis（實踐智慧）的概念對立中具有其實際的基礎。這種概念對立首先是由亞里斯多德提出的，以後在逍遙學派[29]裡被進一步發展成爲一種對於理論的

25 J. B. 維柯：《論我們時代的研究方法》，W. F. 奧托的德譯本，1947 年。

生活理想的批判，[26] 並在希臘化時代，尤其是在希臘的教化理想與羅馬政治統治階層的自我意識結合在一起之後，共同規定了智者的形象。例如：眾所周知，後期的羅馬法權學說也是在某種法律技術和法律實踐的背景下產生的，而這種法律技術和法律實踐與其說與 sophia 的理論理想接近，毋寧說更多地與 phronēsis 的實踐理想相近。[27]

隨著古代哲學和修辭學的復興，蘇格拉底的形象完全變成了反對科學的對應語，尤其像 idiota，即無學問的人的形象所表現的那 [I 26]
樣，這種人在學者和智者之間充當了一個完全新的角色。[28] 人文主義的修辭學傳統同樣也知道援引蘇格拉底和懷疑論斯多噶派對獨斷論者的批判。在維柯那裡我們發現，他批判斯多噶派 [30] 是因爲他們相信理性是眞理規範（regula veri），反之他讚揚以無知作爲知的舊學院派，並且格外讚揚新的學院派，是因爲他們擅長論證藝術（這屬於演講術）。

當然，維柯對共通感的援引在這種人文主義傳統內也表現了一種獨特的性質。照維柯看來，在科學領域內也存在著古代人和現代人之爭（die querelle des anciens et des modernes），不過他認爲，這不再是與「經院派」的對立，而是與現代科學的一種特殊的對立。維柯並不否定近代批判性科學的長處，而是指出這種科學的界限。即使現在面對這種新科學和它的數學方法，我們也不應缺乏古代人的智慧和他們對於智慧（prudentia）與口才（eloquentia）的

---

26 W. 耶格：《論哲學生活理想的起源和循環》，見《普魯士科學院會議文件》，柏林，1928 年。

27 F. 維亞克爾：《論羅馬法》，1945 年。

28 參見庫薩的尼古拉。他在 4 篇對話（《論智慧》，第 1 卷、第 2 卷；《論記憶》；《論靜態實驗》）裡都援引一個無學問的人（idiota）作為對話者（海德堡科學院版，第 5 卷，1937 年）。

培養。現在對教育來說重要的東西仍是某種別的東西，即造就共通感，這種共通感不是靠眞實的東西，而是由或然的東西裡培育起來的。現在對於我們來說重要的東西就在於：共通感在這裡顯然不僅是指那種存在於一切人之中的普遍能力，而且它同時是指那種導致共同性的感覺。維柯認爲，那種給予人的意志以其方向的東西不是理性的抽象普遍性，而是表現一個集團、一個民族、一個國家或整個人類的共同性的具體普遍性。因此，造就這種共同感覺，對於生活來說就具有著決定性的意義。

維柯把口才的意義和獨特權利建立在這種對眞實東西和正確東西的共同感覺上，這種共同感覺雖然並不是一種有根據的認識，但允許我們尋求明顯易懂的東西（verisimile）。他說，教育不能走批判研究的道路，青年需要形象去進行想像和培養記憶力。但是，在現代批判精神下的科學研究卻不能達到這一點。所以維柯就用古老的論證法（Topica）來補充笛卡兒主義的批評法（critica）。論證法就是發現論據的技巧，它服務於造就一種對於可信事物的感覺，
[I 27] 這種感覺是本能地並即時地（ex tempore）進行的，因而不能爲科學所取代。

維柯是辯護性地作出這些規定。這些規定間接地認可了新的科學眞理概念，因爲它們只是維護了或然性事物的權利。正如我們所看到，維柯由此遵循了已退回到柏拉圖的古代修辭學傳統。但是維柯的意思遠遠超出了對修辭學女神菲托（Peithō）[31]的辯護。事實上維柯在這裡所強調的，正像我們所指出的，乃是古老的亞里斯多德派關於實踐知識和理論知識之間的對立，這是一種不可以歸結爲眞實知識和或然知識之間的對立。實踐知識，即phronēsis，是另外一類知識，[29]它首先表示：它是針對具體情況的，

---

[29] 亞里斯多德：《尼各馬可倫理學》，Z9，1141b33：Eῖδos μὲν σὺγ Tι ἄγ ἐὶη

因此它必須把握「情況」的無限多的變化。這正是維柯明確加以強調的東西。當然，他只是看到這種知識擺脫了理性的知識概念，但事實上這絕不是一種單純的順應理想。亞里斯多德派的對立，除了表示由一般原則而來的知識和具體事物的觀知之間的對立外，還表示其他的對立。亞里斯多德派的對立也不僅僅是指這種把個別東西歸於一般東西的我們稱之爲「判斷力」的能力，而且其中還有一種積極的倫理的考慮在起作用，這種考慮以後就包含在羅馬斯多噶派[32]關於共通感的學說裡。這樣一種把所給定的東西歸入一般東西中，即歸入我們所謀求的正確事物由之得出的目的中的概括，需要對具體情況的掌握和社會習俗上的適應。因而這種概括就以某種意向，即一種社會習俗上的存在（hexis）爲前提條件。因此，按照亞里斯多德的看法，phronēsis 是一種「精神品性」。他在這種品性裡看到的不只是一種能力（dynamis），而是一種社會習俗存在的規定性，這種規定性如果沒有整個「道德品性」就不能存在，就像相反地「道德品性」如果沒有這種規定性也不能存在一樣。雖然這種品性在培養過程中能幫助人們區分應當做的事情和不應當做的事情，但它不只是一種實踐性的智慧和一般的才智。這種品性關於應當做的和不應當做的區分，始終包含著適當和不適當的區分，並且由此假定了一種繼續加深這種區分的社會習俗上的態度。

這就是從亞里斯多德反對柏拉圖的「善的理念」所發展而來的思想，事實上維柯援引共通感也是回到這種思想。在士林哲學裡，例如：多瑪斯——在其對《論靈魂》[30]的注疏裡——那裡，共通感是外在感覺的共同根源，或者說，是連結這些外在感覺，並對給予

γνωσεως τὸ αὐῑῶ ἐιδὲγαι（一般概念〔Eidos〕不是某種關於自身的知識）。

30 亞里斯多德：《論靈魂》，425a14 以下。

[I 28] 的東西進行判斷的能力，一種人皆有之的能耐。[31] 反之，在維柯看來，共通感則是在所有人中存在的一種對於合理事物和公共福利的感覺，而且更多的還是一種透過生活的共同性而獲得，並爲這種共同性生活的規章制度和目的所限定的感覺。這種思想就像斯多噶派的 Koinai ennoiai（共同觀念）一樣，具有某種天賦人權的特色。但是，即使在這個意義上，共通感也不是希臘人的觀念，它完全不表示亞里斯多德在《論靈魂》裡所講的 Koinē dynamis（共同力），假如亞里斯多德是試圖用現象學的結論（這種結論指明每一種感知都是某種共相的區分和意向）來調解特殊感覺（aisthesis idia）學說的話。確切地說，維柯是返回到古羅馬的共通感概念，尤其是羅馬古典作家所理解的這一概念。這些古典作家面對希臘的文化而堅持他們自身政治和社會生活傳統的價值和意義。因而這是一個具有批判性的聲調，一個旨在反對哲學家理論思辨的批判性聲調，這個聲調在羅馬人的共通感概念中就已經可以聽得到，而維柯透過他反對近代科學（批評法）的另一種不同的立場使得人們又清楚地聽到了這種聲調。

這樣，顯然就有某種理由要把語文學歷史學的研究和精神科學的研究方式建立在這個共通感概念上。因爲精神科學的對象、人的道德的和歷史的存在，正如它們在人的行爲和活動中所表現的，本身就是被共通感所根本規定的。所以，基於共相（普遍性）的推論和根據公理的證明都不能是充分的，因爲凡事都依賴於具體情況。但是，這一點只是否定性地加以表述，實際上它是共同感覺所傳導的某種特有的肯定性認識。歷史認識的認知方式絕不在於我們必須用「相信外來的證據」（特滕斯）[32]（特滕斯）[33] 去取代「自覺的

31　多瑪斯・阿奎那：《神學大全》，第 1 集第 1 題 3ad2 以及第 78 題 4ad1。

32　特滕斯：《哲學探究》，1777 年，康德學會重印版，第 515 頁。

推論」（赫爾姆霍茨）。但這也絕不是說，這樣的認識很少有眞理價值。達蘭貝爾[33][34]正確地寫道：「La probabilité a principalement lieu pour les faits historiques, et en général pour tous les événements passés, présents et à venir, que nous attribuons à une sorte de hasard, parce que nousn, en démêlons pas les causes. La partie de cette connaissance qui a pour odjet le présent et le passé, quoiqu'elle ne soit fondée que sur le simple témoignage, produit souvent en nous une persuasion aussi forte que celle qui naît des axiomes.」（「在歷史事實裡基本上是或然性在起作用，一般來說，對於所有過去、現在和未來的事件都是這樣。我們之所以把這些事件歸爲一種偶然性的事件，是因爲我們不能解釋它們的原因。這類其對象是現在和過去事件的知識，雖然只可以根據證據而確定，然而常常在我們心裡產生一種信念，這種信念就像那種產生於公理的信念一樣強烈。」）

歷史（Historia）是與理論理性完全不同的眞理源泉。西塞羅[35]早已看到了這一點，當時他把歷史稱之爲記憶的生命（vita [I 29]
memoriae）。[34]歷史自身存在的權利在於：人的激情是不能爲理性的一般規則所支配。爲此，我們更需要令人信服的事例，而這種事例只有歷史才能提供出來。因此，培根就把提供這種事例的**歷史**直截了當地稱之爲另一種哲學思辨之路（alia ratio philosophandi）。[35]

這也是一種足夠否定性的表述。但是我們將會看到，在所有這些說法裡，亞里斯多德所認識的那種倫理習俗知識的存在方式都在起作用。記住亞里斯多德的這種認識，對於精神科學的正當的自我理解來說將是重要的。

---

33 《百科全書序言討論》，克勒編，邁納出版社，1955 年，第 80 頁。

34 西塞羅：《論演說》，第 2 部，第 9 章，第 36 節。

35 參見列奧・施特勞斯：《霍布斯的政治哲學》，第 6 章。

維柯對羅馬人共通感概念的援引以及他爲反對現代科學而對人文主義修辭學所作的辯護，對於我們來說有特別重要的意義，因爲從這裡我們接近了精神科學知識的一個眞理要素，而這個要素在 19 世紀精神科學的自我反思裡是不再可能達到的。維柯生活在一個尚未被中斷的修辭學—人文主義文化傳統中，而且他只需要重新肯定該傳統的永恆的權利。最終他認識到，理性的證明和教導不能完全窮盡知識的範圍。因此，維柯求諸共通感，正如我們所看到的，是依據於一種深遠的一直可以追溯至古代的關係，這種關係直到現在還在繼續起作用，而這種繼續存在就構成了我們今天的課題。[36]

由於我們首先指出了把現代方法論概念運用於精神科學所引起的困難，我們必須相反地努力爲自己開闢一條返回到這個傳統的道路。爲此目的，讓我們探究這樣兩個問題：這個傳統是怎樣消失的，以及精神科學認識的眞理要求怎樣由此而受到那種對於它來說本質上是陌生的現代科學方法論思想尺度的支配。

對於這個本質上由德國「歷史學派」所決定的發展過程來說，維柯以及一般義大利未被中斷的修辭學傳統並沒有起直接的決定性作用。維柯對於 18 世紀的影響幾乎很難覺察到。但是維柯並不是唯一援引共通感的人，對 18 世紀發生巨大影響的沙夫茨伯里是他的一個重要的同伴。沙夫茨伯里曾把對**機智**（wit）和**幽默**
[I 30] （humour）的社會意義的評價置於共通感這一名稱之下，並明確地援引了羅馬古典作家和他們的人文主義解釋。[37] 正如我們已經注意到的，共通感這個概念對於我們確實也帶有一種斯多噶派天賦人權

36　顯然，卡斯蒂廖內 [36] 在介紹這種亞里斯多德派思想方面起了一個重要作用。參見恩里希．洛斯：〈巴爾達薩雷．卡斯蒂廖內的論貴族書〉（載《羅馬論集》，F. 夏爾克編，第 2 卷）。

37　沙夫茨伯里：《論特徵》，第 2 卷，尤其是第 3 部分第 1 節。

的色彩。然而我們卻不能否認沙夫茨伯里所追隨的這種依據於羅馬古典作家的人文主義解釋的正確性。按照沙夫茨伯里的看法，人文主義者把共通感理解爲對共同福利的感覺，但也是一種**對共同體或社會、自然情感、人性、友善品質的愛**。他們從馬可·奧理略[37]那裡採用了一個術語，[38]即koinonoēmosynē（共同思想力）。這是一個非常生僻的人造詞，由此就基本證實了共通感概念根本不是起源於希臘哲學家，而是一種聽起來像泛音一樣的斯多噶概念的回聲。人文主義者薩爾馬修斯[38]描述這個詞的內容爲「moderatam, usitatam et ordinariam hominis mentem, que in commune qnodam modo consulit nec omnia ad commodum suum refert, respectumque etiam habet eorum, cum quibus versatur, modeste, modiceque de se sentiens」（人們的一種謙遜的、適度的和通常的精神狀態，這種精神狀態是以某種共同的東西爲準則，它不把一切歸到自身的功利之上，而是注意到它所追求的東西，並有節制地謙遜地從自身去進行思考）。這與其說是賦予一切人的一種天賦人權的素質，毋寧說是一種社會的品性，一種沙夫茨伯里所認爲的比頭腦品性更豐富的心靈品性。如果沙夫茨伯里是從這裡出發去理解**機智**和**幽默**的，那麼他也是跟隨古代羅馬人的想法，即那種在**人性**裡包含著優美的生活方式，包含著領會並造就快樂的人的行爲方式的想法，因爲沙夫茨伯里知道自己與他的前人有某種深刻的連繫（沙夫茨伯里明確地把**機智**和**幽默**限制在朋友之間的社會交往上）。如果共通感在這裡幾乎像是一種社會交往品性一樣，那麼共通感中實際包含著一種道德的，也就是一種形上學的根基。

這就是**同情**（sympathy）這種精神的和社會的品性，沙夫茨伯里看到了這種品性，而且眾所周知，他在這種品性上不僅建立了道

---

38 《馬可·奧理略回憶錄》，第 I 部，第 16 節。

德學，而且建立了一種完全審美性的形上學。他的後繼者，首先是哈奇森[39][39]和休謨，曾把他的啓示構造成爲一種**道德感**學說，而這種學說以後就成爲康德倫理學的一個出發點。

共同感覺（common sense，或譯共通感）概念在蘇格蘭哲學裡曾經起了一個實際上是核心的重要作用。蘇格蘭哲學致力於攻擊形上學及其懷疑主義的解決方案，並在日常感覺的原始而自然的判斷基礎上構造它的新體系（托馬斯·里德[40]）。[40] 毫無疑問，在他們的新體系中，共通感概念的亞里斯多德—士林哲學傳統起了實際的

[I 31] 作用。他們對感覺和感覺之認識功能的探討就是從這個傳統出發進行的，而且這種探討的最終目的是要修正過度的哲學思辨。但是，與此同時，他們又把握了**日常感覺**與**社會**的連繫：「它們（指日常感覺）有助於指導我們的日常生活，而在日常生活方面，我們的推理能力卻使我們誤入歧途。」在他們心目中，正常人類理智的哲學，即**健全感覺**（good sense）的哲學，不僅是一帖醫治形上學「夜遊症」的良藥，而且也包含一種促成合理社會生活的道德哲學的基礎。

共同感覺或健全感覺（bon sens）概念裡的道德因素，直至今天仍然在起作用，並且使這個概念與我們的「正常人類理智」概念

39　哈奇森直截了當地用同情來解釋共通感。

40　托馬斯·里德：《哲學著作集》，漢密爾頓編，1895 年，第 8 版。在該書第 2 卷第 774 頁以下有一個漢密爾頓關於共通感的詳細注釋，當然，這個注釋不是歷史地而更多是分類地處理一大堆史料。就像我從京特的友好指點中獲得的啓發一樣，共通感在哲學裡起系統作用的首先是在布菲爾[41]那裡有據可查的。透過感覺而獲得的對世界的認識擺脫了任何理論的困境，而且實際地可得到確認，這本身就表現了一種古老的懷疑派的動機。但是布菲爾把共通感提升到公理的高度，使得共通感成為我們認識外在世界（res extra nos）的基礎，正如笛卡兒主義的我思（cogito）是我們認識意識世界的基礎一樣。布菲爾曾對里德產生影響。

區分開來。我援引亨利・柏格森[42]1895年在巴黎大學隆重授獎大會上關於健全感覺所作的傑出演講作爲一個例子。[41] 柏格森對於自然科學的抽象和對於語言與法權思想的抽象所作的批判，以及他對於「一種隨時返回自身、排除既存觀念代之以新興思想的內在理智能力」（第88頁）的強烈呼籲，在法國就可以授名爲「健全感覺」。儘管健全感覺這一概念的規定似乎天然地包含了對於感覺的關聯，但對於柏格森來說，下面這一說仍然是不言而喻的，即**健全感覺**不同於感覺，它觸及**社會環境**（das milieu social）。「其他感覺使我們與事物發生關係，而健全感覺則支配我們與人之間的關係」（第85頁）。這是一種實踐生活的才幹，與其說是天賦，毋寧說是一項不斷地「使我們適應新情況的調整性」任務；一種使一般原則適應於現實以實現正義的活動；一種「對於實際眞理的機智」；一種「產生於公正心靈的正確判斷」（第88頁）。按照柏格森的看法，健全感覺作爲思想和意願的共同源泉，就是一種社會感（sens social），這種社會感既能避免形上學玄想家的錯誤，也能避免那些找尋社會法則的科學獨斷論者的錯誤。「正確地說，也許它不是嚴格意義上的方法，而是一種行爲方式。」柏格森儘管 [I 32] 也論及古典主義研究對於造就健全感覺的意義——他把這種研究看成爲一種破除「語言冰層」、發現底下自由思潮的努力（第91頁）——但他無疑未追問相反的問題，即健全感覺對於這種古典主義研究本身是怎樣必不可少的，也就是說，他並沒有論及健全感覺的詮釋學作用。他的問題根本不是針對科學，而是針對健全感覺對於生活的獨立的意義。我們只是強調這個概念的道德和政治含意在他的思想和他的聽眾的思想裡所具有的那種不言而喻的支配性。

---

41 亨利・柏格森：《著作和講演》，第1編（R. M. 莫薩—巴斯蒂德版），第84頁以下。

值得注意的是，對於 19 世紀現代精神科學的自我認識起決定性影響的，並不是哲學的這種道德傳統——維柯和沙夫茨伯里就屬於這個傳統，並且主要是以法國這個健全感覺的經典國家爲代表——而是康德和歌德時代的德國哲學。在英國和拉丁語國家，共通感這一概念甚至直至今日還不是只表示一種批判的術語，而是表示一種國家公民的共同品性，而在德國，沙夫茨伯里和哈奇森的追隨者即使在 18 世紀也沒有採納共通感這一概念所包含的政治社會內容。18 世紀〔德國〕學院派形上學[43]和大眾哲學（Popularphilosophie）[44]雖然也非常注意向啓蒙運動的主要國家英國和法國學習和模仿，然而它們卻不能吸收它們的社會政治條件完全缺乏的東西。人們雖然採納了共通感概念，然而由於丟掉了它的一切政治內容，這一概念失去了它本來的批判意義。這樣，人們把共通感只是理解爲一種理論能力，一種與道德意識（良心）和趣味並列的理論判斷力。因而共通感被歸之於士林哲學的某種基本能力，對這種能力的批判則是由赫爾德完成的（見旨在反對里德的第 4 個批判性的《小樹》），而且由於這種批判赫爾德在美學領域內成爲歷史主義的先驅。

[I 33] 然而，在共通感問題上也存在著一個明顯的例外情況，即虔信派（Pietismus）[45]對共通感的引用。限制科學的，即論證的要求和求諸共通感，不僅對於像沙夫茨伯里這樣的相對「學院派」的世俗之人來說是重要的，而且對於那些試圖贏得其信徒的內心的牧師來說也是重要的。所以施瓦本地區的虔信派教徒厄廷格爾（Oetinger）[46]就明確地支持了沙夫茨伯里對共通感的維護。在厄廷格爾那裡，我們發現共通感被直接翻譯成「心地」（Herz），而且還有下面這段描述：「共通感所涉及的……是這樣一些眾所周知的東西，這些東西一切人日常都能看得見，它們彼此組合成一個完整的集體，它們既關係到眞理和陳述，又關係到把握陳述的方

式和形式。」[42] 在這裡厄廷格爾是想表明，問題不在於概念的明晰性——概念的明晰性「不足以達到活生生的知識」，而在於必須有「某種預感和意向」。「父親無須任何論證就傾向於去照看他的小孩，這不是愛在顯示，而是心靈不斷地衝破了敵視所愛對象的理性。」因此厄廷格爾援引共通感以反對「學院派」的理性主義，對我們來說，就有特別的意義，因爲這種援引在他那裡有一種明顯的詮釋學的應用。對於像厄廷格爾這樣的教會人士來說，重要的事情是理解《聖經》。因爲在這方面數學的論證方法已無濟於事，所以他要求另外一種方法，即「生成法」（generative Methode），這就是「培植性地解釋《聖經》，以使正義能夠像一株秧苗那樣被培植出來」。

厄廷格爾也曾使共通感概念成爲一門廣博而有學問的探究的對象，這種探究同樣也是旨在反對理性主義。[43] 在這裡他與萊布尼茲相反，他在這個概念中看到了一切眞理的源泉，即看到了眞正的發現法（ars inveniendi），而萊布尼茲卻把一切都建立在一種簡單的

42　我引自 M. 弗里德里希．克里斯多夫．厄廷格爾的《共通感或普遍感覺的真理——依據原文解釋的《舊約全書》箴言和傳道書或雅俗皆宜的最佳家庭讀物、倫理讀物》（愛曼新編版本，1861 年）。厄廷格爾為他的生成法援引了修辭學傳統，並進而引證了沙夫茨伯里、費內倫 [47]、弗勒里 [48]。按照弗勒里（見《柏拉圖論集》）的看法，演說家方法的長處在於「指出偏見」，當厄廷格爾說演說家與哲學家共用這種方法，他是正確對待弗勒里的（前引書，第 125 頁）。按照厄廷格爾，如果啓蒙運動認為它超出了這種方法，那麼這是啓蒙運動的一個錯誤。我們的探究將使我們肯定厄廷格爾這種觀點。因為如果厄廷格爾也反對一種現在不再具有或因此恰恰具有現實意義的幾何學方法的形式，即啓蒙運動的論證典範，那麼同樣的東西也適合於現代精神科學及其與「邏輯學」的關係。

43　F. ch. 厄廷格爾：《對共通感和理性的探究》（圖賓根，1753 年）〔新版：斯圖加特—巴德；康斯泰特，1964 年〕。參見〈厄廷格爾是哲學家〉，載《短篇著作集》，第 3 卷，《觀念與語言》，第 89-100 頁〔我的著作集，第 4 卷〕。

形上學演算上（以致每一種內在的趣味都被排除掉了）。按照厄廷格爾的看法，共通感的眞正基礎是 vita 概念，即生命概念（sensus communis vitae gaudens 使生命歡躍的共通感）。與用實驗和計算強行地分割自然不同，厄廷格爾把從簡單到複雜的自然進展看作爲神聖創造的普遍生長規律，因而也是人類精神的普遍生長規律。爲
[I 34] 了說明一切知識皆起源於共通感，他援引了沃爾夫[49]、白努利[50]和帕斯卡[51]，援引了莫佩爾蒂[52]關於語言起源的研究，援引了培根、費內倫等人，並把共通感定義爲「viva et penetrans perceptio objectorum toti humanitati obviorum, ex immediato tactu et intuitu eorum, quae sunt simplicissima......」（「透過直接地接觸和觀看最簡單的事物而對明顯展示給整個人類的對象所具有的一種富有生氣而敏銳異常的感覺⋯⋯」）。

從這句話的前半句已看出，厄廷格爾從一開始就把共通感這個詞的人文主義－政治的意義與逍遙學派的共通感概念連在了一起。上述定義在有些地方（直接地接觸和觀看）使人想起了亞里斯多德的**心靈**學說。他採納了亞里斯多德關於統一視覺和聽覺等的共同力（gemeinsame Dynamis）的探究，並用來證明本來的生命奧祕。生命的神性般的奧祕就在於它的簡單性。如果人類由於原罪而喪失了這種簡單性，那麼人類透過上帝的恩惠又能重新返回到統一性和簡單性：「operatio logou s. präsentia Dei simplificat diversa in unum」〔「邏各斯的行爲，或者上帝的存在，把各種不同東西統一成一個東西」（162）〕。上帝的存在正在於生命本身，在於這種使一切有生命東西區別於一切死東西的「共同感覺」。[53]——厄廷格爾絕不是偶然地才提到珊瑚蟲和海星的，這些東西不管怎樣被切割仍不斷再生並形成新的個體。——在人類身上，同樣的一種神性力量也在發生作用，它作爲一種本能的和內在的心靈激素，推動人們去發現上帝的蹤跡，去認識與人的幸福和生命有密切

關係的東西。厄廷格爾明確地把對於一切時間和一切地方皆有益於人的共同眞理的感受作爲「感性的」眞理從理性的眞理區分出來。共同感覺是一種本能的複合物，即一種對於生命的眞正幸福所依賴的東西的自然渴望，就此而言，它就是上帝存在的效應。本能（Instinkte）不應按萊布尼茲那樣被理解爲情感（Affekte），即 confusae repraesentationes（混淆的表象），因爲它不是倏忽即逝的，而是根深蒂固的傾向，並具有一種專橫的、神聖的、不可抗拒的威力。[44] 依賴於這種本能的共通感之所以對於我們的認識有著特別的意義，[45] 正是因爲它們乃是上帝的恩賜。厄廷格爾寫道：「理性是透過規則而常常不用上帝來控制自己，反之，感覺則始終伴隨有上帝。所以，正如自然不同於藝術一樣，感覺和理性也是不同的。上帝透過自然同時在全範圍內有規則地發展而行事，——反之，藝術開始於某個個別部分……感覺模仿自然，理性模仿藝術」（247）。

這段話很重要，把我們引入一種詮釋學的關係，就像在這部博學的著作中「所羅門的智慧」[54] 一般地表現了認識的最終對象和最高例證一樣。這就是關於共通感用法（usus）的一章。這裡厄廷格爾攻擊了沃爾夫派的詮釋學理論。在厄廷格爾看來，比所有詮釋學規則更爲重要的東西乃是要有一種「豐滿的感覺」（sensu plenus）。這樣一種論點當然是一種純粹的思辨，但它在**生命**概念即共通感概念中有其邏輯的基礎。這個論點的詮釋學意義可以透過下面這段話來說明：「那些在《聖經》和上帝的造化裡出現的觀念越是豐富和純粹，個別東西在一切事物中和一切東西在個別事物中 [I 35]

44 原文是：radicatae tendentia...Habent vim dictatoriam divinam, irresistibilem。

45 原文是：in investigandis ideis usum habet insignem。

就越多被認識。」[46]這裡，在19世紀和20世紀人們喜歡稱之爲「直覺」的東西被帶回到它的形上學基礎上，即被帶回到在每一個體裡都包含有整體的這樣一種有機生命存在的結構上：「cyclus vitae centrum suum in corde habet, quod infinita simul percipit per sensum communem」〔「生命循環的中心在於心靈，心靈透過共通感認識無限」（見序言）〕。

比所有詮釋學規則知識更爲深刻的東西乃是對於自身的應用：「applicentur regulae ad se ipsum ante omnia et tum habebitur clavis ad intelligentiam proverbiorum Salomonis」〔「規則首先應運用於自身，然後才有理解所羅門《聖經》的鑰匙」（207）〕。[47]厄廷格爾知道從這裡去取得與沙夫茨伯里思想的一致性，如他所說的，沙夫茨伯里是唯一一個以這個名稱寫過關於共通感著作的人。可是，厄廷格爾也援引了其他一些曾注意到理性方法片面性的人，如：援引了帕斯卡關於「幾何學的精神」（esprit geometrique）和「微妙的精神」（esprit de finesse）的區分。[55]然而促使這位施瓦本的牧師集中考慮共通感概念的，與其說是一種政治或社會的興趣，毋寧說是一種神學的考慮。

當然，其他一些虔信派神學家也以與厄廷格爾同樣的方式針對當時流行的理性主義提出了**應用**（applicatio）的重要性，正如我們在蘭巴赫[56]的例子裡所看到的。當時具有廣泛影響的蘭巴赫的詮釋學也一起探討了應用問題。但是，18世紀後期虔信派的保守傾向卻使得共通感的詮釋學作用降低爲一種單純的校正作用：凡是與

46　原文是：sunt foecundiores et defaecatiores, quo magis intelliguntur singulae in omnibus et omnes in singulis。

47　正是在這裡，厄廷格爾回想起了亞里斯多德在道德哲學探究中對太年輕的聽講者的懷疑——這也是一個他怎樣意識到應用問題的標誌。參見本書第296頁以下（編按：指本書邊編，以下同）。

情感、判斷和推理中的 consensus（一致意見）即共通感相矛盾的東西就不能是正確的。48 相對於沙夫茨伯里所講的共通感對於社會和國家的意義，共通感這種消極的作用表現了德國啓蒙運動所產生的思想在內容上的空疏和抽象。

(γ) 判斷力（**Urteilskraft**） [I 36]

可能正是因爲18世紀德國這種思想的發展使得共通感概念與**判斷力概念**最緊密地結合了起來。「健全的人類理智」，有時也被稱之爲「共同的理智」，其特徵實際上根本是由判斷力所規定的。[57] 愚昧的人之所以區別於聰明的人，就在於他不具有判斷力，也就是說，他不能正確地進行概括，並因此不能正確地應用他所學到和知道的東西。在 18 世紀，人們引進「判斷力」一詞是想重新恰當地恢復曾經被認爲是精神的一種基本品性的 iudicium（判斷）這一概念。在這樣的意義上，英國的道德哲學家強調說道德的和審美的判斷不服從**理性**，而是具有 sentiment（**感情**）或 taste（**情趣**）的特質。德國啓蒙運動的代表人物之一特滕斯，同樣也在共通感裡看到一種「沒有反思的判斷」（iudicium ohne Reflexion）。49 實際上，判斷力的活動，即把某個特殊事物歸入某種一般東西中，例如：把某事認作爲某個規則的實例，在邏輯上是不可證明的。因此，判斷力由於需要某個能夠指導它的應用的規則而處於一種根本的困境中。因爲正如康德所尖銳地指出的，爲了遵循這個規則它將需要一個其他的判斷力。50[59] 所以判斷力一般來說是不能學到的，它只能從具體

---

48 我援引馬魯斯 [58] 的《詮釋學》，第 1 冊，第 2 篇，第 2 章，第 XXIII 頁。

49 特滕斯：《對人類天性及其發展的哲學試探》，萊比錫，1777 年，第 1 卷，第 520 頁。

50 康德：《判斷力批判》，1799 年第 2 版，第 VII 頁。

事情上去訓練，而且在這一點上，它更是一種類似感覺的能力。判斷力是某種絕對學不到的東西，因爲沒有一種概念的說明能指導規則的應用。

因此，德國啓蒙運動哲學並不把判斷力算作精神的高級能力，而是算作低級的認識能力。這樣，判斷力採取一種遠遠偏離共通感最初的羅馬時期的含意而繼續士林哲學傳統的方向，這對美學來說應具有一種特別的意義。因爲，在鮑姆加登[60]那裡基本已完全確定：判斷力所認識的東西是感性的個體，即單個事物，判斷力在單個事物中所斷定的東西則是該事物的完滿性，或者說是非完滿性。[51]在這個關於判斷的規定中我們必須注意，這裡並沒有簡單地
[I 37] 應用某個預先給予的事物概念，而是說感性的個別事物本身之所以被把握，乃是由於在它們那裡見出了多與一的一致性。所以這裡不是對於某個普遍東西的應用，而是說內在的一致性乃是決定性的東西。[61]正如我們所看到的，這裡已經涉及到了康德以後稱之爲「反思判斷力」並理解爲按照眞實的和形式的合目的性的判斷的東西。這裡並不存在任何概念，而是單個事物被「內在地」（immanent）判斷。康德把這稱之爲審美判斷，並且像鮑姆加登把感受性的判斷（iudicium sensitivum）描述爲趣味（gustus）一樣，康德重複說：「一種完滿性的感性判斷就是趣味。」[52]

以後我們將會看到，判斷（iudicium）概念的這種美學上的轉換——在18世紀首先是透過哥特舍德（Gottsched）促進的——是怎樣在康德那裡獲得了根本意義的，以及怎樣表明了康德關於規定

---

51 鮑姆加登：《形上學》，§606: perfectionem imperfectionemque rerum percipio, i. e. diiudico（感知，即引導事物的完滿性和非完滿性）。

52 《康德的一個倫理學講演》，門策爾編，1924 年，第 34 頁。

的判斷力和反思的判斷力的區分並不是沒有問題的。[53] 共通感的意義內涵很難被限制在審美判斷上，因爲從維柯和沙夫茨伯里對這一概念的使用來看，共通感並不首先是一種人們必須練習的形式能力或精神能力，而是始終包含了判斷和規定判斷內容的判斷標準的總體。

健全的理性、共同的感覺，首先表現在它所做的關於合理和不合理、適當和不適當的判斷裡。誰具有一個健全的判斷，他就不能以普遍的觀點去評判特殊事物，而是知道眞正關鍵的東西是什麼，也就是說他以正確的、合理的、健全的觀點去觀看事物。一個騙子雖然能正確地算計人的弱點，並經常爲了行騙而做正確的事，但他卻不具有「健全的（即善良的）判斷」（就這詞的最高意義而言）。被歸給判斷能力的普遍性根本不像康德所認爲的那樣，是某種「共同的」東西。判斷力與其說是一種能力，毋寧說是一種對一切人提出的要求。所有人都有足夠的「共同感覺」（gemeinen Sinn），即判斷能力，以致我們能指望他的表現「共同的意向」（Gemeinsinn），即眞正的公民道德的團結一致，但這意味著對於正當和不正當的判斷，以及對於「共同利益」的關心。這就是使維柯如此動人地依賴於人文主義傳統的東西，面對共同感覺概念的抽象化傾向，他堅持這一詞在羅馬傳統裡的意義的全部價値（直到今天這還是拉丁民族的突出特徵）。同樣，沙夫茨伯里採用這一概念，也正如我們所看到的，是與人文主義的政治—社會傳統相連繫的。共通感就是公民道德存在的一個要素，即使這一概念在虔信派 [I 38]
和蘇格蘭哲學裡表示一種對於形上學的公開攻擊，它仍保留了其本來的批判功能。

與此相反，**康德**在其《判斷力批判》裡對這一概念的採用則

---

53 參見本書第 44 頁以下。

有完全不同的強調重點。54[62] 這一概念的基本道德含意在他那裡不再有任何重要的地位。眾所周知，正是爲了反對英國哲學裡出現的「道德情感」學說，康德提出了他的道德哲學。所以，共通感概念被他從道德哲學裡完全排除出去了。

凡是涉及到道德命令的無條件性的東西是不能建立在情感基礎上的，即使人們並不是指個別的情感，而是指共同的道德感受性，情況也是這樣。因爲具有道德性的命令的性質，是根本地排除對其他事物的權衡考慮的。道德命令的無條件性確實並不意味著道德意識在對其他事物的判斷中應固執己見，寧可說，它是一種要求放棄自己判斷的主觀私有條件而置身於他人判斷的立場上的道德命令。但是這種無條件性也意味著道德意識不能避免對他人判斷的顧及。道德命令的強制性在比感受的普遍性能達到的更嚴格的意義上說是普遍的。應用道德規則來決定意志是判斷力的事情。但是因爲這裡涉及到純粹實踐理性規則中的判斷力，所以判斷力的任務就在於防止那種「僅以經驗結果……來定善惡實踐概念的實踐理性經驗主義」。55 這是在純粹實踐理性模型論裡所說的話。[63]

對於康德確實也有這樣一個問題，即我們怎樣才能使純粹實踐理性的嚴格規則進入人的情感。康德在「純粹實踐理性的方法論」裡研討了這一問題，這種方法論是「想簡略地提供一個建立和培養眞正道德情操的方法綱要」。[64] 對於這一任務，康德實際上援
[I 39] 引了共同的人類理性，並想培養和造就實踐判斷力，而在這裡確實也有審美的因素在起作用。56 但是，主張能以這種方式培養道德情感，這並不屬於道德哲學的問題，而且無論如何也不涉及道德哲學

---

54 《判斷力批判》，§ 40。

55 《實踐理性批判》，1787 年，第 124 頁。

56 《實踐理性批判》，第 272 頁；《判斷力批判》，§60。

的基礎。因爲康德的要求是，我們的意志決定只被那種依賴於純粹實踐理性的自我立法的動機所規定。對於純粹實踐理性的這種自我立法來說，任何單純的感受共同性都不能構成它的基礎，它的基礎只是那種「即使模糊不明，但仍確切進行的實際理性行爲」，而說明和描述這種實際理性行爲正是實踐理性批判的任務。

即使就其邏輯意義而言，共通感這一詞在康德那裡也沒有起什麼作用。康德在判斷力的先驗學說裡所論述的東西，即關於圖式和公理的學說，[57] 與共通感不再有任何關係，因爲這裡研討的是那些涉及其先天對象的概念，而不是把單個事物歸入一般事物的概括。反之，凡是眞正涉及到認單個事物爲一般事物的實例的能力的地方，凡我們講到健全的理智的地方，按照康德，我們是和某種「共同的」東西打交道（就這詞的最眞實的意義而言），即「某種我們在任何地方都可以找到的東西，占有這些東西絕不是功績或優點」。[58][65] 這種健全的理智沒有別的意義，唯一的意義在於它是已造就和已闡明了的理智的先行階段。這種理智雖然活動在判斷力（人們稱之爲情感）的模糊不明的分化中，但它總是按照概念，「固然通常只是按照模糊不明表現的原理」[66] 去進行判斷的，[59] 並且確實不能被認爲是一種特有的共同感覺。對判斷力的一般的邏輯使用——人們把這種判斷力歸之於共通感——絲毫不包含某種自身的原則。[60]

所以，在人們能稱之爲感性判斷能力的整個範圍內，對於康德來說，只剩下了審美的趣味判斷。在這裡我們可以講到眞正的共同

57 《純粹理性批判》，第 171 頁以下。

58 《判斷力批判》，1799 年第 3 版，第 157 頁。

59 《判斷力批判》，1799 年第 3 版，第 64 頁。

60 參見康德把事例（以及歷史）的意義認作判斷力的「牽引車」（Gängelwagen）的論述（第 173 頁）。[67]

感覺。儘管人們在審美趣味中是否觸及認識還是值得懷疑的，而且審美判斷確實不是按照概念進行判斷的，我們仍可確信，在審美趣味中具有普遍規定的必然性，即使這種趣味是感性的，而不是概念的。所以康德說，眞正的共同感覺就是**趣味**（Geschmack）。[68]

[I 40] 如果我們考慮到在18世紀人們怎樣喜愛討論人的趣味的差異性的話，上述表述是悖理的。但是，即使我們不從趣味的差異性中引出任何懷疑主義—相對主義的結論，而是堅持一種好的趣味觀念，把「好的趣味」——區分有教養的社會成員與所有其他人的一種奇特標誌——稱之爲一種共同感覺，這也是悖理的。就某種經驗主義主張的意義而言，這事實上是無意義的。我們將看到，這種描述只有對於康德的先驗目的，即爲進行趣味批判作先天證明，才是有意義的。但是我們將必須探究，把共同感覺概念限制到關於美的東西的趣味判斷上，對於這種共同感覺的眞理要求究竟意味著什麼，那種康德式的趣味的主觀先天性怎樣影響了精神科學的自我理解。

(δ) 趣味（Geschmack）

我們必須再次從更遠的地方談起，因爲這裡的問題實際上不僅涉及把共同感覺概念限制在趣味上，而且也關係到限制趣味概念本身。趣味這一概念在被康德作爲他的判斷力批判的基礎之前就有很長的歷史，這漫長的歷史清楚地表明**趣味概念**最早是**道德性**的概念，而不是審美性的概念。趣味概念描述一種眞正的人性理想，它的這一特徵應當歸功於那種對「學院派」的獨斷論採取批判立場的努力。只是到了後來，這一概念的用法才被限制到「美的精神性東西」上。

巴爾塔札・格拉西安[69]處於這一歷史的開端。[61]格拉西安的出發點是：感性趣味是我們感覺裡最動物性的和最內在的一種感覺，因而它已經包含了我們在對事物的高級判斷裡所作分辨的端倪。所以，趣味的感性差別——以最直接的方式享有的接受和拒絕——實際上並不是單純的本能，而是介乎感性本能和精神自由之間的東西。這一點正表現了感性趣味的特徵，即它對於那些屬於生活最緊迫需要的東西具有選擇和判斷的距離。所以格拉西安已在趣味中 [I 41]
看到了一種「動物性的精神活動」，並正確地指出了不僅在精神（ingenio）中，而且在趣味（gusto）中，也存在著教化（cultura）。當然，這本身也適用於感性趣味。具有出色味覺的人，就是培養這種樂趣的優秀品嘗家。趣味這一概念是格拉西安的社會理想教化的出發點，他的有教養的人（discreto）的理想在於，這種人，即hombre en su punto（完美的人），獲得了與生活和社會的一切事物保持正確距離的自由，所以他知道自覺而冷靜地分辨和選擇。

格拉西安由此所提出的教化理想可以說是劃時代的。這個理想取代了基督教奉承者（卡斯蒂廖內）的教化理想。在西方教化理想的發展史上，格拉西安教化理想的卓越之處在於，它不依賴於等級制的前提。它是一種**教化社會**（Bildungsgesellschaft）的理想。[62]情況似乎是這樣：隨著專制制度的形成及其對世襲貴族制的壓制，這

---

61 關於格拉西安和他的影響，特別是在德國的影響，基本讀物是卡爾・波林斯基的《巴爾塔札・格拉西安和德國的宮廷文學》，1894 年。最近的補充讀物是 Fr. 舒麥的《趣味概念在 17 和 18 世紀哲學裡的發展》（《概念史文獻》，第 1 卷，1955 年）。〔也可參見 W. 克勞斯的《德國和法國啓蒙運動研究》，柏林，1963 年。〕

62 我認為，F. 黑爾[70]關於現代教化概念起源於文藝復興、宗教改革和反宗教改革時期的學院教化（Schulkultur）的觀點是正確的。參見《歐洲的興起》, 第 82、570 頁。

種社會教化理想在各處產生了。因此，趣味概念的歷史依循著專制制度從西班牙到法國和英國的歷史，並且與第三等級的前期發展相一致。趣味不僅僅是一個新社會所提出的理想，而且首先是以這個「好的趣味」理想的名稱形成了人們以後稱之爲「好的社會」的東西。好的社會之所以能被承認和合法化，不再是由於出身和等級，基本上只是由於它的判斷的共同性，或者更恰當地，由於它一般都知道使自己超出興趣的狹隘性和偏愛的自私性而提出判斷要求。

趣味概念無疑也包含**認知方式**。人們能對自己本身和個人偏愛保持距離，正是好的趣味的標誌。因此按其最特有的本質來說，趣味絲毫不是個人的東西，而是第一級的社會現象。趣味甚至能像一個法院機構一樣，以這法院機構所指和代表的某種普遍性名義去抵制個人的私有傾向。人們可能對自身趣味所擯棄的東西有一種偏愛。在此，趣味的裁決具有一種特殊的堅定性。眾所周知，在有關趣味的事情上並沒有論證的可能性（康德說得對，在趣味事情上可能有爭執，但沒有論辯[63][71]），但這不只是因爲其中不存在一
[I 42] 種所有人都必須承認的概念上的普遍標準，而且還因爲即使存在這樣的標準，我們也不可能一下子找到它，即它不是一下子被正確發現的。我們必須具有趣味——我們既不能向自身演示趣味，也不能以單純的模仿去取代趣味。但是，趣味仍然不是單純的個人特性，因爲它要不斷地成爲好的趣味。趣味判斷的堅定性就包含它的效用要求。好的趣味總是信賴它的判斷，也就是說，按其本性來說，好的趣味是可信賴的趣味：要麼接受，要麼拒絕，從不搖擺、偏向他物，也不刨根問底。

所以，趣味是某種類似於感覺的東西，它的活動不具有任何有根據的知識。如果趣味對某物表現了否定的反應，那麼它是不能說

63　康德：《判斷力批判》，1799 年第 3 版，第 233 頁。

爲什麼的。但是它非常確切地知道這是爲什麼。因此趣味的可靠性就是不受無趣味東西侵害的可靠性。值得注意的是，在趣味的分辨選擇中，我們對這種否定的現象表現了更大的敏感性。趣味所眞正追求的，根本不是充滿趣味的東西，而是那種不傷害趣味的東西。這首先就是趣味對之下判斷的東西。趣味正是這樣被定義的，即它被無趣味的東西所傷害，因此它要迴避這種東西，有如一切受到傷害之威脅的事物一樣。所以，「壞的趣味」這一概念不是「好的趣味」的原來的相反現象，寧可說，「好的趣味」的對立面是「毫無趣味」。好的趣味是這樣一種敏感性，這種敏感性如此自然地迴避一切古怪的東西，以致對於沒有趣味的人來說，對它的反應是完全不可理解的。

同趣味最緊密關聯的一種現象是**時尚**（Mode）。這裡趣味概念所包含的社會普遍化的要素成了一種決定性的實在。透過與時尚的比較可以表明，趣味所含有的普遍化是立足於完全不同的基礎，它並不只是意味著經驗的普遍性（這對於康德乃是一個關鍵）。從語言上看，時尚概念已有這樣的意思，即它關係到在一個經常穩固的社會行爲整體裡的一種具有可變性的方式（Modus）。單純只是時尚的東西，本身除了由所有人的行動給出的準則外，不包含任何其他的準則。時尚按其所願只規範那些對於其他人也是同樣能規範的事物。對於時尚來說，本質的東西實際上是經驗的普遍性，對其他事物的顧及、比較，以及置身於一種普遍性的觀點中。就此而言，時尚造就了一種社會的依賴性，而很少有人能擺脫這種依賴性。因此康德是完全正確的，當他認爲做一個符合時尚的愚人要比
[I 43] 反對時尚更好[64]——儘管太認眞地對待時尚之物無疑還是愚蠢。

反之，趣味現象可以被規定爲精神的一種分辨能力。趣味儘管

64《實用觀的人類學》，§71。

也是活動於這樣的社會共同體中，但是它不隸屬於這種共同體——正相反，好的趣味是這樣顯示自己的特徵的，即它知道使自己去迎合由時尚所代表的趣味潮流，或者相反，它知道使時尚所要求的東西去迎合它自身的好的趣味。因此趣味概念包含著：我們即使在時尚中也掌握尺度，不盲目跟隨時尚的變化要求，而是使用我們自己的判斷。人們掌握趣味的「風格」（Stil），即把時尚的要求和他們自己趣味所注視著的整體連繫起來，並接受那種與這個整體相適合、相適應的東西。

所以，趣味的首要問題不僅是承認這個東西或那個東西是美的，而且還要注意所有美的東西都必須與之相適合的整體。[65] 因此趣味不是這種意義上的共同性感覺，即它使自身依賴於一種經驗的普遍性，依賴於他人判斷的完全一致性。趣味並不要求每個人都同意我們的判斷，而是要求每個人都應當與我們的判斷相協調（如康德所指出的那樣）。[66][72] 因此，相對於時尚所表現的專橫，可靠的趣味保留了一種特殊的自由和優越性。趣味本來的和完全屬其自身的規範力量就在於，它確切地知道一個理想共同體的同意（Zustimmung）。與時尚所形成的趣味規範化不同，我們在這裡看到了好的趣味的理想性。由此可以推知，趣味做了某種認識行爲——當然是以一種不能與它所應用的具體情況相脫離的方式，也就是說，它未顧及到規則和概念。

顯然，正是這一點構成了趣味概念原來的廣度，即它表現了一種特有的認識方式。趣味應歸入這樣一種認識領域，在這領域內是以反思判斷力的方式從個體去把握該個體可以歸於其下的一般性。趣味和判斷力一樣，都是根據整體對個別事物進行評判，例如：該

65　參見 A. 波姆納：《判斷力批判入門》，第 280 頁以下，尤其是第 285 頁。

66　《判斷力批判》，1799 年第 3 版，第 67 頁。

個別事物是否與所有其他事物相適應，該個別事物是否也是「合適的」。[67] 我們對此必須具有「感覺」── 因爲它是不能被論證的。

可見，凡是想到整體的地方都需要這樣一種感覺，但是，這種感覺不是作爲一個整體被給出，或者說，不是在目的概念中被設想的：所以趣味絕不限制於在其裝飾性質上被確定的自然美和藝術 [I 44]
美，而是包括了道德和禮儀的整個領域。甚至道德觀念也從不是作爲整體而給出的，或以一種規範的單義的方式被規定的。確切地說，用法律和道德的規則去調理生活是不完善的，這種調理還需要創造性的補充。這就需要判斷力去正確評價具體情況。尤其在法學裡我們熟悉判斷力的這種作用，在法學裡，「詮釋學」對法律的補充作用正在於，使法律具體化。

這常常是一個遠比正確運用普遍原理更廣的問題。我們關於法律和道德的知識總是從個別情況得到補充，也就是創造性地被規定的。法官不僅應用法律於具體事件中，而且透過他的裁決對法律（「法官的法律」）的發展作出貢獻，正如法律一樣，道德也是鑑於個別情況的創造性而不斷得以發展的。所以，認爲判斷力只有在自然和藝術領域內作爲對美和崇高東西的判斷才是創造性的，絕不是眞實的情況。我們甚至不能像康德那樣說，[68]「主要」在這裡我們才能承認判斷力的創造性。自然和藝術中的美應當被那彌漫於人的道德現實中的美的整個廣闊海洋所充實。[73]

只有在純粹理論上的和實踐上的理性訓練中，我們才能講到把

---

67 這裡風格概念有其用武之地。它作為歷史的範疇源出於：裝飾性的東西相對於「美的東西」在起作用。參見本書第 36 頁、第 290 頁以下，以及附錄一（我的著作集，第 2 卷，第 375 頁以下）。〔同時參見我的論文〈詮釋學問題的普遍性〉（《短篇著作集》，第 1 卷，第 101-112 頁；我的著作集，第 2 卷，第 219 頁以下）。〕

68 《判斷力批判》，1799 年第 3 版，第 VII 頁。

個別事物納入某個給定一般的歸納活動（康德的規定性判斷力）。[74] 但實際上這裡本身就包含著某種審美的判斷。這是康德所間接承認的，因爲他承認事例對增強判斷力的作用。當然康德也作了限制性補充：「就知性認識的正確性和準確性而言，事例對之多少有所損害，因爲只有在很少情況下，事例才恰當地滿足規則的條件（作爲限定格）。」69 但是這個限制的反面顯然告訴我們，作爲事例而起作用的事情與僅僅作爲這個規則的事情實際上還是有所不同的。眞
[I 45] 正公開地對待這種事情——不管這是否只是在技術性的或實踐的判斷裡存在——因而就總是含有一種審美的要素。就此而言，康德用作於判斷力批判基礎的關於規定性判斷力和反思性判斷力的區分，就不是一種無條件的區分。70[75]

顯然，這裡所不斷涉及的不僅僅是關於邏輯判斷力的問題，而且也是關於**審美判斷力**的問題。判斷力活動的個別情況從不是一種單純的情況，它不僅僅限於某種普遍規則或概念的特殊事例。它其實經常是一種「個別的情況」，我們可以典型地稱它爲一種特殊情況，一種「獨特情況」（Sonderfall），因爲它並不透過規則來把握。每一個關於某種我們想在其具體個別性裡加以理解的東西的判斷，就像它要求我們具有親身所及的行爲情境一樣，嚴格地說就是一個關於某種獨特情況的判斷。這無非只是表明，對情況的判斷

69 《純粹理性批判》，第 173 頁。

70 顯然，正是由於這種考慮黑格爾超出了康德關於規定性判斷力和反思性判斷力的區分。黑格爾承認康德判斷力學說的思辨意義，因為在那裡，普遍東西本身被康德設想為具體的，但是黑格爾又同時作了這樣的限制，在康德那裡，普遍和特殊的關係仍未表現為真理，而是作為一種主觀的東西被對待 [76]（《百科全書》，§55 以下，以及拉松編《邏輯學》，II，19）。庫諾．費舍（Kuno Fischer）甚至說，在同一哲學裡，被給予的普遍性和要發現的普遍性的對立被揚棄了（《邏輯學和科學學說》，第 148 頁）。

並不是簡單地應用它據此而產生的普遍事物的準則，而是這判斷本身一同規定、補充和修正了這準則。由此，我們最後可以推知：一切道德上的決定都需要趣味——雖然對這種決定的最個人化的平衡似乎並不就是唯一支配趣味的東西，但這種平衡卻是一個不可缺少的要素。這實際上就是一種不可論證的機敏行爲，即抓住了正確的東西，並對普遍性和道德規則（康德）的應用給出了規範，而理性自身是不能給出這種規範的。所以趣味雖然確實不是道德判斷的基礎，但它卻是道德判斷的最高實現。視不合理的東西爲反趣味的人，就有最高的確信去接受好的東西和拒絕壞的東西——其高度就像我們最富有生機的感官所具有的選擇或拒絕食物的那種確信一樣。

趣味概念在 17 世紀的出現——我們上面已經指出它的社會性的和連結社會的作用——是與那種可以追溯至古代的道德哲學連繫在一起的。

這是一種人文主義的而且最終也是希臘的組成要素，這種要素是由基督教所規定的道德哲學裡仍是有效的東西。希臘的倫理學——畢達哥拉斯學派和柏拉圖的適度倫理學（Massethik）、亞里斯多德所創立的中庸倫理學（Ethik der Mesotes）——在某種深層和廣泛的意義上就是好的趣味的倫理學。[71]

---

71 亞里斯多德在解釋德行和正當行為的特徵時所說的最後一句話常常是 ώς δεῖ（出自內心的行為）或 ώς ό όρθὸς λὸγος（真誠的表達方式）：在倫理實踐中可以被教導的東西雖然是 λόγος（表達方式），但這種表達方式超出了某個一般框架之外就不是 άκριβής（合適的）。關鍵的東西是把握正確的細微差別。主導這種把握的 φρόνησις（實踐智慧）是一種 ἕξτς τοῦ ἀληθεύειν（真實的生活方式），一種存在狀態，在此狀態中，某些隱蔽的東西成了可見的了，因而某種東西被認識了。尼古拉．哈特曼 [77] 在試圖按照「價值」來理解倫理學的一切規範要素時，曾經由此提出了「情況價值」（Wert der Situation），這無疑是對亞里斯多德的德行概念表的一種奇特的推廣。〔參見 N. 哈特曼：《倫

[I 46] 當然，這樣一種論點在我們聽起來是陌生的。這有一個原因，因爲我們通常在趣味概念裡看不到理想的規範要素，因而仍被關於趣味差異性的相對主義—懷疑論的論證所影響。但是，我們首先被康德的道德哲學的成就所支配，他使倫理學擺脫了一切審美的和情感的因素。如果我們現在看到了康德判斷力批判在精神科學歷史上所起的作用，那麼我們一定會說，他對於美學所奠定的先驗哲學基礎在兩個方面是富有成效的，並且表現出了一個轉折。這種先驗哲學基礎一方面表示過去傳統的終結，另一方面又同時表示新的發展的開始。它曾把趣味概念限制在這樣的範圍內，在此範圍內趣味能作爲判斷力的一個特有原則而要求獨立不倚的有效性——並因而相反地把認識概念限制在理論的和實踐的理性使用上。主導康德的先驗目的在關於美（和崇高）的判斷的受限制的現象上得到了實現，而且這種先驗目的把更一般的趣味經驗概念和審美判斷力在法權和道德領域內的活動從哲學的中心排除出去。[72]

這種意義很難被過高評價，因爲由此所放棄的東西正是語文學—歷史研究藉以生存的東西。當語文學—歷史研究試圖在自然科學之外以「精神科學」名義從方法上確立自身時，只有從這種所放棄的東西中才能取得對自身的完全的自我理解。現在——由於康德的先驗探究——要去承認傳承物（語文學—歷史研究正是從事於培養和研究這種傳承物）自身特有的眞理要求這條道路被阻塞了。由此，精神科學的方法特徵就在根本上喪失了它的合法性。

理學》，柏林，1926 年，第 330-331 頁，以及最近我的論文〈價值倫理學和實踐哲學〉，載 A. J. 布赫編：《尼古拉．哈特曼紀念文集（1882-1982）》，波昂，1982 年，第 113-122 頁；也見我的著作集，第 4 卷。〕

72 當然，康德並非未看到趣味作為「外在現象裡的道德性」對於教養行為的決定性作用（參見《人類學》，§69），但是他把趣味從純粹理性的意志決定中排除出去。

康德自己透過他的審美判斷力的批判所證明和想證明的東西，[I 47] 是不再具有任何客觀知識的審美趣味的主觀普遍性，以及在「美的藝術」領域內天才（Genie）對一切規範美學的優越性。所以，浪漫主義詮釋學和歷史學認為對它們的自我理解的一個出發點僅在於這個透過康德美學而生效的天才概念。這是康德影響的另一個方面。審美判斷力的先驗證明確立了審美意識的自主性，從這種自主性歷史意識也應當導出自身的合法性。康德所創建的新美學所包含的澈底主體化傾向確實開創了新紀元，一方面由於它不相信在自然科學的知識之外有任何其他的理論知識，從而迫使精神科學在自我思考中依賴自然科學的方法論，另一方面由於它提供了「藝術要素」、「情感」和「移情」作為輔助工具，從而減緩了這種對自然科學方法論的依賴。我們上面[73]已討論過的赫爾姆霍茨關於精神科學特徵的描述，在這兩方面都是康德影響的一個卓越的例子。

如果我們想證明精神科學的這種自我解釋的不足，並要為精神科學開闢更合適的前景，那麼我們就必須進而研討**美學**問題。康德賦予審美判斷力的先驗功能足以與概念性認識劃清界限，並因此規定美和藝術的現象。但是，這與保留概念性認識的眞理概念相關嗎？難道我們不可以承認藝術作品有眞理嗎？我們還將看到，要對這些問題作肯定的回答，不僅要對藝術的現象，而且也要對歷史的現象作新的考察。[74]

---

73 本書第 11 頁以下。

74 我們要感謝阿爾夫雷德．波姆納那本傑出著作《康德的判斷力批判》，該書富有啓發性地考察了康德探討美學和歷史問題之間連繫的積極方面。但是我們也必須考慮這種連繫的失誤。

[I 48]
2. 康德的批判所導致的美學主體化傾向[78]

(a) 康德關於趣味和天才的學說

(α) 趣味的先驗特徵

康德在研討有關趣味基礎性東西時發覺一種超越於經驗普遍性的先天因素，他本人曾把這一點作爲一種精神性的驚異去加以感受。[1]《判斷力批判》正是從這種見解產生的。對判斷力的批判不再是對這樣一種意義上的趣味的單純批判，即趣味是他人所作出的批判性判斷的對象。判斷力批判乃是批判的批判，也就是說，這種批判探究在有關趣味事物中這樣一種批判性行爲的合理性。因而它也就不再單純涉及那些用來證明某種廣泛接受並起主導作用的趣味的合理性的經驗原理——或者不再單純涉及那些探討趣味差異性根源的備受歡迎的問題，而是涉及一種一般而且總是證明批判可能性的眞正的先天性問題。這樣一種先天性能在何處呢？

顯然，美的效用並非來自一種普遍原則，也不能由這種普遍原則所證明。對於趣味問題不能透過論證和證明來決定這一點，從沒有人懷疑過。同樣也是顯然的，好的趣味從不會具有一種實際的經驗普遍性，所以援引起主導作用的趣味將看不到趣味的眞正本質。我們已看到，趣味自身的概念裡就包含著不盲目順從和簡單模仿主導性標準及所選擇樣板的通行價値。在審美趣味領域內，樣板和範例雖然有其特權作用，但是正如康德所正確指出的，這種作用並不

1　參見保羅・門策爾：《康德美學的發展》，1952 年。

在於模仿的方式，而在於繼承（Nachfolge）的方式。2[79] 樣板和範例雖然給予趣味以獲取其自身進程的蹤跡，但它們卻沒有剝奪趣味自身本來的任務，「因爲趣味必須是一種自身特有的能力」。3[80]

另一方面，透過我們對概念史的簡短考察，這一點也是足夠清楚的，即一當問題涉及到審美判斷時，在趣味中不是個別的偏愛被斷定了，而是一種超經驗的規範被把握了。因此我們可以說，康德把美學建立在趣味判斷上順應了審美現象的兩個方面，即它的經驗的非普遍性和它對普遍性的先天要求。 [I 49]

但是，康德爲證明趣味領域內這種批判的合理性所付出的代價卻是：他否認了趣味有任何**認識意義**。這是一種主體性原則，他把共通感也歸結爲這種原則。按照康德的看法，在被視爲美的對象中沒有什麼東西可以被認識，他只主張，主體的快感先天地與被視爲美的對象相符合。眾所周知，康德把這種快感建立在合目的性基礎上，對於我們的認識能力來說，對象的表象一般都具有這種合目的性。這種合目的性是想像力和理解力的一種自由遊戲，一種與認識根本相應的主體關係，它表現了對於對象的快感的根源。這種合目的性—主體性的關係，就理念而言，實際上對於所有人都是一樣的，因而這種關係是普遍可傳達的，由此它確立了趣味判斷的普遍有效性的要求。[81]

這就是康德在審美判斷力上所揭示的**原則**。這裡審美判斷力本身就是法則。就此而言，它是關於美的一種先天效用的問題，這種先天效用發生於趣味事物中單純感性經驗的一致性和理性主義的規則普遍性這兩者中間。當然，如果我們認爲趣味與「生命情感」的關係是趣味的唯一基礎，那麼我們就不能再把趣味稱之

---

2 《判斷力批判》，1799 年第 3 版，第 139 頁、第 200 頁。

3 同上書，§17（第 54 頁）。

爲一種**感性的認識**（cognitio sensitiva）。在趣味中沒有什麼東西是從對象中認識的，但也沒有發生一種單純的主觀反應，如感官愉悅事物的刺激所引起的那種反應一樣。趣味就是「反思趣味」（Reflexionsgeschmack）。

如果康德就這樣把趣味稱之爲眞正的「共通感」，[4]那麼他就不再考慮共通感概念的那種我們前面所說的偉大的道德－政治的傳統。[82]對於康德來說，共通感這個概念中其實包含了兩個要素，其一，就趣味是我們所有認識能力自由活動的結果，並且不像某種外在感覺那樣限制於某個專門領域而言，共通感就包含趣味所具有的普遍性；其二，就趣味如康德所述，擯棄了所有如刺激和情感騷動那樣的主觀的個人條件而言，共通感就包含趣味所具有的共有性（Gemeinschaftlichkeit）。所以，這種「感覺」的普遍性隱祕地受到雙向的規定，一方面受所擯棄的事物的規定，另一方面不積極地受確立共有性和設立共同體的事物的規定。

的確，康德還保留了趣味和社交性（Geselligkeit）之間古老的內在連繫。但是「趣味的培養」（Kultur des Geschmacks）只是在「趣味方法論」這個標題下附帶地加以研究。[5]在那裡，Humaniora
[I 50] （古典學科），正如希臘範例所表現的，被規定爲與人性相適合的社交性，[83]而且道德情感的培養也被描述爲眞正的趣味如何才能採取一種特定的不變形式的道路。[6][84]因而趣味的內容規定也就

---

[4] 《判斷力批判》，1799 年第 3 版，第 64 頁。

[5] 《判斷力批判》，§60。

[6] 《判斷力批判》，1799 年第 3 版，第 264 頁。對康德來說，至少——儘管他對英國道德情感哲學作了批判——這一點毋庸置疑，即這種道德情感現象就其親緣關係來說是審美的。無論如何，在康德把自然美中的愉悅稱作為「按親緣關係說是道德的」地方，康德就能對道德情感這種實踐判斷力的結果說，它是一種先天的愉悅（《判斷力批判》，第 169 頁）。

從其先驗功能的領域內產生了。康德所感興趣的，僅在於有一個審美判斷力的自身原則，因此，對康德來說，重要的只是**純粹的**趣味判斷。

與康德的先驗目的相符合，「對趣味的分析」可以完全隨意地從自然美、裝飾事物以及藝術表現中獲取審美愉悅的範例。對於審美判斷的本質來說，沒有什麼東西依賴於其表象是令人愉悅的對象的具體存在特性（Daseinsart）。「審美判斷力批判」不是一門藝術哲學——即使藝術也是這種判斷力的一個對象。「純粹的審美趣味判斷」這一概念是一種方法上的抽象，這種抽象與自然和藝術的區分毫無關係。所以我們有必要透過對康德美學的更精確考察，把他那種特別與天才概念相連繫的對藝術哲學的解釋返眞復原。爲此目的，我們將考察康德的奇特而富有爭議的關於自由美（Freie Schönheit）和依存美（Anhängende Schönheit）的理論。[7]

(β) 關於自由美和依存美的學說

這裡，康德討論了「純粹的」趣味判斷和「理智的」趣味判斷之間的區別，這種區別是與「自由的」美和「依存的」（依存於某個概念）美之間的對立[85]相對應的。由於自由的自然美以及——在藝術領域內——裝飾品表現爲純粹的趣味判斷本來的美（因爲這兩者是「自爲地」美的），上述兩種趣味判斷的區分乃是一個對於藝術的理解來說極其致命的學說。凡是「預期」有概念出現的地方——並且這不僅僅在詩歌領域，而且在一切關於情境的**表現**藝術中——情境（die Sachlage）似乎就是與康德所援引的「依存」美的事例相類似的東西。康德所援引的事例——人、動物、建築物——表示著自然事物，如它們存在於由人的目的所支配的世界 [I 51]

---

7 《判斷力批判》，§16 以下。

中，或是表示著爲人類目的所創造的事物。在所有這些情況中，目的規定（Zweckbestimmung）就意味著一種對審美愉悅的限制。這樣，按照康德，紋身（Tätowierung），也就是人體的裝飾，就令人憤慨，儘管它能「直接地」使人歡悅。這裡，康德確實未把這樣的東西作爲藝術來講（不僅作爲「一個事物的美的表象」），而是非常確實地把它們講爲（自然的，或者說，建築藝術的）美的事物。

自然美和藝術美的區分，[86] 正如康德自己後來所討論的（§48），在這裡不具有任何意義。但是，康德在自由美的事例中除了花朵外還援引了阿拉貝斯克[87] 壁紙和音樂（「無標題」，甚至「無歌詞」的音樂），這就間接地說明了所有下面這些東西都表現了某個「在特定的概念下的客體」，因而可以算作依存的、非自由的美：這些東西包括詩歌、造型藝術和建築藝術整個領域，以及所有我們不是像看裝飾花紋那樣只看到其美的自然事物。在所有這些情形中，趣味判斷被破壞和被限制了。對藝術的認可似乎不可能從「純粹趣味判斷」作爲美學基礎這一點出發——除非趣味的標準被降爲一種單純的先決條件。在這個意義上，我們就可以理解《判斷力批判》後半部之所以引進天才概念的做法。但是，這只意味著一種推遲性的補充，因爲前半部對此未加論述。這裡（在 §16），趣味的出發點看來很少是這樣一種單純的先決條件，以致康德需要詳盡地闡釋審美判斷力的本質並維護它免受「理智的」標準的限制。即使康德看到在自由美和依存美這兩種不同觀點下所判斷的東西可能是同一個對象，理想的趣味裁決者仍似乎是這樣一種人，他是按照「他所感覺到的東西」，而不是按照「他所想到的東西」去判斷。眞正的美是花朵和裝飾品的美，這種美在我們的受目的支配的世界裡從一開始而且從自身起就表現爲美，因此這種美就沒有必要有意識地迴避任何概念或目的。

然而，如果我們更細緻地考慮，那麼這樣一種見解就既不符合康德的話，也不符合他所看到的事實。康德的立足點從趣味到天才的所謂轉變並不是這樣產生的。我們必須學會在開端處見到後來發展的潛在準備。我們已經確實無疑地知道，那種禁止某人去紋身或禁止某個教堂使用一種特定的裝飾圖案的限制，並不是康德所反對的，而是被康德所要求的，因而康德由道德立場出發，把那種對審 [I 52]
美愉悅的損害視爲有益的舉動。自由美的事例顯然不應是用來說明本來的美，而只是確保了這樣一種看法，即自由美的愉悅不是一種對事物的完滿性的判斷。如果康德在這一節結尾深信透過區分兩種美，或更確切地說，透過區分兩種對美的關係，能夠平息趣味裁決者對美的一些爭執，那麼這種對某個趣味爭執的平息可能性就只是混合兩種觀察方式的結果現象，而且的確是如此，常見的情況將是這兩種觀察方式的合一。

這樣一種合一總是在「基於某個概念的觀察」（Hinaussehen auf einen Begriff）不排斥想像力的自由的地方出現的。康德可以把下面這一點描述爲**審美**愉悅的一種合理條件，即沒有一種爭執是隨著目的規定而出現的。這裡康德並不自相矛盾。正如自爲地形成的自由美的孤立化是一種人爲的做法一樣（看來，「趣味」總是最多地在那些不僅是合理東西被選出的地方，而且在合理東西爲合理場所而選出的地方得到證實的），我們也能夠而且必須超越那種純粹趣味判斷的立足點，我們只要說：關於美的論述確實不存在於某個特定的知性概念被想像力機械地感性化的地方，而是只存在於想像力與知性更自由地相協調的地方，即存在於想像力能夠是創造性的地方。但是，想像力的這種創造性的造就並非在它絕對自由的地方（如：面對阿拉貝斯克的蜿蜒曲線）是最豐富的，而是在想像力活動於某個遊戲空間裡的地方才是最豐富的，而這樣一種遊戲空間與其說是被知性的統一欲作爲界限而對想像力設立的，毋寧說是知性的統一欲爲促進想像力活動而預先規定的。

(γ) 美的理想的學說

當然，這末了的話超出了康德原文所說的，但他的思想（§17）的繼續發展卻指明了這種解釋的合理性。這一節的重點布局顯然只有在作了細緻的考察之後才會明確。在這裡被詳盡論述的美的規範觀念，恰恰不是最主要的，而且也沒有表現出趣味按其本質所要追求的那種美的理想。一個美的理想其實只是從人的形象中產生的：這在於「倫理情操的表現」（Ausdruck des Sittlichen），「沒有這種表現，對象一般就不會使人愉悅」。按照某個美的理想而作出的判斷，正如康德所述，當然不是一種單純的趣味判斷。下面這一點

[I 53] 將被證明是這一學說的富有意義的結論：某物要作爲藝術作品而使人愉悅，它就不能只是富有趣味而令人愉悅的。[8]

但實際上令人驚訝的是，如果眞正的美似乎正是排除了由目的概念而來的每一種確定化，那麼，在此對於一幢美的住宅、一棵美的樹、一座美的花園等所說的本身正好相反，即它們並沒有由目的概念設想出一個理想，「因爲這些目的**沒有充分地**（**醒目點**是我加的）被它們的概念所規定和固定，因而那合目的性就是那樣鬆散自由，像在**流動的**美那裡一樣」。只有在人的形象中才存在某種美的理想！這正是因爲只有人的形象才能達到由某個目的概念所固定的美。這個由溫克爾曼[88]和萊辛[9]提出的學說在康德爲美學奠定基礎的工作中贏得了一個決定性的地位。因爲正是這個論點表明了某種形式的趣味美學（阿拉貝斯克美學）是怎樣少地與康德的思想相符合。

8　〔遺憾的是，康德關於藝術理論的趣味判斷的分析總是被人濫用，同時也被T.W. 阿多爾諾的《審美理論》（《著作集》，第7卷，第22頁以下）或H. R. 堯斯（《審美經驗和文學詮釋學》，法蘭克福，1982年，第29頁以下）所濫用。〕

9　萊辛：《拉奧孔手稿》，第20b號，參見拉赫曼編：《萊辛全集》，1886年開始出版，第14卷，第415頁。

關於美的理想的學說就是建立在規範觀念（Normalidee）和理性觀念（Vernunftidee）或美的理想的區分基礎上的。[89] 審美的規範觀念存在於自然的一切種類中。正如一個美的動物（例如：米隆 [90] 的一頭牝牛）所展示的，這就是對單個事例評判的一個標準衡量器。因而這種規範觀念就是作爲「懸浮於所有單個個體中的種類形象」的一種想像力的單個直觀形象。但是，這樣一種規範觀念的表現之所以令人愉悅，並不是因爲美，而只是「因爲這種表現和決定這一種類中的一物能是美的那種條件不相矛盾」。這種表現不是美的原始形象（Urbild），而只是正確性的原始形象。[91]

這也適用於人的形象的規範觀念。但是，在人的形象裡存在著一種「表現倫理情操」的眞實的美的理想。「表現倫理情操」就是：如果我們把倫理情操與後面關於審美理念和作爲倫理象徵的美的學說連繫在一起，那麼，我們就能認識到關於美的理想的學說也爲認 [I 54]
識藝術的本質提供了準備。[10]這種學說於藝術理論方面的應用在溫克爾曼的古典主義精神裡是顯而易見的。[11]康德想講的顯然就是，在對人的形象的表現中，所表現的對象和在這種表現中作爲藝術性內容向我們表達的東西乃是一個東西。這種表現除了已經在所表現事物的形象和外觀中得到表現的東西外，就不可能存在其他的內容。用康德的話來說就是：對這種所表現的美的理想的理智上和功利上的愉悅並沒有被排斥在審美愉悅之外，而是與這種審美愉悅結合在一起。只有在對人的形象的表現中，作品的整個內容才同時作爲其對

10 我們也注意到，康德從現在開始顯然已想到了藝術作品，而且不再首先考慮自然美。〔這已被視作「規範觀念」及其有條理的表現，並且完全被視作理想：「甚至於誰想**表現**它。」（《判斷力批判》，§17，第 60 頁）〕

11 萊辛《拉奧孔手稿》中關於「花草和風景畫家」的論述：「這位風景畫家模仿了美，但這種美不能成為理想」；在造型藝術的等級排列中雕塑所處的主導地位是積極地與此相應的。

象的表達向我們顯現出來。[12]

所有藝術的本質根本在於——如黑格爾所表述的——藝術「在人類面前展現人類自身」（den Menschen vor sich selbst bringt）。[13] 同樣，自然的其他對象——不僅僅是人的形象——也能夠在藝術性表現中展示倫理觀念。所有藝術性表現，不論是對景物的表現，還是對僵死自然的表現，甚至每一種對自然的心領神會的觀察，都可以達到這種表現。然而，在這一點上康德正確地作了保留：倫理情操的表現乃是一種假借的表現。與此相反，是人把這種觀念帶進了他自身的存在中，而且，因爲人之爲人，他才使這種觀念得以表現。一棵由於不幸的生長條件而枯萎的樹木，對我們可能傷感地呈現出來，但是這種傷感並不是自身感受到傷感的樹木的表現，而且從樹木的理想來看，枯萎並不就是「傷感」。反之，傷感的人，就人類道德理想本身而言，卻是傷感的（而且，這並不是因爲我們要求他具有一個對他來說根本不適合的人性理想，按此理想，雖然他本身並沒有傷感，卻對我們表現了傷感）。當黑格爾在其美學講演
[I 55] 錄中把倫理的表現複述爲「精神的顯現」時，他已經完滿地領會了這一點。[14]

---

12 這裡康德追隨祖爾策 [92]，祖爾策在其《美的藝術一般理論》中題為〈美〉的這篇論文裡以同樣的方式突出人的形象。他指出，人的軀體「無非只是造就成可見的心靈」。同樣席勒在其〈論馬西森 [93] 的詩〉這篇文章中也寫道——也許在同樣的意義上——「特定形式的王國並不超越動物性的肉體和人的心靈，因而只有在這兩個領域中〔這也許指（如：內在連繫所暗示的）這兩者即動物性的肉體和心靈的統一，這種統一就構成人的雙重本質〕某種理想才能被設立。」此外，席勒的工作正是藉助於象徵概念對景物畫和風景詩作辯護，並且由此開了以後藝術美學的先河。

13 《美學講演錄》，拉松版，第 57 頁。「由於藝術作品是一種在人類面前展示人類是什麼的方式，因而在人類的思想中就可以找到藝術作品的普遍需求。」

14 《美學講演錄》，拉松版，第 213 頁。

因而，「純粹愉悅」的形式主義便導致了不僅對美學中的理性主義，而且一般地對每一種包羅萬象的（宇宙論的）美的學說的決定性的擯棄。康德正是利用這種關於規範觀念和美的理想的古典主義區分，摧毀了那種完滿性美學（Vollkommenheitsästhetik）由以從每個存在者的完滿顯現中尋找其無與倫比和獨一無二的美的基礎。至此，「藝術」才能成爲一種自主的顯現（autonome Erscheinung）。藝術的使命不再是自然理想的表現，而是人在自然界和人類歷史世界中的自我發現（Selbstbegegnung）。康德關於美是無概念地令人愉悅的證明，並沒有阻止這樣一個結論，即只有那種意味深深地感染我們的美才引起我們的全部興趣。正是這種對於趣味的無概念性的認識才超越了某種單純趣味的美學。[15]

(δ) 自然和藝術中美的功利性[94]

康德探討了那種不是經驗地而是先天地對待美的**功利**（Interesse）問題，[95] 這種關於美的功利的問題相對於審美愉悅的非功利性的基本規定來說，就表現爲一個新的問題，並且實現了從趣味觀到天才觀的過渡。這是一種在兩種現象的內在連繫中展開的同一學說。爲了穩固基礎，「對趣味的批判」必須擺脫感覺主義和理性主義的偏見。這是很正常的，即有關審美判斷物的存在種類問題（以及關於自然美和藝術美之關係的整個範圍的問題）在這裡還根本沒有被康德提出。如果人們想到要結束趣味立足點，即超越這個立足點，那麼這個問題的整個範圍就必然會展現出來。[16] 美的合

15 〔康德明確地說道：「按照某個美的理想而作出的判斷根本不是任何單純的趣味判斷。」（《判斷力批判》，第 61 頁）對此請參見我的論文〈詩在黑格爾藝術體系中的地位〉（《黑格爾研究》，第 21 卷（1986 年）。〕

16 魯道夫・奧德布萊希特的功績在於他認識到了這種內在關係（《形式與精神——康德美學中辯證法思想的發展》，柏林，1930 年）。〔同時參見我的

[I 56] 功利的意味性是康德美學本來存在的難題。美的合功利的意味性對於自然和藝術來說乃是另外一種意味性，並且正是自然美與藝術美的比較才導致了這個問題的展開。

這裡，康德最獨特的東西就表現出來了。[17] 絕不像我們所指望的那樣，康德是爲了藝術的緣故才放棄了「無功利的愉悅」，並探討了美的功利問題的。我們從美的理想的學說中只是推斷出了藝術相對於自然美的優越性：一種作爲倫理情操更直接表現的優越性。反之，康德首先（在§42）強調了**自然美**相對於藝術美的優越性。[96] 自然美不僅僅對於純粹的審美判斷具有一種優越性，即它表明了美是依據於所表象事物對於我們一般認識能力的合目的性。這一點在自然美上顯得尤爲明顯，因爲自然美不具有任何一種內容上的意義，因而自然美是在其非理智的純化狀態中展示趣味判斷。

但是，自然美不僅僅具有這種方法上的優越性——按照康德的看法，它也具有一種內容上的優越性，而且康德對他學說中的這一點顯然是尤爲滿意的。美的自然能喚起一種直接的興趣，即一種道德上的興趣。在自然的美的形式中發現美，反過來就導出了這樣的思想，即「自然創造了那種美」。凡在這種思想引起某種興趣的地方，就出現了道德情操的陶冶。當受過盧梭影響的康德反對把對美的高尙情緒普遍地退回到倫理情感上時，那種對自然美的感覺對於康德來說就是一種特有的東西。自然是美的這一點，只在那樣一種人那裡才喚起興趣，這種人「已先期地把他的興趣穩固地建立在倫

論文〈直觀和直觀性〉，載《哲學新期刊》18/19（1980年），第173-180頁；也見我的著作集，第8卷。〕

17 席勒就正確地感覺到這一點，當他寫道：「誰學會了把作者只作為一位偉大的思想家來讚賞，他就會在此為把握到作者心靈的蹤跡而感到喜悅。」（〈論素樸詩和感傷詩〉，載京特和維特科夫斯基編：《席勒文集》，萊比錫，1910年起出版，第17卷，第480頁）

理的善之上」。因而對自然中美的興趣「按照親緣關係來說是道德性的」。[97] 由於這一點揭示了自然與我們超出一切功利的愉悅之間的無目的的一致性，也就是揭示了自然對於我們的一種神奇的合目的性，所以這一點就指向了作爲造化最終目的的我們，指向了我們的「道德規定性」。

這裡，對完滿性美學的否定就與自然美的道德意味性最好地連繫起來了。正是因爲我們在自然中找不到任何一個**自在的目的**，而只是發現美，即一種旨在達到我們愉悅目的的合目的性，因而自然就由此給予了我們一個「暗示」，我們實際上就是最終目的、造化的終極目標。古代宇宙論思想——這種思想指出人在存在者的整個 [I 57]
結構中的地位，並且給予每個存在者以他的完滿性的目的——的崩潰就賦予這個不再作爲一種絕對目的的秩序而是美的世界以合乎我們目的的新的**美**。這種新的美便成了「自然」，它的潔白無瑕就在於：它對人類以及人類社會的罪惡一無所知。雖然這樣，這種作爲自然的新的美還是對我們說了什麼。鑑於人類的某種可理解的規定的理念，自然作爲美的自然贏得了一種**言語**，這種言語就把這個理念傳達給了我們。

當然，藝術的意義也是依據於藝術能和我們打招呼或攀談（ansprechen），藝術能向人類展示他們在其道德規定存在中的自己本身。但是，藝術產品只是爲了這樣和我們打招呼或攀談——反之，自然對象並不是爲了這樣和我們打招呼或攀談。自然美的意味深長的功利性正在於：它還能使我們意識到我們自己的道德規定性。反之，藝術卻不能在無目的的實在中向我們傳達人類的這種自我發現。人在藝術中發現他自己本身，這對人來說，並不是從某個不同於他自身的他物出發而獲得的確認。[18]

---

[18] 〔這裡對崇高的分析似乎應當突出它的制約性的作用。參見 J. H. 特雷德的《理

這一點本身是正確的。但是康德這種思想進程的封閉性的影響卻是如此深刻——以致他沒有把藝術現象納入適合於他的標準中。我們可以作出相反的推論，自然美相對於藝術美的優越性只是自然美缺乏特定表述力的反面說法。所以人們能夠在此相反地看到藝術相對於自然美的優越性，即藝術的語言乃是對我們富有感染力的語言（anspruchsvolle Sprache），這種語言不是隨便而含糊地提供情緒性的解釋，而是以富有意味而確切的方式和我們打招呼或攀談。藝術的神奇和奧妙之處正在於：這種特定的要求（Anspruch）對於我們的情緒來說不是一副枷鎖，而是正確地爲我們認識能力的活動開啓了自由的活動空間。因此康德說，[19] 藝術必須要「作爲自然去看待」，即無須顯露規則的束縛而令人愉悅的，他是完全正確的。我們並不注意所表現事物與所認識的實在之間的有目的的契合，我們也不想在這裡看到所表現事物與哪個實物相類似；我們並不是用一個我們已很熟悉的尺度去衡量所表現事物的愉悅意義，而是正相反，這個尺度、這個概念以非限制的方式被「審美地拓寬了」。[20][98]

[I 58] 康德關於藝術是「某個事物的美的表象」的定義考慮到了下面這一點，即醜的東西透過藝術的表現也可成爲美的。但是，藝術的本來本質在與自然美的對照中呈現得很不完滿。如果某個事物的概念只是被美好地表現的，那麼這個事物仍只是一種「有條理的」表現的事態，並且只是實現了一切美的必不可少的條件。按照康德的看法，藝術正是比「某個事物的美的表象」更多的東西：它是**審美理念**（ästhetische Idee）的表現，也就是說，藝術是某種超出一切

論的理性作用和實踐作用的區別以及它們在判斷力批判內的統一》，海德堡，1969 年。同時參見我的論文〈直觀和直觀性〉，載《哲學新期刊》18/19（1980 年），第 1-13 頁；也見我的著作集，第 8 卷。〕

[19] 《判斷力批判》，1799 年第 3 版，第 179 頁以下。

[20] 《判斷力批判》，1799 年第 3 版，第 194 頁。

概念的東西的表現。天才概念將表述康德這一見解。

不可否認，審美理念的學說對於當今的讀者來說有一個不幸的特徵，雖然藝術家透過對審美理念的表現無限地擴大了所與概念，並且使感受力的自由活動富有生氣。從表面上看來，好像這些理念參與了已經起了主導作用的概念，如同神的屬性參與了神的形象一樣。理性概念對於不可解釋的審美表象的傳統優先地位是如此堅固，甚至在康德那裡產生了一種好像概念先於審美理念而行的錯誤假象，雖然在能力的活動中居領先地位的根本不是理解力，而是想像力。[21][99] 因此藝術理論家將可找到康德無能爲力的足夠證據，把他們對於美的不可理解性（這種不可理解性同時維護了美的制約性）的主導見解堅持到底，而無需違反本意地去追求概念的優先地位。

但是，康德思想發展的基本線索卻擺脫了這種不足，並且展示了一種富有影響的合乎邏輯的思考，而這種合乎邏輯的思考在用天才概念創建藝術的活動中達到了頂點。即使不對這種「旨在表現審美理念的能力」作深入的解釋，我們也可以指明，康德在這裡絕沒有拋棄他的先驗哲學立場，也沒有被迫誤入某種藝術創造心理學的歧途。天才的非理性化實際上使某種創造性的創作規則要素昭著於世，這種要素對於創作者和欣賞者都同樣明顯：即，面對美的藝術的作品，除了在該作品一度有過的形式中和在沒有一種語言能完全達到的該作品影響的奧祕中去把握該作品的內容之外，不存在任何其他的可能性。因此，天才概念相應於康德在審美趣味上視爲決定性的東西，也就是相應於感受力的輕快活動、生命情感的飛躍，而 [I 59]

21 《判斷力批判》，第 161 頁：「在那裡想像力於其自由中喚醒理解力。」同樣，第 194 頁：「在這場合，想像力是創造性的，並且把理智諸觀念（理性）的能力帶進了運動。」

這些東西都是產生於想像力和理解力的相互協調，並停滯於美的出現。天才完全就是這種富有生氣的精神的一種顯現方式。相對於教書匠的呆板的規則，天才顯示了自由的創造活動，並因而顯示了具有典範意義的獨創性。

(ε) 趣味和天才的關係

鑑於這種情況，出現了康德究竟是怎樣規定趣味和天才相互關係的問題。由於屬天才藝術的美的藝術作品仍處於美的主導性觀
[I 60] 點下，所以康德就維護趣味在原則上的優先地位。相對於天才的創造，我們可以把趣味所提供的修補（Nachbesserung）視爲拘謹不自然的——但是，趣味卻是天才被要求具有的必要條件。就這一點來說，按照康德的看法，趣味在此爭鬥中就應具有優先地位。但是，這並不是一個具有根本性意義的問題，因爲從根本上說，趣味與天才立於同一基礎。天才的藝術正在於使認識能力的自由遊戲成爲可傳達的，而天才所發明的審美理念正造就了這一點。但是，情緒狀態的可傳達性、快感的可傳達性乃是趣味的審美愉悅的特徵。趣味是一種判斷的能力，因而也是一種反思趣味，但是它所反思的東西正是那種使認識能力富有生氣的情緒狀態，而這種情緒狀態既得自於藝術美，又同樣得自於自然美。因此，天才概念的根本意義是被限制在藝術美的特殊情形中，反之，趣味概念的根本意義卻是普遍的。

康德使天才概念完全服務於他的先驗探究，而且絕不把天才概念引入經驗心理學，這一點在他把天才概念限制於藝術創造上可以完全明顯看出來。康德拒絕把天才這一名稱賦予科學技術領域內的偉大發明家和發現者，[22] 從經驗心理學角度來看，這是完全沒有

---

22 《判斷力批判》，第 183 頁以下。

根據的。[100] 凡是在人們必須「想到某種東西」，而這種東西又是他們不可能單單透過學習方法技巧找到的地方，也就是說，凡是存在著**創造**（inventio）的地方，凡是某事要歸功於靈感而不是歸功於方法技巧的地方，關鍵的東西就是**天賦**（ingenium），即天才。但是康德的意圖還是正確的，只有藝術作品按照其意義來看才是被這一點所規定的，即藝術作品無非是天才的創造。只是在藝術家那裡，情況才是這樣，即他的「創造」、作品，就其自身的存在而言，不僅涉及進行判斷和欣賞的精神，而且還涉及到進行創造的精神。只有這種創造才可能不被模仿，因此，如果康德在這裡只是講到天才，並把美的藝術定義爲天才的藝術，那麼從先驗觀點來看，這是正確的。所有其他才氣橫溢的成就和創造按其本質不是由天才所規定的，儘管這些創造的才智也可能是非常偉大。

我們認爲，天才概念對於康德來說，實際上只意味著對那種使他有興趣於「先驗目的裡」的審美判斷力的東西的一種補充。我們不可忘記，《判斷力批判》在其第二部分中完全只涉及**自然**（以及從目的概念對自然的判斷），而根本不涉及藝術。因此把審美判斷力應用於**自然**中的美和崇高上，對於體系的總體目的來說就比**藝術**的先驗基礎更重要得多。「自然對於我們認識能力的合目的性」——正如我們所看到的，這種合目的性只能在自然**美**上（而不是在美的藝術上）表現出來——同時作爲審美判斷力的先驗原則就具有了這樣的意義，即使理解力爲把某個目的概念運用於自然中而有所準備。[23] 就此而言，趣味批判，即美學，就是一種對目的論的準備。雖然《純粹理性批判》曾經摧毀了目的論對自然知識的根本要求，但把這種目的論加以合法化以使之成爲判斷力的原則，則是康德的哲學意圖，這種意圖把他的整個哲學導向體系上的完成。判

---

23 《判斷力批判》，第 LI 頁。

斷力表現了溝通知性和理性的橋梁。趣味所指向的可理解事物，人類的超感性的實體（Substrat），同時就包含了對自然概念和自由概念的溝通。24[101] 這就是自然美問題對於康德所具有的整體意義，即，**自然美確立了目的論的中心地位**。只有自然美，而不是藝術，才能有益於目的概念在判斷自然中的合法地位。正是出於這種體系上的理由，「純粹的」趣味判斷就還是第三個批判的不可或缺的基礎。

但是，即使在審美判斷力批判的範圍內，康德也沒有講到天才的立足點最終排擠了趣味的立足點。我們只需注意康德是怎樣描述天才的，即天才是自然的一個寵兒——就像自然美被看作自然的一種恩賜一樣。美的藝術必須被看作自然。自然透過天才賦予藝術以規則。在所有這些表述中，25 自然概念乃是毫無爭議的標準尺度。[102]

[I 61] 因此，天才概念所成就的事只是把美的藝術的產品與自然美在審美上加以等同看待。甚而就是藝術也被在審美上加以看待，也就是說，藝術也是反思判斷力的一種情形。有意圖地——在這點上就是充滿目的地——被產生的東西不應涉及某個概念，而是要在單純的判斷過程中——完全像自然美一樣——使人愉悅。「美的藝術是天才的藝術」，這無非是說，對於藝術中的美來說不存在其他的判斷原則，除了在我們認識能力活動中的對自由情感的合目的性的尺度外，不存在任何其他的概念和認識尺度。自然**或**藝術中的美 26 只有同樣一種先天原則，這種原則完全存在於主體性中。審美判斷力的自我立法（Heautonomie）絕不爲審美對象的自主有效性領域提供任何基礎。康德對判斷力的某個先天原則的先驗反思維護了審

---

24 《判斷力批判》，第 LV 頁以下。

25 《判斷力批判》，第 181 頁。

26 康德典型的方式是用「或」代替「和」。

美判斷的要求，但也從根本上否定了一種在藝術哲學意義上的哲學美學（康德自己說：這裡的批判與任何一種學說或形上學都不符合[27]）。

(b) 天才說美學和體驗概念

(α) 天才概念的推廣

當先驗哲學反思的含意在康德繼承人那裡發生變化的時候，把審美判斷力建立在主體性的先天原則上就獲得一種全新的意義。如果在康德那裡曾建立自然美的優越性並把天才概念退回到自然上去的形上學背景不再存在，那麼藝術問題就可在一個新的意義上被提出來。席勒是怎樣接受康德的《判斷力批判》的，以及他是怎樣爲「審美教育」的思想而投入其整個富有道德教育氣質的力量的方式，就已經使藝術的立足點獲得了比康德的趣味和判斷力的立足點更爲重要的地位。

這樣，從藝術的立足點來看，康德的趣味概念和天才概念的關係就從根本上發生了變化。天才概念必須成爲更廣泛的概念——反之，趣味現象則必須貶低自身。

實際上在康德那裡已具備了進行這樣一種再評價的可能性。即使按照康德的看法，美的藝術就是天才的藝術這一點對於趣味的 [I 62]
判斷功能來說，也不是無關緊要的。趣味恰恰是一起對此進行了判斷：一件藝術作品是眞正具有精神還是無精神的。康德曾對藝術美這樣說過，「在評判這一類的對象時，必須要考慮」[28] 它的可能

---

[27] 《判斷力批判》，第 X、LII 頁。

[28] 《判斷力批判》，§48。

性——因而必須要考慮天才，而在另一處地方這一點是完全不言而喻的，即沒有天才，不僅美的藝術，而且一個正確的、判斷這種美的藝術的趣味自身也不可能存在。[29] 因此，只要趣味被用於其最主要的對象，即美的藝術上，那麼趣味的立足點就會從自身過渡到天才的立足點。理解的天才相應於創造的天才。雖然康德並沒有這樣講過，但是他在這裡 [30] 所使用的精神概念以同樣的方式適用於這兩個方面。這就構成了後來繼續發展的基礎。

事實上很明顯，如果藝術的現象得到重視，那麼趣味概念就失去了它的意義。相對於藝術作品來說，趣味的立足點只是一個次要的立足點。構成趣味的選擇敏感性相對於天才藝術作品的獨創性常常具有一種均一化的功能。趣味迴避古怪的東西和非尋常的東西。它是一種表面感覺，它並不觸及藝術生產的獨創性東西。18 世紀天才概念的發展已把反對趣味概念的抗爭推到了頂點。發展天才概念當時是針對古典主義美學，因爲當時人們指望法國古典主義的趣味理想能得到那種對莎士比亞的承認（萊辛！）。因此，當康德在先驗目的中堅持趣味概念，他在這一點上是落伍的，並且採取了一種調和的立場，因爲那時趣味概念不僅在「狂飆與突進運動」影響下被激烈地加以擯棄，而且也受到猛烈的衝擊。

但是，當康德從這種一般的基礎出發過渡到藝術哲學的特殊問題時，他卻超越了趣味立足點本身。因而，他能很好地論及某個**完美趣味**的理念（die Idee einer vollendung des Geschmacks）[31]。但這是怎樣一種趣味呢？趣味的規範特徵包含著對趣味的培養和完善化的可能性。按照康德的看法，完美趣味——造就這種趣味極關重

29　同上書，§60。

30　同上書，§49。

31　《判斷力批判》，第 264 頁。

要——將採取某個確定而不可改變的形式。[103] 這一點——雖然在我們看來是如此荒謬——是完全合乎邏輯被思考的。因爲如果趣味就其要求來看是好的趣味，那麼這個要求的實現事實上也就必須結 [I 63] 束美學上的懷疑論所引用的所有的趣味相對論。好的趣味將把握一切具有「品質」的藝術作品，因而也就將完全確實地把握一切由天才所創造的東西。

這樣我們就可看到，康德所討論的某個完美趣味的理念實際上將透過天才概念而更好地得到界定。顯然，在自然美的領域內要一般地運用完美趣味的理念，這將是困難的。對於園藝來說，這一點也許行得通，但康德一貫是把園藝歸入藝術美。[32] 在自然美，如風景的美面前，完美趣味的理念卻是完全缺乏立足之地的。完美趣味難道應當在於恰如其分地評價自然中一切美的東西嗎？那裡能夠提供一種選擇嗎？那裡存在一種等級秩序嗎？一個陽光燦爛的景致比一個大雨瓢潑的景致要來得美嗎？在自然中究竟是否存在有醜的東西？或者說，只是對變動不定的心境來說，才有變動不定的吸引人的東西，對於不同的趣味來說，才有不同的令人喜愛的東西？當康德從道德的意義上去探討自然能否一般地使人喜愛，他也許是對的。但是人們對於自然能夠用感覺去區分好的趣味和壞的趣味嗎？凡是在這種區分完全毋庸置疑的地方，相對於藝術和人爲的事物，正如我們所看到的，趣味相反地只是美的一種限制性的條件，它並不包含它的眞正原則。所以，一個完美趣味的理念在自然面前如同

32 康德奇特地把園藝歸入繪畫藝術，而不歸入建築藝術（《判斷力批判》，第 205 頁）[104]——這是一種以從法國園林理想到英國園林理想的趣味改變為前提的分類。參見席勒的論文：〈論 1795 年的園林建築〉以及施萊爾馬赫（《美學》，奧德布萊希特編，第 204 頁）。施萊爾馬赫曾把英國的園林藝術作為「水平面的建築藝術」（horizontale Architektur）再次歸入建築藝術中。〔參見本書第 163 頁注釋 29。〕

在藝術面前一樣，仍保留了一些可疑的東西。如果人們不把趣味的可變性歸入趣味概念中，那麼人們就賦予了趣味概念以威力；但如果人們把趣味的可變性確實歸入趣味概念中，那麼趣味就是所有人間事物的可變性和所有人間價值的相對性的標誌。

由此可見，康德把美學建立在趣味概念上完全不能令人滿意。但如果把康德作爲藝術美的先驗原則而提出的天才概念作爲普遍的美學原則去運用，則會更容易使人接受。因爲天才概念遠比趣味概念更出色地實現那種面對時間變遷而自身永不改變的要求。藝術上的奇蹟，成功的藝術創造所具有的那種神祕的完美，顯然都是
[I 64] 超時間的。因此我們似乎有可能把趣味概念隸屬於藝術的先驗根據之下，並把趣味概念理解爲對藝術的天才的可靠感覺。康德的這句話：「美的藝術就是天才的藝術」，因而就成了一般美學的先驗原理。美學最終只有作爲藝術哲學才有可能存在。

正是德國唯心論得出了這一結論。正如費希特和謝林曾經追隨康德關於先驗想像力的學說一樣，他們在美學中也對這一概念作出了一種新的運用。但與康德不同，**藝術的立足點**是作爲無意識的天才創造的立足點而成爲包羅萬象的，而且也包括了被理解爲精神的產物的自然。[33]

因此，美學的基礎曾經發生偏移。正如趣味概念一樣，自然美概念也被拋棄，或者說，被加以不同理解。康德曾經竭力描述

---

33 由於康德和他的追隨者之間所發生的變化——這種變化我試圖用「藝術的立足點」這一用語來表示——曾經掩蓋美的普遍現象到這樣一種程度，所以第 1 卷《施萊格爾殘篇》（《弗里德里希．施萊格爾，殘篇，出自「呂克昂」》，1797 年）才能說：「人們把許多本來是自然的藝術作品的東西稱之為藝術家。」在這句話裡，雖然迴響了康德把天才概念建立在自然恩賜基礎上的想法，但這一想法卻如此少地被人賞識，以致它反而成為對某種其自身很少是有意識的藝術家氣質的反對。

的自然美的道德興趣，現在退回到藝術作品裡人的自我發現的背後去了。在黑格爾龐大的《美學》中，自然美只作爲「精神的反映」而出現。自然美在他的整個美學體系中根本不是一個獨立的元素。[34][105]

顯然，這是一種非規定性，美的自然就是以這種非規定性向爲其作辯護的解釋和理解的精神展現自身，用黑格爾的話來說，美的自然是「按其實質來說在精神中得到的」。[35] 這裡從美學來看，黑格爾得出了一個絕對正確的結論，這一結論當我們前面講到趣味觀念應用於自然的困難性時已經暗示給我們了。毋庸置疑，關於某個風景的美的判斷是依賴於某個時代的藝術趣味。人們或許想到了對阿爾卑斯山風光的醜陋的描繪，這種描繪我們在 18 世紀還能看到——顯然它是一種主宰專制主義世紀的人爲對稱精神的反映。所 [I 65]
以，黑格爾的美學完全處於藝術的立足點上。在藝術中，人發現了自己本身，精神發現了精神性的東西。

現在，對於新美學的發展來說決定性的東西則是，就像在整個哲學體系中一樣，思辨唯心論在此起了一個遠遠超出其被認可的效用的作用。眾所周知，19 世紀中葉對黑格爾學派獨斷論的形式主義的反感曾導致在「回到康德去」的口號下重新進行批判的要求。這種情況也同樣適用於美學。爲世界觀的某個歷史而利用藝術（這種利用是黑格爾在其《美學》裡所給出的）曾是這樣氾濫，以致這

34 霍托斯編輯的《美學講演錄》曾經給予自然美一個過於獨立的地位，正如拉松根據筆記所提出的黑格爾原來的劃分所證實的。參見拉松版《黑格爾全集》，第 Xa 卷，第一分冊（《理念和理想》），第 XII 頁以後。〔現在可參見 A. 格特曼－西弗特為準備一個新版本而作出的研究，載《黑格爾研究》，副刊第 20 卷（1985 年），以及我的論文〈詩在黑格爾藝術體系裡的地位〉，載《黑格爾研究》，第 21 卷（1986 年）。〕

35 拉松版《美學講演錄》。

樣一種先天歷史建構方法（在黑格爾學派裡可以找到許多對這種方法的運用——如：羅森克蘭茨[106]、沙斯勒[107]等）很快就名譽掃地。但由此而提出的「回到康德去」的要求，並不能意味著對包括有康德批判的視域的眞正回復和復得。我們寧可說，藝術現象和天才概念仍構成美學的中心，而自然美問題以及趣味概念仍繼續處於邊緣。

這一點在語言用語上也表現出來。我們在上面所說的康德想把天才概念限制在藝術家身上的做法並未繼續得到發展。相反，在 19 世紀天才概念發展成爲一個普遍的價值概念，而且還經歷了——與獨創性概念一起——一種眞正的神化（Apotheose）。這就是浪漫主義－唯心主義的無意識創造概念，這一概念展示了這一發展，並且透過叔本華和無意識哲學發生了一種巨大的廣泛影響。雖然我們已經指出，天才概念相對於趣味概念所具有的那樣一種根本的優先地位與康德美學完全不相符合，但是康德的根本願望——給美學設立一個自主的、擺脫概念尺度的基礎，不是根本提出藝術領域內的眞理問題，而是在生命情感的主觀先天性上建立審美判斷、建立我們的能力與構成趣味和天才的共同本質的「一般認識」的和諧——卻迎合了 19 世紀的非理性主義和天才崇拜。尤其在費希特把天才和天才創造的立足點提升爲一個普遍的先驗立足點之後，康德關於審美愉悅內的「增強生命情感」（Steigerung des Lebensgefühls）的學說促使天才概念發展成爲一個包羅萬象的生命
[I 66] 概念。這樣，新康德主義由於試圖從先驗主體性中推導出一切客體的效用而把體驗概念標明爲意識的本來事實。[36]

36　這是路易吉．帕勒松的《德國的唯心主義美學》（1952 年）的功績。該書揭示了費希特對唯心主義美學的重要意義。與此相應，在整個新康德主義運動內也可看到費希特和黑格爾的潛在發展。

(β)「體驗」一詞的歷史

對「體驗」（Erlebnis）一詞在德國文獻中的出現所進行的考察導致了一個令人驚異的結論，即這個詞不像動詞 erleben（經歷），它只是在 19 世紀 70 年代才成爲普通的用詞。在 18 世紀這個詞還根本不存在，就連席勒和歌德也不知道這個詞。這個詞最早的出處[37]似乎是黑格爾的一封信。[38]但是據我所知，這個詞在〔19 世紀〕30 年代和 40 年代也完全只是個別地出現的〔如：蒂克[108]、亞歷克西斯[109]和古茨科[110]〕，甚至在 50 年代和 60 年代這個詞似乎也很少出現，只是到了 70 年代這個詞才突然一下成了常用的詞。[39]看來，這個詞廣泛地進入日常用語，是與它在傳記文學裡的運用相關聯的。

由於這裡所涉及的是一個已非常古老並在歌德時代就已經常使用的詞即「經歷」一詞的再構造，所以人們就有一種想法，即從分

---

37 這是友好的柏林德意志科學院告知的消息。當然，迄今為止，他們對「體驗」這一慣用詞的收集還是很不夠的。〔最近柯拉德．克拉默在 J. 里特編的《哲學歷史辭典》中寫了關於「體驗」一個條目（見該辭典，第 2 卷，第 702-711 頁）。〕

38 黑格爾在關於一次旅行的報導中寫過：「我的整個體驗（meine ganze Erlebnis）」（《黑格爾書信集》，霍夫邁斯特編，第 3 卷，第 179 頁）。在此人們必須注意，這是在書信中使用的，也就是說是在人們未找到一個更慣用的詞彙，因而未加斟酌地採用了某個非慣用的術語，尤其是採用了那種出自口語表述的情況下使用的。所以黑格爾除此之外，還使用了一種類似的說法（《黑格爾書信集》，第 3 卷，第 55 頁）：「我在維也納的生活」（nun von meinem Leben in Wien）。顯然，黑格爾是在找尋一個他尚未掌握的集合名詞（就連上面第一個引文中 Erlebnis 作為陰性名詞使用也說明了這點[111]）。

39 例如：在狄爾泰的《施萊爾馬赫傳》（1870 年），尤斯蒂的《溫克爾曼傳》（1872 年），赫爾曼．格里姆的《歌德傳》（1877 年），可能還有更多的地方。

析「經歷」一詞的意義去獲得新構造的詞。經歷首先指「發生的事情還繼續生存著」（noch am leben sein, wenn etwas geschieht）。由此出發，「經歷」一詞就具有一種用以把握某種實在東西的「直接性的特徵」——這是與那種人們認爲也知道，但缺乏由自身體驗而來的證實的東西相反，因爲後一種人們知道的東西或者是從他人那裡獲得，或者是來自道聽塗說，或者是推導、猜測或想像出來的。所經歷的東西始終是自我經歷的東西。

[I 67] 但是，「所經歷的東西」這個形式同時也在下述意義上被使用，即在某處被經歷的東西的繼續存在的內容能透過這個形式得到表明。這種內容如同一種收穫或結果，它是從已逝去的經歷中得到延續、重視和意味的。顯然，對「體驗」一詞的構造是以兩個方面意義爲根據的：一方面是直接性，這種直接性先於所有解釋、處理或傳達而存在，並且只是爲解釋提供線索、爲創作提供素材；另一方面是由直接性中獲得的收穫，即直接性留存下來的結果。

與「經歷」這種雙重方面的意義相應的是傳記文學，透過傳記文學，「體驗」一詞才首先被採用。傳記的本質，特別是 19 世紀藝術家傳記和詩人傳記的本質，就是從他們的生活出發去理解他們的作品。這種傳記文學的功績正在於：對我們在「體驗」上所區分的兩方面意義進行傳導，或者說，把這兩方面意義作爲一種創造性的關係去加以認識。如果某個東西不僅被經歷過，而且它的經歷存在還獲得一種使自身具有繼續存在意義的特徵，那麼這種東西就屬於體驗。以這種方式成爲體驗的東西，在藝術表現裡就完全獲得了一種新的存在狀態（Seinsstand）。狄爾泰那部著名論著的標題《體驗和詩》則以一種給人深刻印象的方式表述了這種關係。事實上，正是狄爾泰首先賦予這個詞以一種概念性的功能，從而使得這個詞不久發展成爲一個受人喜愛的時興詞，並且成爲一個令人如此容易了解的價值概念的名稱，以致許多歐洲語言都採用了這個詞作爲外來詞。但是，我們也許可以認爲，語言生命裡的眞正過程只是在詞彙的精確化中進行的，正是由於這種詞彙的精確化，才在狄爾泰那裡出現了「體驗」這個詞。

但是，對「體驗」這詞要在語言上和概念上進行重新鑄造的動機，在狄爾泰那裡卻以一種特別順利的方式被孤立化了。《體驗和詩》這個著作標題是以後（1905 年）出現的。該著作中所包括的狄爾泰在 1877 年發表的關於歌德文章的最初文稿，雖然已經表現了對「體驗」一詞的確切運用，尙未具有該詞以後在概念上的明確意義。因而精確地考察「體驗」一詞後期在概念上確定的意義的前期形式，是有益的。情況似乎是相當偶然，正是在一部歌德傳記（以及一篇關於這個傳記的論文）裡，體驗一詞突然一下子被經常使用了。由於歌德的詩作透過他自己所經歷的東西能在某種新的意義上被理解，因而不是其他人而是歌德本人誘發了人們對這個詞的構造。歌德本人曾經對自己的創作這樣說過，所有他的文學創作都具有某種相當的自白性質。[40] 赫爾曼·格里姆[112]的《歌德傳》把這 [I 68]
句話作爲一個方法論原則加以遵循，這樣一來，他就經常地使用了「體驗」這個詞。

狄爾泰關於歌德的論文可以使我們返回到這個詞的無意識的前期歷史，因爲這篇文章在1877年的文稿中，[41] 以及在後期《體驗和詩》（1905 年）的寫作中已存在。狄爾泰在這篇文章裡把歌德和盧梭[113]加以比較，並且爲了從盧梭內心經驗世界來描述盧梭新穎的創作，他使用了「經歷」這個措詞，而以後在一篇對盧梭某部作

40 《詩與眞理》，第2部，第7篇；《歌德著作集》，索菲版，第27卷，第110頁。

41 《大眾心理學雜誌》，第10卷。參見狄爾泰對《歌德與詩學想像》的注釋（《體驗和詩》，第 468 頁以下）。

品的解釋中便使用了「往日的體驗」這個說法。[42]

但是，在早期狄爾泰那裡，體驗一詞的意義本身無論如何還是不確定的。這可以從狄爾泰關於他在後期版本裡刪掉體驗一詞所說的一段話清楚地看出來：「這是與他所經歷的東西，與他由於不熟悉世界而作爲體驗一同想像的東西相符合的。」[43] 話題又是講盧梭。但是某個一同想像的體驗並不完全地與「經歷」一詞本來的意義相符合——也不與狄爾泰自己後期的科學用語相符合。在狄爾泰後期，體驗正是指直接的所與（das unmittelbar Gegebene），而這種直接的所與就是一切想像性創作的最終素材。[44]」「體驗」這個詞的鑄造顯然喚起了對啓蒙運動的理性主義的批判，這種批判從盧梭開始就使生命概念發揮了效用。這可能就是盧梭對德國古典文學時期的影響，這個影響使「所經歷存在」（Erlebtsein）這個標準生
[I 69] 效，而且由此也使「體驗」一詞的形成有了可能。[45] 但是，生命概念也構成德國唯心論思辨思維的形上學背景，並且像在黑格爾那裡

---

42 《體驗和詩》，第 6 版，第 219 頁。參見盧梭的《懺悔錄》，第 2 部，第 9 篇。這裡，確切的對應詞還未被指明。顯然這涉及的並不是一種轉譯，而是對在盧梭那裡閱讀到的敘述的一種解釋。

43 《大眾心理學雜誌》，第 10 卷。

44 人們可以參見《體驗和詩》中關於歌德論文的一些後期文稿，第 177 頁：「詩是生命的表現和表達。它表達了體驗，並且它表現了生命的外在實在。」

45 這裡歌德的用語無疑起了一個決定性的作用。「你們只能在每一首詩中問它是否包含了所經歷的東西」（《歌德著作集》，紀念版，第 38 卷，第 326 頁），或者「著作也具有其所經歷的東西」（同前書，第38卷，第257頁）。如果知識界和讀書界是以這樣一種標準去衡量事物的話，那麼知識界和讀書界本身也被理解為一種體驗的對象。下面這一點確實不是偶然的，即在一部新的歌德傳中，也就是在弗里德里希·貢多爾夫 [114] 的歌德專著中，體驗這個概念再次經歷了一場詞義方面的進一步發展。貢多爾夫對原始體驗（Ur-Erlebnis）和教化體驗（Bildungserlebnisse）的區分，正是傳記文學裡構造此概念的一種澈底的繼續，而在這種繼續中「體驗」一詞得到了它的發展。

一樣，在費希特那裡，甚而在施萊爾馬赫那裡也起了一個根本的作用。相對於知性的抽象，正如相對於感覺或表象的個別性一樣，生命這個概念就暗含對整體、對無限的關係，這一點在體驗一詞迄今所有的特徵中是顯然可見的。

施萊爾馬赫爲反對啓蒙運動的冷漠的理性主義而援引富有生命氣息的情感，席勒爲反對社會機械論而呼籲審美自由，黑格爾用生命（後期是用精神）反抗「實證性」（Positivität）[115]，這一切都是對現代工業社會抗議的先聲，這種抗議在本世紀初就使體驗和經歷這兩個詞發展成爲幾乎具有宗教色彩的神聖語詞。反對資產階級文化及其生活方式的青年運動就是在這種影響下產生的。弗里德里希・尼采[116]和亨利・柏格森的影響也是在這方面發生的。而且就連某種「精神運動」，例如：圍繞斯忒芬・喬治[117]的運動，以及喬治・齊美爾[118]用以對這種過程作出哲學反應的地震儀似的敏感性，都同樣表明了這一點。所以，當代的生命哲學乃是繼承其浪漫主義的先驅。對當代廣大群眾生活的機械化的反抗，在今天還是以這樣一種理所當然性強調這個詞，以致這個詞的眞正概念性內涵仍還隱蔽著。[46]

因而，我們必須從體驗這個詞的浪漫主義的前期歷史去理解狄爾泰對這個詞的概念鑄造，並且將記住狄爾泰是施萊爾馬赫的傳記家。當然，在施萊爾馬赫那裡還沒有出現「體驗」這個詞，甚至連「經歷」這個詞似乎也未出現過。但是，在施萊爾馬赫那裡並不缺乏與體驗具有同一意義範圍的同義詞，[47] 並且泛神論的背景始終是

---

46 可參見羅特哈克對於海德格——完全以笛卡兒派的概念含意為目的——批判「經歷」的驚奇：《精神科學中的獨斷論思維形式和歷史主義問題》，1954年，第431頁。

47 如生命行為、共同存在的行為、環節、自身的情感、感覺、影響、作為情緒自身的自由規定的激動、原始的內心東西、精神振奮等等。

明顯可見的。每一種行爲作爲一種生命要素，仍然是與在行爲中所表現出來的生命無限性相關聯。一切有限事物都是無限事物的表達或表現。

事實上，我們在狄爾泰的《施萊爾馬赫傳》對宗教觀點的描述中，發現了對「體驗」這詞的特別意味深長的運用，這個運用已
[I 70] 指明這樣的概念內涵：「施萊爾馬赫的每一個自爲存在著的體驗（Erlebnisse），都是一個被分離了的、從解釋性關係裡抽離出來的宇宙形象。」[48]

(γ) 體驗概念

現在，如果我們緊接在「體驗」的語詞史之後探討「體驗」的概念史，那麼我們就可以從前面所述得知，狄爾泰的體驗概念顯然包含了兩個要素：泛神論的要素和實證論的要素，即體驗（Erlebnis）和它的結果（Ergebnis）。這確實不是偶然的，而是狄爾泰自己處於思辨和經驗之間的中間地位的結果，這個中間地位我們以後還要探討。因爲對於狄爾泰來說，重要的問題是從知識論上

48　狄爾泰：《施萊爾馬赫傳》，第 2 版，第 341 頁。值得注意的，「體驗」（Erlebnisse）這個異文（我認為這是正確的）是該書第 2 版（1922 年，彌爾特編）對 1870 年第 1 版中出現的「結果」（Ergebnisse）這個詞（第 1 版，第 305 頁）的修正。如果這裡是第 1 版的一個排字訛誤，那麼我們在上面所堅持的體驗和結果之間的意義相近就在這裡起了作用。一個更進一步的事例可以解釋這一點。我們在霍托那裡（《生命和藝術的初步研究》，1835 年）就讀到這樣一段話：「可是這樣一種想像力與其說是自己在創造毋寧說更多地依據於對已經歷過的情況的回憶，對已得出的經驗的回憶。回憶保存和恢復了這種結果（Ergebnisse）在任何情況中出現的個別性和外在形式，而不讓普遍的東西自為地出現。」如果在此原文中以「體驗」（Erlebnisse）替代「結果」，那麼沒有一位讀者會對此感到驚奇。〔在最後為《施萊爾馬赫傳》所寫的導論中，狄爾泰經常地使用「體驗」一詞，參見《狄爾泰全集》，第 13 卷，第 1 部分，第 XXXV-XLV 頁。〕

去爲精神科學的活動進行辯護，所以探討眞正**所與**（das wahrhaft Gegebenen）這一動機到處支配著他。這也是一種具有知識論性質的動機，或者更確切地說，是一種知識論本身的動機，這個動機支配了他的概念構造，並且與我們上面所追溯的語言過程相符合。正如由於被工業革命所改造的文明複雜系統的弊端所產生的體驗缺乏（Erlebnisferne）和體驗飢渴（Erlebnishunger），使「體驗」一詞在日常語言中得以流行一樣，歷史意識對流傳下來的東西所具有的新距離，也使體驗概念進入了它的知識論的功能中。這一點的確表明了 19 世紀精神科學發展的特徵，即精神科學不只是外在地承認自然科學爲範本，而且出於與近代自然科學由之產生的同樣理由，像自然科學一樣表現出對經驗和研究的同樣熱情。如果力學時代對於作爲非人世界的自然必須感到的那種陌生性，在自我意識的概念中和在發展成爲方法的「清楚而且明晰知覺」的確實性規則中具有 [I 71]
它的知識論的表現，那麼 19 世紀精神科學也對歷史的世界感到同樣的一種陌生性。過去時代的精神創造物，即藝術和歷史，不再屬於現代的不證自明的內容，而是被拋擲給（aufgegebene）研究的對象或所與（Gegebenheiten），從這些對象或所與出發，過去才可能讓自身得到再現。[119] 所以，正是這種所與概念主導了狄爾泰鑄造體驗概念。

精神科學領域內的所與當然是屬於一種獨特的種類，狄爾泰想透過「體驗」（Erlebnisse）概念去表述這一點。與笛卡兒的 res cogitans（被思物）術語相連繫，狄爾泰透過反思性（Reflexivität）、透過內在存在（Innesein）去規定體驗概念，並且想從這種獨特的所與方式出發在知識論上爲歷史世界的認識進行辯護。在解釋歷史對象時所追溯到的最初的所與並不是實驗和測試的資料，而是意義統一體（Bedeutungseinheiten）。這就是體驗概念所要表達的東西：我們在精神科學中所遇到的意義構成物（Sinngebilde）——儘管還是如此陌生和不可理解地與我們對峙著——可能被追溯到意識中所與物的原始統一體，這個統一體不再包含陌生性的、對象性的和需要解釋的東西。這就是體驗統一體（Erlebniseinheiten），這種統一體本身就是意義統一體（Sinneinheiten）。

這一點將表明——對於狄爾泰思想來說具有決定性意義的——這個意義統一體作爲原始的意識統一體（letzte Bewusstseinseinheit）並未被稱之爲**感覺**或感知，有如在康德主義以及在19世紀直至恩斯特・馬赫[120]的實證主義知識論中那樣理所當然所稱呼的，狄爾泰把它稱之爲「體驗」（Erlebnis）。因而狄爾泰就限制了由感覺原子構造知識的結構理想，並以一個更明確的所與物概念與之相對立。體驗統一體（而不是它被分析成的心理要素）表現了所與物的眞實統一。所以，某種限制機械論模式的生命概念便在精神科學的知識論中出現了。

這個生命概念是從目的論上被思考的：生命對狄爾泰來說，完全意味著創造性（Produktivität）。由於生命客觀化於意義構成物中，因而一切對意義的理解，就是「一種返回（Zurückübersetzen），即由生命的客觀化物返回到它們由之產生的富有生氣的生命性（Lebendigkeit）中」。所以體驗概念構成了對客體的一切知識的知識論基礎。

體驗這一概念在胡塞爾的現象學中所具有的知識論功能也是
[I 72] 同樣普遍的。在第5版《邏輯研究》（第2章）中，現象學的體驗概念明確地與通常的體驗概念區分了開來。體驗統一體不被理解爲某個自我的現實體驗之流的一部分，而是被理解爲一種意向關係。「體驗」這個意義統一體在這裡也是一種目的論的統一體。只有在體驗中有某種東西被經歷和被意指，否則就沒有體驗。雖然胡塞爾也承認非意向性的體驗，但這些體驗只是意義統一體即意向性體驗

的材料。就此而言，體驗概念在胡塞爾那裡就成了以意向性爲本質特徵的各類意識的一個包羅萬象的稱呼。[49]

因而，在狄爾泰這裡就像在胡塞爾那裡一樣，在生命哲學中就像在現象學中一樣，體驗概念首先就表現爲一個純粹的知識論概念。這個概念在他們兩人那裡都是在其目的論的意義上被採用的，而不是在概念上被規定。生命就是在體驗中所表現的東西，這將只是說，生命就是我們所要返歸的本源（das Letzte）。對於這個由活動結果而來的概念鑄造，語詞史提供了一個確切的證明。因爲我們看到，「體驗」這個詞的形成是與一個濃縮著、強化著的意義相適應的。如果某物被稱之爲體驗，或者作爲一種體驗被評價，那麼該物透過它的意義而被聚集成一個統一的意義整體。被視爲某個體驗的東西，不同於另一個體驗——在這另一個體驗中是另外的東西被經歷——就像它不同於另一種生命歷程一樣——在這另一種生命歷程中「沒有什麼東西」被經歷。被視爲某個體驗的東西，不再只是一種在意識生命之流中短暫即逝的東西——它被視爲統一體，並且由此贏得了一種新的成爲某物的方式。就此而言，下面這一點是完全可理解的，即體驗這個詞是在傳記文學中出現的，而且最終來源於自傳中的使用。凡是能被稱之爲體驗的東西，都是在回憶中建立起來的。我們用這個詞意指這樣一種意義內涵，這種意義內涵是某個經驗對於具有體驗的人可作爲永存的內涵所具有的。這就是關於意識所具有的意向性體驗和目的論結構的論述所確認的東西。但是在另一方面，體驗概念中也存在生命和概念的對立。體驗具有一種擺脫其意義的一切意向的顯著的直接性。所有被經歷的東西都是自我經歷物，而且一同組成該經歷物的意義，即所有被經歷的東西

49 參見 E. 胡塞爾：《邏輯研究》，第 2 卷，第 365 頁注釋；《純粹現象學和現象學哲學的觀念》，第 1 卷，第 65 頁。

都屬於這個自我的統一體，因而包含了一種不可調換、不可替代的與這個生命整體的關聯。就此而言，被經歷的東西按其本質不是在
[I 73] 其所傳導並作爲其意義而確定的東西中形成的。被經歷東西的意義內涵於其中得到規定的自傳性的或傳記性的反思，仍然是被融化在生命運動的整體中，而且持續不斷地伴隨著這種生命運動。正是體驗如此被規定的存在方式，使得我們與它沒有完結地發生關聯。尼采說：「在思想深刻的人那裡，一切體驗是長久延續著的。」[50] 他的意思就是：一切體驗不是很快地被忘卻，對它們的領會乃是一個漫長的過程，而且它們的眞正存在和意義正是存在於這個過程中，而不只是存在於這樣的原始經驗到的內容中。因而我們專門稱之爲體驗的東西，就是意指某種不可忘卻、不可替代的東西，這些東西對於領悟其意義規定來說，在根本上是不會枯竭的。[51]

從哲學角度來看，我們在體驗概念裡所揭示的雙重性意味著：這個概念的作用並不全是扮演原始所與和一切知識基礎的角色。在「體驗」概念中還存在某種完全不同的東西，這種東西要求得到認可，並且指出了一個仍需要研究的難題，即這個概念與生命的內在關係。[52]

首先，這是兩個端點，由這兩個端點出發，關於生命和體驗的關係的這個不斷擴展的課題就提了出來，而且我們以後將看到，不

50　《尼采全集》，穆沙里翁版，第 14 卷，第 50 頁。

51　參見《狄爾泰全集》，第 7 卷，第 29 頁以下。

52　因此當狄爾泰寫了下面這段話時，他就因此限制了他自己在後期關於體驗的定義：「體驗就是一種質地的存在 = 一種現實性，這種現實性不能透過內在存在去定義，而是被降低到了未加分辨地被收取的東西之中。」（《狄爾泰全集》，第 7 卷，第 230 頁）這裡，主體性的出發點是很不充足的，這一點對狄爾泰來說本來是不清楚的，但是在語言思考的形式裡他意識到了：「難道人們能說『被收取』嗎？」

僅狄爾泰而且尤其胡塞爾都陷入了這裡所面臨的難題。這就是康德對於一切心靈實體說的批判和由此批判區分出的自我意識的先驗統一（即統覺的綜合統一）所具有的基本意義。一種依據批判方法的心理學的觀念可能與這種對唯理論心理學的批判相連繫，例如：保羅・納托普[121]早在 1888 年[53]就提出了這種心理學，並且以後理查・赫尼希斯瓦爾德[122]還在它上面建立了思維心理學概念。[54]納托普透過表明經歷直接性的知覺（Bewusstheit）概念描述了批判心理學的對象，並且提出了一種普遍主體化的方法作為重構心理學的研討方式。納托普後來透過對同時代心理學研究的概念構造的深入批判，維護和繼續發展了他的基本觀點。但是早在 1888 年他已確定 [I 74]
了這種基本思想，即具體的原始體驗，也就是意識的整體，表現了一種未分化的統一體，這個統一體透過認識的客觀化方法才得到分化和規定。「但意識意味著生命，也就是通常的相互連繫。」這一點特別是在意識和時間的關係中表現出來：「不是意識作為時間過程中的事件，而是時間作為意識的形式。」[55]

在納托普這樣反對占統治地位的心理學的同一年，即 1888 年，亨利・柏格森的第一部著作《論意識的直接所與》出版了。[123]這部著作是對同時代的心理物理學的一個批判性抨擊，這個抨擊像納托普一樣堅決地使用了生命概念，以反對心理學概念構造的客體化，尤其是空間化的傾向。這裡就像在納托普那裡一樣，對於「意識」及其分解的具體有著完全類似的論述。柏格森對此還新造了 durée（所與）這一著名的術語，這個術語陳述了心理事物的絕

---

53 《依據批判方法的心理學導論》，1888 年；《依據批判方法的普通心理學》，1912 年（重新修改版）。

54 《思維心理學基礎》，1921 年第 2 版，1925 年。

55 《依據批判方法的心理學導論》，第 32 頁。

對延續性。柏格森把這延續性理解爲「機制」（organisation），也就是說，他是由生命體存在方式（êtrevivant）出發來規定延續性的，在這生命體中每一個要素對於整體都是重要的（représentatif du tout）。柏格森把意識中的一切要素的內在滲透與傾聽一首樂曲時一切音調的滲透方式進行了比較。在柏格森那裡，這就是反對笛卡兒主義的生命概念的要素，他爲反對客觀化的科學而捍衛了這一要素。[56]

如果我們現在考察一下這裡稱爲**生命**的東西以及其中在體驗概念裡起作用的東西的更精確規定，那麼就可表明：生命和體驗的關係不是某個一般的東西與某個特殊的東西的關係。由其意向性內容所規定的體驗統一體更多地存在於某種與生命的整體或總體的直接關係中。柏格森講到了整體的再現，而且納托普所使用的相互關聯概念同樣也是對在此出現的部分和整體的「機制」關係的一種表述。首先作出這一點的正是喬治·齊美爾，他曾把生命概念作爲「生命超出自己本身的擴張」去分析。[57]

整體在短暫體驗中的再現，顯然遠遠超出該整體被其對象所
[I 75] 規定的事實。用施萊爾馬赫的話來講，每一個體驗都是「無限生命的一個要素」。[58] 喬治·齊美爾——此人不僅把「體驗」這個詞發展爲一個時興詞，而且還和他人一起使這詞臻於完美——正是在此看到了體驗概念的顯著特徵，即「客體，例如：在認識中，不僅成爲圖像和表象，而且成爲生命過程本身的要素」。[59] 齊美爾就曾經

---

56 H. 柏格森：《論意識的直接所與》，第 76 頁以下。

57 喬治·齊美爾：《生命觀》，1922 年第 2 版，第 13 頁。我們以後將看到，海德格是怎樣邁出這決定性的一步的，他由生命概念的辯證玩味轉入本體論的嚴格探討（參見本書第 247 頁以下）。

58 F. 施萊爾馬赫：《論宗教》，第二段。

59 喬治·齊美爾：《橋和門》，朗德曼編，1957 年，第 8 頁。

指出過，每一個體驗都具有某種奇遇（Abenteuer）。[60]但是，什麼是奇遇呢？奇遇絕不只是一種插曲（Episode）。插曲是一串彼此並列的個別事件，這些個別事件不具有任何一種內在關係，而且也正因爲這些個別事件只是插曲，所以不具有任何一種持久的意義。反之，奇遇則與此相反，雖然奇遇也同樣打斷了事物的通常進程，但是它是積極的，並且與它所打斷的連繫發生很有意味的關聯。所以，奇遇就可使生命作爲整體，並在其廣度和強度上爲人所感受。奇遇的魅力就基於這一點，奇遇消除了日常生活所具有的條件性和制約性，奇遇敢於出現在不確定的事物中。

但是，奇遇同時也知道它作爲奇遇所特有的例外性質，因此它仍與自身不能一起被置入的通常事物的回復發生關聯。所以，奇遇就如同一個試驗和一個檢驗一樣被「透過了」，而我們正是從這種試驗和檢驗中得到充實和成熟。

這中間有些東西事實上是每一個體驗所具有的。每一個體驗都是由生活的延續性中產生，並且同時與其自身生命的整體相連。這不僅指體驗只有在它尚未完全進入自己生命意識的內在連繫時，它作爲體驗仍是生動活潑的，而且也指體驗如何透過它在生命意識整體中消融而「被揚棄」的方式，根本地超越每一種人們自以爲有的意義。由於體驗本身是存在於生命整體裡，因此生命整體此時也存在於體驗之中。

在我們完成對「體驗」的概念分析時，這一點也就隨之清楚了，即在一般體驗結構和審美特性的存在方式之間存在著怎樣一種姻親關係（Affinität）。審美體驗不僅是一種與其他體驗相並列的體驗，而且代表了一般體驗的本質類型。正如作爲這種體驗的藝術作品是一個自爲的世界一樣，作爲體驗的審美經歷物也拋開了一切

---

60 參見齊美爾：〈哲學文化〉，載《論文集》，1911 年，第 11-28 頁。

[I 76] 與現實的連繫。藝術作品的規定性似乎就在於成爲審美的體驗，但這也就是說，藝術作品的力量使得體驗者一下子擺脫了他的生命連繫，同時使他返回到他的存在整體。在藝術的體驗中存在著一種意義豐滿（Bedeutungsfülle），這種意義豐滿不只是屬於這個特殊的內容或對象，而是更多地代表了生命的意義整體。一種審美體驗總是包含著某個無限整體的經驗。正是因爲審美體驗並沒有與其他體驗一起組成某個公開的經驗過程的統一體，而是直接地表現了整體，這種體驗的意義才成了一種無限的意義。

只要審美體驗如我們上面所述，示範地表現了「體驗」這一概念的內涵，下面這一點便是可以理解的，即體驗概念對確立藝術的立足點來說就成了決定性的東西。藝術作品被理解爲生命的完美的象徵性再現，而每一種體驗彷佛正走向這種再現。因此藝術作品本身就被表明爲審美經驗的對象。這對美學就有一個這樣的結論，即所謂的體驗藝術（Erlebniskunst）看來是眞正的藝術。

(c) 體驗藝術的界限，爲譬喻恢復名譽

體驗藝術（Erlebniskunst）概念具有一種顯著的兩重性。本來，體驗藝術顯然是指，藝術**來自於**體驗，並且是體驗的表現。但在某種衍生的意義上，體驗藝術概念也被用於那種**專為**審美體驗所規定的藝術。這兩者顯然是連繫在一起的。凡是以某種體驗的表現作爲其存在規定性的東西，它的意義只能透過某種體驗才能把握。

正如經常所看到的，「體驗藝術」概念是由限制其要求的界限經驗（Erfahrung der Grenze）所制約的。只有當一件藝術作品是體驗的移置（Umsetzung）這一點不再是自明的，並且這種移置應歸功於某個天才靈感的體驗（這種天才靈感以一種夢遊神式的自信創造了那種對於感受者來說已成爲其體驗的藝術作品）這一點不再是

自明的時候，體驗藝術概念才是輪廓清楚的。歌德的世紀對於我們來說正是標誌上述兩個條件已獲得自明性的世紀，這個世紀可以說構成一整個時代或時期。正是因爲這個時代對我們來說已經結束，而且我們的視野能夠超出其界限，我們才能夠在其界限中看到該時代，並對該時代獲得一個概念。

以後我們逐漸地意識到，這個時代在藝術和文學的整個歷史中只是一個插曲。恩斯特．羅伯特．庫丘斯 [124] 對中世紀美文學所作 [I 77]
出的卓越研究就對此提供了一個很好的描述。[61] 如果我們的視野已開始超出體驗藝術的界限並讓其他的標準生效，西方藝術世界就會出現一個新的廣闊天地，一個全陌生的藝術世界就會展現在我們眼前，因爲西方藝術從古代一直到巴洛克時期是由完全不同於體驗性（Erlebtheit）標準的另外一些價值標準所支配的。

的確，所有這一切對於我們來說都可能成爲「體驗」。這種審美的自我理解是經常地被使用的。但是我們不能誤認爲，對於我們來說這樣地成爲體驗的藝術作品本身並不是爲這種理解所規定的。我們關於天才和經歷的價值概念在這裡是不適合的。我們也能夠回憶起完全不同的標準，並且也許還能說：使藝術作品成爲藝術作品的，並不是體驗的純眞性或體驗表現的強烈性，而是固定的形式和表達方式的富有藝術性的安排。這種標準上的對峙雖然適用於一切種類的藝術，但在語言性的藝術中有它特別的證據。[62] 在 18 世紀，詩歌與修辭學還以一種令現代意識驚異的方式相互並列著，康德在詩歌和修辭學這兩者中看到了「一種作爲知解力事務的想像力的自

---

61 E. R. 庫丘斯：《歐洲文學與中世紀拉丁語》，伯恩，1948 年。

62 參見比喻語言（Sinnbildsprache）和表現語言（Ausdruckssprache）之間的對峙。保羅．伯克曼曾把這種對峙作為他的《德國文學創作形式的發展史》的基礎。

由活動」。63[125]只要在詩歌和修辭學中無意識地實現了感性和知性這兩種認識能力的和諧，詩歌和修辭學對於康德來說就是美的藝術，並且是「自由的」。經歷性和天才靈感的標準卻必須針對這種傳統開創一種相當不同的「更自由的」藝術概念，對於這種藝術概念，只有詩歌與之相適應，因爲詩歌排除了一切暫時性的東西，反之，修辭學則完全被排除在這種藝術概念之外。

因而，19 世紀修辭學的價值崩潰乃是運用天才無意識創造這一學說的必然結果。我們將在一個特定的事例上，即在**象徵**（Symbol）和**譬喻**（Allegorie）的概念史上去探討這一現象，因爲象徵和譬喻的內在關係在近代已發生了變化。

甚至對語詞史感興趣的研究者往往也沒有足夠重視這樣的事實，即在我們看來是不言而喻的譬喻和象徵之間在藝術上的對立，乃是上兩個世紀哲學發展的結果，並且在發展的最初階段，這種對立很少爲人所認識，以致人們更多地提出這樣的問題：作出這種區分和對峙的需要究竟是怎樣產生的。我們不能忽視，對於我們時
[I 78] 代的美學和歷史哲學起了決定性影響的溫克爾曼曾在相同的意義上使用了這兩個概念，而這種用法是與整個 18 世紀的美文學相符合的。從詞源來看，這兩個詞確實有某種共同的意義，即在這兩個詞中表現了這樣的東西，該東西的含意（sinn）並不存在於它的顯現、它的外觀或它的詞文中，而是存在於某個處於它之外的所指（Bedeutung）中。某個東西這樣地爲某個別的東西而存在，這就構成了這兩個詞的共同性。這樣的富有意義的關聯，不僅存在於詩歌和造型藝術的領域中，而且也存在於宗教的神聖事物的領域內，正是透過這種關聯，非感覺的東西（die Unsinnliches）就成了可感覺的（sinnlich）了。[126]

63 《判斷力批判》，第 51 節。

我們必須作進一步的探討，古代關於象徵和譬喻這兩個詞的使用是怎樣開創了我們現在所熟悉的關於這兩個詞以後的對立。這裡我們只能確立幾條基本線索。顯然，這兩個詞最初是彼此根本不相關的。譬喻本來屬於述說，即 Logos（講話）領域，因此譬喻起一種修飾性的或詮釋性的作用。它以某個其他的東西替代原來所意味的東西，或更確切地說，這個其他的東西使原來那個所意味的東西得到理解。[64] 象徵則與此相反，它並不被限制於 Logos（講話）領域，因爲象徵並不是透過與某個其他意義的關聯而有其意義，而是它自身的顯而易見的存在具有「意義」。象徵作爲展示的東西，就是人們於其中認識了某個他物的東西。所以它是古代使者的證據和其他類似東西，顯然，「象徵」並不是單單透過其內容，而是透過其可展示性（Vorzeigbarkeit）起作用，因而它就是一種文獻資料，[65] 某個共同體的成員可以從該資料知道，它是否是宗教的象徵，或是否在世俗的意義上作爲一個記號或一個證件或一個口令而出現——在任何情況下，**象徵**的意義都依據於它自身的在場，而且只是透過其所展示或表述的東西的立場才獲得其再現性功能的。

雖然譬喻和象徵這兩個概念分屬於不同的領域，但它們彼此還是很相近的，這不僅是因爲它們都具有透過彼一物再現此一物的共同結構，而且還由於它們兩者在宗教領域內都得到了優先的運用。譬喻產生於神學的需要，在宗教傳說中——因而最初是在荷馬那裡——是爲了擯除有害的東西，並認識其背後的有利的眞理。凡在更合適表現婉言表述和間接表述的地方，譬喻在修辭學的應用中就

---

64 ἀλληγορία（譬喻）為原本的 *ὑπόνοια*（推測）進行辯護，參見普魯塔克[127]：《音樂詩》，第 19e。

65 作為「協定」的 σύμβολου（象徵）的意義是否以「約定」本身的性質或它的文獻記載為依據，我尚未確定。

[I 79] 獲得了一個相應的功能。象徵概念〔最初似乎在克里西普[128]那裡具有譬喻的意義[66]〕首先透過新柏拉圖主義的基督教的改造，也進入了這個修辭學—詮釋學的譬喻概念的範圍內。僞丟尼修[129]在其代表作的開首，根據上帝的超感性存在與我們習慣於感性事物的精神的不相應性，立即確立了象徵性（Symbolikōs）表述的必要性。因而**象徵**在這裡獲得了一個比類性功能。[67]這就導向了對神性事物的認識——完全就像譬喻的表述方式通向一個「更高的」意義一樣。解釋活動的譬喻方式和認識活動的象徵方式具有相同的必然性基礎，即不從感性事物出發，要認識神性的東西是不可能的。

但是，在象徵概念裡卻顯現了一種譬喻的修辭學運用完全不具有的形上學背景。從感性事物出發導向神性的東西，這是可能的，因爲感性事物並不是單純的虛無和幽暗之物，而是眞實事物的流溢和反映。現代的象徵概念如果沒有它的這種靈知性的功能和形上學背景，就根本不可能理解。「象徵」這一詞之所以能夠由它原來的作爲文獻資料、認識符號、證書的用途而被提升爲某種神祕符號的哲學概念，並因此而能進入只有行家才能識其謎的象形文字之列，就是因爲象徵絕不是一種任意地選取或構造的符號，而是以可見事物和不可見事物之間的某種形上學關係爲前提。宗教膜拜的一切形式都是以可見的外觀和不可見的意義之間的不可分離性，即這兩個領域的「吻合」爲其基礎的。這樣，它轉向審美領域就可理解了。按照索爾格[130]的看法，[68]象徵性的東西標誌一種「其中理念可以以任何一種方式被認識的存在」，因而也就是藝術作品所特有的理想

66 《古代斯多噶殘篇》，第 2 部，第 257 頁以下。

67 σνμβολικῶς καὶ ἀυαγωγικῶς（象徵性和比類性），參見《論天的本源》，第 1 章，第 2 節。

68 《美學講演錄》，海澤編，1829 年，第 127 頁。

和外在顯現的內在統一。反之，譬喻性的東西則只是透過指出某個他物而使這種富有意義的統一得以實現。

然而，只要譬喻不只是表示講話手段和解釋含意（sensus allegoricus），而且也表示對藝術裡抽象概念的相應的形象表現，那麼譬喻概念在其自身方面就經歷了一種特有的寬泛化。顯然，修辭學和詩學的概念在此也是作爲造型藝術領域內審美概念構造的樣板而出現的。[69]。當譬喻本來並非以那種象徵所要求的形上學的原始類似性爲前提，而只是以某種由慣例和固定教條所造成的配列 [I 80]
（Zuordnung）爲前提時，譬喻概念的修辭學成分在這一點上對於這種意義的展開還是有效的，因爲由慣例和固定教條所造成的配列允許對無形象的東西使用形象性的表現。

這樣，我們也許就可以概述語言上的意義傾向，這種語言上的意義傾向在 18 世紀末導致了作爲內在的和本質的意味的象徵和象徵性與譬喻的外在的和人爲的意味相對立。象徵是感性的事物和非感性的事物的重合，而譬喻則是感性事物對非感性事物的富有意味的關聯。

---

69 需要探討的是，譬喻這個詞最早是什麼時候從語言領域轉入造型藝術中去的，這個轉入是由於象徵學嗎？（參見 P. 梅納爾 [131] 的〈象徵主義和人文主義〉，載《人文主義與象徵主義》，卡斯泰利編，1958 年）在 18 世紀情況正相反，當講到譬喻時，首先總是想到造型藝術，而且萊辛所代表的詩歌從譬喻中的解放，首先就是指詩歌從造型藝術的樣板中的解放。另外，溫克爾曼對譬喻概念所抱的肯定態度絕不是迎合時代的趣味，也不是迎合同時代理論家如迪博斯 [132] 和阿爾加洛蒂 [133] 的見解。溫克爾曼似乎更多地受到沃爾夫—鮑姆加登的影響，例如：他主張畫家的筆「應飽蘸理智」。所以溫克爾曼不是根本地擯棄譬喻，而是依據於古代的古典主義來貶低與古代相反的新的譬喻。19 世紀對譬喻的普遍詆毀——其理所當然性完全就像人們理所當然地用象徵性概念去對抗譬喻一樣——很少能正確評價溫克爾曼，例如：尤斯蒂就是例子（《溫克爾曼著作集》，第 1 卷，第 430 頁以下）。

由於天才概念和「表現」的主體化的影響，這種意義的區別就成爲一種價值對立。象徵作爲無止境的東西（因爲它是不定的可解釋的）是絕對地與處於更精確意義關係中並僅限於此種意義關係的譬喻事物相對立的，就像藝術與非藝術的對立一樣。當啓蒙運動時期的理性主義美學屈服於批判哲學和天才說美學時，正是象徵的這種意義不確定性使得**象徵性**（Symbolische）**這一詞和概念**得到成功的發展。因此我們有必要詳細地考察這種發展。

這裡決定性的東西是康德在《判斷力批判》第 59 節中對象徵概念所給出的邏輯分析，這個分析最明確地解釋了這一點。象徵性表現被康德視爲圖式性表現的對立面。[134] 象徵性表現之所以是表現（並不像所謂邏輯「符號主義」裡的單純符號），只是因爲象徵
[I 81] 性表現不是直接地表現某個概念（如在康德先驗圖式論哲學中所做的那樣），而是間接地表現概念的，「由此，表現不含有概念的本來圖式，而只單純含有對反思的一種象徵」。這種關於象徵性表現的觀念乃是康德思想中最卓越的成果之一。[135] 康德曾以此正確地評價神學眞理〔這種神學眞理在 Analogia entis（存在的類似性）[136] 的思想中曾給予其士林哲學的形態〕，並使人的概念與神相脫離。從而康德揭示了──在他明確指出這種「事情」應得到「更深刻的研究」中──語言的象徵性表述方式（即語言持久性的譬喻作用），並最後特別地使用了類比概念，以便描述美對倫理善的那種既不能是隸屬的又不能是並列的關係。「美是倫理善的象徵」，在這個既審愼又精闢的命題中，康德把審美判斷力充滿反思自由的要求與它的人道意義結合在一起──這是一個產生巨大歷史影響的思想。在這裡，席勒是康德的繼承人。[70] 如果席勒把人類審美教育的

70　席勒在「優雅與莊重」中大略說過，美的對象應充當某個理念的「象徵」（《席勒文集》，京特和維特科夫斯基編，1910 年起出版，第 17 卷，第 322 頁）。

觀念建立在康德所表述的這種美與倫理情操的類比上，那麼他就能遵循康德的一個明確的指示，即「趣味無須過分強烈的跳躍就使感官刺激向慣常性的道德興趣的過渡成爲可能」。[71]

現在出現了一個問題，即如此理解的象徵概念是怎樣以我們所熟悉的方式成爲譬喻的對應概念的。席勒最初尚未觸及這一問題，儘管他對冷漠的和人爲的譬喻作了批判，這種譬喻當時被克洛普施托克、萊辛、青年歌德、卡爾—菲力浦·莫里茨[137]等人用以反對溫克爾曼。[72]在席勒和歌德的書信交往中才出現對象徵概念的最初 [I 82]
的重新創立。歌德在 1797 年 8 月 17 日那封著名的信中描述了他對法蘭克福的印象所引起的傷感情緒，並對產生這樣一種效果的對象寫道：「這種對象是眞正象徵性的，也就是說，我幾乎無需指出，這是存在於某種可以作爲許多其他東西再現的多樣性特徵中的奇特事情，其中包含某種整體性的事情⋯⋯」歌德很重視這種感受，因爲這種感受可能使他避免「百萬倍的經驗的禍害」。席勒在這方

71　康德：《判斷力批判》，1799 年第 3 版，第 260 頁。

72　關於「象徵」一詞在歌德那裡的用法所作的詳盡的歌德語文學研究（庫爾特·繆勒：《歌德藝術觀中象徵概念的歷史前提》，1933 年）表明，深入地分析溫克爾曼的譬喻美學對同時代人來說是如何重要，以及歌德藝術觀具有何等的重要性。在溫克爾曼著作中，費爾諾[138]（第 1 卷，第 219 頁）和亨利希·邁耶[139]（第 2 卷，第 675 頁以下）就假定了威瑪古典時期所提出的象徵概念是理所當然的。因而這個詞隨即迅速地進入席勒和歌德的用語中——這個詞在歌德以前似乎還根本不具有審美的意義。歌德對象徵概念的鑄造所作出的貢獻，顯然出自於其他的原因，即出自於新教詮釋學和聖事學說，正如洛夫（《象徵概念》，第 195 頁）透過格哈德的提示所指出的。卡爾—菲力浦·莫里茨對這一點曾作過特別出色的闡明。雖然他的藝術觀充滿了歌德的精神，但他在對譬喻的批判中卻能指出，譬喻「接近於單純的象徵，而單純的象徵不再取決於美」（繆勒，前引書，第 201 頁）。〔現在在 W. 豪格（編輯的）文集《譬喻的形式和作用》（1978 年沃爾芬比特爾討論會，斯圖加特，梅茲納出版社 1979 年版）裡包含更豐富的資料。〕

面支持歌德，並且認爲這種傷感的感受方式是與「我們彼此對此感受所確信的東西」完全一致。可是，在歌德那裡，這種感受**顯然不會是一種作為實在經驗的審美感受**，對於實在經驗的審美感受，他似乎根據古代新教的用語取掉了象徵性這一概念。

席勒對於這樣一種實在的象徵觀點提出了他的唯心主義異議，並且因而把象徵的意義挪動到審美特性方面。歌德的藝術朋友邁耶爲了確定眞正的藝術作品與譬喻的界限，也同樣遵循了對象徵概念的這種審美運用。但是對於歌德自身來說，象徵和譬喻在藝術理論上的對立仍只是指向有意義事物這個一般方向上的一個特殊現象，而歌德是要在一切現象中探尋這種一般方向。所以歌德把象徵概念應用到例如色彩上，因爲在這裡「眞實的關係同時表現了意義」，在這裡明顯地表現出對於譬喻、象徵、神祕化的傳統詮釋學的圖式的依賴[73]——這一直到歌德能夠寫下最終對於他來說是如此獨特的話：「所有出現的東西都是象徵，並且由於這些東西完滿地表現了自身，從而也就指出了其餘的東西。」[74]

在哲學美學裡，這種語言用法可能首先是在透過希臘「藝術宗教」的過程中出現的。這明確地表現在謝林藝術哲學從神話學的發展。謝林在藝術哲學裡所援引的卡爾—菲力浦·莫里茨雖然在其《神的學說》中已經駁斥了神話創作中的「單純譬喻的解法」，但他對於這種「幻想的語言」尚未使用象徵這一術語。反之，謝林則寫道：「一般神話，尤其是每一種神話創作，既不是圖式化地，

[I 83] 也不是譬喻性地，而是象徵性地被領會。因爲純粹的藝術表現的要

---

73 《色彩理論》，第 1 卷，開首的箴言部分，第 916 條。

74 參見 1818 年 4 月 3 日致舒巴特的信。同樣，青年弗里德里希·施萊格爾也寫道：「一切知識都是象徵性的。」（《新哲學文集》，J. 克爾納編，1935 年，第 123 頁）

求，就是用**完全中性的態度**（mit völliger Indifferenz）去表現，也就是說，普遍性完全**就是**特殊性，而不是意味著特殊性，特殊性同時**就是**完全的普遍性，而不是意味著普遍性。」[75] 當謝林這樣（在對赫涅[140] 的荷馬觀的批判裡）提出神話和譬喻間的眞正關係時，他同時就賦予了象徵概念在藝術哲學中的中心地位。同樣，在索爾格那裡，我們也發現類似的表述，即所有藝術都是象徵性的。[76] 索爾格以此想說的是，藝術作品就是「理念」自身的存在——而不是說，一個「於眞正的藝術作品之外所發現的理念」是藝術作品的意義。我們寧可說，對於藝術作品或天才的創作，具有本質特徵的東西就是，它們的意義是存在於現象本身中，而不是任意地被置入於現象中。謝林用 Sinnbild（意義形象）這個德文詞來解釋象徵：「它是如此具體的，僅其本身就完全與形象一樣，並且它還是如此普遍的和富有意義的，就如同概念一樣。」[77] 事實上，在歌德那裡，象徵概念這一名稱就已有了一個決定性的特徵，即理念本身就是給予自身於其中存在的東西。只是因爲在象徵概念中包含著象徵和所象徵物的內在統一，這個概念才能發展成爲普遍美學的基本概念。象徵意味著感性現象與超感性意義的合一（Zusammenfall），這種合一，如：希臘文 Symbolon（象徵）一詞的本來意義和此意義在各種教派術語使用中的發展所表示的，並不是一種在制定符號時的事後的歸併，而是歸併的東西的結合。所以弗里德里希·克羅伊策[141] 這樣寫道，「教士們用以演奏高級知識」的所有象徵手段寧可說是依據於神和人之間的那種「最初連繫」。[78] 克羅伊策的《象徵學》

---

75 謝林：《藝術哲學》（1802 年）（《謝林全集》，第 5 卷，第 411 頁）。

76 埃爾溫：《關於美和藝術的 4 篇對話》，第 2 篇，第 41 頁。

77 謝林：《藝術哲學》（1802 年）（《謝林全集》，第 5 卷，第 412 頁）。

78 F. 克羅伊策：《象徵學》，第 1 卷，第 19 節。

提出了這一充滿爭議的任務，即闡明遠古時期的謎底不透的象徵手法。

當然，象徵概念向審美的普遍原則的擴展並不是沒有障礙的，因為構成象徵的形象和意義的內在統一並不是絕對無條件的統一。象徵不是簡單地擯棄理念世界和感性世界之間的對峙關係，這就是說，象徵恰恰也使人想起形式和本質、表現和內容之間的不協調。
[I 84] 特別是象徵的宗教功能要依存於這種對峙關係。正是在這種對峙的基礎上，宗教信仰中現象和無限東西的刹那間而且總體性的合一才有可能，這一點假定了它是一種使象徵充滿意義的有限物和無限物的內在合併關係。因此象徵的宗教形式完全適應於 Symbolon（象徵）的本來規定性，即分一為二，再由二合一。

就象徵是透過其意義而超越其可感性而言，形式和本質的不相稱性對於象徵來說就是本質性的。象徵所特有的那種形式和本質之間的搖擺、不可決定性的特徵正是來自於這種不相稱性。顯然，這種不相稱性越是強烈，象徵就越難以捉摸而充滿意義，反之，這種不相稱性越是微弱，意義穿透形式就越多。這就是克羅伊策所遵循的觀點。[79] 黑格爾把象徵性的使用限制在東方的象徵藝術上，基本上是依據於形象和意義的這種不相稱性。所指意義過多應當是某種特別藝術形式的特徵，[80] 這種特別的藝術形式之所以區別於古典主義藝術，就在於古典主義藝術不包含這種不協調。顯然，這是對下述概念的一種有意識的僵化和人為的狹窄化，這種概念正如我們所看到的，它所要表達的不再是形象和意義之間的不相稱性，而是它們兩者的合一。所以我們必須承認，黑格爾對象徵性概念的限制

---

79 F. 克羅伊策：《象徵學》，第 1 卷，第 30 節。

80 《美學》，第 1 卷（《黑格爾著作集》，1832 年起出版，第 10 卷，上冊，第 403 頁以下）。〔參見我的論文〈黑格爾與海德堡浪漫派〉，載《黑格爾辯證法》，第 87-98 頁；以及我的著作集，第 3 卷。（其實此卷唯獨此篇未收入，而是收入高達美著作集，第 4 卷，第 395 頁以下。—— 譯者）〕

（儘管有許多擁護者）是與新美學的發展趨勢相違背的，這種新美學發展趨勢自謝林以來正是試圖在這種概念裡思考現象和意義的統一，以便透過這種統一去維護審美自主性而反對概念要求。[81]

現在我們來考察與此發展相應的**對譬喻的貶斥**。在這裡，自萊辛和赫爾德以來的德國美學對法國古典主義的反抗，從一開始就起了作用。[82] 無論如何，索爾格還在一種對於整個基督教藝術非常重要的意義上保留了譬喻性這種表述，而且弗里德里希・施萊格爾 [I 85] 還繼續加以發展。施萊格爾說，一切美都是譬喻（《關於詩歌的對話》）。甚至黑格爾對象徵性概念的使用（如克羅伊策的使用一樣）也還是與這個譬喻性概念很接近的。但是，這種哲學家的用語已不再被 19 世紀的文化人文主義（Bildungshumanismus）所保留，因為這個用語依據於不可言說的東西與語言關係的浪漫主義觀點，以及依據於「東方」譬喻詩的發現。人們援引了威瑪的古典主義，而事實上對譬喻的貶斥卻是德國古典主義的中心任務，這個任務完全必然地產生於藝術從理性主義桎梏中的解放，產生於對天才概念的褒揚。譬喻確實不單純是天才的事情，它依據於固定的傳統，並

81 叔本華的例子至少將表明，1818 年把象徵理解為某個純粹慣例性譬喻的特殊情形的語言用法，在 1859 年也還是存在的。參見《作為意志和表象的世界》，第 50 節。

82 這裡，在克洛普施托克看來（第 10 卷，第 254 頁以下），甚至溫克爾曼也還具有某種錯誤的依賴性：「大多數譬喻性繪畫有兩個主要缺點，一是它們常常根本無法理解或很費勁地被理解；一是它們就其本質而言是乏味的。……真正神聖的和現世的事情是那些最卓越的大師最喜愛從事的東西。……其他人可能關心他們祖國的事情。但無論怎樣有趣的事，甚至古希臘和羅馬的事情，與我有什麼關係呢？」對譬喻（知性—譬喻）的低級意義的明確反抗，尤其在新法蘭西人那裡表現出來。參見索爾格：《美學講演錄》，第 133 頁以下；埃爾溫：《關於美和藝術的 4 篇對話》，第 2 篇，第 49 頁；《遺著》，第 1 卷，第 525 頁。

時常具有一種特定的可說明的意義，而這種意義甚至並不與由概念而來的合乎知性的理解相矛盾——正相反，譬喻的概念和事情是緊密地與獨斷論相連繫的，與神話的理性化（如在希臘啓蒙時期）或與基督教爲統一某種理論而對《聖經》作的解釋（如在教父時期）相連繫，而且最終是與基督教傳統和古典文化的調和相連繫，而這種調和正是現代歐洲藝術和文學的基礎，其最後的普遍形式就是巴洛克風格。隨著這種傳統的破壞，譬喻也就消失了，因爲當藝術的本質脫離了一切教義性的連繫，並能用天才的無意識創造所定義時，譬喻在審美上勢必會成爲有問題的。

所以，我們看到歌德的藝術理論探討對此所產生的強烈影響，即把象徵性稱爲積極的藝術概念，把譬喻性稱爲消極的藝術概念。尤其是歌德自己的文學創作對此曾發揮作用，因爲人們在他的文學創作中看到了生命的懺悔，也看到了體驗的詩意塑造。歌德本人所提出的經歷性標準在 19 世紀就成了主導的價值概念。凡在歌德作品中與此標準不符合的東西——如：歌德的古代詩歌——按照該世紀的現實主義精神，就被作爲譬喻上的「累贅物」而不予考慮。

這一點最終也在哲學美學的發展中產生了影響，這種哲學美學雖然也吸收了歌德式的包羅萬象意義上的象徵概念，但它完全是從現實和藝術的對立出發的，也就是說，它想到了「藝術的立足點」和 19 世紀的審美教化宗教（die ästhetische Bildungsreligion）。對此，以後的 F. Th. 菲舍 [142] 是富有典型意義的，他越是超越黑格爾，他就越擴充黑格爾的象徵概念，越是在象徵中看到了主體性的某種根本作用。「情緒的隱祕象徵」賦予那種自身無生命的東西
[I 86] （自然或感性現象）以精神和意義。因爲審美意識——相對於神話—宗教意識——自知是自由的，所以賦予一切事物以意識的象徵手法也是「自由的」。既然一種多義的不確定性仍然與象徵相符合，那麼象徵就不應再透過它與概念的密切連繫而得到規定。寧可

說，象徵作爲人類精神的創造而具有其自身特有的實證性。它是現象和理念的完滿和諧（Übereinstimmung），這種和諧現在——隨著謝林——於象徵概念中被思考，反之，不和諧則被保留給譬喻，或者說，被保留給神話意識。[83] 在卡西爾[143]那裡我們也發現，在類似的意義上審美的象徵手法是透過下面這一點而與神話的象徵手法表現對立的，即在審美的象徵中，形象和意義的對峙被調和成均衡狀態——這是古典主義「藝術宗教」概念的最後餘波。[84]

我們從上述關於象徵和譬喻的語詞史的梗概中得出了一個實質性的結論。如果我們認識到「有機地生成的象徵和冷靜的合乎知性的譬喻」之對立是與天才說美學和體驗美學相連繫，那麼象徵和譬喻這兩個概念間的僵死的對立就失去了它的約束力。如果巴洛克藝術的重新發現（在古玩市場上這是一種可以確切看見的事情），尤其是近幾十年來巴洛克詩歌的重新發現，以及最近的藝術科學研究已經導致在某種程度上對譬喻恢復名譽，那麼這種進程的理論基礎現在也成爲可以說明的了。19 世紀美學的基礎是情緒的象徵化活動的自由。但這是一種主要的基礎嗎？這種象徵化的活動果眞在今天也沒有受到某種繼續存在的神話一譬喻傳統的限制嗎？如果我們認識到這一點，那麼象徵和譬喻的對立則又是相對的了，雖然這種對立由於體驗美學的偏見而表現爲是絕對的。同樣，審美意識與神話意識的差別也很難被視爲某種絕對的差別。

我們必須意識到，這樣的問題的出現就包含對審美基本概念的某種根本性的修正。因爲這裡所涉及的顯然不只是趣味和審美價

---

83 F. Th. 菲舍：《批判的進程：象徵》。參見 E. 伏爾哈德的卓越分析：《黑格爾和尼采之間》，1932 年，第 157 頁以下，以及 W. 歐爾繆勒的發生學的論述：《F. Th. 菲舍和黑格爾之後的美學問題》，1959 年。

84 E. 凱西爾：《精神科學構造中的象徵形式概念》，第 29 頁。〔同樣，B. 克羅齊：《作為表達科學和一般語言科學的美學》，圖賓根，1930 年。〕

[I 87] 值的再變遷問題。事實上，審美意識概念本身也是有疑問的——而且，審美意識概念所從屬的藝術立足點由此也成了有疑問的。一般審美活動是否是一種相對於藝術作品的合適行爲呢？或者，我們稱之爲「審美意識」的東西是否是一種抽象呢？我們所論述的對譬喻的新評價曾指明，就是在審美意識中，某種獨斷論的要素其實也是有其效用的。如果說神話意識和審美意識之間的區別不應是絕對的區別，那麼，我們所看到的作爲審美意識的創造物的藝術概念本身豈不也成了有疑問的嗎？我們無論如何不能懷疑，藝術史上的偉大時代只是指這樣的時代，在這些時代中，人們不受任何審美意識和我們對於「藝術」的概念的影響而面對〔藝術〕形象，這種形象的宗教或世俗的生命功能是爲一切人所理解的，而且沒有一個人僅僅是審美地享受這種形象。一般審美體驗概念是否能運用到這種形象上去，而不削弱這種形象的眞實存在呢？

3. 藝術眞理問題的重新提出

(a) 審美教化質疑

爲了正確地衡量這個問題所涉及的範圍，我們首先進行一種歷史的考慮，這種歷史的思考可以在某種特有的、歷史上造成的意義上去規定「審美意識」概念。如果康德把時空學說稱之爲「先驗感性學說（美學）」，而把關於自然和藝術中的美和崇高的學說理解爲一種「審美判斷力批判」，那麼，我們今天用「審美的」一詞所指的東西顯然就不再完全地等同於康德賦予這個詞的東西。這個轉折點看來是存在於席勒那裡，因爲席勒將趣味的先驗觀點轉化爲一種道德要求，並把這一點視爲無上命令：你要採取審美的態度！[1] 席勒在其美學著作中曾把澈底的主體化從某種方法的前提條件改變爲某種內容的前提條件，而康德曾用這種澈底的主體化先驗地論證趣味判斷及其對普遍有效性的要求。

由於康德已經給予趣味以這樣一種從感官享受過渡到道德情感的意義，[2][144] 席勒在此本來可以以康德本人爲出發點。但是，由於席勒把藝術說成是自由的一種練習，因而他與費希特的連繫就比與康德的連繫更緊密得多。對於康德曾作爲趣味和天才的先天性基礎 [I 88]
的認識能力的自由遊戲，席勒是從費希特的衝動（本能）學說出發

---

1 這樣，我們就可以概述《論人類審美教育》書信中（大約是第 15 封信）所確立的觀點：「它應是理性（形式）衝動和感性（質料）衝動之間的某種共同東西，也就是一種遊戲衝動（Spieltrieb）。」

2 《判斷力批判》，第 164 頁。

人類學地加以理解，因爲遊戲衝動（Spieltrieb）將會引起理性（形式）衝動和感性（質料）衝動之間的和諧。這種遊戲衝動的造就就是審美教育的目的。

這有廣泛的結論。因爲現在藝術作爲美的現象的藝術是與實際的現實相對立的，而且藝術是由這種對立而被理解的。現在，現象和實在的對立取代了那種自古以來就規定了藝術和自然關係的所謂積極的互補關係。按照傳統的看法，「藝術」的規定性就是在由自然所給予和提供的空間內去實現其補充和充實的活動，儘管這種規定性也包含著一切有意識地把自然改造成人爲需要的活動。[3]甚至「美的藝術」，只要在這個視界中去看它，也是實在的某種完善化，而不是對實在的外在的修飾、遮掩或美化。但是，如果實在和現象的對立鑄造了藝術概念，那麼自然所構成的廣闊框架就被打破，藝術成了一種特有的立足點，並確立了一種特有的自主的統治要求。

凡是由藝術所統治的地方，美的法則在起作用，而且實在的界限被突破。這就是「理想王國」，這個理想王國反對一切限制，也反對國家和社會所給予的道德約束。這與席勒美學的本體論基礎的內在變動相連繫，因爲在《審美教育書簡》中，一開始的傑出觀點在展開的過程中發生了改變，即眾所周知的，一種透過藝術的教育變成了一種通向藝術的教育。在眞正的道德和政治自由——這種自由本應是由藝術提供的——的位置上，出現了某個「審美國度」的教化，即某個愛好藝術的文化社會的教化。[4]但是這樣一來，就連對

3　《判斷力批判》，第 164 頁。〔《真理與方法》1975 年版本注是：「*ή τέχνη τά μēν ēπιτελεi ȃ η φύσις αδυνατεī απεενάσασθαι τά δè μιμεiταì*」（一般地說來，藝術部分地實現自然所不能實現的東西，部分地模仿自然）（亞里斯多德：《物理學》，B8，199a15）。〕

4　《論人類審美教育》，第 27 封信。還可參見 H. 庫恩對這個審美教育過程的傑

康德式的感性世界和道德世界二元論的克服，也不得不進入到一個新的對立中，因爲這種克服是透過審美活動的自由和藝術作品的和諧來表現的。理想和生命透過藝術而來的調解只是一種部分性的調解。美和藝術賦予實在的只是一種倏忽即逝的薄暮微光。美和藝術所提升的情感自由只是在某個審美王國中的自由，而不是實在中的自由。所以，在審美地調解康德式的存在（Sein）和應在（Sollen） [I 89]
的二元論的基礎上，分裂出一個更深層的未解決的二元論。這就是疏離了的實在的散文詩（Prosa），審美調解的詩歌針對這種散文詩，必須找尋它自身特有的自我意識。

席勒以詩歌與之對立的實在概念，確實不再是康德式的實在概念。因爲正如我們所看到的，康德經常是從自然美出發的。但是，就康德爲了批判獨斷形上學的緣故把知識概念完全限制在「純粹自然科學」的可能性上，並因而使唯名論的實在概念具有公認的效用而言，19 世紀美學所陷入的本體論困境，最終就可追溯到康德本人。由於唯名論偏見的影響，審美存在只能夠不充分地和意義模糊地加以理解。

從根本上說，我們應把對那些有礙於正確理解審美存在的概念的擺脫，首先歸功於對 19 世紀心理學和知識論的現象學批判。這個批判曾經表明，所有想從實在經驗出發思考審美特性的存在方式，並把它理解爲實在經驗的變相的嘗試，都是錯誤的。[5]所有這些概念，如：模仿、假象、虛構、幻覺、巫術、夢幻等，都是以與某種有別於審美存在的本眞存在的關聯爲前提的。但現在對審美經驗的現象學還原卻表明，審美經驗根本不是從這種關聯出發去思考

出論述：《黑格爾對德國古典美學的完成》，柏林，1931 年。

5 參見 E. 芬克：《想像和形象》，載《哲學和現象學研究年鑑》，第 11 卷，1930 年。

的，而是審美經驗在其所經驗的東西裡看到了眞正眞理。與此相應地還表明，審美經驗按其本質是不能由於實在的眞正經驗而失望。與此相反，所有上面稱之爲實在經驗的變相的東西，其本質特徵就是有一種失望經驗（Erfahrung der Enttäuschung）必然地與它們相符合。因爲只是假象的東西終究要被識破，虛構的東西要成爲現實的，屬巫術的東西要失去其巫術性，屬幻覺的東西要被看透，屬夢幻的東西，我們由之而覺醒。如果審美性的東西也在這個意義上是假象，那麼它的效用——如夢幻的恐怖性——也只能在我們尚未懷疑現象的實在性的時候才存在，而隨著我們的覺醒將失去它的眞理。

把審美特性的本體論規定推至審美假象概念上，其理論基礎在
[I 90] 於：自然科學認識模式的統治導致了對一切立於這種新方法論之外的認識可能性的非議。

我記得，赫爾姆霍茨在我們由之出發的那個著名地方，並不知道有比「藝術性的」（künstlerisch）這個形容詞更好的詞可以去刻畫精神科學相對於自然科學的獨特要素的特徵。積極地與這種理論關係相應的，就是我們能稱之爲審美意識的東西。這就提出了「藝術的立足點」，席勒是第一個確立這種立足點的人。因爲，正如「美的假象」的藝術是與實在相對立的一樣，審美意識也包含著一種對實在的離異（Entfremdung）——它是「離異了的精神」的某種形態，黑格爾曾把**教化**（Bildung）視爲這種「離異了的精神」。能夠採取審美態度，就是已得到教化的意識的要素。[6] 因爲在審美意識裡我們看到了表明已得到教化的意識特徵的一系列特點：上升爲普遍性，放棄直接接受或拒絕的個別性，認可那些並不與自身要求或愛好相適應的東西。

6　參見本書第 17 頁以下。

我們在上面已從這種關係討論了**趣味**概念的意義。但是，識別和連結某個社會的統一的趣味理想與構成審美教化外形的東西在特徵上是有區別的。趣味還遵循一種內容上的標準。在某個社會裡有效的東西，在某個社會裡主宰著的趣味，便構成了社會生活的共同性。這樣的一個社會選擇並知道什麼東西是屬於它的，什麼東西不是屬於它的。甚至對藝術興趣的占有，對社會來說，也不是任意的、誰想有就有的，實際的情況是，藝術家所創造的東西和社會所推崇的東西，都是與生活方式和趣味理想的統一連繫在一起的。

反之，審美教化的理念——如我們從席勒那裡推導出的——則正在於，不再使任何一種內容上的標準生效，並廢除藝術作品從屬於它的世界的統一性。其表現就是普遍擴大審美地教化成的意識自身所要求的占有物。凡是審美地教化成的意識承認有「品質」的東西，都是它自身的東西。它不再在它們之中作出選擇，因爲它本身既不是也不想是那種能夠衡量某個選擇的東西。它作爲審美意識是從所有規定的和被規定的趣味中反思出來的，而它本身表現爲規定性的零點狀態。對它來說，藝術作品從屬於它的世界不再適用了，情況相反，審美意識就是感受活動的中心，由這中心出發，一切被視爲藝術的東西衡量著自身。

所以，我們稱之爲藝術作品和審美地加以體驗的東西，依據於某種抽象的活動。由於撇開了一部作品作爲其原始生命關係而生根於其中的一切東西，撇開了一部作品存在於其中並在其中獲得其意義的一功宗教的或世俗的影響，這部作品將作爲「純粹的藝術作品」而顯然可見。就此而言，審美意識的抽象進行了一種對它自身來說是積極的活動。它讓人看到什麼是純粹的藝術作品，並使這東西自爲地存有。這種審美意識的活動，我稱之爲「審美區分」（ästhetische Unterscheidung）。[145] [I 91]

因此，與那種充滿內容的確定的趣味在選取和拒斥中所作出的區分完全不同，這是一種單獨從審美品質出發進行選擇的抽象。這種抽象是在「審美體驗」的自我意識中實現的。審美體驗所專注的東西，應當是眞正的作品——它所撇開的東西則是作品裡所包含的非審美性的要素：目的、作用、內容意義。就這些要素使作品適應於它的世界並因而規定了作品原來所特有的整個豐富意義而言，這些要素可能是相當重要的，但是，作品的藝術本質必須與所有這些要素區分開來。這就正好給了審美意識這樣一個本質規定，即審美意識乃進行這種對審美意指物（das ästhetisch Gemeinte）和所有非審美性東西（alle Ausser-Ästhetischen）的區分。審美意識抽掉了一部作品用以向我們展現的一切理解條件。因而這樣一種區分本身就是一種特有的審美區分。它從一切內容要素——這些內容要素規定我們發表內容上的、道德上的和宗教上的見解——區分出了一部作品的審美品質，並且只在其審美存在中來呈現這種品質本身。同樣，這種審美區分在再創造的藝術那裡，也從其上演中區分出了原型（文學腳本、樂譜），而且由於這樣，不僅與再創造相對立的原型，而且與原型或其他可能見解相區別的再創造本身，都能成爲審美意指物。這就構成了審美意識的主宰性（Souveränität），即審美意識能到處去實現這樣的審美區分，並能「審美地」觀看一切事物。

因此，審美意識就具有了同時性（Simultaneität）特徵。因爲它要求一切具有藝術價值的東西都聚集在它那裡。審美意識用以作爲審美意識而活動的反思形式同樣也不僅是一種現在性的形式。因爲審美意識在自身中把它所認可的一切東西都提升到同時性，所
[I 92] 以它同時規定自身也是歷史性的意識。這不僅指，它包含有歷史知識，並作爲記號被使用[7]——審美意識作爲審美意識而自身特有的對一切內容上被規定的趣味的擯棄，也強烈地表現在藝術家向歷史

7　這裡富有特徵的是，對於作為一種社會性遊戲的成語的愛好。

性事物轉向的創作中。歷史畫——其起源並不是由於同時代人對表現的要求，而是由於要從歷史反思中進行再現，歷史小說，但首先是那些引起 19 世紀建築藝術不斷進行風格探索的歷史化的形式，都表現了審美要素和歷史要素在教化意識中的內在相關性。

人們可能會否認說，同時性不是由於審美區分才出現的，而歷來就是歷史生活的一種組合產物。至少，偉大的建築作品作爲過去的生動見證深入到了當代生活中，並且對風俗和倫理、繪畫和裝飾中的繼承物的所有保存，只要向現代生活傳導了某種古老的東西，它們就做了同樣的組合。但是審美教化意識與此完全不同，它並不把自己理解爲這樣一種時代的組合，它自身所特有的這種同時性乃是建立於它所意識到的趣味的歷史相對性。隨著不要簡單地把一種偏離自身「良好趣味」的趣味視作低劣趣味這種基本認識，事實的共時性（die faktische Gleichzeitigkeit）就成了某種原則的同時性（eine prinzipielle Simultaneität）。因而某種靈活的品質感覺就取代了趣味的統一。[8]

審美教化意識作爲審美意識而進行的「審美區分」，也爲自己創造了一個特有的外在的存在（Dasein）。由於審美區分爲共時性提供了場所，即文獻方面的「百科圖書館」、博物館、聳立的劇院、音樂廳等，審美區分也就顯示了它的創造性。人們使現在所出現的事物與古老的東西的區別更加明顯，例如：博物館就不僅僅是一個已成爲公開的收藏館。古代的收藏館（宮廷的和城市的）反映了對某種特定趣味的選擇，並且優先收藏了可以視爲典範性「流派」的同一類型的作品。反之，博物館是這樣的收藏館的收藏館，而且很明顯地是在掩蓋由這樣的收藏館而產生這一點才臻於完善

8　同時可參見 W. 韋德勒 [146] 對這一發展所給出的示範性的描述：《繆斯之死》。〔參見本書第 93 頁注釋 9。〕

的，儘管它事實上是透過對整體的歷史的改造，或者透過盡可能廣泛的補充而產生的。同樣，上世紀聳立著的劇院或音樂廳也表明，演出計畫是如何越來越遠離當代人的創造，並且如何按照這些設施所承受的教化社會所特有的需求適應於自我確證。甚至看來如此地
[I 93] 與審美體驗的共時性相違背的藝術形式，如：建築藝術，也牽連進了這種教化社會中，而不管這種建築藝術是透過建築學和繪畫的現代複製技術產生的，還是透過把旅遊變成畫冊圖片的現代旅遊事業產生的。[9]

由於作品歸屬於審美意識，所以作品透過「審美區分」也就喪失了它所屬的地盤和世界。與此相應的另一方面是，藝術家也喪失了他在世界中的立足之地。這一點在對所謂任務藝術（Auftragskunst）的非議中表現出來。對於由體驗藝術時代所主宰的公眾意識來說，必須要明確想到，出自自由靈感的創造是沒有任務感的，預先給出的主題和已經存在的場合以前乃是藝術創造的例外情況，而我們今天對建築師的感覺乃是另一種獨特的形象，因爲他對他的創造物來說，不像詩人、畫家或音樂家那樣獨立於任務和場合。自由的藝術家是沒有任務感地進行創造的。他似乎正是透過他的創造的完全獨立性而被標誌的，並因而在社會上獲得了某種局外人的典型特徵，這種局外人的生活方式不是用公眾倫理標準去衡量的。19 世紀出現的藝術家生活放蕩（Boheme）的概念就反映了這一過程。流浪人的家鄉對於藝術家的生活方式來說就成了其類概念。

9　參見安德列．馬爾羅 [147] 的《失真的博物館》和 W. 韋德勒的《阿里斯蒂的蜜蜂》，巴黎，1954 年。不過，在韋德勒那裡，還缺乏那種把我們的詮釋學興趣引到自身上來的真正結論，因為韋德勒還總是——在對純粹審美特性的批判中——把創作行為作為規範去把握，這種行為「先於作品而發生，但它同時深入到作品本身中，並且當我觀看和領會作品時，我把握這種行為，我觀看這種行為」（引自德文譯本《繆斯之死》，第 181 頁）。

然而，「如鳥如魚一般自由的」藝術家卻同時受制於某種使他成爲雙重角色的使命。因爲某個從其宗教傳統中生發出來的教化社會對藝術所期待的，隨即就要比在「藝術的立足點」上與審美意識相符合這一點多得多。浪漫派新神話的要求——如：在 F. 施萊格爾、謝林、賀德林 [148] 以及青年黑格爾那裡所表現的，[10] 但同樣富有生氣地出現在例如畫家龍格 [149] 的藝術探索和反思中——給予藝術家及其在世界中的使命以一種新聖職的意識。藝術家就如同一個 [I 94]
「現世的救世主」（伊默曼 [150]），他在塵世中的創作應當造就對沉淪的調解，而這種調解已成爲不可救藥的世界所指望的。自此以來，這種要求規定了藝術家在世界中的悲劇，因爲這個要求找到的兌現，始終只是某種個別的兌現。實際上這只意味著對這種要求的否定。對新的象徵或對某個新的維繫一切的「傳說」的實驗性的探尋，雖然可能吸引一批公眾在身邊，並形成一團體，但由於每個藝術家都是這樣找到他的團體，因而這種團體教化的個別性只證明不斷發生著的崩潰。這只是統一一切的審美教化的普遍形態。

教化的眞正過程，即向普遍性提升的過程，在此似乎是自我崩潰的。「沉思性反思的能力，是運動在普遍性中，把每一種任意的內容置入所移來的視點中，並賦予這內容以思想」，按照黑格爾，這就是不參與思想的眞正內容的方式。伊默曼把這種精神向自身的自由擁入稱之爲某種耽於享樂的東西。[11] 他以此描述了歌德時代的古典文學和哲學所開創的局面，在這種局面中，仿效者發現了精神

---

10 參見 Fr. 羅森茨威格 [151]：《德國唯心論最早的體系綱要》，1917 年，第 7 頁。〔參閱 R. 布勃納的新版本，見《黑格爾研究》，副刊第 9 卷（1973 年），第 261-265 頁；以及 C. 雅姆和 H. 施奈德：《理性的神話》，法蘭克福，1984 年，第 11-14 頁。〕

11 例如：在《仿效者》裡。〔參見我的論文〈伊默曼的仿效者小說〉（《短篇著作集》，第 2 卷，第 148-160 頁）。也見我的著作集，第 9 卷。〕

的一切已經存在的形態，並因而把教化的眞正成就、對陌生物和粗野物的滌除，改換爲對這些東西的享受。這樣，創作一首好詩，就成了**輕而易舉**的事情，而造就一位詩人，則成了困難重重的難事。

(b) 對審美意識抽象的批判

現在讓我們轉向我們已描述其教化作用的審美區分概念，並且討論**審美特性概念**（Begriff des Asthetischen）所包含的理論困難。直至「純粹審美特性」被留下的抽象顯然要被拋棄。我認爲，這在那種想以康德式區分爲出發點去發展一種系統美學的最澈底的嘗試上得到了明確的表現，這一嘗試是由理查·哈曼[152]作出的。[12]哈曼的嘗試是卓絕的，因爲他實際上返回到康德的先驗意圖，並因而消除了體驗作爲藝術唯一標準的片面用法。由於哈曼在審美要素
[I 95] 存在的一切地方都同樣地指出了這些要素，因而與目的相連繫的特殊形式，如：紀念碑藝術或廣告藝術，也獲得了其審美的正當性。但是，即使在這裡哈曼也確立了審美區分的任務，因爲他在那些特殊形式裡詳盡地區分了審美特性和審美特性存在於其中的非審美關係，就像我們在藝術經驗之外還能講到某人採取審美的態度一樣。因而這就使美學問題又重新恢復了它的充分廣度，並且又重新提出它的先驗課題，這一先驗課題過去是由於藝術的立足點及其關於美的假象和醜的現實的區分而被拋棄了的。審美體驗對這一點即它的對象是眞實的、還是不眞實的，場景是舞臺、還是生活，是無所謂的。審美意識具有一種不受任何限制的對一切事物的主宰權。

但是，哈曼的嘗試在相反的方面卻遭到了失敗，即失敗於藝

12　理查·哈曼：《美學》，1921 年第 2 版。

術概念上。哈曼始終是如此廣泛地由審美特性領域中抽擠出藝術概念，以致這種藝術概念與精湛技藝相吻合。[13] 這裡「審美區分」被推到了極端，它甚至捨棄藝術而不顧。

哈曼所由之出發的美學基本概念是「感知的自身意味性」（Eigenbedeutsamkeit der Wahrnehmung）。顯然，這個概念所表達的東西與康德關於與我們一般認識能力狀況合目的的協調這一學說是一樣的。對於康德來說，那種對認識來說是本質的概念標準即意義標準應被取消，同樣，對於哈曼來說，也是這樣。從語言上看，「具有意味性」（Bedeutsamkeit）乃是對意義（Bedeutung）的兩次造就，這種造就把與某種特定意義的關聯有意味地推到了不確定的領域。[153] 一個東西是「具有意味的」（bedeutsam），就是說它的意義是（未說出的，或者）未認識的。而「自身意味性」則更超出這一點。一個東西是具有自身意味的（eigenbedeutsam），而不是具有他物意味的（fremdbedeutsam），就是說，它將根本斷絕與那種可能規定其意義的東西的任何關聯。這樣一種概念能爲美學提供一個堅實基礎嗎？難道我們能對某個感知使用「自身意味性」這一概念嗎？難道我們必須否認審美「體驗」概念有與感知相適應的東西嗎，也就是說，我們必須否認審美體驗也陳述了眞實東西，因而與認識有關聯嗎？

事實上，我們回憶一下亞里斯多德是有好處的。亞里斯多德曾經指出，一切**感覺**（aisthēsis）都通向某個普遍性東西，即使每一個感覺都有其特定的範圍，因而在此範圍中直接給予的東西不是普遍的，情況也是如此。但是，這樣一種對某個感覺所與的特殊感知正是一種抽象。實際上我們總是從某個普遍性東西出發去觀看感官

13 「藝術和技能」，參見《邏各斯》，1933 年。

[I 96] 個別地給予我們的東西，例如：把某個白色現象認作爲某個人。[14]

反之，「審美的」觀看確實有這樣的特徵，即它並不是匆忙地把所觀看的事物與某個普遍性的東西、已知的意義、已設立的目的或諸如此類東西相連繫，而是自身作爲審美的東西逗留在所觀看的事物中。但我們並沒有因此而中斷這樣的觀看關係，例如：把我們在審美上讚賞的這個白色現象仍然視爲一個人。我們的感知從來不是對訴諸於感官的事物的簡單反映。

其實，新的心理學，尤其是舍勒[154]跟隨 W. 柯勒、[155]E. 施特勞斯[156]、M. 魏特海姆[157]等人對所謂刺激—反應的純粹知覺概念所進行的尖銳批判，[15]已經指出這個概念來源於一種知識論上的獨斷論。刺激反應這個概念的眞實意義只是某種正常的意義，即刺激反應乃是消除一切本能幻覺的最終極的理想結果，即某種大清醒的結果，這種清醒最終能使我們看到那裡眞實存在的東西，而不是本能幻覺所想像的東西。但是這意味著，由合適刺激概念所定義的純粹感知只表現了某種理想的極限情況。

不過，對此還有第二點。即使被認爲合適的感覺也從不會是對存在事物的一種簡單的反映。因爲感覺始終是一種把某物視爲某物的理解。每一種把某物視爲某某東西的理解，由於它是把視線從某某東西轉向某某東西，一同視爲某某東西，所以它解釋了（artikuliert）那裡存在的事物，而且所有那裡存在的東西都能夠再度處於某個注意的中心或者只是在邊緣上和背景上被「一起觀看」。因此，這一點是毫無疑義的，即觀看作爲一種對那裡存在的事物的解釋性的了解，彷彿把視線從那裡所存在的許多東西上移開

14　亞里斯多德：《論靈魂》，425a25。

15　M. 舍勒：《知識形態和社會》，1926 年，第 397 頁以下。〔現在可參見《舍勒文集》，第 8 卷，第 315 頁以下。〕

了，以致這些東西對於觀看來說不再存在。然而，下面這一點也是同樣確實的，即觀看被其預想（Antizipation）引導著「看出了」根本不存在的東西。我們也可以想一下觀看本身所具有的那種不改變傾向，以致我們始終盡可能精確地這樣觀看事物。

這種從實用經驗出發對純粹感知學說的批判，以後被海德格轉變成根本性的批判。但是這個批判由此也適用於審美意識，儘管在此觀看不是簡單地「越過」所看到的東西，例如：看到了該東西對某物的普遍適用性，而是逗留在所看到的東西上。逗留性的觀看和覺察並不簡單地就是對純粹所看事物的觀看，而始終是一種把某物視爲某某東西的理解本身。「審美上」被觀看事物的存在方式不是現成狀態。[158] 凡涉及有意味性表現的地方，如：在造型藝術 [I 97] 的作品裡，只要這種表現不是無對象的抽象，意味性對於所看事物的了解來說就顯然是主導性的。只有當我們「認識到」所表現的東西，我們才能「了解」一個形象，而且也只有這樣，所表現的東西才基本上是一個形象。觀看就是劃分。只要我們還檢試變動不居的劃分形式，或者在這樣的形式之間搖擺不定，如：在某種字謎畫那裡，我們就還看不到存在的東西。字謎畫彷佛是人爲地使這種搖擺永恆化，它是觀看的「痛苦」（Qual）。字謎畫的情況類似於語言藝術作品。只要我們理解了某個正文——也就是說，至少把握了它所涉及的語言——該正文對我們來說才能是一部語言藝術作品。甚至當我們聽某種純粹的音樂，我們也必須「理解」它。並且只有當我們理解它的時候，當它對我們來說是「清楚的」時候，它對我們來說才作爲藝術的創造物存在在那裡。雖然純粹的音樂是這樣一種純粹的形式波動，即一種有聲的數學，並且不具有我們於其中覺察到的具體的意義內容，但對它的理解仍保存著一種對意義性事物的關聯。正是這種關聯的不確定性才構成了對這種音樂的特殊意義關係。[16]

單純的觀看，單純的聞聽，都是獨斷論的抽象，這種抽象人爲地貶抑可感現象。感知總是把握意義。因此，只是在審美對象與其內容相對立的形式中找尋審美對象的統一，乃是一種荒謬的形式主義，這種形式主義無論如何不能與康德相連繫。康德用他的形式概念意指完全不同的東西。在他那裡，形式概念是指審美對象的
[I 98] 結構，它不是針對一件藝術作品的富有意義的內容，而是針對材料的單純感官刺激。[17] 所謂具象性的內容根本不是有待事後成型的素材，而是在藝術作品裡已被繫之於形式和意義的統一體之中。

畫家語言中經常使用的「主題」這一術語就能夠明確解釋這一點。主題既能是抽象的，又同樣能是具象性的——從本體論看，它作爲主題無論如何都是非材料性的（aneu hyles），但這絕不是說，它是無內容的。其實，它之所以是一個主題，是因爲它以令人信服的方式具有了一個統一體，並且藝術家必須把這個統一體作爲某種意義的統一體去加以貫徹，完全就像接受者把它理解爲統一體

16　我認為，最近格奧加德斯所作出的關於聲樂和純粹音樂之間關係的研究（《音樂和語言》，1954年）就證實了這種關係〔現在可參見格奧加德斯的遺著《聲音和聲響》，哥廷根，1985年〕。在我看來，當代關於抽象藝術的討論流於概念爭吵，即陷入了一種關於「具象性的」和「非具象性的」抽象對立之中。其實抽象性這一概念本身就具有論辯性的色彩。但是，論辯總是以共同性為前提條件。所以，抽象藝術並不全然脫離與具象性的關係，而是在隱祕形式裡把握這種關係。只要我們的觀看是而且總是對對象的觀看，事情就絕不會不是這樣。只有拋棄了那種實際指向「對象」的觀看的習慣，我們才能具有一種審美的觀看——並且我們所拋開的東西，我們必須觀看它，即必須留意它。伯思哈德・貝倫松的說法與此類似：「我們一般標明為『觀看』的東西，是一種合目的性的協調……」「造型藝術是我們所看到的東西和我們所知道的東西之間的一種妥協」（〈觀看和認識〉，載《新展望》，1959年，第55-77頁）。

17　參見前面所引魯道夫・奧德布萊希特之處。康德由於受古典主義偏見的影響，把色彩整個地與形式相對立，並把色彩視為刺激。不過這對於認識到現代繪畫是以色彩所構成的人來說，不再會有迷惑。

一樣。眾所周知，康德在這方面就講到過「審美理念」，對這種「審美理念」康德補充了「許多不可名狀的東西」。[18][159] 這就是康德超越審美特性的先驗純正性和承認藝術特殊存在的方式。正如我們前面所指出的，康德還根本未想到避免純粹審美愉悅本身的「理智化」。阿拉貝斯克不是他的審美理想，而只是一種方法論上的特殊事例。爲了正確對待藝術，美學必須超越自身並拋棄審美特性的「純正性」。[19] 但是，美學由此就找到了一個眞正堅實的地盤嗎？在康德那裡，天才概念具有先驗的功能，正是透過這種先驗功能，藝術概念才建立起來。我們已經看到，這個天才概念在康德的後繼者那裡是怎樣擴充成爲美學的普遍基礎的。但是，天才概念眞正有這種作用嗎？

今天，藝術家的意識似乎是與這個概念相矛盾的。這就出現了一種所謂天才朦朧（Geniedämmerung）。天才用以進行創造的夢遊般的無意識的想像——至少透過歌德對其詩興創作方式的自我描述而能合法存在的一種想像——今天在我們看來，只是一種虛幻的浪漫情調。詩人保羅・瓦萊利 [160] 曾經用藝術家和工程師李奧納多・達文西的標準去反對這種情調，在達文西的獨特天資中，手工藝、機械發明和藝術天才是不可分割地統一在一起的。[20] 反之，普 [I 99]

---

18 《判斷力批判》，第 197 頁。

19 「純正性」的歷史一定要談一下。H. 澤德爾邁爾（《現代藝術中的革命》，1955 年，第 100 頁）就指出過喀爾文教的純正主義和啓蒙運動的自然神論。對於 19 世紀哲學概念語言起了決定性作用的康德，無疑是直接從古代畢達哥拉斯一柏拉圖的純正性學說出發的〔參見 G. 莫洛維茨的〈康德對柏拉圖的理解〉，載《康德研究》，1935 年〕。柏拉圖主義是所有近代「純正主義」的共同根源嗎？關於柏拉圖的淨化，可參閱維爾納・施米茨（未出版的）在海德堡大學申請學位的博士論文：〈作為淨化的駁議和辯證法〉（1953 年）。

20 保羅・瓦萊利：〈李奧納多・達文西的方法引論及其附注〉，載《瓦萊利文集》，第 1 卷。

通意識今天還是受18世紀的天才崇拜的影響，並且受我們認爲是19世紀市民社會典型特徵的藝術家氣質神祕化的影響。這就證明了，天才概念基本上是由觀賞者的觀點出發而構造的。這個古典時代的概念並不是對創造者的精神，而是對評判者的精神來說，才具有說服力。對於觀賞者來說表現爲奇蹟的東西，即某種人們不可能設想某人能做出的東西，將透過天才靈感反映到神奇的創造中去。不過就創造者專注於自己本身，創造者也可能使用同樣的理解形式，所以，18世紀的天才崇拜確實也是由創造者所造就的。[21]但是創造者在自我神化裡從未走到像市民社會所允許的那樣遠。創造者的自我理解仍是相當客觀的。在觀賞者尋求靈感、神祕物和深邃意義的地方，創造者所看到的乃是製作和能力的可能性和「技巧」的問題。[22]

如果我們考慮一下這種對於天才無意識創造性學說的批判，我們將看到自身又重新面臨康德透過賦予天才概念的先驗功能所已解決的問題。什麼是一件藝術作品呢？藝術作品與手工產品，或與一般「製作物」，即與審美品質低劣的東西是怎樣區分開來的呢？對於康德和唯心主義來說，藝術作品是被定義爲天才的作品。藝術作品作爲完美的出色物和典範的標誌，就在於它爲享受和觀賞提供了一個源源不盡的逗留和解釋的對象。享受的天才是與創造的天才相適應的，這一點在康德關於趣味和天才的學說中就已經講過了，而且K. Ph. 莫里茨和歌德還更加明確地指明了這一點。

現在，如果我們拋開天才概念，我們應當怎樣思考藝術享受的本質，以及手工製作物和藝術創造物之間的差別呢？

21　參見我對普羅米修斯象徵的研究，即〈論人類的精神歷程〉，1949年。〔參見《短篇著作集》，第2卷，第105-135頁；或我的著作集，第9卷。〕

22　正是在這一點上，德蘇瓦爾和其他人在方法論上有權要求「藝術家美學」。

一件藝術作品的完成，即它的實現，我們又應當怎樣思考呢？通常被製作和生產的東西，都具有它們實現其目的的標準，也就是說，這些東西是由它們應當作出的用途所規定的。當所製作之物滿足了規定給它的目的時，製作活動就結束了，所製作之物就完成 [I 100]
了。[23] 但是，我們應當怎樣思考一件藝術作品完成的標準呢？如果人們還想如此理智而冷靜地觀看藝術的「製作過程」，那麼許多我們稱之爲藝術作品的東西就根本不會爲某種用途所規定，並且也根本沒有一種據以衡量一件藝術作品是否實現這個目的的標準。作品的存在難道只是表現某個實際上超出該作品的塑造過程的中斷嗎？作品在自己本身中就根本不可完成嗎？

事實上，保羅·瓦萊利就是這樣看問題的。他也沒有畏懼這樣的結論，這結論對於面對一件藝術作品並試圖理解它的人來說，便是由此而得出的。如果一件藝術作品在自己本身中不是可完成的這一點應是成立的話，那麼接受和理解的合適性應於何處衡量呢？一個塑造過程的偶然而任意的中斷不能包含任何受制約的東西。[24] 由此也就得出，藝術作品必須向接受者提供接受者於自身方面從當下作品中所得出的東西。所以理解一個創造物的方式並不比其他活動方式更少合法性。並不存在任何合適性標準。這不僅是指詩人本身不具有這樣一種標準——這一點天才說美學將承認的，實際上，對作品的每一次接觸都有新創造的地位和權利——我認爲這是一種站不住腳的詮釋學虛無主義。如果瓦萊利爲了迴避天才無意識創造的

23 參見柏拉圖對求知過程的解釋，這個過程適用於使用者，而不適用於製作者。參見《理想國》，第 10 卷，601c。

24 這就是促使我進行歌德研究的興趣所在，參見〈論人類的精神歷程〉，1949 年；也可參見 1958 年我在威尼斯所作的演講：「審美意識置疑」（《美學評論》，III-AIII 期，第 374-383 頁）。〔該文重印於 D. 亨利希和 W. 伊澤爾編的《藝術理論》，法蘭克福，1982 年，第 59-69 頁。〕

神話，有時對其作品得出了這樣的結論，[25] 那麼在我看來，他實際上是更加陷入了這種神話之中。因爲他現在交付給讀者和解釋者的乃是他自己並不想行使的絕對創造全權。理解的天才實際上並不比創造的天才更能提供一個更好的指導。

如果人們不是從天才概念，而是從審美體驗概念出發，也會出現同樣的困境。這裡，格奧爾格・馮・盧卡奇 [161] 的重要論文〈美
[I 101] 學中的主客體關係〉[26] 早已揭示了這一難題。他把一種赫拉克利特式的結構 [162] 歸給了審美領域，想以此說明，審美對象的統一根本不是一種實際的所與物。藝術作品只是一種空洞的形式，即眾多可能的審美體驗的單純匯聚點，而在這些審美體驗裡只有審美對象存在在那裡。正如人們所看到的，絕對的非連續性，即審美對象的統一體在眾多體驗中的瓦解，乃是體驗說美學的必然結果。奧斯卡・貝克爾 [163] 跟隨盧卡奇的思想直截了當地表述說：「從時間上看，作品只屬於瞬間存在（也就是說，當下存在），它『現在』是這部作品，它現在已不再是這部作品。」[27] 事實上，這一點是確實無疑的。把美學建立在體驗中，這就導致了絕對的瞬間性（Punktualität），這種瞬間性既消除了藝術家與自身的同一性以及理解者或享受者的同一性，又擯棄了藝術作品的統一性。[28]

---

25 《瓦萊利文集》，第 3 卷，對魅力的注釋：「我的詩歌具有那種人們所賦予它的韻味。」

26 參見《邏各斯》，第 7 卷，1917/1918 年。瓦萊利附帶地把藝術作品與某種化學催化劑作了比較（同上書，第 83 頁）。

27 奧斯卡・貝克爾：〈美的消失和藝術家的冒險性〉，載《胡塞爾紀念文集》，1928 年，第 51 頁。〔現在收入奧斯卡・貝克爾的《存在和本質》，普福林根，1963 年，第 11-40 頁。〕

28 在 K. Ph. 莫里茨的《論美的形象性模仿》（1788 年）第 26 頁上，我們已經讀到這樣的話：「作品在其誕生中有其最高目的，而在其演變中則達到了這種目的。」

我認爲齊克果已經指明這種立場是站不住腳的，因爲他認識到主觀主義的毀滅性的結論，並且第一個描述了審美直接性的自我毀滅。齊克果關於存在的審美狀態的學說是從道德學家立場出發設計出來的，因爲道德學家看到了在純粹的直接性和非連續性中的存在將有怎樣的危害性和荒謬性。因此，齊克果的批判性嘗試具有根本性的意義，因爲在此對審美意識作出的批判揭示了審美存在的內在矛盾，以致審美存在不能不超出自己本身。由於存在的審美狀態在自身中站不住腳，所以我們承認，藝術現象向存在提出了這樣一項不可避免的任務，即面對每次審美印象挑戰著的和使人入迷的現在（在場）去獲得自我理解的連續性，因爲只有這種連續性才可能支持人類的此在。[29][164]

如果我們仍然試圖對審美此在作出這樣的一種存在規定，這種存在規定是在人類存在的詮釋學連續性之外構造審美此在——那麼正如我所主張的，齊克果所進行的批判的合理性就會被抹殺。即使人們能夠承認，在審美現象中，此在的歷史性自我理解的界限是 [I 102]
顯然可見的——這種界限類似於那種表現自然性事物的界限，自然性事物作爲精神的條件以許多不同的形式一起被置入於精神中，作爲神話、作爲夢幻、作爲有意識生命的無意識先期形式而進入精神性事物中——我們仍未獲得這樣一個立足點，使我們能從其本身出發去觀察限制和制約我們的東西，並且從外面去觀察受如此限制和制約的我們。而且，我們的理解難以達到的東西，也將被認爲是限制我們的東西，因而從屬於人類此在於其中運動的自我理解的連續性。所以，對「美的消失和藝術家的冒險性」的認識，實際上並不是在此在的「詮釋學現象學」之外對存在狀況的描述，而是表述了

---

29 參見漢斯·澤德爾邁爾的〈齊克果論畢卡索〉，載《言語和真理》，第 5 卷，第 356 頁以下。

這樣一項任務，即面對審美存在和審美經驗的這種非連續性去證明那種構成我們存在的詮釋學的連續性。[30]

藝術的萬神廟並非一種把自身呈現給純粹審美意識的無時間的現時性，而是歷史地實現自身的人類精神的集體業績。所以審美經驗也是一種自我理解的方式。但是所有自我理解都是在某個於此被理解的他物上實現的，並且包含這個他物的統一性和同一性。只要我們在世界中與藝術作品接觸（Begegnen），並在個別藝術作品中與世界接觸，那麼藝術作品就不會始終是一個我們刹那間陶醉於其中的陌生的宇宙。我們其實是在藝術作品中學會理解我們自己，這就是說，我們是在我們此在的連續性中揚棄體驗的非連續性和瞬間
[I 103] 性。因此對於美和藝術，我們有必要採取這樣一個立足點，這個立足點並不企求直接性，而是與人類的歷史性實在相適應。援引直接性、援引瞬間的天才、援引「體驗」的意義並不能抵禦人類存在對於自我理解的連續性和統一性的要求。藝術的經驗並不能被推入審美意識的非制約性中。

這種消極的見解有積極的意義：藝術就是認識，並且藝術作品

30　我認為，奧斯卡．貝克爾對於「反本體論」（Paraontologie）的很有見識的想法似乎把海德格的「詮釋學現象學」太多地視為一種內容論述，而太少地視為一種方法論述。從內容上看，奧斯卡．貝克爾本人在對問題的澈底反思中所達到的這種超本體論高度又完全返回到海德格在方法上所確立的基本點。這裡又重演了那場圍繞「自然」所展開的爭論，在這場爭論中，謝林仍被置於費希特知識學的方法論結論之下。如果超本體論草案承認自己具有補充的性質，它就必須使自己超出那種包含這兩者的東西，而成為對海德格所開創的存在問題的真正度向的一種辯證的展示。當然，貝克爾如果是為了由此從本體論上規定藝術天才的主體性而詳細說明審美問題的「超本體論的」（hyperontologische）度向，他是不會對海德格所開創的存在問題的真正度向作這樣的認識的（參見他的最後一篇論文〈藝術家和哲學家〉，載《具體理性——埃里希．羅特哈克紀念文集》）。〔現在收入《存在和本質》這一卷中，普福林根，1963 年，特別要參看第 67-102 頁。〕

的經驗就是分享這種認識。[165]

這樣一來就出現了這樣一個問題，我們如何能夠正確對待審美經驗的眞理，以及如何能夠克服隨著康德的「審美判斷力批判」而開始的審美特性的徹底主體化傾向。我們已經指明，把審美判斷力完全繫之於主體狀態，乃是爲了達到某個完全受限制的先驗根據（這是康德所執行的）這一目的的一種方法抽象。如果這種審美抽象以後卻是在內容上被理解，並被轉變到「純粹審美地」理解藝術的要求，那麼我們現在就看到，這種旨在達到眞正的藝術經驗的抽象要求是如何陷入了一種不可解決的矛盾之中。

在藝術中難道不應有認識嗎？在藝術經驗中難道不存在某種確實是與科學的眞理要求不同，但同樣確實也不從屬於科學的眞理要求的眞理要求嗎？美學的任務難道不是在於確立藝術經驗是一種獨特的認識方式，這種認識方式一方面確實不同於提供給科學以最終資料，而科學則從這些資料出發建立對自然的認識的感性認識，另一方面也確實不同於所有倫理方面的理性認識，而且一般地也不同於一切概念的認識，但它確實是一種傳導眞理的認識，難道不是這樣嗎？

假如我們是像康德一樣按照科學的認識概念和自然科學的實在概念來衡量認識的眞理，上述這些就很難得到承認。對於經驗概念我們有必要比康德所理解的更廣泛地加以領會，這樣即使是藝術作品的經驗也能夠被理解爲經驗。對此任務，我們可以援引黑格爾的值得讚賞的《美學講演錄》。在那裡，一切藝術經驗所包含的眞理內容都以一種出色的方式被承認，並同時被一種歷史意識去傳導。美學由此就成爲一種在藝術之鏡裡反映出來的世界觀的歷史，即眞理的歷史。這樣，正如我們所表述的，在藝術經驗本身中爲眞理的認識進行辯護這一任務就在原則上得到了承認。

我們所信賴的「世界觀」概念——這概念在黑格爾那裡首先

[I 104] 出現在《精神現象學》中，[31] 用以表示康德和費希特對某個道德世界秩序的基本道德經驗的假設性補充——只有在美學中才獲得其眞正的意義。正是世界觀的多種多樣和可能的變化，才賦予了「世界觀」概念以我們所熟悉的聲調。[32] 不過，藝術史對此才是主要的事例，因爲藝術史的多樣性在指向眞正藝術的進步目的的統一中沒有被揚棄。當然，黑格爾只是透過下面這一點才能認可藝術眞理，即他讓領悟性的哲學知識超過藝術眞理，並且從已完成的現時自我意識出發去構造世界觀的歷史，如：世界史和哲學史。但是，只要由此遠遠超越主觀精神領域，人們於此中所能看到的就不只是某種不合情理的東西。在這種超越中就存在著黑格爾思想的一個永恆的眞理要素。當然，只要概念眞理由此成了萬能的，並且在自身中揚棄了所有經驗，黑格爾哲學就同時否認其在藝術經驗中所認可的眞理之路。如果我們想維護這一眞理之路自身的合理性，我們就必須在原則上對於什麼是這裡所述的眞理作出解釋。整個來說，對這一問題的答覆必須在精神科學裡找到。因爲精神科學並不想逾越一切經驗——不管是審美意識的經驗，還是歷史意識的經驗，是宗教意識的經驗，還是政治意識的經驗——的多樣性，而是想理解一切經驗的多樣性，但這也就是說，精神科學指望得到這許多經驗的眞理。我們還必須去探討，黑格爾和「歷史學派」所表現的精神科學的自我理解是怎樣彼此相關的，以及他們兩者在關於什麼東西使得對精神科學的眞理的合理理解有了可能這一問題上是如何彼此對立的。

---

31 黑格爾：《精神現象學》，霍夫邁斯特編，第 424 頁以下。

32 「世界觀」這個詞（參見 A. 格策：《論快感》，1924 年）最初保留有與「可感世界」（mundus sensibilis）的關係，甚至在黑格爾那裡，由於它是指藝術，因而根本性的世界觀也屬於藝術的概念（《美學》，第 2 卷，第 131 頁）。但是按照黑格爾的看法，世界觀的規定性對於當代藝術家來說乃是某種過去的東西，因而世界觀的多樣性和相對性也就成了反思和內在性的事情。

無論如何，我們不能從審美意識出發，而只能在精神科學這個更爲廣泛的範圍內去正確對待藝術問題。

由於我們試圖修正審美意識的自我解釋並重新提出審美經驗爲之作證的藝術眞理問題，我們在這方向就只邁出了第一步。對於我們來說，關鍵的問題在於這樣去看待藝術經驗，以致把它理解爲經驗。藝術經驗不應被僞造成審美教化的所有物，因而也不應 [I 105] 使它自身的要求失去作用。我們將看到，**只要所有與藝術語言的照面（Begegnung）就是與某種未完成事物的照面，並且這種照面本身就是這種事物的一部分**，藝術經驗中就存在有某種廣泛的詮釋學結論。這就是針對審美意識及其眞理問題的失效而必須加以強調的東西。

如果思辨唯心論想使自己提升到無限知識的立足點以便克服那種建立在康德基礎上的審美主觀主義和不可知論，那麼正如我們所看到的，有限性的這樣一種可知論的自我解脫包含了把藝術棄置於哲學之中。我們將要確立的不是這種無限知識的立足點，而是有限性的立足點。我認爲，海德格對近代主觀主義的批判的建設性成果，就在於他對存在的時間性的解釋爲上述立足點開闢了特有的可能性。從時間的視域對存在的解釋並不是像人們一再誤解的那樣，指此在是這樣徹底地被時間化，以致它不再是任何能作爲恆在（Immerseiendes）或永恆的東西而存在的東西，而是指此在只能從其自身的時間和未來的關係上去理解。假如海德格的解釋是帶有這樣一種意思，那麼它就根本不涉及對主觀主義的批判和克服，而是涉及對主觀主義的一種「生存論上的」澈底化，而對這種澈底化人們一定能預見到它的集體主義的未來。但是，這裡所涉及的哲學問題恰恰是對這種主觀主義本身所提出的。僅由於此，人們把主觀主義推向極端，以便使它成爲有疑問的。哲學問題是探討什麼是自我理解的存在。由於這個問題，哲學也就從根本上超越了這種自我理解的視域。由於哲學揭示了時間是自我理解的隱祕根基，因而哲學不是教導一種出自虛無主義絕望的盲目的義務，而是開啓了一種迄今是封閉的、超越出自主觀性的思維的經驗，海德格把這種經驗稱之爲**存在**（Sein）。

爲了正確地對待藝術經驗，我們必須首先著手於審美意識的批判。藝術經驗確實自己承認，它不能以某個終極的認識對它所經驗的東西給出完滿的眞理。這裡既不存在任何絕對的進步，也不存在對藝術作品中事物的任何最終的把握。藝術經驗自身深知這一點。可是，同時我們也絕不要簡單地接受審美意識認爲是它的經驗的東西。因爲，正如我們所看到的，審美意識在最終結論上仍把經驗視爲體驗的非連續性。但是這個結論我們認爲是不能接受的。

[I 106] 與此相反，我們對待藝術經驗，不是追問它自身認爲是什麼，而是追問這種藝術經驗眞正是什麼，以及什麼是它的眞理，即使它不知道它是什麼和不能說它知道什麼——就像海德格在與形上學自身認爲是什麼的對立中去探問什麼是形上學一樣。我們在藝術經驗中看到了一種對作品的眞正的經驗，這種經驗並不使製作它的人有所改變，並且我們探問以這種方式被經驗的事物的存在方式。所以，我們可以指望更好地理解它是怎樣一種我們在那裡所見到的眞理。

我們將看到，這樣便同時開闢了一個領域，在這領域內，在精神科學所從事的「理解」中，眞理的問題重新又被提了出來。[33]

如果我們想知道，在精神科學中什麼是眞理，我們就必須在同一意義上向整個精神科學活動提出哲學問題，就像海德格向形上學和我們向審美意識提出哲學問題一樣。我們將不能接受精神科學自

---

33 〔參見〈精神科學中的真理〉，載《短篇著作集》，第 1 卷，第 39-45 頁；以及我的著作集，第 2 卷，第 37 頁以下。〕

我理解的回答，而是必須追問精神科學的理解究竟是什麼。探討藝術眞理的問題尤其有助於準備這個廣泛展開的問題，因爲藝術作品的經驗包含著理解，本身表現了某種詮釋學現象，而且這種現象確實不是在某種科學方法論意義上的現象。其實，理解歸屬於與藝術作品本身的照面，只有從**藝術作品的存在方式**出發，這種歸屬才能夠得到闡明。

II 藝術作品的本體論及其詮釋學的意義

[I 107]

1. 作為本體論闡釋主線的遊戲

(a) 遊戲概念

我們選取曾在美學中起過重大作用的概念即**遊戲**（Spiel）[166]這一概念作為首要的出發點。但是重要的是，我們要把這一概念與它在康德和席勒那裡所具有的並且支配全部新美學和人類學的那種主觀的意義分割開。如果我們就與藝術經驗的關係而談論遊戲，那麼遊戲並不指態度，甚而不指創造活動或鑑賞活動的情緒狀態，更不是指在遊戲活動中所實現的某種主體性的自由，而是指藝術作品本身的存在方式。我們在對審美意識的分析中已經看到，把審美意識看成面對某個對象（Gegenüber），這並不與實際情況相符合。這就是遊戲概念為什麼對我們來說顯得重要的原因所在。

確實，遊戲者的行為與遊戲本身應有區別，遊戲者的行為是與主體性的其他行為方式相關聯的。因而我們可以說，遊戲對於遊戲者來說並不是某種嚴肅的事情，而且正由於此，人們才進行遊戲。我們可以從這裡出發去找尋對遊戲概念的規定。單純是遊戲的東西，並不是嚴肅的。但遊戲活動與嚴肅東西有一種特有的本質關聯。這不僅是因為在遊戲活動中遊戲具有「目的」，如亞里斯多德所說的，它是「為了休息之故」而產生的。[1]更重要的原因

1　亞里斯多德：《政治學》，第 8 卷，第 3 章，1337b39 等，通常參見《尼各馬可倫理學》，第 10 卷，第 6 章，1176b33：ηaìειν öηωs οηουδάιη και' Ανάχαροιν όρδωs ἔχειγ δοκει（人們從事勞動，緊張之餘需要休息，遊戲正是為了使勤勞的人得以休息）。

是，遊戲活動本身就具有一種獨特的，甚而是神聖的嚴肅。但是，在遊戲著的行爲中，所有那些規定那個活動著和憂煩著的此在的目的關係並不是簡單地消失不見，而是以一種獨特的方式被摻和（Verschweben）。遊戲者自己知道，遊戲只是遊戲，而且存在於某個由目的的嚴肅所規定的世界之中。但是在這種方式中他並不知道，他作爲遊戲者，同時還**意味**著這種與嚴肅本身的關聯。只有當遊戲者全神貫注於遊戲時，遊戲活動才會實現它所具有的目的。使得遊戲完全成爲遊戲的，不是從遊戲中衍生出來的與嚴肅的關聯，而只是在遊戲時的嚴肅。誰不嚴肅地對待遊戲，誰就是遊戲 [I 108] 的破壞者。遊戲的存在方式不允許遊戲者像對待一個對象那樣去對待遊戲。遊戲者清楚知道什麼是遊戲，知道他所做的「只是一種遊戲」，但他不知道他在知道這時他所「知道」的東西。

如果我們指望從遊戲者的主觀反思出發去探討遊戲本身的本質問題，那麼我們所探討的這個問題就找不到任何答案。[2]因此我們不探問關於遊戲本質的問題，而是去追問這類遊戲的存在方式問題。我們確實已經看到，必須成爲我們思考對象的，不是審美意識，而是藝術經驗以及由此而來的關於藝術作品的存在方式的問題。但是，藝術作品絕不是一個與自爲存在的主體相對峙的對象，這恰恰就是我們爲反對審美意識的衡量水準而必須把握的藝術經驗。藝術作品其實是在它成爲改變經驗者的經驗中才獲得它眞正的存在。保持和堅持什麼東西的藝術經驗的「主體」，不是經驗藝術者的主體性，而是藝術作品本身。正是在這一點上遊戲的存在方式顯得非

---

2 庫特．里茨勒在其充滿思辨色彩的《論美》一書中，堅持以遊戲者的主體性為出發點，並因此堅持遊戲與嚴肅的對立，以致遊戲概念對他來說顯得太狹窄了，他不得不說：「我們懷疑，兒童的遊戲是否僅是遊戲」以及「藝術的遊戲不僅僅是遊戲」（第 189 頁）。

常重要。因爲遊戲具有一種獨特的本質，它獨立於那些從事遊戲活動的人的意識。所以，凡是在主體性的自爲存在沒有限制主題視域的地方，凡是在不存在任何進行遊戲行爲的主體的地方，就存在遊戲，而且存在眞正的遊戲。

遊戲的主體不是遊戲者，而遊戲只是透過遊戲者才得以表現。遊戲這一語詞的使用，首先是該語詞的多種比喻性的使用，已經表明了這一點，比登迪伊克[167]就特別重視這種語詞的多種比喻性的使用。[3]

這裡比喻性的使用一如既往地具有一種方法論上的重要性。如果某個語詞被轉用到它本來並不隸屬的應用領域，眞正的「本來的」意義就會一下子清晰地表現出來。語言在這裡預先造成一種抽象，這種抽象本身乃是概念分析的任務。思想就只需要充分利用這種預先造成。

另外，詞源學也表現了同樣的情況。當然，詞源學是遠不可靠的，因爲詞源學不是透過語言而是透過語言科學才造成抽象，這
[I 109] 種抽象是完全不能透過語言本身、語言的實際應用而被證實的。因此，即使在符合詞源學的地方，詞源學也不是證據，而是概念分析的預先造成，只有在預先造成中詞源學才找到它的堅固的根據。[4]

如果我們因爲偏重所謂轉借的意義而去考察遊戲的語詞史，那麼情況是：我們是講光線遊戲、波動遊戲、滾珠軸承中的機械零件遊戲、零件的組合遊戲、力的遊戲、昆蟲遊戲甚至語詞遊戲。這總是指一種不斷往返重複的運動，這種運動絕不能繫在一個使它中止的目的上。就連作爲舞蹈的遊戲這一語詞的原始意義——這種意義

3　F. J. J. 比登迪伊克：《遊戲的本質和意義》，1933 年。

4　這種自明性一定是與那樣一些人相對立的，那些人想從海德格的詞源學手法批判其陳述的真理內涵。

還繼續存在於各種各樣的語詞形式中（例如：沿街奏樂者）——也與此相符合。[5]誠屬遊戲的活動絕沒有一個使它中止的目的，而只是在不斷的重複中更新自身。往返重複運動對於遊戲的本質規定來說是如此明顯和根本，以致誰或什麼東西進行這種運動倒是無關緊要的。這樣的遊戲活動似乎是沒有根基的。遊戲就是那種被遊戲的或一直被進行遊戲的東西——其中絕沒有任何從事遊戲的主體被把握住。遊戲就是這種往返重複運動的進行。所以，當我們談論某種色彩遊戲時，在這種情況裡我們並不是指那裡存在著一種在另一種色彩裡從事遊戲的個別色彩，而是指一種表現了五彩繽紛的統一過程或景象。

所以，遊戲的存在方式並沒有以下性質，即那裡必須有一個從事遊戲活動的主體存在，以使遊戲得以進行。其實，遊戲的原本意義乃是一種被動式而含有主動性的意義（der mediale sinn）。所以我們講到某種遊戲時，說那裡或那時有遊戲「在玩」（spielt），有遊戲在發生（sich abspielt），有遊戲在進行（im Spiele ist）。[6]

在我看來，這種語言上的考察間接地表明了，遊戲根本不能理解爲一種人的活動。對於語言來說，遊戲的眞正主體顯然不是那個除其他活動外也進行遊戲的東西的主體性，而是遊戲本身。我們只 [I 110]

---

5 參見 J. 特里爾：《德國語言和文學歷史論文集》，第 67 篇，1947 年。

6 赫伊津哈（《遊戲的人——論遊戲的文化起源》，洛弗特出版社版，第 43 頁）注意到下述語言事實：「儘管人們可以用德語說『ein Spiel treiben』（從事遊戲），用荷蘭文說『een spelletje doen』（進行遊戲），但真正的動詞乃是遊戲（Spielen）本身，即人們遊戲一種遊戲（Man spielt ein Spiel）。換句話說，為了表現這種活動，名詞中所包含的概念必須用動詞來重複。就所有這類現象來看，這就意味著，這種行動具有如此特別和獨立的性質，以致它根本不同於通常所說的那種活動。遊戲絕不是通常意義上的活動」——與此相應，「ein Spielchen machen」（玩一會兒遊戲或起一會兒作用）這種說法也只是描述一種遊戲時間的用法，根本不是描述遊戲。

是這樣習慣於把遊戲這樣的現象與主體性及其行爲方式相關聯，以致我們對語言精神的這種提示總是置之不顧。

不管怎樣，最近的人類學研究也如此廣泛地把握了遊戲這一課題，以致這種研究似乎由此被導致由主體性出發的觀察方式的邊緣。赫伊津哈[168]曾經在所有文化中探尋遊戲元素，並首先提出兒童遊戲、動物遊戲與宗教膜拜的「神聖遊戲」的關聯。這使他看到了遊戲活動者意識中的特有的非決定性，這種非決定性使得我們絕對不可能在信仰和非信仰之間作出區分。「野蠻人自身絕不可能知道存在（Sein）和遊戲（Spielen）之間的概念差別，他絕不可能知道同一性、圖像或象徵。因此我們是否透過把握原始時代的遊戲活動就最好地接近了野蠻人在其宗教行爲中的精神狀態，這還是一個問題。在我們的遊戲概念中，信仰和想像的區分消失不見了。」[7]

這裡，**遊戲相對於遊戲者之意識的優先性**基本上得到了承認，事實上，假如我們從遊戲的被動見主動的意義出發，心理學家和人類學家要描述的那種遊戲活動的經驗也得到了新的闡明。遊戲顯然表現了一種秩序（Ordnung），正是在這種秩序裡，遊戲活動的往返重複像出自自身一樣展現出來。屬於遊戲的活動不僅沒有目的和意圖，而且也沒有緊張性。它好像是從自身出發而進行的。遊戲的輕鬆性在主觀上是作爲解脫而被感受的，當然這種輕鬆性不是指實際上的缺乏緊張性，而只是指現象學上的缺乏緊張感。[8]遊戲的秩序

7　赫伊津哈：《遊戲的人——論遊戲的文化起源》，第 32 頁。〔也可參見我的論文〈自我理解問題〉，載《短篇著作集》，第 1 卷，第 70-81 頁、第 85 頁以下；或我的著作集，第 2 卷，第 121 頁以下；以及〈人和語言〉，載《短篇著作集》，第 1 卷，第 93-100 頁，特別是第 98 頁以下；或我的著作集，第 2 卷，第 146 頁以下。〕

8　里爾克在其第 5 篇〈杜伊諾哀歌〉中寫道：「……在純粹的不足為奇的變化之處——突然變成了那種空泛的充足。」

結構好像讓遊戲者專注於自身，並使他擺脫那種造成此在眞正緊張感的主動者的使命。這也表現在遊戲者自身想重複的本能衝動中，這種本能衝動在遊戲的不斷自我更新上表現出來，而遊戲的這種不斷的自我更新則鑄造了遊戲的形式（例如：詩歌的疊句）。

遊戲的存在方式與自然的運動形式是這樣接近，以致我們可以得出一個重要的方法論結論。顯然，我們不能說動物也在遊戲，我們甚至也不能在轉換的意義上說水和光在遊戲。相反，我們只能說人也在遊戲。人的遊戲是一種自然過程。正是因爲人是自然，並 [I 111]
且就人是自然而言，人的遊戲的意義才是一種純粹的自我表現。所以，在此範圍內區分眞正的用法和比喻的用法，最終簡直就成了無意義的了。

然而，正是首先從遊戲的這種被動見主動的意義出發，才達到了藝術作品的存在的。就自然不帶有目的和意圖，不具有緊張感，而是一種經常不斷的自我更新的遊戲而言，自然才能呈現爲藝術的藍本。所以弗里德里希·施萊格爾寫道：「所有神聖的藝術遊戲只是對無限的世界遊戲、永恆的自我創造的藝術作品的一種有偏差的模仿。」[9]

赫伊津哈所探討的另一個問題，即競賽的遊戲特徵，也可以從遊戲活動的往返重複這一基本作用得到解釋。當然，就競賽者自己的意識來看，說他在遊戲，對於競賽者來說是不適合的。但是，往返重複的緊張運動正是透過競賽而產生的，這種緊張運動使獲勝者得以出現，並且使整個活動成爲一種遊戲。所以，從本質上說，往

---

9 弗里德里希·施萊格爾：《關於詩歌的對話》，參見 J. 米諾爾（Minor）編：《弗里德里希·施萊格爾早期文選》，1882 年，第 2 卷，第 364 頁。〔也可參見漢斯·艾希納重新出版的 E. 貝勒編的施萊格爾校勘本第 1 編，第 2 卷，第 284-351 頁，在新版本裡是第 324 頁。〕

返重複運動顯然屬於遊戲，以致在某種最終的意義上，根本不存在任何單純自爲的遊戲（Für-sich-allein-Spielen）。因此遊戲的情形就會是：儘管它無須有一個他者實際地參與遊戲，但它必須始終有一個他者在那裡存在，遊戲者正是與這個他者進行遊戲，而且這個他者用某種對抗活動來答覆遊戲者從自身出發的活動。所以玩耍的貓選擇一團線球來玩，因爲這線球參與遊戲，並且，球類遊戲的永存性就是依據於球的自由周身滾動，球彷彿由自身作出了令人驚異的事情。

這樣，遊戲在從事遊戲活動的遊戲者面前的優先性，也將被遊戲者自身以一種獨特的方式感受到，這裡涉及到了採取遊戲態度的人類主體性的問題。而且，正是語詞的非眞實的應用，才對該語詞的眞正本質提供了最豐富的說明。這樣我們對某人或許可以說，他是與可能性或計畫進行遊戲。我們以此所意指的東西是顯而易見的，即這個人還沒有被束縛在這樣一種可能性上，有如束縛在嚴肅的目的上。他還有這樣或那樣去擇取這一個或那一個可能性的自由。但另一方面，這種自由不是不要擔風險的。遊戲本身對於遊戲者來說其實就是一種風險。我們只能與嚴肅的可能性進行遊戲。
[I 112] 這顯然意味著，我們是在嚴肅的可能性能夠超出和勝過某一可能性時才參與到嚴肅的可能性中去的。遊戲對於遊戲者所施以的魅力正存在於這種冒險之中。由此我們享受一種作出決定的自由，而這種自由同時又是要擔風險的，而且是不可收回地被限制的。我們也許想到了複雜拼圖遊戲、單人紙牌遊戲等。但這種情況也適合於嚴肅的事物。誰爲了享有自己作出決定的自由而迴避緊迫的決定，或周旋於那種他根本不想嚴肅對待，因而根本不包含因爲選擇它而使自己承擔受其束縛的風險的可能性，我們就把他稱之爲遊戲過度（verspielt）的人。

由此出發，對於遊戲的本質如何反映在遊戲著的行爲中，就給出了一個一般的特徵：**一切遊戲活動都是一種被遊戲過程**（alles Spielen ist ein Gespieltwerden）。遊戲的魅力，遊戲所表現的迷惑力，正在於遊戲超越遊戲者而成爲主宰。即使就人們試圖實現自己提出的任務的那種遊戲而言，也是一種冒險，即施以遊戲魅力的東西是否「對」，是否「成功」，是否「再一次成功」。誰試圖這樣做，誰實際上就是被試圖者（der Versuchte）。遊戲的眞正主體（這最明顯地表現在那些只有單個遊戲者的經驗中）並不是遊戲者，而是遊戲本身。遊戲就是具有魅力吸引遊戲者的東西，就是使遊戲者捲入到遊戲中的東西，就是束縛遊戲者於遊戲中的東西。

這也表現在如下這一點上，即遊戲具有一種自身特有的精神。[10] 可是這並不是指從事遊戲的人的心境或精神狀況。其實，在不同遊戲的遊戲活動中或者在對某種遊戲的興趣中所存在的這種情緒狀態的差異性，乃是遊戲本身差異性的結果，而不是其原因。遊戲本身是透過它們的精神而彼此有別的。這並不依賴於任何其他東西，而只依據於遊戲對於構成其實質的遊戲反覆運動預先有不同的規定和安排。預先規定遊戲空間界限的規則和秩序，構成某種遊戲的本質。這普遍地適用於有遊戲出現的任何地方，例如：適用於噴泉遊戲或遊玩著的動物。遊戲藉以表現的遊戲空間，好像是被遊戲本身從內部來量度的，而且這遊戲空間更多地是透過規定遊戲活動的秩序，而很少是透過遊戲活動所及的東西，即透過外在地限制遊戲活動的自由空間界域，來限定自身的。

在我看來，相對於這些普遍的規定，對於人類的遊戲來說，富有特徵的東西是它遊戲**某種東西**（es etwas spielt）。這就是說，遊戲所隸屬的活動秩序，具有一種遊戲者所「選擇」的規定性。遊戲者首先透過他**想要**遊戲這一點來把他的遊戲行爲明確地與他的其 [I 113]

10 參見 F.G. 雲格爾：《遊戲》。

他行爲區分開來。但是，即使在遊戲的準備過程中，遊戲者也要進行他的選擇，他選擇了這一項遊戲，而不選擇那一項遊戲。與此相應，遊戲活動的遊戲空間不單純是表現自身（Sichausspielen）的自由空間，而是一種特意爲遊戲活動所界定和保留的空間。人類遊戲需要它們的遊戲場所。遊戲領域的界定——正如赫伊津哈正確地強調的，[11] 完全就像神聖區域的界定一樣——把作爲一種封閉世界的遊戲世界與沒有過渡和媒介的目的世界對立起來。所有遊戲活動都是玩味某物的活動（Etwas-Spielen），這首先在這些地方運用，即這裡所安排的遊戲反覆活動被規定爲一種**行為**，而且是一種脫離其他行爲的行爲。儘管遊戲的眞正本質在於使遊戲的人脫離那種他在追求目的過程中所感到的緊張狀態，然而遊戲的人本身在遊戲活動中仍是一個採取某種行爲的人。由此就更進一步決定了遊戲活動爲什麼總是玩味某物的活動。每一種遊戲都給從事遊戲的人提出了一項任務。遊戲的人好像只有透過把自己行爲的目的轉化到單純的遊戲任務中去，才能使自己進入表現自身的自由之中。所以兒童在玩球時就向自己提出了任務，而且這個任務就是遊戲的任務，因爲遊戲的眞實目的根本不是解決這一任務，而是對遊戲活動本身的安排和規定。

顯然，遊戲行爲所表現的那種特有的輕快和放鬆依據於任務的特別性質，這種特別性質是與遊戲任務相適應的，而且它形成於遊戲任務的成功解決。

我們可以說，某個任務的成功「表現了輕快和放鬆」。這種說法在涉及遊戲的地方特別易於理解，因爲在那裡任務的完成並沒有指向一種目的關係。遊戲確實被限制在表現自我上。因此遊戲的存在方式就是自我表現（Selbstdarstellung）。而自我表現乃是自然

11　赫伊津哈：《遊戲的人——論遊戲的文化起源》，第 17 頁。

的普遍的存在狀態（Seinsaspekt）。我們今天知道，生物學的目的論觀點對於理解生物的形成是何等不充分。[12] 這種情況也適用於遊戲，光探討遊戲的生命功能和生物學目的的問題是極爲不夠的。遊戲最突出的意義就是自我表現。

人類遊戲的自我表現，儘管像我們所看到的那樣，基於某種與遊戲表面顯出的目的相連繫的行爲之上，但是遊戲的「意義」實際上並不在於達到這個目的。我們寧可說，遊戲任務的自我交付實際上就是一種自我表現。遊戲的自我表現就這樣導致遊戲者彷彿是透 [I 114] 過他遊戲某物即表現某物而達到他自己特有的自我表現。只是因爲遊戲活動總是一種表現活動，人類遊戲才能夠在表現活動本身中發現遊戲的任務。因而就存在一種我們必須稱之爲表現遊戲的遊戲，不管這種遊戲是在隱約的暗示意義關聯中具有某種屬於表現本身的東西（如：「皇帝、國王、達官貴人」），或者遊戲活動正在表現某種東西（例如：孩子們玩汽車遊戲）。

所有表現活動按其可能性都是一種爲某人的表現活動。這樣一種可能性被意指出來，這就構成了藝術的遊戲性質裡特有的東西。這裡遊戲世界的封閉空間彷佛就使它的一面牆倒塌了。[13] 宗教膜拜遊戲（Kultspiel）和觀賞遊戲（Schauspiel）[169] 顯然並不是像遊戲兒童所表現的那樣去表現的。膜拜遊戲和觀賞遊戲在它們表現時並不出現，而是同時越過自身指向了那些觀看性地參與到表現活動中去的人。這裡遊戲不再是對某一安排就緒的活動的單純自我表現，

---

12 特別是阿道夫．波爾特曼在許多論文中作出了這種批評，並重新確立了形態學觀察方法的合理性。

13 參見魯道夫．卡斯納：《數和面部表情》，第 161 頁以下。卡斯納指出：「兒童和玩具娃娃的最奇特的一致性和雙重性」是與此相連繫的，即在此缺乏第 4 面「一直打開的觀眾之牆」（如：在宗教膜拜行為中）。我則相反地推斷，正是這第 4 面觀眾之牆才封閉了**藝術作品**的遊戲世界。

也不再是有遊戲兒童於其中出現的單純的表現，而「爲……表現著」。這裡一切表現活動所特有的這種指向活動好像被實現了，並且對於藝術的存在就成爲決定性的東西。

一般來說，遊戲並不爲某人而表現，也就是說，它並不指向觀眾，儘管遊戲按其本質是一種表現活動，儘管遊戲者是在遊戲中表現自身的。兒童是自爲地遊戲，儘管他們進行表現活動。甚至那些在觀眾面前所表現的體育活動一類的遊戲，也不指向觀眾。的確，這些遊戲由於要成爲競賽表現而面臨著使自己喪失作爲競賽遊戲的眞正遊戲性質的危險。那種作爲膜拜行爲一部分的宗教儀式行列也許要比一般遊行隊伍更龐大，因爲它們按照自身的意義可以容納整個宗教信徒團體。然而宗教膜拜行爲乃是爲整個信徒團體的實際表現，而且觀賞遊戲（Schauspiel）同樣也是一種本質上需要觀眾的遊戲行爲。因此，宗教膜拜儀式中的神的表現，遊戲中的神話的表現，也不僅是這種意義上的遊戲，即參加活動的遊戲者全部出現在表現性的遊戲中，並在其中獲得他們的更好的自我表現，而且也是這種意義上的遊戲，即遊戲活動者爲觀眾表現了某個意義整體。這實際上根本不是缺乏那個能變遊戲爲觀賞的第 4 面牆。我們寧可
[I 115] 說，通向觀眾的公在（Offensein）共同構成了遊戲的封閉性。只有觀眾才實現了遊戲作爲遊戲的東西。[14]

這就是把遊戲規定爲一種主動性過程（ein mediale Vorgang）的重要性所在。我們已經看到，遊戲並不是在遊戲者的意識或行爲中具有其存在，而是相反，它吸引遊戲者入它的領域中，並且使遊戲者充滿了它的精神。遊戲者是把遊戲作爲一種超過他的實在性來感受。這一點在遊戲被「認爲」是這種實在性本身的地方更爲適用——例如：在遊戲表現爲「**為觀看者而表現**」（Darstellung für

---

14 參見本書第 114 頁注釋 13。

den Zuschauer）的地方。

甚至戲劇（Schauspiel）也總是遊戲，這就是說，戲劇具有成爲某種自身封閉世界的遊戲結構。但是宗教的或世俗的戲劇，儘管它們所表現的是一種完全自身封閉的世界，卻好像敞開一樣指向觀賞者方面。在觀賞者那裡它們才贏得它們的完全意義。雖然遊戲者好像在每一種遊戲裡都起了他們的作用，而且正是這樣遊戲才走向表現，但遊戲本身卻是由遊戲者和觀賞者所組成的整體。事實上，最眞實感受遊戲的，並且遊戲對之正確表現自己所「意味」的，乃是那種並不參與遊戲，而只是觀賞遊戲的人。在觀賞者那裡，遊戲好像被提升到了它的理想性。

對於遊戲者來說，這就意味著：遊戲者並不像在每一種遊戲中那樣簡單地起著（ausfüllen）他們的作用——遊戲者其實是表演（vorspielen）他們的作用，他們對觀賞者表現他們自己。遊戲者參與遊戲的方式現在不再是由他們完全出現在遊戲裡這一點決定的，而是由他們是在與整個戲劇的關聯和關係中起著作用這一點來決定的，在這整個戲劇中，應出現的不是遊戲者，而是觀賞者。這就是在遊戲成爲戲劇時遊戲之作爲遊戲而發生的一種澈底的轉變。這種轉變使觀賞者處於遊戲者的地位。只是爲觀賞者——而不是爲遊戲者，只是在觀賞者中——而不是在遊戲者中，遊戲才起遊戲作用。當然，這倒不是說，連遊戲者也不可能感受到他於其中起著表現性作用的整體的意義。觀賞者只是具有一種方法論上的優先性：由於遊戲是爲觀賞者而存在的，所以下面這一點是一目了然的，即遊戲自身蘊涵某種意義內容，這意義內容應當被理解，因此也是可與遊戲者的行爲脫離的。在此，遊戲者和觀賞者的區別就從根本上被取消了，遊戲者和觀賞者共同具有這樣一種要求，即以遊戲的意義內容去意指（meinen）遊戲本身。

即使在遊戲共同體拒絕一切觀賞者——這或許是因爲遊戲共

同體反對藝術生活的社會性的團體化——的地方，情況也是如此，例如：在所謂要在某種純眞的意義上去演奏的室內音樂中就是這樣，因爲這種室內音樂是爲演奏者而不是爲觀眾進行的。誰以這種方式演奏音樂，實際上他也就力求使音樂更好地「表現出來」
[I 116] （herauskommt），但這也就是說，他正是力求使音樂爲某個想傾聽的人存在在那裡。藝術的表現按其本質就是這樣，即藝術是爲某人而存在的，即使沒有一個只是在傾聽或觀看的人存在於那裡。

(b) 向構成物的轉化與澈底的媒介

我把這種促使人類遊戲眞正完成其作爲藝術的轉化稱之爲**向構成物的轉化**（Verwandlung ins Gebilde）。只有透過這種轉化，遊戲才贏得它的理想性，以致遊戲可能被認爲和理解爲構成物。只有至此，遊戲才顯示出好像與遊戲者的表現性行爲相脫離，並且存在於遊戲者所遊戲之物的純粹現象之中。作爲這種現象的遊戲——以及即興作品的非預定因素——原則上是可重複的，並且就這一點看又是持久的。這樣，遊戲就具有了作品（Werk）的特質，即 Ergon（產品）的特質，而不僅只是（作者的）某種現實活動（Energeia）。[15] 在這種意義上，我就稱遊戲爲一種構成物（Gebilde）。

然而，可這樣地與遊戲者的表現性行爲相脫離的東西，仍然指向了表現。不過這種指向並不意味著這樣一種意義的依賴性，即只有透過當時的表現者，也就是說，只從正表現著的人或正觀賞著

---

[15] 這裡我援引了古典主義的區分，亞里斯多德利用這種區分，從 *ηρᾶεις*（行為）中分出了 *ηoiησιs*（創造）（《歐德米亞倫理學》，第 1 卷；《尼各馬可倫理學》，A1）。

的人出發，而不是從作爲該作品的創造者而被稱爲該作品眞正作者的人即藝術家出發，遊戲才獲得其意義規定性。其實，遊戲只有在所有藝術家面前才具有一種絕對的自主性，而這一點正應透過轉化（Verwandlung）概念表示出來。

如果我們認眞地把握了轉化的意義，我們對藝術本質的規定性所應指出的東西就表現出來了。轉化（Verwandlung）並不是變化（Veränderung），或一種特別大規模的變化。其實，對於變化，人們總是想到，在那裡發生變化的東西同時又作爲原來的東西而存在，並被把握。儘管變化可能是整體的變化，但它總是自身某個部分的變化。從類別上看，一切變化（alloiōsis）均屬於質的領域，也就是屬於實體的某種偶性的領域。反之，轉化則是指某物一下子和整個地成了其他的東西，而這其他的作爲被轉化成的東西則成了該物的眞正的存在，相對於這種眞正的存在，該物原先的存在就不再是存在的了。如果我們發現某人似乎轉化了，那麼我們以此所指的正是，他好像已成爲另外一個人。這裡不可能存在一個從一物過渡到另一物的漸變過程，因爲彼一物的存在正是此一物的消滅。所 [I 117]
以向構成物的轉化就是指，早先存在的東西不再存在。但這也是指，現在存在的東西，在藝術遊戲裡表現的東西，乃是永遠眞實的東西。

首先，主體性的出發點如何違背事實在這裡也是明顯的。原先的遊戲者就是不再存在的東西——這樣，詩人或作曲家都可算在遊戲者之列。所有這些遊戲者都不具有一種特有的自爲存在（Für-sich-sein），對於這種自爲存在，他們是這樣把握的，即他們的遊戲活動意味著他們「只在遊戲」。如果我們從遊戲者出發去描述他們的遊戲活動是什麼，那麼遊戲活動顯然就不是轉化，而是僞裝（Verkleidung）。誰僞裝，誰就不願被認出，而是想表現爲另一個人並且被視爲另一個人。他希望，在別人的眼裡他不再是他本人，而是被視爲某個其他人。因此他不願意人們猜出他或認出他。他裝扮其他人，但是以我們在日常實際交往中遊戲某物的方式，也就是說，我們單純地作假，僞裝自己並造成假象。從表面上看，這樣進行遊戲的人似乎否認了與自身的連續性。但實際上這意味著，他自爲地把握了這種與自身的連續性，並且他只是矇騙那些他對之作假的其他的人。

按照我們關於遊戲本質所談的一切，遊戲本身與其中存在作假的遊戲之間的這種主觀區分，並不是遊戲的眞實性質。遊戲本身其實是這樣一種轉化，即在那裡從事遊戲的人的同一性對於任何人來說都不繼續存在。每個人只是探問：遊戲應當是什麼，那裡什麼東西被「意味」。遊戲者（或者詩人）都不再存在，所存在的僅僅是被他們所遊戲的東西。

但是，不再存在的東西首先是我們作爲我們自己本身所生存於其中的世界。向構成物的轉化並不簡單地就是轉到另一個世界。的確，構成物就是另一個自身封閉的世界，遊戲就是在此世界中進行。但是只要遊戲是構成物，遊戲就彷佛在自身中找到了它的尺度，並且不按照任何外在於它的東西去衡量自身。所以，某種戲劇的行爲——完全類似於宗教膜拜行爲——簡直是作爲某種依賴於自身的東西而存在在那裡。這種行爲不再允許任何與實在的比較作爲一切模仿相似性的隱祕標準。這種行爲超出所有這類比較——並因此超出了這類行爲是否完全眞實的問題——因爲某種超然的眞理正是從這種行爲得以表現的。甚至像哲學史公認的藝術存在等級論的最澈底的批判者柏拉圖有時也不加區別地像談論舞臺上的喜劇和悲劇一樣地談論生活中的喜劇和悲劇。16[170] 因爲假如一個人知道去感
[I 118] 知在他面前所發生的遊戲的意義，這種〔藝術和實在的〕區分就消

16　柏拉圖：《斐利布斯篇》，50b。

失了。戲劇所提供的快感在這兩種情況裡都是相同的：這種快感是認識的快感。

這樣，我們稱之爲向構成物的轉化的東西就獲得了它的完滿意義。這種轉化是向眞實事物的轉化。它不是指使用巫術這種意義的變幻，變幻期待著解巫咒語，並將回歸原來的東西，而轉化本身則是解救，並且回轉到眞實的存在。在遊戲的表現中所出現的，就是這種屬解救和回轉的東西，被揭示和展現的，就是曾不斷被掩蓋和擺脫的東西。誰知道去感知生活的喜劇和悲劇，誰就知道使自己擺脫目的的強烈影響，這種目的掩蓋了與我們一起進行的遊戲。

「實在」（Wirklichkeit）總是處於這樣一種可能性的未來視域中，這種可能性是人們既期待又擔憂的，但無論如何仍是未被確定的。因此實在總是這樣的情形，即相互排斥的期望能被喚起，而這些期望又不是全部能實現。正是由於未來的不確定性允許了這樣過多的期望，以致實在必然落在期望之後。如果現在某種意義關聯在某個特殊的事例中是這樣實際地完成和實現了，以致沒有任何意義線索消失在空無中，那麼這種實在本身就好像是一種戲劇。同樣，誰能把整個實在看作一個所有東西於其中實現的封閉的意義區域，誰就能談論生活本身的喜劇和悲劇。在這些把實在理解爲遊戲的情況裡所出現的，是那種屬於遊戲的實在的東西，我們把這種東西稱之爲藝術的遊戲。所有遊戲的存在經常是兌現（Einlösung），純粹的實現，即在自身中具有其目的（Telos）的實現（Energeia）。藝術作品的世界——在此世界中遊戲是這樣完全地表現於其整個過程中——事實上就是一種完全轉化了的世界。每一個人正是透過這世界認識到存在的東西究竟是怎樣的事物。

因此轉化概念應當表明我們稱之爲構成物的那些東西的獨立和超然的存在方式。從這個概念出發，所謂的實在就被規定爲未轉化的東西，而藝術被規定爲在其眞理中對這種實在的揚棄。因此把一切藝術建立在 mimesis，即**模仿**概念基礎上的古代藝術理論，顯然是從這樣一種遊戲出發的，即作爲舞蹈的遊戲就是神性東西的表現。[17]

但是，如果我們看到了模仿（Nachahmung）中存在的**認識意義**，那麼模仿概念可能只描述了藝術的遊戲。所表現的東西是存在於那裡——這就是模仿的最原始關係。誰模仿某種東西，誰就讓他
[I 119] 所見到的東西並且以他如何見到這個東西的方式存在於那裡。當幼童操弄他所看到的東西，並以此確認自己本身存在時，他就模仿性地開始了遊戲活動。就連亞里斯多德所援引的兒童裝扮快感，也不是一種爲了讓人猜出和認出其背後眞相的自身隱藏活動、僞裝活動，而是相反，它是這樣一種表現活動，其中只有所表現的東西存在。孩童無論如何是不願在其裝扮的背後被人猜出。他希望他所表現的東西應當存在，並且，假如某種東西應當被猜出，那麼被猜出的東西正是他所表現的東西。應當被再認識的東西，就是現在「存在」的東西。[18]

我們由這種思考就可確認；模仿的認識意義就是再認識（Wiedererkennung）。但什麼是再認識呢？只有對現象更精確的分析才會完全清楚地向我們解釋我們所談及的表現活動的存在意義。眾所周知，亞里斯多德曾經強調過，藝術家的表現甚至使不愉快的東西令人愉快地顯現出來。[19][171] 康德也因爲藝術能使醜的

---

[17] 參見柯勒的最新研究：《模仿》，1954 年，這個研究證實了模仿和舞蹈的原始連繫。

[18] 亞里斯多德：《詩學》，第 4 章，尤其是 1448b16：「συλλογίζεσθαι τί ἕκαστον, οἷον οὑτοςἐκεῖνος」（看圖畫而感到愉快，其理由就在於我們在看它的時候，同時也是在學習著——認識著事物的意義）。

[19]《詩學》，1448b10。

東西顯現爲美的東西，從而把藝術定義爲對事物的美的表象。20[172] 但是這種美的藝術顯然不是指做作性（Künstlichkeit）和技巧性（Kunstfertigkeit）。並不像對雜技表演家那樣，我們對於用以製作某物的技巧並不感到驚嘆。對於這種技巧我們只有附帶的興趣，正如亞里斯多德所明確說過的。21 我們在一件藝術作品中所眞正經驗到的和所指望得到的，其實是這作品的眞實性如何，也就是說，我們如何在其中更好地認識和再認識事物和我們自己本身的。

如果我們對於再認識只是看到，我們已經認識的某種東西又重新地被認識，也就是說，已認識的東西又被重新再認識，那麼再認識按照其最深層本質來說究竟是什麼，這一問題仍沒有被理解。再認識所引起的快感其實是這樣一種快感，即比起已經認識的東西來說**有更多的東西**被認識。在再認識中，我們所認識的東西彷佛透過一種突然醒悟而出現並被本質地把握，而這種突然醒悟來自完全的偶然性和制約這種東西的情況的變異性。這種被本質地把握的東西被認作某種東西。

這裡我們達到了柏拉圖主義的中心論點。柏拉圖曾在其靈魂輪迴說裡把再回憶的神祕觀念與其辯證法的途徑連在一起思考，這種辯證法是在 Logoi 中，即在語言的理想性中探尋存在的眞理。22 實際上，這樣一種本質唯心論已存在於再認識的現象中。「被認識的東西」只有透過對它的再認識才來到它的眞實存在中，並表現爲它 [I 120]
現在所是的東西。作爲再認識的東西，它就是在其本質中所把握的東西，也就是脫離其現象偶然性的東西。這也完全適用於遊戲中那樣一種相對於表現而出現的再認識。這樣一種表現捨棄了所有那些

20 康德：《判斷力批判》，§ 48。

21 〔亞里斯多德：《詩學》，第 4 章，1448b10 以下。〕

22 柏拉圖：《斐多篇》，第 73 頁以下。

純屬偶然的非本質的東西，例如：表演者自身的個別存在。表演者完全消失在對他所表現的東西的認識中。但是被表現的東西，著名的神話傳說事件，透過表現彷彿被提升到其有效的眞理中。因爲是對眞實事物的認識，所以表現的存在就比所表現的素材的存在要多得多，荷馬的阿基里斯的意義要比其原型的意義多得多。[23]

我們所探討的原始的模仿關係，因而不僅包含所表現的東西存在於那裡，而且也包含它更眞實地出現在那裡。模仿和表現不單單是描摹性的再現（Wiederholung），而且也是對本質的認識。因爲模仿和表現不只是再現，而且也是「展現」（Hervorholung），所以在它們兩者中同時涉及了觀賞者。模仿和表現在其自身中就包含對它們爲之表現的每一個人的本質關聯。

的確，我們還可以更多地指出：本質的表現很少是單純的模仿，以致這種表現必然是展示的（zeigend）。誰要模仿，誰就必須刪去一些東西和突出一些東西。因爲他在展示，他就必須誇張，而不管他願意或不願意〔所以在柏拉圖理念說裡 aphhairein（刪去）和 synhoran（突出）是連繫在一起的〕。就此而言，在「如此相像」的東西和它所想相像的東西之間就存在一種不可取消的存在間距。眾所周知，柏拉圖就曾經堅持這種本體論的間距，即堅持摹本（Abbild）對原型（Urbild）的或多或少的落後性，並從這裡出發，把藝術遊戲裡的模仿和表現作爲模仿的模仿列入第三等級。[24][173]不過，在藝術的表現中，對作品的再認識仍是起作用的，因爲這種再認識具有眞正的本質認識的特徵，並且正是由於柏拉圖把一切本質認識理解爲再認識，亞里斯多德才能有理由認爲詩比歷史更具有哲

---

23 〔參見 H. 庫恩：《蘇格拉底——關於形上學起源的試探》，柏林，1934 年。〕

24 柏拉圖：《理想國》，第 10 卷。〔參閱〈柏拉圖與詩人〉（1934 年），見我的著作集第 5 卷。〕

學性。[25]

因此，模仿作爲表現就具有一種卓越的認識功能。由於這種理由，只要藝術的認識意義無可爭議地被承認，模仿概念在藝術理論裡就能一直奏效。但這一點只有在我們確定了對眞實事物的認識就是對本質的認識的時候才有效，[26]因爲藝術是以一種令人信服的方式服務於這種認識。反之，對於現代科學的唯名論以及它的實在概念——康德曾根據這一概念在美學上得出了不可知論的結論——來說，模仿概念卻失去了其審美的職責。 [I 121]

美學的這種主體性轉變的困境對我們來說成爲明顯的事實之後，我們看到自己又被迫退回到古代的傳統上去了。如果藝術不是一簇不斷更換著的體驗——其對象有如某個空洞形式一樣時時主觀地被注入意義——「表現」就必須被承認爲藝術作品本身的存在方式。這一點應由表現概念是從遊戲概念中推導出的這一事實所準備，因爲自我表現是遊戲的眞正本質——因此也就是藝術作品的眞正本質。所進行的遊戲就是透過其表現與觀賞者對話，並且因此，觀賞者不管其與遊戲者的一切間距而成爲遊戲的組成部分。

這一點在宗教膜拜行爲這樣一種表現活動方式上最爲明顯。在宗教膜拜行爲這裡，與教徒團體的關聯是顯然易見的，以致某個依然那樣思考的審美意識不再能夠主張，只有那種給予審美對象自爲存在的審美區分才能發現膜拜偶像或宗教遊戲的眞正意義。沒

---

25 亞里斯多德：《詩學》，第 9 章，1451b6。

26 安娜．圖瑪金已很詳盡地指出 18 世紀的藝術理論中從「模仿」向「表現」（Ausdruck）的過渡（《紀念塞繆爾．辛格文集》，1930 年）。〔參見 W. 拜爾瓦爾特（《海德堡科學院會議報告》，1980 年，第 1 編論文集）。新柏拉圖主義的概念 ἐκτύωσις（摹本）成為它自身的「表現」：*Petrarca*。參見本書第 341 頁、第 471 頁以及附錄 6；該附錄現收入我的著作集，第 2 卷，第 384 頁以下。〕

有任何人能夠認爲，執行膜拜行爲對於宗教眞理來說乃是非本質的東西。

同樣的情況也以同樣的方式適合於一般的戲劇（Schauspiel）和那些屬於文學創作的活動。戲劇的表演同樣也不是簡單地與戲劇相脫離的，戲劇的表演並非那種不屬於戲劇本質存在，反而像經驗戲劇的審美體驗那樣主觀的和流動的東西。其實，在表演中而且只有在表演中——最明顯的情況是音樂——我們所遇見的東西才是作品本身，就像在宗教膜拜行爲中所遇見的是神性的東西一樣。這裡遊戲概念的出發點所帶來的方法論上的益處是顯而易見的。藝術作品並不是與它得以展現自身的機緣條件的「偶然性」完全隔絕的，凡有這種隔絕的地方，結果就是一種降低作品眞正存在的抽象。作品本身是屬於它爲之表現的世界。戲劇只有在它被表演的地方才是眞正存在的，尤其是音樂必須鳴響。

所以我的論點是，藝術的存在不能被規定爲某種審美意識的對象，因爲正相反，審美行爲遠比它對自身的意識要多。審美行爲乃
[I 122] 是**表現活動中出現的存在事件**的一部分，而且本質上屬於作爲遊戲的遊戲。

這將得出哪些本體論上的結論呢？如果我們這樣地從遊戲的遊戲特質出發，對於審美存在的存在方式的更接近的規定來說有什麼結果呢？顯然，戲劇（觀賞遊戲）以及由此被理解的藝術作品絕非一種遊戲藉以自由實現自身的單純規則圖式或行爲法規。戲劇的遊戲活動不要理解爲對某種遊戲要求的滿足，而要理解爲文學作品本身進入此在的活動（das Ins-Dasein-Treten der Dichtung selbst）。所以，對於這樣的問題，即這種文學作品的眞正存在是什麼，我們可以回答說，這種眞正存在只在於被展現的過程（Gespieltwerden）中，只在於作爲戲劇的表現活動中，雖然在其中得以表現的東西乃是它自身的存在。

讓我們回憶一下前面所使用的「向構成物的轉化」這一術語。遊戲就是構成物——這一命題是說：儘管遊戲依賴於被遊戲過程（Gespieltwerden，或譯被展現過程），但它是一種意義整體，遊戲作爲這種意義整體就能夠反覆地被表現，並能反覆地在其意義中被理解。但反過來說，構成物也就是遊戲，因爲構成物——儘管它有其思想上的統一——只在每次被展現過程中才達到它的完全存在。我們針對審美區分的抽象所曾經想強調的東西，正是這兩方面的相互連繫。

我們現在可以對這種強調給以這樣的形式，即我們以「**審美無區分**」（die ästhetische Nichtunterscheidung）反對審美區分，反對審美意識的眞正組成要素。我們已看到，在模仿中被模仿的東西，被創作者所塑造的東西，被表演者所表現的東西，被觀賞者所認識的東西，顯然就是被意指的東西——表現的意義就包含於這種被意指的東西中——以致那種文學作品的塑造或表現的活動根本不能與這種被意指的東西相區別。而在人們作出這種區分的地方，創作的素材將與創作相區別，文學創作將與「觀點」相區別。但是這種區分只具有次要性質。表演者所表現的東西，觀賞者所認識的東西，乃是如同創作者所意指的那樣一種塑造活動和行爲本身。這裡我們具有一種**雙重的模仿**：創作者的表現和表演者的表現。但是這雙重模仿卻是**一種東西**：在它們兩者中來到存在的乃是同一的東西。

我們可以更確切地說：表演的模仿性表現把文學創作所眞正要求的東西帶到了具體存在（Da-Sein）。某種作爲人們在藝術遊戲中所認識的眞理統一體的雙重無區別，是和文學創作與其素材、文學創作與表演之間的雙重區別相符合的。如果我們從起源上去考察一下作爲一部文學創作基礎的情節，那麼，這種區別是脫離文學創作的實際經驗的，同樣，如果觀賞者思考一下表演背後所蘊涵的 [I 123]
觀點或作爲這種表演的表現者的成就，那麼這種區別也是脫離戲劇表演的實際經驗的。而且，這樣一種思考就已經包含了作品本身與它的表現之間的審美區分。但是，在某人面前所表演的悲劇的或喜劇的場面究竟是在舞臺上還是在生活中出現——如果我們只是觀賞者，那麼正如我們所看到的，這一問題對於這種經驗內容來說，甚至是無關緊要的。我們稱之爲構成物的東西，只是這樣一種表現爲意義整體的東西。這種東西既不是自在存在的，也不是在一種對它來說是偶然的媒介中所能經驗到的，這種東西是在此媒介中獲得了其眞正的存在。

儘管這樣一種構成物的多種多樣的表演或實現還是要返回到遊戲者的觀點上去——但就連遊戲者的觀點也不總是封閉於其自認爲的意見的主觀性中，而是實實在在地存在於這多種多樣的表演或實現之中。所以這根本不是一個關於觀點的單純主觀的多樣性的問題，而是一個關於作品自身存在可能性的問題，作品似乎把其自身陳列於它的多種多樣的方面之中。

因此，我們不應否認，這裡對於審美反思來說存在一個可能的出發點。在同一遊戲的不同表現裡，我們可以區分某一媒介方式和其他的媒介方式，就像我們可以用不同的方式去思考那些理解不同種類藝術作品的條件一樣——例如：我們可以從這樣一些問題出發去觀察一幢建築物：該建築物是怎樣「展現」它自身的，或它的周圍環境應當怎樣看，或者當我們面臨修復一幅繪畫的問題的時候。
[I 124] 在所有這些情況裡，作品本身是與它們的「表現」相區分的，[27] 但

27　一個具有特殊意義的問題是，我們是否不應當在塑造過程本身中以同一意義去看待對作品已有的審美反思。不可否認，創作者在構思他的作品的觀念時可能考慮、批判地比較和評判該作品組織構造的各種可能性。可是這種寓於創作本身的謹慎思考，在我看來，是與那種可能對作品本身進行的審美反思和審美批判完全不同的。雖然很有可能，成為創作者思考對象的東西，即塑造可能性，也可能是審美批判的出發點。但是，即使在創作反思和批判反思

是，如果我們把表現中可能出現的變異視爲任意的和隨便的，那麼我們就忽視了藝術作品本身的制約性。實際上，表現中出現的可能變異全都服從於「正確的」表現這一批判性的主導標準。[28]

我們也許把這一點作爲現代戲劇裡的一種傳統來認識，這種傳統是以一次上演、一個角色的創造或一次音樂表演的實踐而開創的。這裡不存在任何隨意的安排，或一種單純的觀點改變，而只有一種由不斷遵循範例和創造性改變所形成的傳統，每一種新的嘗試都必須服從這種傳統。對此傳統就連再創造的藝術家也具有某種確切的意識。再創造的藝術家怎樣接觸一部作品或一個角色，這無論如何總是與從事同一活動的範例有關。但是這裡所涉及的絕不是一種盲目的模仿。雖然由偉大的演員、導演或音樂家所創造的傳統總是作爲典範而有效，但它並不是自由創造的一種障礙，而是與作品本身融合在一起，以致在促進每個藝術家的創造性的再塑造方面，對這個典範的研討並不比對作品本身的研討來得少。再創造的藝術具有這樣的獨特性，即它所要從事的那些作品對於這種再塑造是明顯地開放的，並且因此使藝術作品的同一性和連續性顯而易見地向

具有這種內容一致性的情況裡，標準也是不同的。審美批判的基礎在於破除統一理解，而創作者的審美思考則指向構造作品統一性本身。以後我們將看到，這種觀點對於詮釋學有哪些結論。

如果我們使創造過程和再創造過程同時在觀念中進行，那麼我認為，這始終是一種出自趣味說美學和天才說美學的錯誤的心理至上主義的殘餘。由此我們就看不到那種超出創作者和鑑賞者的主觀性的事件，而這種事件正表現了一部作品的成功。

28 雖然我認為 R. 英加登 [174] 對於文學藝術作品的「圖式論」的分析太少地為人重視，但當他（在其〈對審美價值判斷問題的評注〉，載《美學評論》，1959 年）在「審美對象」的具體化過程中看到藝術作品的審美評價的活動餘地時，我是不同意他的。審美對象並不是在審美的理解體驗中構成，而是藝術作品本身透過它的具體化和創作過程在其審美的品質裡被經驗的。在這方面我與 L. 帕雷松的「形式活力」（formativita）美學完全一致的。

著未來敞開了。[29]

這裡用以衡量某物是否「正確表現」的尺度或許是一種極其靈活和相對的尺度。但是表現的制約性並不由於它必須放棄一種固定的尺度而減少。所以我們確實不會允許對一部音樂作品或一個劇本的解釋有這樣的自由，使得這種解釋能用固定的「原文」去製造任意的效果，而且我們也會相反地把那種對於某一特定解釋——例

[I 125] 如：由作曲家指揮的唱片灌製或從最初一場典範演出而制定的詳細表演程序——的經典化做法視爲對某種眞正解釋使命的誤解。一種這樣被追求的「正確性」是不符合於作品本身的眞正制約性的，作品本身的這種制約性以一種自身特有的和直接的方式制約了每一個解釋者，並且不允許解釋者透過對原型的單純模仿而減輕自己的責任。

把再創造的選擇「自由」限制在外表形式或邊緣現象上，而沒有更多地既是制約性地同時又是自由地去思考某個再創造的整體，這顯然是錯誤的。解釋在某種特定的意義上就是再創造（Nachschaffen），但是這種再創造所根據的不是一個先行的創造行爲，而是所創造的作品的形象（Figur），解釋者按照他在其中所發現的意義使這形象達到表現。因此歷史化的表現，如用古代樂器演奏的音樂，就不是像它們所要求的那樣是如實的。它們由於作爲模仿的模仿而處於「與眞理隔著三層遠」（柏拉圖語）的危險中。

鑑於我們的歷史存在所表現的有限性，那種認爲唯一正確的表現的觀念似乎具有某種荒謬的東西。對於這一點我們還要在其他

29　我們以後將表明，這並不僅限於再創造的藝術，而是包括了每一種藝術作品，甚至可以說包括了每一種意義構成物（Sinngebilde），只要這些作品和構成物被引起新的理解。〔參見本書第 165 頁以下討論文學的界限以及以「生命」的普遍意義作為意義的暫時構造的論題。參見〈在現象學和辯證法之間——一種自我批判的嘗試〉，載我的著作集，第 2 卷，第 3 頁以下。〕

地方加以論述。[30] 每一種表現都力求成爲正確的表現這一明顯的事實，在這裡僅作爲這樣一種證明，即媒介活動（Vermittlung）和作品本身的無區別就是作品的眞正經驗。與此相應的，審美意識一般只能夠以一種批判的方式，也就是在這種媒介失效的地方，去實現作品和它的媒介之間的審美區分。媒介活動按其觀念乃是一種澈底的媒介活動。

澈底的媒介意味著，媒介的元素作爲媒介的東西而揚棄自身。這就是說，作爲這種媒介的再創造（例如：戲劇和音樂，但也包括史詩或抒情詩的朗誦）並不成爲核心的（thematisch）東西，核心的東西是，作品透過再創造並在再創造中使自身達到了表現。我們將會看到，同樣的情況也適合於建築物和雕塑品得以表現自身的呈現性質（Zugangscharakter）和照面性質（Begegnungscharakter）。在這裡，這樣一種呈現本身也沒有成爲核心的東西，但也不能相反地說，我們爲了把握作品本身必須拋開這些生命關聯（Lebensbezügen）。作品存在於這些生命關聯本身之中。作品產生於過去時代——作品正是作爲從過去時代延續下來的文物聳立於現代之中——這一事實還遠沒有使作品的存在成爲某種審美的或歷 [I 126]
史的意識的對象。作品只要仍發揮其作用，它就與每一個現代是同時的。的確，即使作品還僅僅作爲藝術品在博物館裡有一席之地，它也沒有完全與自身相分離。一件藝術作品不僅從不完全喪失其原始作用的痕跡，並使有識之士可能有意識地重新創造它，——而且

---

30 〔H. R. 堯斯提出的接受美學 [175] 已包含這種觀點，但是他由於過分強調這一點以致陷入了他本不願意的德里達的「解構主義」（Dekonstruktion）的邊緣。[176] 參閱我的論文〈正文和解釋〉（我的著作集，第 2 卷，第 330 頁以下）以及「解毀（Destruktion）與解構（Dekonstruktion）」（我的著作集，第 2 卷，第 361 頁以下），我在〈在現象學和辯證法之間——一種自我批判的嘗試〉一文中已指出這一點（我的著作集，第 2 卷，第 3 頁以下）。〕

在陳列的畫廊裡得其寄生之地的藝術作品還一直是一個特有的根源。作品使其自身發揮效力，而且它用以這樣做的方式——即「致死」其他的作品或很好地利用其他作品以充實自身——也仍然是它自身的某種東西。[177]

我們要探究在時間和情況的變遷過程中如此不同地表現自己的這種作品自身（dieses Selbst）的同一性究竟是什麼。這種作品自身在變遷過程中顯然並不是這樣被分裂成各個方面，以致喪失其同一性。作品自身存在於所有這些變遷方面中。所有這些變遷方面都屬於它。所有變遷方面都與它**共時的**（gleichzeitig）。這樣就提出了對藝術作品作時間性解釋的任務。

(c) 審美存在的時間性

這是一種什麼樣的同時性呢？屬於審美存在的究竟是什麼樣的一種時間性呢？人們一般把審美存在的這種同時性和現在性稱之爲它的無時間性。但是我們的任務則是要把這種無時間性與它本質上相關的時間性連繫起來加以思考。無時間性首先無非只是一種辯證規定，這種規定一方面立於時間性的基礎上，另一方面又處於與時間性的對立中。甚至有關兩種時間性的說法，即一種歷史的時間性和一種超歷史的時間性——例如：澤德爾邁爾[178]緊跟巴德爾[179]之後，並依據博爾諾[180]，試圖用這兩種時間性去規定藝術作品的時間性[31]——也沒有超出這兩者之間的辯證對立。超歷史的、「神聖的」時間——在此時間中，「現在」不是短暫的瞬間，而是時間的充滿——是從「生存狀態的」時間性出發而被描述的，儘管它可

31　漢斯・澤德爾邁爾：《藝術與真理》，羅沃爾特版《德國百科全書》，第 71 卷，1958 年，第 140 頁以下。

能是穩妥性、輕快性、純潔無邪或任何它應推重的性質。如果我們遵循事實而承認，「眞正時間」（die Wahre Zeit）就呈現於歷史存在的「現象時間」（Schein-Zeit）之中，上述這兩種時間的對立是如何地不充分恰恰就表現出來了。眞正時間的這樣一種呈現顯然具有一種耶穌顯靈的性質，但這意味著，這樣一種呈現對於經驗著的意識來說，不會具有連續性。

事實上，這裡又重新出現了我們上面所描述的審美意識的困境。因爲正是連續性才造就了對每一種時間的理解，即使是對藝術作品的時間性也是這樣。這裡，海德格對於時間視域的本體論闡述 [I 127]
所遭到的誤解，引起了不良的後果。人們沒有把握對於此在進行生存論分析的方法論意義，而是把這種由憂煩直到死亡的進程，即由澈底的有限性所規定的此在的生存論上的歷史時間性作爲理解存在的許多可能性中的一種方式看待，並且忘記了正是理解本身的存在方式在這裡被揭示爲時間性。把藝術作品的眞正的時間性作爲「神聖的時間」從正在消失著的歷史時間中分離出來，實際上仍然是人類有限的藝術經驗的一種簡單的反映。只有一種《聖經》裡的時間神學——這種神學不知道從人類的自我理解立場出發，而只知道從神的啓示出發——才有可能講到某種「神聖的時間」，並且從神學上確認藝術作品的無時間性和這種「神聖的時間」之間的類似。沒有這種神學的確認，講「神聖的時間」就掩蓋了眞正的問題，這問題並不在於藝術作品的脫離時間性，而在於藝術作品的時間性。

這樣，我們就再次提出我們的問題：什麼是審美存在的時間性呢？[32]

---

32 對於下面的論述，人們可以參閱 R. 克伯勒和 G. 克伯納在《論美及其真理》（1957 年）一書裡的卓絕分析。我本人是在完成了我的著作之後才知道這個分析的。參見《哲學週刊》，第 7 期，第 79 頁的簡訊。〔現在我已對此有了

我們的出發點是：藝術作品就是遊戲，也就是說，藝術作品的眞正存在不能與它的表現相脫離，並且正是在表現中才出現構成物的統一性和同一性。藝術作品的本質就包含對自我表現的依賴性。這意味著，藝術作品儘管在其表現中可能發生那樣多的改變和變形，但它仍然是其自身。這一點正構成了每一種表現的制約性，即表現包含著對構成物本身的關聯，並且隸屬於從這構成物而取得的正確性的標準。甚至某種完全變形了的表現這種極端情形也證實了這一點。只要表現是指構成物本身的表現，並且作為構成物本身的表現被判斷，表現就被認爲是變形。表現就是以一種不可擺脫、無法消除的方式具有再現同一東西的特質。這裡再現

[I 128] （Wiederholung）當然不是指把某種東西按原來的意義再現出來，即把某個東西歸之於原本的東西。每一種再現對於作品本身其實同樣是本源的。

我們可以從節日慶典活動來認識這裡所說的最神奇的時間結構。[33] 節日慶典活動是重複出現的，這一點至少適合於定期節日慶典活動。我們把這種重複出現的節日慶典活動稱之爲它的重返（Wiederkehr）。但是，重返的節日慶典活動既不是另外一種慶典活動，也不是對原來的慶典東西的單純回顧。所有慶典活動的原本的神聖的特性顯然是把這樣的區分排除在外的，即我們是怎樣在現

闡述：〈論空和充滿的時間〉（《短篇著作集》，第 3 卷，第 221-236 頁，現收入我的著作集，第 4 卷）；〈論西方的時間問題〉（《短篇著作集》，第 4 卷，第 17-33 頁，現收入我的著作集，第 4 卷）；〈慶典的藝術〉（收入 J. 舒爾茲編：《人需要什麼》，斯圖加特，1977 年，第 61-70 頁）；《美的現實性》，斯圖加特，1977 年，第 29 頁以下。〕

33 瓦爾特．F. 奧托和卡爾．凱倫伊（Kerenyi）就曾經努力挖掘節日慶典活動對於宗教歷史和人類學的意義（參閱卡爾．凱倫伊：《論節日慶典活動的本質》，帕多瑪，1938 年）。〔現可參見我的論著《美的現實性》，第 52 頁，以及上面所說的「慶典的藝術」。〕

在、回憶和期待的時間經驗中認識到這些節日慶典活動的。節日慶典活動的時間經驗，其實就是慶典的**進行**（Begehung），一種獨特的現在（eine Gegenwart sui generis）。

從通常的演替時間經驗出發難於把握慶典進行的時間特徵。如果我們把節日慶典活動的重返與通常的時間及其度向的經驗相連繫，那麼這種重返就表現爲一種歷史的時間性。節日慶典活動是一次次地演變著的，因爲與它共時的總是一些異樣的東西。不過，雖然有這種歷史改變面，它仍然是經歷這種演變的同一個節日慶典活動。節日慶典活動本來是具有某種性質，並以這種方式被慶祝，以後它演變爲其他的性質和其他的方式，再以後又演變爲其他更不同的性質和方式。

然而，這種改變根本未觸及節日慶典活動的那種來自它被慶祝的時間特徵。對於節日慶典活動的本質來說，它的歷史關聯是次要的。作爲節日慶典活動它並不是以某一種歷史事件的方式而成爲某種同一的東西，但是它也並非由它的起源所規定，以致眞正的節日慶典活動只是在從前存在——這不同於它後來怎樣被慶祝的方式。從慶典的起源上看，例如：透過它的創立或透過逐漸的引進，屬於慶典活動的只是它應當定期地被慶祝。因此按照它的自身的原本本質來說，它經常是一種異樣的活動（即使它是「這樣嚴格地」被慶祝）。只是由於其經常是另外一種東西而存在的存在物，才在某種比所有屬於歷史的東西更澈底的意義上是時間性的。只有在變遷和重返過程中它才具有它的存在。[34]

---

34 亞里斯多德正是在討論阿那克西曼德時，即討論日子和競技會的存在時，也就是討論節日慶典活動的存在時，才提到了無限定（Apeiron）的存在方式的特徵（《物理學》，第 3 卷，第 6 章，206a20）。阿那克西曼德是否已經試圖在這種純粹的時間現象的關係中去規定無限定的不消失（Nicht-Ausgehen）呢？他是否在這裡看到了比用亞里斯多德的變易和存在概念去理解的東西更

[I 129] 節日活動僅僅由於它被慶祝而存在。但這絕不是說，節日活動具有一種主體性的特徵，它只是在慶祝者的主體性中才有它的存在。人們慶祝節日，實際上是因爲它存在於那裡。同樣的情況也適合於戲劇這樣的觀賞遊戲，即觀賞遊戲必須爲觀賞者表現自身，然而它的存在絕不單純是觀賞者所具有的諸多體驗的交點。情況正相反，觀賞者的存在是由他「在那裡的共在」（Dabeisein）所規定的。「共在」的意思比起那種單純的與某個同時存在那裡的他物的「同在」（Mitanwesenheit）要多。共在就是參與（Teilhabe）。誰共在於某物，誰就完全知道該物本來是怎樣的。共在在衍生的意義上也指某種主體行爲的方式，即「專心於某物」（Bei-der-Sache-sein）。所以觀賞是一種眞正的參與方式。我們可以回憶一下宗教裡的共用（Kommunion）概念，古希臘的 Theoria（理論）概念就是

多的東西呢？因為日子的形象在其他人那裡具有一種特別的作用：在柏拉圖的《巴門尼德篇》（131b）中，蘇格拉底想用對一切人都存在的**日子**的在場（Anwesenheit）去闡明理念與事物的關係。[181] 這裡用日子的存在來證明的東西並不是那種只在消失中才存在的東西，而是某種**同一東西**的不可分的存在和 Parousia（**再現**），儘管日子到處是不同的。如果早期思想家思考存在，即在場，那麼對他們來說屬現在的東西是否應出現在展示神性的神聖聖餐儀式之光中呢？神性的再現對亞里斯多德來說，的確還是那種最真實的存在，也就是說，是不被任何可能性（*δηνάμει*）所限制的純粹實在（Energeia）（《形上學》，第 13 卷，第 7 章）。從通常的演替的時間經驗出發，這種時間特徵是不可能領會的。時間的度向以及對此時間度向的經驗使我們把節日慶典活動的重返只理解為一種歷史性的重返：即同一個慶典活動一次一次地演變。但事實上，節日慶典活動不是同一個活動，節日慶典活動是由於它經常是另一種活動而存在。只是由於其經常是別的東西而存在的存在物才在某種澈底的意義上是時間性的：即它在變易中才有其存在。參見海德格論「瞬間」（Weile）的存在特性，在《林中路》第 322 頁以下。〔這裡我認為探討赫拉克利特與柏拉圖的關係對此問題是有所裨益的。參見我的論文〈論赫拉克利特的開端〉（現收入我的著作集，第 6 卷，第 232-241 頁）以及我的〈赫拉克利特研究〉，載我的著作集，第 7 卷。〕

依據於這一概念的。眾所周知，Theoros（理論研究者）就是指節日代表團的參加者。節日代表團的參加者，除了共在於那裡，不具有任何其他的本領和作用。所以 Theoros 就是就詞本來意義上的觀賞者，這觀賞者透過共在而參與了慶典活動，並且由此贏得了他的神聖合法的稱號，例如：贏得了他的不可侵犯性。

同樣，希臘的形上學還把 Theoria[35] 和 Nous（精神）的本質理解爲與眞實的存在物的純粹的共在，[36] 並且在我們看來，能從事理論活動的能力是這樣被定義的，即我們能在某個事物上忘掉我們自己的目的。[37] 但是 Theoria（理論）並不首先被設想爲主觀性的一種行爲，即設想爲主體的一種自我規定，而是從它所觀看的東西出發來 [I 130]
設想的。Theoria 是實際的參與，它不是行動（Tun），而是一種遭受（Pathos），即由觀看而來的入迷狀態。從這裡出發，格哈德·克呂格爾就使希臘人的理性概念的宗教背景得以理解了。[38]

---

35 〔關於「理論」概念可參見 H-G. 高達美的《讚美理論》，法蘭克福，1983 年，第 26-50 頁。〕

36 參見我的論文〈形上學的前史〉關於巴門尼德那裡的「在」和「思」的關係的論述（《參與》，1949 年）。〔現收入我的著作集，第 6 卷，第 9-29 頁。〕

37 參見本書第 15 頁以下關於「教化」的論述。

38 參見格哈德·克呂格爾：《認識和激情，柏拉圖式思維的本質》，1940 年第 1 版，尤其是該書導言包含著重要的見解。最近克呂格爾發表的一部講演錄（《哲學基本問題》，1958 年）已把作者的根本意圖清楚地表現出來了。所以這裡我們可以對其觀點作一些評論。克呂格爾對現代思維及其從「存在者狀態上的真理」（ontische Wahrheit）的一切關係中的解放的批判，在我看來，是沒有根據的。不管現代科學怎樣建設性地向前發展，它從未拋棄而且也不能拋棄對經驗的根本連繫，這一點近代哲學是從未能忘卻的。我們只要想一下康德的提問：一種純粹的自然科學如何可能。但是，如果我們像克呂格爾所作的那樣，片面地理解思辨唯心主義，我們就會很不公正地對待思辨唯心論。思辨唯心論對於所有思想規定的整體構造絕不是對某個任何的世界圖畫的自我設想，而是想把經驗的絕對後天性納入思維中。這就是先驗反思的精確意義。黑格爾的例子能夠表明，甚至古代的概念實在論也能透過先驗反思我們的出發點是，作爲藝術遊戲組成部分的觀賞者的眞正存在，如果從主體性出發，就不能恰當地被理解爲審美意識的一種行爲方式。但是這並不是說，甚至連觀賞者的本質也不能從那種我們所強調的共在出發來描述的。共在作爲人類行爲的一種主體活動而具有外在於自身存在（Aussersichsein）的性質。柏拉圖在其《斐德羅篇》中已經指出了這樣一種無知，由於這種無知，人們從合理的
[I 131] 理性出發經常對「外在於自身存在」的陶醉作錯誤的理解，因爲人們在「外在於自身存在」裡面看到的只是一種對「在自身內存在」（Beisichsein）的單純否定，也就是一種精神錯亂。事實上，外在於自身的存在乃是完全與某物共在的積極可能性。這樣一種共在具有忘卻自我的特性，並且構成觀賞者的本質，即忘卻自我地投入某個所注視的東西。但是，這裡的自我忘卻性（Selbstvergessenheit）完全不同於某個私有的狀態，因爲它起源於對那種事物的完全專

加以更新。克呂格爾的現代思維概念完全是依據於尼采的絕望激進主義。但是這種激進主義的權力意志的觀點並不與唯心主義哲學一致，而是相反，它是在唯心主義哲學瓦解之後由 19 世紀歷史主義所準備的土壤上形成的。因此我不可能像克呂格爾所想要的那樣去評價狄爾泰的精神科學認識理論。在我看來，關鍵的問題在於修正迄今為止對現代精神科學的哲學解釋，這種哲學解釋甚至在狄爾泰那裡也表現出非常嚴重地受精密自然科學的片面方法論思想的支配。〔對此參見我的新發表的論文〈150 年後的威廉．狄爾泰〉，載《現象學研究》，第 16 卷（1984 年），第 157-182 頁（我的著作集，第 4 卷）；〈狄爾泰和奧特伽——歐洲思想史上的一章〉，1983 年馬德里狄爾泰討論會報告（我的著作集，第 4 卷）以及〈浪漫派與實證主義〉，1983 年羅馬狄爾泰討論會報告（我的著作集，第 4 卷）。〕的確，如果克呂格爾求助於生活經驗和藝術家的經驗，我是與他一致的。在我看來，這些經驗對我們思維的繼續有效性就證明了古代思維和現代思維之間的對立，就像克呂格爾所尖銳化的那樣，它本身就是現代的一種構造。

如果我們的探究——這不同於哲學美學的主體化傾向——是思考藝術經驗，那麼我們所涉及的就不只是一個美學問題，而且是一個一般現代思維的正確自我解釋問題。現代思維所包含的總是比近代方法論概念所承認的東西更多。

注，而這種專注可以看作爲觀賞者自身的積極活動。[39]

顯然，在完全陶醉於藝術遊戲的觀賞者與僅僅由於好奇心而觀看某物的人之間存在某種本質的區別。好奇心的特徵是，好像被它所注視的東西所支配，在所注視的東西中完全忘卻自身並且使自己無法擺脫這種東西。但是，好奇心的對象的特徵則是，它根本不與觀賞者相關。好奇心的對象對於觀賞者來說沒有任何意義。在好奇心的對象裡沒有什麼觀賞者實際想返回和集中注意的東西。因爲正是新奇的形式上的性質，即抽象的異樣性的形式性質，才形成所注視東西的魅力。這一點表現在，無聊和冷漠作爲辯證的補充而歸屬於它。反之，作爲藝術遊戲向觀賞者表現的東西並不窮盡於瞬間的單純陶醉，而是含有對持久的欲求以及這一欲求的持久存在。

這裡「欲求」（Anspruch）一詞並不是偶然出現的。在齊克果所引起的神學思考——這種思考我們稱之爲「辯證神學」——裡，[I 132]
這一概念並非偶然地曾經使齊克果的共時性概念所意指的東西得到某種神學的解釋。一種欲求就是某種既存事物（Bestehendes）。

39 E. 芬克曾經試圖透過一個明顯受柏拉圖《斐德羅篇》影響的區分去解釋人們熱衷於外在於自身存在的意義。但是，當純粹理性的對應理想在那裡把這種區分規定為有益的和有害的精神錯亂的區分時，如果芬克把「純真人的精神激動」與使人入神的迷狂加以對立，那麼他就缺乏一種相應的標準。因為「純真人的精神激動」最終也是一種脫離自身的存在（Wegsein）和這樣一種同在，即人不「能」達到這種同在，但這同在能來到人身上，就此而言，我認為同在不能與迷狂分開。我們說，存在一種對立於人的威力中的精神激動，反之，迷狂乃是某種絕對超越我們的超微力的經驗，這就是說，主宰自己本身和自己本身被戰勝的這種區分同樣是從威力思想出發被思考的，因而未正確對待外在於自身存在和與某物同在的內在關係，這種關係適用於每一種形式的精神激動和迷狂。芬克所描述的「純真人的精神激動」這一術語，如果我們並沒有「自我陶醉地—心理學地」誤解其意義，那麼它自身就是「有限性的有限地自我超越」的方式（參見歐根．芬克：《論迷狂的本質》，尤其是第 22-25 頁）。

它的合法性（或假借的合法性）乃是最首要的東西。正是因爲欲求持續地存在著，所以它能夠隨時地被提出。欲求是針對某個人而存在，因而必須在這個人這裡被提出。顯然，欲求概念也含有這樣的意思，即欲求本身並不是一種需要雙方同意才能滿足的確定的要求（Forderung），而是這種要求的根據。欲求乃是某個不定要求的合法基礎。正如欲求是以這樣一種被償還的方式被滿足，所以，如果欲求被提出，它就必須首先取得某種要求的形式。與欲求的持續存在相適應的東西是，欲求具體化自身而成爲一種要求。

對路德教派神學的應用在於：信仰的欲求自聖母預告以來就存在了，並且在布道說教中一再被重新提出。布道說教（Predigt）這一詞造就了這樣一種由宗教膜拜行爲（例如：神聖的彌撒活動）所執行的澈底媒介。而且我們還將看到，布道說教這一詞甚至負有造就共時性的媒介的職責，因而在詮釋學的問題上，它就占有首要的地位。

無論如何，「共時性」（Gleichzeitigkeit）是屬於藝術作品的存在。共時性構成「共在」（Dabeisein）的本質。共時性不是審美意識的同時性（Simultaneität）。因爲這種同時性是指不同審美體驗對象在某個意識中的同時存在（Zugleichsein）和同樣有效（Gleich-Gültigkeit）。反之，這裡「共時性」是指，某個向我們呈現的單一事物，即使它的起源是如此遙遠，但在其表現中卻贏得了完全的現在性。所以，共時性不是意識中的某種給予方式，而是意識的使命，以及爲意識所要求的一種活動。這項使命在於，要這樣地把握事物，以使這些事物成爲「共時的」，但這也就是說，所有的媒介被揚棄於澈底的現在性中。

眾所周知，這種共時性概念來自齊克果，齊克果曾賦予這一概念某種特殊的神學意蘊。[40] 在齊克果那裡，共時性並不是同時存在，而是表述了向信仰者提出的這樣一種任務，即要完全連繫在一起地傳達兩件並不是同時的事情，即自身的現在和基督的拯救，以使後者仍然像某種現在之事（不是作爲當時之事）被經驗並被認眞地接受。與此相反，審美意識的同時性則依據於對提出這種共時性任務的迴避。

在這種意義上，共時性就特別與宗教膜拜行爲以及布道說教裡的福音預報相適應了。這裡，共在的意義就是指對救世行爲本身的眞正參與。沒有人能懷疑，像「美的」禮儀或「好的」布道一類的審美區分，相對於我們所產生的欲求都是不適當的。現在我主張，在根本上這也同樣適合於藝術的經驗。因此，這裡媒介也必須被設想爲一種澈底的媒介。不論是創造性的藝術家的個人存在 —— 例如：他的傳記，還是表現一部作品的表演者的個人存在，以及觀看遊戲的觀賞者的個人存在，相對於藝術作品的存在來說，都不具有一種自身的合法證明。 [I 133]

在某人面前表演的東西，對於每一個人來說，就這樣地從連續著的世界進程中抽取出來，並這樣地連結成一個獨立的意義圈，以致從未引起人想超出它而走向任何一個其他的未來和實在。接受者被放置在一種絕對的距離中，這種距離阻止他的任何一種充滿實踐目的的參與。不過，這種距離在本來的意義上就是審美的距離，因爲它意味著對於觀賞的距離，這種距離使得對在某人面前表現的東西進行眞正的和全面的參與得以可能。因此，觀賞者與自己本身的連續性是與觀賞者的狂熱的自我忘卻性相適應的。正是從他作爲觀賞者而喪失自身這一點出發，他才有可能指望達到意義的連續性。這就是觀賞者自身的世界的眞理，他在其中生活的宗教世界和倫理

---

40 齊克果：《哲學片斷集》，主要是第 4 章。

世界的眞理，這個世界展現在他面前，他在這個世界裡認識了他自己。所以，正如基督的再現即絕對的現在標誌著審美存在的存在方式，以及一件藝術作品無論在任何一處現在都是同一部作品一樣，觀賞者所處於的絕對瞬間也同時既是忘卻自我又是與自身的調解。使觀賞者脫離任何事物的東西，同時就把觀賞者的整個存在交還給了觀賞者。

因此，審美存在對表現的依賴性，並不意味著缺乏或缺少自主的意義規定。這種依賴性乃屬於審美存在自身的本質。觀賞者就是我們稱爲審美遊戲的那一類遊戲的本質要素。這裡讓我們回憶一下我們在亞里斯多德的《詩學》中所發現的關於悲劇的著名定義，在那定義中，觀賞者的態度明確地被一同包含在悲劇的本質規定中。

(d) 悲劇的例證

亞里斯多德關於悲劇的理論，對於我們來說，應當作爲一般審美存在的結構的例證。眾所周知，亞里斯多德的這一理論是與某種詩學相連繫的，並且似乎僅對於詩劇才有效。在他的悲劇理論中，悲劇性是一種基本現象，一種意義結構（Sinnfigur），這種意義結
[I 134] 構絕不只存在於悲劇，即狹隘意義上的悲劇藝術作品中，而且也存在於其他的藝術種類中，首先在史詩中能有它的位置。事實上，只要在生活中存在著悲劇性，悲劇性就根本不是一種特殊的藝術現象。由於這種理由，悲劇性被最近的研究者（理查・哈曼、馬克斯・舍勒[41]）直截了當地看作一種非審美的要素；這裡悲劇性就是

---

[41] 理查・哈曼：《美學》，第 97 頁：「因此悲劇性與美學毫不相干。」馬克斯・舍勒《論價值的轉變》中「關於悲劇性現象」：「悲劇性是否是一種本質上的『審美的』現象，這是有待商榷的。」關於「悲劇」概念的特徵可參閱 E. 施

指一種倫理的形上學的現象，這種現象只是從外面進入到審美問題領域內的。

但是，在審美特性概念向我們展示其可疑性之後，我們就必須反過來自問：悲劇性是否還是一種基本的審美現象。既然審美特性的存在對我們來說已明顯地成了遊戲和表現，所以我們也可以在悲劇遊戲的理論、悲劇的詩學裡探求悲劇性的本質。

從亞里斯多德一直到現代關於悲劇性的充分思考裡所得出的結論，當然不具有一成不變的性質。毫無疑問，在阿提克[182]的悲劇中，悲劇性的本質以一種唯一的方式表現出來，因爲對於他，歐里庇得斯[183]是「最富於悲劇性的」，[42]但對於亞里斯多德來說，悲劇性的本質卻是不同的，而對於那個認爲埃斯庫羅斯[184]揭示了悲劇現象的深刻本質的人來說又是不同的，不過，對於那個想到莎士比亞或黑貝爾[185]的人來說又更加不同。可是，這樣的轉變並不簡單地意味著關於悲劇性的統一性本質的探討成了無的放矢，而是正相反，它表明悲劇性現象是以一種使其聚集成一種歷史統一體的粗略方式表現出來的。齊克果所講的現代派悲劇中對古典悲劇性的反思，[43]在一切關於悲劇性的現代思考裡是經常出現的。如果我們從亞里斯多德出發，那麼我們將看到悲劇性現象的整個範圍。由於亞里斯多德在悲劇的本質規定中包括了對**觀看者的作用**，所以他在其著名的悲劇定義中就對我們將要開始闡述的審美特性問題給出了決定性的啓示。

詳盡地論述這一著名的並且一再被討論的關於悲劇的定義，不能是我們這裡的任務。但是觀看者一同被包含在悲劇的本質規定

泰格：《解釋的藝術》，第 132 頁以下。）

42 亞里斯多德：《詩學》，第 13 章，1453a29。

43 齊克果：《非此即彼》，第 1 章。

[I 135] 中這一單純事實，就把我們前面關於觀賞者本質上歸屬於遊戲所講的東西解釋清楚了。觀賞者隸屬於遊戲的方式使藝術作爲遊戲的意義得到了呈現。所以觀賞者對觀賞遊戲所持的距離並不是對某種行爲的任意選擇，而是那種在遊戲的意義整體裡有其根據的本質性關係。悲劇就是作爲這種意義整體而被經驗的悲劇性事件程序的統一體。但是，作爲悲劇性事件程序被經驗的東西，儘管與舞臺上表演的戲劇不相關，而是與「生活」中的悲劇相關，它乃是一種自我封閉的意義圈，它從自身出發阻止了每一種對它的侵犯和干擾。作爲悲劇性被理解的東西只需被接受。就此而論，悲劇性事實上就是一種基本的「審美」現象。

在亞里斯多德那裡，我們看到了悲劇性行爲的表現對觀看者具有一種特殊的作用。這種表現是透過 eleos 和 phobos 而發揮作用的。傳統上用「憐憫」（Mitleid）和「畏懼」（Furcht）來翻譯這兩種情感，可能使它們具有一種太濃的主觀色彩。在亞里斯多德那裡，Eleos 與憐憫或歷代對憐憫的不同評價根本不相關。[44] Phobos 同樣很少被理解爲一種內在的情緒狀態。這兩者其實是突然降臨於人並襲擊人的事件（Widerfahrnisse）。Eleos 就是由於面臨我們稱之爲充滿悲傷的東西而使人感到的哀傷（Jammer）。所以俄狄浦斯的命運（這是亞里斯多德經常援引的例子）就使人感到了哀傷。因此德文詞 Jammer 是一個好的同義詞，因爲這個詞不僅指內在性，而同樣更指這種內在性的表現。同樣，Phobos 不僅是一種情緒狀態，而且正如亞里斯多德所說的，也是這樣一種寒噤

44　馬克斯．科默雷爾（《萊辛和亞里斯多德》）曾經卓越地描述了這種憐憫的發展過程，但他並沒有從這種發展過程中充分地區分出 ἔλεος 的原始意義。現在可參見 W. 沙德瓦爾特：〈畏懼和憐憫？〉，載《赫爾墨斯》，第 83 卷，1955 年，第 129 頁以下；以及 H. 弗拉夏爾的補充，載《赫爾墨斯》，第 84 卷，1956 年，第 12-48 頁。

（Kälteschauer），[45]它使人血液凝住，使人突然感到一種戰慄。就亞里斯多德的悲劇定義把 Phobos 與 Eleos 連繫在一起的這種特殊講法而言，Phobos 是指一種擔憂的噤戰，這種噤戰是由於我們看到了迅速走向衰亡的事物並為之擔憂而突然來到我們身上的。哀傷和擔憂（Bangigkeit）都是一種「神移」（Ekstasis），即外於自身存在（Ausser-sich-sein）的方式，這種方式證明了在我們面前發生的事件的魅力。

亞里斯多德關於這兩種情感是這樣說的，它們是戲劇藉以完成對這兩種情緒的淨化作用（Reinigung）的東西。眾所周知，這種翻譯是有爭議的，尤其是該句第二格的意思。[46]但是我認為，亞 [I 136]
里斯多德所意指的東西是完全與此不相干的，並且對他的話的理解最終必須要表明，為什麼這兩種在語法上是如此不同的觀點卻能夠一直堅固地對峙存在著。在我看來，這是清楚的，即亞里斯多德想到了那種由於看到一部悲劇而突然降臨到觀看者身上的悲劇性哀傷（Wehmut）。但是哀傷是一種特有地混雜著痛苦和歡樂的輕快和解脫。亞里斯多德為什麼能把這種狀態稱之為淨化呢？什麼是帶有這種情感的或就是這種情感的非淨化物，以及為什麼這種非淨化物在悲劇性的震顫中被消除了呢？我認為，答案似乎是這樣，即哀傷和戰噤的突然降臨表現了一種痛苦的分裂。在此分裂中存在的是一種與所發生事件的分離（Uneinigkeit），也就是一種對抗可怕事件的拒絕接受（Nichtwahrhabenwollen）。但是，悲劇性災禍的作用正在於，這種與存在事物的分裂得以消解。就此而言，悲劇性災禍

---

45 亞里斯多德：《修辭學》，第 2 卷，第 13 章，1389b32。

46 參見 M. 科默雷爾：〈畏懼和憐憫？〉，載《赫爾墨斯》，第 83 卷，第 262-272 頁。科默雷爾使人們大致了解了古代人的各種觀點。最近，客觀的第 2 格的擁護者又出現了：在眾多人中間首先是 K. H. 福爾克曼－施路克（《卡爾·賴因哈特紀念文集》，1952 年）。

起了一種全面解放狹隘心胸的作用。我們不僅擺脫了這一悲劇命運的悲傷性和戰慄性所曾經吸住我們的魅力，而且也同時擺脫了一切使得我們與存在事物分裂的東西。

因此，悲劇性的哀傷表現了一種肯定，即一種向自己本身的復歸（Rückkehr），並且，如果像現代悲劇中所常見的那樣，主人翁是在其自己的意識中被這種悲劇性的哀傷所感染，那麼透過接受他的命運，他就分享了這種肯定的一部分。

但什麼是這種肯定的眞正對象呢？在這裡是什麼東西被肯定了呢？當然，這不是某種道德世界秩序的合理性。那種在亞里斯多德那裡幾乎未起任何作用的聲名狼藉的悲劇過失理論，對於現代悲劇來說，並不是一種合適的解釋。因爲凡是在過失和贖罪以一種似乎合適的程度彼此協調的地方，凡是在道德的過失帳被償還了的地方，都不存在悲劇。因此在現代悲劇裡不可能而且也不允許有一種對過失和命運的完全主觀化的做法。我們應當說，眾多的悲劇結局乃是悲劇性本質的特徵所在。儘管存在招致過失的所有主觀性，但那種古代的命運超力元素仍在近代的悲劇裡起著作用，這種超力正是在過失和命運的不均衡中作爲對所有東西都同等的要素而表現出來。黑貝爾似乎還處於我們仍能稱之爲悲劇事物的範圍中，因爲在他那裡，主觀性的過失被這樣細緻地置入悲劇事件的進程中。根據
[I 137] 同樣的理由，關於基督教悲劇的想法也具有自身的可疑性，因爲按照上帝的救世說，構成悲劇事件的幸和不幸不再決定人的命運。就連齊克果[47]把古代災禍（產生於基於某種情欲的厄運）與痛苦（摧毀了與自身不一致並處於衝突中的意識）加以巧妙對立的做法，只

47　齊克果：《非此即彼》，第 1 卷，第 133 頁（迪德里赫斯版）。〔參見新版本（E. 希爾施）第 1 編第 1 卷，第 157 頁以下。〕

略而觸及一般悲劇的範圍。他改編的《安提戈涅》[48] 將不再是一齣悲劇。

因此，我們必須再重複這一問題，即在悲劇裡究竟是什麼東西爲觀看者所肯定了呢？顯然，正是那種由某種過失行爲所產生的不均衡性和極可怕的結果，才對觀看者表現了眞正的期待。悲劇性的肯定就是這種期待的實現。悲劇性的肯定具有一種眞正共用的性質。它就是在這些過量的悲劇性災難中所經驗的眞正共同物。觀看者面對命運的威力認識了自己本身及其自身的有限存在。經歷偉大事物的東西，具有典範的意義。對悲劇性哀傷的贊同並不是對這種悲劇性過程或那種壓倒主人翁的命運公正性的認可，而是指有一種適用於一切的形上學的存在秩序。「這事就是這樣的」乃是觀看者的一種自我認識的方式，這觀看者從他像任何人一樣處於其中的迷惑中重新理智地返回來。悲劇性的肯定就是觀看者自身由於重新置身於意義連續性中而具有的一種洞見力。

從這種關於悲劇性的分析中，我們不僅推知，只要觀看者的存在間距屬於悲劇的本質，悲劇性在此就是一個基本的美學概念，而且更重要的還可推知，規定審美特性存在方式的觀看者的存在間距，並不包括那種我們認作爲「審美意識」本質特徵的「審美區分」。觀看者並不是在欣賞表現藝術的審美意識的間距中，[49] 而是在同在的共用中進行活動的。悲劇性現象的眞正要點最終存在於那裡所表現和被認識的事物之中，存在於顯然並不是隨意地被參與的事物之中。所以，儘管在舞臺上隆重演出的悲劇性的戲劇確實

---

48 同上書，第 139 頁以下。

49 亞里斯多德：《詩學》，第 4 章，1448b18：διὰ τὴν ὰπεργαιαν ἢ τῆν χροὰν ἤδιὰ τοιαύτην τινὰ ἄλλην ἄλληναίταν（「假如一個人以前未見過那東西，那他的愉快就將不是由作為那個東西的模仿的這幅畫所引起的」）—— 這與對所模仿東西的「認識」相反。

表現了每一個人生活裡的異常境遇，但這悲劇性的戲劇仍不會是像
[I 138] 一種離奇的體驗，並且不會引起那種使得人們重新返回其眞正存在的心醉神迷，實際上，是突然降臨觀看者身上的震驚和膽戰深化了觀看者**與自己本身的連續性**。悲劇性的哀傷出自觀看者所獲得的自我認識。觀看者在悲劇性事件中重新發現了自己本身，因爲悲劇性事件乃是他自己的世界，他在悲劇裡遇到這個世界，並且透過宗教的或歷史的傳承物熟悉這個世界，並且，即使對於後來人的意識來說——無疑對亞里斯多德的意識早已是這樣，對塞涅卡 [186] 或高乃依 [187] 的意識更是這樣——這種傳承物不再具有約束力，但是在這種悲劇性作品和題材的繼續有效性中存在遠比某種文學典範的繼續有效更多的東西。這種悲劇性作品和題材的繼續有效性不僅以觀看者熟悉這個傳說爲前提，而且還必須包含著這樣的條件，即這部作品的語言還在實際上影響了他。只有這樣，觀看者與這種悲劇性題材和這種悲劇性作品的接觸才能成爲與自身的接觸。

但是，這裡適合於悲劇性的東西，實際上是在一個更廣泛的範圍內起作用。對於作者來說，自由創造始終只是某種受以前給出的價值判斷所制約的交往關係的一個方面。儘管作者本人還是如此強烈地想像他是在進行自由創造，但他並不是自由地創造他的作品。事實上，古代模仿理論的一些基本東西直至今日仍然存在著。作者的自由創造乃是某種也束縛作者本人的普遍眞理的表現。

這一點對於其他的藝術，特別是造型藝術，也是一樣的。把體驗轉化成文學的那種自由創造想像的美學神話，以及同樣屬於這種神話的對天才的膜拜，只是證明神話—歷史的傳承物在 19 世紀不再是一種理所當然的所有物。但是，甚至想像的美學神話和天才發明也表現了一種經受不住實在事物檢驗的誇張。題材的選擇和對所選擇題材的安排永遠不是來源於藝術家的自由意願，而且也不是藝術家本人內心生活的單純表現。藝術家其實是在與那些已具有思

想準備的人攀談，並且選擇了他預期將對他們有效用的東西。在這裡，藝術家自身就與他所針對和聚集的觀眾一樣地處於同一傳統之中。在這個意義上，他作爲單個的人、作爲思維著的意識，的確無需去明確地知道他做了什麼和他的作品說了什麼。作品從不會只是一個吸引演員、雕塑家或觀賞者的屬於魔術、陶醉或夢幻的陌生世界，作品始終是屬於演員、雕塑家或觀賞者自身的世界，演員、雕塑家或觀賞者由於在這個世界更深刻地認識了自己，從而自己更本眞地被轉移到這個世界中去。作品永遠保持一種意義連續性，這種連續性把藝術作品與實際存在的世界（Daseinswelt）連繫在一起，並且即使教養社會的疏離了的意識也從沒有完全地擺脫這種意義連續性本身。

至此可以概括一下我們的觀點。什麼是審美存在呢？我們在遊戲概念以及那種標誌藝術遊戲特徵的向構成物轉化的概念上，曾 [I 139]
經試圖指明某種普遍性的東西，即文學作品和音樂作品的表現或表演乃是某種本質性的東西，而絕不是非本質的東西。在表現或表演中所完成的東西，只是已經屬藝術作品本身的東西：即透過演出所表現的東西的此在（Dasein）。審美存在的特殊時間性，即在被表現中具有它的存在，是在再現過程中作爲獨立的和分離的現象而存在的。

現在我們要問，上述這些觀點是否眞是普遍有效，以致審美存在的存在性質就能由此而被規定。這些觀點是否也能被用於具有雕塑性質的藝術作品上去呢？讓我們首先對所謂造型藝術提出這一問題。但是我們將表明，最具有雕塑性質的藝術，即建築藝術，對於我們的提問特別富有啓發性。

2. 美學的和詮釋學的結論

(a) 繪畫的本體論意義[1]

從表面上看來，似乎首先在造型藝術中存在著具有如此明顯同一性的作品，以致這作品不具有任何表現上的變異。變異的東西似乎不屬於作品本身的東西，因而它具有一種主觀的性質。所以，從主觀方面出發，就會產生那種對正確體驗作品有影響的限制，不過，這種主觀的限制是可以被根本克服的。我們可以「直接地」，也就是說，無需某個進一步的媒介，而把每一部造型藝術作品作爲其本身來經驗。只要在造型作品裡存在再創造，這種再創造無疑就不屬於藝術作品本身。但是，只要還存在著使某部造型作品可理解的主觀條件，我們要經驗該作品本身，就顯然必須拋棄這些主觀條件。這樣一來，審美區分在這裡就似乎具有它的完全正當性。

審美區分尤其會援引普遍語言詞彙裡稱之爲「繪畫」（Bild）的東西作爲例證。所謂繪畫，我們首先理解爲近代的木板畫（Tafelbild），這種木板畫不限於某個固定的場所，而且透過包圍它的框架而完全自爲地呈現自身——正是因爲這樣，正如現代美術館所展示的，任意把它們加以並列才有可能。這樣一種繪畫本身顯然根本不具有我們在文學作品和音樂裡所強調的那種對於媒介的客
[I 140] 觀依賴性。此外，爲展覽會或美術館所作的繪畫——這種繪畫隨著

1　〔目前可參見 G. 伯姆的〈關於繪畫的詮釋學〉，載 H-G. 高達美和 G. 伯姆編：《詮釋學和科學》，法蘭克福，1978 年，第 444-471 頁；H-G. 高達美：〈論建築和繪畫〉，載紀念文集，伊姆達爾，1986 年。〕

任務藝術（Auftragskunst）的消失而成了慣例——顯然迎合了審美意識的抽象要求和天才說美學裡所表述的靈感理論。所以「繪畫」似乎完全證實了審美意識的直接性。繪畫好像是審美意識的普遍性要求的有力證人，並且下面這一點顯然也不是偶然發生的，即那種把藝術和藝術性概念發展成爲對流傳下來的創造物的理解形式，並因此實現了審美區分的審美意識，與那種把我們如此看到的一切東西聚集於博物館中的收藏設置是同時存在的。由此我們使每一件藝術作品彷彿成了繪畫。由於我們使藝術作品擺脫了其所有的生活關聯以及我們理解它的特殊條件，藝術作品就像一幅繪畫一樣被嵌入了一個框架中，並且彷彿被掛置了起來。

所以，我們有必要更進一步探討繪畫的存在方式，並且追問我們透過遊戲來描述的審美特性的本質規定是否對探討繪畫本質的問題有效。

我們這裡所提出的探討繪畫存在方式的問題，就是探究那種對於繪畫的所有各種不同的表現方式是共同的東西。這個問題包含著一種抽象，但這種抽象並不是哲學反思的專斷性，而是哲學反思認爲是由審美意識所實現的東西，對於審美意識來說，一切隸屬於當代繪畫技術的東西在根本上都成了繪畫。在這種繪畫概念的運用中，確實不存在任何一種歷史眞理。當代藝術史的研究可能非常充分地告訴我們，我們稱之爲「繪畫」的東西具有一種變遷的歷史。[2] 完美的「繪畫頂峰」〔特奧多爾・黑策〕[188] 從根本上說是與西方繪畫在文藝復興盛期所達到的發展階段的繪畫內容相適應的。只有在這裡我們才第一次有了那種完全立足於自身的繪畫，這種繪畫甚至無需框架和鑲嵌空間而從自身出發就已是一個統一的和封閉的創造

2　我為富有價值的證明和教益要感謝我在 1956 年明斯特新教學院（克利斯托弗羅斯修道院）藝術史家會晤時與沃爾夫岡・舍內的討論。

物。我們也許在 L. B. 阿爾伯蒂 [189] 對「繪畫」所提出的風格要求（Forderung der Concinnitas）裡認識到對於新的藝術理想的一種好的理論表述，這種新的藝術理想規定了文藝復興運動的繪畫形式。

但是，我認爲重要的問題是，這種新的藝術理想一般就是「繪畫」理論家在這裡所提出的關於美的古典主義的概念規定。亞里斯多德早已經認識到，除非美不應作爲美而被毀滅掉，否則美作爲
[I 141] 美，既不能從它抽掉什麼，也不能對它添加什麼。對於亞里斯多德來說，無疑並不存在阿爾伯蒂意義上的繪畫。[3]這就表明，「繪畫」概念可能仍具有一種普遍的意義，這種普遍意義不能只被限制在繪畫史上某個特定的階段上。就連鄂圖式的小畫像或拜占庭的聖像在某種更廣泛的意義上也是繪畫，儘管在這種情況裡繪畫構造是按照完全不同的原則，並甚而可以用「形象符號」（Bildzeichen）[4]這一概念來表明其特徵。在同樣的意義上，美學裡的繪畫概念將總是必須一同包括屬於造型藝術的雕塑。這不是一種任意的普遍化，而是相應於哲學美學在歷史上所形成的問題，這種問題最終返回到圖像在柏拉圖主義裡的作用，並且在圖像一詞的用法裡表現出來。[5]

近代的繪畫概念自然不能作爲理所當然的出發點。我們這裡的探討其實就是要從這種前提中解放出來。我們的探討是想爲繪畫的存在方式提出一種理解形式，這種理解形式一方面把繪畫和其對審美意識的關係分開來，與現代畫廊使我們習慣的繪畫概念分開來，另一方面又讓繪畫與體驗美學所指責的「裝飾物」（Dekorativen）概念連繫在一起。如果我們的探討在這方面是與近代藝術史研究有

---

3 參見《尼各馬可倫理學》，第 2 卷，第 5 章，1106b10。

4 這個用語出於達戈貝特・弗賴。〔參見他在揚岑紀念文集裡的論文。〕

5 參見 W. 帕茨：〈論類型和哥德式的圓拱形的意義〉（載《海德堡科學院論文集》，1951 年，第 24 頁以下）。

連繫，那麼這種連繫確實不是偶然的，因爲近代藝術史研究結束了那些在體驗藝術時代不僅統治審美意識而且也支配藝術史思考的關於繪畫和雕塑的樸素概念。我們寧可說，藝術科學的研究正如哲學反思一樣，是以繪畫的同樣危機爲基礎的，這種危機是由現代工業和管理國家的存在及其職能的社會化所招致的。自從我們不再具有繪畫的領地以來，我們才又認識到，繪畫不僅是繪畫，而且它也要求領地。[6]

但是，我們這裡所進行的概念分析，其目的不是藝術理論的，而是本體論的。對於這種概念分析來說，它首先著眼的對傳統美學的批判只是一個跳板，透過這跳板達到某種既包括藝術又包括歷史的視域。我們在對繪畫概念的分析中，只涉及到兩個問題：其一是，繪畫（Bild）在哪些方面不同於**摹本**（Abbild）〔這也就是說，我們在探討原型（Ur-Bild）的問題〕；其二是，繪畫與其**世界**的關係是怎樣從這裡得出的。 [I 142]

所以，繪畫概念超出了迄今所使用的表現概念，而且這是因爲繪畫與其原型具有本質的關係。

就第一個問題來看，表現概念在這裡與涉及繪畫原型的繪畫概念交織在一起。在我們作爲出發點的流動性藝術（transitorischen Künsten）[190] 裡，我們雖然講到了表現，但沒有講到繪畫。在流動性藝術中，表現似乎呈現出雙重性。不僅文學創作是表現，而且它們的再現，如舞臺上的演出，也是表現。對於我們來說，具有決定性意義的是，眞正的藝術經驗無須有所區分就經歷了這種表現的雙重性。在表現遊戲中所呈現的世界並不像一個摹本那樣接近於實在的世界，這種實在世界本身存在於那種所呈現的世界被提升的眞

6　參見 W. 魏舍德爾：《實在性和諸實在性》，1960 年，第 158 頁以下。

理之中。再現，例如：舞臺上的演出，更不是這樣的摹本，在此摹本之外，戲劇的原型本身還保留其自為存在。在這兩種表現方式中所運用的模仿概念，正如不是指所表現事物的顯現一樣，也更不是指摹繪（Abbildung）。沒有作品的模仿，世界就不會像它存在於作品中那樣存在於那裡，而沒有再現，作品在其自身方面也就不會存在於那裡。因此所表現事物的存在完成於表現之中。假如在這裡所獲得的見解在造型藝術上也得到證明的話，我們將會把原本的存在和再創造的存在的這種本體論上的交織的基本意義，以及我們賦予流動性藝術的方法論上的優先權視為合法的。顯然我們在這裡不能說作品的本眞存在就是再創造，正相反，繪畫作為原型是拒絕再被創造的。同樣清楚的是，在摹本中所摹繪的東西具有一種不依賴於繪畫的存在，而且這一點是如此明顯，以致繪畫相對於所表現的事物似乎就是一種較次的存在。所以我們就使自己陷入了原型（Urbild）和摹本（Abbild）的本體論的難題之中。

我們的出發點是：藝術作品的存在方式就是**表現**（Darstellung），並且探問表現的意義如何能夠在我們稱為一幅**繪畫**的東西上得以證實。這裡表現不能意指摹繪。我們將必須透過下面這種區分去進一步規定繪畫的存在方式，即我們把表現在繪畫中如何涉及某個原型東西的方式，與摹繪關係即摹本與原型的關係加以區分。

這一點可以透過一種更精確的分析來說明，在這種分析中，我
[I 143] 們首先可以看到生命物的，即 zōon（完整個體）的，特別是個人的古老的優先性。[7]摹本的本質就在於它除了模擬原型外，不再具有任

7　*sῶον*（完整個體）簡單地叫作「Bild」（圖像、繪畫），這並不是沒有道理的。我們以後必須考察由此得出的結論，看它們是否已擺脫了與這種模型的連繫。同樣，鮑赫（參閱第 132 頁注釋 —— 此處有誤，應是本書第 144 頁注釋 8。—— 譯者）也強調了 imago（形象）：「無論如何，這總是與人類形式中的圖像相關的問題。這是中世紀藝術的唯一主題！」

何其他的任務。因此，它的合適性的標準就是人們在摹本上認出原型。這就意味著，摹本的規定性就是揚棄其自身的自爲存在，並且完全服務於媒介所摹繪的東西。就此而言，理想的摹本就會是鏡中之像（Spiegelbild），鏡中之像實際上具有一種可消失的存在；它只是爲了看鏡子的人而存在，並且如果超出了它的純粹的顯現，它就什麼也不是。但實際上這種鏡中之像根本就不是圖像（Bild）或摹本，因爲它不具有任何自爲存在；鏡子反映出圖像，也就是說，只有當人們在鏡中看並於其中看到了他們自身的圖像或鏡中所反映的其他事物時，鏡子才使它所反映的東西對於某人成爲可見的。但這不是偶然的，即我們在這裡仍講圖像（Bild），而不講摹本或摹繪。因爲在鏡中之像中，存在的東西本身是顯現於圖像中，以致我在鏡中之像中獲得那個存在東西本身。反之，摹本總是只在涉及到它所意指的東西時才被見出。摹本並不想成爲任何其他東西，它只想成爲某物的重現，並且在對這樣的事物的辨認中才有它唯一的功用（例如：證件照或商品目錄中的樣品照）。摹本是作爲手段而起作用，並且像所有手段那樣，透過其目的的實現而喪失其作用，就此意義而言，摹本揚棄其自身。摹本是爲了這樣揚棄自身而自爲地存在著。摹本的這種自我揚棄就是摹本本身存在上的一種意向性的要素。如果在意向上有變化，例如：當我們想把摹本與原型加以比較，按其類似性去評價摹本，並在這一點上要把摹本從原型中區分開來時，摹本就表現出其自身的假象（Erscheinung），這就像每一種不是被使用而是被檢驗的其他手段或工具一樣。但是，摹本並不是在比較和區分的這種反思活動中具有其眞正作用的，它的眞正功用在於透過其類似性指出了所摹繪的事物。因此，摹本是在其自我揚棄中實現自身的。

反之，凡是屬繪畫的東西，一般不是在其自我揚棄中獲得其規定性的，因爲它們不是達到目的的手段。這裡繪畫本身就是被意指的東西，因爲對於繪畫來說，重要的東西在於其所表現的東西如何在其中表現出來。這首先意味著，我們不是簡單地被繪畫引向所表現的東西。表現其實總是本質性地與所表現的事物連繫在一起，甚至就包括在所表現的事物中。這也就是鏡子爲什麼反映圖像
[I 144] （Bild）而不反映摹本（Abbild）的理由所在：因爲圖像就是鏡中所表現的東西的圖像，並且與所表現東西的存在不可分離。鏡子可以給出一個歪曲的圖像，但這無疑只是它的缺陷：它沒有正確地實現它的功能。就此而言，鏡子證明了下述這個可以說是根本的觀點：即面對於圖像的意向著眼於表現和所表現事物的原始統一和無區別。鏡中所表現的東西乃是所表現事物的圖像——它是「它的」圖像（而不是鏡子的圖像）。

如果說，以繪畫和所摹繪的事物的同一性和無區別爲基礎的神祕的繪畫魔力，只是存在於繪畫史的開端，可以說屬於繪畫的史前史，那麼這並不意味著，某種與神祕的同一性漸漸疏遠而越來越強調區別的繪畫意識，可以完全脫離繪畫的歷史。[8]其實，無區別仍是所有繪畫經驗的一種本質特徵。繪畫的不可替代性，它的不可損害性，它的「神聖性」，就我所見，都可以在這裡所闡述的繪畫本體論中得到恰當的解釋。就是我們所描述的 19 世紀「藝術」的宗教化傾向也可以從這裡加以說明。

透過鏡子之像這一模式，當然不能把握審美的繪畫概念的全部本質。在鏡子之像這一模式上，我們只是看到了圖像與「所表現事物」的本體論上的不可分離性。但是，只要我們明確，面對圖像的最初意向並不區分所表現物和表現，那麼圖像與所表現物的這種本

8　參見庫特・鮑赫最近的研究成果：「『imago』（形象）概念從古代到中世紀的演變歷史」，載《哲學和科學論文集》（紀念 W. 希拉西誕辰 70 週年），第 9-28 頁。

體論上的不可分離性就是相當重要的。正是在這種不可分離性上，附帶地形成了那種特有的區分（我們稱之爲「審美的」區分）意向。這種區分意向把表現視爲不同於所表現物的東西。當然，這種意向並不是以這樣的方式進行的，即它像人們通常對待臨摹那樣對待在表現中所摹繪東西的摹本。這種意向並不要求圖像爲了使所摹繪物存在而揚棄自己本身。相反，圖像是爲了讓所摹繪物存在而肯定其自身的存在。

這裡，鏡子之像的主導功能也就喪失了其效用。鏡子之像是一種單純的假象（Schein），也就是說，它沒有任何眞實的存在，並且在其短暫的存在裡被理解爲某種依賴於反映的東西。但是繪畫（就此詞的審美意義而言）卻確實具有某種自身特有的存在。它的這種作爲表現的存在，因而也就是在其中它與所摹繪物不相同的東西，與單純的摹本不同，給予繪畫以成爲一幅繪畫的積極標誌。甚至當代繪畫機械學方面的技巧，在這一點上也能藝術地被使用，即 [I 145]
這種技巧由所摹繪物中挖掘出了一些在其單純外觀上並不作爲藝術看待的東西。這樣一種繪畫就不是一個摹本，因爲它表現了那種如果沒有它就不是如此表現的東西。這也就涉及到了原型（Urbild）的問題。〔例如：一張好的人像照片。〕

所以，表現在某種本質的意義上總是與原型相關聯，而這種原型正是在表現中達到了表現。但是，表現是比摹本還要多的東西。表現是圖像（Bild）——而不是原型（Urbild）本身，這並不意味著任何消極的東西，不意味著任何對存在的單純削弱，而是意味著某種自主的實在性。所以，繪畫與原型的關係從根本上說完全不同於那種摹本與原型的關係。**這不再是任何單方面的關係**。繪畫具有某種自身特有的實在性，這對於原型來說，相反地意味著，原型是在表現中達到表現的。原型是在表現中表現自身的。但是，這不一定是說，原型爲了顯現而依賴於這種特殊的表現。原型可以以不同於這種表現的其他方式來表現自身。但是，如果原型是這樣表現的，那麼這種表現就不再是一種附屬的事情，而是屬於它自身存在的東西。每一種這樣的表現都是一種存在事件，並一起構成了所表現物的存在等級。原型透過表現好像經歷了一種**在的擴充**（Zuwachs an Sein）。繪畫的獨特內容從本體論上說被規定爲原型的流射（Emanation des Urbildes）。

流射的本質在於，所流射出的東西是一種剩餘物。因此，流射出的東西所從之流射出的東西並不因爲進行這種流射而削弱自身。這種思想透過新柏拉圖主義哲學的發展——新柏拉圖主義哲學就是用此思想突破了古希臘的實體本體論範圍——就爲繪畫創立了積極的存在等級。因爲，如果原始的「一」透過從其中流出「多」而自身沒有減少什麼，那就表示，存在變得更豐富了。

看來，希臘的前輩們在依據基督教學說拒斥《舊約》聖經對繪畫的敵視時，已經運用了這種新柏拉圖主義的思維方式。他們在上帝的化身成人中看到了對可見現象的基本認可，並因此爲藝術作品贏得了某種合法性。我們也許在這種突破繪畫禁律的過程中看到了這樣的具有決定性的結果，即造型藝術在基督教的西方是怎樣才有可能得以發展的。[9]

所以，繪畫的本體論實在性是以原型（Urbild）和摹本（Abbild）的本體論關係爲基礎的。但是我們應當看到，柏拉圖主義關於摹本和原型關係的看法並沒有窮盡我們稱之爲繪畫的東西的本體論意義（Seinsvalenz）。我認爲，對於我們稱之爲繪畫的

[I 146] 東西的存在方式，除了透過某個宗教法律學的概念，即透過**代表**

9　參見坎彭豪森[191]所寫的〈大馬士革的約翰〉，載《神學和教會雜誌》，第49卷，1952年，第54頁以下，以及胡貝特．施拉德的《隱藏起來的上帝》，1949年，第23頁。

（Repräsentation）概念外，我們再找不到更好的方式去闡明。[10]

顯然，如果我們想相對於摹本去規定繪畫的存在等級，那麼

---

[10] 「代表」這個詞的意義發展史是極富有啟發性的。使羅馬人所信服的這個詞正是憑藉基督教關於道成肉身和肉體神化的思想經歷了一場嶄新的意義轉變。Repräsentation（代表）現在不再是指摹繪和形象表現，也就是不再是指商人支付購買金意義上的「展示」（Darstellung），而是指替代（Vertretung），如：某人「替代」另一個人。顯然，代表這個詞之所以有這種意義，是因為所代表的東西存在於摹本本身裡。Repraesentare 就是指使（讓）在場（Gegenwärtigseinlassen）。教會律則就是在法權代表的意義上使用了這一詞。庫隆的尼古拉也是在這樣的意義上採納了這個詞，並且像對繪畫概念一樣，對於這個詞作了全新的系統的考慮。參見 G. 卡倫：〈庫隆的尼古拉哲學體系裡的政治理論〉，載《歷史雜誌》，第 165 期（1942 年），第 275 頁以下，以及他關於《論全權代表》的注釋，載《海德堡科學院哲學歷史組會議報告》，1935/1936 年，第 3 輯，第 64 頁以下。法學上的代表概念的重要性是，所代表的個人只是所設想和所表現的人（das nur Vor-und Dargestellte），而行使其權利的代表則是**依賴於**其所代表的人。值得注意的是，代表的這種法權上的意義在萊布尼茲的再現概念形成過程中似乎不具有任何作用。萊布尼茲關於每一單子都具有宇宙代表（repraesentatio universi）的深奧形上學學說，顯然依據於這一概念在數學上的應用。所以 repraesentatio 在這裡指對某種東西的數學「表現」，諸如像單義的配列那樣的東西。反之，在我們的「表象」（Vorstellung）概念裡完全是自明的那種向主觀性的轉化，則產生於 17 世紀理念概念的主觀化傾向。在這方面馬勒伯朗士對於萊布尼茲是有決定性影響的。參見馬恩克：《現象學年鑑》，第 VII 卷，第 519 頁以下、第 589 頁以下。〔就舞臺上「表演」意義而言的 repraesentatio（再現）——在中世紀只能指這種東西：在宗教戲劇裡——早在 13 世紀和 14 世紀就出現了，如：E. 沃爾夫的《中世紀戲劇的術語》（安思格里亞，第 77 卷）所證明的。可是，repraesentatio 並不因此就指「演出」，一直到 17 世紀都是指上帝本身在禮拜禱告戲劇中所表現的在場。正如宗教律則概念的情況一樣，這裡也是一種古代拉丁語詞由於受到宗教的教會的新的神學理解而發生的變化。把這個詞應用於遊戲本身——而不應用於遊戲中所表現的東西——乃是一個完全附屬的過程；這過程是以戲劇脫離其宗教功用為前提的。〕

〔目前從法學方面來闡述 Repräsentation（代表）概念發展史的乃是哈索．霍夫曼的大部頭著作（《從古代到 19 世紀「代表」一詞的概念史研究》，柏林，1974 年）。〕

代表概念就不是偶然地出現的。如果繪畫是「代表」的一個要素，並因此具有某種自身的存在價值，那麼，繪畫就必須要有一種本質的變形，有一種幾乎可以說是原型和摹本的本體論關係的倒轉。因此繪畫就具有一種對原型也有影響的獨立性。因爲嚴格說來，只
[I 147] 是透過繪畫（Bild），原型（Urbild）才眞正成爲原始一繪畫（Ur-Bilde），也就是說，只有從繪畫出發，所表現物才眞正成爲繪畫性的（bildhaft）。

這一點在表象繪畫（Repräsentationsbild）這一特殊情況中很容易被揭示。君主、政治家、英雄是怎樣展示和表現自己的，這在繪畫中得以表現。這意味著什麼呢？這不是指所表現的人物透過繪畫獲得了某種新的更眞實的顯現方式。而是相反地指，正是**因為**君主、政治家、英雄必須展現自身和表現存在，因爲他們必須進行表現活動（repräsentieren），所以**繪畫**才獲得其自身的實在性。儘管這樣，這裡也有一個突破點。當君主、政治家、英雄展現自身時，他們自身必須滿足繪畫向他們提出的期望（Bilderwartung）。只是因爲他們是這樣在展現自身中具有存在，所以他們才在繪畫中專門得以表現。因此，第一位的無疑是自我表現（Sich-Darstellen），第二位的才是在這種自我表現的繪畫中的表現。繪畫的再現（Repräsentation）則是一個作爲公開事件之再現的特殊情形。不過，第二位的東西對於第一位的東西也有反作用。誰的存在如此本質地包含著自我展現（Sichzeigen），誰就不再屬於他自己本身。[11] 例如：他不再能避免在繪畫中被表現出來——而且，由於這種表現

[11] 這裡，國家法律上的代理（Repräsentation）概念有一種特殊的轉變。顯然，由此概念所規定的 Repräsentation 的意義在根本上始終是指替代性的存在。只是因為某個官方職能的承擔者，君主、官員等在他們所展現之處不是以個人身分出現，而是在他們的職能中出現——並且這種職能得以表現——所以我們才可以對他們本身說，他們在進行代理活動（Repräsentiere）。

規定了我們關於他而具有的形象，所以他最終必須像他的畫像所規定的那樣來展現自身。這樣一來，就出現了矛盾：原型（Urbild）只有透過繪畫（Bild）才成爲繪畫（Bild）——而繪畫（Bild）卻無非只是原型（Urbild）的顯現（Erscheinung）。[12]

至此，我們已在世俗的關係裡證實了這種繪畫的「本體論」（Ontologie）。但是，顯然只有**宗教的**繪畫才使繪畫的眞正存在力（Seinsmacht）[13]完全地表現出來。因爲對於神性的顯現實際有效的，乃是這種顯現唯獨透過語詞和形象（Bild）才獲得其形象性（Bildhaftigkeit）。所以宗教繪畫的意義就是一種示範性的意義。在宗教繪畫裡顯然可見，繪畫不是某種所摹繪事物的摹本，而是與所摹繪事物有存在方面的連繫。從它的例證我們可以清楚看出，藝術一般來說並在某種普遍的意義上給存在帶來某種形象性的擴充 [I 148]（einen Zuwachs an Bildhaftigkeit）。語詞和繪畫並不是單純的模仿性的說明，而是讓它們所表現的東西作爲該物所是的東西完全地存在。

在藝術科學中，繪畫的本體論問題是在類型（Typen）的形成和演變這個特殊問題上表現出來。在我看來，這種關係的特殊性是依據於這一事實，即只要造型藝術面對詩歌—宗教的傳承物再一次造就了這些傳承物本身所已經做出的東西，這裡就存在一種雙重的形象創造（Bildwerdung）。眾所周知，希羅多德[192]曾說過，荷馬和赫西俄德[193]曾爲希臘人創造了他們的諸神，他這話正意味著，

12 關於繪畫概念豐富的多義性及其歷史背景，請參見第 141 頁注釋。原型對於我們的語感來說不是一種繪畫，這顯然是以後的一種對存在的唯名論理解的結果——正如我們的分析所指出的，繪畫的「辯證法」的本質方面正表現在這裡。

13 這似乎確定了古高地德語的 bilidi 首先總是意味著「力」（Macht）（參見克盧格格策的著作，第 V 頁）。

荷馬和赫西俄德在希臘人的多種多樣的宗教傳說中引進了某種神學上的諸神家族譜系，並由此按照形式（eidos）和功能（timē）確定了不同的外形。[14] 這裡詩歌做了神學的工作。由於詩歌表述了諸神的彼此關係，它也就建立了某種系統整體。

只要詩歌對造型藝術賦予給出造型（Gestaltung）和改造造型（Ausgestaltung derselben）的任務，詩歌就使得固定類型的創造有了可能。正如詩的語言把某種最初的、干預局部膜拜儀式的統一性帶進了宗教意識一樣，詩的語言也就賦予了造型藝術一項新的使命。由於詩歌在語言的理智普遍性中使某種充滿任意幻想的東西達到了表現，所以詩歌總是保留了一種特有的非確定性。至此，造型藝術才固定並在這一點上創造了類型。如果我們沒有把神性的「畫像」的創造與神祇的發明混爲一談，並且擺脫了費爾巴哈所引進的對《創世記》裡的神的觀念的顛倒，那麼上述這點也是清楚的。[15] 這種在 19 世紀占統治地位的人類學的轉變和對宗教經驗的重新解釋其實源自於同樣的主觀主義，這種主觀主義也是現代美學思想方式的基礎。

與這種現代美學的主觀主義思維方式相反，我們在前面已提出**遊戲**概念作爲眞正藝術事件概念。這種觀點在下面這一點上已經得到了證實，即繪畫——以及不依賴於再創造的全部藝術——也是一種存在事件（本體論事件），因此不能恰當地被理解爲某種審美意
[I 149] 識的對象，而是要從諸如再現這樣的現象出發，在其本體論的結構中被把握。繪畫是一種存在事件——在繪畫中存在達到了富有意義的可見的顯現。因此，原型性（Urbildlichkeit）並不限制於繪畫的

14　希羅多德：《歷史》，第 2 部，第 53 頁。

15　參見卡爾・巴爾特：〈路德維希・費爾巴哈〉，載《時代之間》，第 5 卷，1927 年，第 17 頁以下。

「摹繪」功能上——因而也不限制於完全排斥建築藝術的「對象性」繪畫和雕像的個別領域。原型性其實是一種被建立在藝術的表現特徵中的本質要素。藝術作品的「理想性」不是透過與某種理念的關係而被規定爲一種需要模仿的，再次給出的存在，而是像黑格爾所指出的，被規定爲理念本身的「顯現」（Scheinen）。從繪畫的這種本體論的基礎出發，屬畫館收藏品並與審美意識相適合的框板畫的優先地位將失去意義。繪畫其實包含了一種與其世界不可分離的連繫。

(b) 偶緣物和裝飾品的本體論根據

如果我們以此爲出發點，即藝術作品不應從「審美意識」出發去加以理解，那麼對現代美學具有邊緣意義的許多現象就消除了其自身的可疑性。而且，這些現象甚至還成了某種不能人爲地加以取消的「美學的」提問的中心。

我所指的是這些現象，如：肖像畫、獻詩或當代喜劇中的隱喻。當然，肖像畫、獻詩、隱喻這些美學概念本身都是從審美意識出發而形成的。對於審美意識來說，所有這些現象的共同點就表現在這類藝術形式自身所要求的**偶緣性特質**（Charakter der Okkasionalität）中。[194] 偶緣性指的是，意義是由其得以被意指的境遇（Gelegenheit）從內容上繼續規定的，所以它比沒有這種境遇要包含更多的東西。[16] 例如：肖像畫就包含一種對所表現人物的關

---

16 這就是我們以之為出發點的、現代邏輯中慣用的偶緣性意義。以賀德林 1826 年發表的《萊茵河頌》的竄改，就是體驗美學敗壞偶緣性的一個很好的例子。對辛克萊的獻詩是如此令人詫異，以致人們寧可刪去最後兩節，而把整體作為片斷看待。

係，這不是我們硬加給肖像畫的關係，而是肖像畫表現本身所明確意指的關係，並且是表明該表現具有肖像畫特徵的關係。

在這裡最爲關鍵的一點是，我們所指出的這種偶緣性乃是作品本身要求的一部分，並且不是由作品的解釋者硬加給作品的。正
[I 150] 因爲此，像肖像畫這類藝術形式（肖像畫顯然是屬於這類形式）在以體驗概念爲基礎的美學中就找不到任何正確的位置。一幅肖像畫或許在其自身的畫像內容中就包含對原型（Urbild）的關係。這不僅僅是指畫像實際上是按照這個原型繪製的，而且也包含這樣的意思，即畫像就是意指這個原型。

這一點在肖像畫與畫家爲一幅風俗畫或一幅人物構圖所使用的模型（Modell）的區別中就很明顯地表現出來。在肖像畫中，所畫的人物的個性得到表現。反之，如果一幅繪畫把模型作爲個性來表現，或作爲一種出現在畫家筆下的有趣的類型（Type）來表現，那麼這模型就會毀壞了這幅畫。因爲這樣一來，我們在這幅畫中所看到的，不再是畫家所表現的**東西**，而是某種未經改變的素材。如果一位畫家所認識的模特兒在一幅人物畫中被人認出來了，這個模特兒就破壞了這幅人物畫的意義。因爲模型是一種要消失的圖式（Schema）。同樣，與畫家所用的原型的關係也必須在繪畫中消失不見。

的確，我們通常也把這樣的東西稱爲「模型」，即某種使本身並不可見的他物於其中成爲可見的東西。例如：一幢設計房屋的模型或原子模型。畫家的模型並不是畫像所意指的東西。畫家的模型只用於衣飾裝扮或表現姿態——就像一個裝扮了的服裝模特兒。反之，肖像畫中所表現的人物卻明顯就是這個人本身，以致他並不起裝扮的作用，即使這個人所穿著的華麗外裝吸引著人們注意：因爲外觀的華麗乃屬於他本身的東西。這個人就是他對其他人所實際是

的那個人。[17] 利用傳記性的或淵源史的文獻研究來解釋一部基於體驗或生活源泉的文學作品，往往只是做了那種從其模型來探討一位畫家作品的藝術研究所做的事。

模型和肖像畫的區別就使這裡所說的偶緣性的意思清楚了。這裡所指的偶緣性顯然是存在於一部作品本身的意義要求之中，它不同於所有那些能在作品裡被觀察到的和能由作品推出的違反這種要求的東西。一幅肖像畫是想作爲肖像畫被理解，甚至在其與原型的關係幾乎被繪畫自身的形象內容所壓倒之時，它也仍然如此。這一點在那些根本不屬肖像畫，但如人們所說卻包含肖像畫特徵的繪畫中，表現得尤爲明顯。這些繪畫迫使我們去探討在繪畫後面可以被 [I 151]
看到的原型，因而這些繪畫的內涵就比那種只是要消失的圖式的單純模型的意思要多得多。同樣的情況也出現在文學作品（文學性的肖像畫就可以包括在文學作品內）中，因此文學作品沒有必要成爲僞藝術的影射小說（Schlüsselroman）的輕率的犧牲品。[18]

儘管這樣一種具有偶緣性意思的隱喻與一部作品的其他歷史文獻內容之間的界限還是如此不確定並常有爭議，人們是否接受作品所提出的意義要求，或者人們是否認爲作品單純只是一種我們試圖探究的歷史文獻，這仍是一個原則性的問題。歷史學家將到處去探尋所有能告訴他一些歷史往事的關係，儘管這樣做是違背作品的意義要求的。歷史學家好像到處在藝術作品上找尋模型，也就是說，追蹤那些被匯入作品裡的歷史連繫（Zeitbezügen），儘管這些連繫尙未被他同時代的觀賞家所認識，而且對於整個作品的意義並不

---

17 柏拉圖談到過合乎禮儀的人（*πρέπον*）近於美的東西（*καλόν*），參見《大希比阿斯》，293e。

18 J. 布龍的值得讚賞的著作《希臘人的文學性肖像畫》在這一點上就犯有不明確的毛病。

重要。我們這裡所指的偶緣性並不是指這種情況，而是指，揭示某個特定的原型乃是作品自身意義要求的一部分。因此，決定一部作品是否具有這種偶緣性要素，並不取決於觀賞者的意願。一幅肖像畫**就是**一幅肖像畫，而且它並不是由於和爲了那些在畫中認出所畫人物的人才成爲肖像畫的。儘管與原型的關係存在於作品自身中，把這種關係稱之爲偶緣性的還是正確的。因爲肖像畫本身並未說出誰是它所表現的人，而只是指出了它所表現的人乃是一個特定的個人（但不是類型）。只有當所表現的人是某人所熟悉的，這人才能「知道」所畫的人是誰，只有當肖像畫告知某人某種附帶的稱號或附帶的資訊，這人才能了解所畫的人是誰。無論如何，繪畫自身中存在著一種尚未實現，但基本上是可實現的指令，這個指令一起構成了繪畫的意義。這種偶緣性就屬於「繪畫」的核心意義內涵，它完全獨立於這種意義內涵的實現。

我們可以透過下面這一事實來認識這一點，即如果我們不認識一幅肖像畫所畫的人物，這幅肖像畫對我們來說仍作爲肖像畫而出現（而且一幅人物畫中的人物表現也是作爲具有肖像畫性質出現的）。在繪畫中似乎有某種不可實現的東西，這就是那種屬於境遇性的東西。但是，這樣不可實現的東西，並不是某種不存在的東西；它甚至以完全明確的方式存在於那裡。同樣的情況也適合於某些詩的表現。品達[195]的凱旋詩，總是帶有譏諷時代的喜劇，但也包括像賀拉斯的[196]頌詩和諷刺作品這類文學性的創作，這些作品就其整個本質來看都具有偶緣的性質。偶緣性在這些藝術作品裡已
[I 152] 獲得了這樣永久的形式，即使它未被實現或未被理解，它也仍是整個意義的一部分。解釋者可能向我們解釋的實際歷史關係，對於整個詩來說，只是附屬性的。解釋者只是實現了詩本身中已存在的某種意義預示（Sinnvorzeichnung）。

我們必須看到，我們這裡稱爲偶緣性的東西，絕不是表現了一

種對這類作品的藝術性要求和藝術性意義的削弱。因爲那種對於審美主體性表現自身爲「時間在遊戲裡的中斷」[19]的東西，以及那種在體驗藝術時代表現爲對作品的審美意義有損害的東西，實際上只是我們前面所論述的本體論關係的主觀反映。一件藝術作品是如此緊密地與它所關聯的東西連繫在一起，以致這部藝術作品如同透過一個新的存在事件而豐富了其所關聯東西的存在。繪畫中所把握的東西、詩歌中所交流的東西、舞臺上所暗示的對象，這些都不是遠離本質的附屬性東西，而是這種本質自身的表現。我們上面關於一般繪畫本體論意義所說的東西，也包括這種偶緣性要素。所以，在所說的這些現象中所遇到的偶緣性要素表現自身爲某種普遍關係的特殊情形，這種普遍關係是與藝術作品的存在相適應的，即從其達到表現的「境遇」出發去經驗某種對其意義的進一層規定。

這一點無疑在再創造藝術中，首先在舞臺藝術和音樂中表現得最明顯。舞臺藝術和音樂爲了存在期待境遇，並且透過其所遇到的境遇才規定了自身。

舞臺之所以是一種極好的政治機構，是因爲戲劇中存在的所有東西、戲劇所影射的東西、戲劇所喚醒的反響，所有這一切都是在演出中呈現出來的。沒有人預先知道，什麼東西將會「出現」，什麼東西無論如何將會逐漸消失。每一次演出都是一個事件，但不是一個與文學作品相脫離的自行出現和消失的事件——作品本身就是那種在演出事件中所發生的東西。作品的本質就在於它是如此具有「偶緣性的」，以致演出的境遇使作品裡存在的東西得以表達並表達出來。把文學作品變爲舞臺演出的導演，就是在他善於把握境遇這一點上顯示其才能的。但是他的活動卻是按照作者的指令，而作者的整個作品就是一種舞臺指令。顯然，這種情況也完全適用於音

---

[19] 參見附錄 2，載我的著作集，第 2 卷，第 379 頁以下。

樂作品——樂譜實際上就只是一種指令。審美區分雖然可以按照由
[I 153] 樂譜裡讀出的聲音形象的內在結構去衡量所演奏的音樂——但是，
沒有人會懷疑，聽音樂並不是讀樂譜。[20]

所以，正是戲劇或音樂作品的本質使得這些作品在不同時代和不同境遇中的演出是而且必然是一種改變了的演出。我們必須看到，這樣一種必然的改動（mutatis mutandis）即使對於雕塑藝術也是適合的。因爲在雕塑藝術那裡，作品不會是「自在」存在的，也不會只是效果上的改變——藝術作品本身就是那種在不斷變化的條件下不同地呈現出來的東西。今日之觀賞者不僅僅是以不同的方式去觀看，而且他也確實看到了不同的東西。我們只需想一想，古代灰白色的大理石觀念是如何主宰著我們的趣味以及如何主宰著我們自文藝復興時代以來所保持的行爲態度，或者想一想古典主義情感在北部浪漫派中的反映是怎樣表現在哥德式大教堂的純粹主義＊精神性中。

但是，特殊的偶緣性的藝術形式，如：古代喜劇中的帕拉巴斯（Parabase）[197] 或政治鬥爭中以某種完全特定的「境遇」爲目標的諷刺畫——最後以及肖像畫——從根本上說也都是藝術作品所特有的普遍偶緣性的表現形式（Ausformungen），正是由於藝術作品不斷隨著境遇的變遷而重新規定自身。就連使這種嚴格意義上的偶緣性要求在藝術作品中得以實現的一次性的規定性，在藝術作品的存在裡也成功地參與到那種使作品能達到新的實現的普遍性之

20　〔關於「讀」請參見我的論文〈在現象學和辯證法之間——一種自我批判的嘗試〉，載我的著作集，第 2 卷，第 3 頁以下；以及我在該論文中所引用的著作。〕

＊　純粹主義（purism，亦可譯為純粹派）係法國 20 世紀初以 Amédée Ozen lant 和 Le Corbusier 為代表的一個與立體派抗衡的藝術流派，主張用具象畫法來表現機器時代的精神。——譯者

中——以致，儘管藝術作品與境遇關係的一次性從未可能實現，但這種不可實現的關係在作品本身中仍是存在的和生效的。在此意義上，就連肖像畫也是獨立於其與原型關係的一次性的，而且甚至在超越這種關係時也在自身中同樣包含了這種關係。

肖像畫只是繪畫的某種普遍本質規定的極端情況。每一幅繪畫都是一種存在擴充（ein Seinszuwachs），並且本質上被規定爲再現（Repräsentation），規定爲來到表現（Zur-Darstellung Kommen）。在肖像畫這種特殊情形中，只要某個個人富有代表性地（repräsentativ）被表現，這種再現就獲得一種個人性的意義。因爲這意味著，所表現的人物是在其肖像畫中表現自身，並且以其肖像畫再現自身。繪畫不僅僅是圖像，或者甚而不僅僅是摹本，繪畫乃屬於所表現的人的現時存在（Gegenwart）或者所表現的人的現時記憶（gegenwärtigen Gedächtnis）。這就構成了繪畫的眞正本質。就此而言，肖像畫就是我們曾經歸諸於這類繪畫的普遍存在價值的特殊情形。在繪畫中來到存在的東西，並不包含在熟悉繪畫的 [I 154]
人於被摹繪的人身上看到的東西中——一幅肖像畫的眞正評判者從來就不是最熟悉它的人，甚至也不是被表現的人本身。因爲一幅肖像畫根本不想像它在這一個或那一個最熟悉它的人的眼中所看到的那樣去再現它所表現的個人。肖像畫必然地展現一種理想性，這種理想性能夠經歷從再現物直到最接近物的無限層次。不過這種理想性並不改變這一事實，即，儘管肖像畫中所畫的個人可以擺脫偶然性和個人性的東西而進入其眞實顯現的本質性事物中，但在肖像畫中所表現的還是一個個人而不是一個類型。

因此，屬宗教或世俗文物的繪畫作品，比起熟悉的肖像畫更明顯地證實了繪畫的普遍存在價值，因爲這些作爲文物的繪畫的公開功能正是依據於繪畫的這種存在價值。一件文物就是在某個特定的現時性中保存其中所表現的東西，而這種特定的現時性顯然是與審美意識的現實性完全不同的東西。[21] 文物並不單獨根據繪畫的自主表達力（Sagkraft）而生存。這一點可以透過下述事實來得知，即不同於繪畫作品的其他東西，例如：符號或碑文，也能具有同樣的功能。對於由文物所回想的事物的認識，好像總是以其潛在的現時性爲前提條件。所以，即使神像、君王像、爲某人所豎立的紀念碑也都預先假定了神、君王、英雄或者事件、勝利或和約已具有一種制約一切事物的現時性。表現這些東西的繪畫作品，在這一點上無非只是起了某種類似碑文的作用，即它現時性地保存了這些東西的普遍意義。然而──假如它是藝術作品，那麼這不僅意味著它對某種東西賦予了這種預先給予的意義，而且也意味著它能表達某些自己的東西，並因此就不依賴於其所承擔的前知（Vorwissen）。

即使繪畫是透過其自主表達力使其所表現的東西達到顯現的，但是作爲一幅繪畫總是──不顧所有審美區分──保存了它所表現東西的展現形式（Manifestation）。這一點在宗教繪畫上是公認的。但是，宗教的和世俗的區別在藝術作品本身中卻是一種相對的區別。甚至個人肖像畫──假如它是一件藝術作品的話──也分享了神祕的存在之光（Seinsaustrahlung），這種神祕的存在之光來自於該畫所表現事物的存在等級。

我們可以用一個例子來說明這一點：尤斯蒂[22] 曾經相當動聽地把委拉斯開茲[198]（Velasquez）的〈布列達的投降〉稱爲「一種軍人的聖事」。他的意思是說，這幅繪畫不是一幅眾人肖像畫，也不是一幅單純的歷史畫。在這幅畫中所把握的東西並不只是這樣一種莊嚴事件。實際上，這種隆重儀式的莊嚴性之所以在繪畫中得以這樣現時性的表現，乃是因爲隆重儀式本身具有一種形象性

21　參見本書第 81 頁。

22　卡爾・尤斯蒂：《委拉斯開茲與他的時代》，第 1 卷，1888 年，第 366 頁。

（Bildhaftigkeit），並且像一件聖事那樣被實現。存在這種需要繪 [I 155]
畫並且值得繪畫的東西，只有當它們被表現在繪畫裡，它們好像才能使自己的本質得以完成。

如果我們想捍衛美的藝術作品的存在等級以反對審美的均一化，那麼宗教詞彙的出現就絕不是偶然的。

這裡與我們關於世俗和宗教的對立只是一種相對的對立的假定是完全一致的。我們只需回憶一下「世俗性」（Profanität）這一概念的意義和歷史：「世俗的」（Profan）就是置於聖地之前的東西。世俗物概念以及由此概念推導出的世俗化概念總是預先已假定了宗教性。事實上，世俗和宗教的對立在其所從出的古代世界裡只能是一種相對的對立，因爲在那時生活的全部領域都是宗教性地被安排和規定的。只是從基督教開始，才有可能使我們按照一種嚴格的意義去理解世俗性。因爲《新約聖經》曾這樣地否認世界的神化，以致爲世俗事物和宗教事物的絕對對立提供了地盤。教會的來世祈禱就意味著，世界只還是「這個現世」。教會的這種特殊性要求同時也開創了教會和國家的敵對關係，這種敵對關係隨著古代世界的結束而出現，並且世俗性概念由此贏得其眞正的現實性。眾所周知，中世紀的整個歷史就是由教會和國家的這種敵對關係所主宰。正是基督教教會思想的深化精神才最終解放了塵世的國家。中世紀盛期的世界歷史意義就在於它開創了世俗世界，而這個世界給予世俗概念以其廣泛的現代意義。[23] 但是這一點並不改變這一事實，即世俗性仍是一種合乎宗教性的概念，並且只能爲宗教性所規定。完全的世俗性乃是一個虛假觀念。[24]

---

23 參見弗里德里希・黑爾：《歐洲的形成》，維也納，1949 年。

24 W. 卡姆拉（《世俗中的人類》，1948 年）為了表明現代科學的本質曾試圖賦予世俗性概念以這種意義，但是對於他來說，這個概念也由它的對立概念，世俗和宗教的相對性不僅僅屬於概念的辯證法，而且在繪畫現象上還可以視爲一種現實關係。一件藝術作品本身總是具有某種宗教性的東西。雖然我們可以正確地說，一件在博物館中陳列的宗教藝術作品，或者一尊在博物館中展示的紀念雕像，不再會受到像它們在其原始地點所曾受到的同樣的損害，但這只是意味著，只要這
[I 156] 件藝術作品已成爲博物館中的一件陳列品，實際上它就已經受到了損害。顯然，這並非僅僅適用於宗教藝術作品。我們有時在古玩商店裡也有同樣的感覺，例如：有些還帶有某種濃厚生活氣息的古玩被付諸拍賣時，它們無論如何是作爲受損害的，作爲一種對虔誠的損害或一種世俗化而被看待的。總而言之，每件藝術作品都具有某種反對世俗化的東西。

我認爲，對此具有決定性證明力的事實是，甚至某種純粹的審美意識也知道了這種世俗化概念。這種審美意識總是把藝術作品的損害視作褻瀆〔Frevel（褻瀆）這個詞今天幾乎只適用於「Kunst-Frevel」（對藝術的褻瀆）〕。這就是現代審美的教化宗教所具有的一種典型特徵。對於這種特徵存在許多其他證據。例如：汪達爾主義（Vandalismus，意思即破壞文物、蹂躪藝術）這個詞[199]——其本來意思一直要追溯至中世紀時代——正是在反對法國革命雅各賓黨人的破壞行爲的過程中才獲得眞正的認可。對藝術作品的毀壞就如同侵犯一個由神聖性所維護的世界一樣。因此就連一種自主形成的審美意識也不能否認，藝術比審美意識所要認可的東西還要多。

所有這些思考都證明了一般由**表現**（Darstellung）**概念**去表明藝術存在方式特徵的正確性，**表現概念包括遊戲和繪畫、共用**（Kommunion）**和再現**（Repräsentation）。因此藝術作品被設想爲一種存在事件（Seinsvorgang），而且那種由審美區分加諸作品

即「美的接受」所規定。

的抽象也被取消。因而繪畫就是一種表現事件。繪畫與原型的關係非但不是對其存在自主性的削弱，反而使我們更有理由對繪畫講到某種存在的擴充。借用宗教性概念因而也成爲必要的。

當然，關鍵的問題在於我們不要簡單地把適用於藝術作品的特殊意義的表現與那種適用於**象徵**之類的宗教表現混爲一談。並不是所有的「表現」形式都具有「藝術」的性質。表現形式也有象徵，也有符號。這些東西同樣也具有使其達到表現的指示結構（die Struktur der Verweisung）。

屬於所有這些表現形式的這種指示結構，在近幾十年所從事的關於表達（Ausdruck）和意義（Bedeutung）的本質的邏輯研究中，被相當詳盡地加以探討。[25] 我們這裡可以回顧一下這些分析，當然 [I 157]
是出於其他的目的。我們首先涉及的不是意義問題，而是繪畫的本質問題。我們要不受審美意識所作出的抽象的影響去把握繪畫的特性。因此，我們應當去考察這類指示現象，以便發現它們的共同性和區別。

繪畫的本質似乎處於表現的兩個極端之間。表現的這兩個極端是**純粹的指示**（das reine Verweisen）和**純粹的指代**（das reine Vertreten），前者是符號（Zeichen）的本質，後者是象徵（Symbol）的本質。在繪畫的本質中就存在某種具有這兩種功能的東西。繪畫的表現活動包含對繪畫所表現東西的指示要素。我們已經看到，這種要素在諸如以與原型的關係爲本質特徵的肖像畫這樣的特殊形式中得到最明顯的表現。然而，一幅繪畫並不是**符號**，

---

25 這首先表現在 E. 胡塞爾的《邏輯研究》第 1 卷中，在受其影響的狄爾泰關於《歷史世界的構造》（《狄爾泰全集》，第 7 卷）的研究中，以及在 M. 海德格對於世界的世界性（Weltlichkeit）的分析中（《存在與時間》，第 17、18 節）。

因爲符號無非只是其功能所要求的東西；並且符號的這種功能乃是從自身去指出什麼（wegverweisen）。爲了能夠實現這種功能，符號當然必須首先有吸引力。符號一定是引人注目的，也就是說，它必須明顯地突出自身，而且必須在其指示內容中表現自身——就像廣告畫一樣。但是，不論是符號，還是廣告畫，都不是繪畫。符號不可以這樣吸引人，以致它使人們停留於符號本身中，因爲符號只應使某種非現時的東西成爲現時的，並且是以這樣的方式，使得非現時的東西單獨地成爲被意指的東西。[26] 因而，符號不可以透過其自身的形象內容而使人逗留不前。這一點適用於所有符號，例如：交通標誌符號或標記符號以及諸如此類的符號。所有這些符號都具有某種圖式和抽象的東西，因爲它們並不想展現自身，而是想展現非現時的東西，例如：未來的曲線或一本書被讀至的頁碼（符號只是透過抽象才獲得其指示功能的，這一點甚至也適用於自然符號，例如：天氣的徵兆。當我們仰望穹蒼而被天空中某種現象的美所吸引並且凝注於它時，我們就感到一種使其符號性質消失的意向轉移）。

在所有符號中似乎紀念物（Andenken）最具有自身的實在性。紀念物固然是意指過去的東西，並因此實實在在地是一個符號，但它對我們來說是同樣寶貴的，因爲它把過去的東西作爲一種未過
[I 158] 去的東西置於我們眼前。不過，這一點仍是清楚的，即它的這種

26　這裡所使用的繪畫概念本身，正如我們前面所指出的（見本書第 139 頁以下），在現代框板畫中獲得了其歷史性的實現。但是我認為，對這概念的「先驗的」運用是不成問題的。如果我們出於歷史的考慮，透過「繪畫符號」（Bildzeichen）概念把中世紀的表現與以後的「繪畫」區別出來（D. 弗賴），那麼，儘管有些在正文中被說成「符號」的東西運用於這樣的表現，但是這些表現與單純的符號的區別仍然是極明顯的。繪畫符號並不是一種符號，而是一種繪畫。

性質並不是建立在紀念對象自身特有的存在上。紀念物只是對於曾經而且現在還仍舊留戀過去的人來說才具有作爲紀念物的價值。如果紀念物所回顧的過去不再具有意義，紀念物就失去了它的價值。反之，那種不僅用紀念物來追憶，而且用紀念物來從事一種膜拜行爲，並且有如生活在現在一樣與過去生活在一起的人，卻處於一種被擾亂的現實關係中。

因此，一幅繪畫確實不是一種符號。即使紀念物，實際上也沒有讓我們逗留於它本身中，而是讓我們逗留於它向我們表現的過去之中。反之，繪畫只是透過它自身的內容去實現它對所表現事物的指示功能。我們由於專注於繪畫，我們就同時處於所表現的事物之中。繪畫透過讓人逗留於它而成爲指示的。因爲，正如我們所強調的，繪畫的存在價值正在於它不是絕對地與其所表現的事物分開，而是參與了其所表現事物的存在。我們已說過，所表現事物是在繪畫中達到存在的。它經歷了一種存在的擴充。但這就是說，它是存在於繪畫中。只是由於一種審美反思——我稱之爲審美區分——才抽象掉了原型在繪畫中的這種現時存在。

所以，繪畫和符號的區別具有一種本體論的基礎。繪畫並不是消失在其指示功能裡，而是在其自身存在中參與了它所摹繪的東西的存在。

當然，這種本體論的參與（Teilhabe）不僅僅適用於繪畫，而且也適用於我們稱之爲**象徵**的東西。不管是象徵，還是繪畫，它們都不指示任何不是同時在它們本身中現時存在的東西。所以我們有這樣的任務，即要把繪畫的存在方式與象徵的存在方式彼此區別開來。[27]

在象徵和符號之間存在一種明顯的差別，即象徵更接近於繪

---

[27] 參見本書第 77-86 頁關於「象徵」和「譬喻」在概念史上的區分。

畫。象徵的表現功能並不是單純地指示某種非現時的東西。象徵其實是使那種基本上經常是現時的東西作爲現時的東西而出現。「象徵」的原始意義就表明了這一點。當人們把象徵用作爲分離的友人之間或某個宗教團體的分散成員之間的認知符號以表明他們彼此間的相關性時，這樣一種象徵無疑就具有了符號功能。但是，象徵卻是比符號還要多的東西。象徵不僅僅指出了某種相關性，而且也證明和清楚地表現了這種相關性。古代來訪者的信物（tessera hospitalis）就是過去生活的遺物，透過它的存在證明了其所展示的
[I 159] 東西，也就是說，它使逝去了的東西本身再度成爲現時存在的，並被認作爲有效的。尤其對於宗教性的象徵來說，象徵不僅僅起了作爲標記的作用，而且這些象徵的意義就在於它被所有人理解，並使所有人連繫起來，因而能承擔一種符號功能。因此，只要所象徵的東西是非感性的、無限的和不可表現的（不過這也是象徵的能力），那麼所象徵的東西無疑就是需要表現的。因爲只是由於所象徵的東西本身是現時存在的，它才能在象徵中成爲現時存在的。

象徵不僅指示某物，而且由於它替代某物，也表現了某物。但所謂替代（Vertreten）就是指，讓某個不在場的東西成爲現時存在的。所以象徵是透過再現某物而替代某物的，這就是說，它使某物直接地成爲現時存在的。正是因爲象徵以這種方式表現了它所替代的東西的現時存在，所以象徵會受到與其所象徵的事物同樣的尊敬。諸如十字架、旗幟、制服這類的象徵，都是這樣明顯地替代了所尊敬的事物，以致所尊敬的事物就存在於這些象徵裡面。

我們在前面用以表明繪畫特徵的代表（Repräsentation）概念在這裡能發揮其原本的作用，這一點可以透過繪畫中的表現和象徵的表現功能之間存在的實際相近性來加以說明。在繪畫和象徵中，它們所表現的東西本身都是現時存在的。不過，這樣一種繪畫仍然不是象徵。這倒不只是因爲象徵根本不需要形象地存在——象徵是

透過它的純粹的此在和自我展現而實現其替代功能的，而是因爲象徵自身對於它所象徵的東西並未說出什麼。如果我們應遵循象徵的指示，我們就必須像我們必須知道符號那樣知道象徵。因此，象徵並不意味著對所代表的東西的一種存在的擴充。儘管讓自身這樣在象徵中成爲現時存在的，乃屬於所代表物的存在，但是所代表物自身的存在在內容上卻不是由於象徵在那裡存在和被展現這一事實而規定的。當象徵存在於那裡，所代表物就不**再**存在於那裡。象徵只是單純的替代者。因此，即使象徵具有其自身的意義，它自身的意義也不是關鍵的東西。象徵就是代表（Repräsentanten），並且是從它們應當代表的東西那裡接受其代表的存在功能的。反之，繪畫儘管也是代表，但是它是透過自身，透過它所帶來的更多的意義去代表的。然而這就意味著，所代表的東西即「原型」，在繪畫中是更豐富地存在於那裡，更眞實地存在於那裡，就好像它是眞正的存 [I 160]
在一樣。

這樣，繪畫實際上就處於符號和象徵之間。它的表現既不是一種純粹的指示，也不是一種純粹的替代。正是這種與繪畫相適應的中間位置使繪畫提升到一個完全屬其自身的存在等級上。藝術性符號和象徵都不像繪畫那樣是從其自身的內容出發而獲得其功能意義的，它們必須被認作符號或象徵。我們把它們的這種指稱功能的起源稱之爲它們的**創建**（Stiftung）。而在屬繪畫的東西中則不存在這種意義的創建，這一點對我們所探究的繪畫的存在價值的規定來說，則是具有決定性意義的。

所謂創建，我們理解爲符號或象徵功能的誕生。即使所謂自然符號，例如：某個自然事件的所有跡象和預兆，也是在這種基本意義上被創建的。這就是說，只有當它們被認作符號時，它們才有一種符號功能。但是，它們只是由於符號和其所標示物的某種先行關係而被認作爲符號的。同樣的情況也適用於所有的藝術性符號。在藝術性符號那裡，符號是透過慣例而實現其功能的，並且語言把這種創立符號的起源行動稱之爲創建。符號的指示意義首先也是依賴於符號的創建，例如：交通標誌符號的意義就依賴於交通規則的公布，紀念符號的意義就依賴於對其保存的解釋。同樣，象徵也必須回到賦予其再現特質的創建上，因爲賦予象徵以意義的，並不是象徵自身的存在內容，而是創建、設立、賦予，這些東西給予那些本身並無意義的東西（例如：王徽、旗幟、十字架）以意義。

我們必須看到，一件藝術作品並沒有把其眞正意義歸功於這樣一種創建，即使它事實上是作爲宗教繪畫或世俗紀念碑而被創建的，它也不會這樣做。給予作品以其目的規定的公開的落成儀式或揭幕典禮，也沒有將其意義給予作品。作品其實在其被賦予作爲紀念物的功能之前，就已經是一種與其自身作爲形象的或非形象的表現的指稱功能相連的構成物（Gebilde）。所以，紀念碑的落成和揭幕典禮——假如：歷史距離已經使建築物神聖化，那麼我們絕不是偶然地在談宗教的和世俗的建築作品時也談及建築紀念物——也只是實現了一種在作品自身內容本身中已有要求的功能。

這就是藝術作品爲什麼能夠承擔某種特定的現實功能，並拒絕其他的諸如宗教的或世俗的、公開的或隱祕的功能的根源所在。藝術作品之所以作爲虔誠、尊敬或敬重的標記而被創建和推出，只是因爲它們由自身出發就規定了並一同造就了這樣一種功能關係。藝術作品自身就要求它們的位置，即使它們被誤置了，例如：被誤放到現代收藏館裡，它們自身中那種原本的目的規定的痕跡也不可能消失。藝術作品乃屬於它們的存在本身，因爲它們的存在就是表現。

如果我們思考一下這些特殊形式的示範意義，那麼我們將認識到，那些由體驗藝術觀點來看處於邊緣的藝術形式反倒變成了中
[I 161] 心：這裡就是指所有那些其自身固有的內容超出它們本身而指向了

某種由它們並爲它們所規定的關係整體的藝術形式。這些藝術形式中的最偉大和最出色的就是**建築藝術**。[28]

一棟建築物以某種雙重的方式規定其本身。它一方面受其必須在某個整體空間關係中占據的位置所規定，另一方面它也同樣受其應當服務的目的所規定。每一個建築師必須考慮這兩者。建築師的設計本身是被這一事實所決定的，即建築物應當服務於某種生活目的，並且必須適應於自然的和建築上的條件。因此我們把一幢成功的建築物稱之爲「傑作」，這不僅是指該建築物以一種完滿的方式實現了其目的規定，而且也指該建築物透過它的建成給市容或自然景致增添了新的光彩。建築物正是透過它的這種雙重順應表現了一種眞正的存在擴充，這就是說，它是一件藝術作品。

如果一棟建築物是胡亂地建在一個任意的地方，並成了一個有損環境的東西，這棟建築物就不是藝術作品。只有當某棟建築物表現出解決了某個「建築任務」時，該建築物才成爲藝術作品。所以，藝術科學只認可那些包含某種值得紀念的東西的建築物，並把這種建築物稱之爲「紀念建築物」。如果一棟建築物是一件藝術作品，它就不只是表現爲藝術地解決了某個由它本來所從屬的目的要求和生活要求所提出的建築任務，而且它是以這種方式把握了這種要求，即使建築物的現時顯現對於那本來的目的規定乃是完全生疏的，這種要求仍是明顯可見的。在現時顯現中存在某種東西回指原本的東西。凡在原本的規定已經成了完全不可辨認的，或者它的統一規定由於後來所發生的實在太多的變化而被破壞的地方，一棟建築物本身也會成爲不可理解的。所以，在所有藝術種類中這種最具有雕塑性的建築藝術就完全說明了「審美區分」如何是附屬性的。

---

28 〔參見我的論文〈論建築和繪畫的讀〉，載 G. 伯姆編的《H. 伊姆達爾紀念文集》，符茲堡，1986 年。〕

一棟建築物從不首先是一件藝術品。建築物藉以從屬於生活要求的目的規定，如果要不失去建築物的實在性，就不能與建築物本身相脫離。如果建築物還只是某種審美意識的對象，它就只具有虛假的實在性，而且只以旅遊者要求和照相複製這種變質形式過一種扭曲的生活。「自在的藝術作品」就表現爲一種純粹的抽象。

事實上，往日的大紀念建築物在現代快節奏生活以及在現代設
[I 162] 立的建築群中的出現，提出了一種在石塊上對過去和現在進行綜合的任務。建築藝術作品並不是靜止地聳立於歷史生活潮流的岸邊，而是一同受歷史生活潮流的衝擊。即使富有歷史感的時代試圖恢復古老時代的建築風貌，它們也不能使歷史車輪倒轉，而必須在過去和現在之間從自身方面造就一種新的更好的媒介關係。甚至古代紀念物的修復者或保管者也總是其時代的藝術家。

建築藝術對我們的探究所具有的特殊意義就在於：那種媒介正是在建築藝術中表現得最爲明顯，沒有這種媒介，一件藝術作品就根本不具有眞正的現時性。所以，即使在表現尚未透過再創造而出現的地方（每一個人都知道再創造是屬於表現自身的現在），過去和現在在藝術作品中仍是連繫在一起的。每一件藝術作品都有它自身的世界，這並不意味著，當它原本的世界發生變化時，它只有在某個疏離的審美意識中才具有實在性。建築藝術能夠證明這一點，因爲它與世界的從屬關係乃是它的不可更改的本質。

不過，這也包含一個進一層的觀點。建築藝術完全具有空間形式。空間就是那種囊括了所有在空間中存在之物的東西。因此建築藝術就囊括了所有其他的表現形式：所有造型藝術作品、所有裝飾物——而且建築藝術也給詩歌、音樂、戲劇和舞蹈的表現提供了它們的場所。建築藝術由於囊括了整個藝術，它就使自身的觀點到處適用。這種觀點就是**裝飾**（Dekoration）觀點。建築藝術爲捍衛這種觀點而反對那樣一些藝術形式，這些藝術形式的作品不是裝飾性

的，而是透過其封閉的意義圈聚集於它們自身中。新的研究已經開始想到，這一點適合於一切造型藝術作品，造型藝術作品的位置就是在賦予任務過程中被預先規定的。即使立於座基之上的自由的立式雕塑，也沒有眞正地擺脫裝飾關係，而是爲再現地拔高某種它裝飾性地順應的生活關係而服務的。[29] 甚至具有自由靈活性並能到處演唱的詩歌和音樂，也並不是適應於任何空間，它們只是在這一個或那一個空間，在戲院、音樂廳或教堂裡才找到其合適的場所。這並不是說我們應當爲某個自身完成的創造物找到一個以後表演的外 [I 163] 在場所，而是說我們必須順應作品本身的空間造型的可能性，正如作品要有它自身的前提條件一樣，作品也必須同樣適應於所給予的東西（我們或許想到音響效果問題，這個問題不僅是一個技術上的課題，而且也是一個建築藝術上的課題）。

由這種考慮可以看到，建築藝術相對於所有其他藝術而具有的這種綜合性地位，包含著一種雙重的媒介過程。建築藝術作爲空間造型藝術，既是塑型於空間，又是騰空於空間。它不僅包括空間造型的所有裝飾性觀點，直至裝飾圖案，而且它本身按其本質也是裝飾性的。裝飾的本質正在於它恰恰造就了這兩重媒介，它既把觀賞者的注意力吸引到自身上來，滿足觀賞者的趣味，同時又把觀賞者從自身引進到它所伴隨的生活關係的更大整體中。

這一點適用於整個裝飾事物行列，從市政建築直至個別裝飾圖案。一件建築作品無疑應當是對某個藝術課題的解決，而且以此引起觀賞者的驚嘆和讚賞。不過，它也應當順應某種生活要求，而

---

29 出於同樣的理由，施萊爾馬赫正確地強調，園林藝術不屬於繪畫藝術而屬於建築藝術之列，以此反對康德（《美學》，第 201 頁）。〔關於「風景和園林藝術」這一題目目前可參見 J. 里特：《風景——論審美特性在現代社會中的功用》，明斯特，1963 年，尤其是富有啓發的注釋 61，第 52 頁以下。〕

不應成爲目的自身。它將作爲裝飾物、作爲心情背景、作爲組成在一起的框架而適應某種生活關係。同樣的情況適用於建築藝術家所創造的所有單件作品，直至那種根本不應具有吸引力，而只是實現其伴隨的裝飾功能的裝飾圖案。但是，就連裝飾圖案的極端情形也仍具有裝飾性媒介自身的某種雙重性，儘管裝飾圖案不應使人逗留於它，而且本身不應作爲裝飾性動機去看待，而只能起一種伴隨性的效果。因此，裝飾圖案一般將不具有任何對象性的內容，或者將透過其風格技巧或重複變化去平衡這種內容，以使我們的目光掠過這內容。對裝飾圖案中所使用的自然形式的「認識」是無意中進行的。假如重複的圖案被看作裝飾圖案實際的東西，那麼裝飾圖案的重複就成了令人討厭的乏味東西。但另一方面，裝飾圖案也不應是無生氣地或單調地發揮作用，因爲它作爲伴隨物應當具有一種有生氣的效果，它也必須在某種程度上把觀賞者的目光吸引到自身上來。

如果我們以這種方式了解了對建築藝術提出的裝飾要求的全部範圍，那麼我們將會很容易地看到，那種審美意識的偏見將在建築藝術上最明顯地遭到破產，按照這種偏見，眞正的藝術作品就是那
[I 164] 種外在於一切空間和一切時間而在體驗過程中成爲某個審美體驗對象的東西。我們所習慣的關於眞正藝術作品和單純裝飾的區分需要進一步驗證，這在建築藝術上是不容置疑的。

這裡，裝飾物概念顯然是從它與「眞正藝術作品」的對立，從它起源於天才靈感出發而被思考的。人們也許是這樣進行論證的：這種僅僅是裝飾性的東西並不是天才的藝術，而只是工匠的技巧；這種僅僅是裝飾性的東西是作爲工具從屬於它應裝飾的東西，因此它與所有那些從屬於某個目的的工具一樣，也能夠被另一個合乎目的的工具所替代；這種僅僅是裝飾性的東西絲毫也不能分享藝術作品的性質。

事實上，裝飾概念必須擺脫這種與體驗藝術概念相對立的關

係，並且必須在我們曾經視爲藝術作品存在方式的表現的本體論結構中去找尋其根據。我們只要回憶一下，裝扮的東西，裝飾的東西，按其原本的意義，完全是美的東西。我們必須重新提出這種古老的見解。所有作爲裝扮和進行裝扮的東西，都是由它們與它們所裝扮的東西、所依靠的東西、作爲它們穿戴者的東西的關係所規定的。它們並不具有自身獨特的審美性內涵，這種內涵只是在後來由於它們與其穿戴者的關係才獲得一種受限制的條件。就連似乎贊成這種觀點的康德在其關於紋身的著名判斷中也看到了這一事實，即裝飾只有當它與其穿戴者一致並相適應時才是裝飾。[30] 所謂趣味不僅指人們知道在自身中去發現美的東西，而且也指人們知道何處有美的東西和何處沒有美的東西。裝飾品不是某種自爲的，又被應用於其他事物的東西，裝飾品屬於其穿戴者的自我表現。對於裝飾品來說，它們一定屬於表現。但是，表現乃是一種存在事件，是再現。一個裝飾品、一種裝飾圖案、一尊立於受偏愛地方的雕像，在這同樣的意義上都是再現的，有如安置這些東西的教堂本身也是再現的一樣。

因此，裝飾物概念有助於充實我們關於審美特性存在方式的探討。我們以後將會看到，重新提出美的古老的先驗的意義從其他方面來說將有什麼意義。我們用「表現」所意指的東西，無論如何乃是審美特性的一種普遍的本體論結構要素，乃是一種存在事件，而不是一種體驗事件，體驗事件是在藝術性創造的剎那間出現的，而且總是只在觀賞者的情感中重複著。從遊戲的普遍意義出發，我們曾經在這一事實中認識到表現的本體論意義，即「再創造」乃是創造性藝術本身的原始存在方式。現在我們已經證明了，繪畫和雕塑藝術，從本體論上看，一般都具有同樣的存在方式。藝術作品的獨 [I 165]

---

30 康德：《判斷力批判》，1799 年第 3 版，第 50 頁。

特存在方式就是存在來到了表現（ein Zur-Darstellung-Kommen des Seins）。

(c) 文學的邊界位置

我們所提出的本體論觀點是否也涉及到**文學**（Literatur）的存在方式，現在似乎成了一個需要認眞檢驗的問題。從表面上看，這裡似乎不再存在一種能要求其自身存在價值的表現。閱讀（Lektüre）是一種純粹內在性的事件。在閱讀中，似乎完全脫離一切境遇和偶然性，而這些境遇和偶然性在公開的朗誦或演出中是存在的。文學所依據的唯一條件就是它的語言傳承物以及透過閱讀理解這些東西。審美意識用來使自己獨立於作品的那種審美區分難道不是透過閱讀著的意識的自主性來確認自身的嗎？文學似乎是脫離了其本體論價值的散文詩。書本是爲一切人而不是爲一人的，這是針對每一本書——並不僅僅是針對某本著名的書[31]——而說的。

〔但這是對於文學的正確看法嗎？或者說，這種看法最終是來源於一種出自疏離了的教化意識的逆向投影（Rückprojektion）嗎？毫無疑問，文學作爲閱讀的對象乃是一種後來出現的現象。但是，文學這詞不是指閱讀，而是指書寫，這絕不是沒有理由的。最新的研究（如：帕里[200]和其他人）——這種研究使得我需要對我以前所寫的這段文字進行改寫[201]——已經更改了浪漫派關於荷馬以前的敘事詩是口誦的看法，因爲我們知道了阿爾巴尼亞的敘事詩有著長期口誦的歷史。凡有文字的地方，文字固定史詩的工作也出現了。「文學」產生於吟遊詩人的工作，當然這不是指作爲閱讀材料

31　弗里德里希．尼采：《查拉圖斯特拉如是說，為一切人而不是為一人的書》。

的文學，而是指作爲朗誦材料的文學。無論如何，當我們看到閱讀對於朗誦的優先性時（如我們以後所觀察的），這並不是什麼根本新的東西（我們或許想到了亞里斯多德對劇院的忽視）。〕

只要閱讀是一種有聲朗讀，這一點便是直接明顯的。但是，顯然並不存在與無聲閱讀區別的嚴格界限；所有理解性的閱讀始終是一種再創造和解釋。重音、節奏以及諸如此類東西也屬於全無聲的 [I 166]
閱讀。意義性事物以及對它們的理解是如此緊密地與語言的實際物理性能相連，以致理解總包含一種內在的言語活動。

如果情況是這樣，我們就根本不能迴避這一結論：文學——例如：文學自身獨特的藝術形式即小說——在閱讀中就具有一種同樣原始的存在，有如被吟遊詩人朗讀的史詩，或被觀賞者觀看的繪畫一樣。據此，書本的閱讀仍是一種使閱讀的內容進入表現的事件。的確，文學以及在閱讀中對它的接受表現了一種最大程度的自由性和靈活性。[32] 這一點可以透過下面這一事實來證明，即我們並不需要一口氣地讀完一本書，以致如果我們想繼續讀它，我們必須重新開始。這種情況與傾聽音樂或觀看繪畫完全不同。但是，這卻表明「閱讀」是與正文的統一相適應的。

只有從藝術作品的本體論出發——而不是從閱讀過程中出現的審美體驗出發——文學的藝術特徵才能被把握。閱讀正如朗誦或演出一樣，乃是文學藝術作品的本質的一部分。閱讀、朗誦或演出，所有這些東西都是我們一般稱之爲再創造的東西的階段性部分，但這種再創造的東西實際上表現了一切流動性藝術（alle

32 R. 英加登在他的《文學藝術作品》（1931 年）中對於文學藝術作品語言層次以及文學詞彙視覺效應的靈活性作了卓越的分析。但也可參見本書第 124 頁注釋 28。〔目前我已經發表了一系列的研究論文。參見〈在現象學和辯證法之間——一種自我批判的嘗試〉，載我的著作集，第 2 卷，但首先是該卷印出的論文〈正文和解釋〉以及我的著作集第 8 卷將收集的一些論文。〕

transitorische Künste）的**原始**存在方式，並且對於一般藝術存在方式的規定提供了典範證明。

但是，這可以推出一個進一層的結論。文學概念絕不可能脫離接受者而存在。文學的此在並不是某種已疏離了的存在的死氣沉沉的延續，好像這種存在可以作爲同時發生的東西提供給後代體驗實在的。文學其實是一種精神性保持和流傳的功能，並且因此把它的隱匿的歷史帶進了每一個現時之中。從亞歷山大語文學家所創立的古代文學構造法則開始，「古典作品」的複製和保持的整個結果，乃是一種富有生氣的文化傳統，這種傳統不只是保存現存的東西，而且承認這種東西爲典範，把它們作爲範例流傳下來。在所有的趣味變遷中，我們稱之爲「古典文學」的整個範圍一直作爲一切後來人（直至古代和現代莫須有之爭的時代以及其後的時代）的永恆範例而存在。

[I 167] 正是歷史意識的發展，才使得世界文學這一富有生氣的統一體從其規範性統一要求的直接性中轉變成爲文學史的歷史探究。但是，這是一個未結束的，或許從不可完結的過程。眾所周知，歌德用德語第一次提出了世界文學（Weltliteratur）這個概念，[33] 但是對於歌德來說，這一概念的規範性意義還是理所當然的。這一意義即使在今天也還沒有消失，因爲今天我們還對一部具有永恆意義的作品說它屬於世界文學。

屬世界文學的作品，在所有人的意識中都具有其位置。它屬於「世界」。這樣一個把一部屬世界文學的作品歸於自身的世界可以透過最遙遠的間距脫離孕育這部作品的原始世界。毫無疑問，這不再是同一個「世界」。但是即使這樣，世界文學這一概念所包含的

33　歌德：《藝術和古代社會》，紀念版，第 38 卷，第 97 頁；以及 1827 年 1 月 31 日與愛克曼的談話。

規範意義仍然意味著：屬於世界文學的作品，儘管它們所講述的世界完全是另一個陌生的世界，它依然還是意味深長的。同樣，一部文學譯著的存在也證明，在這部作品裡所表現的東西始終是而且對於一切人都有眞理性和有效性。因此世界文學絕不是那種按作品原本規定構造該作品存在方式的東西的一種疏離了的形式。其實正是文學的歷史存在方式才有可能使某種東西屬於世界文學。

以作品歸屬於世界文學來給出的規範性標誌，現在把文學現象帶到了一個新的觀點中。因爲，如果只有那種以其自身價值可以列入文學創作或語言藝術作品行列中的文學作品才可以被承認屬於世界文學，那麼從另一方面看，文學概念就遠遠比文學藝術作品概念來得寬廣。所有語言傳承物都參與了文學的存在方式——這不僅指宗教的、法律的、經濟的、官方的和私人的各種正文，而且也指這些傳承下來的正文被科學地加以整理和解釋的著作，也就是說，整個精神科學。的確，只要科學探究與語言有本質的連繫，那麼所有科學探究都具有文學的形式。正是一切語言性東西的可書寫性（Schriftfähigkeit），才使得文學具有最寬廣的意義範圍。

現在我們可以探究，我們關於藝術存在方式所獲知的東西，是否還根本地適用於文學的這種寬廣意義。我們是否必須把我們上面提出的文學的規範性意義保留給那些可被認爲是藝術作品的文學 [I 168]
作品呢？我們是否只可以對這些文學作品說它們分享藝術的存在價值呢？是否所有其他的文學作品存在形式都不分享藝術的存在價值呢？

或者說，在這裡並不存在一個如此明確的界限嗎？實際上有這樣的科學著作存在，這些科學著作憑藉其文字的優美使自己實現了那種可被視爲文學藝術作品和可屬於世界文學之列的要求。這一點從審美意識角度來看是明顯的，因爲審美意識在藝術作品中並不把其內容意義，而只把其造型品質認爲是決定性的。但是，自從我們對審美意識的批判從根本上限制了這種觀點的有效範圍之後，這種關於文學藝術和文學作品之間的區別原則對於我們來說就有問題了。我們已經看到，審美意識並不是一下子把握一部文學藝術作品的本質性眞理的。文學藝術作品其實與所有文學作品正文有共同之點，即它是用它的內容意義向我們述說的。我們的理解並不特別關注於作品作爲藝術作品應具有的形式成就，而是關注於作品究竟向我們述說了些什麼。

就此而言，文學藝術作品和任何其他文學作品正文之間的差別就不是一種如此根本性的區別。的確，在詩歌語言和散文語言之間存在差別，而且在文學性的散文語言和「科學性的」語言之間也存在差別。毫無疑問，我們可以從著作塑造（literarische Formung）觀點來觀察這些差別。但是，這些不同的「語言」之間的本質區別顯然存在於別處，即存在於這些語言所提出的眞理要求的差異之中。只要語言塑造使得應當被陳述的內容意義得以發揮作用，所有文學作品之間都存在一種深層的共同性。所以，對正文的理解，例如：歷史學家所進行的理解，與藝術經驗根本不是全然不同的。如果在文學概念中不僅包括了文學藝術作品，而且一般也包括一切文字傳承物，那麼這絕不是一種純粹的偶然。

無論如何，藝術和科學相互滲透的情況絕不是偶然地存在於文學作品現象中的。文學作品存在方式具有某種唯一性的不可比較的東西。文學作品存在方式提出了一種轉爲理解（Umsetzung in Verstehen）的特殊任務。沒有什麼東西有如文字這樣生疏而同時需要理解。甚至與操陌生語言的人的接觸，也不能與這樣一種生疏性和陌生性相比較，因爲不論表情語言還是發音語言總包含直接理解的元素。
[I 169] 文字以及分享文字的東西即文學作品，就是轉移到最生疏事物中去的精神理解性。沒有什麼東西像文字這樣是純粹的精神蹤跡，但也沒有什麼東西像文字這樣指向理解的精神。在對文字的理

解和解釋中產生了一種奇蹟：某種陌生的僵死的東西轉變成了絕對親近的和熟悉的東西。沒有一種我們往日所獲得的傳承物能在這方面與文字相媲美。往日生活的殘留物，殘存的建築物、工具、墓穴內的供品，所有這些都由於受到時間潮水的沖刷而飽受損害——反之，文字傳承物，當它們被理解和閱讀時，卻如此明顯地是純粹的精神，以致它們就像是現在對我們陳述著一樣。因此閱讀的能力，即善於理解文字東西的能力，就像一種隱祕的藝術，甚至就像一種消解和吸引我們的魔術一樣。在閱讀過程中，時間和空間彷彿都被拋棄了。誰能夠閱讀留傳下來的文字東西，誰就證實並實現了過去的純粹現時性。

因此，儘管所有審美上的界限劃分，最寬廣的文學概念在我們所確定的關係中仍是有效的。正如我們能夠指明的，藝術作品的存在就是那種需要被觀賞者接受才能完成的遊戲。所以對於所有正文來說，只有在理解過程中才能實現由無生氣的意義痕跡向有生氣的意義轉換。因此我們必須探討這樣的問題，即被證實爲藝術經驗的東西是否也整個適用於對正文的理解，是否也適用於對那些不是藝術作品的東西的理解。我們已看到，藝術作品是在其所獲得的表現中才完成的，並且我們不得不得出這樣的結論，即所有文學藝術作品都是在閱讀過程中才可能完成。這一點是否也適用於對所有正文的理解呢？所有正文的意義是隨著理解者的接受才完成的嗎？換句話說，是否像傾聽屬於音樂的意義事件那樣，理解也是屬於正文的意義事件？如果我們像再創造性藝術家對待他的原型那樣極端靈活地對待正文的意義，這還能叫做理解嗎？

(d) 作爲詮釋學任務的重構和綜合

研討對正文的理解技術的古典學科就是詮釋學。如果我們的考慮是正確的，那麼詮釋學的眞正問題與人們一般所認爲的是完全不同的。詮釋學問題指明的方向與我們對審美意識的批判把美學問題移入其中的方向是相同的。事實上，詮釋學本來就必須這樣廣泛地加以理解，它可以包括整個藝術領域及其問題。正如任何其他的需要理解的正文一樣，每一件藝術作品——不僅是文學作品——都
[I 170] 必須被理解，而且這樣一種理解應當是可行的。因此詮釋學意識獲得一個甚至超出審美意識範圍的廣泛領域。**美學必須被併入詮釋學中**。這不僅僅是一句涉及到問題範圍的話，而且從內容上說也是相當精確的。這就是說，詮釋學必須整個反過來這樣被規定，以致它可以正確對待藝術經驗。理解必須被視爲意義事件的一部分，正是在理解中，一切陳述的意義——包括藝術陳述的意義和所有其他傳承物陳述的意義——才得以形成和完成。

在 19 世紀，詮釋學這個原本古老的神學和語文學輔助學科經歷了一個重要的發展，這一發展使得詮釋學成爲整個精神科學活動的基礎。詮釋學從根本上已經超出了它原來的實用目的，即使人們能夠理解文學作品正文或使這種理解簡易化。不只是文字傳承物是生疏的，需要重新更正確地加以同化，而且所有那些不再直接處於其世界而又於該世界中並對該世界進行表述的一切東西——這就是說，一切傳承物、藝術以及往日的其他精神創造物、法律、宗教、哲學等等——都脫離了它們原來的意義，並被指定給了一個對它們進行解釋和傳導的神靈。我們與希臘人一樣，把這種神靈稱之爲赫爾墨斯（Hermes），即上帝的信使（Götterboten）。正是**歷史意識的出現**，才使得詮釋學在精神科學範圍內起了根本的作用。但是，我們必須探究這樣一個問題：詮釋學所提出的問題的整個涉及面，如果從歷史意識的前提出發，是否能正確地被我們所把握。

迄今爲止對這個領域的探討——這首先是由威廉・狄爾泰爲精

神科學奠定詮釋學基礎的工作[34]以及他對詮釋學起源的研究[35]所規定的——已經以其特定的方式確立了詮釋學問題的範圍。我們現在的任務就是要擺脫狄爾泰探究的這種占統治地位的影響，擺脫由他所創立的「精神史」（Geistesgeschichte）的偏見。

爲了預先指明詮釋學問題所涉及的範圍，並把我們迄今爲止探究的重要結論與我們現在重新擴大的問題結合在一起，首先讓我們考慮一下由藝術現象提出的詮釋學任務。雖然我們非常清楚地指明了「審美區分」乃是一種抽象，它並不能夠捨棄藝術作品對其世界 [I 171]
的隸屬關係，然而下面這一點仍然是不容置疑的，即藝術從不只是逝去了的東西，藝術能夠透過它自身的現時意義（Sinnpräsenz）去克服時間的距離。就此而言，藝術從這兩方面爲理解提供了卓越例證。藝術雖然不是歷史意識的單純對象，但是對藝術的理解卻總是包含著歷史的媒介。那麼面對藝術，詮釋學的任務該怎樣規定呢？

對於這個問題的兩種可能回答的極端情形在施萊爾馬赫和黑格爾那裡表現了出來。我們可以用**重構**（Rekonstruktion）和**綜合**（Integration）兩個概念來描述這兩種回答。[202] 不論對施萊爾馬赫還是對黑格爾來說，一開始就存在著面對傳承物的某種失落和疏離化的意識，這種意識引起他們的詮釋學思考。然而，他們卻以非常不同的方式規定了詮釋學的任務。

施萊爾馬赫——他的詮釋學理論我們以後還要加以討論——完全關注於在理解中重建（wiederherstellen）一部作品的原本規定。因爲從過去流傳給我們的藝術和文學已被奪去其原來的世界。正如我們在分析中所指出的，這一點既適用於所有藝術，當然也適用於文字性藝術，但是在造型藝術裡表現得特別明顯。所以施萊爾馬赫

34 威廉・狄爾泰：《全集》，第 7 卷、第 8 卷。

35 同上書，第 5 卷。

寫道：「當藝術作品進入交往時，也就是說，每一件藝術作品其理解性只有一部分是得自於其原來的規定」，它們就不再是自然的和原來的東西。「因此當藝術作品原來的關係並未歷史地保存下來時，藝術作品也就由於脫離這種原始關係而失去了它的意義。」他甚至直截了當地說：「因此，一件藝術作品也是眞正扎根於它的根底和基礎中，扎根於它的周圍環境中。當藝術作品從這種周圍環境中脫離出來並轉入到交往時，它就失去了它的意義。它就像某種從火中救出來但具有燒傷痕跡的東西一樣。」[36]

由此不是就能得出藝術作品只有在它原來所屬的地方才具有其眞實的意義嗎？因而對於藝術作品的意義的把握不就是一種對原本的東西的重建嗎？如果我們知道並承認藝術作品不是審美體驗的永恆對象，而是屬於一個完滿地規定其意義的「世界」，那麼隨之而來的結論似乎就是：藝術作品的眞實意義只有從這個「世界」，首
[I 172] 先是從它的起源和發祥地出發才能被理解。對藝術作品所屬的「世界」的重建，對原本藝術家所「意指」的原來狀況的重建，以原本的風格進行的表演，所有這些歷史重構的手段都要求揭示一件藝術作品的眞正意義，並阻止對它的誤解和錯誤的引申——這實際上就是施萊爾馬赫的思想，他的整個詮釋學就是暗暗地以這種思想爲前提。按照施萊爾馬赫的看法，只要歷史知識追溯出了偶緣的情況和原本的東西，歷史知識就開闢了彌補所喪失的東西和重建傳承物的道路。所以，詮釋學的工作就是要重新獲得藝術家精神中的「出發點」（Anknüpfungspunkt），這個出發點將使一件藝術作品的意義得以完全理解，這正像詮釋學透過努力複製作者的原本創作過程而對本文所做的工作一樣。

對於一部流傳下來的作品藉以實現其原本規定的諸種條件的

---

36 施萊爾馬赫：《美學》，R. 奧德布萊希特編，第 84 頁以下。

重建，對理解來說，無疑是一種根本性的輔助工程。但是我們必須要追問，這裡所獲得的東西是否眞正是我們作爲藝術作品的**意義**（Bedeutung）所探求的東西，以及如果我們在理解中看到了一種第二次創造，即對原來產品的再創造，理解是否就正確地得以規定了？這樣一種詮釋學規定歸根結底仍像所有那些對過去生活的修補和恢復一樣是無意義的。正如所有的修復一樣，鑑於我們存在的歷史性，對原來條件的重建乃是一項無效的工作。被重建的、從疏離化喚回的生命，並不是原來的生命。這種生命在疏離化的延續中只不過贏得了衍生的教化存在。新近廣泛出現的趨勢，即把藝術作品從博物館中再放回到其規定的本來之處，或者重新給予建築紀念物以其本來的形式，只能證明這一點。甚至由博物館放回到教堂裡去的繪畫或者按其古老狀況重新設立的建築物，都不是它們原本所是的東西——這些東西只成了旅遊觀光者的意願。與此完全一樣，這樣一種視理解爲對原本東西的重建的詮釋學工作無非是對一種僵死的意義的傳達。

與此相反，**黑格爾**提出了另一種可能性，即使詮釋學工作的得和失相互補充。黑格爾極其清楚地意識到所有修復的無效性，當他鑑於古代生活及其「藝術宗教」的衰亡而寫道[37]：繆斯的作品「現在就是它們爲我們所看見的那樣，——是已經從樹上摘下的美麗的果實，一個友好的命運把這些藝術品給予了我們，就像一個姑娘端上了這些果實一樣。這裡沒有它們具體存在的眞實生命，沒有長有這些果實的樹，沒有土壤和構成它們實體的要素，也沒有制約 [I 173]
它們特性的氣候，更沒有支配它們成長過程的四季變換——同樣，命運把那些古代的藝術作品給予我們，但卻沒有把那些作品的周圍世界給予我們，沒有把那些作品得以開花和結果的倫理生活的春天

37 黑格爾：《精神現象學》，霍夫邁斯特編，第 524 頁。

和夏天一併給予我們，而給予我們的只是對這種現實性的朦朧的回憶」。而且黑格爾還把後人對待流傳下來的藝術作品的態度稱之爲「外在的活動」，「這種活動類似於從這些果實中擦去雨珠或塵埃，並且在環繞著、創造著和鼓舞著倫理生活的現實性的內在因素上建立了它們的外部存在、語言、歷史性等等僵死因素之詳盡的架構，這並不是爲了讓自身深入生活於它們之中，而只是爲了把它們加以表象式的陳列」。[38] 黑格爾這裡所描述的東西，正是施萊爾馬赫的歷史保存要求所包含的東西，不過在黑格爾這裡，這些東西一開始就具有一種否定性的強調。對於那些充實藝術作品意義的偶緣性東西的研究，並不能重新產生這些作品。作品仍是從樹上摘下的果實。我們透過把這些東西放回到它們的歷史關係中去所獲得的，並不是與它們活生生的關係，而是單純的表象關係。黑格爾這裡並不是否認對往日藝術採取這種歷史態度是一個合理的工作，而是說明了藝術史研究的原則，這個原則在黑格爾看來，就像所有「歷史的」活動一樣，無疑是一種外在的活動。

不過，按照黑格爾的看法，只要精神看到了自身在歷史中以一種更高的方式表現出來，那麼面對歷史也包含面對藝術史的思維著的精神的眞正使命，就不會是一種外在的活動。在進一步描述那位端上了從樹上摘下的果實的女孩時，黑格爾繼續寫道：「但是，正如那位把摘下來的果實捧出給我們的女孩超過那個提供它們的條件和元素、樹木、空氣、陽光等等並且直接生長出它們來的自然界，因爲她是以一種更高的方式把所有這些東西聚集到具有自

[38] 但是，黑格爾的《美學》中有段話（霍托版，第 II 卷，第 233 頁）表明，對於黑格爾來說，「自身深入生活於」（das Sichhineinleben）也並不是一種解決辦法：「這是毫無用處的，即實質上去適應過去的世界觀，也就是說，企圖透過例如做一個天主教徒，去安居於那些世界觀中的一種。這就像現代許多人為了讓自己的精神得以安寧而對藝術所做的……」。

我意識的眼神和呈遞的神情的光芒之中，同樣，把那些藝術作品提供給我們的命運之神也超過了那個民族的倫理生活的現實性， [I 174] 因爲這個精神就是那個**外在化**於藝術作品中的精神的**内在回憶**（Erinnerung）——它是悲劇的命運之神，這命運把所有那些個別的神靈和實體的屬性集合到那唯一的萬神廟中，集合到那個自己意識到自己作爲精神的精神中。」[203]

這裡，黑格爾就超出了理解問題在施萊爾馬赫那裡所具有的整個範圍。黑格爾把理解問題提高到這樣一個基礎上，正是在這個基礎上他建立了他的作爲絕對精神最高形式的哲學。在哲學的絕對知識中，精神的那種自我意識就完成了，那個精神，正如引文中所說的，「以一種更高的方式」在自身中把握了藝術的眞理。因此對於黑格爾來說，正是哲學，也就是說，精神的歷史性的自我滲透，才實現了詮釋學的使命。哲學是歷史意識的自我遺忘的最極端的對立面。對於哲學來說，表象的歷史態度轉變成了對於過去的思維態度。這裡黑格爾說出了一個具有決定性意義的眞理，因爲歷史精神的本質並不在於對過去事物的恢復，而是在於**與現時生命的思維性溝通**（in der denkenden Vermittlung mit dem gegenwärtigen Leben）。如果黑格爾不把這種思維性溝通認作某種外在的和補充性的關係，而是把它與藝術眞理本身同等看待，那麼他就是正確的。這樣，黑格爾就在根本上超過了施萊爾馬赫的詮釋學觀念。只要我們去探討藝術和歷史中展現出來的**真理**問題，藝術眞理問題就迫使我們去進行對審美意識和歷史意識的批判。[204]

第二部分

眞理問題擴大到精神科學裡的理解問題

I 歷史的準備

「誰不認識某物，誰就不能從它的詞得出它的意義。」

——M. 路德*

* WA 飯桌談話 5；26，11—16，編號 5246。

1. 浪漫主義詮釋學及其在歷史學中的應用質疑

(a) 詮釋學在啓蒙運動和浪漫主義時期之間的本質轉變

假如我們認識到以跟隨黑格爾而不是施萊爾馬赫爲己任，詮釋學的歷史就必須有全新的著重點。它的最終完成不再是歷史理解擺脫一切獨斷論的先入之見，而且我們也將不能再按照狄爾泰跟隨施萊爾馬赫所描述的方式來看待詮釋學的產生。我們必須從狄爾泰所開創的道路走向新的道路，並找尋另一種不同於狄爾泰的歷史自我意識所追求的目的。可是，我們將完全不考慮獨斷論對詮釋學問題的興趣，這種興趣早先是由《舊約聖經》提供給早期教會的，[1] 我們將滿足於追隨近代詮釋學方法的發展，而這種發展最後導致歷史意識的形成。

(α) 浪漫主義詮釋學的前史

理解（Verstehen）和解釋（Auslegung）的技藝學曾經由於一種類似的動機而沿兩條路線——神學的和語文學的——加以發展。[205] 正如狄爾泰很好地指出的，[2] 神學詮釋學的產生是由於宗教改革家要維護自己對《聖經》的理解以反對特利恩特宗派 [206] 神學家的攻擊

1　我們可以考慮奧古斯丁的《基督教教義》，參見最近 G. 埃貝林的論文〈詮釋學〉，載《歷史和當代的宗教》，第 3 版。

2　狄爾泰：《詮釋學的起源》，載《狄爾泰全集》，第 5 卷，第 317-338 頁。〔目前狄爾泰的很有價值的原件發表在《施萊爾馬赫傳》第 2 卷裡。參見我的評論，載我的著作集，第 2 卷（《真理與方法》，第 3 版後記），第 463 頁以下。〕

及其對傳統必要性的辯護，而語文學的詮釋學則是作爲復興古典文學這一人文主義要求的工具。這兩條路線都是關係到重新發現 [I 178]（Wiederentdeckung），而且是重新發現某種並非絕對不知道，但其意義已成爲陌生而難以接近的東西：古典文學雖然經常地作爲人文教材出現，但完全被歸併入基督教的世界；同樣，《聖經》雖然也是教會經常閱讀的聖書，但對它的理解則是由教會的獨斷論傳統所規定的，而且按照宗教改革家的論證，是被教會的獨斷論傳統所掩蓋了的。在古典文學和《聖經》這兩個歷史傳承物中所涉及的都是陌生語言，而不是羅馬中古時代的那種普遍的學者語言，因此要對原本獲得的傳承物進行研究，就必須精通希臘文和希伯來文，並且還必須純化拉丁文。在這兩個傳承物領域內，詮釋學的要求就是透過精巧的程序爲人文主義文學和《聖經》提示其正文的原本意義。具有決定性意義的事件是，透過路德[207]和梅蘭希頓[208]，人文主義傳統和宗教改革的誘因結合了起來。

《聖經》詮釋學的前提——就《聖經》詮釋學作爲現代精神科學詮釋學的前史而言——是宗教改革派的《聖經》自解原則（das Schriftprinzip）。路德的立場[3]大致如下：《聖經》是自身解釋自身

---

[3] 路德派解釋《聖經》的詮釋學原則，在 K. 霍爾之後，主要是被 G. 埃貝林加以深入研究（G. 埃貝林〈福音派的《聖經》解釋——路德詮釋學探究〉〔1942年〕和〈路德詮釋學的發端〉〔《神學和教會雜誌》，第 48 卷，1951 年，第 172-230 頁〕，以及最近發表的〈上帝的話和詮釋學〉〔《神學和教會雜誌》，第 56 卷，1959 年〕）。我們這裡只是一種概括性的說明，目的是突出一些必要的看法，並解釋詮釋學進入歷史學（這是 18 世紀出現的）的轉變。關於「只有一部《聖經》」（Sola scriptura）的本身問題，也可參見 G. 埃貝林的〈詮釋學〉，載《歷史和當代的宗教》，第 3 版。〔參見 G. 埃貝林：《詞與信仰》，第 2 卷，圖賓根，1969 年，第 99-120 頁。也可參見我的論文〈古典詮釋學和哲學詮釋學〉，載我的著作集，第 2 卷，第 92-117 頁；以及 H.-G. 高達美和 G. 伯姆合編的《哲學詮釋學》，法蘭克福，1976 年。〕

（sui ipsius interpres）。我們既不需要傳統以獲得對《聖經》的正確理解，也不需要一種解釋技術以適應古代文字四重意義學說，《聖經》的原正文身就有一種明確的，可以從自身得知的意義，即文字意義（sensus literalis）。特別是隱喻的方法——這種方法以前對於《聖經》學說的教義統一似乎是不可缺少的——現在只有在《聖經》本身已給出了隱喻意圖的地方才是有效的。所以在講到隱喻故事時它才適合。反之，《舊約聖經》卻不能透過一種隱喻的解釋而獲得其特殊的基督教要義。我們必須按照字義理解它，而且正
[I 179] 是由於我們按照字義去理解它，並把它視爲基督拯救行爲所維護的法則的表現，《舊約聖經》才具有一種基督教義的重要性。

當然，《聖經》的字面意義並非在任何地方和任何時候都是明確可理解的。因爲正是《聖經》的整體指導著對個別細節的理解，反之，這種整體也只有透過日益增多的對個別細節的理解才能獲得。整體和部分這樣一種循環關係本身並不是新的東西。古代的修辭學就已經知道這種關係，它把完滿的講演與有機的身體、與頭和肢體的關係加以比較。路德和他的追隨者[4]把這種從古代修辭學裡所得知的觀點應用到理解的過程，並把它發展成爲正文解釋的一般原則，即正文的一切個別細節都應當從**上下文**（contextus）即從前後關係以及從整體所目向的統一意義，即從目的（scopus）去加以理解。[5]

---

4 在弗拉丘斯那裡也可找到 caput（頭）和 membra（肢體）的比較。

5 與詮釋學的起源一樣，系統概念（Systembegriff）的起源顯然也是基於同樣的神學方面的原因。對此，O. 里奇爾的探究《科學語言詞彙史和哲學方法論裡的系統和系統方法》（波昂，1906 年）是非常有教益的。他的研究表明，宗教改革派的神學由於不再願意成為獨斷論傳統的百科全書式的加工物，而是想根據《聖經》裡的重要章節（共同之處）對基督教學說重新加以組織，從而趨於系統化——這樣一種觀點是有雙重意義的，假如我們想到系統這一

由於宗教改革派的神學是爲了解釋《聖經》而依據於這種原則，從自身方面它當然仍束縛於一種本身以獨斷論爲基礎的前提。它預先假設了這樣一個前提，即《聖經》本身是一種統一的東西。從 18 世紀所確立的歷史觀點來判斷，宗教改革派的神學也是獨斷論的，它排除了對《聖經》的任何可能考慮到其正文相互關係、目 [I 180]
的和組織結構的正當的個別解釋。

而且，宗教改革派的神學似乎也是不澈底的。由於它最後要求以新教派的信仰形式作爲理解《聖經》統一性的指南，它也拋棄了《聖經》自解原則——儘管這一原則曾有利於某種誠然是短暫的宗教改革傳統。所以，不僅是反對宗教改革派的神學，而且就是狄爾泰本人也對它進行了批判。[6]狄爾泰從一種歷史精神科學的完全自我感覺出發，曾諷刺性地評注了新教派詮釋學的這些矛盾。不過，我們還將提出這樣的問題，即這種自我意識——這正涉及到《聖經》詮釋學的神學意義——是否眞正是有根據的，由正文自身來理解正

詞是後來在 17 世紀哲學裡出現的話。在 17 世紀哲學裡，也是某種新的東西破壞了士林哲學的整個科學的傳統結構，這就是新興的自然科學。這種新的成分迫使哲學趨於系統化，即協調舊的東西和新的東西。自那時以來已成為一種方法論上必不可少的哲學工具的系統概念同樣在近代初期哲學和科學的分裂中有其歷史根源。系統概念之所以表現為某種顯然是為哲學所需要的東西，只是因為哲學和科學的這種分裂自那時以來就向哲學提出了它的經常的任務。〔關於系統一詞的語義史：最早出現於《愛比諾米斯》991e，在這裡系統（σύστημα）一詞是與數（ἀριθμός）及和諧（ἁρμονία）相連繫的，這似乎是從數的關係和聲的關係轉到天體秩序（參見《早期斯多噶派著作殘篇》，片斷 II，168，11 以下）。我們也可以考慮赫拉克利特的想法（《前蘇格拉底哲學家殘篇》，第 12 篇，B54）：不協調出現於和諧的間隔「被克服」（überwunden）。與分裂相結合，這一點同樣也出現在天文學和哲學的「系統」概念裡。〕

6 參見《狄爾泰全集》，第 2 卷，第 126 頁，注釋 3，關於理查．西蒙對弗拉丘斯所進行的批判。

文的語文學—詮釋學原則是否本身也有某種不能令人滿意的東西，是否總是需要從獨斷論主導思想那裡得到一種一般不承認的補充。

在歷史上的啓蒙運動完全測度了這一問題的可能性之後，今天這個問題才可能被提出來。狄爾泰對於詮釋學起源的研究發展了一種明顯一致的，按照近代科學概念是令人信服的關係。首先，詮釋學必須使自己解除一切獨斷論的限制，解放自己，以便使自己能提升到歷史研究原則的普遍意義。這發生在 18 世紀，當時像塞梅勒 [209] 和埃內斯蒂 [210] 這樣的大人物已認識到，要正確地理解《聖經》，必須以承認它的作者之間的差別和放棄教義的獨斷論統一性爲前提。由於這種「使解釋從教條中解放出來」（狄爾泰），基督教神聖著作集開始被看作具有歷史源泉的著作集，它們作爲文字的著作不僅必須遵從語法的解釋，而且同時也要遵循歷史的解釋。[7] 由整體關係來進行的理解現在也必須要求歷史地再現文獻所屬的生活
[I 181] 關係。舊有的以整體來理解個別的解釋原則現在不再關係到和限制於教義的獨斷論統一，而是涉及到全部的歷史實在，而個別的歷史文獻正構成這種實在整體的部分。

正如現在在神聖著作或世俗著作的解釋之間不再有任何差別，因而只存在**一種**詮釋學一樣，這種詮釋學最終不僅對一切歷史研究有一種預備的作用——如：作爲正確解釋古文字的技術——而且也包含整個歷史研究事業本身。因爲古文獻中的每一個語句只能夠從上下文關係加以理解，這不僅適合於古文字，而且也適合於它們所報導的內容。語句的意義本身不是固定不變的。歷史研究的個別對

7　塞梅勒——他曾提出這種要求——當然以此還意味著服從《聖經》的拯救意義，因為歷史地理解《聖經》的人「現在也能夠按照一種由不同的時代和我們周圍人的另一種不同的環境所決定的方式講到這些對象」（引自 G. 埃貝林：「詮釋學」，載《歷史和當代的宗教》，第 3 卷）——即那種服務於 applicatio（應用）的歷史研究。

象（不論是重大的還是微不足道的）得以表現自身眞正的相對意義的世界史關係本身就是一個整體，只有藉這一整體，一切個別東西的意義才能得以完全理解，反之，也只有透過這些個別東西，整體才能得到完全的理解：世界史好像就是一部大部頭的晦澀不明的書，是用過去的語言所撰寫的一部人類精神的集體著作，它的本文應當被我們所理解。歷史研究是按照它所利用的語文學解釋模式理解自身。我們將看到，這種模式事實上就是狄爾泰用以建立歷史世界觀的模式。

所以，在狄爾泰看來，詮釋學僅當從服務於一種教義學任務——對於基督教神學家來說，這是一項正確宣告新教福音的任務——轉向歷史推理法作用時，它才獲得自己眞正的本質。但是，如果狄爾泰所追隨的歷史啓蒙運動的理想應被證明是一種幻覺的話，那麼他所概述的詮釋學的前史也將得到一種完全不同的意義；因此，歷史意識的轉向就不是指它從教條桎梏中的解放，而是指它的本質的轉變。這種情況也完全適合於語文學—詮釋學。因爲語文學的考證術（ars critica）首先就是以未加反思的古希臘羅馬文化的典範性爲前提的，語文學就是研討這一時期的傳承物。所以當古代和現代之間不再存在明確的榜樣和仿效的關係時，語文學—詮釋學就必須進行本質的轉變。這種情況可以透過**古今之爭**（die querelle des anciens et des modernes）來加以證明，這場古今之爭乃是從法國古典主義一直到德國古典時期這一整個時代的普遍主題。這一主題發展了歷史反思，這種反思終於摧毀了以古希臘羅馬文化爲典範的要求。所以，就語文學和神學這兩條路線而言，它們都經歷了同樣的發展過程，這種發展終於導致建立普遍詮釋學的想法，對於這 [I 182]
種普遍詮釋學來說，傳承物的特殊典範性不再表現爲詮釋學任務的先決條件。

詮釋學這門科學的發展，如施萊爾馬赫在與語文學家 F.A. 沃

爾夫 [211] 和 F. 阿斯特 [212] 的爭論以及繼續發展埃內斯蒂的神學詮釋學時所作出的，也並不只是理解技術歷史本身中的一種繼續的步伐。實際上這種理解技術歷史本身自從古典語文學的時代以來就已經被理論反思所伴隨。不過，這種理論反思具有一種「技藝學」（Kunstlehre）的性質，即它想服務於理解技術，有如修辭學服務於演講技術，詩學服務於作詩的技巧和品鑑。就這個意義而言，教父時代的神學詮釋學和宗教改革時代的神學詮釋學也都是一種技藝學。但現在這樣一種理解已成問題了。這個問題的普遍性證明了：理解已經變成了一種具有新意義的任務，因此理論反思也獲得了一種新意義。理論反思不再是一門服務於語文學家實踐或神學家實踐的技藝學。的確，施萊爾馬赫最後仍稱他的詮釋學爲「技藝學」，但他是在一種完全不同的重要意義上這樣稱呼的。他試圖越過神學家和語文學家的要求而返回到思想理解的更原始的關係，從而去獲取神學家和語文學家所共用的方法的理論基礎。

語文學家 —— 施萊爾馬赫的直接先驅 —— 當時仍站在不同的立場上。對於他們來說，詮釋學是由要理解的東西的內容所規定的 —— 並且，這是古代—基督教文學不言而喻的統一性。阿斯特的普遍詮釋學的目的是論證：「希臘和基督教時代所產生的生活的統一性」表現了一切「基督教人文主義者」根本所思想的東西。[8] —— 反之，施萊爾馬赫**不再在**理解所必應用於的**傳承物的內容統一性**裡尋求詮釋學的統一性，而是擺脫所有內容上的特殊性，在一種甚至不爲思想怎樣流傳的方式（不管是文字的還是口頭的，是用陌生的

8　狄爾泰正確地注意到這一點，但對此評價不同，他在 1859 年曾寫道：「我們應當很好地注意，語文學、神學、歷史和哲學……當時還沒有像我們通常所認為的那樣產生。可是，既然赫涅曾經使語文學成為一門具體學科，沃爾夫才首先稱自己是語文學的學生。」（《青年狄爾泰》，第 88 頁）

語言還是用自己同時代的語言）所影響的方法統一性中尋求詮釋學的統一性。凡是在沒有出現直接理解的地方，也就是說，必須考慮到有誤解可能性的地方，就會產生詮釋學的要求。

施萊爾馬赫的普遍詮釋學觀念就是從這裡開始的。這種觀念產
生於這樣一種想法，即陌生性的經驗和誤解的可能性乃是一種普遍 [I 183]
的現象。的確，相對於非藝術性的講話和口頭的講話（口頭的講話好像經常被一種富有生氣的語調所解釋）來說，在藝術性的講話和文字固定下來的講話裡，這種陌生性更大，這種誤解也更容易。但是，詮釋學任務向「有意義的對話」（das bedeutsame Gespräch）的擴展——這對於施萊爾馬赫是特別典型的——正表明詮釋學本要克服的陌生性的意義相對於迄今爲止的詮釋學任務觀來說曾發生怎樣根本的轉變。在一種新的普遍的意義上，陌生性與你的個性是不可解開地一起被給予的。

但是，我們不應當把這種表現施萊爾馬赫特色的富有生氣和才智的人的個性感認作是一種影響他的理論的個人的癖性。這種個性感其實是對所有那些在啓蒙運動時期以「合理性的思想」這一名稱被認作是人性的共同本質的東西的批判性拒絕，這種個性感迫使施萊爾馬赫對傳承物的關係採取了一種嶄新的觀點。[9]他認爲理解的技術需要加以根本的理論考察和普遍的訓練，因爲不管是根據《聖經》確立的同意還是靠理性建立的同意都不再構成對一切正文理解的獨斷論的指南。因此，對於施萊爾馬赫來說，我們需要爲詮釋學反思提供一種根本的動因，並因而把詮釋學問題置於一個迄今詮釋

9 克利斯蒂安．沃爾夫及其學派合乎邏輯地把「一般解釋技術」算作哲學，因為「一切最後都集中於：如果我們理解了他人所講的話，那麼我們就可能認識和檢驗他們的真理」（瓦爾希，165）。本特利同樣也這樣主張，他曾要求語文學家：「他的唯一的嚮導是理性——即作者思想之光及其強制的力量」（引自韋格納：《古代文化研究》，第 94 頁）。

學尚未認識的視域內。

爲了對施萊爾馬赫給予詮釋學歷史的這一特殊轉折提供正確的背景知識，讓我們考慮一個施萊爾馬赫自己尚未完全處理的問題。這一問題雖然自從施萊爾馬赫以來完全從詮釋學的探究中消失了（這奇特地使狄爾泰對詮釋學歷史的歷史興趣變得相當狹窄），實際上卻支配了詮釋學的問題，並且使施萊爾馬赫在詮釋學歷史上的地位能得以理解。我們從這一命題開始：「理解（Verstehen）首先指相互理解（sich miteinander verstehen）。」了解（Verständnis）首先是相互一致（Einverständnis）。所以，人們大多是直接地相互理解的，也就是說，他們相互了解直到取得相互一致爲止。了解也總是對某物的了解。相互理解（sich verstehen）就是對某物的
[I 184] 相互理解（sichverstehen in etwas）。語言已經表明：談論的東西（Worüber）和涉及的東西（Worin）並不只是一個本身任意的相互理解不必依賴於它的談論對象，而是相互理解本身的途徑和目的。如果兩個人是不依賴於這種談論的東西和涉及的東西而相互理解的，那麼這意味著：他們兩人不僅是在這一方面或那一方面相互理解，而且在統一人類的所有本質事物方面都相互理解。只有在任何人都能意指和理解同一**事物**這種自然生活受到妨礙時，理解才成爲特有的任務。哪裡產生了誤解，或哪裡意見表達使人驚奇地感到不可理解，哪裡意指事物的自然生活就這樣受到阻礙，以致意見由於作爲意見——也就是作爲他人的意見、你的意見或正文的意見——而一般就成爲某種固定的給予的東西。甚至在這裡一般所尋求的也是同意（Verständigung）——而不只是了解（Verständnis），這樣，我們重新又走到了關於事情的路上。只有當所有這種去路和回路——這些道路構成了對話的藝術、論證的藝術、提問的藝術、回答的藝術、反對和拒絕的藝術，並相對於正文作爲探求理解的靈魂的內在對話——都是徒勞的，問題才會重新被提出。只有到此時，

理解的努力才注意到你的個性，考慮到這種個性的**特有性**。就一種陌生的語言而論，正文當然永遠是一種語法—語言解釋的對象，但這只是一種初步的條件。在努力去理解所說的內容時，如果提出他怎樣得出他的意見這樣的反思問題，那麼理解的眞正問題顯然就被揭開了。因爲很清楚，這樣一種提問表現了一種完全不同種類的異樣性，最終意味著放棄共同的意義。

斯賓諾莎的《聖經》批判對此就是一個卓越的例證（同時也是最早的文獻之一）。在《神學政治論》第 7 章裡，斯賓諾莎提出了他的基於自然解釋的《聖經》解釋方法：我們必須從歷史資料推出作者的意思（mens）—— 因爲這些書裡所講到的東西（奇蹟和啓示的故事）都不能從那些我們憑自然理性而知道的原則中推導出來。在這些本身是不可理解的（imperceptibiles）事物中 —— 儘管《聖經》著作整個來說無可爭議地具有一種道德的意義 —— 所有重要的東西也都是可以被理解的，只要我們「歷史地」理解了作者的精神，也就是說，只要我們克服我們的偏見，除了作者所能想到的意義外不考慮別的東西。[213]

因此，「以作者的精神」來進行歷史解釋的必要性來自於內容的晦澀曖昧和不可理解性。斯賓諾莎說，從沒有人這樣解釋過 [I 185]
歐幾里得，以致我們會注意這位作者的生平、研究和習慣（vita, studium et mores），[10] 這同樣也適用於《聖經》論述道德問題的精神（circa documenta moralia）。只是因爲《聖經》的故事裡具有不可理解的東西（res imperceptibiles），所以我們對它們的理解才依賴於：我們能夠從作者的整個著作去弄清作者的意思（ut mentem

10 對於歷史思想的勝利，下述一點是有徵兆性的，即施萊爾馬赫至少在其詮釋學裡考慮到有可能按照「主觀方面」，從歐幾里得的天才思維上來解釋歐幾里得（151）。

auctoris percipiamus）。這裡，作者所意味的東西是否符合我們的觀點，這事實上是無關緊要的——因爲我們所想知道的只是命題的意義（den sensus orationum），而不是它們的眞理（veritas）。爲此，我們需要排除一切先入之見，甚至是透過我們理性（更正確地說，是透過我們的成見）而得來的東西（§17）。[214]

《聖經》理解的「當然性」（Natürlichkeit）也依賴於這一事實，即明顯的東西可以清楚地被理解，不明顯的東西可以「歷史地」被理解。對事物的眞理不能直接理解，就促成走歷史研究之路。這樣表達的解釋原則對於斯賓諾莎自己對《聖經》傳統的關係究竟意味著什麼，這是另一個問題。無論如何，在斯賓諾莎看來，《聖經》裡僅以這種方式可以歷史地被理解的東西的**範圍**是很大的，即使整個《聖經》的精神（quod ipsa veram virtutem doceat）是明確的，而明確的東西是具有壓倒一切的**重要性**。

如果我們以這種方式回顧歷史詮釋學的前史，那麼首先要注意的事情是，在語文學和自然科學之間（就它們早先的自我思考而言）存在一種緊密的相應關係，這種相應關係具有雙重的意義：一方面，自然科學方法程序的「當然性」被認爲也可應用於對《聖經》傳統的態度，並且被歷史方法所支持；但另一方面，《聖經》詮釋學裡所運用的語文學技巧，即從上下文關係去理解的技巧的當然性也給予自然研究以一項解釋「自然之書」的任務。[11] 就此而言，**語文學**的模式對於自然科學方法是具有指導性的。

[I 186] 這反映在這一事實上，即由《聖經》和權威取得的知識正是新

---

[11] 所以培根把他的新方法理解為自然解釋（interpretatio naturae），參見本書第 353 頁以下。〔也可參見 E. R. 庫丘斯：《歐洲文學和羅馬中世紀》，伯恩，1948 年，第 116 頁以下，以及 E. 羅特哈克：《自然之書——隱喻歷史的資料和基礎》，根據 W. 佩爾佩特編輯加工的《遺著》，波昂，1979 年。〕

興自然科學必須進行反對的敵人。為反對這一敵人，新興科學必須具有它自己特有的方法論，這種方法論透過數學和理性導向對本身是可理解的東西的洞見。

正如我們在斯賓諾莎那裡所看到的，18 世紀對《聖經》進行的澈底的歷史批判在啓蒙運動的理性信仰中完全有其獨斷論的基礎。同樣，歷史思維的其他先驅——其中在 18 世紀有很多現在早已被忘記了名字的人——也曾試圖為理解和解釋歷史著作提供指南。在這些人中間浪漫主義詮釋學先驅克拉頓尼烏斯（Chladenius）[12][215] 特別突出，[13] 事實上在克拉頓尼烏斯那裡，我們發現確立「我們為什麼這樣而不是那樣認識事物」的「觀點」（Sehepunkt）這一重要概念，這本是來自光學的概念，顯然這位作者是從萊布尼茲那裡借用了這一概念。

但是，正如我們從他著作的名稱得知的，克拉頓尼烏斯容易給人一種錯誤的假象，假如我們把他的詮釋學看成一種歷史方法論的早期形式的話。這不僅指「解釋歷史著作」的事情對他來說根本不是最重要的事情——在任何情況下這都是關於著作的實際內容的問題——，而且也指整個解釋問題在他看來基本上都是教育性的，具有**偶緣**的性質。解釋顯然與「合乎理性的講話和著作」有關。對於他來說，解釋就是指「增加那些對於完善理解一段原文是必要的概念」。所以，解釋並不「指明對一段原文的眞正理解」，而是明顯地被規定為排除原文中那些阻礙學生「完善理解」的晦澀疑點（序言）。在解釋中我們必須使自己適應於學生的見解（§102）。

所以，在克拉頓尼烏斯看來，理解和解釋不是一回事（§648）。很清楚，對於克拉頓尼烏斯來說，一段原文需要解

---

12 《對合乎理性的講話和著作的正確解釋導論》，1742 年。

13 根據 J. 瓦赫（Wach），瓦赫的 3 卷本著作《理解》完全停留在狄爾泰的視域內。

釋，完全是一種例外情況，只要我們知道了一段原文所涉及的東西——不管我們是從原文回憶起這些東西，還是僅透過這段原文才獲得對這些東西的知識——我們一般就直接理解了這段原文（§682）。毫無疑問，這裡對於**理解**來說重要的東西仍是對事物的理解（Sachverständnis），即有關實際事物的見解——這絕不是
[I 187] 歷史學的處置方法，也不是心理學—發生學的處置方法。

不過，這位作者仍然完全相信，只要解釋藝術同時證明了解釋的正當性，解釋藝術就具有一種新的和特殊的迫切性。只要「學生有了與解釋者同樣的知識」（這樣，所要理解的東西無需論證就是清楚明顯的），或者「因爲對解釋者已有了很好的信任」，解釋顯然就沒有必要。不過，在他看來，這兩個條件在他那時代似乎都不能得以實現，因爲就（在啓蒙運動的精神影響下）「學生想以他們自己的眼光來看」而言，對解釋者不可能有信任，而就隨著知識的發展——即隨著科學的進展——要理解的事物的奧祕變得越來越多而言，學生也不可能有與解釋者同樣的知識（§668以下）。因此，隨著自明的理解（Vonselbst-Verstehen）的消失，詮釋學的需要產生了。

這樣，本來是偶然的解釋動機終於獲得了一種根本的意義。克拉頓尼烏斯達到了一個非常重要的結論。他確信，完善地理解一位作者和完善地理解一次講話或一篇著作並不是同一回事（§86）。理解一本書的標準絕不是知道它的作者的意思。因爲「既然人們不能知道任何東西，他們的言辭、講話和著作便可能意味著某種他們自己未曾想去說或寫的東西」，因而，「如果我們試圖去理解他們的著作，我們可以有理由地去想那些作者自己還未曾想到的東西」。

即使情況相反，即「作者所意味的東西比我們所能理解的東西要多」，詮釋學的眞正任務對於克拉頓尼烏斯來說，也不是最終

去理解這些「多出的東西」，而是理解書本身的眞實的即客觀的意思。因爲「所有人們的著作和講話都有某種不可理解的東西」——這就是說，都有某些由於缺乏客觀知識而來的晦澀疑點——所以必然需要正確的解釋。「對我們無收益的章節可以變成有收益的」，也就是說，「引起了更多的思想」。

不過，我們應當注意，在所有這些方面，克拉頓尼烏斯都沒有考慮如何加強《聖經》的注釋，而是明顯地無視於「神聖的著作」，對於這些神聖著作來說，「哲學的解釋技術」只是一個通道。他也不想以他的闡述來論證，凡是我們能思考的東西（所有「應用」）都屬於一部書的理解，而是認爲，只有那些符號作者意向的東西才屬於一本書的理解。但是對於他來說，這種符合顯然不具有那種歷史—心理學限制的意義，而是指一種（如他所明確確信的）注釋性地考慮新神學的實際符合關係。[14] [I 188]

(β) 施萊爾馬赫的普遍詮釋學設想

正如我們所看到的，假如我們不再用狄爾泰的觀點去看待 19 世紀詮釋學的前史，這段前史實際上就會顯得很不一樣。在斯賓諾莎和克拉頓尼烏斯這一方和施萊爾馬赫這另一方之間發生了多麼大的轉變啊！那種促成斯賓諾莎轉向歷史研究並促使克拉頓尼烏斯在一種完全指向對象的意義上去構造解釋技術的不可理解性，對於施萊爾馬赫來說，具有了完全不同的普遍的意義。

如我所正確看到的，首先一個重要差別是：施萊爾馬赫與其說在講不理解（Unverständnis），毋寧說在講誤解（Missverstand）。他所想到的東西不再是那種幫助他人或學生理解的解釋的教導作

14 這確實適合於塞梅勒，前面注釋 7 所引的他的話表明，他的歷史解釋要求怎樣具有神學的意義。

用。在他看來，解釋和理解是最緊密地交織在一起的，有如外在的話語和內在的話語緊密地交織在一起一樣，所有解釋的問題實際上都是理解的問題。[15]他唯一研討的是理解的技巧（die subtilitas intelligendi），而不是解釋的技巧（die subtilitas explicandi）[16]〔對於應用（applicatio）他更是沉默不言[17]〕。但是，施萊爾馬赫首先明確地區分了寬鬆的詮釋學實踐和嚴格的詮釋學實踐，按照寬鬆的詮釋學實踐，理解是自發出現的，而嚴格的詮釋學實踐的出發點則是：凡是自發出現的東西都是誤解。[18]施萊爾馬赫的特殊成就——發展一種眞正的理解技藝學以代替「觀察的聚集」——就是建立在這種區分之上的。這意味著某種嶄新的觀點。因爲從現在開始，我們不再把理解疑難和誤解認爲是偶然的，而認爲是可被排除的組成
[I 189] 要素。所以施萊爾馬赫下了這樣的定義：「詮釋學是避免誤解的技藝。」這個定義超出了解釋實踐的偶爾教導作用，使詮釋學獲得了一種方法論的獨立性，因爲「誤解是自發地出現的，並且理解在任何時刻都必須被欲求和追求」。[19]避免誤解——「一切任務都包含在這句否定性的話裡。」施萊爾馬赫在語法學的和心理學的解釋規則系統裡看到了詮釋學的積極的解決辦法，因爲這套解釋規則即使

---

[15] 〔這種把理解和解釋加以融合的做法——我認為這種做法遭到 D. 希爾施這樣的作者所反對——我可能從施萊爾馬赫自己那裡得到證實。《施萊爾馬赫全集》，第 3 系列，第 3 卷，第 384 頁（= 蘇爾康姆普版《哲學詮釋學》卷，第 163 頁）：「解釋與理解的區別只是像外在的講話與內在的話語的區別一樣」——這一般就表明思想具有語言性的必然性。〕

[16] 埃內斯蒂在《解釋規則》NT（1761 年）第 7 頁另外提出的。

[17] J. J. 蘭巴赫：《神學詮釋學規則》，1723 年，第 2 頁。

[18] 《詮釋學》，§ 15 和 § 16，載施萊爾馬赫：《著作集》，第 1 系列，第 7 卷，第 29 頁以下。

[19] 《詮釋學》，§ 15 和 § 16，載施萊爾馬赫：《著作集》，第 1 系列，第 7 卷，第 30 頁。

在解釋者的意識裡也是完全與一切獨斷論內容束縛相脫離的。

當然，施萊爾馬赫並不是第一個把詮釋學任務限制於使別人在講話和著作中所意味的東西成爲可理解的人。詮釋學技藝從來就不是研討事物的工具論。這一點使得詮釋學從一開始就與施萊爾馬赫稱之爲辯證法（Dialektik）的東西相區別。可是，凡是在我們致力於理解——例如：對《聖經》或古典文學進行理解——的地方，我們總是要間接地涉及到隱藏在原文裡的眞理問題，並且要把這種眞理揭示出來。事實上，應當被理解的東西並不是作爲某種生命環節的思想，而是作爲眞理的思想。正是因爲這一理由，詮釋學才具有一種實際的作用，保留了研討事物的實際意義。就施萊爾馬赫至少基本上使詮釋學——在科學系統內——與辯證法相關而言，他是考慮到這一點的。

然而，他給自己制定的任務卻是孤立理解過程的任務。他認爲詮釋學應當獨立地成爲一門特有的方法論。對於施萊爾馬赫來說，這種方法論也包含使詮釋學擺脫那種在他的先驅者沃爾夫和阿斯特看來構成詮釋學本質的受限制的目的。他不承認詮釋學應當限制於陌生的語言或書寫的文字，「好像在會話和直接的聽講裡就不會出現同樣的東西」。[20]

這意思還不只是說詮釋學問題從理解寫下的文字東西擴展到理解一般的講話，而且它還指明了一種根本的轉變。應當被理解的東西現在不只是原文和它的客觀意義，而且也包括講話人或作者的個性。施萊爾馬赫認爲，只有返回到思想產生的根源，這些思想才可能得到眞正的理解。對於斯賓諾莎來說是理解的界限，因而需要轉向歷史研究的東西，對於施萊爾馬赫來說，則是正常的東西，並構成他由以發展其理解學說的前提。他認爲「大多被忽視，甚至大部

20　F. 施萊爾馬赫：《著作集》，第 3 系列，第 3 卷，第 390 頁。

分完全被輕視」的東西，乃是「去理解一系列既作爲一種迸發出來
[I 190] 的生命環節，又同時作爲一種與許多其他人甚至以不同方式相連繫的活動的思想」。[21]

這樣，在語法的解釋之外，施萊爾馬赫又提出了心理學的（技術性的）解釋——這是他的創造性的貢獻。[22] 下面我們將略去施萊爾馬赫對於語法解釋很有卓識的論述。它們包括既存的語言整體對於著作家，因而也是對於他的解釋者所起作用的卓絕論述，以及文學整體對於一部個別著作有怎樣的意義的卓絕論述。從最近關於施萊爾馬赫未發表著作的研究來看，[23] 似乎心理學的解釋在施萊爾馬赫思想的發展中只是逐漸才占據了重要位置。但不管怎樣，這種心

---

21 〔施萊爾馬赫：《著作集》，第 3 系列，第 3 卷，第 392 頁（= 蘇爾康姆普版，第 177 頁以下）。〕

22 〔參見 M. 弗蘭克對我的說法所作的批評以及我在〈現象學和辯證法之間——一種自我批判的嘗試〉裡的答覆，載我的著作集，第 2 卷，第 13 頁以下。〕

23 我們關於施萊爾馬赫詮釋學的認識至今仍依據於他在 1829 年科學院的講演和呂克出版的《詮釋學講義》。這篇講義是根據 1819 年的手稿、特別是施萊爾馬赫最後 10 年的講課筆記形成的。這一外在的事實就已經表明，我們所知道的詮釋學理論屬於施萊爾馬赫思想發展的晚期階段，而不屬於他的早期與弗里德里希．施萊格爾交往的富有成效的時期。這種理論——首先是透過狄爾泰——發生了歷史的影響。上述討論也是依據於這些文件，並試圖得出它們的本質傾向。但是呂克的版本還保留了一些想指出施萊爾馬赫詮釋學思想發展的東西，這些東西值得我們注意。在我的建議下，海因茨．基默爾重新整理了收藏在柏林德意志科學院裡的未發表的材料，並出版了附有一篇導論的《海德堡科學院論文集》校訂本（1959 年，修訂論文）。H. 基默爾在那裡所引的其博士論文中作了一個重要的嘗試，他試圖重新規定施萊爾馬赫思想發展的方向。參閱他在《康德研究》上寫的文章，1951 年，第 4 冊，第 410 頁以下。〔H. 基默爾的新版本看來要付出很大代價才能獲得它的權威性，因為相對於呂克編輯的版本（目前重新由 M. 弗蘭克加以整理，使之易讀），基默爾的新版本很少有人讀。參見 M. 弗蘭克（編）：《F. D. E. 施萊爾馬赫——詮釋學與批判》，法蘭克福，1977 年。〕

理學解釋對 19 世紀理論形成——對於薩維尼[216]、伯克[217]、施泰因塔爾[218]，當然首先是對於狄爾泰——產生了決定性的影響。

甚至就《聖經》來說——這裡對個別作者的心理學一個性的解釋相對於教義學的統一意見和共同意見來說，其意義顯得微不足道[24]——施萊爾馬赫仍把語文學和教義學之間的方法論差別認 [I 191] 爲是本質的。[25] 詮釋學包括語法的解釋技藝和心理學的解釋技藝。但是施萊爾馬赫的特殊貢獻是心理學解釋。這種解釋歸根結底就是一種預感行爲（ein divinatorisches Verhalten），一種把自己置於作者的整個創作中的活動，一種對一部著作撰寫的「內在根據」的把握，[26] 一種對創造行爲的模仿。這樣，理解就是一種對原來生產品的再生產，一種對已認識的東西的再認識（伯克），[27] 一種以概念的富有生氣的環節，以作爲創作組織點的「原始決定」（Keimentschluss）爲出發點的重新構造（Nachkonstruktion）。[28]

但是，這種孤立地描述理解的做法意味著：我們試圖作爲言辭或正文去理解的思想構成物（das Gedankengebilde）並不能按照它的客觀內容去理解，而是要理解爲一種審美構成物、藝術作品或「藝術性的思想」。如果我們堅持這一點，那麼我們就會理解，

---

24 施萊爾馬赫：《著作集》，第 1 系列，第 7 卷，第 262 頁：「即使我們從不能夠完全理解所有《新約》作者的個人的癖性，但最高的任務，即越來越完善地把握這些作者之間共同的生命，仍是可能的。」

25 同上書，第 1 系列，第 7 卷，第 83 頁。

26 施萊爾馬赫：《著作集》，第 3 系列，第 3 卷，第 355、358、364 頁。

27 《語言學百科全書和方法論》，布拉土希克編，1886 年第 2 版，第 10 頁。

28 狄爾泰在研究詩人的想像力時曾使用「影響點」（Eindruckspunkt）這一詞，並明確把它從藝術家那裡轉用到了歷史學家（第 4 卷，第 283 頁）。我們以後將解釋從思想史觀點來看這種轉用的意義。轉用的基礎是施萊爾馬赫的**生命**概念：「但何處有生命存在，那裡功能和作用就結合在一起。」「原始決定」這一術語見施萊爾馬赫：《著作集》，第 1 系列，第 7 卷，第 168 頁。

這裡爲什麼根本不是一個與某物（施萊爾馬赫的「存在」）的關係的問題。施萊爾馬赫遵循康德的美學基本規定，他曾說「藝術性的思想」「只能按照較大或較小的愉悅而區分」，並且「眞正說來只是主體的瞬息間的活動」。[29] 當然，理解任務得以進行的前提是：這種「藝術性的思想」不是一種單純的瞬息間的活動，而是表現自身。施萊爾馬赫在「藝術性的思想」裡看到了極妙的生命要素，這些生命要素包含這樣大的愉悅，它們突然表現了出來，但是它們仍保留了——不管它們在「藝術性的作品的原型」裡引起了怎樣強烈的愉悅——個體的思想，這是一種不受存在制約的自由構造。這正是那種使詩意的正文區別於科學的正文的東西。[30] 施萊爾馬赫確實想以此說明，詩人的言辭不受制於我們上面已經描述過的那種關於某物了解的標準，因爲詩中所說的東西不能同它說的方式相分離。
[I 192] 例如：特洛伊戰爭**存在**於荷馬的詩中——一位研究歷史客觀實在性的人絕不再把荷馬讀成爲詩的言辭。甚至沒有人會主張荷馬的詩已經透過考古學家的發掘贏得了藝術性的實在。這裡應當要理解的東西絕不是一種共同的關於事物的思想，而是個體的思想，這種個體思想按其本質是一個個別存在的自由構造、表達和自由表現。

但是，施萊爾馬赫獨特的地方在於，他在任何地方都追求這種自由創造的元素。甚至剛才我們所講到的對話也被施萊爾馬赫以同樣的方式加以區分，除了一種「眞正的對話」——這種對話涉及對意義的共同探究（das gemeinsame Wissenwollen des Sinns），是辯證法的原始形式——外，他還講到了「自由的對話」，他把這種對話稱之爲藝術性的思想。在這後一種對話裡，思想的內容「幾乎完全不加考慮」——這種對話無非是思想的相互促進（「並且除了逐

---

[29] 施萊爾馬赫：《辯證法》（奧德布萊希特編），第 569 頁以下。

[30] 同上書，第 470 頁。

漸地耗盡被描述的過程外，沒有任何其他的自然目的」），[31] 一種在相互的資訊交往中的藝術性的構造。

因爲話語不僅是內在的思想產物，而且也是交往關係，本身具有一種外在的形式，所以話語就不只是思想的直接顯現，而且還預設了思考過程（Besinnung）。當然，這也適合於文字寫下的東西，適合於一切正文。一切文字的東西總是透過藝術的表現。[32] 哪裡話語是藝術，哪裡話語也就成了理解。所有話語和所有正文基本上都涉及理解的技藝，即涉及詮釋學。這就解釋了修辭學（美學的一個分支）和詮釋學的相屬關係：每一種理解活動，按照施萊爾馬赫，都是某種話語活動的返回（Umkehrung），即對一種構造的再構造（Nachkonstruktion）。因此，詮釋學相應地也是修辭學和詩學的一種返回。

對於詩以這種方式與講話藝術相連繫，[33] 我們可能感到有些奇怪。因爲在我們看來，詩這門藝術的標誌和地位似乎正在於它那裡的語言不是話語，也就是說，詩不依賴於任何一種對話語和所談東西或所開導東西的理解而具有一種意義和形式的統一性。但是，施萊爾馬赫的「藝術性的思想」概念——他把詩藝術和講話藝術包括在這一概念裡——並不涉及產品，而是涉及主體的行爲方式。所以，這裡話語純粹地被認爲是藝術，它不涉及任何目的和事實關係，它被認爲是創造性的生產性的表現。當然，非藝術性的東西和藝術性的東西之間的界線不是明確的，正如非藝術性的（直接的）理解和透過特殊藝術技巧而進行的理解之間的界線是不明確的一樣。就這種產品是機械地遵照規律和規則而不是無意識的靈感所生 [I 193]

---

31 《辯證法》，第 572 頁。

32 《美學》（奧德布萊希特編），第 269 頁。

33 《美學》（奧德布萊希特編），第 384 頁。

產出來而言，創作過程將被解釋者有意識地加以再思考；但就這種產品是個體性的、是天才的眞正創造性的產品而言，就不能有這樣一種按照規則的再思考。天才自身創造模式和給予規則：他創造新的語言使用方式和新的文學創作形式等等。施萊爾馬赫充分考慮到了這種差別。就詮釋學這一方面來說，與天才的作品相配應的，它需要預感（Divination）、直接的猜測（das unmittelbare Erraten），這歸根結底預先假設了一種與天才水準相當的能力。但是，假如非藝術性的產品和藝術性的產品、機械的產品和天才的產品之間的界限是不確定的（因爲個性常常得到表現，因而一種擺脫規則支配的天才因素在起作用——如：兒童學習語言的情況），那麼由此就可推知，一切理解的最後根據一定是一種同質性的預感行爲（ein divinatorischer Akt der Kongenialität），這種行爲的可能性依據於一切個性之間的一種先在的連繫。

這事實上就是施萊爾馬赫的前提，即一切個性都是普遍生命的表現，因此「每一個人在自身內與其他任何人都有一點關係，以致預感可以透過與自身相比較而引發出」。因此施萊爾馬赫能夠說，作者的個性可以直接地被把握，「因爲我們似乎把自身轉換成他人」。由於施萊爾馬赫以這種方式使理解與個性問題相關，詮釋學任務在他看來就顯現爲普遍的任務。因爲陌生性和熟悉性這兩個極端都是與一切個性的相對差別一起被給出的。理解的「方法」將同樣地既注意到共同的東西——透過比較，又注意到個別的東西——透過猜測，這就是說，它既是比較的又是預感的。但是在這兩方面，它都是「技藝」，因爲它不能變成機械地應用規則。預感的東西（das Divinatorische）總是不可缺少的。[34]

基於這種關於個性的美學形上學，語文學家和神學家所使用的

34　施萊爾馬赫：《著作集》，第1系列，第7卷，第146頁以下。

詮釋學原則經歷了一場重要的改變。施萊爾馬赫跟隨弗里德里希・阿斯特和整個詮釋學－修辭學傳統，他承認理解的本質特徵之一是：部分的意義總只是由上下文關係，即最終由整體而得出的。顯而易見，這個命題適合於對任何語句的語法理解，直至把語句安置 [I 194] 在一部文學作品的整體關係之中，甚至安置在整個文學或者有關的文字大類之中——**但是施萊爾馬赫卻把這個命題應用於心理學的理解**，心理學理解必須把每一個思想創造物理解爲這個人的整個生命關係的一個要素。

很顯然，這在邏輯上產生了一個循環，因爲理解個別所依賴的整體並不是先於個別而被給予的——不管這整體是以一種獨斷論的教規方式（如：天主教對《聖經》的理解，或者如我們所看到的，在某種程度上宗教改革派對《聖經》的理解），還是以一種與此相類似的時代精神這一先在概念的方式（如：阿斯特假定因果報應作爲古代精神的特徵）被給出的。

但是，施萊爾馬赫解釋道，這兩種獨斷論指南不能要求任何先天的有效性，因此它們只是循環的相對限制情況。從根本上說，理解總是一種處於這樣一種循環中的自我運動，這就是爲什麼從整體到部分和從部分到整體的不斷循環往返是本質性的道理。而且這種循環經常不斷地在擴大，因爲整體的概念是相對的，對個別東西的理解常常需要把它安置在越來越大的關係之中。施萊爾馬赫把他經常運用的兩極性的辯證法描述方法應用於詮釋學，並根據古老的關於全體和部分的詮釋學原則發展這一方法，從而考慮了理解的內在的暫時性和無限性。但是，這種對於他來說富有典型特徵的思辨相對性與其說是一個基本原則，毋寧說是關於理解過程的一種描述程序。這表現在他假定了某種似乎完全理解的東西，這種完全理解發生在預感的轉換出現，「所有個別東西終於一下子突然地獲得了它們的完全照明」之時。

人們可能會問，這種說法（在柏克那裡我們也發現了同樣意義的說法）應當在嚴格的意義上去理解呢？還是只是描述了一種相對的理解完全性？的確，施萊爾馬赫——甚至更明確的，是威廉·馮·洪堡——把個性看作一種永不能完全解釋明白的神祕物。不過，即使上述說法只應相對地被理解，這裡爲理性和理解所設立的障礙無論如何也不是不可逾越的。它應當被**情感**（Gefühl），即一種直接的同情性的和同質性的理解所超越。詮釋學是一門**藝術**，而不是機械的過程。所以它使它的作品即理解像一件藝術作品那樣臻於完成。

[I 195] 這種基於個性概念的詮釋學的界限表現在：施萊爾馬赫並不認爲語文學和《聖經》詮釋學的任務，即理解用陌生語言撰寫的、出自過去時代的正文，比任何其他理解在根本上更成問題。的確，按照施萊爾馬赫的看法，凡在需要克服時間差距的地方，就有一種特別的任務。施萊爾馬赫把這任務稱之爲「與原來讀者處於同一層次」（Gleichsetzung mit dem ursprünglichen Leser）。但是，這種「同一層次的操作」，即從語言方面和歷史方面建立這種同層次性的活動，在他看來，只是眞正理解活動的一種理想的先決條件，因爲他認爲，眞正的理解活動並不是讓自己與原來讀者處於同一層次，而是與作者處於同一層次，透過這種與作者處於同一層次的活動，正文就被解釋爲它的作者的生命的特有表現。施萊爾馬赫的問題不是歷史的晦澀難理解性這個問題，而是「你」的晦澀難理解性問題。

但是，人們可能會提出這樣的問題，即我們是否可能這樣區分與原讀者建立同層次性的活動和與作者建立同層次性的活動。其實，使自己與原讀者處於同一層次的理想先決條件並不是先於眞正的理解努力而實現的，而是完全與這種努力交織在一起的。我們不熟悉其語言也不了解其內容的過去時代的正文的意思，只能用我們已描述的方式，用整體和部分的循環往返運動才能表現出來。施萊爾馬赫承認這一點。常常正是由於這種運動，我們才學會了理解陌生的意思、陌生的語言或陌生的過去。循環運動之所以必要，是「因爲要解釋的東西沒有一個是可以一次就被理解的」。[35] 因爲即使屬於我們自己語言範圍內的東西，讀者也一定要從作者的書中把他的詞彙完全占爲己有，更要把作者的特有意思完全占爲己有。但是，從這些說法——這些說法在施萊爾馬赫那裡都可以找到——我們可以推知：使自己與原來讀者處於同一層次的過程——這是施萊爾馬赫所講的——並不是一種可以和眞正的理解努力（施萊爾馬赫把這種理解努力理解爲與作者處於同一層次的活動）相脫離的先行操作活動。

讓我們更詳細地考察施萊爾馬赫這種建立同層次性活動（Gleichsetzung）的意思。因爲這種活動當然不能意指簡單的同一化。再創造活動本質上總是與創造活動不同的。所以施萊爾馬赫主張，我們必須**比作者理解他自己更好地理解作者**——這是以後一再被重複的一句名言，近代詮釋學的全部歷史就表現在對它的各種不 [I 196]
同的解釋中。事實上，這個命題包含了詮釋學的全部問題。因此，我們必須進一步考察這句名言的意思。在施萊爾馬赫那裡，這句名言的意思是很清楚的。施萊爾馬赫把理解活動看成對某個創造所進行的重構（den rekonstruktiven Vollzug einer Produktion）。這種重構必然使許多原作者尙未能意識到的東西被意識到。顯然，施萊爾馬赫在這裡是把天才說美學應用於他的普遍詮釋學。天才藝術家的創造方式是無意識的創造和必然有意識的再創造這一理論得以建立的模式。[36]

35　施萊爾馬赫：《著作集》，第 1 系列，第 7 卷，第 33 頁。

36　H. 帕希（Patsch）在此期間已經比較精確地解釋了浪漫主義詮釋學的早期歷

事實上，如此理解的這句名言可以被看作是所有語文學的一條原則，假如我們把語文學看成是對藝術性話語的理解的話。使解釋者區別於作者的那種更好的理解，並不是指對正文所講到的內容的理解，而是只指對正文的理解，即對作者所意指的和所表現的東西的理解。這種理解之所以可以稱爲「更好的」，是因爲對於某個陳述的明確的——因而也是突出的——理解包含比這個陳述的實際內容更多的知識。所以，這句名言講的幾乎是不言而喻的東西。誰從語言上理解了一個用陌生語言寫的正文，誰就明確認識到了這個正文的語法規則和撰寫形式，正文的作者雖然遵循這種規則和形式，但並未加以注意，因爲他生活在這種語言以及這種語言的藝術表現手段中。同樣的情況也基本上適合於一切眞正天才性的創造和別人對此創造的接受。在對於詩的解釋中，我們必須特別記住這一點。在那裡我們對詩人的理解必然比詩人對自己的理解更好，因爲當詩人塑造他的正文創造物時，他就根本不「理解自己」。

由此也可以推知——但願詮釋學永遠不要忘記這一點——創造某個作品的藝術家並不是這個作品的理想解釋者。藝術家作爲解釋者，並不比普通的接受者有更大的權威性。就他反思他自己的作品而言，他就是他自己的讀者。他作爲反思者所具有的看法並不具有權威性。解釋的唯一標準就是他的作品的意蘊（Sinngehalt），即
[I 197] 作品所「意指」的東西。[37] 所以，天才創造學說在這裡完成了一項重要的理論成就，因爲它取消了解釋者和原作者之間的差別。它使

史：「弗里德里希·施萊格爾的『語文學哲學』和施萊爾馬赫的早期詮釋學設想」（參見《神學與教會雜誌》，第 63 卷，1966 年，第 434-472 頁）。

37 現代那種以作者的自我解釋作為解釋規則的看法，乃是一種錯誤的心理主義的產物。但從另一方面說，「理論」，如：音樂理論、詩理論和講演術理論，也可以是一種合法的解釋規則。〔首先參見我的論文〈現象學和辯證法之間——一種自我批判的嘗試〉，載我的著作集，第 2 卷，第 3 頁以下。〕

這兩者都處於同一層次，因爲應當被理解的東西並不是原作者反思性的自我解釋，而是原作者的無意識的意見。這就是施萊爾馬赫以他那句背理的名言所想表示的意思。

在施萊爾馬赫之後，其他人如奧古斯特·伯克、施泰因塔爾和狄爾泰，也在同樣的意義上重複施萊爾馬赫這句名言：「語文學家對講話人和詩人的理解比講話人和詩人對他們自己的理解更好，比他們同時代人的理解更好。因爲語文學家清楚地知道那些人實際上有的，但他們自己卻未曾意識的東西。」[38] 按照施泰因塔爾的看法，透過「心理學規則的知識」語文學家可能使認識性的理解深化成爲把握性的理解，因爲他們深入探究了文字著作的原因、起源以及作者思想的構造。

施泰因塔爾對施萊爾馬赫那句名言的複述已經表現了心理學規則研究的作用，這種研究以自然研究作爲它的模式。狄爾泰在這裡更加自由些，因爲他更堅決地維護與天才說美學的連繫。他特別把施萊爾馬赫這句名言應用於對詩人的解釋。從詩的「內在形式」去理解詩的「觀念」，當然可以稱之爲「更好地理解」。狄爾泰正是在這裡看到了詮釋學的「最輝煌的勝利」，[39] 因爲只有當人們把偉大詩作的哲學意蘊理解爲自由創造時，偉大詩作的哲學意蘊才被闡釋出來。自由的創造不受外在的或對象的條件所限制，因而只可以被理解爲「內在的形式」。

但我們可以提出這樣的問題，這種「自由創造」的理想對於詮釋學問題是否眞能有權威性，甚至對藝術作品的理解是否按照這種尺度可以充分地被把握。我們也必須提出這樣的問題，「對作者的理解比作者對自己的理解更好」這句話在天才說美學的前提下是否

---

38 施泰因塔爾：《心理學和語言學導論》，柏林，1881 年。

39 《狄爾泰全集》，第 5 卷，第 335 頁。

仍保留它本來的意義，或者這句話是否轉變成某種完全新的東西。

事實上，施萊爾馬赫這句話有一個前史。曾經研究過這一問題的博爾諾[40]曾指出在施萊爾馬赫之前有兩處地方可以找到這句話，
[I 198] 即在費希特[41]和康德[42]那裡。更早的證據他尚未能發現。[43]根據這種理由，博爾諾推測說，這是一種口頭的傳統，一種民間廣爲流傳的工匠的語言學規則（Handwerksregel），被施萊爾馬赫採用了。

我認爲，不論根據外在的理由還是根據內在的理由，這種看法都不能成立。這句精心炮製的方法論名言——甚至直到今天它還經常被濫用爲任意解釋的特許證，因而相應地受到人們的攻擊——似乎與語文學家的精神相矛盾。身爲「人文主義者」，語文學家以承認古典文獻的絕對範例性爲自豪。對於眞正的人文主義者來說，他的作者確實完全不是這樣的人，所以他們有可能想比作者自己更好地理解他的作品。我們一定不要忘記，人文主義者的最高目的根本不是原樣地去「理解」他的範例，而是去模仿他的範例，甚而超出他的範例。因此，語文學家不僅作爲解釋者而且作爲模仿者（假如不是競爭者的話）本來就與他的範例連繫在一起的。正如教義學者對《聖經》的信奉一樣，人文主義者對古典文化的信奉也一定要保持一種疏遠的關係，假如解釋者的工作是要達到上述名言所表現的那種極端的自信程度的話。

40　O. F. 博爾諾：《理解》。

41　《著作集》，第 6 卷，第 337 頁。

42　《純粹理性批判》，第 370 頁。

43　〔M. 雷德克在狄爾泰的《施萊爾馬赫傳》新版本導論中（參見該書第 2 卷，第 1 冊，第 LIV 頁）還補充了同時代的赫爾德的證據（《關於神學研究的書信》，第 5 部分，1781 年），並指出早先路德的表述（《克萊門》，第 5 卷，第 416 頁），這一表述我在本書第 199 頁注釋 46 裡引用過：看吧，亞里斯多德在其神學哲學裡是怎樣機智地思考的，即使並不是如他自己所願望的那樣，而是如他被我們更好地理解和使用的那樣。〕

因此情況很有可能是，並不是直到施萊爾馬赫——他使詮釋學成爲一種擺脫一切內容的獨立方法——這個如此徹底地要求解釋者優越於他的對象的命題才能被採用。如果我們更細緻地考察，費希特和康德那裡先已有了這樣的想法。因爲這個被認爲是手工藝者的語文學規則的命題被使用的情況表明，費希特和康德完全是在另一種意義上使用它的。對於他們來說，這一般不是語文學原則，而是一種哲學要求，即透過更大的概念清晰性，擺脫一種理論裡含有的矛盾。所以這是一條完全表述唯理論要求的原則：即唯一透過思考、透過發展作者思想裡已有的結論，去獲取那種符合作者眞正意圖的見解——如果作者是足夠清楚而且明晰地思考的話，他是一定會具有這些見解的。甚至費希特在反對占統治地位的康德解釋的爭鬥中所堅持的被詮釋學看作不可能的論點，即「體系的發明者是一回事，而體系的解釋者和跟隨者則是另一回事」，[44] 以及他要「按照**精神**去解釋」康德的要求，[45] 都充滿了那種對於對象進行批判的要求。這樣，這句有爭議的命題無非是表達了對對象進行哲學批判的要求。誰能知道更好地去深入考慮作者所講的東西，誰就可能在對作者本人還隱蔽著的眞理光芒之中理解作者所說的東西。就這個意義而言，我們一定會比作者理解自己更好地理解作者這一原則是一條古老的原則——古老得有如科學批判一樣。[46] 但是，它打 [I 199]

---

[44] 《知識學第 2 篇導論》，參見《著作集》，第 1 卷，第 485 頁。

[45] 同上書，第 479 頁注釋。

[46] 我要感謝 H. 博恩卡姆給我們提供了一個極妙的例證，說明這條被認為是手工藝者的語文學技藝的公式在人們進行論戰時如何自發地得以表現的。路德在把亞里斯多德的運動概念應用於三位一體學說之後說道（1514 年 12 月 25 日布道辭，威瑪版，第 1 卷，第 28 頁）：「看吧，亞里斯多德在其神學哲學裡是怎樣機智地思考的，即使並不是如他自己所願望的那樣，而是如他被我們更好地理解和使用的那樣。因為他曾經正確地講到這一事情，並且我認為，他相當炫耀他所說和稱讚的東西，他是從其他人那裡竊取來的。」我不能想

下了以唯理論精神進行客觀哲學批判的公式的烙印。作爲這樣一個公式，當然它在施萊爾馬赫那裡就具有一種完全不同於語文學規則的意義。我們可以作這樣一種推測，即施萊爾馬赫重新把這條哲學
[I 200] 批判的原則解釋爲語文學解釋技藝的一條原則。[47] 這將清楚地說明

像，語文學批評家會承認他們自己這樣應用他們的「規則」。

[47] 施萊爾馬赫引進這條公式的方式暗示了這一點：「是的，如果公式有某種真的東西的話……它所能意指的一切就是這……。」在他的科學院講演裡（《著作集》，第 3 系列，第 3 卷，第 364 頁），他以「那麼，他能給自己一個關於他自己的說明」這樣的話來避免矛盾。在同一時期的講演手稿（1828 年）裡，我們也發現有這樣的話：「首先要很好地理解講話，然後要比它的原作者更好地去理解它。」（《海德堡科學院論文集》，1959 年，修訂論文，第 87 頁）剛剛第一次發表的弗里德里希·施萊格爾的《格言集》（出自他的《哲學習藝時代》）對上述推測提供了一個很好的證明。正是在與施萊爾馬赫過從甚密的年代，施萊格爾才作了下述注釋：「為了理解某人，我們首先必須比那人更聰明，然後才同樣的聰慧和同樣的愚蠢。光比作者本人更好地理解一部雜亂不堪的作品的意義，這是不夠的。所以我們必須從原則上來認識、描繪和解釋這種混亂」（《著作和殘篇》，貝勒編，第 158 頁）。
雖然這段注釋證明了，「更好地理解」仍是完全指對象而說的，即「更好」意味著不「雜亂」，但是，由於雜亂本身被提升為理解和「解釋」的對象，我們在這裡也看到了導致施萊爾馬赫的新詮釋學原則的轉變。我們這裡已經達到了啓蒙運動所理解的這一命題的一般意義和新浪漫派對該命題的解釋之間的精確轉折點。〔海因里希·尼塞（《F. 施萊格爾的語言理論》，第 92 頁以下）確信施萊格爾的話乃是忠實於歷史的語文學者的話：他必須用作者的意義（《「半個」雅典娜問題》，第 401 頁）去「刻畫」作者。而施萊爾馬赫並不是這樣看，他是用一種浪漫主義新含意的「更好地理解」而作出真正的貢獻。〕在謝林的《先驗唯心論體系》裡也有一個同樣的轉折點（《著作集》，第 3 卷，第 623 頁），在那裡他寫道：「如果某人陳述和斷言某事物，無論就他所生活的時代來說，還是就他所發表的其他言論來說，他都不可能完全看清他所說事物的意義，所以他在這裡似乎是有意識地說出了他只能在無意識中說出來的某種東西……」參見前面第 187 頁所引的克拉頓尼烏斯關於理解作者和理解本文的差別。下面這一點也可以作為該命題原本的啓蒙運動意義的證明：最近〔但同樣在 A. 叔本華，第 2 卷，第 299 頁（多伊森版）〕我們在一位完全是非浪漫派的思想家那裡發現了一種很接近這一命題的想法，他

施萊爾馬赫和浪漫主義所處的立場。他們在創造普遍詮釋學的過程中，把基於對象理解的批判從科學解釋領域內驅逐出去了。

施萊爾馬赫這個命題，正如他自己對它的理解那樣，不再涉及講話的對象本身，而是注意到了這樣一種說法，即把正文表現爲脫離它的認識內容的一種自由的產物。因此他建立了這樣的詮釋學，對於他來說，這種詮釋學就是根據語言的標準範例對於任何語言性事物的理解。個別人的話語事實上就是一種自由的創造活動，但其可能性也受語言的固定形式所限制。語言就是一種表達場地，對於施萊爾馬赫來說，語言在詮釋學領域的優先權意味著：作爲解釋者的人把正文看成獨立於它們眞理要求的純粹的表達現象（Ausdrucksphänomene）。

在施萊爾馬赫看來，甚至歷史也只是這種自由創造的戲劇（Schauspiel），當然，這是一種神聖的創造性的戲劇，他把歷史家態度理解爲對這場偉大戲劇的觀看和享受。狄爾泰所翻印的施萊爾馬赫日記[48]極美地描述了浪漫派這種歷史反思的樂趣：「眞正的歷史意蘊超出於歷史。一切現象就如上帝的奇蹟一樣，只是爲了引導我們注意那個嬉戲地製造這些現象的精神。」

當我們讀了這樣一段話，我們可能會明白，從施萊爾馬赫的詮釋學過渡到歷史精神科學的普遍理解將會是怎樣驚人的一步啊！但是，施萊爾馬赫所發展的詮釋學也是普遍的——這是一種很可能覺察到其限制的普遍性。他的詮釋學實際上是考慮那些其權威性已確 [I 201]
定的正文。在歷史意識的發展中，這無疑是一個重要的階段，它表明：對《聖經》和古希臘羅馬古典文學的理解和解釋現在完全擺脫

毫不猶豫地把這個命題與對象批評的標準連繫在一起，參閱《胡塞爾文庫》，第 6 卷，第 74 頁。

48 《施萊爾馬赫傳》，第 1 版，附錄，第 117 頁。

了一切獨斷論的興趣。無論是《聖經》的神聖眞理還是古典文學的範例性，都不可能對這種既能知道在每一種正文中去把握其生命表現又能忽視該正文所說東西的眞理的處置方法發生影響。

但是，促使施萊爾馬赫有這種方法論抽象的興趣，並不是歷史學家的興趣，而是神學家的興趣。施萊爾馬赫之所以想教導我們如何理解話語和文字傳承物，是因爲信仰學說依據於一種特殊的傳承物，即《聖經》傳承物。因此，施萊爾馬赫的詮釋學理論和那種可以作爲精神科學方法論工具的歷史學的距離還很遠。這種詮釋學理論的目的是精確地理解特定的正文，而歷史脈絡的普遍性應當服務於這種理解。這就是施萊爾馬赫的侷限性，而歷史世界觀絕不能停留在這種侷限性上。

(b) 浪漫主義詮釋學之後的歷史學派

(α) 面對整個世界史理想的困境

我們必須提出這樣一個問題，即歷史學家怎樣能根據他們的詮釋學理論來理解他們自己的工作。他們探究的主題不是個別的正文，而是**整個世界史**（Universalgeschichte）。這就規定了歷史學家將以理解整個人類歷史關係爲己任。對於歷史學家來說，每一個個別的正文並沒有自身的價值，它們就像所有過去時代遺留下來的緘默無言的殘渣瓦礫一樣，只是作爲認識歷史關係的源泉，即媒介的材料。所以，歷史學派根本不能繼續建立在施萊爾馬赫的詮釋學基礎上。[49]

49〔關於歷史連續性這一實際問題可參見我的同題目的論文，載《短篇著作集》，第 1 卷，第 149-160 頁，尤其是第 158 頁以下；也可參見我的著作集，第 2 卷，第 133 頁以下。〕

但是，追求理解世界史這一大目標的歷史世界觀卻一直依靠於浪漫主義的個性理論以及與這種理論相應的詮釋學。我們也可以用否定的方式來表述這一點，即歷史傳承物對於現代所呈現的那種歷史生活關係的先在性，即使在現在還不能在方法論反思中被採納。歷史學家寧可把他們的任務只看作爲：透過研究傳承物把過去的東 [I 202]
西轉達給現時代。因此，歷史學派用以設想世界史方法論的基本格式實際上並不是別的格式，而只是那種適用於每一個正文的格式。這就是整體和部分的格式。雖然人們是否試圖把一個正文從其目的和組成結構出發理解爲某種文學構成物（literarisches Gebilde），或者人們是否試圖把正文用作爲認識某種重大歷史關係的文獻——因爲正文對於這種歷史關係提供了某種可以批判地加以考察的資訊——這兩者之間確實存在差別，然而這種語文學的興趣和那種歷史學的興趣彼此卻是相互隸屬的。例如：歷史學解釋可以被用作爲理解某個既存正文的工具，即使從另一種興趣看，這種歷史學解釋在正文中只是注意那種作爲歷史傳承物整體一部分的單純原始資料。

我們發現，用清楚的方法論反思來陳述這一點的，既不在**蘭克** [219] 那裡，也不在敏銳的方法學家**德羅伊森**那裡，而首先是在**狄爾泰**這裡，狄爾泰有意識地採用了浪漫主義詮釋學，並把它發展成爲一種歷史學方法，甚而發展成爲一門精神科學的認識理論。狄爾泰對於歷史裡的連繫（Zusammenhang）概念的邏輯分析，事實上乃是把這樣一條詮釋學原則——我們只能從正文的整體去理解其個別，以及我們只能從正文的個別去理解其整體——應用於歷史世界。我們發現，不僅原始資料是正文，而且歷史實在本身也是一種要加以理解的正文。但是，在**把詮釋學轉用於歷史研究這種過程**中，狄爾泰只是歷史學派的解釋者。他所表述的乃是蘭克和德羅伊森基本上已想到的東西。

所以，浪漫主義詮釋學及其背景，即泛神論的個性形上學，對於 19 世紀歷史研究的理論思考是起了決定性作用的，而這一點對於精神科學的命運和歷史學派的世界觀具有致命的影響。我們還將看到，歷史學派所極力反對的黑格爾世界史哲學關於歷史對於精神存在和眞理認識的意義的認識遠比那些不願承認自己對黑格爾的依賴性的大歷史學家來得深刻。施萊爾馬赫那種與神學、美學和語文學問題如此緊密連繫的個性概念，不僅可以用作反對先天構造歷史哲學的批判範疇，而且也同時爲歷史科學提供了一種方法論的指南，這種指南，不亞於自然科學，指導歷史科學進行研究，使歷史科學不斷依賴於經驗這唯一基礎。這樣，對世界史哲學的反抗運動就推動了歷史科學進入語文學的航道。這曾經是歷史科學的驕傲，
[I 203] 即歷史科學既不是目的論地，也不是用前浪漫主義或後浪漫主義啓蒙運動的格式從某種終極狀態出發去思考世界史的關係，因爲終極狀態彷佛意味著歷史的終結、世界史的末日。對於歷史科學來說，其實並不存在任何歷史的終結和任何超出歷史之外的東西。因此，對於世界史全部歷程的理解只能從歷史傳承物本身才能獲得。但是，這一點卻正是語文學詮釋學的要求，即正文的意義由正文本身才能被理解。所以，**歷史學的基礎就是詮釋學**。

當然，由於歷史的書籍對於每一個現代來說都是一種突然中斷於黑暗中的片斷，世界史的理想對於歷史世界觀來說就必然成爲一種特殊的難題。普遍的歷史關係缺乏一種封閉性（Abgeschlossenheit，也可意譯爲自我包含性），這種封閉性在語文學家看來是正文應當具有的，而在歷史學家看來，這種封閉性似乎使某種生命歷史——其中包括某個已逝去的，從世界史舞臺消失了的民族的歷史，甚至還包括某個已結束了的，已被拋在我們後面的時期的歷史——成爲某個完整的意義整體，成爲某種自身可理解的正文。

我們將看到，即使狄爾泰也曾經從這些相對的單元出發思考

過，並因此完全繼續立足於浪漫主義詮釋學的基礎上。在狄爾泰和浪漫主義詮釋學那裡，應當被理解的東西乃是意義整體，這個意義整體在他們兩者那裡同樣都與要理解的人本身相脫離。總是存在一種陌生的，必須按照它自己的概念和價值標準等加以判斷的個性，然而這種個性卻能夠被理解，因為「我」和「你」都是同一生命的「要素」。

至此，詮釋學基礎可能有效。但是，不論是對象與其解釋者的這種脫離，還是某個意義整體內容上的封閉性，都不可能支持歷史學家的**最根本**任務，即世界史。因為歷史不僅是沒有盡頭的，而且我們自身是作為理解者本身立於歷史之中的，我們是一個連續轉動的鍊條中的一個有條件的和有限的環節。根據世界史問題的這種充滿疑慮的情況，我們很有理由懷疑詮釋學是否能一般成為歷史學的基礎。世界史並不是歷史研究的單純邊緣問題和剩餘問題，而是歷史研究的真正中心問題。就連「歷史學派」也認識到，根本不存在任何其他不同於世界史的歷史，因為個別的唯一意義只能由整體所規定。經驗主義研究家——對於他們來說，整體是永不能給出的——應當怎樣對付這一問題而不失卻他們對於哲學家的權利和他們先天的任意性呢？

首先，讓我們探究一下「歷史學派」是怎樣試圖研討世界史問 [I 204]
題的。為此我們必須從遠處講起，雖然是在歷史學派所表現的理論性的關係內，但我們只探求世界史問題，並因而把我們限制於蘭克和德羅伊森。

我們回憶一下歷史學派曾經是怎樣與黑格爾劃清界限的。與那種先天構造世界史做法決裂彷彿是歷史學派的出生卡（Geburtsbrief）。歷史學派的新要求是：不是思辨哲學，而只是歷史研究，才能導致某種世界史的觀點。

赫爾德對於啓蒙運動時期的歷史哲學模式的批判為這種轉變

準備了決定性的前提條件。他對於啓蒙運動時期的理性驕傲的攻擊，在古典文化的典範性裡，特別是在溫克爾曼曾經大聲疾呼過的古典文化的典範性裡，找到了其最銳利的武器。《古代藝術史》一書顯然不只是一種歷史的敘述，它是當代的批判，它是一種方案。但是，由於一切當代批判所具有的含糊性，對希臘藝術典範性的呼籲——希臘藝術應爲自己當代樹立一種新的理想——仍意味著通往歷史認識的一個眞正步伐。這裡作爲模式提供給當代的過去，由於我們探究和認識它這種特殊存在的原因，而被認爲是某種不可重複的一次性東西。

赫爾德只需要很小一步就可超出溫克爾曼所建立的基礎，他需要認識一切過去中的典範性和不可重複性之間的辯證關係，以便用某個普遍的歷史世界觀來反對啓蒙運動時期的目的論歷史觀。歷史性地思考現在就意味著，承認每一個時期都具有它自身存在的權利，甚而具有它自己的完美性。赫爾德基本上做到了這一步。當然，只要古典主義成見還承認古典文化具有典範性的特殊地位，歷史的世界觀就仍不能得以完全的形成。因爲承認某種超出歷史之外的標準的，不僅是一種以啓蒙運動理性信仰形式出現的目的論，而且還包括那種把完美的東西保留給過去或歷史開端的相反的目的論。

存在許多按照歷史本身之外的標準來思考歷史的方式。威廉·馮·洪堡的古典主義把歷史視爲希臘生活完美性的喪失和衰落。歌
[I 205] 德時代諾斯替派[220]的歷史神學——這種神學對青年時代蘭克的影響最近已得到證明[50]——把未來設想爲原始時代某種已失落的完美性的重新建立。黑格爾把希臘人的藝術宗教描述爲精神的一種已被克服的形式，並宣告在自由的普遍自我意識中歷史在現代得以完

[50] C. 欣里希斯：《蘭克和歌德時代的歷史神學》（1954 年）。參見我寫的簡訊，載《哲學評論》，第 4 卷，第 123 頁以下。

美的實現，從而以現代的自我意識來調和古典文化在審美上的典範性。所有這些都是思考歷史的方式，它們都假定了一個超出歷史之外的標準。

19 世紀的歷史研究從一開始就否認這樣一種先天的非歷史性的標準，因爲它把自身理解爲科學研究，但是它對這種先天非歷史性標準的否認，並不像它所認爲和主張的那樣擺脫了形上學的假定。這一點透過對這種歷史世界觀的一些主導概念的分析可以看出來。這些概念雖然按其自身的意圖是爲了修正先天歷史構造的先入之見（Vorgreiflichkeit），但是由於它們指向對唯心主義的精神概念的攻擊，它們仍與這種先行之見發生關聯。這一點最清楚地表現在狄爾泰對這種世界觀所作出的透澈的哲學分析上。

這種世界觀的出發點當然完全是由其與「歷史哲學」的對立所規定的。這種歷史世界觀的所有代表，不論是蘭克，還是德羅伊森，甚至狄爾泰，他們共同的基本假定就在於：理念、存在和自由在歷史實在中找不到任何完全和恰當的表現。不過，這一點不能在一種單純的缺乏或缺陷的意義上去理解。相反地他們從理念在歷史中總是只有一種不完全的表象這一事實發現了歷史的構造原則。恰恰是因爲這一事實，就需要一種向人類啓示他們自身及其在世界中位置的歷史研究來替代哲學。把歷史視爲理念的純粹表象這一觀念將包含這樣的意思，即對歷史的拋棄乃是通向眞理的特有之路。

但從另一方面說，歷史實在也不是一種單純的不透明的手段，缺乏精神的材料或精神徒勞地反抗而被扼殺於其鐐銬中的僵死的必然性。這樣一種把事件作爲外在現象世界中的事件加以看待的諾斯替派—新柏拉圖派的觀點，並不符合歷史的形上學的存在價值，因
而也不符合歷史科學作爲知識的地位。正是人類存在在時間中的展 [I 206]
開才具有它自身的創造性。正是人類的豐富多彩和多種多樣才使人類自身在人類命運的無限變遷中不斷達到高一級的實在。歷史學派

的基本假定可能就是這樣被表述的。它與歌德時代的古典主義的連繫是不能忽視的。

這裡主導的東西基本上是一種人文主義的理想。威廉・馮・洪堡在希臘文化所呈現的豐富多彩的偉大個性形式裡看到了希臘文化的特殊完滿性。當然，大歷史學家們並不想限制於這樣一種古典主義理想。他們寧可追隨赫爾德。但是，以赫爾德爲出發點的歷史世界觀，既然現在不再承認古典時代的優越性，如果不用威廉・馮・洪堡爲了論證古典時代優越性而使用的同一標準來看全部世界史，它應當做什麼其他的事呢？豐富多彩的個性現象不只是希臘人生命的標誌，它也是一般歷史性生命的標誌，正是這一點構成了歷史的價值和意義。這樣一個使人焦慮不安的問題，即探究這一充滿輝煌勝利和可怕失敗的歷史生命表現的那種令人心靈震驚的意義，應當在這裡找到一個答案。

這個答案的優點是，它的人文主義理想並不包含任何特定的內容，而是以最大的多樣性（Mannigfaltigkeit）這一形式理念爲基礎。這樣一種理想是眞正普遍性的，因爲任何歷史經驗，任何仍如此令人驚訝的人間事物的短暫性都根本不能使這種理想受到動搖。歷史自身內就有一種意義。對於這種意義似乎要說的東西——一切塵世間東西的短暫性——實際上就是它的本眞根據。因爲歷史生命源源不斷的創造性的奧祕就存在於這種不斷消逝的過程本身之中。

現在的問題是，怎樣用這種標準和歷史的形式理想來設想世界史的統一性，以及怎樣才能證明關於這種統一性的認識。我們首先跟隨蘭克。「每一種眞正世界史的行爲，從來就不只是單純的消失（Vernichtung），而是能夠在當代匆匆易逝的瞬間去發展某種未來的東西，因此這種行爲本身就包含一種對其自身不可毀壞的價值的完全而直接的感覺。」[51]

不論是古典時代的優越地位，還是現代或該現代所導向的某個未來的優越地位，不論是衰落，還是前進，所有這些傳統的世界史基本模式，都不能與眞正的歷史思想相協調。一切時代與上帝之間的眾人皆知的直接性反而很容易與世界史的連繫（Zusammenhang）理念相吻合。因爲連繫——赫爾德稱之爲「連續秩序」（Folgeordnung）——就是歷史實在本身的表現。歷史上 [I 207]
實際存在的東西是「按照嚴格的發展規律」而出現的，「繼後的東西把剛才先行東西的後果和性質置於明亮的共同的光亮之中」。[52]在人類命運的變遷中不斷堅持存在的乃是一種不可中斷的生命連繫，這是關於歷史的形式結構——即在消逝過程中得以存在——的第一個表述。

無論如何，從這裡我們可以理解蘭克所謂「眞正世界史的行爲」究竟指什麼，以及世界史的連繫眞正依據於什麼。眞正世界史的行爲並沒有任何可在它之外被發現和被把握的目的。就此而言，並沒有一種先天可認識的必然性支配著歷史。但是，歷史連繫的結構卻是一種目的論的結構。標準就是後果（Erfolg）。我們確實看到，先行東西的意義正是由後繼的東西所決定。蘭克可能把這一點設想爲歷史認識的一個單純條件。實際上，歷史意義本身所具有的眞正重要性正是依據於這一點。成功的東西或失敗的東西，不僅決定這種行爲的意義，讓它產生一個持久性的結果或讓它毫無結果地消失，而且這種成功的東西或失敗的東西也使得整個行爲和事件的連繫成爲有意義的或無意義的。所以，歷史的本體論結構本身雖然

---

51 蘭克：《世界史》，第 9 卷，第 270 頁。

52 蘭克：《路德殘篇》，第 1 卷。

沒有目的，但卻是目的論的。[53] 蘭克所使用的眞正世界史的行爲這一概念正是這樣被定義的。眞正世界史的行爲之所以是這樣一種行爲，就是因爲它創造歷史，也就是說，它具有某種賦予這行爲以持久歷史性意義的結果。因此，歷史連繫的要素事實上被一種無意識的目的論所規定，這種目的論統一這些要素，並且把無意義的東西從這種連繫中排斥出去。

(β) 蘭克的歷史世界觀

這樣一種目的論當然不能用哲學概念來證明。它並不使世界史成爲這樣一種先天的系統，行動者被放置在這個系統中，就像被放置在一個無意識操縱他們的機械裝置中一樣。這樣一種目的論其實是與行動的自由相協調的。蘭克本可能直截了當地說，歷史連繫的結構性連結就是「自由的場景」（Szenen der Freiheit）。[54] 這個用語意味著，在無限的事件網裡存在某種重要的場面，而歷史
[I 208] 的決定彷彿就集中於這些場面之中。凡在自由地行動的地方，雖然都有決定被作出，但是這種決定實際上是**某物**被決定，這就是說，某種決定創造歷史，並在自己結果裡顯示其完全而持久的意義，乃是眞正歷史瞬間的標誌。歷史瞬間給予歷史連繫以其鮮明的節奏（Artikulation）。我們把這樣一些自由行動可以在其中起歷史決定性作用的瞬間稱之爲劃時代的瞬間或轉換期（Krisen），而把那些其行動能起**這種**決定性作用的個人，用黑格爾的用語，稱之爲「歷史性的個人」。蘭克稱這些人爲「創造性的人物，他們獨立地參加觀念和世界權力的抗爭，並且把那些能決定未來的最有力量的人集中在一起」。這就是黑格爾精神的精神。

53　參見格哈德．馬蘇爾：《蘭克的世界史概念》，1926 年。

54　蘭克：《世界史》，第 9 卷，第 XIV 頁。

我們知道蘭克關於歷史連繫如何得自這種自由決定這一問題極有教益的思考：「讓我們承認歷史永不能具有一種哲學系統的統一性；但是歷史並不是沒有一種內在的連繫。在我們面前我們看到一系列彼此相繼、互爲制約的事件。當我們說『制約』，這當然不是指由於絕對的必然性。最重要的事情是：在任何地方都需要人的自由。歷史學追求自由的場景，這一點就是它的最大的魅力。但是，自由是與力，甚至與原始的力連繫在一起的。如果沒有力，自由就既不出現於世界的事件中，又不出現於觀念的領域內。在每一瞬間都有某種新的東西能夠開始，而這種新東西只能在一切人類活動的最初和共同的源泉找尋其起源。沒有任何事物完全是爲某種其他事物的緣故而存在；也沒有任何事物完全是由某種其他事物的實在所產生。但是同時也存在著一種深層的內在連繫，這種連繫滲透於任何地方，並且沒有任何人能完全獨立於這種連繫。自由之旁存在著必然性。必然性存在於那種已經被形成而不能又被毀滅的東西之中，這種東西是一切新產生的活動的基礎。已經生成的東西（das Gewordene）構成了與將要生成的東西（das Werdenden）的連繫。但是，即使這種連繫本身也不是某種任意被接受的東西。這種連繫是以一種特定的方式，如此這般而不是另一番模樣地存在的。這種連繫同樣也是認識的對象。一長系列的事件——彼此相繼，互爲 [I 209]
毗鄰——以這樣一種方式彼此相連繫，從而形成一個世紀，一個時代……」。[55]

在這個說明裡意味深長的東西乃是，自由概念怎樣在這裡與力這一概念相連繫的。力顯然是歷史世界觀的核心範疇。赫爾德爲了擺脫啓蒙運動時期的進步模式（Fortschrittsschema），特別是爲了克服作爲啓蒙運動基礎的理性概念，曾經使用了這一

55 蘭克：《世界史》，第 9 卷，第 XIII 頁以下。

範疇。[56] 力這一概念之所以在歷史世界觀裡具有一個如此核心的地位，是因爲在這概念內內在性和外在性是處於一種特有的對立統一關係中。任何力只存在於它的表現（Ausserung）中。表現不僅僅是力的抉擇，而且也是力的實在。當黑格爾辯證地闡述力和外現的內在歸屬關係時，他是完全正確的。但從另一方面說，這種辯證法也包含著：力是比其外現更多的東西。力具有作用潛能（Wirkungsmöglichkeit），這就是說，力不僅僅是某種特定結果的原因，而且不管它出現於何處，它也是產生這種結果的能力（Vermögen）。所以力的存在方式是不同於結果的存在方式。力具有「猶豫」（Anstehen）方式——「猶豫」這詞之所以適合，是因爲，面對力可能表現自己於其中的東西的不可決定性，它顯然表現了力的自爲存在。由此可以推知，力是不可以從其外現而認識或量度的，而只能在一種內在的方式中被經驗。對某個結果的觀察總是只達到原因，而不是力，假如力是某種比屬於結果的原因更多的內在東西的話。我們在原因東西裡所知覺的這種更多的東西，的確，也可以從結果、對立（Widerstand）中來理解，因爲對立本身就是力的外現。但即使這樣，經驗力的東西也是一種內在知覺（Innesein）。內在知覺是力的經驗方式，因爲力按其自身本質而言是只與自身相關聯。黑格爾在《精神現象學》中令人信服地證明了力的思想在生命的無限性中的辯證的揚棄過程，生命是與自身相關聯，並居於自身之內。[57][221]

因此，蘭克的表述獲得了某種世界史的特徵，即一種在思想

[56] 在我的論文〈赫爾德思想中的人民和歷史〉（1942 年）〔《短篇著作集》，第 3 卷，第 101-117 頁；現收入我的著作集，第 4 卷〕裡我曾經指明：赫爾德已經使萊布尼茲的力概念轉用於歷史世界。

[57] 黑格爾：《精神現象學》，第 120 頁以下（霍夫邁斯特版）。

和哲學的世界史領域內的特徵。在這方面柏拉圖是最早講到**能力**（Dynamis）反思結構的人，從而以後有可能把這種能力轉用於靈魂的本質上，例如：亞里斯多德在他的靈魂力論，即關於靈魂的能 [I 210]
力的學說裡就開始進行了這種研究。[58] 力按其本體論的本質而言就是內在性（Innerlichkeit）。所以當蘭克寫道「自由是與力相連繫的」時候，他是完全正確的。因爲力——這是比其外現更多的東西——始終就已經是自由。這一點對於歷史學家來說具有決定性的意義。他們知道：所有東西都可能以另外一種方式存在，任何行動的個人都可能以另外一種方式去行動。創造歷史的力不是一種機械的元素。爲了得出這一結論，蘭克特別提到「甚至與原始的力」，並且講到「一切人類活動的最初和共同的源泉」——按照蘭克的看法，這種源泉就是自由。

自由要受約束和限制，這一點並不與自由相矛盾。從力的本質就可看出這一點，因爲力知道實現自身。因此蘭克能夠說：「自由之旁存在著必然性。」因爲在這裡必然性並不指一種排除自由的原因，而是指自由的力所具有的一種對抗性（Widerstand）。黑格爾所揭示的力的辯證法的眞理就表現在這裡。[59] 自由的力所具有的對抗性本身是從自由而來。這裡所說的必然性，乃是某種突然來到的東西和作相反行動的他物的力量，而這種他物在自由活動每一開端就預先被給予的。由於自由活動把許多東西作爲不可能的東西排除掉，自由活動也把行動限制在那種是敞開的可能性的東西上。必然性本身是從自由而來，並且本身受自由制約，必然性總是與

---

58 柏拉圖：《卡爾米德篇》，169a。〔也可參見〈反思的先期形式〉，載《短篇著作集》，第 3 卷，第 1-13 頁；我的著作集，第 6 卷，第 116-128 頁。〕

59 黑格爾：《百科全書》，第 136 節以下。同樣，參見《精神現象學》（霍夫邁斯特編），第 105 頁以下；《邏輯學》（拉松編），第 144 頁以下。

自由連繫在一起。從邏輯上看，這裡涉及的是一種假定的必然性（die hypothetische Notwendigkeit）〔即由假設而來的必然性（das ex hypotheseōs anankaion）〕，從內容上看，這裡涉及的不是自然的存在方式，而是歷史存在的存在方式：已經生成的東西不是簡單地被拋棄。就此而言，如蘭克所說的，它就是「一切新產生的活動的基礎」，並且本身就是由活動而來的被生成的東西。由於已經生成的東西堅持作爲基礎，它就在統一的連繫中形成新的活動。蘭克說：「已經生成的東西構成了與將要生成的東西的連繫。」這句很含糊的話明顯地表現了什麼東西構成歷史實在：正要生成的東西雖然是自由的，但它所出自的這種自由每一次都是透過已經生成的東西，即自由得以活動的環境，而得到其限制。歷史學家所使用的
[I 211] 力、權力、決定性的趨勢等等概念都想使歷史存在的本質成爲可見的，因爲這些概念隱含著這樣的意思，即歷史裡的理念總是只有一種不完全的表象。表現事件意義的，不是行動者的計畫和觀點，而是效果歷史，效果歷史使得歷史的各種力成爲可認識的。作爲歷史發展的眞正承擔者的歷史力，並不是類似於單子論的個人主體性。一切個體化本身其實已經被相反的實在所影響，因而個體性不是主體性，而是富有生氣的力。在蘭克看來，國家就是這樣的富有生氣的力。他關於國家曾這樣明確地說道，它們不是「普遍東西的部分」，而是個體性東西，「眞正的精神存在」。[60] 蘭克把國家稱爲「上帝的思想」，以便表明，正是這個創造者的特有生命力，而不是任何一種人的設想和願望或任何一種可以被人們領會的計畫，才使國家得以眞實存在。

力這一範疇的使用現在使得我們有可能把歷史中的連繫設想爲一種原始的給予物。力始終只是作爲力的活動（Spiel）而實際

60 蘭克：《政治語錄》（羅特哈克編），第 19、22、25 頁。

存在的，而歷史就是力的這樣一種產生連續性的活動。蘭克和德羅伊森都是在這種連繫中講到歷史是一種「正在生成的總和」（eine werdende Summe），以便拒絕一切先天構造世界史的要求，並想以此完全立於經驗的基礎之上。[61] 但問題是，除了他們自己知道的東西外，這裡是否還假定了更多的東西。世界史是一種正在生成的總和，這句話卻意味著，世界史——即使未完結——是一個整體。但這卻絕不是自明的。在性質上不可比較的單位是不能總括在一起的。其實，總和需有這樣的前提，即各單元被總括成的統一體已先行地造就了它們的總和關係。但是，這個前提是一種武斷。歷史的統一性理念其實並不像它看上去那樣是形式的，是獨立於某種對歷史「的」內容性理解的。[62]

我們並不總是完全從世界史的統一方面去思考歷史世界。例如：歷史世界也能夠——如在希羅多德（Herodot）那裡——被看作爲一種道德現象。作爲道德現象的歷史世界可以提供大量的範例，但不具有統一性。這樣，關於世界史的統一性的論述怎樣得到論證呢？這個問題以前是很容易回答的，那時人們假定歷史中有某種目的的統一性，因而有某種計畫的統一性。但是，如果我們假定 [I 212]
歷史裡有這樣一種目的和這樣一種計畫，那麼什麼是承擔這種總算的大將呢？

如果歷史實在被設想爲力的活動，那麼這種思想顯然不足以使歷史的統一成爲必然的。所以赫爾德和洪堡所引導的東西，即豐富多彩的人類現象的理想，也建立不了眞正的統一性。在事件的連

---

61 蘭克：《政治語錄》（羅特哈克編），第 163 頁；德羅伊森：《歷史學》（羅特哈克編），第 72 頁。

62 蘭克——不是作為唯一的人——把概括（subsumieren）設想和寫為總和（summieren）（例如：前引書，第 63 頁），這一點對於歷史學派的隱蔽思想是最富有典型性的。

續性中一定有**某種**作爲方向性的目的而出現的東西。事實上，宗教起源的歷史哲學末世論及其各種世俗化變形的種種說法，首先在這裡是空洞的。[63] 沒有任何關於歷史意義的先入之見能使歷史研究有偏見。不過，儘管如此，歷史研究的不言而喻的前提仍然是：歷史形成一種統一性。所以德羅伊森能夠明確地把世界史統一性思想本身——即使對於天命的計畫沒有內容上的觀念——作爲某種規範性的理念加以承認。

然而，在這個假設中卻包含了一個從內容上規定它的進一層前提。世界史統一性的理念包含著世界史發展的不可中斷的連續性。這種連續性觀念首先也是具有形式的性質，不包含任何具體的內容。所以，這種觀念就像是研究中的那種越來越深沉地進入世界史連繫的緊密網中的先天物（Apriori）。就此而言，當蘭克講到歷史發展「值得讚賞的連續性」（bewundernswerten Stetigkeit）時，我們只可以把它作爲蘭克的一種方法論的幼稚性來判斷。[64] 實際上蘭克以此所意指的東西，根本不是這種連續性的結構本身，而是在這種連續的發展中所形成的具有內容的東西。正是最終從歷史發展的極爲多樣的整體中形成的某種唯一的東西，即那種透過日爾曼羅馬民族的開創而遍及整個地球的西方文化世界的統一性，引起蘭克的讚賞。

當然，即使我們承認蘭克對「連續性」的讚賞的這種內容性的意義，蘭克的幼稚性總還是表現出來。世界史曾經在連續的發展中開創了這種西方文化世界，這一點絕不是歷史意識所把握的單純
[I 213] 經驗事實，而是歷史意識本身的條件，也就是不是某種能不存在或

63 參見 K. 勒維特的《世界史和救世說》（斯圖加特，1953 年）以及我的論文〈歷史哲學〉（《歷史和當代宗教》，第 3 版）。

64 蘭克：《世界史》，第 9 卷，第 2 部，第 XIII 頁。

能夠被新的經驗所取消的東西。情況是這樣，只是因爲世界史已經走上了這個行程，關於歷史意義的問題才能被某種世界史意識所提出，並且才能意指歷史的連續性的統一。

對於這一點，我們可以援引蘭克自己的看法。蘭克認爲東西方體系的最主要差別在於：在西方是歷史的連續性形成文化的存在形式。[65]就此而言，世界史的統一依賴於西方文化世界（這包括整個西方科學，特別是作爲科學的歷史）的統一，這一點絕不是偶然的。而且，這種西方文化是由那種只在獨一無二的拯救事件中有其絕對時間點的基督教義所影響的，這一點也絕不是偶然的。蘭克承認其中有些觀點，因爲他在基督教裡看到了人重新返回到「面對上帝的直接性」中，面對上帝的直接性是他以一種浪漫主義方式放置在一切歷史原始開端的東西。[66]但是我們仍將看到，這一事實情況的基本意義在歷史世界觀的哲學反思裡仍未完全被認識到。

即使就歷史學派的經驗主義觀點來說，也不是沒有哲學前提的。富有洞察力的方法學家德羅伊森的貢獻是，他剝掉了歷史學派的經驗主義僞裝，並承認歷史學派的基本意義。他的基本觀點是：連續性是歷史的本質，因爲歷史不同於自然，它包含時間的要素。對此德羅伊森總是一再援引亞里斯多德關於心靈的論述，即心靈不斷在自身內增值（epidosis eis hauto）。與自然的單純重複形式不同，歷史是由這種不斷提升自己的過程（Steigerung）來表現自身特徵的。但這種提升過程既是保留過程，又是對所保留東西的超越過程。但這兩者都包含自我認識（Sichwissen）。所以歷史本身不僅僅是一種認識對象，而且它的存在也是被自我認識所規定的。「歷史的認識就是歷史本身」（《歷史學》，§15）。蘭克所講的

---

65 蘭克：《世界史》，第 9 卷，第 1 部，第 270 頁以下。

66 參見欣里希斯：《蘭克和歌德時代的歷史神學》，第 239 頁以下。

世界史發展的值得讚賞的連續性，就是由連續性的意識而引起的，這是一種使歷史成爲歷史的意識（《歷史學》，§48）。

把這點只看成一種唯心主義的偏見，這完全是錯誤的。這種歷史思想的先天原則（Apriori）本身其實就是一種歷史實在。當
[I 214] 雅各・布林克哈德[222]把西方文化傳統的連續性視爲西方文化本身的存在條件時，他是完全正確的。[67]這種傳統的瓦解，即雅各・布林克哈德曾多次陰森森預言過的某種新野蠻狀態的闖入，對於歷史世界觀來說，並不是一種世界史範圍內的災難，而是這種歷史本身的末日——至少就這種歷史試圖把自身理解爲統一的世界史而言。闡明歷史學派關於世界史探究的這種具有內容的前提之所以顯得重要，正是因爲歷史學派本身基本上否認了這樣一種前提。

這樣，正如我們在蘭克和德羅伊森那裡能找到證明的，歷史學派的詮釋學自我理解在世界史思想裡找到了它的最終基礎。但是，歷史學派卻不能接受黑格爾透過精神概念對世界史統一性所做的解釋。說那種構成歷史意義的精神之目的是在已完成的歷史當代自我意識中得以實現的——這是一種末世論的自我解釋，這種解釋透過把歷史轉入一種思辨概念而從根基上毀滅了歷史。歷史學派由此被迫進入對自身的神學理解。如果歷史學派不想拋棄它自身特有的本質，即把自己視爲繼續進行的研究，它就必須把自身有限的受限制的認識與某種上帝的精神連繫起來，因爲對於上帝的精神來說，事物是在其完美性中被認識的。這裡無限理解（das unendliche Verstehen）這一古老的理想被應用於歷史的認識。所以蘭克寫道：「我自己對上帝——假如我敢於這樣說的話——是這樣想的，即上帝——因爲在上帝面前不存在時間——是在人類整體中通觀整個歷

67　參見勒維特：《世界史和救世說》，第1章。

史的人類，並且發現任何人都具有同樣價值。」[68]

這裡，無限知性（intellectus infinitus）的觀念——對於這種無限知性來說，萬物都是同時存在的（omnia simul）——被轉變成歷史公道的準繩（Urbild），歷史學家很接近於這種準繩，因爲他們知道，一切時期和一切歷史現象在上帝面前都具有同樣的權利。所以，歷史學家的意識表現了人類自我意識的完美性。歷史學家越能夠認識每一種現象特有的不可毀滅的價值，也就是說，越能夠歷史地去思考，他的思想就越接近上帝的思想。[69] 正是因爲這一點，蘭克曾經把歷史學家的職業同牧師的職業相提並論。對於路德派蘭克來說，「面對上帝的直接性」（Unmittelbarkeit zu Gott）就是基 [I 215]
督教福音的眞正內容。重新建立這種先於原罪而存在的直接性，並不只是由於教會的神恩手段而產生的——歷史學家就曾經分享了這種直接性，因爲他們使曾經墮落於歷史中的人類成爲他們研究的對象，並且在人類永不會完全喪失的直接性中去認識人類。

普遍史即世界史——這實際上不是意指過程整體的形式性的總概念，而是指在歷史性的思考裡，宇宙作爲上帝的創造物被提升到對自己本身的意識。當然，這不是一種概念性的意識：歷史科學的最終結果是「對萬物的共同感覺、共同認知」（Mitgefühl, Mitwisserschaft des Alles）。[70] 正是在這種泛神論的背景裡我們才能理解蘭克所說他想消除自身這句著名的話。當然，正如狄爾泰所攻擊的，[71] 這種自我消除實際上乃是把自我擴充成某個內在宇宙。但是，蘭克沒有進行這種曾把狄爾泰引導到其精神科學的心理學基礎

---

68 蘭克：《世界史》，第 9 卷，第 2 部，第 5、7 頁。

69 「因為這彷佛是上帝知識的一部分」（蘭克，羅特哈克編，第 43 頁，以及第 52 頁）。

70 蘭克（羅特哈克編），第 52 頁。

71 《全集》，第 5 卷，第 281 頁。

上的精神反思絕非偶然。對於蘭克來說，自我消除乃是一種實際參與的形式。我們不可以從心理學上主觀地理解參與（Teilhabe）這一概念，而必須從更爲根本的生命概念出發去思考參與概念。因爲所有歷史現象都是大全生命（Allleben）的顯現，所以，參與歷史現象就是參與生命。

從這裡，理解一詞就具有了其近乎宗教性的色彩。理解就是直接地參與生命，而無需任何透過概念的思考媒介過程。對於歷史學家來說最爲重要的東西是：不讓實在與概念相關，而是在任何地方都達到這樣一個要點，即「生命在思想著以及思想在生存著」。歷史生命的諸現象在理解過程中都被視爲大全生命的顯現，上帝的顯現。這樣一種對大全生命的理解性的滲透，事實上比起人類對某個內在宇宙的認識成就來說還有更多的意思，所以狄爾泰爲反對蘭克重新表述了歷史學家的理想。當蘭克說「清楚的完全的生動的見解，乃是存在成爲透明的和通觀自身的標誌」時，[72] 這是一種形上學的陳述，它使得蘭克更接近於費希特和黑格爾。從這樣一句話
[I 216] 顯然可以看出，蘭克在根本上是怎樣接近於德國的唯心主義。黑格爾在哲學的絕對知識裡所想到的存在的完全自我透明性，就是蘭克意識自己爲歷史學家的根據，儘管蘭克本人是極力反對思辨哲學要求的。正是由於這一點，詩人的形象更接近於他，他感覺不到有什麼必要非區分自己是歷史學家而不是詩人。因爲歷史學家和詩人都有共同之點，這就是，歷史學家與詩人一樣，都把萬物生活於其中的要素作爲「某種處於它們之外的東西」來表現。[73] 完全放棄對事物的直觀，某個試圖講世界史故事的人 [74] 的莊嚴行爲，事實上可以

72 《路德殘篇》，13。
73 《路德殘篇》，1。
74 致海因里希．蘭克，1828 年 11 月（參見《自傳》，第 162 頁）。

被稱之為詩人的行為，因為對於歷史學家來說，上帝並不是以概念的形式，而是以「外在的表象」的形式存在於一切事物之中。事實上，我們不能比用黑格爾這一概念更好地描述蘭克的自我理解。正如蘭克所理解的那樣，歷史學家乃是屬於那種黑格爾曾稱之為藝術宗教的絕對精神的形式。

(γ) 在J. G.德羅伊森那裡歷史學和詮釋學的關係

對於某個思想敏銳的歷史學家來說，這種自我理解的問題一定是可明顯看出的。**德羅伊森的歷史學**的哲學意義正在於：他試圖把理解概念從它在蘭克那裡所具有的交織著美學和泛神論的含糊性中解脫出來，並表述它的概念性的前提。第一個這樣的前提就是表達（Ausdruck）概念。[75] 理解乃是對表達的理解。在表達中，內在的東西是直接出現的。但是這種內在的東西，即「內在的本質」，卻是第一個本眞的實在。在這裡德羅伊森完全站在笛卡兒的地基上，並且處於康德和威廉．馮．洪堡的傳統之中。個別的「自我」類似於現象世界裡的一個孤立的點。但是在自我的表現中，首先在語言中以及基本在它能夠表現自身的所有形式中，它卻不再是一個孤立的點。自我屬於可理解東西的世界。但是，歷史性的理解並不具有與語言性的理解根本不同的性質。正如語言一樣，歷史世界並不具有某種純粹精神性存在的特徵。「要想理解倫理的、歷史的世界，首先意味著我們認識到，這個世界既不只是詩意想像的，又不只是新陳代謝的。」[76] 雖然這是針對巴克爾的粗鄙經驗主義而說的，但是反過來它也適用於反對例如黑格爾的歷史哲學的唯靈論。德羅伊

---

[75] 〔參見本書第 341 頁以下、第 471 頁以下；以及我的著作集，第 2 卷，附錄 4，第 384 頁以下。〕

[76] 德羅伊森（羅特哈克編），第 65 頁。

[I 217] 森認爲歷史的雙重性質是由於「人性的奇特的超凡魅力，人性是這樣幸運地不完善，以致人性在精神和肉體兩方面都必須倫理地行事」。[77]

德羅伊森以這些從威廉·馮·洪堡那裡借用來的概念試圖要說的，確實不是別的什麼，而只是蘭克在強調力時所意指的東西。德羅伊森也不把歷史實在看作爲純粹的精神。倫理地行事，其實包含這樣的意思，即不把歷史世界認作是意志在某種完全是韌性的材料上的純粹鑄造。歷史世界的實在性在於某種總是重新由精神進行的對於「無休止變化的有限系統」——每一行動者都屬於這種有限系統——的把握和形成。德羅伊森現在能夠在某種完全不同的程度上從這種歷史的雙重性質得出關於歷史性行爲的結論。

像蘭克所滿足的那種依據於詩人行爲的做法，對於德羅伊森來說不再是充分的。在觀看或講述過程中的自我消失並不引導到歷史實在。因爲詩人「對事件只撰寫某種心理學的解釋，但在實在中除了個性（Persönlichkeit）外，沒有其他要素在起作用」（《歷史學》，§41）。詩人把歷史實在處理成好像是被行動著的個人所意願和計畫的。但這樣被「意指」的東西根本不是歷史實在。因此，行動者的實際願望和計畫根本不是歷史理解的眞正對象。對個別個人的心理學解釋不能夠窮盡歷史事件本身的意義。「在這種事實情況裡出現的，既不是意願著的個人，也不是那種只是由於這個人的意志力、這個人的知性而產生的東西；它既不是這個個性的純粹表現，也不是這個個性的完全表現」（§41）。因此，心理學解釋在歷史理解中只是一種從屬的要素，而且這不只是因爲這種解釋不能實際達到其目的才這樣的。這裡不只是經驗了一種限制。在歷史學家看來，個人的內在性，道德心的神聖位置，並不只是不可達到

77　同上。

的。只靠同情和愛所達到的東西其實根本不是歷史學家研究的目的和對象。歷史學家不需要探究特殊個人的內心奧祕。他探究的東西並不是像這樣的一些個別人，而是他們作爲道德力運動中的元素所具有的意義。

道德力（die sittlichen Mächte）概念在德羅伊森這裡占有核心的地位（§55 以下）。它既奠定了歷史的存在方式，又確立了對這種方式進行歷史認識的可能性。蘭克關於自由、力和必然性的不確切的思考現在獲得了它們的實際證明。同樣，蘭克關於歷史事 [I 218]
實概念的使用在德羅伊森這裡也找到了某種更正。處於特殊追求和目的的偶然性中的個別人並不是歷史的要素，個人之所以成爲歷史要素，只是由於他提升自身到道德共同體的領域並參與了這種共同體。透過人類共同工作而形成的這些道德力的運動構成了事物的發展。可能的東西確實是被這種運動所限制的。但是，如果我們因此講到自由和必然性之間的某種對抗，那麼這意味著剝奪自身的歷史有限性。行動者堅定地站在自由的假定之下。事物的發展並不是一種對人的自由的外在限制，因爲它不依賴於僵死的必然性，而是依賴於道德力的運動，而我們總是已經與這些力相關聯的。事物的發展提出了行動者的倫理能力要維護自身的任務。[78] 因此，當德羅伊森完全從歷史地行動著的人出發去規定必然性和自由的關係時，他是非常正確地規定了那種在歷史中起支配作用的必然性和自由的關係。他把必然性與無條件的「應當」（Sollen）連繫起來，把自由與無條件的「意願」（Wollen）連繫起來：必然性和自由都是道德力的表現，透過這兩種表現個別人隸屬於道德領域（§76）。

如我們所看到的，按照德羅伊森的看法，正是力的概念揭示了一切思辨的歷史形上學的侷限性。他完全像蘭克一樣，就黑格爾的

[78] 參見德羅伊森與巴克爾的爭論（羅特哈克新版本，第 61 頁）。

發展概念並不是一種只在歷史過程中生長的胚胎這一意義批判了黑格爾這一概念。但是他更明確地規定了這裡力指什麼：「力與工作一起生長。」個人的道德力由於積極進行一項具有偉大共同目標的工作而成爲歷史的力量。個人的道德力之所以成爲歷史的力量，因爲道德的領域乃是事物發展過程中的持續的東西和有力量的東西。所以，力不再像在蘭克那裡那樣是大全生命的一種原始的和直接的表現，而只是存在於這種媒介過程中，並且只透過這種媒介過程達到歷史實在。

起媒介作用的道德世界是這樣運動的，即每一個人都參與這個世界，但是以不同的方式參與這個世界。某些人透過繼續做習慣的事而保留原存在狀態，另一些人則預感和表現新思想。歷史過程的連續性就在於對那種透過批判僅按應當怎樣存在而存在的東西的經常不斷的克服過程（§77 以下）。所以德羅伊森不願講到單純的「自由的場景」，因爲自由是歷史生命的基本脈搏，而不只是在例
[I 219] 外情況裡才有的。歷史的偉大個性只是道德世界前進過程中的一種要素，道德世界作爲整體以及在每一個個別東西中都是一個自由的世界。

在反對歷史先驗論方面，德羅伊森與蘭克是意見一致的，即我們不能認識目的，而只能認識運動的方向。歷史是人類無休止工作所追求的一切目的的最終目的，是不能透過歷史認識而識別出來的。這個最終目的只是我們預感和相信的對象（§80-86）。

歷史認識的地位是符合於這種歷史圖畫的。但是，我們也不能像蘭克所理解的那樣，把這種歷史認識理解爲一種像在偉大史詩詩人那裡出現的審美上的自我忘卻和自我消失。蘭克那裡的泛神論特徵是爲了要求某種普遍而直接的參與，是爲了要求某種對萬物的共知（Mitwisserschaft）。反之，德羅伊森卻想到了理解運動於其中的諸種媒介過程。道德力不只是個人在行動中所提升到的眞正歷

史實在。道德力同時也是歷史提問者和歷史研究者超越自身特殊性而提升的那種東西。歷史學家是由其對某個特定的倫理領域、其國家、其政治主張和宗教信仰的歸屬所規定和限制的。但是，他的參與正依據於這種不可拋棄的片面性。在他自身歷史存在的具體條件內——而不是懸空在事物之上——他向自身提出了要公正的任務。「他的公正就是，他試圖去理解」（§91）。

因此，德羅伊森關於歷史性認識的名言是「探究性地理解」（forschend verstehen）（§8）。這裡不僅包含一種無限的媒介過程，而且也包含一種最終的直接性。德羅伊森在這裡如此意味深長地與理解概念相連結的探究概念，應當作爲這樣一種任務的無限性的標誌，這種任務使歷史學家不僅脫離了由你我之間的同情和愛所產生的完美和諧，同樣也與藝術家創作的完美性完全分開。只有在對傳承物的「無休止地」探究中，在對越來越新的原始資料的開啓中，以及在對這些原始資料所做的越來越新的解釋中，歷史研究才不斷地向「理念」邁進。這聽起來好像依賴於自然科學的程序，並且好像是預先認識到新康德派對「物自體」的解釋是「無限的任務」，但是只要深入一考察，我們就可看出這裡也包含某種不同的東西。德羅伊森的名言使歷史學家的活動不僅脫離了藝術的完美理想性和心靈的內在交往，而且似乎與自然科學的程序也不相干。

在1882年講演末尾，[79] 我們發現這樣一段話：「我們不能像自然科學那樣使用實驗手段，我們只能探究，並且除了探究外不能做任何別的。」所以，對於德羅伊森來說，探究概念裡一定還有另一個要素是重要的，而不只是任務的無限性，因爲作爲某個無限過程標誌的任務是歷史研究與自然研究共同具有的，並且相對於18世 [I 220]

---

79 約翰·古斯塔夫·德羅伊森：《歷史學》，R. 許布納編，1935年，第316頁。根據弗里德里希·邁內克的筆記。

紀的「科學」和更早一些時期的「學說」（Doctrina）來說，這任務有助於「探究」概念在 19 世紀的興起。這種「探究」概念——大概是從深入到未知領域的考察旅行者的概念出發的——以同樣的方式既包括自然的認識，又包括歷史世界的認識。世界認識的神學和哲學的背景消失得越多，科學被設想爲進入未知領域就越多，因而科學被稱之爲研究就越多。

但是，這種考慮並不足以解釋德羅伊森怎樣能透過說歷史學是「探究，並且除了探究外不能做任何別的」這種方式使歷史方法與自然科學的實驗方法相區別的。這裡一定有另一種無限性不同於未知世界的無限性，這種無限性在德羅伊森眼裡是歷史認識成爲探究的主要標誌。他的想法似乎是這樣的：如果探究的東西本身永遠不能成爲可見的，那麼探究就具有一種不同的，彷佛是質上的無限性。這事實上適合於歷史的過去——與自然研究裡的實驗所表現的那種自我給予性相反。歷史研究爲了總是不同地認識傳承物，它總是越來越新地、不斷更新地被詢問。它的答覆從不像實驗那樣具有自我看見的單義的明確性。

如果現在我們問探索概念裡的這種意義要素——德羅伊森在一種令人吃驚的實驗和探索的對立中所追求的——的根源是什麼，那麼在我看來，我們將被引導到良知探究（Gewissensfor schung）概念上。歷史世界依據於自由，而這一點卻保留了個人的一種最終不可深究的神祕性。[80] 只有對良知的自我探究才能接近於這種神祕

80　〔不過，研究概念裡的神學附加物不僅與不可探究的**個人**及其自由有關，而且也與歷史中我們永不能完全揭示的存在於上帝「所意指物」領域內的那種隱蔽了的「意義」有關。就此而言，這裡歷史學並不完全受詮釋學過多影響，這一點對於「古希臘文化」的發現者來說應當是恰如其分的。參見我的著作集，第 2 卷，第 123 頁以下，以及〈海德格之路〉，載《馬堡神學》，第 35 頁以下；或者我的著作集，第 3 卷。〕

性，只有上帝才能知道這裡的眞理。由於這種理由，歷史研究將不 [I 221] 想追求規律的知識，並無論如何不能要求實驗的決定。因爲歷史學家透過無限的傳承物的媒介而與他們的對象有著距離。

但從另一方面來說，這種距離也是近在眼前的。雖然歷史學家不能像明確掌握實驗那樣觀看他們的「對象」，但他們與他們的「對象」卻是連繫在一起的，只不過他們是透過他們的方式，即透過道德世界的可理解性和熟悉性，與其對象相連繫，這種連繫方式完全不同於自然研究者與其對象的連繫方式。這裡「傳說」（Hörensagen）不是一種壞的證據，而是唯一可能的證據。

「每一個自我封閉在自身內，每一個人在其表達（Äusserungen）中向每一個他人敞開自身」（§91）。因此被認識的東西在這兩方面是完全不同的：對於自然認識來說是規律的東西，對於歷史學家來說就是道德力量（§16）。在道德力量裡面歷史學家找到了他們的眞理。

在對傳承物的無休止的探究過程中，理解最終總是可能的。儘管有一切媒介，理解概念對於德羅伊森來說仍保留了某種最終直接性的特徵。「理解的可能性在於那些作爲歷史材料而存在的表現乃是與我們同質的」，「面對人、人的表達和人的形式，我們是並且感覺我們是在本質的相同性（Gleichartigkeit）和相互性（Gegenseitigkeit）之中」（§9）。正如理解使個別的自我與該自我所隸屬的倫理共同體連繫在一起一樣，這些倫理共同體本身、家庭、民族、國家、宗教作爲表現也是可理解的。

所以透過**表達**（Ausdruck）概念，歷史實在被提升到非常重要的領域，**因而在德羅伊森的方法論的自我分析中詮釋學成為歷史學的主角**：「個別的東西在整體裡被理解，而整體則由個別的東西來理解」（§10）。這就是古老的修辭學詮釋學基本原則，現在這一原則被轉變成內在的東西：「因爲進行理解的人像他所要理解的人那樣，也是一個自我，一個自身內的整體，所以他透過個別的表現來補充這個整體，而且透過這個整體來補充個別的表現。」這是施萊爾馬赫的公式。在應用這一公式時，德羅伊森分享了它的前提，也就是說，那種他視爲自由活動的歷史，對於他來說，像一個正文那樣是可深入理解的和有意義的。正如正文理解一樣，歷史理解的頂點乃是「精神的在場」（geistige Gegenwart）。所以，我們看到德羅伊森比蘭克更精確地規定了什麼媒介元素被包含在研究和理解過程中，雖然最終他也只能用審美—詮釋學的範疇去設想歷史學的任務。按照德羅伊森的看法，歷史學追求的目的也是從斷編殘簡的
[I 222] 傳承物中去重構偉大的歷史正文。

2. 狄爾泰陷入歷史主義困境[1]

(a) 從歷史學的知識論問題到爲精神科學奠定詮釋學基礎[2]

歷史學派裡存在的審美—詮釋學因素和歷史哲學因素之間的對抗，在**威廉．狄爾泰**這裡達到了頂點。狄爾泰的重要性在於：他眞正認識到歷史世界觀相對於唯心主義所包含的知識論問題。狄爾泰作爲施萊爾馬赫的傳記家，作爲以浪漫主義理解理論探究詮釋學起源和本質這一歷史問題並撰寫西方形上學歷史的歷史學家，雖然仍運動在德國唯心主義的問題視域之內——但他作爲蘭克和該世紀新經驗哲學的學生卻同時立於一個如此不同的地基上，以致不論是施萊爾馬赫的審美—泛神論的同一哲學，還是黑格爾的與歷史哲學相結合的形上學，對於他來說，都不能保持其有效性。的確，我們在蘭克和德羅伊森那裡已經發現他們都同樣存在著一種唯心主義態度和經驗主義態度之間的衝突，但是在狄爾泰這裡，這種衝突變得特別尖銳。因爲在狄爾泰這裡，已經不再是單純地以一種經驗主義的研究態度去繼續古典主義—浪漫主義精神，這種繼續著的傳統反而由於有意識地重新採用先是施萊爾馬赫的後是黑格爾的思想而被過

1 〔對此請參見我早期的論文〈近代德國哲學裡的歷史問題〉（1943 年），載《短篇著作集》，第 1 卷，第 1-10 頁；我的著作集，第 2 卷，第 27 頁以下。〕

2 〔對此節請參見〈歷史意識問題〉（《短篇著作集》，第 4 卷，第 142-147 頁）以及 1983 年為紀念狄爾泰而新撰寫的論文（我的著作集，第 4 卷）。狄爾泰研究首先是透過出版那些為《精神科學導論》續篇作準備的論文（《狄爾泰全集》，第 18 卷、第 19 卷）而重新開展起來的。〕

量充塞了。

即使我們把英國經驗論和自然科學知識論對狄爾泰的早期的巨大影響作爲對他的眞正意圖的損害而避而不談，我們仍然不容易理解他的這些意圖究竟是什麼。我們感謝格奧爾格．米施[223]在這
[I 223] 方面所作的重要進展。[3]但是，由於米施的目的是想把狄爾泰的立場與胡塞爾的現象學及海德格的基本本體論的哲學傾向相對照，狄爾泰的「生命哲學」傾向的內在矛盾就被他用這些當代的相反立場加以描繪。同樣的情況也適合於 O. F. 博爾諾對於狄爾泰的有價值的描述。[4]

我們在狄爾泰這裡將論證的這種衝突性的根源，早已存在於歷史學派那種典型的哲學和經驗兩栖的立場裡。這種衝突性並沒有由於狄爾泰想建立一個知識論基礎的嘗試而被消除，反而由於狄爾泰這一嘗試變得更爲尖銳。狄爾泰爲精神科學提供一個哲學基礎的努力，就是試圖從蘭克和德羅伊森爲反對德國唯心論而主張的東西推導出知識論上的結論。這一點狄爾泰自己是完全意識到的。他認爲歷史學派的弱點在於他們的反思缺乏澈底性：「歷史學派不是返回到自身的知識論前提，或者返回到從康德直到黑格爾的唯心論的知識論前提，從而認識這些前提的不可統一性，而是無批判地把這兩種觀點結合在一起。」[5]所以，狄爾泰能夠爲自身制定這樣一個任務，即在歷史學派的歷史經驗和唯心主義遺產中間建立一個新的知識論上可行的基礎。這就是他透過歷史理性批判去補充康德的純粹理性批判這一目的的意義。

---

3 這不僅指格奧爾格．米施為狄爾泰《全集》第 5 卷所寫的內容廣泛的導論，而且也指他在《生命哲學和現象學》（1930 年第 1 版）這本書裡所作的狄爾泰解釋。

4 O. F. 博爾諾：《狄爾泰》，1936 年。

5 《狄爾泰全集》，第 7 卷，第 281 頁。

這個任務本身就已經表明他背離了思辨唯心論。這一任務曾經提出了一種可以完全從語詞上去理解的類比關係。狄爾泰是想說：歷史理性需要一種完全像純粹理性所需要的那樣一種辯護。《純粹理性批判》的劃時代的成就不僅是摧毀了作爲世界、靈魂和上帝的純粹理性科學的形上學，而且同時也揭示了這樣一個領域，在此領域內我們不僅可以合法地使用先天的概念，而且認識也有了可能。這種純粹理性批判不僅摧毀了精神觀看者的夢幻，而且同時也答覆了純粹自然科學如何是可能的這一問題。在此期間，思辨唯心論曾把歷史世界一起放入理性的自我解釋之中，而且特別是透過黑格爾，在歷史領域內作出了獨創的成就。因此，純粹理性科學的要 [I 224]
求基本本上被推廣到歷史認識上。歷史認識成爲精神百科全書的一部分。

但是在歷史學派看來，思辨的歷史哲學乃是一種同樣粗鄙的獨斷論，有如理性的形上學一樣。所以，歷史學派必須對歷史認識的哲學基礎要求一種類似於康德曾經爲自然認識所要求的東西。

這種要求是不能透過單純地返回康德而實現的，儘管面對自然哲學的過分放縱我們可能採取這種途徑。康德曾經結束了關於認識問題 —— 由於 17 世紀新科學的出現而提出的問題 —— 的各種努力。新科學所運用的數學一自然科學的構造在康德那裡獲得了有關其認識價值的合法證明，新科學之所以需要這種數學一自然科學構造，是因爲新科學的概念除了理性存在（entia rationis）的要求外，並沒有任何其他的存在要求。古老的表象理論（Abbildtheorie）顯然不再是合法的。[6]所以，透過思想和存在的不可比較性，認識問題

6　我們可能在德謨克利特那裡找到的，而新康德派的歷史著作硬說在柏拉圖那裡也有的古代關於認識問題的早期形式，是處於一個不同的地基上。對於從德謨克利特那裡可能引出的認識問題的討論，其實在古代懷疑論那裡就結束

以一種新的方式被提出來。狄爾泰清楚地看到了這一點，並且在他與約爾克伯爵（Grafen Yorck）[224] 的通信裡講到了 17 世紀知識論問題所具有的唯名論背景，這一背景透過杜恆 [225] 以來的現代研究已得到出色的證實。7

現在，知識論問題透過歷史科學獲得了新的現實性。語詞史已經證明了這一點，因爲知識論（Erkenntnistheorie）一詞是在黑格爾之後的時期裡才出現的。當經驗研究使黑格爾體系威信掃地時，知識論一詞才得到了使用。19 世紀之所以成爲知識論世紀，是因爲隨著黑格爾哲學的瓦解，邏各斯（Logos，即理性）和存在之間
[I 225] 的自明的符合關係最終被摧毀了。8由於黑格爾在一切地方，甚至在歷史上強調理性，他成爲古代邏各斯（即理性）哲學的最後一位最全面的代表。鑑於對先驗歷史哲學的批判，人們現在看到自己重新又被束縛在康德批判的桎梏下，在世界史的純粹理性構造的要求被取消以及歷史認識同樣被限制於經驗之後，康德批判的問題也對歷史世界提出來了。如果歷史被認爲與自然一樣，並不是精神的顯現方式，那麼人的精神怎樣能夠認識歷史就成了一個問題，正如透過數學構造方法的自然認識對於人的精神也是一個問題一樣。所以，相對於康德答覆純粹自然科學如何是可能的這一問題，狄爾泰必然

了。（參見保羅．納托普的《古代認識問題研究》〔1892 年〕，以及我在〈關於前蘇格拉底的概念世界〉裡的研究，1968 年，第 512-533 頁）〔現收入我的著作集，第 5 卷，第 263-282 頁。〕

7 P. 杜恆：《李奧納多．達文西研究》，3 卷本，巴黎，1955 年；《世界體系》，第 10 卷，巴黎，1959 年。〔參見本書第 12 頁，注釋 4。〕

8 對此參見 E. 策勒的論文〈知識論的意義和任務〉（1862 年），載他的《演講和論文集》，第 2 卷，萊比錫，1875-1884 年，第 446-478 頁；以及我的論文〈E. 策勒——一位從神學走向哲學的自由主義者之路〉，載 W. 德爾編輯出版的《森柏．阿佩特斯－魯普萊希特－卡爾 600 年——海德堡大學 1386-1986 紀念文集》（6 卷本），海德堡，1985 年，第 2 卷。

試圖對歷史經驗怎樣可能成爲科學這一問題進行答覆。因此在與康德問題作清楚的比較之中，狄爾泰探究了那些能夠支持精神科學的歷史世界的範疇。

在這裡使得狄爾泰成爲重要人物，並使他與那些試圖把精神科學包含在重新構造的批判哲學裡面的新康德派相區別的關鍵在於，他沒有忘記經驗在這裡是某種根本不同於自然認識領域內的經驗的東西。在自然認識領域內所涉及的，只是透過經驗而產生的可證實的觀點（die verifizierbaren Feststellung），也就是說，是那種與個人的經驗相脫離，並且總是構成經驗知識中可靠部分的東西。對於這種「認識對象」的範疇分析，在新康德派看來，乃是先驗哲學的積極成果。[9]

對於這種構造只略加改變，並且把它轉用於歷史認識領域，有如新康德派以價值哲學的形式所作出的，這在狄爾泰看來是遠遠不夠的。狄爾泰曾經把新康德派的批判哲學本身視爲獨斷論的，並且正如他把英國經驗論稱之爲獨斷論一樣，他有同樣的正確性。因爲承擔歷史世界構造的東西，並不是由經驗而來，而後又在一種價值關係中出現的事實（Tatsachen），歷史世界的基礎其實是那種屬於經驗本身的內在歷史性（die innere Geschichtlichkeit）。內在歷史性是一種生命的歷史過程，它的範例不是確定事實，而是那種使回憶和期待成爲一個整體的奇特組合，我們把這種組合稱之爲經驗，而且由於我們作出經驗，我們獲得了這種組合。所以，尤其是痛苦的實在經驗給予見解正趨成熟的人的那種苦難（Leiden）和教訓（Belehrung），才最先形成歷史科學的認識方式。歷史科學只是繼續思考那種生活經驗裡已經被思考的東西。[10] [I 226]

9 參見 H. 李凱爾特同名的書：《認識對象》，佛萊堡，1892 年。

10 參見本書第 352 頁以下關於經驗歷史性的分析。

這樣，知識論問題在這裡就有了另一個出發點。在某種方式裡，它的任務是容易解決的。它不需要首先探究我們的概念與「外在世界」相一致的可能性的基礎。因爲歷史世界——我們這裡涉及的就是對這一世界的認識——始終是一個由人的精神所構造和形成的世界。由於這個理由，狄爾泰並不認爲普遍有效的歷史綜合判斷在這裡是成問題的，[11] 並且他還在這裡援引了維柯。我們回憶一下，維柯在反對笛卡兒派的懷疑論以及由這種懷疑論而確立的自然數學知識的確實性的爭鬥中，曾經主張人類所創造的歷史世界在知識論上的優先地位。狄爾泰重複這同樣的論據。他寫道：「歷史科學可能性的第一個條件在於：我自身就是一種歷史的存在，探究歷史的人就是創造歷史的人。」[12] 正是主體和客體的這種同質性（Gleichartigkeit）才使得歷史認識成爲可能。

但是，這種觀點卻絲毫未解決狄爾泰所提出的知識論問題。而且，這種同一性條件還總是掩蓋了歷史的眞正知識論問題。這問題就是：個別人的經驗及其對這種經驗的認識怎樣提升爲歷史經驗的。在歷史中我們不再涉及那些像這樣被個別人所體驗的或像這樣被其他人再體驗的連繫（Zusammenhänge）。而狄爾泰的論證首先只適合於個別人的體驗和再體驗。這就是狄爾泰知識論的出發點。狄爾泰提出個別人怎樣得到某種生命連繫的辦法，並試圖從這裡出發去獲取那些對於歷史連繫及其認識能承擔作用的構造性的概念。

與自然認識的範疇不同，這些概念都是生命概念（Lebensbegriffe）。因爲按照狄爾泰的看法，認識歷史世界——在這世界裡意識等同於對象這一唯心主義的思辨假設還總是可指明的實
[I 227] 在——的最終前提是體驗（Erlebnis）。這裡是直接的確實性。

---

11 《狄爾泰全集》，第 7 卷，第 278 頁。

12 同上。〔但是誰真正**創造**歷史呢？〕

因爲屬體驗的東西不再被分解成一種行爲，即某種內在意識（das Innewerden），和一種內容，即我們內在意識到的東西。[13] 屬體驗的東西其實是一種不可再分解的內在存在（Innesein）。即使說在體驗中有某種東西被占有，這也是做了過多的區分。狄爾泰現在探究連繫是怎樣從這種直接確實性的精神世界的要素形成起來的，以及對這種連繫的認識是怎樣可能的。

早在他的「描述的和分析的心理學」的觀念裡，狄爾泰就有這樣一個任務，即推導那種不同於自然認識解釋模式的所謂「由某個人內在生命而獲取的連繫」（den erworbenen Zusammenhang des Seelenlebens）。[14] 他使用了結構（Struktur）概念，以便使對內心生命連繫的體驗性與自然事物的因果連繫相區別。「結構」一詞的邏輯特徵就在於：它在這裡意指一種關係整體（Beziehungsganz），這整體不依賴於事物（Erwirkseins）的時間性的因果次序，而依賴於內在的關係。

根據這一點，狄爾泰認爲他已找到了一種特有的和有效的出發點，並且已經克服了那種使蘭克和德羅伊森方法論反思混亂不堪的矛盾性（Unausgeglichenheit）。但是，他認爲歷史學派在這一點上是正確的：不存在一種普遍的主體，而只存在歷史的個人。意義的理想性不可歸入某個先驗的主體，而是從生命的歷史實在性產生的。正是生命自身在可理解的統一性中展現自身和造就自身，正是透過個別的個人這些統一性才被理解。這就是狄爾泰分析的不言而喻的出發點。生命的連繫，如它對個人所表現的（並且在傳記知識裡被其他人再體驗和理解的），是由某種特殊體驗的意義所建立的。從這些特殊體驗出發，就像從某種組織化了的中心出發一

---

13 《狄爾泰全集》，第 7 卷，第 27 頁以下、第 230 頁。

14 同上書，13a。

樣，統一的生命過程被形成，這正如一段旋律的意義形式的出現一樣——它不是單純由於連續演奏的音調排列，而是從規定該旋律的形式統一的音樂主題出發而產生的。

很顯然，這裡正如在德羅伊森那裡一樣，浪漫主義詮釋學的處理方式又出現了，並且經歷了一種普遍的擴展。正如某個正文的上下文關係一樣，生命的結構連繫也是由整體和部分的關係所規定

[I 228] 的。這種連繫的每一部分表現了生命整體的某種東西，因而對整體具有某種意義，正如這部分自己的意義是被這個整體所規定的一樣。這就是古老的正文解釋的詮釋學原則，這一原則之所以能適用於生命連繫，是因爲在生命連繫中同樣也假定了某種意義的統一，而這種統一的意義在它的所有部分中都得到了表現。

狄爾泰爲精神科學奠定知識論基礎的工作所邁出的決定性步伐是，發現了那種從構造個人生命經驗裡的連繫到**根本不為任何個人所體驗和經驗的歷史連繫**的轉變。這裡——儘管有對思辨的一切批判——必然要有「邏輯主體」替代實在主體。狄爾泰對於這種困難是意識到的，但是他認爲這樣做本身是允許的，因爲個人的休戚相關性（Zusammengehörigkeit）——例如：在某代人或某民族的統一體裡——表現了某種精神性的實在（eine seelische Wirklichkeit），我們之所以必須承認這種精神性的實在，正是因爲我們不可能返回到它背後去解釋它。這裡確實不涉及實在主體。它的界限的模糊性就表明了這一點；特殊個人只是以它的存在的一部分被包含在它裡面。但是按照狄爾泰的看法，下面這點卻是確切無疑的，即我們可以作出關於這個主體的陳述。歷史學家經常作出這種陳述，例如：他們講到民族的行爲和命運。[15] 現在問題是，這

---

15 《狄爾泰全集》，第 7 卷，第 282 頁以下。格奧爾格·齊美爾也試圖透過體驗主體性（Erlebnissubjektivität）和事實關係（Sachzusammenhang）的——最

種陳述怎樣能在知識論上得以證明呢？

我們不可以主張，狄爾泰關於這問題的思想已達到完全的清楚性，儘管他在這裡看到了決定性的問題。這裡關鍵性的問題乃是從精神科學的**心理學**基礎轉變到**詮釋學**基礎。在這方面狄爾泰從未超出概述一步。所以，在《構造》[16]的兩個完整的部分即自傳和傳記裡——這是歷史經驗和歷史認識的兩種特殊情形——保留了一種不完全有根據的優勢。因爲我們確實看到，眞正的歷史問題並不是，連繫一般來說是怎樣可體驗和可認識的，而是這種從未有人這樣體驗過的連繫怎樣應當是可認識的。但是，狄爾泰怎樣想從理解現象出發去解釋這一問題，卻是毫無疑問的。理解就是對表達的理解（Verstehen ist Verstehen von Ausdruck）。在表達中，被表達的東西是以一種不同於原因在結果中的方式出現。當表達被理解了，被 [I 229] 表達的東西就出現在表達本身中並且被理解。

狄爾泰從一開始就力求把精神世界的關係從自然領域內的因果關係裡區別出來，因而表達概念和對表達的理解概念對他來說從一開始就處於核心位置。他由於胡塞爾影響而獲得的新的方法論上的清晰性使他最後用胡塞爾的《邏輯研究》去綜合那種由效果關係（Wirkungszusammenhang）而提升的意義概念。狄爾泰的精神生活的結構性（Strukturiertheit）概念相應於意識的意向性學說，因爲這種結構性不僅從現象學方面描述了某種心理學事實，而且也從現象學方面描述了意識的本質規定。每一種意識都是對某物的意識，每一種關係都是對某物的關係。按照胡塞爾的看法，這種意向性的所指（das Wozu），即意向對象，並不是實在的心理成分，而

終也是心理學上的——辯證法解決這同樣的問題。參見《橋和門》，第 82 頁以下。

16 即《精神科學裡的歷史世界的構造》，載《全集》，第 7 卷。

是一種理想統一體，即這樣的所意指物。所以，胡塞爾的第 1 卷《邏輯研究》爲反對邏輯心理主義的偏見而維護一種理想的意義概念。胡塞爾這個證明對於狄爾泰有著決定性的意義。因爲正是透過胡塞爾的分析，狄爾泰才能眞正講到那種使「結構」區分於因果關係的東西。

一個例子將清楚地表明這一點。心理的結構，如：某個個人，是透過發展他的稟賦並同時經驗到環境的條件性的效果而獲得他的個性的。這裡所出現的東西，即眞正的「個性」，也就是說，個人的特徵，並不是一種單純的原因要素的結果，它不能只透過這些原因去理解，而是表現了一種自身可理解的統一，一種生命的統一，而這種生命的統一表現在它每一次的外現中，並因而能透過每一次外現來理解。這裡某物是不依賴於其生成的因果秩序而結合成某種特有的形象（Figur）。這就是狄爾泰以前以結構性關係（Strukturzusammenhang）所意指的東西，也是他現在用胡塞爾的術語稱之爲「意義」（Bedeutung）的東西。

狄爾泰現在也能夠說，在某種程度上結構性關係是**被給予的**（gegeben）——這是他與埃賓豪斯的主要爭論點。雖然結構性關係並不是在某種體驗的直接性中被給予的，但是它也不能簡單地被說成是作用因素基於心理「機制」的結果。意識的意向性學說實際上爲所與性（Gegebenheit）概念提供了新的基礎。自此以後，我們可以不再由體驗原子（Erlebnisatomen）去推導連繫並以這種方式去解釋連繫。意識其實總是包含在這樣的連繫之中，並在這種連繫的概念中有其自身的存在。所以狄爾泰認爲胡塞爾的《邏輯研究》是劃時代的，[17] 因爲像結構和意義這些概念都得到了合理的證
[I 230] 明，雖然它們不是可由要素推導出來的。這些概念現在被證明比那

[17] 《全集》，第 7 卷，13a。

些所謂要素更原始，以前曾經認爲這些概念就是從這些要素並基於這些要素而構造的。

當然，胡塞爾關於意義理想性的證明乃是純粹**邏輯**探究的結果。而狄爾泰對此的證明則是某種完全不同的東西。對於狄爾泰來說，意義不是一個邏輯概念，而是被理解爲**生命**的表現。生命本身，即這種流逝著的時間性，是以形成永恆的意義統一體爲目標。生命本身解釋自身，它自身就有詮釋學結構，所以生命構成精神科學的眞實基礎。在狄爾泰思想裡，詮釋學不是單純的浪漫主義遺產，而是從哲學建立於「生命」之中合乎邏輯地產生出來的。狄爾泰認爲正是由於這一點他已完全超越了黑格爾的「理智主義」。同樣，從萊布尼茲那裡產生的浪漫主義—泛神論的個性概念也不能使狄爾泰感到滿足。因爲把哲學建立於生命之中，這也反抗個體形上學，並且知道遠遠離開萊布尼茲的無窗戶的單子論觀點。按照這種單子論觀點，只有單子才展現其自身的規律，所以對於這種觀點來說，個性就不是一種植根於現象中的原始觀念。狄爾泰寧可堅持所有「精神的生命性」都隸屬於環境。[18] 根本不存在個性的原始力。個性是由於它肯定自身才成爲它所是的東西。被效果的歷史（Wirkungsverlauf）所限制，這屬於個性的本質——正如屬於所有歷史的概念。即使像目的和意義這些概念，對於狄爾泰來說，也不是指柏拉圖主義意義上或士林哲學意義上的觀念。它們也是歷史的觀念，因爲它們是被結果的歷史所限制。它們必須是能概念（Energiebegriffe）。狄爾泰在這裡依賴於費希特，[19] 費希特對於蘭克也同樣有決定性的影響。就此而言，狄爾泰的生命詮釋學將總是

[18] 《全集》，第 5 卷，第 266 頁。

[19] 《全集》，第 7 卷，第 157、280、333 頁。

立於歷史世界觀的基礎之上。[20] 哲學提供給他的只是那種陳述歷史世界觀眞理的概念可能性。

但是，儘管有所講的這些限制條件，狄爾泰把詮釋學建立於「生命」裡的做法是否已經眞正避免了唯心主義形上學**所隱含了的**結果，這還是不清楚的。[21] 對於狄爾泰來說，存在這樣一些問題：

[I 231] 個體的力怎樣與超越於它的、先於它的東西，與客觀的精神相連繫？應當怎樣設想力和意義的關係、力量和觀念的關係、生命的事實性和理想性的關係？歷史認識如何是可能的這一問題最終必須決定於對這些問題的解答。因爲歷史中的人都同樣是由個性和客觀精神的關係所根本決定的。

這種關係顯然不是沒有歧義的。一方面它是限制、壓迫、抵抗的經驗，透過這些經驗個體意識到其自身的力。但另一方面它又不僅僅是個人經驗到的實在的堅硬的牆。個體作爲歷史存在而經驗到歷史實在，而且這種歷史實在同時也總是某種支持個體的東西；在歷史實在裡個體表現自身和重新發現自身。歷史實在作爲這樣的東西就不是「堅硬的牆」，而是生命的客觀化物（Objektivationen）（德羅伊森曾經講到「道德力量」）。

這一點對於精神科學的性質具有根本方法論的意義。所與概念在這裡具有一種根本不同的結構。精神科學裡的所與與自然科學裡的所與不同，其特徵是：「在這個領域內我們必須拋棄所與概念的所有那些如物理世界形象所具有的固定的東西、異己的東西。」[22] 一切所與在這裡都是被創造出來的。維柯早已賦予歷史對象的那種

---

20 同上書，第 280 頁。

21 O. F. 博爾諾（《狄爾泰》，第 168 頁以下）曾經正確看到，力概念在狄爾泰那裡被放到非常次要的位置。這正表現了浪漫主義詮釋學對狄爾泰思想的勝利。

22 《全集》，第 7 卷，第 148 頁。

古老的優越性，按照狄爾泰的看法，乃是建立普遍性的基礎，由於這種普遍性，理解才占有了歷史世界。

但是問題在於，從心理學立場到詮釋學立場的轉變是否能在這個基礎上獲得眞正成功，或者狄爾泰在這裡是否陷入了那些把他帶到他本不希望得到和不想承認的思辨唯心論的近處的問題關係之中。

在上面所援引的這句話中，我們不僅聽到了費希特的聲音，甚至還在語詞本身中聽到了黑格爾的聲音。黑格爾對「實證性」的批判[23]、自我疏離概念、精神作爲在他物中的自我認識的這一規定，都能很容易地從狄爾泰這句話中推導出來，並且我們可以問，歷史世界觀針對唯心論所強調的，並且狄爾泰試圖從知識論上證實的差別究竟存在於何處。

當我們考慮到狄爾泰用以刻畫生命這一基本歷史事實的特徵的一些重要術語時，這個問題變得更加尖銳。眾所周知，他講到過 [I 232]
「生命的形成思想的工作」。[24] 這個術語怎樣區別於黑格爾，是不容易說明的。生命很可能強烈地表現一種「深不可測的面貌」，[25] 狄爾泰還可能嘲弄那種對於生命的過分樂觀的觀點，這種觀點在生命中只看到文化的進步——生命是用它所形成的思想來理解，所以它被隸屬於一種目的論的解釋模式，並且被設想爲**精神**。因此，我們發現狄爾泰在後期越來越緊密地依賴於黑格爾，並且在他早期講「生命」的地方改講「精神」。他只是重複黑格爾自己曾經說過的概念的發展。根據這一事實，下面這點看來值得注意，即我們要把自己對黑格爾早期所謂「神學」著作的認識歸功於狄爾泰。正是在這種有助於我們理解黑格爾思想發展過程的材料中，完全清楚地表

23 《黑格爾早期神學著作》，諾爾編，第 139 頁以下。

24 《全集》，第 7 卷，第 136 頁。

25 《全集》，第 8 卷，第 224 頁。

明了黑格爾的精神概念是以某種精神性的生命概念爲基礎的。[26]

狄爾泰自己曾經試圖對於他與黑格爾有連繫的東西以及他與黑格爾相區別的東西作一個說明。[27] 但是，如果狄爾泰自己仍給「客觀精神」概念以這樣一個中心地位，他對黑格爾理性信仰的批判，對黑格爾世界史的思辨構造的批判，對黑格爾從絕對的辯證的自我發展得出一切概念的先天推導的批判又說明什麼呢？誠然，狄爾泰反對這種黑格爾式的概念抽象構造：「我們今天必須從生命的實在出發。」他寫道：「我們正試圖理解生命的實在，並且以正確的概念來表現這種實在。以這種方式，客觀精神不被我們看作是片面建立在那種表現世界精神本質的普遍的理性之上，並且擺脫了某種觀念構造，所以關於它的新概念才變成可能的。它現在包括語言、習俗、所有各種生命的形式和方式，同樣也包括家庭、市民社會、國家和法律。甚至黑格爾現在作爲絕對精神而與客觀東西相區別的
[I 233] 東西，如：藝術、宗教和哲學也包括在這個概念之內⋯⋯」（《全集》，第 7 卷，第 150 頁）。

毫無疑義，這是對黑格爾思想的一種改造。它意味著什麼呢？究竟怎樣說明「生命的實在」呢？最重要的顯然是客觀精神概念擴大到包括藝術、宗教和哲學。因爲這意味著，狄爾泰並不把這些東

---

26 狄爾泰的重要著作《青年黑格爾發展史》1906 年第一次發表，後根據遺著手稿加以補充收在《全集》第 4 卷（1921 年）中，此書開創了黑格爾研究的一個新時期，這與其說是由於該著作的成就，毋寧說是由於它所提出的任務。之後不久（1911 年）又出版了赫爾曼・諾爾編的《早期神學著作》，這部著作被特奧多爾・黑林有說服力的注釋（《黑格爾》，第 1 卷，1928 年）所解釋。參見作者的〈黑格爾和歷史精神〉和〈黑格爾辯證法〉（《全集》，第 3 卷）以及赫伯特・瑪律庫塞的《黑格爾本體論和歷史性理論的建立》（1932 年），這部著作證明了生命概念對於《精神現象學》有範例性的作用。

27 詳細的觀點在狄爾泰死後發表的關於《青年黑格爾發展史》的注釋中（第 4 卷，第 217-258 頁），更深刻的觀點在《構造》第 3 章中（第 146 頁以下）。

西看作是直接的眞理，而是看作爲生命的表現形式。由於他把藝術和宗教與哲學同等看待，他同時也拒絕了思辨概念的要求。在這裡狄爾泰並不完全否認，這些形式相對於客觀精神的其他形式有一種優越性，因爲「正是在它們的有力的形式中」，精神才被客觀化和被認識。正是這種精神的完美自我認識的優越性曾經使黑格爾把這些形式看成絕對精神的形式。在它們之中不再存在任何異己的東西，因而精神完全地返回到自己的家園。正如我們所看到的，藝術的客觀化物對於狄爾泰來說也表現了詮釋學的眞正勝利。所以狄爾泰與黑格爾的對立最終可以歸結爲這樣一種對立：按照黑格爾的看法，精神返回家園是在哲學概念裡完成的，而對於狄爾泰來說，哲學概念並不具有認識意義，而只具有表現意義。

這樣，我們必須探究一下，對於狄爾泰來說，是否就沒有一種眞正的「絕對精神」的精神形式，即那種具有完全的自我透明性、完全地擺脫一切異己性和一切他在性的精神形式。對於狄爾泰來說，毫無疑問有這樣一種精神形式，並且這就是歷史意識。歷史意識符合這種理想，而不符合思辨哲學。歷史意識把人類歷史世界的所有現象只看作精神藉以更深刻認識自身的對象。就這種意識把這些現象理解爲精神的客觀化物而言，它使它們返回到「它們本是由之而來的精神性的生命中」。[28] 客觀精神的諸種形式對於歷史意識來說也就是這個精神自我認識的諸對象。就歷史意識把歷史的一切所與理解爲它們從之產生的生命的表現而言，歷史意識擴大成爲無所不包。「生命在這裡把握生命。」[29] 就此而言，全部傳承物對於歷史意識來說就成爲人類精神的自我照面（Selbstbegegnung）。歷史意識把那些似乎保留給藝術、宗教和哲學的特殊創造的東西吸引

---

[28] 《全集》，第 5 卷，第 265 頁。

[29] 《全集》，第 7 卷，第 136 頁。

[I 234] 到自身上來。**不是在思辨的概念認識裡，而是在歷史意識裡，精神對於自身的認識才得以完成**。歷史意識在所有事物中都看到歷史精神。即使哲學也只被認爲是生命的表現。由於哲學意識到這一點，所以它拋棄了它那種試圖透過概念成爲知識的古老要求。哲學成爲哲學的哲學，成爲一種對於爲什麼在生命中除了科學外還有哲學的哲學說明。狄爾泰在其晚年工作中曾經籌劃了這樣一種哲學的哲學。在這種哲學的哲學裡，他把各種類型的世界觀都歸諸那種在它們中展現自身的生命的多方面性（Mehrseitigkeit）。[30]

這樣一種對形上學的歷史性克服是與對偉大文學創作的精神科學解釋連繫在一起的。狄爾泰把這一點視爲詮釋學的勝利。但是，這仍是哲學和藝術對於歷史地進行理解的意識所具有的一種相對的優先性。哲學和藝術可能由於精神並不必從它們讀出來而保留一種特別的位置，因爲它們是「純粹的表現」，並且除此之外並不想是別的東西。但是，即使這樣，它們也不是直接的眞理，而只用作爲生命關係的器官（Organ）。正如某種文化的某些繁榮時代更樂意揭示那種文化的「精神」，或者，正如偉大個性的特徵是在他們的計畫和行爲中使眞正的歷史決定得以表現，同樣，哲學和藝術對於解釋性的理解也特別易於開放。正是**形式**的優越性、意義整體純粹形式的優越性，才曾擺脫精神史在這裡所追隨的生成過程。狄爾泰在其《施萊爾馬赫傳》的導論中寫道：「精神運動的歷史具有占據眞正紀念碑的優點。我們可能有錯誤的是關於它的目的，而不是那種被表現在著作中的內在自我的內容。」[31] 狄爾泰並不是偶然地對我們寫了下面這個施萊爾馬赫的注釋：「開花乃是眞正的成熟，而

---

30 《全集》，第 5 卷，第 339 頁以下，以及第 8 卷。

31 《施萊爾馬赫傳》，米勒特編，1922 年，第 XXXI 頁。

果實只是那種不再屬於有機植物的東西的雜亂的軀殼。」[32] 狄爾泰顯然分享了這種美學形上學的論點。這個論點乃是他與歷史的關係的基礎。

這符合於客觀精神概念的改造，這種改造使得歷史意識替代了形上學。但是我們可以提出這樣的問題，即歷史意識是否可能眞正填補在黑格爾那裡由思辨概念所把握的精神的絕對知識所占據的這個位置。狄爾泰自己曾指出，因爲我們自身是歷史的存在，所以我們只是歷史地認識。這被認爲是一種知識論上的自我安慰，但是這又能怎樣呢？維柯常說的話究竟正確嗎？它不是把人類藝術精神的 [I 235]
經驗轉用於我們面對事物的發展一般不能講到「創造」即計畫和執行的這樣一種歷史世界嗎？知識論的輕鬆感應從哪裡來呢？實際上它不就是一種困難感嗎？意識的歷史條件性對於意識是在歷史認識中臻於完成的這一點難道不是表現了一種不可克服的限制嗎？黑格爾可能想把歷史揚棄在絕對知識中從而克服這種限制。但是，如果生命如狄爾泰所設想的就是那種不可窮盡的創造的實在，歷史的意義關係的經常變化難道不就必須排斥任何達到客觀性的知識嗎？歷史意識最終不就也是一種烏托邦式的理想，本身包含著內在矛盾嗎？

(b) 在狄爾泰關於歷史意識的分析中科學和生命哲學的衝突

狄爾泰曾經不倦地思索這一問題。他的思索總是爲了這樣一個目的，即儘管認識者本身是受條件制約的，他總把對歷史條件所制約的東西的認識證明爲客觀科學的成就。由其自身中心來構造其統

32 同上書，1870 年第 1 版；《施萊爾馬赫內心發展的紀念碑》，第 118 頁。參見《獨白》，第 417 頁。

一性的結構學說就是服務於這一目的的。某種結構關係可以從其自身中心出發來理解，這既符合古老的詮釋學原則，又符合歷史思維的要求，即我們必須從某個時代自身來理解該時代，而不能按照某個對它來說是陌生的當代標準來衡量它。按照這一格式——狄爾泰認爲[33]——可以設想對越來越廣泛的歷史連繫的認識，並且這種認識可以一直擴大到對世界史的認識，正像語詞只可以從整個語句出發，語句只可以在整個正文的語境中甚而在全部流傳下來的文獻的關係中才被完全理解一樣。

當然，應用這個格式是有前提的，即我們能夠克服歷史觀察者的時空侷限性（Standortgebundenheit）。但是，這一點正是歷史意識的要求，即對所有事物應當具有一個眞正的歷史觀點。歷史意識認爲這是它的最高成就。因此歷史意識致力於造就「歷史意義」，以便使自己超出自己時代的偏見。這樣，狄爾泰感到自己是歷史世界觀的眞正完成者，因爲他力圖證明意識提升爲歷史意識是正當的。狄爾泰的知識論反思試圖證明的東西從根本上說無非只是蘭
[I 236] 克一類人的那種偉大的詩意的自我忘卻。只是以一種全面的和無限的理解的統治權替代了審美的自我忘卻。把歷史學建立在某種理解心理學上，正如狄爾泰所想到的，就是把歷史學家置於那種與其對象的理想的同時性之中，而這種同時性就是我們所稱的審美的同時性，並且在蘭克那裡我們還讚揚過。

當然，這種無限的理解對於有限的人的本性如何是可能的這一根本問題還存在著。這難道眞是狄爾泰的看法嗎？狄爾泰不是爲反對黑格爾而堅持我們必須把握自己**有限性**的意識嗎？

這裡我們必須更詳細地加以考察。狄爾泰對黑格爾的理性唯

---

33 《全集》，第 7 卷，第 291 頁：「正如語詞的字母一樣，生命和歷史都有一種意義。」

心主義的批判只涉及到黑格爾的概念思辨的先驗論——對於狄爾泰來說，精神的內在無限性並沒有任何根本的可疑性，而是可以在某種歷史地被闡明的理性（這種理性可能成爲理解一切的天才）的理想中得以積極實現的。對於狄爾泰來說，有限性的意識並不指意識的有限化和侷限性。有限性的意識其實證明了生命在力量和活動方面超出一切限制的能力。所以它正表現了精神的潛在的無限性。當然，這種無限性藉以實現自身的方式不是思辨，而是歷史理性。因爲歷史理解在精神的整體性和無限性中具有其穩固的根據，所以歷史理解可以擴及一切歷史所與，並且成爲眞正的普遍的理解。狄爾泰在這裡追隨一種古老的學說，這種學說認爲理解的可能性在於人類本性的同質性（Gleichartigkeit）。狄爾泰把我們自己的體驗世界看作是這樣一種擴充的單純出發點，這種擴充在富有生氣的變遷中，透過重新體驗歷史世界而獲得的東西的無限性去補充我們自身體驗的狹隘性和偶然性。

在狄爾泰看來，由於我們存在的歷史有限性而歸給理解普遍性的限制，只具有一種主觀的性質。不過，儘管這樣，他仍能夠在這些限制中看到某種對於認識來說是富有成效的積極東西；所以他聲稱，只有同情（Sympathie）才使眞正的理解成爲可能。[34] 但是我們可以追問，這是否有任何根本的意義。首先，讓我們規定：他把同情只看作爲一種認識條件。我們可以像德羅伊森那樣追問同情（這是一種愛的形式）是否指某種完全不同於認識的實際條件的東西。 [I 137]
同情屬於你我之間的關係形式。在這種實際的道德關係中確實存在認識，所以愛給予洞見。[35] 但是同情卻是比單純的認識條件更多的

---

34 《全集》，第 5 卷，第 277 頁。

35 參見馬克斯·舍勒（Max Scheler）有關的論述，載《現象學和同情感理論，以及愛和恨》，1913 年。

東西。透過同情，你同時得到轉變。在德羅伊森那裡有一句深刻的話：「因爲我喜歡你這樣，所以你必須是這樣，這是一切教育的祕密。」[36]

如果狄爾泰講到普遍的同情，並同時想到了老年的超然智慧，那麼他確實不是指同情這種道德現象，而是指完美的歷史意識的理想，這種理想基本上超出了那種由於偏愛和親近某個對象這種主觀偶然性而對理解所造成的界限。狄爾泰在這裡追隨蘭克，因爲蘭克認爲歷史學家的職責在於對一切事物的同情（Mitleidenschaft des Alles）。[37]不過，狄爾泰似乎在限制蘭克的意思，他說歷史理解的最好條件是這樣一些條件，在這些條件中存在一種「透過偉大對象而來的對自己生命性的繼續不斷的制約性」，因爲他在這些條件中看到了理解的最高可能性。[38]但是，如果我們把這種對自身生命性的制約性理解爲某種不同於主觀認識條件的東西，那麼這將是錯誤的。

我們可以用例證來說明這一點。如果狄爾泰是說修昔底德（Thukydides）[226]與伯里克利（Perikles）[227]的關係，或蘭克與路德的關係，那麼他以此意指一種同質性的直覺連繫，這種連繫在歷史學家身上自發地引起一種按其他方式很難達到的理解。但是他認爲，這種在例外情況裡以天才方式取得的理解常常可以透過科學方法達到。他明確地論證了精神科學可以使用比較方法，他說精神

---

36 《歷史學》，§ 41。

37 不過，他也跟隨施萊爾馬赫，因為施萊爾馬赫只在很受限制的意義上把老年視為範例，參見下面的施萊爾馬赫注釋（狄爾泰：《施萊爾馬赫傳》，第 1 版，第 417 頁）：「老年人對於現實世界的特別不滿足乃是對青年及其幸福的誤解，因為青年人的幸福也是不涉及現實世界的。老年人對新時代的不滿乃是屬於一種輓歌。」

「因此歷史意義對於達到永恆的青春是最為必要的，永恆的青春不是自然的贈品，而是自由的產物。」

38 《全集》，第 5 卷，第 278 頁。

科學的任務就是克服我們自己經驗範圍所設立的偶然界限，「並且上升為偉大普遍性的眞理」。[39]

這裡是他的理論最成問題的論點之一。比較的本質已預先假 [I 238]
定了那種支配兩個比較者的認識著的主體性的非制約性。比較法以一種當然的方式使事物成為同時的。因此，我們必須對於比較方法是否眞地滿足了歷史認識的觀念這一點保持懷疑。這裡在自然科學的某些領域內所習於採用並在精神科學的許多領域如語言研究、法律、藝術科學等領域內取得成功的某種處置方法，[40] 是否眞能從某種附屬的工具發展成為對歷史認識（這種認識常只為表面而無連繫的反思提供一種虛假的證明）的本質具有根本重要性的東西？這裡我們必須贊同約爾克伯爵這樣的觀點，他寫道：「比較總是審美性的，它常涉及到形式」，[41] 並且我們可以回憶，黑格爾在他之前就曾經天才地對比較方法進行了批判。[42]

無論如何，這一點是明確的，即狄爾泰並不認為，有限的一歷史性的人受制於特殊時空關係，對精神科學認識可能性乃是一種根本的損害。歷史意識應當實現這種對自身相對性的超越，以使精神科學認識的客觀性成為可能。我們必須探究，假如沒有一種超出一切歷史意識的絕對的哲學知識的概念，這種要求應當怎樣被證明合法。究竟歷史意識相對於歷史的一切其他意識形式有怎樣的特徵，以致它自身的條件性不會取消客觀認識的基本要求呢？

歷史意識的特徵不能在於：它實際上乃是黑格爾意義上的「絕對知識」，也就是說，不能在於它以某個當代的自我意識去統一精

39 《全集》，第 7 卷，第 99 頁。

40 這個「方法」的能言善辯的辯護人就是 R. 羅特哈克，但這個人自己對此的貢獻卻有利於證明相反的東西，即天才想像和大膽綜合這種相反的方法。

41 《書信集》，1923 年，第 193 頁。

42 《邏輯學》，第 2 卷，拉松版，1934 年，第 36 頁以下。

神生成物整體。試圖把精神歷史全部眞理包含在自身內的哲學意識這一要求，正是被歷史世界觀所否認的。這其實就是爲什麼需要歷史經驗的理由，即人類意識不是無限的理智，對於無限的理智來說，一切事物才是同時的和同在的。意識和對象的絕對同一性對於有限的歷史性的意識來說基本上是不可達到的。這種意識總是捲入
[I 239] 歷史的效果關係之中。那麼，歷史意識那種超越自身並能夠獲得客觀歷史認識的特徵究竟依據於什麼呢？

我們在狄爾泰這裡找不到關於這個問題的任何明確的答覆。但是，他的整個學術活動卻間接地表現了這樣一種答覆。我們可以說，歷史意識與其說是自我消失（Selbstauslöschung），不如說是對自身的不斷增強的占有（Besitz），這種占有使它區別於所有其他精神形式。所以，儘管歷史意識所從之產生的歷史生命的基礎是如此不可消解，歷史意識仍能歷史地理解它自身那種採取歷史態度行事的可能性。因此它不像在勝利地發展成爲歷史意識之前的意識那樣，它不是某種生命實在的直接表現。它不再把它自己生命理解的標準簡單地應用於它所處的傳統上，並且以樸素的同化傳統的方式去繼續發展傳統。它寧可對自身和它所處的傳統採取一種反思的態度。它從它自己的歷史去理解自身。**歷史意識就是某種自我認識方式**。

這樣一種答覆指明了我們必須更深刻地規定自我認識的本質。事實上正如我們將指出的，狄爾泰的努力雖然最終是失敗的，卻指出了「從生命出發」去解釋科學意識是怎樣從自我認識中產生出來的。

狄爾泰從生命出發。生命本身指向反思（Besinnung）。我們感謝格奧爾格．米施對於狄爾泰哲學思維的生命哲學傾向所作出的有力的說明。他的說明依據於這樣的事實，即生命本身中就存在知識。甚至表明體驗特徵的內在存在（Innesein）也包含某種生命返回自身的方式。「知識就存在於這裡，它是無需思考就與體驗結合

在一起的」（第 7 卷，第 18 頁）。但是生命所固有的同樣的反思性也規定了狄爾泰那種認爲意義是從生命連繫中產生的方式。因爲意義被經驗，只有當我們從「追求目的」走出之後。當我們使自己與我們自己活動的處境有一種距離時，這樣一種反思才有可能。狄爾泰強調說——這裡他無疑是正確的——正是在一切科學客觀化之前，這樣一種生命對自身的自然觀點才這樣被形成。這種自然觀點客觀化自身於格言和傳說的智慧之中，但首先客觀化於偉大的藝術作品中，於那種「精神東西從它的創作者脫離」的東西之中。[43] 藝術之所以是生命理解的某種特殊通道，是因爲在它的「知識和行爲的邊界」中生命以某種觀察、反思和理論所無法達到的深度揭示了 [I 240] 自身。

如果生命本身是指向反思的，那麼偉大藝術的純粹體驗表現就確實具有某種特殊的價值。但這並不排除這一事實，即在所有生命的表現中，知識總是已經在起作用，因而眞理是可認識的。因爲支配人類生活的表現形式乃是客觀精神的所有形式。在語言、習俗、各種法律形式中，個人總是已經提升自己超出其特殊性。個人生存於其中的那種偉大的道德世界，表現了某種固定的東西，在這固定的東西上他能面對他的主觀情感的匆匆易逝的偶然性去理解他自身。正是這種對於共同目標的獻身，這種全力以赴致力於共同體的活動，「人們才擺脫了特殊性和短暫性」。

德羅伊森也可能說了同樣的話，但在狄爾泰這裡，它具有特定的聲調。按照狄爾泰的看法，不論在抽象思考方面還是在實際思考方面，都表現了同樣一種生命的傾向，即一種「對固定性的追求」。[44] 從這裡我們就可理解，狄爾泰爲什麼能夠把科學認識和哲

---

[43] 《全集》，第 7 卷，第 207 頁。

[44] 同上書，第 347 頁。

學自我思考的客觀性認作爲生命的自然傾向的完成。在狄爾泰的思想裡，絕不存在一種精神科學方法論對自然科學程序的單純外在的適應，相反地，他在這兩者之中發現了一種眞正的共同性。實驗方法的本質是超出觀察的主觀偶然性，由於憑藉這種方法，自然規律性的知識才成爲可能的。同樣，精神科學也努力從方法論上超越由於所接近的傳統而造成的自身的特殊時空立場的主觀偶然性，從而達到歷史認識的客觀性。哲學自我思考也在同一方向內運動，因爲它「作爲人類歷史事實本身也使自己成爲對象」，並且拋棄了那種憑藉概念的純粹認識的要求。

因此，對於狄爾泰來說，生命和知識的關係乃是一種原始的所與。這一點使狄爾泰立場承受得住一切從哲學方面而來的攻擊，尤其是那些唯心主義反思哲學可能用來反對歷史「相對主義」的論據。狄爾泰把哲學建立於生命這一原始事實中，並不尋求一種無矛盾的命題集合以代替迄今爲止的哲學思想體系。我們寧可說，被狄爾泰指明對於思考在生命中的作用是眞的東西，也同樣適合於哲學
[I 241] 自我思考。由於哲學自我思考把哲學也理解爲生命的某種客觀化，所以它思考生命本身到了盡頭。它成爲哲學的哲學，但不是在唯心主義的意義上，也不具有唯心主義所提出的要求。它並不想從某種思辨原則的統一出發去建立那種唯一可能的哲學，而是繼續沿著歷史自我思考之路走去。就此而言，它根本不會爲那種指責它犯有相對主義的攻擊所挫敗。

不過，狄爾泰本人還總是經常地考慮這種攻擊，並試圖對下面這些問題給出一種解答，即在所有相對性中客觀性是如何可能，有限東西對無限東西的關係是如何被設想。「任務在於指出，這些各個時代的相對的價値概念如何發展成爲某種絕對的東西。」[45] 但

---

45 《全集》，第 7 卷，第 290 頁。

是，我們在狄爾泰這裡不會找到對這種相對主義問題的任何眞正的答覆，這倒不是因爲他從未找到正確的答案，而是因爲這根本不是他自己的眞正問題。他其實很知道，在使他從相對性走向相對性的歷史自我思考的發展過程中，他總是一步步地接近於絕對。因此，恩斯特·特勒爾奇完全正確地把狄爾泰的畢生工作概括爲這樣一個口號：「從相對性走向整體性。」狄爾泰自己對此的名言是：「要有意識地成爲某種條件性的東西」[46]——這句名言公開地反對反思哲學的這一要求，即在向精神的絕對性和無限性的提升過程中，在自我意識的完成和眞理中，把一切有限性的限制都棄之不顧。不過，他對於那種「相對主義」攻擊的不倦的反思卻表明，他實際上不能把握他的生命哲學反對唯心主義反思哲學的邏輯結論。否則他必會在相對主義的攻擊中看到那種他自己的知識內在於生命的出發點將削弱其基礎的「理智主義」。

這種含糊性在他思想的內在不統一裡，即在他由之出發的未
加分析的笛卡兒主義裡，有其最終根據。他對於精神科學基礎的知
識論思考實際上並不與他的生命哲學出發點連繫在一起。在他後期
的筆記裡對於這一點有一個有力的證明。狄爾泰在那裡對於哲學
基礎曾作了這樣的要求，即哲學基礎必須擴大自身到每一個這樣的
領域，在此領域內「意識已經擺脫了權威，並且力求透過反思和懷 [I 242]
疑立場達到有效知識」。[47] 這句話看來好像是關於科學和近代哲學
一般本質的一個不會使人懷疑的證詞。笛卡兒主義的聲音在這裡完
全可聽得見。但事實上這句話是在完全不同的意義上被使用的，因
爲狄爾泰繼續說道：「在任何地方生命都通向對其自身內被給予的
東西的反思，而反思又導向懷疑。如果生命能堅持反對懷疑，那麼

46 《全集》，第 5 卷，第 364 頁。

47 《全集》，第 7 卷，第 6 頁。

思想最終可以達到有效知識。」[48] 這裡不再是說哲學偏見可以透過那種按笛卡兒方式建立的知識論基礎加以克服，而是說，生命的實在性，倫理、宗教和實證法律等傳統被反思所摧毀，並需要一種新秩序。如果狄爾泰在這裡講到知識和反思，那麼他不是指知識在生命中的普遍內在性，而是指**一種指向生命的運動**。反之，倫理、宗教和法律的傳統本身卻依賴於生命對自身的認識。的確，我們已經看到，在對某種確實是科學的傳統的遵循中，個人實現了向客觀精神的提升。我們將樂意地同意狄爾泰這樣的觀點，思想對生命的影響「來自這樣一種內在需要，即要在感性知覺、欲望和情感的無休止的變化之中去穩定某種能使我們生命得以固定和統一的堅固東西」。[49] 但是，這種思想的成就是生命自身內在所固有的，並且實現於精神的客觀化物中，這些作爲道德、法律和宗教的客觀化物支援個人，如果個人遵循社會的客觀性的話。我們必須採取「反思和懷疑立場」，以及這個工作「只在所有科學反思的形式裡得以完成（否則就不會完成）」，這絕對不能與狄爾泰的生命哲學見解連繫
[I 243] 在一起。[50] 這其實是描述了科學啓蒙運動的特殊理想，這種理想不像啓蒙運動的「理智主義」那樣，它很少與生命內在性的思考相協調，而狄爾泰生命哲學的基礎就是反對這種理智主義。

事實上，確實性有許多非常不同的類型。透過懷疑而進行證

---

48 《全集》，第 7 卷，第 6 頁。

49 同上書，第 3 頁。

50 這一點米施已經在《生命哲學和現象學》第 295 頁，尤其是第 312 頁以下指出過。米施區分了 Bewusstwerden（成為意識）和 Bewusstmachen（使之意識）。哲學思考可能是這兩種東西。但是（他說）狄爾泰錯誤地追求一種連續，從一個到另一個的過渡。「本質上是指向客觀性的**理論的**方向不能單純由生命客觀化物概念推導出來」（第 298 頁）。本書對米施的這種批判給予另一種價值，因為它已經在浪漫主義詮釋學中發現了笛卡兒主義，這種笛卡兒主義使狄爾泰思想在這裡表現了含糊不清。

實所提供的確實性乃是一種不同於直接的生命確實性的類型。直接的生命確實性是一切目的和價值所具有的，假如它們以一種絕對的要求出現於人類意識中的話。但是，科學的確實性完全不同於這種在生命中獲得的確實性。科學的確實性總是具有某種笛卡兒主義特徵。它是某種批判方法的結果，而這種批判方法只想承認不可懷疑的東西。所以這種確實性不是從懷疑及對懷疑的克服所產生的，而總是先於任何被懷疑的過程。正如笛卡兒在其著名的論懷疑的《沉思》集裡試圖提出一種像實驗一樣的人爲的誇張的懷疑法，以便使自我意識得到根本寧靜一樣，方法論科學也從根本上對我們一般能懷疑的東西表示懷疑，以便以這種方式達到它的結論的確切性。

下面這一點對於狄爾泰爲精神科學奠定基礎的工作所包含的問題是具有特徵性的，即狄爾泰未區分這種方法論的懷疑和那種來自「自身」的懷疑。在他看來，科學的確實性意味著生命確實性的最高形式。這並不是說，他在歷史具體的完全壓力下感覺不到生命的不確實性。正相反，他越多地熟悉現代科學，他就越強烈地感覺到作爲他的根源的基督教傳統和現代生活所解放的歷史力量之間的衝突。需要某種穩固的東西在狄爾泰那裡具有一種抵禦生命可怕實在的所謂防衛需要的特徵。但是，他希望對生命的不確實性和不可靠性的克服不是來自於社會和生活經驗所提供的穩定性，而是來自於科學。

笛卡兒主義那種透過懷疑達到確實知識的方式，對於狄爾泰這位啓蒙運動的兒子來說，乃是明顯正確的。他所講的擺脫權威，不僅符合建立自然科學這一知識論的需要，而且也同樣涉及價值和目的的知識。在他看來，價值和目的不再是由傳統、倫理、宗教、法律組成的不可懷疑的整體，而「精神在這裡也必須從自身產生一種有效的知識」。[51]

[I 244] 使狄爾泰這位神學學生轉向哲學的那種個人世俗化過程，是與現代科學產生的世界史進程相一致的。正如現代自然研究不把自然視爲一種可理解的整體，而視爲一種異己的產物，在研究它的過程中科學研究投射了某種有限制的但卻確實可靠的光，並因而使得控制自然成爲可能，同樣，致力於防衛和安全的人類精神把科學所造就的理解能力與「生命的不可探究性」這種「可怕的面貌」對立起來。理解能力應當把生命廣泛地展現在其社會歷史實在裡，以致儘管生命具有最終不可探究性，知識仍給予防衛和安全。**啓蒙運動作為一種歷史啓蒙運動被完成**。

從這裡我們可以理解狄爾泰爲什麼要從浪漫主義詮釋學出發。[52] 藉助於浪漫主義詮釋學他成功地掩蓋了經驗的歷史本質和科學的認識方式之間的差別，或者更正確地說，使精神科學的認識方式與自然科學的方法論標準相協調。我們上面已經看到，[53] 並不是什麼外在的調整使他這樣做的。而我們現在認識到，如果他未忽略精神科學特有的本質的歷史性，他是不能這樣做的。這一點可以在他爲精神科學所確立的客觀性概念上明確看出來。精神科學既然作爲科學就應當具有像自然科學一樣的客觀性。因爲狄爾泰喜愛使用「結果」（Ergebnisse）一詞，[54] 並且透過描述精神科學方

---

51 《全集》，第 7 卷，第 6 頁。

52 施萊爾馬赫的一段富有獨創性的原文未受注意地被放進了狄爾泰死後發表的關於《構造》的材料中（第 7 卷）：第 225 頁「詮釋學」。狄爾泰曾經把這段原文印在他的《施萊爾馬赫傳》的附錄中——這是一個間接的證明，證明狄爾泰從未真正地擺脫他的浪漫主義出發點。我們常常很難區分他自己的著作和他所摘錄的別人的東西。

53 參見本書第 240 頁以下。

54 參見上面所述的美妙的印刷錯誤，見本書第 70 頁（注釋 48）。

法證明這門科學與自然科學具有同等地位。在這方面浪漫主義詮釋學支持了他，因爲正如我們看到的，浪漫主義詮釋學也根本不注意經驗本身的歷史本質。它假定理解的對象就是那種要加以解碼（entziffernde）並在其自身意義上被理解的正文。所以，每一次與某個正文的接觸，對於浪漫主義詮釋學來說，就是精神的一種自我照面。每一個正文既是非常陌生的，因爲它提出了一個任務，又是非常熟悉的，因爲該任務的根本可解決性已被確定，即使我們對於正文其他情況都不知道，而只知道它是正文、著作、精神。

正如我們在施萊爾馬赫那裡所看到的，他的詮釋學模式 [I 245] 是那種在你我關係中可實現的同質性的理解（das kongeniale Verstehen）。理解正文與理解你一樣，都具有達到完全正確性的同樣可能性。作者的意思可以直接地由其正文中看出。解釋者與他的作者是絕對同時性的。語文學的方法的勝利就是：把過去的精神理解爲當代的精神，把陌生的東西理解爲熟悉的東西。狄爾泰完全被這種勝利所感染。他用它去證明精神科學的同等地位。正如自然科學認識經常探究某個當前東西給予什麼啓發一樣，精神科學的作者也這樣考察正文。

至此，狄爾泰認爲，由於他把歷史世界理解爲某個要解釋的正文，所以他正在完成上天賦予他的使命，即從知識論上證明精神科學的合法性。正如我們所看到的，在這裡他事實上得出了一個歷史學派從未想完全承認的結論。的確，蘭克曾經把解釋歷史象形文字稱之爲歷史學家的神聖任務。但是，說歷史實在是這樣一種純粹的意義蹤跡，以致我們只需要把它解釋爲某個正文，這卻與歷史學派的內在傾向完全不符合。可是，這種歷史世界觀的解釋者狄爾泰卻被推到了這個結論（正如蘭克和德羅伊森有時也這樣），因爲詮釋學乃是他的範例。結果就是：歷史最終被歸結爲精神史——這種歸結，狄爾泰在其對黑格爾精神哲學的半否定半肯定中事實上所承認了的。施萊爾馬赫詮釋學依據一種人爲的方法論抽象，這種抽象試圖建立某種精神的普遍工具，並試圖用這種工具去表現基督信仰的神聖力量，而對於狄爾泰建立精神科學的工作來說，詮釋學就遠比這種工具的意義更多。詮釋學是歷史意識的普遍手段，對於這種手段來說，除了理解表現和表現中的生命外，不再有任何其他的眞理認識。歷史中的一切東西都是可理解的，因爲一切東西都是正文。「正如語詞的字母一樣，生命和歷史都有一種意義。」[55] 所以，對歷史過去的探究，最後被狄爾泰認爲**是解碼**（Entzifferung），而不是**歷史經驗**。

毫無疑問，這並不滿足歷史學派的目的。浪漫主義詮釋學及其所基於的語文學方法，並不足以作爲歷史學的基礎。同樣，狄爾泰
[I 246] 從自然科學借用來的歸納程序概念也不是令人滿意的。歷史經驗，按照狄爾泰所給予的基本意義，既不是一種程序，也不是一種無名稱的方法。的確，我們可以從它推導一般的經驗規則，但是，它的方法論價值卻不是一種可以明確概括一切正發生事情的規則知識的價值。經驗規則其實需要使用它們的經驗，並且基本上只在這種使用中才是它們所是的東西。鑑於這種情況，我們必須承認，精神科學的知識並不是歸納科學的知識，而是具有一種完全不同種類的客觀性，並且以完全不同的方式被獲得。[228] 狄爾泰爲精神科學所建立的生命哲學基礎以及他對一切獨斷論的批判，甚至包括對經驗主義的批判，曾經試圖證明這一點。但是，支配他的知識論的笛卡兒主義卻表現得如此強烈，以致在狄爾泰這裡，歷史經驗的歷史性並不起眞正決定性的作用。的確，狄爾泰並不是不能認識個人和一般生活經驗對精神科學知識所具有的重要性——但這兩者在他那裡只是被私有地加以規定。正是非方法論的和缺乏可證實性的歸納法才

55 《全集》，第 7 卷，第 291 頁。

指明了方法論的科學歸納法。

如果我們現在回溯一下我們作爲出發點的精神科學自我思考狀況，我們將看到狄爾泰對此的貢獻是特別富有典型性的。但他力圖要解決的衝突卻清楚表明，現代科學的方法論思想施加了怎樣的壓力，以及我們的任務一定是更正確地描述精神科學記憶體在的經驗以及精神科學所能達到的客觀性。

3. 透過現象學研究對知識論問題的克服

(a) 胡塞爾和約爾克伯爵的生命概念

當然，對於完成提交給我們的這樣一個任務來說，思辨唯心論比施萊爾馬赫及其所開創的詮釋學提供了更好的可能性。因爲在思辨唯心論中，所與（Gegeben）概念和實證性（Positivität）概念都遭到了根本性的批判。狄爾泰最後試圖援引這一點來闡明他的生命哲學的傾向。他寫道：「費希特透過什麼來標誌新事物的開端呢？
[I 247] 因爲他從自我的理智直觀（die intellektuelle Anschauung）出發，但這個自我不被看成一種實體、一種存在、一種所與，而是透過這種直觀，即自我的這種深入自身的努力而被看成生命、活動或能力，從而指明有像對立這樣的能動概念（Energiebegriffe）實現於自我之中。」[1]同樣，狄爾泰最後在黑格爾的精神概念裡認識到了一種眞正的歷史性概念的生命性。[2]正如我們在分析體驗概念時所強調的，他的一些同時代人也遵循著同一方向：尼采、柏格森（他是浪漫主義對力學思維方式批判的晚近後裔）和格奧爾格·齊美爾[229]。但是，對於歷史存在和歷史認識極爲不恰當的實體概念要進行怎樣澈底的思想挑戰，這首先是由**海德格**帶到一般意識的。[3]正是透過**海**

1　《全集》，第 7 卷，第 333 頁。

2　同上書，第 148 頁。

3　早在 1923 年海德格就和我談過他很讚賞格奧爾格·齊美爾的後期著作。這不只是對齊美爾哲學個性的一般承認，而是指海德格曾經受到的內容上的鼓舞，這一點今天任何讀過《形上學》4 論第 1 篇的人都會清楚的。齊美爾這篇文章的內容可以概述為「生命直觀」這標題，去世前不久的格奧爾格·齊美爾

德格，狄爾泰的哲學意旨才被發揮出來。海德格把他的工作建立在**胡塞爾現象學**的意向性研究的基礎上，因爲這種意向性研究意味著一次決定性的突破，它根本不是像狄爾泰當時所認爲的那種極端的柏拉圖主義。[4]

反之，我們透過胡塞爾大量著作的編輯出版，對胡塞爾思想的緩慢發展過程越認識得多，我們就越加明確在意向性這個題目下胡塞爾對以往哲學的「客觀主義」——甚至也包括對狄爾泰[5]——所進行的越來越強烈的澈底性批判，這種批判最終導致這樣的主張：「意向性現象學第一次使得作爲精神的精神成爲系統性經驗和科學的領域，從而引起了認識任務的澈底改變。絕對精神的普遍性把一切存在物都包容在一種絕對的歷史性中，而自然作爲精神的創造物也適應於這種歷史性。」[6]在這裡，作爲唯一絕對，即作爲非相對者的精神絕非偶然地與顯現在精神面前的一切東西的相對性形成對照，甚至胡塞爾本人也承認他的現象學是繼續了康德和費希特的先驗探究：「但是公正地來說，我們必須補充，導源於康德的德國唯心主義已經熱切地致力於克服那種已經變得相當敏感的樸素性（即 [I 248]

曾把這看作哲學的任務。在那裡他寫道「生命的確是過去和未來」，他稱「生命的超越為真正的絕對」，而且文章結尾說：「我非常知道，要對這種直觀生命方式進行概念表達將遇到怎樣的邏輯障礙。在充滿邏輯危險的現代，我試圖系統地表述這些邏輯障礙，因為在這裡我們**可能**達到這樣一個層次，在此層次上，邏輯障礙毫無疑問地不能使我們沉默，——因為這個層次正是邏輯本身形上學根源從中汲取養分的層次。」

4 參見納托普對胡塞爾《觀念》（1914 年）的批評（《邏各斯》，1917 年）。胡塞爾本人在 1918 年 6 月 29 日致納托普的一封私人信件中寫道：「我或許可以指出，我早在 10 多年以前就已經擺脫了靜止的柏拉圖主義階段，並把先驗生成學的觀念作為現象學的主要課題。」O. 貝克爾在《胡塞爾紀念文集》第 39 頁的注釋中也表示了同樣的看法。

5 《胡塞爾文集》，第 6 卷，第 344 頁。

6 同上書，第 346 頁。

客觀主義的樸素性）了。」[7]

後期胡塞爾的這些論述可能已經受到他與《存在與時間》論辯的啓發，但是在此之前他還有許多別的思想意圖，這些意圖表明胡塞爾總是想把他的思想應用於歷史精神科學的各種問題。因此，我們這裡所論述的不是與狄爾泰工作（或者稍後海德格工作）的外在連繫，而是胡塞爾本人對客觀主義心理學和意識一哲學的僞柏拉圖主義進行批判的後果。自從《觀念》第 2 卷出版以來，這一點是完全清楚的。[8][230]

鑑於這種情況，在我們的討論中必須插入胡塞爾的現象學。[9]

當狄爾泰把胡塞爾的《邏輯研究》作爲他的出發點時，他的選擇是完全正確的。按照胡塞爾本人的說法，[10]主導他在《邏輯研究》之後畢生工作的東西乃是經驗對象和所與方式之間的先天相互關聯（Korrelationsapriori）。早在《邏輯研究》第 5 篇中，胡塞爾就已經闡述了意向性體驗的性質，並使——這是他探究的主題——「作爲意向性體驗」（這是該書第 2 章的標題）的意識與體驗的實際意識統一性以及與體驗的內在知覺相區別。就此而言，他認爲，意識不是「對象」，而是一種本質性的協同關係（Zuordnung）——正是這一點對於狄爾泰很有啓發。這種協同關係研究所揭示的東西就
[I 249] 是克服「客觀主義」的開始，因爲語詞的意義不能再與意識的實際心理內容（例如：語詞所引起的聯想形象）相混淆了。意義的意向（Bedeutungsintention）和意義的充實（Bedeutungserfüllung）在本

---

7 《胡塞爾文集》，第 6 卷，第 339、271 頁。

8 同上書，第 4 卷。

9 〔關於下面論述現在可參見我的論文〈現象學運動〉（《短篇著作集》，第 3 卷，第 150-189 頁；我的著作集，第 3 卷）和〈生命世界的科學〉（《短篇著作集》，第 3 卷，第 190-201 頁；我的著作集，第 3 卷）。〕

10 《胡塞爾文集》，第 6 卷，第 169 頁。

質上屬於意義統一體，而且正如我們所使用的語詞的意義一樣，每一個對我有效的現存事物都相關地和本質必然地具有一種「實際經驗和可能經驗的所與方式的理想普遍性」。[11]

這樣，就產生了「現象學」觀念，即排除一切存在設定，只研討主體的所與方式，並且現象學成爲一種普遍的工作計畫，其目的是使一切客觀性、一切存在意義從根本上可明白理解。這樣，人類的主體性就具有存在的有效性。因此它也可以同樣被看成「現象」，也就是說，它也可以在其各種各樣的所與方式裡被探究。對作爲現象的自我的這種探究，並不是對一個實在自我的「內在知覺」，但它也不是對「意識」的單純重構，即意識內容對一個先驗的自我軸心的關係（納托普），[12] 而是一種十分精細的先驗反思的主題。這種反思與客觀意識現象的單純所與，與意向性體驗裡的所與形成對比，表現了一種新研究方向的開拓。因爲存在一種所與，其本身並不是意向性行爲的對象。每一種體驗都包含以前和以後的隱含的邊緣域（Horizonte），並最終與以前和以後出現的體驗的連續統相融合，以形成統一的體驗流（Erlebnisstrom）。

胡塞爾對時間意識的構成性（Konstitution）的研究產生於把握這一體驗流存在方式的需要，因而也就是產生於把主體性引入對相關關係進行意向性研究的需要。自此之後，一切其他現象學研究都被看成是對時間意識的和時間意識裡的諸單元的構成性的研究，這些時間意識的和時間意識裡的單元從它方面說又是以時間意識的構成性本身爲前提。因此很清楚，體驗的單一性——不管它作爲一種被構成的意義値的意向性相關項可能保留怎樣的方法論意義——絕不是最終的現象學材料。反之，每一種這樣的意向性體驗卻經常

[11] 《胡塞爾文集》，第 6 卷，第 169 頁。

[12] 《批判方法的心理學導論》，1888 年；《批判方法的普通心理學》，1912 年。

包含這樣一種東西的雙向空的邊緣域，這種東西在它那裡並非眞正
[I 250] 被意指的，但按其本質，一種實際的意義任何時候都可以指向這種東西，而且最終這是明顯的，即體驗流的統一性包含了可被如此論述的一切這類體驗的全體。所以，意識的時間性構成乃是一切構成性問題的基礎。體驗流具有一種普遍的邊緣域意識的特性，由這種邊緣域意識實際上只有個別項——作爲體驗——被給出。

毋庸置疑，**邊緣域**（Horizont，或譯視域）概念和現象對於胡塞爾現象學研究具有重要的意義。顯然，胡塞爾用這個概念——我們也將有必要使用這一概念——是試圖在整體的基本連續性中捕捉一切有限的意見意向性的轉化。邊緣域不是僵死的界限，而是某種隨著變化而繼續向前移動的東西。所以，與構成體驗流統一性的邊緣域意向性相適應的，乃是一種在客觀對象方面同樣廣泛的邊緣域一意向性。因爲所有作爲存在著的所與的東西都是在世界裡被給予的，所以它們也連帶著世界邊緣域。胡塞爾在回憶他的《觀念》第 1 卷時曾用明確的自我批評的語調強調說，當時（1923 年）他還沒有充分地認識到世界現象的重要性。[13] 他在《觀念》裡所闡述的先驗還原論一定因此而變得越來越複雜。只是對客觀科學有效性簡單地加以否定，這是不夠的，因爲即使在這一完美的「懸置」（把科學知識所設立的存在放入括弧）之中，世界仍然被看作某種

---

13 《胡塞爾文集》，第 3 卷，第 390 頁：「從自然世界（無需把它表示為世界）出發，這是個大錯誤」（1922 年），較詳盡的自我批評見第 3 卷第 399 頁（1929 年）。按照《胡塞爾文集》第 6 卷第 267 頁，「邊緣域」和「邊緣域意識」等概念是受到 W. 詹姆士的「邊緣」（fringes）概念的啓發。〔最近 H. 呂伯在《W. 西拉西（Szilasi）紀念文集》（慕尼黑，1960 年）裡已經注意到了 R. 阿芬那留斯（《人類世界概念》，萊比錫，1912 年）對於胡塞爾批判性地反對「科學世界」所起的作用（參見 H. 呂伯：「實證主義和現象學（馬赫和胡塞爾）」，載《W. 西拉西紀念文集》，第 161-184 頁，尤其是第 171 頁以下）。〕

預先被給予的東西。就此而言，有關探討先天性和科學本質眞理的知識論自我反思遠遠不是充分澈底的。

正是在這一點上，胡塞爾可能認識到他和狄爾泰的意圖有某種一致性。狄爾泰也曾經同樣反對過新康德派的批判哲學，因爲他不認爲批判哲學足以返回到知識論的主體。「在洛克、休謨和康德所構造的知識論主體的血管中並無眞正的血液在流通。」[14] 狄爾泰本人回到了生命統一體，回到了「生命的觀點」，同樣地，胡塞爾的「意識生命」（Bewusstseinsleben）——這顯然是他從納托普那裡接受的一個詞——已經預示了後來廣闊發展的傾向，即不僅研究個別的意識體驗，而且也研究隱蔽的、匿名暗指的意識的諸意向關 [I 251] 係，並以這種辦法使一切存在的客觀有效性全體得以理解。以後這就被叫作：闡明「有作爲的生命」（das Leistende Leben）的作爲。

胡塞爾處處關心先驗主體性的「作爲」（Leistung），這是與研究構成性的現象學任務完全一致的。然而對於他眞正目的來說最有特徵性的是，他不再講意識，甚而不再講主體性，而是講「生命」。他試圖穿過賦予意義的意識的現實性，甚至穿過共同意義的潛在性，返回到某種作爲的普遍性，只有這種作爲才能衡量被成就的，即被正當構成的東西的普遍性。這就是一種基本上是**匿名的**，即不是以任何個人的名義所完成的意向性，正是透過這種意向性，無所不包的世界邊緣域才被構成。胡塞爾爲了反對那種包括可被科學客觀化的宇宙的世界概念，有意識地把這個現象學的世界概念稱之爲「生活世界」（Lebenswelt），即這樣一個世界，我們在其中無憂無慮地自然處世，它對我們不成爲那種對象性的東西，而是呈現了一切經驗的預先給定的基礎。這個世界邊緣域在一切科學裡也是預先設定的，因而比一切科學更原始。作爲邊緣域現象，這個

[14] 《狄爾泰全集》，第 1 卷，第 XVIII 頁。

「世界」本質上與主體性相關聯，而這一關聯同時意味著，這一世界是「在流逝的當時性中存在的」。[15]生活世界存在於永久的相對有效性的運動之中。

正如我們所知道的，**生活世界**這一概念[16]是與一切客觀主義相對立的。它本質上是一個歷史性概念，這概念不意指一個存在宇宙，即一個「存在著的世界」。事實上，一個無限的眞實世界的觀念甚至也不能在歷史經驗中，從人類歷史世界的無限進展中被有意義地創造出來。確實，我們可以探究那種包括一切人類所經驗過的周圍世界並因而絕對是世界可能經驗的東西的結構，在這種意義上我們甚至可能講到一門世界本體論。但是，這樣一門世界本體論始終還是完全不同於自然科學可能達到的那種被設想得完美無缺的本體論。這種本體論提出了一種以世界的本質結構爲對象的哲學任
[I 252] 務。——但是，**生活世界**卻意味著另外一種東西，即我們在其中作爲歷史存在物生存著的整體。這裡我們不能避免這樣的結論，即鑑於其中所包含的經驗的歷史性，一種可能的諸歷史生活世界的宇宙的觀念是根本不能實現的。過去的無限性，首先是歷史未來的敞開性，是不可能與這樣一種歷史性宇宙的觀念相並容的。胡塞爾明確地指明了這一結論，而不害怕相對主義的「幽靈」。[17]

顯然，生活世界總同時是一個共同的世界，並且包括其他人的共在（Mitdasein）。它是一個個人的世界，而且這個個人世界總是自然而然地被預先設定爲正當的。但是，這種正當性怎樣由主體

---

15 《胡塞爾文集》，第 6 卷，第 148 頁。

16 〔關於生活世界的問題，除了我的著作集第 3 卷裡的論文（〈現象學運動〉和〈《生活世界的科學〉）以及 L. 蘭格雷伯同樣內容的論文外，尚有許多新發表的論文：如 A. 許茨、G. 布蘭德、U. 格萊斯根斯、K. 迪辛、P. 揚森等的論文。〕

17 《胡塞爾文集》，第 6 卷，第 501 頁。

性的某種作爲而證明呢？對於現象學的構成性分析來說，這種正當性提出了一項最爲困難的任務，而胡塞爾就是孜孜不倦地研討這一任務的矛盾性。在「純粹自我」中怎樣會產生那種不具有客觀正當性，但自身卻企圖成爲「自我」的東西呢？

「澈底」的唯心論的原則，即那種到處返回到先驗主體性的構成性行爲的原則，顯然必須闡明普遍的邊緣域意識的「世界」，尤其是闡明這個世界的主體間性（die Intersubjektivität）——雖然這種如此構成的東西，即這個作爲眾多個人共同具有的世界，本身也包含主體性。先驗反思雖然要消除世界的一切正當性和任何其他東西的預先給予性，但另外它也必須把自己設想爲被生活世界所包圍。反思的自我知道自身是生存於有目的的規定性中，生活世界正表現了這種規定性的基礎。所以，構造生活世界（如：主體間性世界）的任務乃是一項荒謬的任務。但是，胡塞爾把所有這些都認爲是表面的荒謬。按照他的論證，如果我們實實在在一貫地堅持現象學還原的先驗意義，並且不害怕一種先驗唯我論的幼稚恐嚇，那麼這些荒謬是可以消除的。鑑於胡塞爾思想形成過程中的這些明確的傾向，我認爲，背後議論胡塞爾構成性概念的含糊性是錯誤的，它不是一種介於定義和幻想之間的東西。[18] 他堅信，他思想後來的發展一定可以完全克服這種對生成論唯心論的擔心。他的現象學還原理論寧可說是第一次澈底地探討了這種唯心論的眞實意義。先驗主體性是「原始自我」（Ur-Ich），而不是「某個自我」。對於這種先驗主體性來說，預先給予的世界的基礎被廢除了。它是絕對的非相對者，而一切相對性，甚至包括探究的自我的相對性，都與這個絕對的非相對者相關。

---

[18] 正如 E. 芬克在其講演「意向分析和思辨思想問題」中所說的，該報告載《現象學的當前問題》，1952 年。

[I 253] 然而，在胡塞爾那裡也存在著一種事實上不斷威脅要破壞這種構架的因素。實際上他的立場絕不只是爲使先驗唯心論澈底化，他有更多的要求，這種「更多的」要求是以「生命」概念在他那裡所起的作用爲標誌的。「生命」不只是自然態度的「正一去那裡一生存」（Gerade-Dahin-Leben）。生命也是而且正是作爲一切客觀化物源泉的被先驗還原的主體性。在「生命」這一名稱下有著胡塞爾在批判以往一切哲學的客觀主義樸素性時強調爲他自己成就的東西。他認爲，他的成就在於揭示了唯心論和實在論之間通常知識論爭執的虛假性，而以主體性和客體性的內在協調代替這種爭執作爲主題。[19] 這就是他之所以提出「有作爲的生命」這一術語的理由。「對世界的澈底思考乃是對那種表現自身於『外界』的主體性的系統而純粹的內在思考。[20] 正如對有生命的統一有機體一樣，我們當然可以從外部去考察和分析它，但只有當我們返回到它的隱蔽的根源時才能夠理解它……」[21] 所以，在這種方式下主體對世界的態度的可理解性就不存在於有意識的體驗及其意向性裡，而是存在於生命的匿名性的「作爲」裡。胡塞爾在此所用的有機體的比喻不只是一個比喻。正如他明確地說的，這個比喻應當按字的本義進行理解。

如果我們跟隨胡塞爾著作裡這一類偶爾可以發現的語言的和概念的指點，那麼我們將覺得自己向德國唯心論的思辨的生命概念靠近了。可是，胡塞爾想說的東西是，我們可以不把主體性看成客觀性的對立面，因爲這樣一種主體性概念本身可能被客觀地思考。爲此，他的先驗現象學試圖成爲「相關關係的研究」。但這就是說：

19 《胡塞爾文集》，第 6 卷，第 34 節，第 265 頁以下。

20 同上書，第 116 頁。

21 很難想像最近那些利用「自然」的存在反對歷史性的嘗試，在這種具有**方法論**意味的判決面前怎樣可以站住腳跟。

關係是首要的東西，而關係在其中展開的「項極」（Pole）是被關係自身所包圍，[22] 正如有生命的東西在其有機存在的統一性中包含著它的一切生命表現一樣。「那種完全忽略了進行經驗的、進行認知的、實際進行具體作爲的主體性，光談論『客觀性』的素樸觀，那樣一些科學家——這些科學家看不到他們所獲得的一切所謂客觀 [I 254]
眞理以及作爲他們表述基礎的客觀世界本身都是在他們自身內部形成的他們自己的生命創造物——關於自然和一般世界的素樸觀，一當**生命**展現時，當然就不再可能存在了。」胡塞爾在談到休謨時寫了這段話。[23]

生命概念在這裡所起的作用在狄爾泰關於體驗關係概念的探究中有其明顯的對應物。所以，正如狄爾泰在那裡只從體驗出發以便獲得心理連繫概念一樣，胡塞爾也把體驗流的統一性證明爲過渡的和本質必然的，以同體驗的個別性相對立。以意識生命爲主題的研究，正如在狄爾泰那裡所表現的，必須克服個別體驗的出發點。就此而言，這兩位思想家間存在著眞正的共同性。他們兩人都返回到生命的具體性。

但是問題在於，他們兩人是否公正地對待生命概念所包含的思辨要求。狄爾泰試圖從內在於生命的反思性中導出歷史世界的構造（Aufbau），而胡塞爾則試圖從「意識生命」裡推出歷史世界的構成（Konstitution）。我們可以問，在這兩人的情況裡，生命概念的眞正內容是否過多地受到這種由最終的意識所與而進行推導的知識論模式的影響。首先主體間性的問題和對陌生自我的理解提出的困

---

22 〔參見C.沃爾措根：《自主關係，關於保羅·納托普後期著作中的關係問題——一篇有關關係理論史的論文》，1984年；以及我在《哲學評論》第32卷（1985年）第160頁發表的書評。〕

23 《胡塞爾文集》，第6卷，第99頁。

難可能引出這個問題。在胡塞爾和狄爾泰兩個人那裡都表現了這同樣的困難。被反思加以考察的意識的內在所與性並不是直接地和原始地包含「你」。胡塞爾完全正確地強調，「你」不具有那種屬於外在經驗世界對象的固有的內在超越性。因爲每一個「你」都是一個**他「我」**，即它是根據「我」被理解的，同時又是與「我」脫離的，並且像「我」本身一樣是獨立的。胡塞爾在其極爲艱苦的探究中試圖透過共同世界的主體間性來闡明「我」和「你」的類似性——對此狄爾泰藉助移情類推法（Analogieschluss der Einfühlung）從純粹心理學來加以解釋。胡塞爾極其澈底地絕不以任何方式去限制先驗主體性在知識論上的優先性。但是他的本體論偏見卻與狄爾泰
[I 255] 一樣。首先他人被理解爲知覺對象，然後這個對象透過移情作用「變成」你。在胡塞爾那裡，這樣一種移情概念確實具有純粹先驗的意義，[24] 但它仍然朝向自我意識內在性，而且未能達到遠遠超越於意識的生命作用圈的方向，[25] 雖然它聲稱要返回到這裡。

因此，生命概念的思辨內容實際上在他們兩人那裡都未能得以發展。狄爾泰只是爲了反對形上學思想而利用了生命觀點，而胡塞爾則絕對沒有把此概念與形上學傳統，特別是與思辨唯心論相互連繫的想法。

在這一點上，1956 年出版的，可惜過於零散的**約爾克伯爵**的

24　這是 D. 辛恩的功績，他在其海德堡博士論文《胡塞爾的先驗主體間性及其存在邊緣域》（海德堡，1958 年）裡看出了主體間性構成背後的「移情」概念所具有的方法論的先驗意義，而阿爾弗雷德．許茨在其〈胡塞爾先驗主體間性的問題〉（《哲學評論》，第 4 卷，1957 年，第 2 冊）中卻未看到這一點。〔另外，D. 辛恩在《哲學評論》第 14 卷（1967 年）第 81-182 頁發表的評述海德格的文章也可以看作對後期海德格意旨的一篇卓越的概述。〕

25　這裡我暗指維克托．馮．魏茨澤克的「格式塔圈」概念所開啓的廣闊視域。

遺著卻具有令人驚異的現實意義。[26] 雖然海德格曾經著重地援引了這位重要人物的卓越見解，並認為他的思想甚至比狄爾泰的工作更為重要，[231] 然而事實仍然是：狄爾泰完成了一項畢生的偉大工作，而伯爵的信件卻未發展成為某種重要的體系。最近發表的他生前最後幾年的遺著基本上改變了這種情況。儘管這些著作只是不完整的散篇，但他的系統構思卻足夠澈底地得以展現，以致我們不再能低估他的工作在思想史上的地位。

約爾克伯爵的研究正好完成了我們上面在狄爾泰和胡塞爾那裡未能發現的東西。他在思辨唯心論和本世紀的新經驗觀點之間架設了一座橋梁，因為生命概念在這兩個方向上都證明是無所不包的東西。對生命性（Lebendigkeit）的分析是約爾克伯爵的出發點，這一分析雖然聽起來像是思辨的，但它卻受了當時自然科學的思維方式的影響——顯然受了達爾文的生命概念的影響。生命是自我肯定，這是基礎。生命性的結構在於它是一種原始的區分（Urteilung），即在區分和分解自身中仍肯定自己是統一體。不過，原始區分仍被看成是自我意識的本質，因為即使它經常地把自己區分為自己和他者，但作為一種有生命性的東西，它仍存在於這 [I 256]
些構成它的因素的作用和反作用之中。對它和對一切生命來說，它是一種試驗（Erprobung），即一種實驗。「自發性和相關性是意識的基本特性，無論在肉體連結的領域還是在心理連結的領域，它們都是基本的組成成分，正如沒有對象存在，不管是觀看、身體感覺，還是想像、意願或情感都不會存在。」[27] 所以意識可以被理解為一種生活態度。這是約爾克伯爵向哲學提出的基本方法論要求，在這一點上他感到自己與狄爾泰是一致的。思想必須被引回到這個

---

[26] 《意識態度和歷史》，圖賓根，1956 年。

[27] 《意識態度和歷史》，第 39 頁。

隱蔽的基礎（胡塞爾會說「被引回到這個隱蔽的作爲」）。因此，哲學反思的努力是必須的。因爲哲學與生活傾向相反。約爾克伯爵寫道：「現在我們的思想運動於意識結果內」（即：它不知道這種「結果」和結果所依賴的生活態度的眞實關係）。「這個前提條件就是所完成的區分。」[28] 約爾克伯爵以此想說，思想的結果之所以是結果，只是因爲它們脫離了和被脫離了生活態度。約爾克伯爵由此得出結論說：哲學必須使這種脫離過程顚倒過來。哲學必須按相反的方向重複生活實驗，「以便認識生活結果的條件關係」。[29] 這可以說是非常客觀主義的和自然科學式的表述。與此相反，胡塞爾的還原理論卻求諸其純粹先驗的思想方式。然而事實上，在約爾克伯爵的大膽而自信的思考裡，不只是很明確地表現了狄爾泰和胡塞爾兩人共同的傾向，而且也表現了他的思想更優越於他們兩人。因爲他的思想實際上是在思辨唯心論的同一哲學水準上展開的，因而狄爾泰和胡塞爾所探求的生命概念的隱蔽根源被清楚地揭示出來了。

如果我們繼續追隨約爾克伯爵的這種思想，那麼持續存在的唯心論動機就會一目了然。約爾克伯爵這裡所陳述的就是黑格爾《精神現象學》裡已經提出的**生命和自我意識的結構對應關係**。在保存的手稿殘篇中，我們可以看到，早在黑格爾在法蘭克福的最後幾年裡，生命概念就對他的哲學具有極大的重要性。在他的《精神現象學》裡，生命現象完成了從意識到自我意識的決定性的過渡，而且
[I 257] 事實上這種過渡不是人爲的連繫。因爲生命和自我意識確實有某種類似性。生命是被這樣的事實所決定的，即有生命的事物使自己區別於它在其中生存並與之保持連繫的世界，並且繼續使自己保留在這種自我區分的過程之中。有生命物的自我保存，是透過把外在於

---

[28] 同上。

[29] 同上。

它的存在物投入它自身之中而產生的。一切有生命的東西都是靠與己相異的東西來滋養自身。生命存在的基本事實是同化，因此區分同時也是非區分，異己者被己所占有。

正如黑格爾已經指出和約爾克伯爵繼續堅持的，生命物的這種結構在自我意識的本質裡有其對應面。自我意識的存在在於：自我意識知道使所有東西成爲它的知識的對象，並且在它所知的一切東西裡認識它自身。因此，自我意識作爲知識，它是一種自身與自身的區分，但作爲自我意識，它同時又是一種合併，因爲它把自己與自己結合在一起。

當然，我們這裡所關心的不只是生命和自我意識的結構對應關係。黑格爾以辯證的方式從生命推導出自我意識，他是完全正確的。有生命之物事實上絕不可能被對象意識、被企圖探究現象法則的理智努力所眞正認識。有生命之物不是那種我們可以從外界達到對其生命性理解的東西。把握生命性的唯一方式其實在於我們內在於它（Man ihrer inne wird）。黑格爾在描述生命和自我意識的內在自我客觀化過程時，影射了扎伊斯蒙面像的故事：[232]「這裡是內在的東西在觀看內在的東西。」[30]這是自我感覺的方式，即對自己生命性的內在意識，正是在這種內在意識中生命才唯一地被經驗到。黑格爾指出這種經驗怎樣在欲望的形成中突然閃現，又怎樣在欲望的滿足中熄滅。這種生命活力的自我感覺——在這裡生命性認識了自身——是一種不眞實的先期形式（Vorform），即自我意識的最低形式，因爲在欲望中獲得的對自身的意識，同時又被欲望的滿足所消滅。所以相對於對象的眞理，相對於某種異己物的意識而言，它是不眞實的，然而作爲生命活力感覺，它是自我意識的第一眞理。

30 《精神現象學》，霍夫邁斯特版，第 128 頁。

我認爲這裡就是約爾克伯爵研究最有成效的東西。他的研究從生命和自我意識的對應中獲得了一種方法論準則，按照這種準則它[I 258] 規定了哲學的本質和任務。它的主導概念是投射（Projektion）和抽象（Abstraktion）。投射和抽象構成了首要的生命行爲，但它們也同樣適合於重複性的歷史行爲。因此，如果哲學反思與生命性的這種結構相對應，並且只要哲學反思做到這一點，那麼它就獲得它自身的合法性。哲學反思的任務就是從意識成就的根源去理解意識成就，這是透過它把意識成就理解爲結果，即理解爲原始生命性的投射及其原始分化而做到的。

因此，約爾克伯爵把胡塞爾後來要在其現象學中廣爲發展的東西提高到方法論原則。這樣我們理解了胡塞爾和狄爾泰這兩位如此不同的思想家何以能走到一起來的。返回到新康德主義的抽象背後，這對於他們兩人是共同的。約爾克伯爵雖然與他們一致，但實際上他所獲得的成就更多。因爲他不只是以一種知識論的目的返回到生命，而是維持生命和自我意識的形上學關係，有如黑格爾所曾經作出的。正是這一點，他既高於狄爾泰，又高於胡塞爾。

正如我們所看到的，狄爾泰的知識論反思的錯誤在於，他過於輕率地從生命行爲和他對固定東西的渴望中推導科學的客觀性。胡塞爾則完全缺乏有關生命是什麼的任何詳盡的規定，雖然現象學的核心——即相關關係研究——實際上是遵循生命關係的結構模式。但是，**約爾克伯爵卻在黑格爾的精神現象學和胡塞爾的先驗主體性現象學之間架設了一座一直被人忽視的橋梁**。[31] 當然，由於他的遺著過於零散，我們無法得知他是怎樣設法避免他責備黑格爾犯過的那種對生命加以辯證形上學化的錯誤。

31　關於這種事實連繫，參見 A. de. 瓦爾亨斯（Waelhens）在《存在和意謂》（魯汶，1957 年，第 7-29 頁）中的絕妙的評論。

(b) 海德格關於詮釋學現象學的籌劃[32]

狄爾泰和約爾克伯爵表述爲他們共同「從生命來把握」的，並在胡塞爾返回到科學的客觀性背後的生活世界這一行動中得以表現的那種傾向，對於**海德格**自己最初的探討也是具有決定性的。但是，海德格卻不再糾纏於那種知識論的蘊涵，按照這種知識論蘊涵，不論是返回到生命（狄爾泰）還是先驗還原（胡塞爾絕對澈底的自我反思方法）都在自我所與的體驗裡有其方法論的根據。其實，所有這些東西都成了海德格批判的對象。在「事實性詮釋學」（Hermeneutik der Faktizität）這一名稱下，海德格把胡塞爾的本體論現象學及其所依據的事實和本質的區分同一種矛盾的要求加以對照。現象學探究的本體論基礎，應當是那種不能證明和不可推導的此在的事實性，即生存（Existenz），而不是作爲典型普遍性本質結構的純粹我思——這是一種既大膽而又難於實現的思想。 [I 259]

這種思想的批判性方面的確不是絕對新的東西。這種批判性方面已經被青年黑格爾派以批判唯心主義的方式加以設想過，所以這絕不是偶然的，即從黑格爾主義的精神危機裡出現的齊克果在當時同樣被海德格和其他新康德派唯心論的批判者所接納過。但從另一方面說，這種對唯心論的批判不論在當時還是在現在都面臨先驗探究的廣泛要求。由於先驗的反思不想忽視在精神的內容發展中任何可能的思想動機——並且這是自費希特[233]以來的先驗哲學的要求——所以它把每一種可能的反對都已經納入精神的整個反思中。這一點也適用於胡塞爾藉以爲現象學建立那種構造一切存在價值的普遍任務的先驗探究。顯然，這種探究也一定包括海

32 〔關於本節請參見我的著作《海德格之路——後期著作研究》，圖賓根，1983年，現收入我的著作集，第 3 卷。〕

德格所提出的事實性（Faktizität）。所以，胡塞爾能夠把「在世界中的存在」（das In-der-Welt-sein）承認爲先驗意識的境域意向性（Horizontintentionalität）問題，因爲先驗主體性的絕對歷史性必定能證明事實性的意義。因此澈底堅持其核心觀念「原始自我」的胡塞爾能夠立刻反對海德格說，事實性的意義本身就是一個理念（Eidos），因而在本質上它就屬於本質普遍性的本體論領域。如果我們對胡塞爾後期著作的草稿，特別是那些集中於第 7 卷裡關於「危機」的初稿加以考察的話，那麼我們實際上將在那裡發現對於在《觀念》一書問題邏輯展開中的「絕對歷史性」的許多分析，這些分析相應於海德格的革命性和論戰性的新開端。[33]

[I 260] 我回憶起胡塞爾自己就曾經**提出**過在貫徹他的先驗唯我論的過程中所產生的矛盾問題。因此，要把海德格能與胡塞爾現象學唯心論相抗衡的重要之點標示出來，實際上是根本不容易的。我們甚至必須承認，海德格的《存在與時間》一書的最初設計並不完全超出先驗反思的問題範圍。基礎本體論（Fundamentalontologie）[234] 的觀念，這種本體論以與存在打交道的此在作爲基礎以及對這種此在的分析，最初似乎只實際標誌一種在先驗現象學範圍內的新的問題度向。[34] 存在和客觀性的全部意義只有從此在的時間性和歷史性出發才能被理解和證明——這無論如何是對於《存在與時間》主要傾向的一種可能的表述——對於這一點，胡塞爾至少也以他自己的

33　値得注意，在迄今出版的全部《胡塞爾文集》中，幾乎找不到任何明確提到海德格名字的評論。這確實不只是編輯方面的原因。其實，胡塞爾很可能看到自己總是不斷地陷入這樣一種含糊性中，這種含糊性使他把海德格的《存在與時間》的出發點時而視為先驗現象學，時而視為對這種現象學的批判。胡塞爾本可能在海德格這裡重新認識他自己的思想，但這些思想是在一種完全不同的前沿位置上出現的，也就是在他看來，似乎是在敵對的歪曲中出現的。

34　正如 O. 貝克爾不久所強調的，參見《胡塞爾紀念文集》，第 39 頁。

方式，即從他的「原始自我」的絕對歷史性的基礎出發，加以要求過。如果海德格的方法論計畫批判性地針對胡塞爾用以歸納一切最終基礎的先驗主體性概念，那麼胡塞爾將會說，這是對於先驗還原的澈底性缺乏認識的表現。胡塞爾確實曾經主張過，先驗主體性本身已經克服了和擺脫了實體本體論的一切關聯，從而克服和擺脫了傳統的客觀主義。**所以，胡塞爾認為自己是與整個形上學相對立**。

然而，值得注意的是，對於胡塞爾來說，這種對立在涉及康德及其先驅者和追隨者所承擔的先驗探究的地方，卻很少有其尖銳性。這裡胡塞爾找到了他自己的眞正先驅者和先行者。作爲他最深刻的追求並且他認爲是現代一般哲學本質的澈底的自我反思，使他返回到笛卡兒和英格蘭人，並遵循康德式批判的方法論模式。當然，他的「構成性的」現象學是由那種對康德來說是陌生的而新康德主義也不可能達到的（因爲新康德主義並不探究「科學的事實」）任務的普遍性來表明其特徵的。

但是，正是在胡塞爾與他的先驅者的這種一致的地方卻表現了他與海德格的差別。胡塞爾對迄今爲止一切哲學的客觀主義的批判乃是現代傾向在方法論上的一種繼續，而且也被他認爲是這樣一種繼續。反之，海德格的要求從一開始就是一種帶有倒轉預兆的 [I 261]
目的論要求。海德格認爲他自己的工作與其說是實現一種已經長期準備和規定了的傾向，毋寧說是返回到西方哲學的最早開端並重新引起那場已被遺忘了的古希臘人關於「存在」的爭論。當然，即使在《存在與時間》出版的當時，就已經肯定了這次向最古老時代的返回同時也是對當代哲學立場的一次超越。所以，當海德格在當時把狄爾泰的研究和約爾克伯爵的思想歸入現象學哲學的發展中時，這確實不是任意的連繫。[35] 事實性問題確實是歷史主義的核心

35 《存在與時間》，§ 77。

問題——至少是以對黑格爾關於歷史中存在理性這一辯證前提的批判的形式。

所以，很清楚，海德格關於基礎本體論的籌劃必須把歷史問題放在首位。但馬上我們需要表明，並不是對歷史主義問題的解決，而且一般也不是任何更爲原始的科學建立，甚至也不是某種最終澈底的哲學自我建立（如在胡塞爾那裡），構成這種**基礎本體論**的意義，而是相反，**整個建立思想本身經歷了一次完全的轉向**。當海德格也致力於從絕對的時間性去解釋存在、眞理和歷史時，其目的不再是與胡塞爾一樣的，因爲這種時間性不是「意識」的時間性或先驗的原始自我的時間性。雖然在《存在與時間》的思想展開過程中，最初讓人覺得好像只是一種先驗反思的增強，好像達到了某個高級的反思階段，時間被顯示爲存在的境域。但海德格指責胡塞爾現象學的先驗主體性在本體論上的無根據性，卻似乎正是透過重新喚起存在問題而被消除。凡稱爲存在的東西，應當由時間境域來規定，所以時間性的結構顯現爲主體性的本體論規定。但是情況還不只是這樣。海德格的論點是：存在本身就是時間。這樣一來，近代哲學的全部主觀主義——事實上如我們不久將指出的，形上學（這是由作爲在場者（Anwesenden）的存在所占據的）的全部問題境域，就被毀於一旦。此在是與其存在打交道，此在首先是透過存在領悟（Seinsverständnis）而與其他在者相區別，這些論點正如在《存在與時間》中所表現的，它們並不構成某個先驗探究必須以之爲出發點的最終的基礎。它們講到一個完全不同的基礎
[I 262] （Grunde），只有這個基礎才使所有存在領悟得以可能，這個基礎就是：有一個「此」（Da），一種在的開顯（eine Lichtung im Sein），也就是說，一種存在者和存在的區分。這個指向這一基本事實即「有」這個的問題，雖然本身就是一個探究存在的問題，但是在所有迄今探究存在者存在的問題裡必然從未想到的一種方向

上，被形上學所提出的探究存在的問題所掩蓋和隱蔽了。眾所周知，海德格曾經由於無的問題在西方思想所造成的本體論困境而揭示了本質性的在的遺忘（Seinsvergessenheit）——這種在的遺忘自希臘形上學之後統治了西方思想。由於海德格把探究存在的問題同時證明爲探究無的問題，從而他把形上學的開端和結尾彼此連結起來。探究存在的問題可以從探究無的問題那裡提出來，這一點就預先設定了形上學所拒絕的無的思想。

因此，使海德格提出存在問題並因而走向與西方形上學相反的問題方向的眞正先驅，既不能是狄爾泰，也不能是胡塞爾，最早只能是**尼采**。海德格可能在後來才意識到這一點。但是在回顧時我們可能看到，要把尼采對「柏拉圖主義」的澈底批判提升到被他所批判的傳統的高度上，要按西方形上學自身的水準去面對西方形上學，並且要把先驗探究作爲近代主觀主義的結果去加以認識和克服——這乃是《存在與時間》一書一開始就已經包含的使命。

海德格最後稱之爲「轉向」（Kehre）的東西，並不是先驗反思運動中的一種新的回轉，而正是使上述這些使命成爲可能和得以執行。雖然《存在與時間》批判地揭示了胡塞爾的先驗主體性概念缺乏本體論規定，但是它仍然用先驗哲學工具來表述其自身對於存在問題的解釋。海德格作爲使命向自己提出的對存在問題的重新探討，其實意味著他在現象學的「實證主義」中又認識到了**形上學的不能解決的基本問題**，而這個問題最終發展的頂點則是隱蔽在**精神**概念裡，正如思辨唯心論對精神概念所設想的。因此，海德格的目的是試圖透過對胡塞爾的批判達到對思辨唯心論的本體論批判。在他建立「實存性詮釋學」過程中，他既超越了古典唯心論曾經發展了的精神概念，又超越了現象學還原所純化了的先驗意識的論域（Themenfeld）。

海德格的詮釋學—現象學以及他對此在歷史性的分析，目的是

爲了普遍地重新提出存在問題，而不是爲了建立某種精神科學理論
[I 263] 或克服歷史主義疑難論。這些都是特殊的當代現實問題，它們只能證明他重新澈底提出存在問題的結果。但是，正是由於他的提問的澈底性，他才能擺脫狄爾泰和胡塞爾對於精神科學基本概念的研究所曾經陷入的那種錯亂。

狄爾泰試圖從生命出發來理解精神科學並以生活經驗爲出發點，正如我們指出的，這一努力永遠不能與他堅持的笛卡兒派的科學概念眞正相容的。但不管他怎樣過分強調生命的沉思傾向以及生命「趨向於穩定」，科學的客觀性——他把這種客觀性理解爲結果的客觀性——仍然來自於另一種源泉。因此狄爾泰不能完成他給自己所選擇的任務，這任務就是從知識論上去證明精神科學的獨特方法論性質，並因而把精神科學與自然科學同等看待。

但是，海德格可以從一個完全不同的立場開始，因爲正如我們所看到的，胡塞爾早已使「返回到生命」成爲一種絕對普遍的工作方法，並因而拋棄了單純探究精神科學方法論問題的狹隘性。胡塞爾對於生活世界和無名稱的意義建立（這構成一切經驗的基礎）的分析給予精神科學的客觀性一個全新的背景。這種分析使科學的客觀性概念表現爲一種特殊情況。科學可以是任何東西，但絕不是那種要從其出發的事實（Faktum）。科學世界的構成性其實表現了一項特殊的使命，即去解釋隨同科學一起被給予的理想化（Idealisierung）。但是這一使命並不是首要的使命。當我們返回到「有作爲的生命」（das leistende Leben），自然和精神的對立就被證明不是最終有效的。不論精神科學還是自然科學都必須從普遍生命的意向性的作爲（Leistung），也就是從某種絕對的歷史性中推導出來。這就是那種唯一滿足於哲學自我反思的理解。

對於這一點，海德格根據他所重新喚起的存在問題給予一種新的和澈底的轉折。他之所以跟隨胡塞爾，是因爲歷史存在並不像狄

爾泰所認爲的那樣可以與自然存在區別，以便對歷史科學的方法論性質給予一個知識論的證明。反之，自然科學的認識方式可以表現爲理解的一種變體。「這種變體誤以爲它的正當任務就是在現成東西的本質上的不可理解性中去把握現成東西。」[36] **理解**並不是像狄 [I 264] 爾泰所認爲的那樣，是在精神老年時代所獲得的人類生活經驗的順從理想，同時也不是像胡塞爾所認爲的那樣，是相對於「非反思生活」（Dahinleben）素樸性的哲學最終方法論理想，而相反地是**此在**，即在世界中的存在**的原始完成形式**。在理解按照各種不同的實踐的興趣或理論的興趣被區分之前，理解就是此在的存在方式，因爲理解就是能存在（Seinkönnen）和「可能性」。

面對對此在的這樣一種生存論分析的背景，以及這種分析對於一般形上學的要求所帶來的一切深遠的和不可測量的後果，精神科學的詮釋學問題圈就突然顯得很不一樣。本書就是致力於探究詮釋學問題這種新的方向。由於海德格重新喚起存在問題並因此超越了迄今爲止的全部形上學——這不只是指形上學在近代科學和先驗哲學的笛卡兒主義裡所達到的頂峰——因而他不僅避免了歷史主義的絕境，而且還獲得了一種根本不同的新立場。理解概念不再像德羅伊森所認爲的那樣是一種方法論概念。理解也不是像狄爾泰在爲精神科學建立一個詮釋學基礎的嘗試中所確立的那樣，只是跟隨在生命的理想性傾向之後的一種相反的操作。理解就是人類生命本身原始的存在特質。如果說米施曾經從狄爾泰出發，把「自由地遠離自身」認爲是人類生命的一種基本結構，所有理解都依賴於這種基本結構，那麼海德格的澈底本體論思考就是這樣一個任務，即透過一種「對此在的先驗分析」去闡明此在的這種結構。他揭示了一切理解的籌劃性質，並且把理解活動本身設想爲超越運動，即超越存在

36 《存在與時間》，第 153 頁。

者的運動。

這對於傳統的詮釋學是一個過分的要求。[37] 的確，在德語裡我們有時用理解一詞來指一種實際取得的能力（「er versteht nicht zu lesen」——這與「er versteht sich nicht auf das Lesen」意思相同，即「他不能讀」）。從表面上看來，這似乎與科學中進行的，與認識相連繫的理解在本質上是不相同的。但是，如果我們精確地考察這兩種理解，那麼我們可以看出它們有某種共同的東西。在理解的這兩種意義裡都包含對某物的認識（Erkennen）、通曉（Sich-Auskennen）。誰「理解」一個正文（或者甚至一條法律！），誰就不僅使自己取得對某種意義的理解，而且——由於理解的努力——所完成的理解表現了一種新的精神自由的狀態。理
[I 265] 解包含解釋（Auslegen）、觀察連繫（Bezüge-sehen）、推出結論（Folgerungen-ziehen）等的全面可能性，在正文理解的範圍內，通曉就正在於這許多可能性。所以，誰通曉（auskennt sich）一部機器，也就是說，誰知道（versteht sich）怎樣去使用它，或者說，誰能具有（versteht sich）一種手藝——讓我們假定：理解一般人爲的事情和理解生命的表現或正文具有不同的標準——即使這樣，情況仍然是：**所有這種理解最終都是自我理解**（Sichverstehen）。即使對某個表達式的理解，最終也不僅是對該表達式裡所具有的東西的直接把握，而且也指對隱蔽在表達式內的東西的開啓，以致我們現在也了解了這隱蔽的東西。但是這意味著，我們知道**自己**通曉它。這樣，在任何情況下都是：誰理解，誰就知道按照他自身的可能性去籌劃自身。[38] 傳統的詮釋學曾經以不適當的方式使理解所屬

[37] 參見貝蒂在其學識淵博、才氣橫溢的著作《一般解釋學基礎》第 91 頁注釋 14b 裡的近乎憤怒的抗議。

[38] 即使「理解」一詞的語義史也指出了這一點。理解在法學上的意義，即在法

的問題境域變得很狹窄。這就是海德格所作出的超出狄爾泰的進展爲什麼對於詮釋學問題也是富有成果的理由。的確，狄爾泰曾經反對自然科學對於精神科學具有範例的作用，並且胡塞爾甚至指出把自然科學的客觀性概念應用於精神科學乃是「荒謬的」，並且確立了一切歷史世界和一切歷史認識的本質相對性。[39] 但現在由於人類此在在生存論上的未來性，歷史理解的結構才在其本體論的全部基礎上得以顯現。

因爲歷史認識是從此在的前結構（Vor-Struktur）得到其合法性的，所以任何人都沒有理由去動搖所謂認識的內在固有標準。即使對於海德格來說，歷史認識也不是有計謀的籌劃，不是意願目的 [I 266]
的推斷，不是按照願望、前見或強大事物的影響對事物的整理，而永遠是某種與事物相適應的東西，mensuratio ad rem。只是這個事物在這裡不是 factum brutum，即不是單純的現成東西，單純的可確定和可量度的東西，而首先本身是具有此在的存在方式。

當然，關鍵問題在於正確地理解這句常常重複的話。這句話並不意味著在認識者和被認識物之間有一種單純的「同質性」（Gleichartigkeit），在此同質性基礎上可以建立作爲精神科學「方

庭上代表某種事情，似乎是理解一詞的原始意義。這個詞後來轉用於精神方面，顯然可以由下述事實來說明，即在法庭上代表某種事情，也包含著理解這種事情，也就是說，掌握這種事情到這種程度，以致我們能識別對方的所有可能的說法，並提出自己的公正立場。〔海德格歸給「理解」的作為「代表……（Stehen für...）」的意義，其實也表示立在對方的**他者**能夠去「答覆」，並與其一起去「判決」：這就是在真正的「對話」中所進行的論戰要素，這種對話在本書第 3 部分裡是明確地與黑格爾的「辯證法」相對立的。也可參見我的論文〈自我理解的疑難性〉（《短篇著作集》，第 1 卷，第 70-81 頁；我的著作集，第 2 卷，第 121-132 頁。）〕

39 〔E. 胡塞爾：《歐洲科學危機和先驗現象學》，載《胡塞爾文集》，第 6 卷，第 91 頁（219）。〕

法」的心理轉換的特殊性。如果是這樣，那麼歷史詮釋學將成爲心理學的一個部分（正如狄爾泰事實上所設想的）。但實際上，一切認識者與被認識物的相適應性並不依據於它們具有同樣的存在方式這一事實，而是透過它們兩者共同的存在方式的**特殊性**而獲得其意義。這種特殊性在於：不管是認識者還是被認識物，都不是「在者狀態上的」（ontisch）「現成事物」，而是「歷史性的」（historisch），即它們都具有**歷史性的存在方式**。因此，正如約爾克伯爵所說的，任何東西事實上都依賴於「在者狀態東西和歷史性東西之間的一般差別」。[40] 由於約爾克伯爵把「同質性」與「隸屬性」（Zugehörigkeit）對立起來，[41] 海德格曾經以完全澈底性加以展開的那個問題才得以揭示出來：我們只是因爲我們自己是「歷史性的」才研究歷史，這意味著：人類此在在其當下和遺忘的整個活動中的歷史性，乃是我們能根本再現（vergegenwärtigen）過去的條件。最初似乎只是有損於科學傳統概念和方法的障礙東西，或者作爲取得歷史認識的主觀條件而出現的東西，現在成了某種根本探究的中心。「隸屬性」並不是因爲主題的選擇和探究隸屬於科學之外的主觀動機而成爲歷史興趣的原始意義的條件（否則隸屬性只是對同情這種類型的情感依賴性的特殊事例），而是因爲對傳統的隸屬性完全像此在對自身未來可能性的籌劃一樣，乃是此在的歷史有限性的原始的本質的部分。海德格曾經正確地堅持說，他稱之爲被拋狀態（Geworfenheit）的東西和屬籌劃的東西是結合在一起的。[42]

---

40 《與狄爾泰的通信》，第 191 頁。

41 參見 F. 考夫曼：《瓦滕堡的保羅．約爾克伯爵的哲學》，載《哲學和現象學年鑑》，第 9 卷，哈雷，1928 年，第 50 頁以下。〔最近在《狄爾泰研究——1982 年》裡有許多文章講到狄爾泰的新貢獻。對此也可參見我的著作集第 4 卷裡的一些論文。〕

42 《存在與時間》，第 181 頁、第 192 頁以及其他地方。

所以根本不存在那種使得這種生存論結構整體不起作用的理解和解 [I 267]
釋——即使認識者的意圖只是想讀出「那裡存在著什麼」，並且想從其根源推知「它本來就是怎樣的」。[43]

因此，我們在這裡提出這樣一個問題，即海德格所帶來的本體論上的澈底化傾向是否有益於構造某種歷史詮釋學。海德格自己的打算確實不是這個目的，我們必須留神，別從他對此在歷史性的生存論分析裡推出輕率的結論。按照海德格的看法，對此在的生存論分析絕不包含任何特殊的歷史的生存理想（Existenzideal）。因此對於人及其在信仰中的生存的任何神學命題，這種生存論分析都要求某種先天的中立的有效性。這對於信仰的自我理解來說可能是一種難以滿足的要求，正如關於布爾特曼[235]的爭論所表明的。[44]但是這也絕不排斥這一事實，即對於基督教神學和歷史精神科學來說，在內容上存在某些它們要承認的特殊的（生存狀態上的）前提。但正因爲這樣，我們就必須承認生存論分析本身按其自身目的而言絕不包含任何「生存狀態的」理想教化，因而不能作爲這樣一種東西而加以批判（儘管有人常常試圖這樣做）。

如果我們在煩（Sorge）的時間性結構中發現了某種生存理想——我們可能把這種理想與更可喜的情緒（博爾諾），[45]即某種無煩的理想加以對照，或與尼采一樣，把它與動物和兒童的天性上的無邪加以對照——那麼這只是一種誤解。但是我們不能否認，即使這也是一種生存理想。不過這在於它的結構是生存論的結構，有

---

43 O. 福斯勒在《蘭克的歷史問題》中曾經指出，這種蘭克式的用語並不像它聽起來那樣簡單，而是針對某些道德說教的歷史著作的自以為是態度。〔對此請參閱〈詮釋學問題的普遍性〉。（《短篇著作集》，第1卷，第101-112頁；現收入我的著作集，第2卷，第219頁以下。）〕

44 參見本書第335頁以下。

45 O.F. 博爾諾：《情緒的本質》，佛萊堡，1943年。

如海德格曾經指出的。

然而，兒童或動物的存在本身——與那種「無邪」理想相反——確實仍是一個本體論問題。[46] 無論如何，他們的存在方式不是像海德格對人的此在所要求的那種意義上的「生存」和歷史性。所以我們可以探問，人的生存被某個外在於歷史的東西、自然的東
[I 268] 西所負載，這究竟意味著什麼。如果我們眞想徹底消除唯心主義思辨的迷惑力，那麼我們顯然不能從自我意識出發去思考「生命」的存在方式。當海德格著手修改他在《存在與時間》中的先驗哲學自我觀時，這就表明他認爲**生命**的問題必須重新加以注意。所以他在《論人道主義的信》裡曾經講到人和動物之間存在的巨大鴻溝。[47] 毫無疑問，海德格自己對基礎本體論的說明——他把這種基礎本體論先驗地建立在對此在的分析上——尙未提出對生命存在方式的積極說明。這裡是一個有待研究的問題。但是所有這些都不改變這一事實，即如果我們認爲任何一種不管是怎樣的生存理想都可以反對「煩」的生存論環節（existenzial），那麼海德格稱之爲生存論的（existenzial）東西的意義就從根本上被誤解了。誰這樣做，誰就誤解了《存在與時間》一開始就提出的探究度向（Dimension der Fragestellung）。面對這樣一種膚淺論證的爭論，海德格可以完全正當地在康德的探究是先驗的這種意義上指出他自己的先驗的目的。海德格的探究從一開始就超越一切經驗主義的區分，並因而超越一切具有特殊內容的理想教化〔至於這種探究是否滿足於他那重新提出存在問題的目的，則是另外一個問題〕。

46 〔這是 O. 貝克爾的問題（參見《此在和此本質》，普富林根，1963 年，第 67 頁以下。）〕

47 《論人道主義的信》，伯恩，1947 年，第 69 頁。

因此，我們首先以海德格探究的**先驗**意義爲出發點。[48] 透過海德格對理解的先驗解釋，詮釋學問題獲得了某種普遍的框架，甚至增加了某種新的度向。解釋者對其對象的隸屬性——這在歷史學派的思考裡得不到任何令人信服的證明——現在得到了某種可具體證明的意義，而詮釋學的任務就是作出這種意義的證明。此在的結構就是被抛的籌劃（geworfener Entwurf），此在按其自己存在實現而言就是理解，這些即使對於精神科學裡所進行的理解行爲也是適合的。理解的普遍結構在歷史理解裡獲得了它的具體性，因爲習俗、傳統與相應的自身未來的可能性的具體連繫是在理解本身中得以實現的。向其能存在（Seinkönnen）籌劃自身的此在總是已經「存在過的」（gewesen）。這就是被抛狀態的生存論環節的意義。實際性詮釋學的根本點及其與胡塞爾現象學的先驗構成性探究 [I 269]
的對立就在於：所有對其存在的自由選擇行爲都不能回到這種存在的事實性。任何促使和限制此在籌劃的東西都絕對地先於此在而存在。這種此在的生存論結構也必須在對歷史傳統的理解裡找到它的表現，所以我們首先仍必須跟隨海德格。[49]

---

48 〔參見我在〈詮釋學與歷史主義〉（現收入我的著作集，第 2 卷，第 392 頁以下）一文中與 E. 貝蒂的討論。〕

49 參見附錄 3，我的著作集，第 2 卷，第 381 頁以下。

II 一種詮釋學經驗理論的基本特徵

[I 270]

1. 理解的歷史性上升爲詮釋學原則

(a) 詮釋學循環和前見問題

(α) 海德格對理解前結構的揭示

海德格探究歷史詮釋學問題並對之進行批判，只是爲了從這裡按本體論的目的發展理解的前結構（Vorstruktur）。[1] 反之，我們探究的問題乃是，詮釋學一旦從科學的客觀性概念的本體論障礙中解脫出來，它怎樣能正確地對待理解的歷史性。傳統的詮釋學的自我理解依賴於它作爲技藝學的性質。[2] 這甚至也適用於狄爾泰把詮釋學推廣爲精神科學的工具的做法。雖然我們可以追問，是否存在這樣一種理解的技藝學——我們將會回到這一問題——但無論如何，我們將必須探究海德格從此在的時間性推導理解循環結構這一根本做法對於精神科學詮釋學所具有的後果。這些後果並不一定是說某種理論被用於某種實踐，而這種實踐現在可以用別的方式，即用技巧上正當的方式進行。這些後果可能在於：糾正經常**所進行的理解用以理解自身的方式**，並使之從不恰當的調整方式中純化出來——這是一種最多只間接地有益於理解技巧的過程。

因此，我們將再次考察海德格對詮釋學循環的描述，以便使

1　海德格：《存在與時間》，第 312 頁以下。

2　參見施萊爾馬赫的〈詮釋學〉（基默爾編：《海德堡科學院論文集》，1959 年，修訂版）。在這篇論文裡，施萊爾馬赫明確地承認古老的技藝學理想（第 127 頁注釋：「如果理論只是停留在自然和藝術的基礎（自然就是藝術的對象）上，我……憎恨這種理論。」）。〔參見本書第 182 頁以下。〕

循環結構在這裡所獲得的新的根本意義對於我們的目的更富有成效。海德格寫道：「循環不可以被貶低為一種惡性循環，即使被認為是一種可以容忍的惡性循環也不行。在這種循環中包藏著最原始認識的一種積極的可能性。當然，這種可能性只有在以下情況下才 [I 271] 能得到眞實理解，這就是解釋（Auslegung）理解到它的首要的經常的和最終的任務始終是不讓向來就有的前有（Vorhabe）、前見（Vorsicht）和前把握（Vorgriff）以偶發奇想和流俗之見的方式出現，而是從事情本身出發處理這些前有、前見和前把握，從而確保論題的科學性。」

海德格這裡所說的，首先不是要求一種理解的實踐，而是描述那種理解性的解釋得以完成的方式。海德格的詮釋學反思的最終目的與其說是證明這裡存在循環，毋寧說指明這種循環具有一種本體論的積極意義。這樣一種描述對於每一個知道他做什麼的解釋者來說都是極易明瞭的。[3]所有正確的解釋都必須避免隨心所欲的偶發奇想和難以覺察的思想習慣的侷限性，並且凝目直接注意「事情本身」（這在語文學家那裡就是充滿意義的正文，而正文本身則又涉及事情）。的確，讓自己這樣地被事情所規定，對於解釋者來說，

[3] 參見 E. 施泰格在《解釋的藝術》（第 11 頁以下）裡與此相一致的描述。但是我不能同意這種說法，即文藝批評工作只開始於「我們已經置身於某個同時代的讀者的處境中」。這是我們永不能實現然而始終能夠理解的事情，雖然我們永遠不能實現某種與作者的穩固的「個人的或同時的同一性」。也可參見附錄 1，第 382 頁。〔以及我的論文〈論理解的循環〉（《短篇著作集》，第 4 卷，第 54-61 頁；我的著作集，第 2 卷，第 57-65 頁）。對此也可參見 W. 施特格米勒的批評，載他的《所謂理解循環》，達姆施塔特，1974 年。從邏輯學方面對「詮釋學循環」說法的反駁，忽視了這裡一般並沒有提出科學的證明要求，而是涉及一種自施萊爾馬赫以來的修辭學所熟悉的邏輯比喻（logische Metapher）。對此問題，阿佩爾有正確的批評，參見《哲學的改造》，兩卷本，法蘭克福，1973 年，第 2 卷，第 83、89、216 等頁。〕

顯然不是一次性的「勇敢的」決定，而是「首要的、經常的和最終的任務」。因爲解釋者在解釋過程中必須克服他們所經常經歷到的起源於自身的精神渙散而注目於事情本身。誰想理解某個正文，誰總是在進行一種籌劃。一旦某個最初的意義在正文中出現了，那麼解釋者就爲整個正文預先籌劃了某種意義。一種這樣的最初意義之所以又出現，只是因爲我們帶著對某種特定意義的期待去讀正文。作出這樣一種預先的籌劃——這當然不斷地根據繼續進入意義而出現的東西被修改——就是對這裡存在的東西的理解。

當然，這種描述只是一個大致的略寫。海德格所描述的過程是：對前籌劃（Vorentwurf）的每一次修正是能夠預先作出一種新的意義籌劃；在意義的統一體被明確地確定之前，各種相互競爭的
[I 272] 籌劃可以彼此同時出現；解釋開始於前把握（Vorbegriffen），而前把握可以被更合適的把握所代替：正是這種不斷進行的新籌劃過程構成了理解和解釋的意義運動。誰試圖去理解，誰就面臨了那種並不是由事情本身而來的前見解（Vor-Meinungen）的干擾。理解的經常任務就是作出正確的符合於事物的籌劃，這種籌劃作爲籌劃就是預期（Vorwegnahmen），而預期應當是「由事情本身」才得到證明。這裡除了肯定某種前見解被作了出來之外，不存在任何其他的「客觀性」。標示不恰當前見解的任意性的東西，除了這些前見解並沒有被作出來之外，還能是什麼別的東西呢？但是理解完全地得到其眞正可能性，只有當理解所設定的前見解不是任意的。這樣，下面這種說法是完全正確的，即解釋者無需丟棄他內心已有的前見解而直接地接觸正文，而是只要明確地考察他內心所有的前見解的正當性，也就是說，考察其根源和有效性。

我們必須把這種基本要求設想爲某種程序的澈底化，實際上這種程序當我們在理解時總是在進行著的。相對於每一個正文都有這樣一個任務，即，不是簡單地不加考察地使用我們自己的用語——

或者在外來語言中使用我們所熟悉的來自著作家或日常交際的慣用語。我們寧可承認這樣一種任務，即從當時的用語即作者的用語去獲得我們對正文的理解。當然，問題在於這種普遍的要求如何可以被實現。特別是在語義學範圍內我們面臨著對我們自己用語的無意識的問題。我們究竟是怎樣知道我們自己習慣的用語和正文的用語之間的區別呢？

我們必須說，正是我們一般對正文感到不滿這一經驗——或者是正文不產生任何意義，或者是它的意義與我們的期待不相協調——才使我們停下來並考慮到用語的可能的差別。某個與我講同樣語言的人，是在我所熟悉的意義上使用語詞的，這是一個只能在特殊情況裡才可能有疑問的一般前提——同樣的情況也適用於外來語言，即我們認爲我們具有這種語言的正常知識，並且在我們理解某個正文中假定了這種正常用法。

如此適合於用語的前見解的東西，也同樣適合於我們用以讀正文的內容上的前見解，這種內容上的前見解構成了我們的前理解。這裡我們也可以同樣地探問，我們究竟怎樣才能夠擺脫正文自己的 [I 273]
前見解的誘惑力。的確，這不能是一般的前提，即在正文中所陳述給我們的東西將完全符合於我自己的見解和期待。正相反，某人說給我的東西，不管是透過對話、書信或書籍或者其他什麼方式，一般都首先有這樣一個前提，即他在那裡所說的東西和我必須認識的東西，乃是他的見解，而不是我的見解，因而無須我去分享這種見解。但是，這種前提並不是使理解變得容易的條件，而是一種對理解的阻難，因爲規定我自己理解的前見解仍可能完全不被覺察地起作用。如果它們引起了誤解——那麼在沒有相反的看法的地方，對正文的誤解如何能夠被認識呢？正文應當怎樣先行去避免誤解呢？

但是，如果我們更仔細地考察這種情況，那麼我們會發現，即使見解（Meinungen）也不能隨心所欲地被理解。正如我們不能繼續誤解某個用語否則會使整體的意義遭到破壞一樣，我們也不能盲目地堅持我們自己對於事情的前見解，假如我們想理解他人的見解的話。當然，這並不是說，當我們傾聽某人講話或閱讀某個著作時，我們必須忘掉所有關於內容的前見解和所有我們自己的見解。我們只是要求對他人的和正文的見解保持開放的態度。但是，這種開放性總是包含著我們要把他人的見解放入與我們自己整個見解的關係中，或者把我們自己的見解放入他人整個見解的關係中。雖然見解都是流動性的多種可能性（這正好與某種語言和某個詞彙所表現的一致性形成對照），但是，在這眾多「可認爲的見解」（Meinbaren）中，也就是在某個讀者能有意義地發現，因而能期待的眾多東西之內，並不是所有東西都是可能的，誰不能聽他人實際所說的東西，誰就最終不能正確地把他所誤解的東西放入他自己對意義的眾多期待之中。所以這裡也存在一種標準。**詮釋學的任務自發地變成了一種事實的探究**，並且總是被這種探究所同時規定。這樣，詮釋學工作就獲得了一個堅固的基礎。誰想理解，誰就從一開始便不能因爲想盡可能澈底地和頑固地不聽正文的見解而囿於他自己的偶然的前見解中——直到正文的見解成爲可聽見的並且取消了錯誤的理解爲止。誰想理解一個正文，誰就準備讓
[I 274] 正文告訴他什麼。因此，一個受過詮釋學訓練的意識從一開始就必須對正文的另一種存在有敏感。但是，這樣一種敏感既不假定事物的「中立性」，又不假定自我消解，而是包含對我們自己的前見解和前見的有意識同化。我們必須認識我們自己的先入之見（Voreingenommenheit），使得正文可以表現自身在其另一種存在中，並因而有可能去肯定它實際的眞理以反對我們自己的前見解。

當海德格在所謂對「這裡存在」的東西的「閱讀」中揭示理解的前結構時，他是給出了一種完全正確的現象學描述。他也透過一個例子來指明這裡提出了一個任務。在《存在與時間》裡他以存

在問題爲例具體地解釋了那個對於他來說就是詮釋學問題的一般陳述。[4]爲了按照前有、前見和前把握來解釋存在問題的詮釋學境遇，他曾經在形上學歷史的重要轉捩點上批判地檢驗了他的指向形上學的問題。這裡從根本上說他只是做了歷史詮釋學在任何情況下都要求的東西。一種受方法論意識所指導的理解所力求的，勢必不只是形成它的預期，而是對預期有意識，以便控制預期並因而從事物本身獲得正確的理解。這一點正是海德格的意思，因爲他要求我們從事物本身推出前有、前見和前把握，以「確保」論題的科學性。

這裡根本不是爲了確保我們自己反對那種由正文可聽到其聲音的傳承物，而是相反地爲了使我們避免那種阻礙我們去客觀地理解傳承物的東西。正是隱蔽的前見的統治才使我們不理會傳承物裡所述說的事物。海德格曾經論證說，笛卡兒的意識概念和黑格爾的精神概念仍受那種從當下的和在場的存在去解釋存在的希臘實體本體論所支配，這一論證雖然確實超出了近代形上學的自我理解，但並不是任意的和隨心所欲的，而是從某種「前有」出發，因爲前有揭示了主體性概念的本體論前提，因而使這些傳承物眞正得以理解。另一方面，海德格在康德對「獨斷論的」形上學的批判中發現某種有限性形上學觀念，這一觀念對於他自己的本體論籌劃乃是一種挑戰。這樣，由於他把科學論題置入對傳承物的理解之內並甘冒此險，從而「確保」了論題的科學性。這就是理解中所包含的歷史意識的具體形式。

一切理解都必然包含某種前見，這樣一種承認給予詮釋學問題尖銳的一擊。按照這種觀點，情況似乎是：**儘管歷史主義對唯理論和自然權利學說進行了批判，但歷史主義卻立於現代啓蒙運動的基礎上，並不自覺地分享了它的偏見**。也就是說，它的本質裡包含了 [I 275]

4 《存在與時間》，第 312 頁以下。

並被規定了一種啓蒙運動的前見：啓蒙運動的基本前見就是反對前見本身的前見，因而就是對傳統權力的剝奪。

概念史的分析可以表明，正是由於啓蒙運動，**前見概念**才具有了那種我們所熟悉的否定意義。實際上前見就是一種判斷，它是在一切對於事情具有決定性作用的要素被最後考察之前被給予的。在法學詞彙裡，一個前見就是在實際終審判斷之前的一種正當的先行判決。對於某個處於法庭辯論的人來說，給出這樣一種針對他的先行判斷（Vorurteil），這當然會有損於他取勝的可能性。所以法文詞 préjudice，正如拉丁文詞 praeiudicium 一樣，只意味著損害、不利、損失。可是這種否定性只是一種結果上的（konsekutive）否定性。這種否定性的結果正是依據於肯定的有效性，先行判決作爲先見的價值——正如每一種先見之明的價值一樣。

所以，「前見」（Vorurteil）其實並不意味著一種錯誤的判斷。它的概念包含它可以具有肯定的和否定的價值。這顯然是由於拉丁文詞 praeiudicium 的影響，以致這個詞除了否定的意義外還能有肯定的意義。說有 préjugés légitimes（正當的成見）。這與我們今天的語言用法相距很遠。德文詞 Vorurteil——正如法文詞 préjugé，不過比它更甚——似乎是透過啓蒙運動及其宗教批判而被限制於「沒有根據的判斷」這一意義上的。[5]給予判斷以權威的，乃是其根據，其方法論上的證明（而不是它實際的正確性）。對於啓蒙運動來說，缺乏這樣一種根據並不意味可以有其他種類的有效性，而是意味著判斷在事實本身裡沒有任何基礎，即判斷是「沒有根據的」。這就是只有在唯理論的精神裡才能有的一種結論。正是

5　參見列奧・施特勞斯的《斯賓諾莎的宗教批判》，第 163 頁：「『前見』這一詞最恰當地表達了啓蒙運動的偉大願望，表達了想自由地、無偏見地進行考察的意願。前見是意義太泛的『自由』一詞的意義單一的對立相關詞。」

由於這一結論，一般前見喪失了信譽，而科學認識則要求完全排除前見。

接受這一口號的現代科學遵循著笛卡兒的懷疑原則，即不把任何一般可疑的東西認爲是確實的，並且遵循著堅持這一要求的方法論思想。在我們導言性的考察中我們已經指出，我們很難使有助於形成我們歷史意識的歷史認識與這樣一種理想進行協調，因而很難 [I 276] 從現代方法概念出發去把握這一理想的眞正性質。現在這裡正是這些否定性的說法轉變成肯定性的說法的地方。前見概念對此提供了一個最先的出發點。

(β) 啓蒙運動對前見的貶斥

如果我們追隨啓蒙運動所發展的關於前見的學說，那麼我們將發現關於前見有下面這樣一種基本劃分：我們必須區分由於人的威望而來的前見和由於過分輕率而來的前見（das Vorurteil des menschlichen Ansehens und das der Übereilung）。[6]這種劃分的基礎是前見起源於具有前見的人。或者是他人的威望、他人的權威誘使我們犯錯誤，或者是我們自己過分輕率。權威是前見的一個源泉，這符合於啓蒙運動那個著名的原則，康德曾把這個原則表述爲：大膽使用你**自己的**理智。[7]雖然上述所引的劃分確實也不限制於前見在理解正文中所起的作用，但這種劃分的主要應用仍在詮釋學領域之內。因爲啓蒙運動的批判首先是針對基督教的宗教傳承物，也就是《聖經》。由於《聖經》被理解爲一種歷史文獻，所以《聖經》批

---

6 Praeiudicium auctoritatis et precipitantiae（權威的前見和輕率的前見）：早在克利斯蒂安·托馬修斯的[236]《前見注釋》（1689/1690 年）和《理性學說引論》第 13 章 § § 39/40 裡就出現過。參見瓦爾希編的《哲學辭典》（1726 年）的詞條，見該書第 2794 頁以下。

7 參見康德論文〈答覆這一問題：什麼是啓蒙運動？〉開頭部分（1784 年）。

判使《聖經》的獨斷論要求受到威脅。現代啓蒙運動相對於所有其他啓蒙運動所特有的澈底性在於：它必須反對《聖經》及其獨斷論解釋以肯定自身。[8]因此詮釋學問題特別成了它的中心問題。啓蒙運動想正確地，即無成見地和合理地理解傳承物。不過，這有其完全
[I 277] 特別的困難，因為在用文字固定下來的單一東西中，具有非常重要的權威要素。書寫下來的東西可能不是眞的，這並不完全能容易地被看出。書寫下來的東西具有可指明的明顯性，並且就像是一種證明材料。因此我們需要一種特別的批判努力，才能使自己擺脫書寫下來的東西所具有的前見，並像對所有口頭陳述一樣，區分其中的意見和眞理。[9]啓蒙運動的普遍傾向就是不承認任何權威，並把一切都放在理性的審判臺面前。所以，書寫下來的傳承物、《聖經》以及所有其他歷史文獻，都不能要求絕對的有效性，傳統的可能的眞理只依賴於理性賦予它的可信性。不是傳統，而是理性，表現了一切權威的最終源泉。被書寫下來的東西並不一定是眞的，我們可以更好地知道它們。這就是現代啓蒙運動反對傳統的普遍準則，由於這一準則，現代啓蒙運動最後轉為歷史研究。[10] 正如自然科學使感性現象的證明成為批判的對象一樣，啓蒙運動也使傳統成為批判的

8　古代啓蒙運動——其成果是希臘哲學及其在詭辯派裡所達到的頂峰——在本質上是完全不同的，因而它允許像柏拉圖這樣的思想家利用哲學神話去調和宗教傳統和哲學研究的辯證方法。參見埃里希．弗蘭克的《哲學知識和宗教真理》，第 31 頁以下，以及我對此的評論，載《神學週刊》，1950 年，第 260-266 頁；另外還可特別參見格哈德．克呂格爾的《洞見和激情》，1951 年第 2 版。

9　對此一個極妙的例子是，古代歷史著作的權威在歷史研究中逐漸受到破壞，而檔案研究和基礎研究逐漸發展（參閱例如 R.G. 科林伍德：《思想——一篇自傳》，牛津，1939 年，第 11 章，在這裡他把轉向基礎研究直接與培根派的自然研究的革命進行對比）。

10　參見我們關於斯賓諾莎的《神學政治論》所說的話，在本書第 184 頁以下。

對象。不過，這並不一定是說，我們在任何地方都把這「反對前見的前見」認作是自由思想和無神論的最終結論——如在英國和法國那樣。其實，德國啓蒙運動大多都曾經承認基督宗教的「眞實前見」。因爲人類理性太軟弱，不能沒有前見去行事，所以，曾經受到眞實前見的薰陶，乃是一種幸福。

探究一下啓蒙運動的這樣一種修正和節制態度[11]怎樣爲德國浪漫主義運動的形成作了準備——毫無疑問，例如：E. 伯克的啓蒙運動和宗教批判所作出的——這是很有意義的一件事。但是，所有這些修正和節制態度都沒有改變根本的東西。眞實的前見最終必須透過理性承認來證明，即使這一證明任務可能永遠得不到完成。

這樣，現代啓蒙運動的標準仍然規定了歷史主義的自我理解。當然，這一規定並不是直接出現的，而是在一種奇特的，由浪漫主 [I 278]
義精神所造成的折射中出現的。這一點特別明顯地表現在歷史哲學的基本格式裡，即透過邏各斯（Logos，即理性）消除神話的格式。浪漫主義和啓蒙運動都分享了這一格式，並且透過浪漫主義對啓蒙運動的反動，這一格式被僵化成爲一種不可動搖的前提。這就是繼續不斷地使世界得以清醒（Entzauberung）的前提，這種清醒化給予這一格式以有效性。我們應當認爲，這表現了精神歷史本身的前進法則，並且正是因爲浪漫主義否定地評價了這種發展，它才把那種格式作爲自明之物加以接受。浪漫主義分享了啓蒙運動的前提，並且只是顚覆了對它的評價，因爲它認爲只有古老的東西才有價值，例如：「哥德式的」中世紀，歐洲基督教國家共同體，社會的封建等級結構，但也有農民生活的簡樸性和接近自然。

與啓蒙運動的完滿性信仰相反——這種完滿性信仰想完全擺脫「迷信」和過去的前見——我們現在發現，古老的時代，神話世

---

11 例如：在 G. F. 邁耶的《人類前見學說論文集》（1766 年），就有這種態度。

界，意識無法分析的，並在「近乎自然的社會」（naturwüchsinge Gesellschaft）裡未被中斷的生命，基督教騎士風尚世界，所有這些都獲得了一種浪漫主義魔力，甚至眞理的優先性。[12] 顛覆啓蒙運動的前提，曾經產生了復辟的荒謬傾向，這就是爲古典而恢復古典的傾向、有意識地倒退到無意識的傾向等等，其登峰造極的表現就是承認原始的神話時代的卓越智慧。但是，正是透過這種浪漫主義對啓蒙運動價值標準的顚覆，啓蒙運動的前提，即神話和理性的抽象對立卻被永恆化了。所有啓蒙運動的批判現在透過浪漫主義對啓蒙運動的這個反光鏡踏大步地前進了。對理性完滿性的信仰現在突然地變成了對「神話的」意識的完滿性的信仰，並且在思想墮落（原罪）之前的某個原始樂園裡進行反思。[13]

其實，富有神祕意味的洞黑無知——其中存在一種先於一切思想的神祕的集體意識——的前提，有如整個啓蒙運動的完美狀態和絕對知識的前提一樣，也是獨斷論的和抽象的。原始智慧只是「原始愚昧」的反面說法。一切神祕意識本身總仍是知識，而且由於它知道神聖的力量，它就超出了對力量的單純害怕如果我們可以把
[I 279] 這樣一種害怕認爲是原始狀態（Urstadium），不過它也超越了那種陶醉於宗教儀式的集體生活（正如我們在早期東方國家那裡看到的）。這種神祕意識知道自身，並且在這種知識中它已不再只是外於自身而存在。[14]

---

12 我在一篇關於伊默曼的〈千年王國十四行詩〉的短論裡（參見《短篇著作集》，第 2 卷，第 136-147 頁；現收入我的著作集，第 9 卷）曾用一個例子分析了這一過程。

13 〔參見我的論文〈神話與理性〉（《短篇著作集》，第 4 卷，第 48-53 頁，現收入我的著作集，第 8 卷）和〈神話和科學〉（我的著作集，第 8 卷）。〕

14 我認為，霍克海默爾和阿多爾諾對於《啓蒙運動辯證法》的分析是完全正確的（雖然我認為把像「資產階級的」這樣的社會學概念應用於奧德賽乃是一

與此相關聯的，甚至眞正神話式的思考和僞神話式的詩意思考之間的對立，也是一種基於啓蒙運動某個前見的浪漫主義幻覺，這個前見就是：因爲詩人的行爲是一種自由想像力的創造，所以詩人的行爲不再包含神話的宗教約束性。這就是以適合於科學信仰時代的現代裝束出現的詩人和哲學家之間的古老爭論。現在不再說，詩人說謊話，而是說，詩人根本就無須說眞理，因爲他們只是想施以審美的影響，只是想透過他們的想像創造喚醒聽眾或讀者的想像力和生命情感。

「近乎自然的社會」這一概念可能也是浪漫主義逆光鏡中的另一種情況，按照拉登杜夫（Ladendorf, 217）[238]的看法，這一概念是由 H. 萊奧（Leo）[15] 提出的。在卡爾·馬克思那裡，這一概念似乎是作爲一種限制其社會經濟學的階級鬥爭理論有效性的自然法殘餘而出現的。[16][239] 這一概念回到了盧梭關於勞動分工和財富出現之前的社會的描述。[17] 無論如何，柏拉圖在其關於自然狀態的譏諷的描述中（這是在《理想國》第 3 卷中給出的）已經揭示了這種國家理論的虛妄性。[18]

浪漫主義的這種重新評價產生了 19 世紀歷史科學的態度。這種態度不再用現代標準作爲一種絕對去量度過去，它把某種特有的價值歸給過去的時代，並且甚至能夠承認過去時代這一方面或那一

種歷史思考的錯誤，這乃是由於把荷馬與約翰·海因里希·福斯[237]混為一談，而這種混淆早已被歌德批判過）。

15 H. 萊奧：《國家自然學說的研究和概略》，1833 年。

16 參見 G. 馮·盧卡奇以前在《歷史和階級意識》（1923 年）一書中對這一重要問題所作的思考。

17 盧梭：《論人類不平等的起源和基礎》。

18 參見我的著作《柏拉圖和詩人》，第 12 頁以下。〔現收入我的著作集，第 5 卷，第 187-211 頁。〕

方面的優越性。浪漫主義的偉大成就——喚起早先的歲月，在民歌中傾聽民眾的聲音，收集童話和傳說，培養古老的風俗習慣，發現作爲世界觀的語言，研究「印度的宗教和智慧」——所有這些都促進了歷史研究，而這種歷史研究緩慢地、一步一步地把充滿預感
[I 280] 的重新甦醒轉變爲冷靜枯萎的歷史認識。歷史學派正是透過浪漫主義而產生的，這一事實證明了浪漫主義對原始東西的恢復本身就立於啓蒙運動的基礎上。19 世紀的歷史科學是浪漫主義最驕傲的果實，並把自己直接理解爲啓蒙運動的完成，精神從獨斷論束縛中解放出來的最後一步，以及通向客觀認識歷史世界（透過現代科學，認識歷史世界與認識自然處於同等的地位）的步驟。

浪漫主義的復古傾向可以與啓蒙運動要求歷史精神科學實在性的基本傾向連繫起來，這一事實只是表明，它同樣是與作爲這兩者基礎的傳承物的意義連續性決裂的。如果說所有傳承物——在理性面前傳承物表現爲不可能的東西即荒謬的東西——只能被理解爲歷史性的，即返回到過去時代的想像方式，這對於啓蒙運動來說是一種被確定的事實，那麼隨著浪漫主義而產生的歷史意識就意味著啓蒙運動的一種澈底化。因爲對於歷史意識來說，反乎理性的傳承物這一例外情況變成了普遍的規則。既然透過理性一般可達到的意義是如此少地被人相信，所以全部過去，甚至歸根結底，全部同時代人的思想最終也只被理解爲「歷史性的」。因此，浪漫主義對啓蒙運動的批判本身最後在啓蒙運動中告終，因爲它本身發展成爲歷史科學並把一切東西都納入歷史主義的漩渦之中。對一切前見的根本貶斥——這使新興自然科學的經驗熱情與啓蒙運動結合起來——在歷史啓蒙運動中成了普遍的和澈底的傾向。

這裡正是某種哲學詮釋學 [240] 嘗試必須開始其批判的關鍵。消除一切前見這一啓蒙運動的總要求本身被證明是一種前見，這一前見不僅統治了我們人類本性，而且同樣支配了我們的歷史意識，而

掃除這一前見就必然爲某種正當理解有限性開闢了道路。

我們處於各種傳統之中，這一事實難道首先意味著我們受前見所支配，以及自己的自由受限制嗎？一切人的存在，甚至最自由的人的存在難道不都是受限制，並受到各種方式制約的嗎？如果情況是這樣，那麼某種絕對理性的觀念對於歷史人性（Menschentum）就根本不可能。理性對於我們來說只是作爲實際歷史性的東西而存 [I 281] 在，即根本地說，理性不是它自己的主人，而總是經常地依賴於它所活動的被給予的環境。這不僅適合於康德由於受到休謨懷疑論批判的影響把唯理論要求限制在自然知識裡的先天要素上這一意義，而且對於歷史意識和歷史認識的可能性更有其重要性。因爲人在這裡是與他自身和他自己的創造物打交道（維柯），這一說法只是對歷史知識向我們所提出的問題的一種表面的解答。人對其自身及其歷史命運也感到生疏，不過其方式完全不同於自然使他感到生疏那樣，因爲自然對他是一無所知的。

這裡知識論問題以一種根本不同的方式被提出來。我們前面已經指明狄爾泰大概看到了這一點，但是他並不能克服傳統認識理論對他的影響。他的出發點，即「體驗」的內在意識，不能架起一座通向歷史實在的橋，因爲偉大的歷史實在、社會和國家，實際上對於任何「體驗」總是具有先行決定性的。自我思考和自傳——狄爾泰的出發點——並不是最先的東西，也不是詮釋學問題的充分基礎，因爲透過它們，歷史再次被私有化了。其實歷史並不隸屬於我們，而是我們隸屬於歷史。早在我們透過自我反思理解我們自己之前，我們就以某種明顯的方式在我們所生活的家庭、社會和國家中理解了我們自己。主體性的焦點乃是哈哈鏡。個體的自我思考只是歷史生命封閉電路中的一次閃光。**因此個人的前見比起個人的判斷來說，更是個人存在的歷史實在**。

(b) 作爲理解條件的前見

(α) 爲權威和傳統正名

詮釋學問題在這裡有它的出發點。這就是爲什麼我們先考察啓蒙運動對於「前見」這一概念貶斥的理由。在理性的絕對的自我構造的觀念下表現爲有限制的前見的東西，其實屬於歷史實在本身。如果我們想正確地對待人類的有限的歷史的存在方式，那麼我們就必須爲前見概念根本恢復名譽，並承認有合理的前見存在。所以我們能夠這樣來表述某種眞正歷史詮釋學的中心問題及其知識論基本
[I 282] 問題：前見的合理性的基礎在於何處？什麼東西可以使合理的前見與所有其他無數的前見區別開來？因爲克服後一種前見乃是批判理性義不容辭的任務。

由於我們現在對於啓蒙運動以批判目的所提出的前見學說（這一學說我們上面已作介紹）給予積極肯定的性質，我們可以更好地研討這一問題。首先關於前見區分爲權威的前見和輕率的前見，這一區分顯然是基於啓蒙運動的基本前提，按照這一前提，如果我們嚴格遵照方法論規則使用理性，我們就可以避免任何錯誤。這就是笛卡兒的方法論思想。輕率是我們在使用自己理性時導致錯誤的眞正源泉。反之，權威的過失在於根本不讓我們使用自己的理性。權威和理性之間的相經排斥的對立，正是上述區分的基礎。對於古老東西，對於權威東西的錯誤的先入之見，乃是本身必須要打破的東西。所以啓蒙運動認爲路德的宗教改革行爲在於：「使人有威望的前見，特別是對哲學家皇帝（他意指亞里斯多德）和羅馬教皇的前見，得到根本的削弱。」[19]……因此，宗教改革帶來了詮釋學的

[19] 瓦爾希：《哲學辭典》（1726 年），1013 條目。

繁榮興盛，正是詮釋學才教導我們在理解傳承物時正確使用理性。不論是教皇的學術權威，還是求助於傳統，都不能替代詮釋學的工作，因爲只有詮釋學工作才知道保護正文的合理意義以反對所有不合理的揣想。

這種詮釋學的結果不一定就是像我們在斯賓諾莎那裡看到的那種澈底的宗教批判。其實，超自然的眞理可能仍然完全存在。在這種意義上，啓蒙運動，特別是在德國大眾哲學（Popularphilosophie）範圍內的啓蒙運動，曾經多方限制了理性的要求，並承認《聖經》和教會的權威。所以我們在瓦爾希 [241] 那裡看到，他雖然區分了兩類前見——權威和過分輕率——但他把這兩類前見視爲兩個極端，因此在這兩個極端之間我們必須找到正確的中間道路，即調和理性和《聖經》權威。與此相應，他把過分輕率造成的前見理解爲偏愛新事物的前見，理解爲一種只是因爲眞理是古老的，被權威所支持的而輕率地拒絕眞理的先入之見。[20] 所以，他深入研究了英國自由思想家〔如：柯林斯 [242] 和其他人〕，並且維護歷史信仰以反對理性規則。這裡，由輕率而來的前見的意義顯然用一種保守的意義加以再解釋。

但是，毫無疑問，啓蒙運動的眞正後果是完全不同的後果： [I 283]
即把所有權威隸屬於理性。因此，由過分輕率而來的前見可以像笛卡兒所認爲的那樣去理解，即把它理解爲我們在使用理性時造成一切錯誤的根源。與此相應，在啓蒙運動勝利之後，即當詮釋學擺脫了一切獨斷論束縛的時候，那種古老的區分又回到了一種被改變了的意義。所以我們在施萊爾馬赫那裡看到，他區分了偏頗（Befangenheit）和輕率作爲誤解的原因。[21] 他把由偏頗而來的持久

20 瓦爾希：1006 條目以下，詞條是「回顧自由」。同時參見本書第 276 頁。

21 施萊爾馬赫：《著作集》，第 1 系列，第 7 卷，第 31 頁。

的前見與由輕率而來的短暫的錯誤判斷加以並列，但是只有前者才使研討科學方法的人感興趣。關於在某個由於權威而偏頗的人所具有的種種前見中，可能也有些是眞知灼見——當然這是包含在原先的權威概念之中的——對於施萊爾馬赫來說，似乎並不重要。施萊爾馬赫對於前見的傳統區分的變更，乃是啓蒙運動完成的標誌。偏頗只意味著個人的一種理解限制：「對於近乎某個人自己觀念的東西的一種片面的偏愛。」

但是，偏頗概念實際上隱藏了一個根本性的問題。制約我的前見乃產生於我的偏頗，這種看法本身就已經是一種從消除和澄清前見的立場而來的判斷，它只適合於不合理的前見。如果相反也有合理的、有助於增進認識的前見，那麼我們又重新回到了權威問題。因此啓蒙運動的澈底結論——即使還包含在施萊爾馬赫的方法論信仰裡——並不是站得住腳的。

啓蒙運動所提出的權威信仰和使用自己理性之間的對立，本身是合理的。如果權威的威望取代了我們自身的判斷，那麼權威事實上就是一種偏見的源泉。但是，這並不排除權威也是一種眞理源泉的可能性。當啓蒙運動堅決詆毀一切權威時，它是無視了這一點。爲了證明這一情況，我們可以援引歐洲啓蒙運動最偉大的先驅者之一，即笛卡兒。儘管笛卡兒的方法論思想有其澈底性，但眾所周知，笛卡兒把道德性事物完全從理性重新完善地構造一切眞理的要求中排除出去。這就是他所謂應急性道德（provisorische Moral）的意義。我認爲下面這一點是具有代表性的，即笛卡兒實際上並
[I 284] 沒有提出他的明確的道德學，就我們從他給伊莉莎白的信件中所能判斷的而言，他的道德學的基本原則幾乎沒有什麼新的東西。期待現代科學及其發展能給我們提供某種新道德學，這顯然是不可思議的。事實上，詆毀一切權威不只是啓蒙運動本身所確立的一種偏見，而且這種詆毀也導致權威概念被曲解。因爲根據啓蒙運動所賦

予理性和自由概念的意義，權威概念可以被看作爲與理性和自由正好相對立的概念，即意味著盲目地服從。這就是我們從批判現代專制主義的用語裡所認識的意義。

但是，這絕不是權威的本質。的確，權威首先是人才有權威。但是，人的權威最終不是基於某種服從或拋棄理性的行動，而是基於某種承認和認可的行動——即承認和認可他人在判斷和見解方面超出自己，因而他的判斷領先，即他的判斷與我們自己的判斷具有優先性。與此相關聯的是，權威不是現成被給予的，而是要我們去爭取和必須去爭取的，如果我們想要求權威的話。權威依賴於承認，因而依賴於一種理性本身的行動，理性知覺到它自己的侷限性，因而承認他人具有更好的見解。權威的這種正確被理解的意義與盲目的服從命令毫無關聯。而且權威根本就與服從毫無直接關係，而是與**認可**有關係。權威的存在確實是爲了能夠命令和得到服從，但這一點只是從某人具有的權威而得到的。即使由命令而來的無名稱的和非個人的上級權威，最終也不是基於這種命令，而是那種使命令成爲可能的東西。這裡權威的眞正基礎也是一種自由和理性的行動，因爲上級更全面了解情況或具有更多的資訊，也就是說，因爲上級具有更完善的認識，所以理性才從根本上認可上級有權威。[22]

---

22 （我認為，除非承認這一命題的真理，否則卡爾．雅斯培的《論真理》第 766 頁以下和格哈德．克呂格爾的《自由和世界管理》第 231 頁以下所說的那種承認權威的傾向是不能令人信服的。）因此「黨派（或領導者）總是正確的」這一惡名昭著的命題並不是因為它主張領導的優越性而是錯誤的，它的錯誤是在於它旨在維護那種靠專制命令行事的領導免受任何一種可能是真實的批判。真正的權威並不需要權威者出現。〔目前關於這個問題常有人討論，尤其見我與 J. 哈貝馬斯的爭論。參見 J. 哈貝馬斯編輯出版的論文集《詮釋學和意識形態批判》，法蘭克福，1977 年；以及我在索洛圖恩的講演〈論權威和批評自由的關係〉，載《瑞士新神經病學、新手足病治療學、新精神學治療

[I 285] 因此，承認權威總是與這一思想相連繫的，即權威所說的東西並不是無理性的和隨心所欲的，而是原則上可以被認可接受的。這就是教師、長官、專家所要求的權威的本質。他們所培植的前見，雖然是被個人證明合理的，它們的有效性要求我們對代表它們的個人有偏袒，但是因為這些前見對於透過其他方式而能出現的東西，例如：透過理性提供的堅固基礎而出現的東西具有同樣的偏袒，這些前見也可成為客觀的前見。所以權威的本質與那種必須擺脫啓蒙運動極端主義的前見學說有關。

這裡，我們可以在浪漫主義對啓蒙運動的批判中找到支持。因為存在一種浪漫主義特別要加以保護的權威形式，即傳統。由於流傳和習俗而奉為神聖的東西具有一種無名稱的權威，而且我們有限的歷史存在是這樣被規定的，即因襲的權威——不僅是有根據的見解——總是具有超過我們活動和行為的力量。一切教育都依據於這一點，即使隨著受教育者年齡成熟，教育者失去他的作用以及受教育者自己的見解和決定取代了教育者的權威，情況仍是這樣。這種進入生命史成熟期的運動並不意味著某人已在下面這種意義上成為他自己的主人，即他擺脫了一切習俗和傳統。例如：道德的實在性大多都是而且永遠是基於習俗和傳統的有效性。道德是在自由中被接受的，但絕不是被自由的見解所創造，或者被自身所證明的。其實，我們稱之為傳統的東西，正是在於它們沒有證明而有效。事實上，我們是把這樣一種對啓蒙運動的更正歸功於浪漫主義，即除了理性根據外，傳統也保留了權利，並且在一個相當大的範圍內規定了我們的制度和行為。古代倫理學優越於近代道德哲學的特徵在於：古代倫理學透過傳統的不可或缺性證明了倫理學向「政治

學文獻》，第 133 卷，1983 年，第 11-16 頁。A. 格倫最早闡明了組織機構的作用。〕

學」，即正確的立法藝術過渡的必然性。[23] 與此相比較，現代啓蒙運動則是抽象的和革命的。

但是，傳統概念與權威概念一樣，也是很有歧義的，而且由於同樣的理由，即因爲它是啓蒙運動原則的抽象對立面，規定了對傳統的浪漫主義的理解。浪漫主義把傳統視爲理性自由的對立面，並 [I 286]
且認爲傳統是歷史上被給予的東西，有如自然一樣。不管我們是想以革命的方式反對傳統還是保留傳統，傳統仍被視爲自由的自我規定的抽象對立面，因爲它的有效性不需要任何合理的根據，而是理所當然地制約我們的。當然，浪漫主義對啓蒙運動批判的情況並不是傳統的不言而喻的統治——在這統治中傳承下來的東西不受懷疑和批判的影響而被保存下來——的例證。這其實是一種特別的批判態度，這種態度在這裡再次致力於傳統的眞理並試圖更新傳統，也就是我們稱之爲傳統主義（Traditionalismus）的態度。

不過，我認爲，傳統和理性之間並不存在這樣一種絕對的對立。不管有意識地恢復傳統或有意識地創造新傳統是怎樣有問題的，浪漫主義對「發展了的傳統」（die gewachsene Traditionen）的信念——在傳統面前，一切理性必須沉默——仍是一樣充滿了偏見，並且基本上是啓蒙運動式的。實際上，傳統經常是自由和歷史本身的一個要素。甚至最眞實最堅固的傳統也並不因爲以前存在的東西的惰性就自然而然地實現自身，而是需要肯定、掌握和培養。傳統按其本質就是保存（Bewahrung），儘管在歷史的一切變遷中它一直是積極活動的。但是，保存是一種理性活動，當然也是這樣一種難以覺察的不顯眼的理性活動。正是因爲這一理由，新的東西、被計畫的東西才表現爲理性的唯一的活動和行爲。但是，這是一種假象。即使在生活受到猛烈改變的地方，如在革命的時代，遠

23　參見亞里斯多德：《尼各馬可倫理學》，第 10 章。

比任何人所知道的多得多的古老東西在所謂改革一切的浪潮中仍保存了下來，並且與新的東西一起構成新的價值。無論如何，保存與破壞和更新的行爲一樣，是一種自由的行動。這就是啓蒙運動對傳統的批判以及浪漫主義對傳統的平反爲什麼都落後於它們的眞正歷史存在的原因。

這些考慮導致了這樣一個問題，即在精神科學的詮釋學裡是否應當根本不給傳統要素以權利。精神科學的研究不能認爲自己是處於一種與我們作爲歷史存在對過去所採取的態度的絕對對立之中。在我們經常採取的對過去的態度中，眞正的要求無論如何不是使我們遠離和擺脫傳統。我們其實是經常地處於傳統之中，而且這種處於絕不是什麼對象化的（vergegenständlichend）行爲，以致傳統所
[I 287] 告訴的東西被認爲是某種另外的異己的東西——它一直是我們自己的東西，一種範例和借鑑，一種對自身的重新認識，在這種自我認識裡，我們以後的歷史判斷幾乎不被看作爲認識，而被認爲是對傳統的最單純的吸收或融化（Anverwandlung）。

因此，對於占統治地位的知識論方法學主義（Methodologismus）我們必須提出這樣一個問題，歷史意識的出現是否眞正使我們的科學態度完全脫離了這樣一種對過去的自然態度？當精神科學內的理解把它自己的整個歷史性都歸到我們必須拋棄的前見方面，這樣理解是否就眞正正確地理解了自身？或者說「無前見的科學」是否與那種傳統藉以生存和過去得以存在的樸素的接受和反思還共同具有比它自身所知道的更多的東西？

無論如何，精神科學的理解與繼續存在的傳統共同具有某種基本前提條件，即感到自身是在與傳承物**進行攀談**（angesprochen）。[243]下面這一點難道就不適合於精神科學所研究的對象，這種對象的意義只有在以後才能被經驗？——這一點對於傳統的內容來說顯然是非常正確的。儘管這種意義還很可能總是一種間接的意義，並且是

從似乎與現在毫無關係的歷史興趣中產生出來——甚至在「客觀的」歷史研究這一極端情況裡，歷史任務的眞正實現仍總是重新規定被研究東西的意義。但是這種意義既存在於這種研究的結尾，也同樣存在於這種研究的開端：即存在於研究課題的選擇中，研究興趣的喚起中，新問題的獲得中。

因此，在所有歷史詮釋學一開始時，**傳統和歷史學之間的抽象對立、歷史和歷史知識之間的抽象對立必須被消除**。繼續存在的傳統的效果（Wirkung）和歷史研究的效果形成了一種效果統一體（Wirkungseinheit），而對這種效果統一體的分析可能只找到相互作用的一種結構。[24] 因此，我們確實不把歷史意識認作某種完全新的東西——好像它是第一次出現的，而是把它認作那種向來構成人類與過去的關係的東西裡的一個新要素。換言之，我們必須在歷史關係裡去認識傳統要素，並且探究這一要素在詮釋學上的成效性。

在精神科學裡，儘管有其獨特的方法論性質，但傳統的要素總是在起作用，而且這一要素構成精神科學的眞正本質及其鮮明的特徵。如果我們考察研究的歷史並注意到精神科學史和自然科學史之 [I 288]
間存在的差別，上述這一點便是直接明顯的。當然，人的任何有限的歷史性的努力絕不能完全消除這種有限性的痕跡，甚至數學的歷史或自然科學的歷史也是人類精神史的一部分，並反映人類精神的命運。然而，當自然科學家從當代知識狀況來描述他們的科學的歷史，這就不只是一種歷史的幼稚性。對於自然科學家來說，錯誤和歧途只具有一種歷史的興趣，因爲研究的進展乃是他們研究的不言

24 我不認為舍勒這種看法是正確的，即傳統的前意識的壓力可以隨著歷史科學的深入而減少（《人在宇宙中的地位》，第 37 頁）。在我看來，這裡所包含的歷史科學的獨立性似乎是連舍勒自己也一般能看透的一種任意的虛構（同樣，參見他的《遺著》，第 1 卷，第 228 頁以下，在那裡他承認歷史的啓蒙運動或知識社會學的啓蒙運動）。

而喻的標準。因此，考察自然科學或數學的進展怎樣歸屬於它們出現的歷史瞬間，這只具有附屬的興趣。這種興趣並不影響自然科學或數學的發現的知識論價值。

所以，我們根本不必否認傳統要素在自然科學裡也能起積極的作用，例如：在某種地方特別喜愛某種研究方式。但是，這樣的科學研究並不是從這種情況，而是從它正研究的對象的規律得出它的發展規律的。[25]

顯然，精神科學是不能用研究和進展這樣的概念來正確描述的。當然，我們可以寫某一問題解決的歷史，例如：對某種難讀銘文進行辨認的歷史，在這裡除了最後達到最終的結果外不存在任何其他興趣。如果情況不是這樣，那麼精神科學就根本不可能像在上世紀我們所看到的那樣在方法論上依賴自然科學。但是，自然科學研究和精神科學研究之間的模擬只是涉及到精神科學裡所進行的工作的一種附屬的層次。

這一點表現在：精神科學研究的偉大成就幾乎永不會陳舊。顯然，今天的讀者可以很容易地考慮到這一事實，即一百年以前的歷史學家只能支配很少的一些知識，因此他們作出了某些在細節上
[I 289] 不正確的判斷，但整個來說，今天的讀者仍寧願讀德羅伊森或莫姆森[244]的著作而不喜歡讀某個當代歷史學家關於這個領域所寫的最新材料。什麼是這裡量度的標準呢？顯然，我們不能簡單地用我們量度研究價值和重要性的標準來作爲我們問題的基礎。實際上，只是由於那個能把事情（Sache）正確描述給我們的人，該事情才對我們眞正表現出重要性。所以，雖然事情確實是我們的興趣所在，

---

25 〔這一問題自托馬斯·庫恩的《科學革命的結構》（芝加哥，1963 年）和《必要的張力——對科學傳統和變化的研究》（芝加哥，1977 年）出版以來似乎變得相當複雜。〕

但事情只是透過它在其中向我們呈現的方面（Aspekte）而獲得它的生命。我們承認事情有在不同的時間或從不同的方面歷史地表現自身的諸不同方面；我們承認這些方面並不是簡單地在繼續研究的過程中被拋棄，而是像相互排斥的諸條件，這些條件每一個都是獨立存在的，並且只由於我們才結合起來。我們的歷史意識總是充滿了各種各樣能聽到過去反響的聲音。只有在這些眾多的聲音中，過去才表現出來。這構成了我們所分享和想分享的傳統的本質。現代的歷史研究本身不僅是研究，而且是傳統的傳遞。我們並不是只從進展的規律和確切的結果方面去看待現代的研究——在這種研究中好像也有了某種新的歷史經驗，因爲在研究中我們每次都聽到某種過去在反響的新的聲音。

它的基礎是什麼呢？顯然，我們不能在適合於自然科學的意義上——即研究越來越深入到自然裡面——講到精神科學的固定的研究目的。其實，在精神科學裡，致力於研究傳統的興趣被當代及其興趣以一種特別的方式激發起來。研究的主題和對象實際上是由探究的動機所構成的。[26] 因此歷史的研究被帶到了生命自身所處的歷史運動裡，並且不能用它正在研究的對象從目的論上加以理解。這樣一種「對象」本身顯然根本不存在。這正是精神科學區別於自然科學的地方。當自然科學的對象可以理想地被規定爲在完全的自然知識裡可以被認識的東西時，如果我們說某種完全的歷史知識，就 [I 290]
是毫無意義的，並且正因爲這種理由，我們也根本不可能講到這種研究所探討的「對象本身」。[27]

---

26 〔K-G. 費伯在其《歷史科學理論》一書（慕尼黑，1972 年第 2 版，第 25 頁）精闢的討論中，不得不在「構成」一詞後面加上一個諷刺的驚嘆號而引用這一命題。這迫使我提出這一問題，即我們怎樣才可能正確地定義一個「歷史事實」呢？〕

27 〔今天我在經過 30 年科學研究工作之後樂意地承認我們甚至不必區分這種自然科學的「程序」（Stilisierung）。〕

(β) 古典型的例證[28]

當然，這是對精神科學的自我理解的一種苛求，即精神科學在其整個活動中能這樣地使自己脫離自然科學的模式，並把它所研討的任何東西的歷史運動性不只認爲是對它的客觀性的一種損害，而且也認爲是某種積極的東西。但是，在精神科學的最新發展過程中已存在這樣一種可能正確思考此問題的出發點。歷史研究的素樸方法論已不再能單獨支配這一領域了。研究的進展不再普遍地以擴大和深入新領域或新材料這種模式加以理解，而是相反地以對問題達到某種更高的反思階段加以理解。不過，即使這樣，所謂研究的進展仍繼續以一種適合於研究者的方式從目的論上加以思考。不過，一種充滿自我批判精神的研究態度的詮釋學意識同時在這裡逐漸地發展。這首先適合於那些具有最古老傳統的精神科學。所以，經典的古典科學在逐漸處理了它的最大範圍的傳承物之後，又繼續以更精緻的問題研討它研究中特別喜愛的古老對象。因而它曾經導致某種像自我批判這樣的東西，因爲它曾經考慮到那種構成其特別喜愛對象的眞正優點的東西。古典型概念——自德羅伊森發現希臘文化以來歷史思想就曾經把這一概念歸爲單純的風格概念——現在在科學裡獲得了某種新的合法性。

一個像古典型概念這樣的規範性的概念何以可能保持一種科學的正當性或重又獲得這種正當性，這自然要求一種細緻的詮釋學思考。因爲從歷史意識的自我理解中我們可以推出這樣的結論，即過
[I 291] 去的一切規範性的意義最後被現在成爲統治者的歷史理性所破壞。只是在歷史主義的開端，例如：在溫克爾曼劃時代的工作中，規範

28 〔參見我的論文〈在現象學和辯證法之間——一種自我批判的嘗試〉，載我的著作集，第2卷。〕

性要素才仍是歷史研究本身的一種眞正動機。

經典的古代（klassischen Altertum）概念和古典型（klassische）概念，正如其自德國古典主義時代以來首先支配著教育學思想那樣，自身結合著規範性方面和歷史性方面。人類歷史發展的一個特定的發展階段同時應當造就成熟的和完美的人的形象（Herausgestaltung）。在這概念的規範性意義和歷史性意義之間存在的這種連繫（Vermittlung），我們可以追溯到赫爾德。但是黑格爾仍堅持這種連繫，雖然他對這種連繫是以另一種歷史哲學觀點加以強調。古典藝術在黑格爾那裡保持它的高貴性，因爲它被理解爲「藝術宗教」。由於精神的這一形態是一種過去的形態，所以它只是在某種有限制的意義上才是典範的。既然它是一種過去的藝術，它便證明了一般藝術的過去性質（Vergangenheitscharakter）。黑格爾透過這一點系統地論證了古典型概念歷史化的正當性，並且開創了那種最後使古典型概念成爲一種描述性的風格概念的發展過程。這種風格概念在古典的刻板和巴洛克的消解之間描述了一種尺度和豐富的短暫的和諧。既然古典型概念現在成了歷史研究的風格史詞彙，所以古典型概念僅以一種不爲人承認的方式保留了一種與規範性內容的關聯。[29]

當「古典語文學」在第一次世界大戰之後以一種新人道主義的觀點開始考察自身，並且非常猶豫地重新承認古典型概念裡的規範性意義要素和歷史性意義要素的結合時，這乃是歷史自我批判開始的徵象。[30] 當然，這同時也表明（無論我們怎樣嘗試）我們不可能

---

29 〔關於「風格」概念請參見本書第 44 頁注釋 47 以及附錄 1，載我的著作集，第 2 卷，第 375-378 頁。〕

30 由維爾納．耶格一手操辦的關於古典型的瑙姆堡會議（1930 年）以及「古典」雜誌的創刊，都是這方面的例證。參見《經典和古典問題》（1931 年）。

從內容上這樣解釋這種起源於古代並在某個學院派作家成爲聖徒過程中起過作用的古典型概念，好像它本身已表現了某種風格理想的
[I 292] 統一。[31] 其實，作爲風格符號的古典概念完全缺乏明確性。如果我們今天把「古典型」作爲一種在區別以前和以後東西中都具有其明確性的歷史性的風格概念加以使用，那麼這個古代概念本有的歷史內涵就完全消失了。古典型概念現在只表示一種歷史時期，一種歷史發展的階段，而不表示任何超歷史的價值。

但是，古典型概念裡的規範要素事實上從未完全消失。一直到今天它仍是「德國中等人文科學教育」觀念的基礎。語文學家不滿足於把造型藝術史上曾經發展了的歷史風格概念單純地應用於他的正文是有道理的。荷馬是否也是「古典型的」？這一顯而易見的問題動搖了那種被用於與藝術史作比較的古典型歷史風格範疇——這是一個例證，說明歷史意識除了承認自身外總是還包含更多的東西。

如果我們想知道這些內蘊，那麼我們可能說：古典型之所以是一種眞正的歷史範疇，正是因爲它遠比某種時代概念或某種歷史性的風格概念有更多的內容，不過它也並不想成爲一種超歷史的價值概念（Wertgedanke）。它並不只表示一種我們可以歸給某些歷史現象的特性，而是表示歷史存在本身的一種獨特方式，表示那種——透過越來越更新的證明（Bewährung）——允許某種眞的東西來到存在的歷史性保存過程（den geschichtlichen Vorzug der Bewahrung）。這種情況完全不像歷史的思考方式想使我們相信的情況，即某物得以有古典型稱號的價值判斷事實上被歷史反思及其

---

31 參見 A. 科爾特對 J. 施特魯克斯在瑙姆堡會議上的報告所作的正確批評（載《薩克森科學院報告》，第 86 卷，1934 年），以及我的評論，載《指南針》，第 11 卷，1935 年，第 612 頁以下。〔目前重印在我的著作集，第 5 卷，第 350-353 頁。〕

對一切目的論的構造歷史過程的方式的批判所破壞。古典型概念裡所包含的價值判斷透過這種批判實際上獲得了某種新的眞正的合法性：古典型之所以是某種對抗歷史批判的東西，乃是因爲它的歷史性的統治，它的那種負有義務要去傳承和保存價值的力量，都先於一切歷史反思並且在這種反思中繼續存在。

我們可以舉「經典的古代」這一重要例子來說明這種情況。當然，如果我們把希臘化時期貶低爲古典主義衰敗沒落的時代，這是非歷史主義的，德羅伊森就曾正確強調了希臘化時期在世界史上的重要地位以及對於基督教誕生和發展的意義。但是，假如並不總是存在一種偏愛古典的前見，假如「人文主義」文化並不堅持「經典的古代」以及不把它作爲未喪失的古代遺產保存在西方文化中，那麼德羅伊森大可不必承擔歷史神正論的辯護人。從根本上說，古典型完全不同於某個客觀主義的歷史意識所使用的描述性概念；它 [I 293]
是一種歷史實在，而歷史意識就隸屬於這種歷史實在，並服從於這種歷史實在。我們所謂古典型，乃是某種從交替變遷時代及其變遷的趣味的差別中取回的東西——它可以以一種直接的方式被我們接觸，但不是以那種彷佛觸電的方式，後一種方式我們有時用來刻畫當代藝術作品特徵，在此方式裡，實現對某種超出一切有意識期望的意義預感是瞬間地被經驗到的。其實，古典型乃是對某種持續存在東西的意識，對某種不能被喪失並獨立於一切時間條件的意義的意識，正是在這種意義上我們稱某物爲「古典型的」——即一種無時間性的當下存在，這種當下存在對於每一個當代都意味著同時性。

因此，「古典型」概念中（這完全符合古代和現代對於該詞的用法）首先存在的是規範性的意義。但是，就這種規範透過回顧與某種實現和表現它的一度曾有的過去整體相關聯而言，這種規範總是已經包含了某種歷史地表現它的時代聲調。所以我們毫不奇怪，隨著歷史反思——正如人們所說的，這種歷史反思把溫克爾曼的古典主義視作它的標準——在德國的興起，一種歷史性的時期或時代概念從那種在溫克爾曼意義上被認作古典型的東西分離了出來，以便指稱某種內容上完全特殊的風格理想，同時以一種歷史描述的方式指稱某個實現這一理想的時期或時代。從創建標準的後裔們（Epigonen）[245]的距離來看，顯然，這種風格理想的實現標誌了世界史上某個屬於過去的特定瞬間。與此相應，古典型概念在近代思想中開始被用來描述整個「經典的古代」，當時人文主義重新宣布了這種古代的典範性。因此人文主義並不是毫無理由地採納了某種古代的用語。因爲那些被人文主義所「發現的」古代作家都是同一類的作者，這些作者爲以後的古代構造了經典的標準。

這些作者之所以被保存在西方文化史上並受人尊重，正是因爲他們變成了規範的「學院派」的著作家。但我們很容易看到，歷史性的風格概念是怎樣能夠依賴於這種用法的。因爲鑄造這一概念的雖然是一種規範的意識，但這概念裡同時也包含某種回顧的特徵。這是一種顯露古典規範的衰落和距離的意識。古典型概念和古典風格概念絕不是偶然地出現在以後的時期：在這方面卡里馬可斯（Kallimachos）[246]和塔西陀（Tacitus）[247]的「對話」曾起了決
[I 294] 定性的作用。[32]但是也還有某種別的原因。正如我們所知道的，那些被認爲古典型的作家常常是某種文學類型的代表。他們被人們認爲是那種文學類型規範的完美實現，即一種在回顧文學批評中可以看見的理想。如果我們現在歷史地考察這些文學類型規範，也就是

32　因此，在瑙姆堡關於古典型的討論中，「關於演說的對話」（Dialogus de oratoribus）受到特別注意並不是沒有理由的。演講術衰落的原因包含對其以前的偉大的承認，即包含一種規範的意識。

B. 斯內爾正確地指出歷史性的風格概念「巴洛克」、「古典式」等都預先假定了與古典型這一規範性概念的某種關聯，並且只是逐漸地才脫離其貶低的意義（〈人類的本質和實在〉，載《H. 普萊斯納紀念文集》，第333頁以下）。

說，如果我們考察這些文學類型的歷史，那麼古典型就成爲某種風格方面的階段概念，某種用以前和以後來表現這種類型歷史的頂峰的概念。因爲類型史的各頂峰曾大量地集中出現於同一個短暫時期中，所以古典型在經典的古代這整個歷史發展中就指稱這樣一個階段，並因而也成爲一個與風格概念相結合的時代概念。

作爲這樣一種歷史性的風格概念，古典型概念可以被推廣到任何一種「發展」，而內在固有的目的（Telos）給予這種發展以統一。事實上，一切文化都存在繁榮時代，在這些時代中，某種特殊的文化是透過各個領域內的特殊成就來標示的。所以古典型這一普遍的價值概念透過其特殊的歷史實現又成爲某種普遍的歷史性風格概念。

雖然這是一種可以理解的發展，但概念的歷史化同時也意味著它的根絕，因而歷史意識在其開始從事自我批判時就要重新恢復古典型概念裡的規範性要素和重視這一概念實現的歷史一度性。每一種「新人文主義」都與最初的和最古老的人文主義一起意識到對其範例的直接而有義務的歸屬性，這種範例雖然作爲某種到對其範例的直接而有義務的歸屬性，這種範例雖然作爲某種過去的東西是不可達到的，但它是存在的。所以歷史存在的某種普遍特質在「古典型」裡達到頂點，這就是在時間的廢墟中的保存（Bewahrung im Ruin der Zeit zu sein）。雖然傳承物的一般本質就是，只有過去當中作爲不過去的東西而保存下來的東西才使得歷史認識成爲可能，但是正如黑格爾所說的，古典型乃是「那種指稱自身並因此也解釋 [I 295]
自身的東西」[33]—— 不過這歸根到底就是說，古典型之所以是被保存的東西，正是**因為**它意指自身並解釋自身，也就是以這種方式所說的東西，即它不是關於某個過去東西的陳述，不是某種單純的，

[33] 黑格爾：《美學》，第 2 卷，第 3 頁（此處有誤，應為第 13 頁。—— 譯者）。

本身仍需要解釋證明的東西，而是那種對某個現代這樣說的東西，好像它是特別說給它的東西。我們所謂「古典型」的東西首先並不需要克服歷史距離——因為它在其經常不斷的媒介中就實現了這種克服。因此，古典型的東西確實是「無時間性的」，不過這種無時間性乃是歷史存在的一種方式。

當然，這並不排除這一事實，即被認作為古典型的著作對某個意識到歷史距離的發展了的歷史意識提出了歷史性的認識任務。歷史意識的目的不再是像帕拉迪奧（Palladio）或高乃依那樣以直接的方式要求古典的範例，而是把古典範例認作為一種只可從其自身時代去理解的歷史現象。但是在這種理解中總是涉及到比單純歷史地構造作品所屬的過去「世界」**更多**的東西。我們的理解總是同時包含某種我們一起歸屬這世界的意識。但是與此相應，作品也一起歸屬於我們的世界。

「古典型」這詞所表示的正是這樣一點，即一部作品繼續存在的直接表達力基本上是無界限的。[34] 所以，不管古典型概念怎樣強烈地表現距離和不可企及性並屬於文化的意識形態，「古典的文化」（klassische Bildung）依然還總是保留著某種古典型的持久有效性。甚至文化的意識形態也還證明著與古典作品所表現的世界有某種終極的共同性和歸屬性。

這種關於古典型概念的解釋並不要求任何獨立的意義，而是想喚起一個普遍的問題，這個問題就是：過去和現在的這種歷史性的媒介，正如我們在古典型概念裡所看到的，最終是否作為有效的基石成為一切歷史行為的基礎？當浪漫主義詮釋學把人性的同質性

34　弗里德里希．施萊格爾（《殘篇》，Minor 20）推出這樣的詮釋學結論：「一部古典作品必定永遠不能被完全理解。但是，那些受其薰陶並正在教導它們的人卻必定總想從它們中學會更多的東西。」

（Gleichartigkeit）取爲它的理解理論的非歷史性的基石，並因此把同質性的理解者從一切歷史條件性中解放出來時，歷史意識的自我批判最後卻發展成不僅在事件程序中而且也同樣在理解中去承認歷史性運動。**理解甚至根本不能被認為是一種主體性的行為，而要被認為是一種置自身於傳承物事件中的行動**（Einrücken in ein Überlieferungs-geschehen），在這行動中過去和現在不斷地進行媒介。這就是必須在詮釋學理論里加以發揮的東西，因爲詮釋學理論過多地被某個程序、某種方法的觀念所支配。

(c) 時間距離的詮釋學意義[35] [I 296]

我們首先追問一下：詮釋學究竟是怎樣著手它的工作的？由於詮釋學的條件隸屬於某個傳統，這對於理解將導致什麼結果呢？這裡讓我們回憶一下這條詮釋學規則，即我們必須從個別來理解整體，而又必須從整體來理解個別。這條規則源自古代修辭學，並且被近代詮釋學從講演技巧轉用於理解的技術。這是一種普遍存在的循環關係。由於被整體所規定的各個部分本身同時也規定著這個整體，意指整體的意義預期（Antizipation von Sinn）才成爲明確的理解。

我們在學習古代語言時就認識到了這一點。在古代語言中我們知道，如果我們想理解某個語句在其語言意思方面的整個意義[248]，那麼我們就必須首先對這個語句進行「語法分析」（konstruieren）。但是這種語法分析過程本身卻已經是被某種意義預期（Sinnerwartung）所支配，而這種意義預期來自於以往一直如是的關係。當然，這種預期還必須受到修正，假如正文需要這種

---

35 〔這一節現在尤其要參閱我的論文〈在現象學和辯證法之間——一種自我批判的嘗試〉，載我的著作集，第 2 卷，第 3 頁以下。〕

修正的話。這就意味著，這種預期有了改變，而正文從另一種意義預期中獲得了某種意見的統一性。所以，理解的運動經常就是從整體到部分，再從部分返回到整體。我們的任務就是要在各種同心圓中擴大這種被理解的意義的統一性。一切個別性與整體的一致性就是正確理解的合適標準。未達到這種一致性就意味著理解的失敗。

施萊爾馬赫曾經把這種部分與整體的詮釋學循環區分爲客觀的與主觀的兩方面。正如個別的詞從屬於語句的上下文一樣，個別的正文也從屬於其作者的作品的上下文，而這作者的作品又從屬於相關的文字類即文學的整體。但從另一方面說，同一正文作爲某一瞬間創造性的表現，又從屬於其作者的內心生活的整體。理解只有在這種客觀的和主觀的整體中才能得以完成。以後狄爾泰根據這種理論提出「結構」和「集中心」（Zentrierung in einem Mittelpunkt），試圖從這裡引出對整體的理解。狄爾泰由此（如我
[I 297] 們講過的[36]）把歷來是一切正文解釋的一個原則應用於歷史世界，這條原則就是：我們必須從正文自身來理解某個正文。

然而問題在於，理解的循環運動是否這樣就被正確理解了呢？這裡必須回到我們對施萊爾馬赫詮釋學所作的分析的結果。我們可以對施萊爾馬赫所提出的主觀解釋完全置之不顧。當我們試圖理解某個正文時，我們並不是把自己置入作者的內心狀態中，而是——如果有人要講自身置入的話——我們把自己置入那種他人得以形成其意見的透視（Perspektive）中。但這無非只是表示，我們試圖承認他人所言的東西有事實的正確性。甚至，如果我們想要理解的話，我們還將力求加強他的論證。這種情況在談話中就已經發生，而在對文字的東西進行理解時就更加經常地出現，以致我們在這裡進入了一個有意義物的領域，該有意義物自身是可理解的，並且作

36　參見本書第 202 頁、第 245 頁以下。

爲這種自身可理解的有意義物無需要人再返回到他人的主觀性中。詮釋學的任務就是要解釋這種理解之謎，理解不是心靈之間的神祕交流，而是一種對共同意義的分有（Teilhabe）。

但是，即使像施萊爾馬赫所描述的這種循環的客觀方面，也並未觸及事情的核心。我們已經看到，一切了解和一切理解的目的都在於取得對事情的一致性（das Einverständnis in der Sache）。所以，詮釋學始終有這樣的任務，即建立那種尚未達到的或被打亂了的一致性。詮釋學的歷史能夠證明這一點，例如：我們想一下奧古斯丁，他的願望就是想用基督教的教義來解釋《舊約》，[37] 或者我們想一下面臨同樣問題的早期福音派新教，[38] 以及最後想一下啓蒙運動的時代，對於這個時代來說，那種試圖只靠歷史的解釋來獲取對正文的「更好理解」，幾乎就像是拒絕承認一致性。正是當浪漫主義和施萊爾馬赫不再把他們由之而來並且生存於其中的這種傳統約束形式看作一切詮釋學努力的堅固基礎，從而建立了一種普遍範圍的歷史意識時，才出現了某種全新的東西。

施萊爾馬赫的直接先驅者之一語文學家弗里德里希・阿斯特曾對詮釋學任務有一個十分堅定的內容上的理解，因爲他要求，詮釋學應當在古代世界和基督教之間，在新發現的眞正古典文化和基督教傳統之間建立一致性。雖然與啓蒙運動相比，這是某種新的東 [I 298]
西，因爲這種詮釋學不再根據自然理性的標準來接受和拒絕傳統，然而就其試圖把這兩種傳統（它知道自己處於這些傳統之中）帶到某種有意義的一致性而言，這樣一種詮釋學仍然基本上堅持一切以往詮釋學的任務，即要在理解中獲得一種**內容上的**一致性。

施萊爾馬赫以及他之後的 19 世紀科學由於超出了這種調解古

---

[37] 〔對此參見 G. 里龐蒂：《作為解釋理論家的奧古斯丁》，布雷西亞，1980 年。〕
[38] 〔參見 M. 弗拉丘斯：《〈聖經〉要旨及其講述方式》，第 2 卷，1676 年。〕

典文化和基督教的「特殊性」，並以一種**形式的**普遍性看待詮釋學任務，於是成功地確立了詮釋學與自然科學的客觀性理想的一致性，但是，這一點只是由於他們不讓具體的歷史意識在詮釋學理論中發揮效力才做到的。

與此相反，海德格對詮釋學循環的描述和生存論上的論證，表現了一種決定性的轉折。19 世紀的詮釋學理論確實也講到過理解的循環結構，但始終是在部分與整體的一種形式關係的框架中，亦即總是從預先推知整體，其後在部分中解釋整體這種主觀的反思中來理解循環結構。按照這種理論，理解的循環運動總是沿著正文來回跑著，並且當正文被完全理解時，這種循環就消失。這種理解理論合乎邏輯地在施萊爾馬赫的預感行爲學說（die Lehre von dem divinatorischen Akt）裡達到了頂峰。透過這種預感行爲，一個人完全把自身置於作者的精神中，從而消除了關於正文的一切陌生的和詫異的東西。與此相反，海德格則是這樣來描述循環的：對正文的理解永遠都是被前理解（Vorverständnis）的先把握活動所規定。在完滿的理解中，整體和部分的循環不是被消除，而是相反地得到最眞正的實現。

這樣，這種循環在本質上就不是形式的，它既不是主觀的，又不是客觀的，而是把理解活動描述爲傳承物的運動和解釋者的運動的一種內在相互作用（Ineinanderspiel）。支配我們對某個正文理解的那種意義預期，並不是一種主觀性的活動，而是由那種把我們與傳承物連繫在一起的共同性（Gemeinsamkeit）所規定的。但這種共同性是在我們與傳承物的關係中，在經常不斷的教化過程中被把握的。這種共同性並不只是我們已經總是有的前提條件，而是我
[I 299] 們自己把它生產出來，因爲我們理解、參與傳承物進程，並因而繼續規定傳承物進程。所以，理解的循環一般不是一種「方法論的」循環，而是描述了一種理解中的本體論的結構要素。

作爲一切理解基礎的這種循環的意義，還有一個進一層的詮釋學結論，這個結論我想稱之爲「完全性的前把握」（Vorgriff der Vollkommenheit）。顯然，這也是支配一切理解的一種形式的前提條件。它說的是，只有那種實際上表現了某種意義完全統一性的東西才是可理解的。所以，當我們閱讀一段正文時，我們總是遵循這個完滿性的前提條件，並且只有當這個前提條件被證明爲不充分時，即正文是不可理解時，我們才對傳承物發生懷疑，並試圖發現以什麼方式才能進行補救。這裡我們可以把我們在對正文進行這種批判考慮中所遵循的規則暫置不論，因爲關鍵的問題在於，這些規則的正確應用是不能脫離對正文的內容理解的。

因而，這種支配我們一切理解的完全性的前把握本身在內容上每次總是特定的。它不僅預先假定了一種內在的意義統一性來指導讀者，而且讀者的理解也是經常地由先驗的意義預期所引導，而這種先驗的意義預期來自於與被意指東西的眞理的關係。所以，正如一個收信人理解了信中所包含的消息，並首先以寫信人的眼光去看待事情，即把寫信人所寫的東西認爲是眞的——但並不是想把這個寫信人的特別見解認爲是眞的——同樣，我們根據從我們自己的先行實際關係中所獲得的意義預期理解了傳承下來的正文。而且，正如我們相信某個記者的消息是因爲他當時在場或者他消息靈通，同樣，我們基本上總是開啓這樣一種可能性，即對於在我們以前即已形成的意義，傳承下來的正文作者要比我們知道得更多些。只有當把作者所說的東西認爲是眞的這種試圖失敗了，我們才力圖——心理學或歷史學地——把正文「理解」爲他人的見解。[39] 所以完滿性

---

[39] 在 1958 年於威尼斯會議上所作的關於審美判斷的報告中，我曾經試圖指出，即使這種審美判斷——如：歷史學判斷——也具有附屬的性質，並且證明了「完全性的前把握」。該報告題為〈關於審美意識的可疑性〉，發表在《美學評論》，3/3（1958年）。〔D.亨利希、W.伊澤爾（編）：《藝術理論》，1982年。〕

的前判斷（Vorurteil）不僅包含了正文應當完全表現其見解這一形式要素，而且也意指正文所說的東西就是完滿眞理。

這裡再次證明了，理解首先意味著對某種事情的理解，其次才意味著分辨（abheben）並理解他人的見解。因此一切詮釋學條件中最首要的條件總是前理解，這種前理解來自於與同一事情相關聯
[I 300] 的存在（im Zu-tun-haben mit der gleichen Sache）。正是這種前理解規定了什麼可以作爲統一的意義被實現，並從而規定了對完全性的前把握的應用。[40]

所以，隸屬性的意義，亦即在我們的歷史的—詮釋學的行爲中的傳統因素，是透過共有基本的主要的前見（Vorurteile）而得以實現的。詮釋學必須從這種立場出發，即試圖去理解某物的人與在傳承物中得以語言表達的東西是連繫在一起的，並且與傳承物得以講述的傳統具有或獲得某種連繫。另一方面，詮釋學意識明白，它不可能以某種毫無疑問理所當然的完全一致性方式與這種東西相連繫，正如它不可能與某種不中斷的繼續存在的傳統相連繫一

40　這種完全性的前把握有一種例外情況，即故意顚倒或偽裝了的文章，這種情況提出了最棘手的詮釋學問題（參看列奧．施特勞斯在《迫害與寫作方式》一書中富有教益的考慮）。這種例外的詮釋學情況是具有特別意義的，因為它以同樣的方式超出了純粹的意義解釋，正如歷史的源泉批判返回到傳承物的背後。雖然這裡涉及的不是歷史學的任務，而是一種詮釋學的任務，但這個任務只有在我們把某種事實的理解用作為關鍵東西才可完成。只有這樣，我們才可以發現偽裝後面的東西——正如在對話中我們可以按照自己與他人對於事情的一致性程度去理解其中的反語。因此表面上的例外卻證明了理解蘊含著一致性。〔L. 施特勞斯是否總是有權利貫徹他的原則，例如：在斯賓諾莎那裡，我是有懷疑的。「偽裝」包含某種意識的最高標準。調節、順應等不需要有意識地發生。這是施特勞斯未充分注意到的。參見前引書，第 223 頁以下，以及我的論文〈詮釋學與歷史主義〉，載我的著作集，第 2 卷，第 387 頁以下。目前這個問題——我認為在太狹窄的語義學基礎上——有很多的討論，參見 D. 大衛森：《真理和解釋探究》，牛津，1984 年。〕

樣。實際上存在著一種熟悉性和陌生性的兩極對立，而詮釋學的任務就是建立在這種兩極對立上。只是對這種兩極性我們不應當像施萊爾馬赫那樣從心理學上理解爲隱蔽了個性祕密的兩極距離（Spannweite），而應從眞正詮釋學上看，即鑑於某種被言說的東西，理解爲傳承物藉以向我們述說的語言、傳承物告訴我們的故事。這裡給出了一種對立關係。傳承物對於我們所具有的陌生性和熟悉性之間的地帶，乃是具有歷史意味的枯朽了的對象性和對某個傳統的隸屬性之間的中間地帶。**詮釋學的真正位置就存在於這中間地帶內**。

從詮釋學取得其活動地盤的這種中間地位可以推知，詮釋學的任務根本不是要發展一種理解的程序，而是要澄清理解得以發生的條件。但這些條件完全不具有這樣一種「程序」的或方法論的性質，以致作爲解釋者的我們可以對它們隨意地加以應用 —— 這些條件其實必須是被給予的。占據解釋者意識的前見（Vorurteile）和前見解（Vormeinungen），並不是解釋者自身可以自由支配的。 [I 301]
解釋者不可能事先就把那些使理解得以可能的生產性的前見（die Produktiven Vorurteile）與那些阻礙理解並導致誤解的前見區分開來。

這種區分必須在理解過程本身中產生，因此詮釋學必須追問這種區分是怎樣發生的。但這就意味著，詮釋學必須把那種在以往的詮釋學中完全處於邊緣地帶的東西置於突出的地位上，這種東西就是時間距離（Zeitenabstand）及其對於理解的重要性。

這一點首先可以透過與浪漫主義詮釋學理論作一比較來加以說明。我們會記得，在浪漫主義那裡，理解被看成爲對一原始產品的複製（Reproduktion）。因而也就使這樣一種說法成爲可能，即我們必須比作者理解他本人更好地理解作者。我們雖然已經考察過這種說法的根源及其與天才說美學的連繫，但現在我們還必須回到這種說法上，因爲按照我們現在的考慮，這句話有了一層新的意義。

後來的理解相對於原來的作品具有一種基本的優越性，因而可以說成是一種更好理解（ein Besserverstehen）——這完全不是由於後來的意識把自身置於與原作者同樣位置上（如施萊爾馬赫所認爲的）所造成的，而是相反，它描述了解釋者和原作者之間的一種不可消除的差異，而這種差異是由他們之間的歷史距離所造成的。每一時代都必須按照它自己的方式來理解歷史傳承下來的正文，因爲這正文是屬於整個傳統的一部分，而每一時代則是對這整個傳統有一種實際的興趣，並試圖在這傳統中理解自身。當某個正文對解釋者產生興趣時，該正文的眞實意義並不依賴於作者及其最初的讀者所表現的偶然性。至少這種意義不是完全從這裡得到的。因爲這種意義總是同時由解釋者的歷史處境所規定的，因而也是由整個客觀的歷史進程所規定的。就是像克拉頓尼烏斯[41]這樣的作家——雖然他還沒有把理解放入歷史研究中——也已經完全自然地樸素地考慮到了這一點，因爲他認爲，作者並不需要知道他所寫的東西的眞實意義，因而解釋者常常能夠而且必須比這作者理解得更多些。不過，這一點具有根本的重要性。正文的意義超越它的作者，這並不只是暫時的，而是永遠如此的。因此，理解就不只是一種複製的行
[I 302] 爲，而始終是一種創造性的行爲。把理解中存在的這種創造性的環節稱之爲更好的理解，這未必是正確的。因爲正如我們已經指明的，這個用語乃是啓蒙運動時代的一項批判原則轉用在天才說美學基礎上的產物。實際上，理解並不是更好理解，既不是由於有更清楚的概念因而對事物有更完善的知識這種意思，也不是有意識的東西對於創造的無意識性所具有基本優越性這個意思。我們只消說，**如果我們一般有所理解**，那麼我們總是**以不同的方式在理解**，這就夠了。

41　參見本書第 187 頁。

這樣一種理解概念當然完全破壞了浪漫主義詮釋學所設定的範圍。既然現在所關心的東西不是個人及其意見，而是事情的眞理，所以正文就不被理解爲單純生命的表達，而是被嚴肅地放置在它的眞理要求中。這就是「理解」的含意，這一點即使在以前也是不言而喻的——也許我們還記得前面所援引的克拉頓尼烏斯的話。[42] 但是，詮釋學問題的這個方面卻被歷史意識和施萊爾馬赫給予詮釋學的心理學轉向弄得威信掃地，只有當歷史主義的絕境暴露出來並最後導致一種新的根本轉變時，這個方面才會重新展示出來。在我看來，這種新的根本轉變主要是由海德格激發起來的。因爲只有當海德格賦予理解以「生存論的」（existenzial）這種本體論轉向之後，只有當海德格對此在的存在方式作出時間性的解釋之後，時間距離的詮釋學創新意蘊才能夠被設想。

現在，時間不再主要是一種由於其分開和遠離而必須被溝通的鴻溝，時間其實乃是現在植根於其中的事件的根本基礎。因此，時間距離並不是某種必須被克服的東西。這種看法其實是歷史主義的幼稚假定，即我們必須置身於當時的精神中，我們應當以它的概念和觀念，而不是以我們自己的概念和觀念來進行思考，並從而能夠確保歷史的客觀性。事實上，重要的問題在於把時間距離看成是理解的一種積極的創造性的可能性。時間距離不是一個張著大口的鴻溝，而是由習俗和傳統的連續性所塡滿，正是由於這種連續性，一切傳承物才向我們呈現了出來。在這裡，無論怎麼講一種事件的眞正創造性也不過分。每一個人都知道，在時間距離沒有給我們確定的尺度時，我們的判斷是出奇的無能。所以對於科學意識來說，關於當代藝術的判斷總是非常不確定的。顯而易見，正是由於這些 [I 303]
不可控制的前見，由於這些對我們能夠認識這些創造物有著太多影

42 參見本書第 186 頁。

響的前提條件，我們才走近了這些創造物，這些前見和前提能夠賦予當代創造物以一種與其眞正內容和眞正意義不相適應的過分反響（Überresonanz）。只有當它們與現時代的一切關係都消失後，當代創造物自己的眞正本性才顯現出來，從而我們有可能對它們所說的東西進行那種可以要求普遍有效性的理解。

正是這種經驗在歷史研究中導致了這樣一種觀念，即只有從某種歷史距離出發，才可能達到客觀的認識。的確，一件事情所包含的東西，即居於事情本身中的內容，只有當它脫離了那種由當時環境而產生的現實性時才顯現出來。一個歷史事件的可綜覽性（Überschaubarkeit）、相對的封閉性，它與充實著當代的各種意見的距離——在某種意義上都是歷史理解的眞正積極的條件。因此歷史方法的潛在前提就是，只有當某物歸屬於某種封閉的關係時，它的永存的意義才可客觀地被認識。換句話說，當它名存實亡到了只引起歷史興趣時，它的永存的意義才可客觀地被認識。只有到這時才似乎可能排除觀察者的主觀干擾。這實際上是一種悖論——是「某人在死前能否被稱爲幸福」這一古老道德問題在科學理論上的翻版。正如亞里斯多德所指出的，這樣一個問題可以促使人類判斷能力何等地尖銳化，[43] 同樣，詮釋學思考在這裡也必須要抓住科學的方法論自我意識的尖銳化。完全確實的，只有當某種歷史關係還只有歷史興趣時，某些詮釋學要求才能自動地被實現，而某些錯誤源泉才會自動地被消除。但是問題在於，這是否是詮釋學問題的終結。時間距離除了能遏制我們對對象的興趣這一意義外，顯然還有另一種意義。它可以使存在於事情裡的眞正意義充分地顯露出來。但是，對一個正文或一件藝術作品裡的眞正意義的汲舀（Ausschöpfung）是永無止境的，它實際上是一種無限的過程。

---

[43] 《尼各馬可倫理學》，A7。

這不僅是指新的錯誤源泉不斷被消除，以致眞正的意義從一切混雜的東西被過濾出來，而且也指新的理解源泉不斷產生，使得意想不到的意義關係展現出來。促成這種過濾過程的時間距離，本身並沒有一種封閉的界限，而是在一種不斷運動和擴展的過程中被把握。[I 304]
但是，伴隨著時間距離造成的過濾過程的這種消極方面，同時也出現它對理解所具有的積極方面。它不僅使那些具有特殊性的前見消失，而且也使那些促成眞實理解的前見浮現出來。

時間距離[44]常常能使詮釋學的眞正批判性問題得以解決，也就是說，才能把我們得以進行**理解**的**真**前見（die wahre Vorurteile）與我們由之而產生**誤解**的**假**前見（die falsche Vorurteile）區分開來。因此，詮釋學上訓練有素的意識將包括一種歷史意識。它將意識到自己的那些指導理解的前見，以致傳承物作爲另一種意見被分離出來並發揮作用。要把這樣一種前見區分出來，顯然要求懸置起它對我們的有效性。因爲只要某個前見規定了我們，我們就知道和考慮它不是一個判斷。我們怎樣區分這種前見呢？當某個前見不斷地不受注意地起作用時，要使人們意識到它可以說是不可能的；只有當它如所說的那樣被刺激時，才可能使人們意識到它。而能如此提供刺激的東西，乃是與傳承物的接觸（Begegnung）。因爲引誘人去理解的東西本身必須以前已經在其他在（Anderssein）中起作用。正如我們前面說過的，[45]理解藉以開始的最先東西乃是某物能與我們進行攀談（anspricht），這是一切詮釋學條件裡的最首要的條件。我們現在知道這需要什麼，即對自己的前見作基本的懸置。

---

44 〔這裡我已經刪減了原來的正文（「只有這種時間距離才能……」）：正是距離——而不只是時間距離——才使這種詮釋學任務得以解決。也可參見我的著作集，第 2 卷，第 64 頁。〕

45 參見本書第 295、300 頁。

但是，對判斷的一切懸置，因而也就是對前見的一切懸置，從邏輯上看，都具有**問題**的結構。

問題的本質就是敞開和開放可能性。如果某個前見是有問題的——由於另一個人或一個正文對我們所說的東西——那麼這並不意味著，這前見被簡單地擱置一邊，而另一個前見或另一種東西直接取代它而起作用。其實，假定這種對自己的無視，乃是歷史客觀主義的天眞幼稚。事實上，我們自己的前見正是透過它冒險行事才眞正發揮作用。只有給前見以充分發揮作用的餘地，我們才能經驗他人對眞理的主張，並使他人有可能也充分發揮作用。

所謂歷史主義的素樸性就在於它沒有進行這種反思，並由於相信它的處理方法而忘記了他自己的歷史性。這裡我們必須擺脫一種有害於理解的歷史思維而要求一種更好地進行理解的歷史思維。
[I 305] 一種眞正的歷史思維必須同時想到它自己的歷史性。只有這樣，它才不會追求某個歷史對象（歷史對象乃是我們不斷研究的對象）的幽靈，而將學會在對象中認識它自己的他者，並因而認識自己和他者。眞正的歷史對象根本就不是對象，而是自己和他者的統一體，或一種關係，在這種關係中同時存在著歷史的實在以及歷史理解的實在。[46] 一種名副其實的詮釋學必須在理解本身中顯示歷史的實在性。因此我就把所需要的這樣一種東西稱之為「**效果歷史**」（Wirkungsgeschichte）。理解按其本性乃是一種效果歷史事件。

(d) 效果歷史原則

歷史學的興趣不只是注意歷史現象或歷史傳承下來的作品，而

46 〔這裡經常存在一種危險，即在理解中「同化」他物並因此忽略它的他在性。〕

且還在一種附屬的意義上注意到這些現象和作品在歷史（最後也包括對這些現象和作品研究的歷史）上所產生的效果，這一點一般被認爲是對那類曾經引發出許多有價值歷史洞見的歷史探究〔例如：從赫爾曼·格林的《拉菲爾》到貢多爾夫及其後來的其他人〕的一種單純的補充。就此而言，效果歷史（Wirkungsgeschichte）並不是什麼新東西。但是，每當一部作品或一個傳承物應當從傳說和歷史之間的朦朧地帶擺脫出來而讓其眞正意義得以清楚而明晰地呈現時，我們總是需要這樣一種效果歷史的探究，這事實上卻是一種新的要求——但不是對研究的要求，而是對研究的方法論意識的要求——這個要求是從對歷史意識的澈底反思中不可避免地產生的。

當然，這不是傳統詮釋學概念意義上的詮釋學要求。因爲我的意思並不是說，歷史研究應當發展一種與直接指向理解作品的探究完全不相干的效果歷史的探究。這種要求乃是一種更富有理論性的要求。歷史意識應當意識到，在它用以指向作品或傳承物的所謂的直接性中，還經常包括這另一種探究，即使這種探究還未被認識到，從而未被考慮。當我們力圖從對我們的詮釋學處境（hermeneutische Situation）具有根本性意義的歷史距離出發去理解某個歷史現象時，我們總是已經受到效果歷史的種種影響。這些影響首先規定了：哪些問題對於我們來說是值得探究的，哪些東西是我們研究的對象，我們彷彿忘記了實際存在的東西的一半，甚而 [I 306]
還嚴重，如果我們把直接的現象當成全部眞理，那麼我們就忘記了這種歷史現象的全部眞理。

在我們遵循可理解性標準的這種所謂我們理解的樸素性中，他者（das Andere）是這樣強烈地透過我們自身而呈現出來，以致根本不再有像自我和他者的問題。歷史客觀主義由於依據於其批判方法，因而把歷史意識本身就包容在效果歷史之中這一點掩蓋掉了。歷史客觀主義雖然透過其批判方法從根本上消除了與過去實際接觸的任意性和隨意性，但是它卻以此安然自得地否認了那些支配它自身理解的並非任意的根本性前提，因而就未能達到眞理，實際上儘管我們的理解有限，這種眞理仍然是可達到的。在這一點上，歷史客觀主義倒像那種統計學，因爲統計學正是透過讓事實說話，看上去像有客觀性而成爲最佳的宣傳工具，不過，它的這種客觀性實際上是依賴於對它的探究的正當性。

我們並不是要求效果歷史應當發展成爲精神科學的一種新的獨立的輔助學科，而是要求我們應當學會更好地理解我們自己，並且應當承認，在一切理解中，不管我們是否明確意識到，這種效果歷史的影響總是在起作用。凡是在效果歷史被天眞的方法論信仰所否認的地方，其結果就只能是一種事實上歪曲變形了的認識。我們從科學史中認識到，效果歷史正是對某種明顯虛假的東西的不可辯駁的證明。但是，從整個情況來看，效果歷史的力量並不依賴於對它的承認。歷史高於有限人類意識的力量正在於：凡在人們由於信仰方法而否認自己的歷史性的地方，效果歷史就在那裡獲得認可。這一要求，即我們應當意識到這種效果歷史，正是在這裡有其迫切性——它是科學意識的一種必不可少的要求。但是這並不意味著，這一要求在一種絕對的意義上是可以實現的。效果歷史應當完美無缺地被意識到，這種說法乃是類似於黑格爾對絕對知識所要求的那樣一種不倫不類的主張，在黑格爾所要求的絕對知識中，歷史達到了完全自我透明性，並因此而被提升到概念的高度。效果歷史意識其實乃是理解活動過程本身的一個要素，而且正如我們將看到的，**在取得正確提問過程中**，它就已經在起著作用。

[I 307] 效果歷史意識首先是對詮釋學**處境**的意識。但是，要取得對一種處境的意識，在任何情況下都是一項具有特殊困難的任務。處境這一概念的特徵正在於：我們並不處於這處境的對面，因而也就無

從對處境有任何客觀性的認識。[47] 我們總是處於這種處境中，我們總是發現自己已經處於某個處境裡，因而要想闡明這種處境，乃是一項絕不可能澈底完成的任務。這一點也適合於詮釋學處境，也就是說，適合於我們發現我們自己總是與我們所要理解的傳承物處於相關聯的這樣一種處境。對這種處境的闡釋，也就是說，進行效果歷史的反思，並不是可以完成的，但這種不可完成性不是由於缺乏反思，而是在於我們自身作爲歷史存在的本質。**所謂歷史地存在，就是說，永遠不能進行自我認識**（Geschichtlichsein heisst, nie im Sichwissen Aufgehen）。一切自我認識都是從歷史地在先給定的東西開始的，這種在先給定的東西，我們可以用黑格爾的術語稱之爲「實體」，因爲它是一切主觀見解和主觀態度的基礎，從而它也就規定和限定了在傳承物的歷史他在（Andersheit）中去理解傳承物的一切可能性。哲學詮釋學的任務可能正是從這裡出發而具有這樣的特徵：它必須返回到黑格爾的《精神現象學》的道路，直至我們在一切主觀性中揭示出那規定著它們的實體性。

一切有限的現在都有它的侷限。我們可以這樣來規定處境概念，即它表現了一種限制視覺可能性的立足點。因此**視域**（Horizont）概念本質上就屬於處境概念。視域就是看視的區域（Gesichtskreis），這個區域囊括和包容了從某個立足點出發所能看到的一切。把這運用於思維著的意識，我們可以講到視域的狹窄、視域的可能擴展以及新視域的開闢等等。這個詞自尼采和胡塞爾[48] 以來特別明顯地被用於哲學的術語裡，以此來標示思想與其有

47 處境概念的結構主要是由 K. 雅斯培（《時代的精神狀況》）和埃里希．羅特哈克所闡明的。〔參見〈什麼是真理〉，載《短篇著作集》，第 1 卷，第 46-58 頁，特別是第 55 頁以下；也可參見我的著作集，第 2 卷，第 44 頁以下。〕

48 〔以前 H. 庫恩已經指出了這一點，參見〈現象學的「視域」概念〉（《紀念胡

限規定性的連繫以及擴展看視範圍的步驟規則。一個根本沒有視域的人，就是一個不能充分登高遠望的人，從而就是過高估價近在咫尺的東西的人。反之，「具有視域」，就意味著，不侷限於近在眼
[I 308] 前的東西，而能夠超出這種東西向外去觀看。誰具有視域，誰就知道按照近和遠、大和小去正確評價這個視域內的一切東西的意義。因此，詮釋學處境的作用就意味著對於那些我們面對傳承物而向自己提出的問題贏得一種正確的問題視域。

當然，在歷史理解的範圍內我們也喜歡講到視域，尤其是當我們認爲歷史意識的要求應當是從每一過去的自身存在去觀看每一過去時，也就是說，不從我們現在的標準和成見出發，而是在過去自身的歷史視域中來觀看過去，情況更是如此。歷史理解的任務也包括要獲得歷史視域的要求，以便我們試圖理解的東西以其眞正的質性（Massen）呈現出來。誰不能以這種方式把自身置於這種使傳承物得以講述的歷史視域中，那麼他就將誤解傳承物內容的意義。就此而言，我們爲了理解某個他物而必須把自身置於這個他物中，似乎成了一個合理的詮釋學要求。然而，我們可以追問，這樣一種說法是否也表明我們無法達到我們所要求的理解呢？這種情形正如那種只是爲了達到了解某人這一目的而與某人進行的談話一樣，因爲在這種談話中，我們只是要知道他的立場和他的視域。這不是一種眞正的談話，也就是說，在這裡我們並不謀求對某件事達成一致，而只是把談話的一切實質內容僅僅作爲了解他人視域的一種手段。例如：我們想一下口頭考試或醫生的某種形式的談話。當歷史意識把自身置於過去的處境中並由此而要求獲得正確的歷史視域時，歷史意識顯然正是在做與口試或醫生談話同樣的事。所以，正如在我

塞爾哲學論文集》，M. 費伯編），劍橋，1940 年，第 106-123 頁。也可參見我前面關於「視域」的解釋，在本書第 250 頁以下。〕

們與他人的談話中，當我們已經知道了他的立場和視域之後，我們就無需使自己與他的意見完全一致也能理解他的意見，同樣，歷史地思維的人可以理解傳承物的意義而無需自己與該傳承物相一致，或在該傳承物中進行理解。

在這兩種情況中，進行理解的人彷佛已經從相互了解這一處境中退出來了。這樣他自身就不能被達到。由於我們一開始就把某人的觀點包含在他向我們說的東西中，我們就使我們自己的觀點成爲一種確實不可達到的東西。[49] 在歷史思維的起源中我們已經看到，它實際上採取了從手段到目的的這種意義曖昧的過渡，亦即它使本來只是手段的東西成了一種目的。歷史地被理解的正文實質上（förmlich）被迫離開了要說出眞相的要求。由於我們是從歷史 [I 309]
的觀點去觀看傳承物，也就是把我們自己置入歷史的處境中並且試圖重建歷史視域，因而我們認爲自己理解了。然而事實上，我們已經從根本上拋棄了那種要在傳承物中發現對於我們自身有效的和可理解的眞理這一要求。就此而言，這樣一種對他者的異己性（Andersheit）的承認 —— 這使異己性成爲客觀認識的對象 —— 就是對他的要求的一種基本終止。

但是問題在於，這種描述是否眞正符合詮釋學現象。這裡難道有兩個彼此不同的視域 —— 一個是進行理解的人自己生存在其中的視域和一個他把自己置入其中的當時的歷史視域 —— 嗎？說我們應當學會把自己置於陌生的視域中，這是對歷史理解藝術的正確而充分的描述嗎？有這種意義上的封閉的視域嗎？我們想起了尼采對歷史主義的譴責，它毀壞了由神話所包圍的視域，而文化只有在這種

---

49 〔我早在 1943 年就在我的論文〈近代德國哲學中的歷史問題〉中說明過這一問題的道德方面（《短篇著作集》，第 1 卷，第 1-10 頁；我的著作集，第 2 卷，第 27-36 頁）。以下應當特別注意這一方面。〕

視域中才能得以生存。[50] 一個人自己現在的視域總是這樣一種封閉的視域嗎？具有如此封閉視域的歷史處境可能被我們設想嗎？

或者，這是一種荒誕的想法，一種魯賓遜式的歷史解釋，一種對不可達到的島嶼的虛構，一種有如魯賓遜自身作爲所謂孤獨自我的原始現象一樣的虛構嗎？正如一個個別人永遠不是一個單個人，因爲他總是與他人相互了解，同樣，那種被認爲是圍住一種文化的封閉視域也是一種抽象。人類此在的歷史運動在於：它不具有任何絕對的立足點限制，因而它也從不會具有一種眞正封閉的視域。視域其實就是我們活動於其中並且與我們一起活動的東西。視域對於活動的人來說總是變化的。所以，一切人類生命由之生存的以及以傳統形式而存在於那裡的過去視域，總是已經處於運動之中。引起這種包圍我們的視域進行運動的，並不是歷史意識。正是在這種視域中，這種運動才意識到自身。

當我們的歷史意識置身於各種歷史視域中，這並不意味著走進了一個與我們自身世界毫無關係的異己世界，而是說這些視域共同地形成了一個自內而運動的大視域，這個大視域超出現在的界限而包容著我們自我意識的歷史深度。事實上這也是一種唯一的視域，這個視域包括了所有那些在歷史意識中所包含的東西。我們的歷史
[I 310] 意識所指向的我們自己的過去和異己的過去一起構成了這個運動著的視域，人類生命總是得自這個運動著的視域，並且這個運動著的視域把人類生命規定爲淵源（Herkunft）和傳統（Überlieferung）。

所以，理解一種傳統無疑需要一種歷史視域。但這並不是說，我們是靠著把自身置入一種歷史處境中而獲得這種視域的。情況正相反，我們爲了能這樣把自身置入一種處境裡，我們總是必須已經具有一種視域。因爲什麼叫做自身置入（Sichversetzen）呢？無

50　尼采：《不合時宜的思想》，第二部分開始。

疑，這不只是丟棄自己（Von-sich-absehen）。當然，就我們必須眞正設想其他處境而言，這種丟棄是必要的。但是，我們必須也把自身一起帶到這個其他的處境中。只有這樣，才實現了自我置入的意義。例如：如果我們把自己置身於某個他人的處境中，那麼我們就會理解他，這也就是說，透過我們把**自己**置入他的處境中，他人的質性，亦即他人的不可消解的個性才被意識到。

這樣一種自身置入，既不是一個個性移入另一個個性中，也不是使另一個人受制於我們自己的標準，而總是意味著向一個更高的普遍性的提升，這種普遍性不僅克服了我們自己的個別性，而且也克服了那個他人的個別性。「視域」這一概念本身就表示了這一點，因爲它表達了進行理解的人必須要有的卓越的寬廣視界。獲得一個視域，這總是意味著，我們學會了超出近在咫尺的東西去觀看，但這不是爲了避而不見這種東西，而是爲了在一個更大的整體中按照一個更正確的尺度去更好地觀看這種東西。如果我們像尼采那樣說有許多變化著的視域是歷史意識自身要置入進去的，這不是對歷史意識的正確描述。誰這樣避而不見自己，誰就根本沒有歷史視域，並且，尼采關於歷史研究有害於人生的看法，其實並不是針對歷史意識，而是針對歷史意識所經受的自我疏離，假如歷史意識把現代歷史科學方法認作爲它的眞正本質的話。我們已經指出，一個眞正的歷史意識總是一起看到自己的現在，而且是這樣地去看自己的現在，以致它看自己就如同看待處於正確關係群中的歷史性的他者一樣。毫無疑問，歷史意識爲了獲得歷史視域，需要一種特別的努力。我們總是在希望和恐懼中被最接近我們的東西所影響，並且在這樣一種影響中去接觸過去的見證。因此，反對輕率地把過去看成是我們自己的意義期待（Sinnerwartungen），乃是一項經常的任務。只有這樣，我們才會這樣地傾聽傳承物，好像它能使自己的別的意義成爲我們可聽見的。

我們前面已經指出，這裡產生了一種突出過程（ein Vorgang
[I 311] der Abhebung）。讓我們看一下突出（Abhebung）[249]這個概念包含著什麼。突出總是一種相互關係（Wechselbeziehung）。凡是被突出出來的東西，必定是從某物中突出出來，而這物自身反過來又被它所突出的東西所突出。因此，一切突出都使得原本是突出某物的東西得以可見。我們前面已把這稱之爲前見的作用（Ins-Spielbringen der Vorurteile）。我們開始原是這樣說的，即一種詮釋學處境是由我們自己帶來的各種前見所規定的。就此而言，這些前見構成了某個現在的視域，因爲它們表現了那種我們不能超出其去觀看的東西。但是，現在我們需要避免這樣一種錯誤，好像那規定和限定現在視域的乃是一套固定不變的意見和評價，而過去的他在好像是在一個固定不變的根基上被突出出來的。

其實，只要我們不斷地檢驗我們的所有前見，那麼，現在視域就是在不斷形成的過程中被把握的。這種檢驗的一個重要部分就是與過去的照面（Begegnung），以及對我們由之而來的那種傳統的理解。所以，如果沒有過去，現在視域就根本不能形成。正如沒有一種我們誤認爲有的歷史視域一樣，也根本沒有一種自爲的（für sich）現在視域。**理解其實總是這樣一些被誤認為是獨自存在的視域的融合過程**。我們首先是從遠古的時代和它們對自身及其起源的素樸態度中認識到這種融合的力量的。在傳統的支配下，這樣一種融合過程是經常出現的，因爲舊的東西和新的東西在這裡總是不斷地結合成某種更富有生氣的有效的東西，而一般來說這兩者彼此之間無需有明確的突出關係。

然而，如果根本沒有這種彼此相區別的視域，那麼爲什麼我們一般要講到「各種視域融合」，而不是只講某種可以把其界限推至傳承物根深處的視域的形成呢？提出這個問題就意味著，我們已經承認了那種使理解成爲科學任務的處境的特殊性，並且必須首先把這種處境規定爲一種詮釋學處境。與歷史意識一起進行的每一種與傳承物的照面，本身都經驗著正文與現在之間的緊張關係。詮釋學的任務就在於不以一種樸素的同化去掩蓋這種緊張關係，而是有意識地去暴露這種緊張關係。正是由於這種理由，詮釋學的活動就是籌劃一種不同於現在視域的歷史視域。歷史意識是意識到它自己的他在性，並因此把傳統的視域與自己的視域區別開來。但另一方面，正如我們試圖表明的，歷史意識本身只是類似於某種對某個持續發生作用的傳統進行疊加的過程（Überlagerung），因此它把彼 [I 312]
此相區別的東西同時又結合起來，以便在它如此取得的歷史視域的統一體中與自己本身再度相統一。

所以，歷史視域的籌劃活動只是理解過程中的一個階段，而且不會使自己凝固成爲某種過去意識的自我疏離，而是被自己現在的理解視域所替代。在理解過程中產生一種眞正的視域融合（Horizontverschmelzung），這種視域融合隨著歷史視域的籌劃而同時消除了這視域。我們把這種融合的被控制的過程稱之爲效果歷史意識的任務。雖然這一任務曾經被由浪漫主義詮釋學所產生的美學－歷史實證主義所掩蓋，但它實際上卻是一般詮釋學的中心問題。這個就是存在於一切理解中的**應用**（Anwendung）問題。

2. 詮釋學基本問題的重新發現

(a) 詮釋學的應用問題

即使在古老的詮釋學傳統裡（後期浪漫主義科學學說的歷史自我意識是完全忽視這種傳統的），應用（Anwendung）這一問題仍具有其重要的位置。詮釋學問題曾按下面方式進行劃分：人們區分了一種理解的技巧（Subtilitas intelligendi），即理解（Verstehen），和一種解釋的技巧（Subtilitas explicandi），即解釋（Auslegen）。在虔信派裡，人們又添加了應用的技巧（Subtilitas applicandi），即應用（Anwenden），作爲第三種要素（例如：在 J. J. 蘭巴赫那里）。理解的行動曾被認爲就是由這 3 種要素所構成。所有這 3 個要素很有意義地被當時的人們稱爲「技巧」（Subtilitas），也就是說，它們與其說被理解爲我們可以支配的方法，不如說被理解爲一種需要特殊優異精神造就的能力（Können）。[1]

正如我們所看到的，詮釋學問題是因爲浪漫派認識到理解（intelligere）和解釋（explicare）的內在統一才具有其重要意義的。解釋不是一種在理解之後的偶爾附加的行爲，正相反，理解總是解釋，因而解釋是理解的表現形式。按照這種觀點，進行解釋的語言

1　我認為蘭巴赫的《〈聖經〉詮釋學教本》（1723 年）是透過莫魯斯的概述而為人知曉的。那裡有這樣的話：「Solemus autem intelligendi explicandique subtilitatem (soliditatem vulgo).」〔「理解和解釋的精巧性（通常稱為堅固性）。」〕

和概念同樣也要被認爲是理解的一種內在構成要素。因而語言的問題一般就從它的偶然邊緣位置進入到了哲學的中心。對此我們以後 [I 313] 還將要加以考察。

但是，理解和解釋的內在結合卻導致詮釋學問題裡的第三個要素即**應用**（Applikation）與詮釋學不發生任何關係。教導性的應用——例如：《聖經》在基督教福音宣告和布道裡所具有的應用——似乎與歷史地和神學地理解《聖經》是完全不同的東西。如果我們反覆思考一下，我們將達到這樣一種觀點，即在理解中總是有某種這樣的事情出現，即把要理解的正文應用於解釋者的目前境況。這樣，我們似乎不得不超出浪漫主義詮釋學而向前邁出一步，我們不僅把理解和解釋，而且也把應用認爲是一個統一的過程的組成要素。這倒不是說我們又回到了虔信派所說的那 3 個分離的「技巧」的傳統區分。正相反，因爲我們認爲，應用，正如理解和解釋一樣，同樣是詮釋學過程的一個不可或缺的組成部分。[2]

由於迄今爲止的詮釋學討論的狀況，我們突出強調了這一觀點的根本重要性。我們首先可以訴諸已經被遺忘的詮釋學的歷史。早先，人們認爲，詮釋學具有一種使正文的意義適合於其正在對之講述的具體境況的任務，乃是一件理所當然的事。那位能夠解釋奇蹟語言的上帝意志的翻譯者，是執行這一任務的原始典範。而直到今天，每一個翻譯者的任務就不只是重新給出他所翻譯的那位討論對手所眞正說過的東西，而是必須用一種在他看來對於目前談話的實際情況似乎是必要的方式去表現這個人的意見，在這種談話裡，翻譯者只把自己處理爲兩種討論語言的認識者。

同樣，詮釋學的歷史也教導我們，除了語文學的詮釋學外，還有一種神學的詮釋學和一種法學的詮釋學，這兩種詮釋學與語文學

---

2 〔遺憾的是，雙方關於詮釋學的討論都常常無視這個清楚的陳述。〕

詮釋學一起構成了詮釋學概念的全部內容。只是由於 18 世紀和 19 世紀歷史意識的發展，語文學詮釋學和歷史學才解除了與其他詮釋學學科的連繫，而完全自爲地把自己確立爲精神科學研究的方法論。

[I 314] **語文學**詮釋學和**法學的**和**神學的**詮釋學原先所形成的緊密連繫依賴於這樣一種承認，即承認應用是一切理解的一個不可或缺的組成要素。不僅對於法學詮釋學，而且對於神學詮釋學，在所提出的正文（不管是法律正文，還是福音布道正文）這一方和該正文被應用於某個具體解釋時刻（不管是在判決裡，還是在布道裡）所取得的意義這另一方之間，都存在一種根本的對立關係（Spannung）。一條法律將不能歷史地被理解，而應當透過解釋使自身具體化於法律有效性中。同樣，一份宗教布道文也不能只被看成是一份歷史檔，而應當這樣被理解，以致它能發揮其拯救作用。在這兩種情況裡，都包含這樣的事實，即正文——不管是法律還是布道文——如果要正確地被理解，即按照正文所提出的要求被理解，那麼它一定要在任何時候，即在任何具體境況裡，以不同的方式重新被理解。理解在這裡總已經是一種應用。

我們現在的出發點是這樣一種認識，即在精神科學裡所進行的理解本質上是一種歷史性的理解，也就是說，在這裡僅當正文每次都以不同方式被理解時，正文才可以說得到理解。這正表明了歷史詮釋學的任務，即它必須深入思考存在於共同事情的同一性和理解這種事情所必須要有的變遷境況之間的對立關係。我們已經說過，被浪漫主義詮釋學推到邊緣的理解的歷史運動表現了適合於歷史意識的詮釋學探究的眞正中心問題。我們關於傳統在歷史意識裡的重要性的思想，是依據於海德格關於實存性詮釋學所作的分析，並且試圖把他這種分析有效地應用於精神科學的詮釋學。我們已經指出，理解與其說是認知意識藉以研討某個它所選擇的對象並對之獲得客觀認識的方法，毋寧說是這樣一種以逗留於某個傳統進程中爲前提的活動。**理解本身表明自己是一個事件**。從哲學上看，詮釋學的任務就在於探究，這樣一種本身是被歷史變化推著向前發展的理解活動究竟是怎樣一門科學。

我們完全知道，我們這是在要求現代科學的自我理解所完全陌生的東西。整個來說，我們的想法是力圖透過證明這一要求是大量 [I 315]
問題會聚的結果而使這一要求易於實現。事實上，迄今爲止的詮釋學理論都土崩瓦解於它自身也不能維護的各種區分之中。凡在力求一種一般的解釋理論的地方，這一點都是明顯的。如果我們區分了認知的（kognitive）、規範的（normative）和再現的（reproduktive）解釋，有如 E. 貝蒂在他那部基於值得讚賞的認識和洞見而撰著的《一般解釋理論》裡所做的那樣，[3]那麼我們在按這種劃分對現象進行整理時將遇到重重困難。這首先表現在科學中所進行的解釋上。如果我們把神學的解釋與法學的解釋加以結合，並相應相予它們一種規範的功能，那麼我們對此一定要回憶起施萊爾馬赫，這個人與此相反地把神學的解釋同一般的解釋——這種一般的解釋對於他來說就是語文學—歷史的解釋——最緊密地結合起來。事實上，認知的功能和規範的功能之間的裂縫貫穿於整個神學詮釋學，並且可能很難透過區分科學認識和隨後的教導性的應用而被克服。顯然，這同樣的裂縫也貫穿於整個法律的解釋，因爲對一條法律原文的意義的認識和這條法律在具體法律事件裡的應用，不是兩種分離的行爲，而是一個統一的過程。

但是，甚至那種似乎與我們迄今所討論的各種解釋距離最遠

---

3 參見上面第 264 頁所引的貝蒂的論文以及他的紀念碑式的代表作《一般解釋學基礎》，1967 年。〔對此首先參見〈詮釋學與歷史主義〉（我的著作集，第 2 卷，第 387-424 頁）和我的論文〈埃米利奧．貝蒂及其唯心主義遺產〉，載《佛羅倫斯季刊》，第 7 卷，1978 年，第 5-11 頁；現收入我的著作集，第 4 卷。〕

的解釋，我意指再現的解釋——這種解釋表現在戲劇和音樂中，並且只有透過被演出才有它們的眞正存在[4]——也很難是一種獨立的解釋方式。這種解釋也普遍存在認知功能和規範功能之間的裂縫。如果不理解原文的本來意義，並且在自己的再現和解釋中不表現這種意義，那麼沒有人能演一齣戲劇、朗誦一首詩歌或演奏一曲音樂。但同樣的，假如把原文翻譯成可感的現象中沒有注意到那種由於他自己時代的風格願望而對風格上正確再現的要求加以限制的另外的規範要素，也就沒有人能實現這種再現的解釋。如果我們完全想到，陌生語言的正文的翻譯，它們的詩意的模仿，或者甚至正確
[I 316] 地朗誦原文，都像語文學解釋一樣，本身都包含了同樣的解釋成就（Erklärungsleistung），以致兩者彼此互補，那麼，我們就不能避免下面這一結論，即在認知的解釋、規範的解釋和再現的解釋之間所強加的這種區分是毫無根據的，這種區分只能表明這三者乃是一個統一的現象。

如果情況正是這樣，那麼，我們就有了**從法學詮釋學和神學詮釋學來重新規定精神科學的詮釋學**這一任務了。對此當然需要一種從我們的探究中得到的認識，即浪漫主義詮釋學和它在心理學解釋裡所取得的輝煌成就（即揭示和探究了他人的個性）太片面地處理了理解的問題。我們的思考阻止我們用解釋者的主觀性和要解釋的意義的客觀性去劃分詮釋學問題。這樣一種劃分辦法來自於一種錯誤的對立，而這種對立是不能透過承認主觀性和客觀性的辯證關係而被消除的。在規範的功能和認知的功能之間作出區分，就是分割那種顯然是一體的東西。法律在其規範應用中所表現的意義，從根本上說，無非只是事實在正文理解中所表現的意義。把理解正文的可能性建立在那種所謂統一一部作品的創作者

4　參見本書第一部分對藝術作品的本體論分析（第 107 頁以下）。

和解釋者的「同質性」（Kongenialität）這一前提上，這是完全錯誤的。假如情況是這樣的話，精神科學就會非常糟糕。理解的奇蹟其實在於這一事實：爲了認識傳承物裡的眞正意思和本來的意義，根本不需要同質性。我們可能開啓正文的高一級要求，並在理解上符合正文告訴我們的意義。一般來說，語文學和歷史精神科學領域內的詮釋學並不是「統治知識」（Herrschaftswissen），[5] 即作爲占有的同化（Aneignung），而是屈從於正文統治我們心靈的要求。但是，法學詮釋學和神學詮釋學對此卻是眞正典範。解釋法權意志，或者解釋上帝的預言，顯然就不是一種統治的形式（Herrschaftsformen），而是服務的形式（Dienstformen）。在爲有效的東西的服務裡，它們就是解釋，而且是包含應用的解釋。我們的論點是：即使歷史詮釋學也有一種去履行的應用任務，因爲它也服務於意義的有效性。在這方面它明顯而自覺地在消除那種分離解釋者和正文的時間間距，並克服正文所遭到的意義的疏離化（Sinnentfremdung）。[6]

(b) 亞里斯多德詮釋學的現實意義[7] [I 317]

在這一點上出現了一個我們已經多次觸及的問題。如果詮釋學

---

5 參見馬克斯．舍勒《知識和教化》（1927年）第26頁所作出的區分。

6 〔在這裡，解釋還非常狹窄地被限制於歷史精神科學的特殊情況和「正文的存在」上。只有在第3部分裡我們才探討那種其實是經常被考慮的向語言和談話的推廣——因而探討間距（Abstand）和他在（Andersheit）的基本結構。所以特別要參見本書第303頁以下。〕

7 〔參見我的論文〈在現象學和辯證法之間——一種自我批判的嘗試〉，載我的著作集，第2卷，以及那裡對「實踐知識」一文的提示（第12頁），該文現收入我的著作集，第5卷，第230-248頁。〕

問題的眞正關鍵在於同一個傳承物必定總是以不同的方式被理解，那麼，從邏輯上看，這個問題就是關於普遍東西和特殊東西的關係的問題。因此，理解乃是把某種普遍東西應用於某個個別具體情況的特殊事例。這樣一來，**亞里斯多德的倫理學**對我們來說就獲得了一種特別的意義，他的這種倫理學我們已經在關於精神科學理論的導言性的考察中作了簡短的討論。[8]其實，亞里斯多德並沒有涉及詮釋學問題，或者說，根本沒有涉及這一問題的歷史度向，而是涉及了正確評價理性在道德行爲中所必須起的作用。但是，今天使我們感興趣的東西正是在於：他在那裡所討論的並不是與某個既成存在相脫離的理性和知識，而是被這個存在所規定並對這個存在進行規定的理性和知識。眾所周知，由於亞里斯多德在探討善的問題時限制了蘇格拉底—柏拉圖的「唯智主義」（Intellektualismus），從而成爲作爲一門獨立於形上學學科的倫理學的創始人。亞里斯多德批判柏拉圖的善的理念乃是一種空疏的共相，他以對人的行爲來說什麼是善這個問題取代了〔一般〕人的善的問題。[9][250]亞里斯多德這種批判的方向證明，德行和知識、「善」（Arete）和「知」（Logos）的等同——這種等同乃是蘇格拉底—柏拉圖的德行學說的基礎——乃是一種言過其實的誇張。亞里斯多德因爲證明了人的道德知識的基礎成分是 orexis，即「努力」，及其向某種固定的態度（hexis）的發展，所以他把德行學說帶回到正確的尺度上。倫理學（Ethik）這一概念在名稱上就指明了亞里斯多德是把善建立在習行（Übung）和「Ethos」（習俗）基礎之上的這一關係。[251]

人的道德文明之所以與自然秉性有本質的區別，乃是因爲在這

8 參見本書第 19 頁以下、第 37 頁。

9 《尼各馬可倫理學》，A4。〔目前可參見我的著作集第 7 卷所預告的科學院論文〈柏拉圖和亞里斯多德關於善的理念的區別〉。〕

裡起作用的不單純是能力或力量，人其實是透過他做什麼和他怎樣 [I 318]
行動才成爲這樣一個已成爲如此地，但也是正在成爲如此地以一定方式去行動的人。在這個意義上，亞里斯多德認爲「Ethos」（習俗）不同於「Physis」（自然），因爲它屬於一個自然規律不起作用的領域，然而它又不是一個完全沒有規則支配的領域，而是一個可以改變人的規章制度和人的行爲方式，並且只在某種限制程度上具有規則性的領域。

現在的問題在於，是否能夠有這樣一種關於人的道德存在的理論知識，以及知識（即「邏各斯」）對人的道德存在究竟起什麼作用。如果人經常是在他所處的個別實際情況裡遇見善，那麼道德知識的任務就一定是在具體情況裡考察什麼是該情況對他所要求的東西，或者換另一種說法，行動的人必須按照那種一般要求他的東西去考察具體情況。但是用否定的方式來說，這就意味著，不能被應用於具體情況的知識一般來說總是無意義的，並且冒有掩蓋情況所做的具體要求的危險。這種表現倫理思考本質的事實，不僅使哲學倫理學成爲一種方法論上的難題，**而且同時也給予方法問題以某種道德方面的關聯**。與那種受柏拉圖理念學說所規定的善的學說相反，亞里斯多德強調說，在「實踐哲學」裡不可能有那種數學家所達到的高度精確性。要求這樣一種精確性其實乃是一種錯誤。這裡需要做的事情只是概略地呈現事物，並且透過這種概觀給予道德意識以某種幫助。[10] 但是，這樣一種幫助如何應是可能的，這已經就是一個道德問題。因爲道德現象的本質標誌之一顯然就是，行動者必須認識自身和決定自身，並且不能夠讓任何東西從他那裡奪走這種職責。所以，對於正確地接觸某種哲學倫理學來說具有決定性的東西乃是，這種倫理學絕不侵占道德意識的位置，然而它並不追求

10 參見《尼各馬可倫理學》，A7 和 B2。

一種純粹理論的、「歷史的」知識，而是透過對現象的概略性解釋幫助道德意識達到對於自身的清晰性。這一點在那個應當接受這種幫助的人——即聽亞里斯多德講演的人——那裡已經預先有種種假設，如他的存在必須成熟到足以使他對給予他的指教只去要求該指教能夠並且允許給予的東西，而不要求任何其他的東西。用肯定的方式來說，就是他自身必須已經透過訓練和教育在自己身上造就了
[I 319] 一種態度，而在他生活的具體境況中去保持這種態度並且透過正當行爲去證明這種態度一直是他經常的願望。11[252]

正如我們所看到的，方法論問題是完全由對象所規定的——這是亞里斯多德的一個普遍原則——，並且對於我們的興趣來說，重要的東西乃是更精確地去考察亞里斯多德在其倫理學中所發展的道德存在與道德意識之間所特有的關係。亞里斯多德之所以保留蘇格拉底，是因爲蘇格拉底堅持知識是道德存在的本質要素，而且正是蘇格拉底—柏拉圖的遺產和亞里斯多德提出的「Ethos」要素之間所存在的那種協調關係才使我們感興趣。**因為即使詮釋學問題顯然也是與那種脫離任何特殊存在的「純粹的」知識完全不同的東西。**我們曾經講到過解釋者和他所研討的傳統的隸屬關係，並且在理解本身中看到了一種歷史事件要素（ein Moment des Geschehens）。受現代科學的客觀化方法所支配——這是 19 世紀詮釋學和歷史學的本質特徵——在我們看來，乃是某種錯誤的客觀化傾向的結果。援引亞里斯多德倫理學這一例子，就是幫助我們認清和避免這種錯誤。正如亞里斯多德所描述的，道德的知識顯然不是任何客觀知識，求知者並不只是立於他所觀察的事實的對面，而是直接地被他

11 《尼各馬可倫理學》的結尾一章給予這種要求以最廣泛的表現，並因此而提出轉向《政治學》探究的根據。

所認識的東西所影響。道德知識就是某種他必須去做的東西。[12]

顯然，這不是科學知識。就此而言，亞里斯多德在「phronesis」（實踐智慧）的道德知識和「Episteme」（純粹科學）的理論知識之間所作出的區分乃是一種簡單的區別，特別是當我們想到，對於希臘人來說，由數學範例所代表的科學乃是一種關於不可改變東西的知識，即一種依賴於證明並因而能夠被任何人學習的知識。從道德知識與這類數學知識的這種區別，精神科學的詮釋學確實不能學到任何東西。相對於這樣一種「理論的」科學，精神科學寧可與道德知識緊密連繫在一起。精神科學就是「道德的科學」，精神科學的對象就是人及其對於自身所知道的東西。但是人是作爲一個行動者而認識自身，並且他對於自身所具有的這樣一種知識並不想發現什麼東西存在。行動者其實是與那種並不總是一樣 [I 320] 的，而是能發生變化的東西打交道。在這種東西上他能夠找到他必須參與行動的場所。他的知識應當指導他的**行動**。

這裡包含了一個亞里斯多德在其倫理學中所研討的關於道德知識的眞正問題。因爲行動受知識所指導，這首先而且典型地出現在希臘人講到「Techne」（技藝）的地方。這是那種能夠製造某種特殊事物的手工藝者的技巧，或知識。問題在於道德知識是否也是這樣一種知識。這是否意味著，道德知識也是一種關於人應當怎樣造就他自身的知識？人類是否應當學會造就自身成爲他們應當所是的東西，有如工匠學會製造那種按照他的計畫和願望應當是那樣的東西？人類是否按照他自身的「Eidos」（理念）去籌劃自身，有如工匠自身懷有某個他想製造的東西的「Eidos」並且知道怎樣用材

12　下面凡是沒有特別注明的地方，都是援引《尼各馬可倫理學》第 6 卷。〔我在 1930 年所寫的題為〈實踐知識〉的文章就是對亞里斯多德這部著作第 6 卷的分析，該文第 1 次發表在我的著作集，第 5 卷，第 230-248 頁。〕

料把它呈現出來？眾所周知，蘇格拉底和柏拉圖就曾經把 Techne（技藝）概念實際應用於人的存在概念上，並且我們不能否認，他們曾經在這裡發現了某種眞實的東西。技藝的模式至少在政治領域內具有一種卓越的批判作用，因爲這種模式揭示了我們稱之爲政治藝術的東西的無根據性，按照這種政治藝術，每一個從事於政治事務的人，也就是每一個公民，都認爲自己是一個精通的專家。很有意義的事情是，工匠的知識在蘇格拉底關於他和他的國民所具有的經驗的著名說明中被承認爲他領域內唯一的一種實在知識。[13] 當然，就連手工藝者也使他失望。手工藝者的知識並不是那種造就人和這種公民的眞實知識。但是，它是實在的知識。它是某種實在的技藝和技能，而不只是高水準的經驗。在這裡顯然與蘇格拉底所追求的眞實的道德知識一致。兩者都是實際的（Vorgängiges）知識，並且都想規定和指導行動。因此它們本身一定包含知識對每一次具體任務的應用。

這就是我們之所以能夠把亞里斯多德對道德知識的分析與現代精神科學的詮釋學問題連繫起來的關鍵。的確，詮釋學意識既不研討技藝的知識，又不研討道德的知識。但是，這兩種知識類型都包含我們認爲是詮釋學中心問題的**同一種應用使命**。當然，在它們兩者那裡「應用」一詞的意思並不是一樣的。在可以學會的技藝
[I 321] 和人們透過經驗而獲得的東西之間存在一種非常奇特的對立關係（Spannung）。一個曾經學過手藝的人所具有的實際知識，在實踐效果上並不一定就比那個沒有受過教育，但具有豐富經驗的人所具有的知識更優越。儘管情況是這樣，我們也不能把關於技藝的實際知識稱之爲「理論的」，特別是因爲在使用這種知識時，經驗是自動地被獲得的。這種實際知識作爲知識總是指一種實踐，並

13　柏拉圖：《申辯篇》，22cd。

且即使難加工的材料並不總是聽從那個曾經學過其手藝的人，亞里斯多德也仍能正確地引用詩人的話：「技藝（Techne）追隨偶幸（Tyche），偶幸追隨技藝。」[253] 這就是說，曾經學過其行業的人就是具有最大幸福的人。這就是那種透過技藝而實際獲得的東西的眞正優越性，無論怎樣只有這種東西才是道德知識所要求的。因爲對於道德知識來說，要做出正確的道德決定，經驗從不可能是充分的。這裡被道德意識所要求的也是一種對於行爲的實際指導，而且在這裡我們也不能滿足於那種存在於（有關技藝的）實際知識和每次的成功之間的不確定關係。毫無疑問，在道德意識的完美性和製造能力的完美性即技藝的完美性之間確實存在一種眞正的類似關係，但它們兩者顯然又不是同一種東西。

它們之間的區別無論如何是明顯的。很清楚，人不能像手工藝者支配他用來工作的材料那樣支配自身。人顯然不能像他能生產某種其他東西那樣生產自身。人在其道德存在裡關於自身所具有的知識一定是另一種知識，這種知識將不同於那種人用來指導生產某種東西的知識。亞里斯多德以一種大膽的，而且是獨一無二的方式表述了這一差別，他曾經把這種知識稱之爲自我知識（Sich-Wissen），即一種自爲的知識（Für-sich-Wissen）。[14]因此，道德意識的自我知識以一種對我們來說是直接明顯的方式區別於**理論的**知識。但是道德意識的自我知識也區別於**技藝的**知識，並且正是爲了表述這兩方面的區別，亞里斯多德大膽地使用了自我知識這一奇特術語。

---

14 《尼各馬可倫理學》，Z8，1141b33，1142a30；《歐德米亞倫理學》，θ 2，1246b36。〔我認為，假如我們在這裡與戈捷（參閱他的《尼各馬可倫理學評注》第 2 版的新導言，魯汶，1970 年）一樣不掌握 ηολιικὴ φρόνηοιζ（具有特殊功能的實踐知識），那麼我們就無視了亞里斯多德的倫理學和政治學在方法論上的本質同一性。也可參見我的評論，這個評論重新發表在我的著作集，第 6 卷，第 304-306 頁。〕

如果我們像亞里斯多德那樣在本體論上不把這種知識的「對象」規定爲某種總是如此的普遍東西，而是規定爲某種能夠是別樣的個別東西，那麼要把這種知識與技藝的知識加以區別，便是一個
[I 322] 極其困難的任務。因爲乍看這兩種知識似乎執行一種完全類似的任務。凡是知道製造某種東西的人，他也因此知道某種善的東西，而且他是這樣「自爲地」知道這種東西的，以致凡是存在這樣做的可能性的地方，他都能實際地製造這種東西。爲了完成製造，他選取了正確的材料並且選取了正確的工具。所以，他一定知道把他一般所學過的東西應用於具體的情況上。對於道德知識來說，是否也是這種情形呢？凡是必須作出道德決定的人，他一定總是已經學過某種東西的人。他是這樣被教育和習慣所規定的人，以致他一般都知道什麼是正當的。作出道德決定的任務正是在具體情況下作出正當行爲的任務，即在具體情況中去觀察那種是正當的東西，並且在具體情況中去把握那種是正當的東西。所以他也必須去做，必須選取正確的材料，並且他的行動必須完全像工匠的行動那樣得到卓越的指導。既然這樣，它又怎麼是一種完全不同種類的知識呢？

從亞里斯多德關於 Phronesis（實踐智慧）的分析裡我們可以引出整個一堆論點來答覆這一問題。因爲亞里斯多德那種從多方面來描述現象的能力正是他特有的天才。「在其綜合中所把握的經驗，乃是思辨概念」（黑格爾）。[15] 這裡讓我們只考慮一些對我們的討論有重要意義的觀點。

1. 我們學習一種技藝 —— 並且也能夠忘記這種技藝。但是我們並不學習道德知識，並且也不能忘記道德知識。我們並不是這樣地立於道德知識的對面，以致我們能夠接受它或不接受它，有如我們能夠選取或不選取一種實際能力或技藝一樣。我們其實總是已經

---

[15] 《黑格爾著作集》，1832 年版，第 14 卷，第 341 頁。

處於那種應當行動的人的情況中（這裡我不考慮兒童的特殊情況，對於兒童來說，服從教育他們的人取代了他們自己的決定），並且因此也總是必須已經具有和能夠應用道德知識。正是因為這一點，應用概念是非常有問題的。因為我們只能應用某種我們事先已自為地具有的東西。但是我們卻不這樣自為地占有道德知識，以致我們已經具有它並隨後應用它於具體情況。人對於他應當是什麼所具有的觀念（Bild），也就是他的正當和不正當的概念，他的莊重、勇敢、尊嚴、忠誠等概念（所有這些概念在亞里斯多德的美德範疇表裡都有它們的相應詞），雖然在某種意義上都是人所注目的理想觀念，但它們與那種要製作的對象的計畫對於手工藝者所表現的理想觀念仍有某種區別。例如：屬正當的東西並不是可以完全獨立於那種需要我正當行動的情況而規定的，而手工藝者意欲製作的東西的 [I 323]
「觀念」（Eidos）則是完全被規定的，並且是被它所意欲的使用所規定的。

的確，屬正當的東西在一種絕對的意義上同樣也是被規定的。因為屬正當的東西是用法律來表述的，並且一般來說也同樣包含倫理的行為規則，這種規則雖然沒有彙編成法律，但卻是很精確地被規定的，並且也具有普遍約束力。因此司法管理（Rechtspflege）乃是一種需要知識和技能的特殊任務。那麼，它為什麼就不是技藝呢？它為什麼就不是把法律和規則應用於具體事例呢？我們為什麼就不能講法官的「技藝」呢？亞里斯多德描述為法官的實踐智慧形式（dikastikē phronesis）的東西為什麼就不是一種技藝呢？[16]

當然，如果我們考慮一下這問題，我們將明白，法律的應用包含一種特殊的法學難題。手工藝者的情況在這裡是完全不同的情況。手工藝者由於對他的對象具有計畫並且又有執行規則，從而他

16 《尼各馬可倫理學》，Z8。

著手執行這項計畫，但是，他也可以被迫使自己適應於具體的情況和所與的條件，也就是說，他可以被迫不完全像他原來所想的那樣去執行他的計畫。但是這種改變絕不意味著他關於他想要做的事情的知識因此而更加完善。他其實只是在執行過程中省略了某些東西。就此而言，這裡所實際涉及的乃是他的知識的應用以及與此相連繫的討厭的不完善性問題。

反之，在「應用」法律的人那裡完全是另一種情況。在具體情況裡他將必須鬆懈法律的嚴厲性。但是，如果他這樣做，並不是因爲他沒有別的更好辦法，而是因爲如果不這樣做，他將不是正當的。由於他在法律上進行緩和，他並沒有減低法律的聲譽，而是相反地發現了更好的法律。亞里斯多德在他對於「Epieikeia」，[17]即「公道」的分析中最清楚地表明了這一點：Epieikeia 就是法律的更正。[18] 亞里斯多德指出，任何法律都處於與具體行動的必然對立之中，因爲法律是普遍的，不能在自身內包括那種適合於一切具體情況的實際現實性。在本書一開始關於判斷力的分析中我們就已
[I 324] 經接觸到了這一問題。[19] 非常清楚，法學詮釋學問題在這裡找到了它的眞正位置。[20] 法律總是不完善的，這倒不是因爲法律本身有缺陷，而是因爲相對於法律所認爲的秩序來說，人的實在必然總是不完善的，因而不允許有任何單純的法律的應用。

---

17 《尼各馬可倫理學》，E14。

18 梅蘭希頓在解釋 Epieikeia 的根據時寫道：「所意欲的高級法律乃是低級法律」（見梅蘭希頓《倫理學》的最早版本，H. 海內克編〔柏林，1893 年〕，第 29 頁）。

19 參見本書第 43 頁以下。

20 Ideo adhibenda est ad omnés leges interpretatio quae flectat eas ad humaniorem ac leniorem sententiam，因此，解釋應當被應用於每一種法律，以使它作出更合乎人性的寬宏大量的判決（梅蘭希頓，第 29 頁）。

從這些說明我們可以清楚看出，亞里斯多德關於**自然法**（Naturrecht）問題的立場具有最微妙的性質，無論如何我們不能將它與以後時代的自然法傳統相等同。這裡我們只對自然法思想如何與詮釋學問題發生連繫給出一個概略的說明。[21] 從我們至今所討論的可以看出，亞里斯多德並不是簡單地拒絕自然法問題。他並不認爲人們設定的法律就絕對是眞正的法律，而是至少在所謂的公道考慮中看到一個法律補充的任務。所以透過他在本性上合乎法律的東西和法學上合乎法律的東西之間作出明確區分，他反對了極端的約定主義或法學實證主義。[22] 不過，亞里斯多德所設想的區別並不只是自然法的不可改變性和實證法律的可改變性之間的區別。的確，人們一般是這樣理解亞里斯多德的。但是人們忽略了他的見解的眞正深刻意思。的確，亞里斯多德接受了絕對不可改變的法律的觀念，但是他明確地把這一觀念只限制於上帝，並且解釋說，在人間，不僅法學上制定的法律可以改變，而且自然法也是可以改變的。按照亞里斯多德的看法，這種可改變性與下面這一點完全一致，即它是「自然的」法律。在我看來，他的這種主張的意義是這樣：雖然存在那種完全只是單純約定的法學上的法律（如：交通規則或法規），但是也存在而且首先存在那種並不只是由於人們隨意約定的法律，因爲「事物的本性」要捍衛自身。所以把這樣的法律稱之爲「自然的法律」，完全是合理的。[23] 因爲事物的本性對於固

21 首先參見 H. 庫恩對 L. 施特勞斯的《自然法和歷史》（1953 年）所作出的卓越的批判，載《政治學雜誌》，第 3 卷，1956 年，第 4 期。

22 《尼各馬可倫理學》，E10。當然，這種區分本身是起源於詭辯派，但是透過柏拉圖的邏各斯的限制，它失去了它的破壞性意義，並且透過柏拉圖的《政治學》（第 294 頁以下）以及在亞里斯多德那裡，這種區別在法學上的積極意義變得明顯了。

23 除非我們這樣看，否則在《大倫理學》對應地方 A33 1194b30-95a7 的思考過

[I 325] 定還留有某個活動的空間，所以這種自然的法律仍是可改變的。亞里斯多德從別的領域引證的一些例子完全清楚地證明了這一點。按本性說，右手更爲強壯，但沒有什麼東西阻止我們訓練左手，以使它與右手一樣強壯（亞里斯多德明確地援引這個例子，因爲這個例子是柏拉圖經常喜歡引用的）。第二個例子更有說服力，因爲它已經屬於法學範圍：儘管我們都是使用同一種量度，但當我們賣酒時所用的量度總是比我們買酒時所用的量度要大。亞里斯多德在這裡並不是說，我們在賣酒時經常想欺騙顧客，而是說這種行爲符合法律範圍內所允許的屬正當事情的活動空間。他還舉了一個最清楚的例子，即在最好的國家，「到處都是一樣的」，但並不是以這種方式：「如火到處都是以同一種方式燃燒，不論是在希臘，還是在波斯」。

儘管亞里斯多德清楚地作了這種陳述，以後的自然法理論卻是這樣引用這段話，好像亞里斯多德是在用自然法的不可改變性來對比人的法律的不可改變性！[24] 情況正相反。事實上，正如他的對照所表明的，自然法思想對於他來說只有一種批判的功能。我們絕不能獨斷論地利用這段話，也就是說，我們不能使某種個別的法律內容帶有自然法的莊嚴和不可侵犯性。按照亞里斯多德的看法，由於一切有效的法律必然具有的不完善性，自然法思想是完全必需的，而且在涉及到公道考慮（這首先就是實際上決定法律的東西）的地方，具有特別的重要性。但是，自然法的作用只是一種批判的作用，因爲只有在一條法律和另一條法律之間出現了某種不一致的地

程就不能被理解：μὴ εi μετdβάλλεi διὰ ιὴν ημεi εραν χρὴδιν, δια ιοῦι οὐκ ἔοιι δικαιου φυοει，千萬不要認為，如果事物的改變是由於我們的用途，便不存在自然的法律，因為確實有自然的法律。

24 參見梅蘭希頓，前引書，第 28 頁。

方，援引自然法才是合法的。

亞里斯多德詳盡解答的自然法的特殊問題，除了它們的基本意義外，在這裡並不使我們感興趣。亞里斯多德在這裡所指出的東西適合於人對於自己應當是什麼而具有的一切概念，而不只是適合於法律問題。所有這些概念不單純是任意的約定的理想，儘管道德概念在最不同的時代和民族中表現了變異，但在所有這些變異中仍有某種像事物的本性這樣的東西。這並不是說，這種事物的本性，例如：勇敢的理想，是我們能夠自爲地認識和應用的固定標準。亞里斯多德其實是在承認，按他意見一般適合於人的東西也完全適合於倫理學教師，即倫理學教師也總是已經處於某種倫理一政 [I 326]
治的束縛中，並且從這裡才獲得他關於事物的觀念。他並不自認爲他所描述的理想觀念就是可教導的知識。這些理想觀念只具有圖式（Schemata）的有效性。它們總是首先具體化自身於行動者的具體境況中。它們並不是那種可以在星球上找到或在某個倫理自然宇宙中具有其不可改變位置的規範，以致重要的問題只是覺察到它們。但是從另一方面說，它們也不是單純的約定，它們其實是重新給出事物的本性，只不過事物的本性本身經常是由道德意識對它們進行的應用所規定的。

2. 這裡表現了手段和目的之間概念關係的一種根本變化，這種變化使得道德知識區別於技藝知識。這種差別不僅在於道德知識沒有任何單純的個別目的，而是關係到整個正確生活的大事——反之，所有技藝知識只是某種個別的東西並且服務於個別的目的。這種差別也不僅在於道德知識一定能夠出現在一切地方，甚而在技藝知識只可被欲求而並不實際存在的地方，它也能夠出現。的確，即使在技藝知識可能存在的地方，技藝知識也總是使我們無需自我協商去考慮何物爲知識。凡是有技藝的地方，我們一定學習它，並且能夠找到正確的手段。反之，我們看到道德知識——而且以不可取消的方式——要求這種自我協商（Mitsichzurategehen）。即使我們設想這種知識達到了理想的完滿性，這種知識也不是一種技藝類型的知識，而是這種自我協商（euboulia）的完成。

所以，這裡涉及到了一種根本性的關係。對於道德知識的依賴性（Angewiesenheit），即對自我協商的依賴性，並不會由於技藝知識的擴充[254]而突然完全被取消。從根本上說，道德知識絕不能具有某種可學知識的先在性（Vorgängigkeit）。手段和目的的關係在這裡不是這樣一種關係，以致關於正確手段的知識好像能夠預先被獲得，而且情況之所以這樣，乃是因爲正確目的的知識同樣不是某種知識的單純對象。並不存在整個正當生活所指向的東西的任何預先規定性。由於這種理由，亞里斯多德關於實踐智慧的定義顯
[I 327] 然帶有模稜兩可性，因爲這種知識有時更多地與目的相關聯，有時則更多地與達到目的的手段相關聯。[25] 事實上這意味著，我們整個生命所趨向的目的以及這種目的向行動的道德原則的發展，正如亞里斯多德在他的倫理學中所描述的，不能夠是某種絕對可學會的知

25　一般來說，亞里斯多德強調 φρόνηοιs（實踐智慧）與手段（ιὰ ηρόs ιὸ τέλοs，達到目的的手段）相關，而不與 τέλοs（目的）本身相關。這可能就是與柏拉圖的善的理念學說相對立的結果，這種對立使他作出了這樣一種強調。但是 φρόνηόιs（實踐智慧）並不單純是正確選擇手段的能力，而本身就是一種道德 Hexis（行為），這種行為把目的視為行動者被其道德存在所指向的東西，這一點我們可以從它們在亞里斯多德倫理學中所占據的重要位置清楚看出來。尤其要參閱《尼各馬可倫理學》Z10，1142b33；1140b13；1141b15。我高興地看到 H. 庫恩在其〈希臘人的當代〉一文（《高達美紀念文集》，1960 年）中完全公正地對待這一事實，雖然他試圖證明存在一種終極的「優選」，從而使亞里斯多德落後於柏拉圖（第 134 頁以下）。〔用「prudentia」（預知，機智）拉丁文來譯 φρόνηοιs，曾經導致對這一事實的無視，這種無視即使在今天的「道義」（deontischen）邏輯裡也仍然可見。參見我在《哲學評論》第 32 卷（1985 年）第 1-26 頁（=「最新倫理學研究的綜合評論」）所推重的例外，即 T. 恩格伯格佩—德遜的《亞里斯多德的道德洞見理論》，牛津，1983 年。〕

識的對象。正如我們不能對自然法進行獨斷論使用一樣，我們也不能對倫理學進行獨斷論使用。亞里斯多德的德行學說其實描述了一種典型的中庸之道，在人的存在和行爲中去保持這一態度是非常重要，但是，那種指向這一理想觀念的道德知識乃是那種同樣必須答覆當時情況要求的知識。

因此反過來說，也不存在任何服務於達到道德目的的單純合目的性的考慮，而手段的考慮本身就是一種道德的考慮，並且自身就可以使決定性目的的道德正確性得以具體化。亞里斯多德所講的自我知識（Sich-wissen）之所以是被規定的，是因爲它包含完滿的應用，並且在所與情況的直接性中去證明它的知識。所以它是一種完成道德認識的具體情況知識（ein Wissen vom Jeweiligen），然而也是一種不被感官所看見的知識。因爲，雖然我們必須從某個情況去觀看它對我們所要求的東西，但這種觀看並不意味著我們在這情況中知覺到了某種像這樣的可見東西，而是意味著我們學會了把這種東西看成行動的情況，並根據正當的東西去觀看。所以，正如我們在幾何學的平面分析中「看到」三角形是最簡單的平面圖形，以致我們不再作進一步劃分，而是必須停留在這裡把這種圖形作爲最終圖形，同樣，在道德的考慮裡，對直接可以做的東西的「觀看」絕不是任何單純的觀看，而是 Nous（思考）。這一點也可以從那種與這種觀看形成對立的東西找到證明。[26] 與對屬正當東西的觀看相對立的東西並不是錯誤或者錯覺，而是盲目性。誰被他的激情所壓抑，誰就在所與情況裡突然不再看到屬正當的東西。他彷彿失去了他的自我控制力，因而喪失了他自己的正確性，即自身的正確度向（Gerichtetsein），以致由於受到激情的辯證法的驅趕，激情告 [I 328]
訴他的東西在他看來彷彿就是屬正當的東西。道德知識實際上是一

26 《尼各馬可倫理學》，Z9，1142a25 以下。

種特殊種類的知識。它以一種奇特的方式掌握手段和目的，並因而使自己區別於技藝知識。正因爲如此，在道德知識裡區分知識和經驗是毫無意義的，雖然在技藝方面我們可以作出這種區分。因爲道德知識本身就包含某種經驗，並且事實上我們確實看到，這種知識或許就是經驗的基本形式，與這種經驗相比較，一切其他的經驗表現了某種疏離性，假如我們不說變質性的話。[27]

3. 道德考慮的自我認識事實上具有某種與自身的卓越關係。我們從亞里斯多德在分析實踐智慧中所舉出的種種情況可以得知這一點。在實踐智慧，即謹愼的考慮這一德行之外，還存在「理解」（Verständnis，英譯同情的理解）。[28]理解也是作爲一種道德知識德行的變形而被引入的，因爲在這裡不是關係到要去行動的我本身。所以「Synesis」（理解）明確地指道德判斷的能力。顯然，只有當我們在判斷中置身於某人藉以行動的整個具體情況中時，我們才讚揚某人的理解。[29]所以這裡不是關於某種一般的知識，而是關於某個時刻的具體情況。因而這種知識在任何意義上都不是一種技藝知識，或對這種技藝知識的應用。具有世界經驗的人，如果作爲那種知道一切伎倆和花招並對存在的一切事物有經驗的人，他就對某個行動的人沒有正確的理解，他要對此有理解，只有當他滿足一個前提，即他亦想做正當的行動，他也與其他人一起被結合到這個共同關係中。這一點在所謂「良心問題」（Gewissensfrage）上的勸告現象表現出來。要求勸告的人和給予勸告的人都具有一個共同的前提，即對方與他有著某種友誼的連繫。只有在朋友之間才能彼此

27 參見本書第 363 頁以下。

28 〔σννεσιζ〕（《尼各馬可倫理學》，Z11）。

29 〔這裡我已經更改了我原來的陳述，ἄλλου λέγουτοζ 在 1145a15 只意味著它不是**我的**行動的事情。當某人敘述某事，我能夠理解性地去傾聽——即使我本人不應去聽取他。〕[255]

勸告，或者用另一種方式說，只有那種意味著友誼的勸告才對被勸告的人有意義。這裡再一次表明，具有理解的人並不是無動於衷地站在對面去認識和判斷，而是從一種特殊的使他與其他人連繫在一起的隸屬關係去一起思考，好像他與那人休戚相關。

如果我們進一層考慮亞里斯多德所舉出的兩種道德考慮方式，即洞見（Einsicht）和寬容（Nachsicht），[30]那麼這一點將會完全清楚。洞見在這裡指一種特性。當某人以正當的方式作出正確的判斷，我們說他是有洞見的。凡是有洞見的人，都樂意公正對待他人 [I 329]
的特殊情況，因而他也最傾向於寬容或諒解。很顯然，這裡也不涉及某種技藝知識。

最後，由於亞里斯多德描述了這種實踐知識的一種自然變質的變種，他使得道德知識和具有這種知識的德行的特性變得特別明顯。[31]他講到Deinos是這樣一個人，這人對於道德知識天生地具有一切自然條件和稟賦，他有非凡的技能所以能適應每一種情況，能在一切地方去利用他的優點並在每一種情況裡找到出路。[32]但是，實踐智慧的這種自然對立物是透過下面事實來表明其特徵的，即Deinos「能對付任何情況」，能無阻礙地利用他的技能達到一切目的，並且對於人不做各種事情沒有任何感覺。他是 aneu aretēs（沒有德行的）[256]。所以，這個有如此技能的人被給予了這樣一個同樣意味著「可怕」的名字絕非偶然。沒有什麼東西有如一個無賴具有非凡才幹那樣可怕，那樣不可思議，那樣令人震驚。

如果我們把亞里斯多德關於道德現象的描述，特別是他關於道德知識德行的描述與我們自己的探究連繫起來，那麼亞里斯多德的

30 γνώμη, ουγγνώμη。

31 《尼各馬可倫理學》，Z13，1144a23 以下。

32 他是一個 πανοῦργος，即他是能對付任何情況的人。

分析事實上表現爲一種**屬於詮釋學任務的問題模式**。我們已經證明了應用不是理解現象的一個隨後的和偶然的成分，而是從一開始就整個地規定了理解活動。所以應用在這裡不是某個預先給出的普遍東西對某個特殊情況的關係。研討某個傳承物的解釋者就是試圖把這種傳承物應用於自身。但是這也不意味著傳承下來的正文對於他是作爲某種普遍東西被給出和被理解的，並且以後只有爲特殊的應用才利用它。其實解釋者除了這種普遍的東西——正文——外根本不想理解其他東西，也就是說，他只想理解傳承物所說的東西，即構成正文的意義和意思的東西。但是爲了理解這種東西，他一定不能無視他自己和他自己所處的具體的詮釋學境況。如果他想根本理解的話，他必須把正文與這種境況連繫起來。

[I 330]

(c) 法學詮釋學的典範意義

如果情況眞是這樣，那麼精神科學詮釋學與**法學詮釋學**之間就不會像人們一般所認爲的那樣存在著巨大的差別。當然，占統治地位的觀點是：只有歷史意識才使理解提升爲一種客觀科學的方法，而詮釋學只有當它以這種方式被擴建成爲一門關於正文理解和解釋的一般理論時，它才獲得其眞正的規定性。法學詮釋學根本不屬於這種情況，因爲它的目的並不是理解既存的正文，而是想成爲一種法律實踐的補助措施以彌補法學理論體系裡的某種缺陷和豁裂現象。因此從根本上說，法學詮釋學與精神科學詮釋學的任務即理解傳承物，沒有什麼更多的關聯。

但是，即使**神學詮釋學**也不能要求這種獨立的系統性的意義。施萊爾馬赫曾經有意識地把神學詮釋學歸入**普遍詮釋學**，並且只把它認作爲這種普遍詮釋學的一種特殊的應用。自那時以來，科學神學的那種想與現代歷史科學並列的要求似乎就依據於這一事實，即除了那些被用於理解任何其他傳承物的律則和規則外，不再有任何別的律則和規則可以被應用於《聖經》解釋。因而根本不可能有一種特殊的神學詮釋學。

可是，如果我們想以現代科學水準去恢復詮釋學學科古老的眞理和古老的統一性，那麼這就是一種荒謬的論點。因爲情況似乎是，要走向現代精神科學方法論，我們必須脫離任何獨斷論的束縛。法學詮釋學之所以脫離整個理解理論，是因爲它有一個獨斷論的目的，反之，正是由於鬆懈了與獨斷論的連繫，神學詮釋學才與語文學一歷史學方法結合了起來。

在這種情況下，我們需要對法學詮釋學和歷史詮釋學之間的區別具有特別的興趣，並且必須探究那些法學詮釋學和歷史詮釋學都在研討同一對象的情況，也就是探究那些法律正文在法學內被解釋並且歷史地被理解的情況。這樣，我們將探究**法學史家**（Rechtshistoriker）和**法律學家**（Juristen）對於同樣給出的有效的法律正文各自採取的態度。在這裡我們可能涉及到 E. 貝蒂的一些 [I 331]
卓越的著作，[33] 並從這裡出發進行我們自己的思考。因此我們的問題是：**獨斷論的興趣和歷史學的興趣之間的區別是否是一種明確的區別**。

顯然，它們之間存在一種區別。法律學家是從現存的情況出發並且是爲了這種現存的情況而理解法律的意義。反之，法學史家沒有任何他要從之出發的現存情況，他只是想透過建設性地考慮法律的全部應用範圍去規定法律的意義。法律的意義只有在所有這些應用中才能成爲具體的。所以法學史家不能滿足於用法律的原本應用

---

33 除了本書第 264 頁和第 315 頁所引的著作外，還有許多短篇論文。〔對此參見附錄〈詮釋學與歷史主義〉，載我的著作集，第 2 卷，第 387 頁以下；以及我的論文〈埃米利奧·貝蒂和唯心主義遺產〉，載《佛羅倫斯季刊》，第 7 卷（1978 年），第 5-11 頁。〕

去規定該法律的原本意義。身爲歷史學家他將必須公正地對待法律所經歷的全部歷史變遷，他將必須藉助於法律的現代應用去理解法律的原本應用。

如果我們只是這樣地描述法學史家的任務，即當他「重構了法律公式的原本意義內容」，他便完成了他的任務，並且與之相反地說，法律學家還必須「使法律的原本意義與現代的現實生活相協調」，我認爲這是不夠的。在我看來，這樣一種區分將意味著法律學家的定義太寬泛，包括了法學史家的任務。誰想對某個法律作正確的意義調整，他就必須首先知道該法律的原本意義內容。所以他必須自身作法學歷史性的思考。不過，歷史的理解在這裡對於他來說只是作爲達到目的的工具而起作用。反之，法學獨斷論的任務也與那種歷史學家毫無關係。作爲歷史學家，他必須探究歷史的客觀性，以便認清它的歷史價值，而法律學家還要超出這一點，他要把這樣掌握的東西正當地應用於法律的現在。這就是貝蒂所描述的。

但是，我們可以問一下，這樣歷史學家的任務是否就被充分廣泛地認清和描述了呢？在我們的例子中，向歷史學的轉向究竟是怎樣出現的呢？關於某個有效的法律，我們自然而然地假定它的法學意義是明確的，現代的法律實踐只是簡單地追隨原本的意義。如果
[I 332] 情況總是這樣，那麼探究某個法律的意義的問題在法學上和歷史學上乃是同一個問題。對於法律學家來說，詮釋學的任務無非只是確立法律的原本意義，並把它作爲正確的意義去加以應用。所以早在1840年，薩維尼在其《羅馬法的體系》裡把法學詮釋學的任務認爲是純粹歷史學的任務。正如施萊爾馬赫把解釋者必須使自己等同於原始的讀者這一點認爲是毫無問題的一樣，薩維尼也忽略了原本的法學意義和現代的法學意義之間的對立關係。[34]

34　施萊爾馬赫的詮釋學講演正是在薩維尼的書出版前兩年第一次發表在《遺著》

以後的發展足夠清楚地表明，這是一種在法學上毫無根據的虛構。恩斯特·福斯特霍夫（Ernst Forsthoff）[257] 曾經在一個很有價值的探究中指出，由於純粹的法律學上的理由，我們必須提出一種特有的關於事物的歷史變遷的思考，透過這種思考，某個法律的原本意義內容將與該法律被應用於法律實踐的意義內容區分開來。[35] 的確，法律學家經常是研討法律本身。但是，法律的規範內容卻必須透過它要被應用的現存情況來規定。爲了正確地認識這種規範內容，他們必須對原本的意義有歷史性的認識，並且正是爲了這一點法律解釋者才關注法律透過法律實踐而具有的歷史價值。但是，他不能使自己束縛於例如國會紀錄告訴他的當時制定法律的意圖。他必須承認以後所發生的情況變化，並因而必須重新規定法律的規範作用。

法學史家的情況與此完全不同。表面上看，他似乎只研討法律的原本意義，即某法律在第一次公布時意指什麼，具有怎樣的有效性。但是，他怎樣能認識這一點呢？如果他不知道那種使他的現時代與當時分離的情況變化，他能夠認識這一點嗎？就此而言，他不是必須做法學家所做的完全同樣的事情，即他必須區分法律正文的原始意義內容和他在現時代作爲前理解自發接受的那種法學內容嗎？在我看來，詮釋學境況對於歷史學家和法律學家似乎是同樣 [I 333] 的，因爲面對任何正文，我們都生活於一種直接的意義期待之中。我們絕不可能直接地接觸歷史對象而客觀地得知其歷史價值。歷史學家必須承擔法律學家所進行的同樣的反思任務。

版本裡，這是否純屬偶然？我們必須在薩維尼自己的著作里特別考察詮釋學理論的發展，福斯特霍夫在其探究中沒有考慮這一問題。（關於薩維尼，首先參見弗蘭茨·維亞克爾在《創立者和保持者》一書第 110 頁的注釋。）

35 〈法律和語言〉，載《柯尼斯堡科學家學會論文集》，1940 年。

所以，不論是以歷史學家的方式，還是以法律學家的方式，他們所理解的東西的實際內容乃是同樣的。因此上面關於歷史學家態度所給出的描述是不正確的。歷史性的認識只能這樣才被獲得，即在任何情況下都必須從過去與現代的連續性中去考察過去——而這正是法律學家在其實際的通常工作中所做的，因爲法律學家的任務就是「確保法律的不可中斷的連續性和保持法律思想的傳統」。[36]

當然，我們還必須探究，我們曾經分析的範例是否眞正表明一般歷史理解問題的特徵。我們作爲出發點的模式乃是對某個仍有效的法律的理解。這裡歷史學家和理論家都研討同一對象。但是，這是否一種特殊的情況呢？致力於過去法學文化的法學史家，以及任何試圖認識那種不再與現在有任何直接連續性的過去的歷史學家，將不能在我們所討論的某個法律繼續有效的情況下重新認識自己。他們將會說：法學詮釋學具有一種對於歷史詮釋學關係來說是完全生疏的特殊的獨斷論的任務。

事實上，在我看來，情況正好相反。法學詮釋學能夠指明精神科學的眞正程序究竟是什麼。這裡我們對於我們所探究的過去和現在的關係有一個模式。使傳承下來的法律適合於現代需要的法官無疑在解決某項實際的任務。但是他對法律的解釋絕不因爲這種理由而是一種任意的再解釋。在這裡，理解和解釋依然就是認識和承認某種有效的意義。法官試圖透過把法律的「法權觀念」與現代連繫起來去適應這種觀念。這當然是一種法律上的連繫。法官試圖要認識的東西正是法律的法權意義——而不是法律公布時的歷史意義或該法律任何一次應用時的歷史意義。法官的態度並不是歷史學家的態度——儘管對於他自己的歷史（這就是他的現在）他具有一種很好的態度。因此他能夠經常地作爲歷史學家去考慮那些他作爲法官

36 貝蒂，前引書，注釋 62a。

曾經隱含地想到的問題。

反之，歷史學家雖然面前沒有執法任務，而是試圖得知這個法律的歷史意義——正如他想得知歷史傳承物的每一種其他內容一 [I 334] 樣——但他卻不能忽視這一事實，即他在這裡是從事一種需要用法學方式來理解的法律創造行爲。他必須能夠不僅從歷史學上而且從法學上進行思考。的確，如果某個歷史學家在考察某個在今天還有效的法律正文，這乃是一種特殊情況。但是這種特殊情況卻使我們明確了是什麼東西規定我們與每一個傳承物的關係。想從法律的歷史起源情況去理解法律的歷史學家，根本不能無視該法律在法律上的連續作用。這種連續作用對他們呈現了他們在歷史傳承物上所提出的問題。正文必須用它所說的東西來理解，這一點是否適合於每一個正文呢？這是否不意味著，它經常需要某種改變（Umsetzung）呢？這種改變不是經常由於與現在的連繫而出現嗎？由於歷史理解的眞正對象不是事件，而是事件的「意義」，當我們講到某個自在存在的對象和主體對這個對象的接觸時，就顯然沒有正確地描述這種理解。其實，在歷史理解中總是包含這樣的觀念，即遺留給我們的傳承物一直講述到了現在（in die Gegenwart hineinspricht），必須用這種媒介（Vermittlung）加以理解，而且還要理解爲這種媒介。**所以法學詮釋學其實不是特殊情況，而是相反，它正適合於恢復歷史詮釋學的全部問題範圍，並因此重新產生詮釋學問題的古老統一性，而在這種統一性中，法學家、神學家都與語文學家結合了起來。**

我們上面[37]已把對傳統的隸屬性（Zugehörigkeit）描述爲精神科學理解的條件。現在讓我們透過考察這一理解結構要素怎樣在法學詮釋學和神學詮釋學中得以表現來證明這一點。顯然，這不是某

---

[37] 參見本書第 266 頁。

種限制理解的條件，而是使理解成爲可能的條件。解釋者對於他的正文的隸屬性類似於焦點對於某幅圖畫的透視的隸屬性。這並不是說我們應當找尋這個視點並取作我們的立足點，而是說，進行理解的人並不是任意地選取他的觀點，而是發現他的位置已被事先給定了（Vorgegeben）。所以法學詮釋學可能性的本質條件是，法律對於法律共同體的一切成員都具有同樣的約束力。凡在不是這種情況的地方，例如：在一個專制統治者的意志高於法律的專制主義國家，就不可能存在任何詮釋學，「因爲專制統治者可以違反一般解
[I 335] 釋規則去解釋他的話」。[38] 因爲在這裡，任務根本不是這樣來解釋法律，以使具體的事例能按照法律的法權意義得到公正的判定。情況正相反，君主那種不受法律約束的意志能夠無需考慮法律——也就是不受解釋的影響——而實現任何他認爲是公正的事情。只有在某物是這樣被制定，以致它作爲被制定的東西是不可取消的並有約束力的地方，才能存在理解和解釋的任務。

解釋的任務就是使**法律具體化**[39] 於每一種特殊情況，這也就是**應用**的任務。這裡所包含的創造性的法律補充行爲無疑是保留給法官的任務，但是法官正如法律共同體裡的每一個其他成員一樣，他也要服從法律。一個法治國家的觀念包含著，法官的判決絕不是產生於某個任意的無預見的決定，而是產生於對整個情況的公正的權

38　瓦爾希，第 158 頁。〔在啓蒙思想家看來，專制主義國家的情況似乎是這樣，即「統治者」這樣解釋他的話，以致法律不是被取消，而是被顚倒解釋，結果無需注意解釋規則，法律就符合於統治者的意志。〕

39　這種法律具體化對於法理學非常重要，是它的中心論題，因而有大量關於這個論題的著作，參見卡爾．英吉希（Karl Engisch）的探究〈具體化觀念〉（《海德堡科學院論文集》，1953 年）。〔也可參見卡爾．英吉希最近的著作：《法律學方法》，慕尼黑，1972 年，第 39-80 頁；以及他的《法律和道德——法哲學主題》，慕尼黑，1971 年。〕

衡。任何一個深入到全部具體情況裡的人都能夠承擔這種公正的權衡。正因爲如此，在一個法治國家裡存在法律保障。人們在思想上都能知道他們所涉及的眞正問題應當是什麼。任何一個律師和法律顧問在原則上都能給出正確的建議，也就是說，他們能夠根據現存的法律正確地預告法官的判決。當然，具體化的任務並不在於單純地認識法律條文，如果我們想從法律上判斷某個具體事例，那麼我們理所當然地還必須了解司法實踐以及規定這種實踐的各種要素。但是，這裡所要求的對於法律的隸屬性唯一在於：承認法律制度對每一個人都有效，並且沒有任何人可以例外。因此在原則上我們總是有可能把握這樣的現存法律制度，這就是說，我們有可能在理論上吸收過去對法律的任何一次補充。因此，在法學詮釋學和法學獨斷論之間存在一種本質連繫，正是這種本質連繫使詮釋學具有更大重要性。一種完美無缺的法學理論的觀念——這種觀念將使每一個判斷成爲單純的歸屬行動——是站不住腳的。[40]

現在讓我們從這個問題來考察一下被新教神學所發展的**神學詮釋學**。[41] 這裡與法學詮釋學有一種眞正的類似關係，因爲在神學詮 [I 336]
釋學裡獨斷論也同樣不能要求任何優先性。福音宣告的眞正具體化產生於牧師的布道中。正如法律制度的具體化產生於法官的判決中一樣。不過，它們兩者之間也存在著很大差別。牧師的布道與法官

40 參見 F. 維亞克爾的論點。他曾經從法官的判斷技巧和規定這種技巧的要素出發，簡短地陳述了非法律性的法治問題（《法律和法官技巧》，1957 年）。

41 除了這裡所討論的觀點外，對歷史主義詮釋學的克服——這是我整個探究的目的——在神學上有一個積極的結果，這個結果在我看來似乎接近於神學家恩斯特．富克斯和格哈德．埃貝林的觀點（恩斯特．富克斯：《詮釋學》，1960 年第 2 版；G. 埃貝林：《歷史和當代宗教辭典》，第 3 版，「詮釋學」詞條）。〔也可參見我的論文〈關於自我理解問題〉（《短篇著作集》，第 1 卷，第 70-81 頁；現收入我的著作集，第 2 卷，第 121-132 頁）。〕

的判決不同，它不是對它所解釋的正文進行創造性的補充。因此，救世福音從布道的宣告中並不能產生那樣一種可以與法官判決的法律補充力量相比較的新的內容。而且一般來說，救世福音並不由於牧師的思想而更清楚地得到規定。牧師與法官不一樣，他作為牧師並不能以一種獨斷權威對信徒們講話。的確，布道也是在解釋某種有效眞理，但這個眞理乃是福音宣告，它是否成功並不決定於牧師的思想，而是決定於上帝言辭本身的力量，例如：即使是很蹩腳的牧師也能使人悔過自新。福音宣告不能脫離它的實行過程。純粹學說的所有教條固定工作乃是次要的工作。《聖經》就是上帝的言辭，並且這意味著，《聖經》具有遠遠超過解釋它的人的思想的絕對優先性。

解釋應當永不忽略這一點。即使神學家的博學解釋也必須經常記住，《聖經》乃是上帝的神聖宣告。因此，對《聖經》的理解就不只是對其意義的科學探究。布爾特曼曾經寫道：「聖書的解釋與所有其他文獻一樣，應當遵循同樣的理解條件。」[42] 但是，這句話的意義是有歧義的。因為問題在於任何文獻是否除了那些對於每一個正文都必須要實現的形式的一般條件外，就不遵循任何其他的理解條件。布爾特曼自己強調說，所有理解都預先假定了解釋者和正文之間存在著一種生命連繫，解釋者與他從正文中得知的事情之間有一種先行的關聯。他把這種詮釋學前提稱之**為前理解**（Vorverständnis），因為它顯然不是透過理解過程得到的，而
[I 337] 是已經被預先設定。所以霍夫曼——布爾特曼贊同地引證他——寫道，《聖經》詮釋學預先已假定了一種與《聖經》內容的關係。

但是我們可以問一下，這裡是什麼樣的一種「前提」。這種前提是否與人的存在一起被給予的呢？在每一個人那裡是否因為人

---

42 《信仰和理解》，第 2 卷，第 231 頁。

被上帝問題所困纏而存在著一種與上帝啓示眞理的先行的實際關聯呢？或者我們是否必須說，只有首先從上帝出發，也就是說，從信仰出發，人的存在才知道自身是被上帝問題所支配？但是這樣一來，前理解所包含的前提的意義就成爲有問題的了。因爲這種前提顯然就不是普遍有效的，而只是從眞信仰觀點來看才是有效的。

就《舊約聖經》而言，這是一個古老的詮釋學問題。基督教從《新約聖經》出發對《舊約》的解釋是正確的解釋，還是猶太教對《舊約》的解釋是正確的解釋呢？或者，它們兩者都是正確的解釋，在它們之間存在著某種共同性呢？這是否就是解釋所眞正理解的東西呢？猶太人儘管對《舊約聖經》正文的理解不同於基督教徒的理解，但他與基督教徒分享同一個前提，即他也是被上帝問題所支配。雖然如此，猶太人對於基督教神學家的陳述仍保持這樣一種看法，即如果基督教神學家是從《新約聖經》出發限制《舊約聖經》的眞理，那麼他們就不能正確理解《舊約聖經》。所以，我們被上帝問題所支配這一前提其實就已經包含認識眞上帝及其啓示的要求。甚至所謂非信仰也是由我們所要求的信仰規定的。生存論的前理解——這是布爾特曼的出發點——本身只能是一種基督教的理解。

我們也許試圖避免這一結論，說我們只要**認識到**宗教正文只可被理解爲答覆上帝問題的正文就足夠了。我們沒有必要去要求解釋者自身的宗教信仰。但是馬克思主義者對此將說什麼呢？因爲馬克思主義者認爲，只有當他們把宗教說教視爲社會統治階級利益的反映時，他們才理解所有宗教說教。馬克思主義者無疑不會接受這一前提，即人的此在是被上帝問題所支配。這樣一個前提顯然只對那些承認信仰眞上帝或者不信仰眞上帝的人才有效。所以我認爲，神學裡的前理解的詮釋學意義本身就似乎是一種神學的意義。即使詮釋學的歷史也表明對正文的探究是怎樣由一種最具體的前理解所決定。現代詮釋學作爲新教的一門解釋《聖經》的技術學科，顯然與

天主教會的獨斷論傳統及其公正無偏學說有一種敵對的關係。現代
[I 338] 詮釋學本身具有一種獨斷論教派的意義。這並不意味著，這樣一種神學詮釋學天生是獨斷論的，以致它從正文所讀出的乃是它放入正文的東西。它其實是在孤注一擲。但是它假定了《聖經》是在對我們講話，並且只有那些被允許去聽這種講話的人——不管他是持信仰態度還是持懷疑態度——才理解。就此而言，應用是首要的東西。

所以，我們可能提出這樣一些事實作為各種形式的詮釋學眞正共同的東西，即所要理解的意義只有在解釋過程中才能具體化和臻於完滿，但是這種解釋工作完全受正文的意義所制約。不管是法學家還是神學家，都不認為應用任務可以擺脫正文的制約。

儘管如此，使某種普遍的東西具體化並把它應用於自身這一任務，在歷史精神科學內似乎仍具有一種完全不同的作用。如果我們探究應用在這裡指什麼以及它怎樣出現於精神科學所進行的理解中，那麼我們也許可以承認，存在著某類傳承物，我們對它們可以採用與法律學家對法律、神學家對福音宣告所採取的同樣應用方式。正如法官試圖執行正義或牧師試圖宣告福音的情況一樣，並且正如在宣告正義和宣告福音這兩種情況裡被宣告的東西的意義得到其最完美的實現一樣，我們也能對某個哲學正文或某個文學作品承認，這些正文要求讀者和理解者有一種特殊的活動，並且對它們我們並不具有一種能採取歷史距離的自由。我們將承認，這裡理解總是包含對被理解的意義的應用。

但是，應用是否在本質上必然屬於理解呢？從現代科學觀點出發，我們可以對這個問題作出否定的答覆，並且說這樣一種使解釋者作為正文的原本聽講人的所謂應用根本是非科學的。歷史精神科學是完全排除這種應用的。可是現代科學的科學性正在於：它使傳承物客觀化，並在方法論上消除解釋者的現在對理解所產生的任何影響。要達到這一目的，常常是困難的，並且在正文的情況裡要去

保留這種所謂歷史興趣和理論興趣的區分也同樣是難以做到的，因為正文並不是對某個特殊的人講話，它要求對任何接受傳承物的人都有效。科學神學及其與《聖經》傳承物的關係的問題就對此提供 [I 339] 了一個很好的例證。情況似乎是這樣，歷史科學的要求和獨斷論的要求之間的對比只在個人的私有世界裡才能找到。哲學家可能是同樣的情況，而且當我們感到藝術作品在對我們說什麼時，我們的審美意識也可能是同樣的情況。但是，科學卻提出了這樣的要求，即要透過它的方法使自身保持一種獨立於一切主觀應用的態度。

這就是我們從現代科學理論的立場出發必須要論證的東西。我們將援引那些解釋者根本不能直接取代原本接受者的事例作為具有典範價值的事例。例如：某個正文有完全確定的接受人的事例，如簽訂協約的雙方，票據或命令的接受者。這裡我們完全能很好地理解正文的意義，我們能想像自己取代了接受者，並且就這種取代可以使正文獲得其完全的具體形式而言，我們可以把這承認為解釋的成就。但是，這種使自身處於原來讀者立場的取代（施萊爾馬赫）是完全不同於應用的東西。它實際上迴避了在當時和今天、「你」和「我」之間進行媒介的任務，而這種媒介任務卻是我們所謂應用意指的東西，並且法學詮釋學也承認這是它自己的任務。

讓我們以理解命令為例。命令只有在有某個應服從它的人的地方才存在。所以，這裡的理解乃是其中必定有一個人給出命令的那些人之間的關係的一部分。所謂理解命令，就是指把該命令應用於它所關涉的具體情況。雖然我們能重複命令以促使它被正確理解，但是這並不改變這一事實，即只有當它「按照其意義」被具體實現時，它的眞實意義才被規定。正是由於這種理由，存在一種明確的拒絕服從行為，這種行為不單純是不服從，而是透過命令的意義及其在某人身上的具體實現而證明自身（legtimiert）。誰拒絕服從一個命令，誰就已經理解了它，因為他把命令應用於具體情況，並且知道在這種情況中服從將意味著什麼，所以他拒絕。衡量理解的標準顯然不是命令的實際言辭，也不是發出命令的人的實際意見，而是對情況的理解和服從命令的人的責任性。即使我們把一個命令用文字寫下來，或者說，使它在書面上被給出，以便檢驗理解的正確性和對它的執行，我們也不能認爲這樣做就萬事大吉。那種光按命令辭文而不按其意義去執行命令的行爲，乃是一種荒唐可笑的行徑。所以毫無疑問，命令的接受者一定履行了一種意義理解的創造性的行爲。

[I 340] 如果我們現在想到了那種認爲傳承物就是這樣一種命令並試圖去理解它的**歷史學家**，他們的情況當然完全不同於原本接受者的情況。他們不是該命令所指的人，因而他們可以認爲該命令與自身完全無關。但是，如果他們眞想理解命令，他們就必須在思想上執行像該命令所指的接受者所執行的**同樣的行為**。而該命令所指的接受者由於把該命令應用於自身，能夠很好地區分命令的理解和命令的服從。甚至當他——而且正由於他——已經理解了命令，他才有可能不服從命令。對於歷史學家來說，要重構他所討論的命令所出自的原來情況，這可能是困難的。但是，只有當他已經執行了這種具體化的任務時，他才完全理解命令。這就是明確的詮釋學要求：即要根據正文當時被寫出的具體情況去理解正文的陳述。

按照科學的自我理解，歷史學家無需區分正文是否有一個特別的接受對象或是否意指「屬於一切時代」（Besitz für immer）。詮釋學任務的普遍性其實依據於：我們必須從適合於正文的目的（Scopus）來理解每一個正文。但是這也就意味著，歷史科學首先試圖從其自身來理解每一個正文，並且不把正文所說的內容認爲是眞實的，而是讓其眞理擱置待決（in ihrer Wahrheit dahingestellt sein lässt）。理解無疑是一種具體化，但這是一種包含保持這樣一種詮釋學距離的具體化。只有當我們忘卻了自己，理解才是可能的（Nur der versteht, der sich selber aus dem Spiele zu lassen versteht）。這就是科學的要求。

按照這樣一種精神科學方法論的自我解釋，我們一般可以說，解釋者對每一個正文都聯想了某個接受者（Adressat），而不管這個接受者是否被正文明確講到過。這個接受者在任何情況中都是解釋者知道與自身不同的原來讀者。如果以否定的方式來說，這一點更清楚。誰試圖作爲語文學家或歷史學家來理解某個正文，誰就無論如何不把該正文所說的東西應用於自身。他只試圖理解作者的意見。如果他想的只是理解，他就對這個正文說的東西是否客觀眞理不感興趣，即使正文自身聲稱教導眞理，他也不會感興趣。在這一點上語文學家和歷史學家是意見一致的。

但是，詮釋學和歷史學顯然不是完全一樣的東西。由於我們深入地考察了它們兩者之間的方法論區別，我們將認識到它們所具有的**真正共同性**並不是一般認爲它們具有的共同性。歷史學家對傳承 [I 341]
下來的正文具有一種不同的態度，他試圖透過正文知道某種過去的事情。因此他試圖透過其他傳承物去補充和證實正文。他認爲語文學家的工作有一種缺陷，因爲語文學家把他的正文視爲藝術作品。藝術作品乃是一個完全自足的世界。但是，歷史學家的興趣並不在於認識這種自足性（Selbstgenügsamkeit）。所以狄爾泰曾經反對施萊爾馬赫道：「語文學想在各處看到圓滿自足的此在。」[43] 如果一部流傳下來的文學作品對於歷史學家產生了影響，這對他來說仍沒有任何詮釋學的意義。他根本不可能把自己理解爲正文的接受者，並接受正文的要求。情況正相反，他是從正文自身不想提供的東西來考察正文。這一點也適合於那些本身想成爲歷史表現的傳承物，即使歷史著述家也要受到歷史的批判。

---

[43] 《青年狄爾泰》，第 94 頁。

就此而言，歷史學家表現了一種對詮釋學事業的超越。與此相應，解釋概念在這裡獲得了一種新的明確的意義。它不再只是指一種明確理解所與正文的行動，有如語文學家曾經作出的那樣。歷史解釋概念其實更符合於那種不被歷史詮釋學從古典的和傳統的意義上去理解的——即作爲某種指稱語言和思想之間關係的修辭學術語——**表達**（Ausdruck）概念。表達所表達的東西不只是表達中應當得以表達的東西，即它所意指的東西，而首先是那種不是應得以表達而是在這種言辭和意見中一起得以表達的東西，即那種幾乎可以說是表達「暴露」的東西。在這種廣泛的意義裡，「表達」概念所具有的內容遠遠超過語言學的表達概念。它其實包括了我們爲理解一切事物而必須返回的一切東西。同樣又包括了使我們有可能進行這種返回的東西。解釋在這裡不是指被意指的意義，而是指被隱蔽了的而且必須要揭示的意義。在這種意義上，每一個正文不僅表現了一種可理解的意義，而且本身在許多方面需要被揭示。正文本身就是一種表達現象。顯然，歷史學家有興趣於正文的這一方面。因爲（例如）一個報告作爲證據的價值事實上也部分依賴於正文作爲表達現象所表達的東西。從這裡我們可以推知作者無需說而
[I 342] 意指的東西，如：他屬於什麼黨派，他以什麼立場觀看事物，甚至我們還可以說他不眞誠或不誠實到什麼程度。這些影響證據可靠性的主觀因素顯然必須一起注意。但是，即使傳承物的主觀可靠性被確立了，傳承物的內容本身也必須首先被解釋，這也就是說，正文被理解爲一種其眞正意義只有超出其語詞意義才能得知的證件（Dokument），例如：透過與其他一些允許我們去評價某個傳承物歷史價值的材料進行比較。

所以，**歷史學家的基本原則是：傳承物可以用一種不同於正文自身所要求的意義來進行解釋**。歷史學家總是返回到傳承物的背後，返回到傳承物給予表達的意義的背後，以便探討那種傳承物不

是自願表達的實在。正文被置於所有其他歷史材料即所謂過去遺物之中。所以它們必須被解釋，即不僅按他們所說的東西被理解，而且按它們可以為之作證的東西被理解。

這裡解釋概念可以說臻於完成。凡是正文的意義不能直接被理解的地方，我們就必須進行解釋。凡是我們不想信任某個現象直接表現的東西的地方，我們就必須進行解釋。心理學家之所以進行解釋，是因為他不接受生命表現自身所意指的意義而返回探究無意識裡所出現的東西。同樣，歷史學家之所以解釋過去的遺留材料，是為了發現其中被表現並同時被隱蔽的眞正意義。

所以，在歷史學家和那些只是為了美和眞的緣故而想理解正文的語文學家之間存在一種天然的對立關係。歷史學家是從正文自身沒有陳說因而不需要包含在正文所意指的意義中的東西出發來進行解釋。這裡歷史學的意識和語文學的意識陷入了一種根本的衝突之中——但是，自從歷史學意識改變了語文學家的態度以來，這種對立幾乎不復存在。自那時以來，語文學家拋棄了他的正文對他應具有某種規範有效性的要求。他不再把正文視作人類言辭的模式，不再認為正文具有人類所說東西的典範性，而是從正文自身根本不意指的東西出發去觀看它們，也就是說，他把正文看作為歷史學家。這樣，語文學成了歷史學的一門輔助學科。這一點可以在古典語文學那裡看出來，古典語文學一開始就稱自己為古代科學，如維拉莫維茨 [258] 所說的。語文學是歷史研究的一個部門，它首先以語言和文學為自己研討的對象。語文學家就是歷史學家，因為他從他的原始文學資料裡獲得一種特有的歷史度向。對於語文學家來說，理解就是把某個所與正文納入（einordnen）語言、文學形式、風格等的 [I 343]
歷史關係中，並且透過這種媒介最後納入歷史的生命連繫整體中。只是有時他自己的原本的品性彷佛在起顯著作用。所以在評價古代歷史著作家時，他傾向於給予這些大作家以比歷史學家認為正確的更大的信任。這種思想上的輕信——使語文學家過高地評價了他的正文的證據價值——乃是語文學家要成爲「美的講話」之友和古典文學介紹人這一古老要求的最後痕跡。

現在讓我們提出這樣的問題，今天的歷史學家和語文學家都贊同的這種關於精神科學工作程序的描述是否正確，以及歷史意識在這裡所提出的普遍要求是否公正。首先就**語文學**而言，這似乎是有問題的。[44] 語文學家如果屈服於歷史研究的標準，那麼他們最終會誤解他們自己作爲美的講話之友的本性。如果說他們的正文對於他們具有一種典範性，那麼這首先可能是形式。古老的富有浪漫熱情的人文主義曾經認爲，在古典文學中一切都是以一種典範的方式被說出來。但是，以這樣一種典範方式被說出的東西其實遠遠多於單純形式的典範。美的講話之所以是美的講話，不僅是因爲其中被說的東西是以美的方式被說出的，而且也因爲被說的東西本身就具有美。它不只是想成爲單純的美的講話技巧。下面這一點特別適合於各民族的詩歌傳承物，即我們不僅驚嘆它們的詩的力量，它們表現的想像力和藝術性，而且也驚嘆它們所講出的偉大眞理。

所以，如果在語文學家的工作中仍保留了某種屬樹立典範的東西，他實際上就不只是把他的正文與某個重構的接受者關聯起來，而且也把他的正文與他自身關聯起來（當然他是不願承認這一點的）。雖然他承認典範的東西具有一種作爲範例的力量，但是在他每一次樹立典範的工作中總是已經包含這樣一種理解，即不再自發地接受這些範例，而是對它們作了選擇並知道對它們負有義務。因此他自身與範例的這種關係經常具有繼承（Nachfolge）的性質。正如繼承不只是單純的模仿一樣，語文學家的理解也是一種不斷

44　參見 H. 帕策爾的論文〈作為古典語文學方法論問題的人文主義〉（《一般研究》，1948 年）。

更新的照面形式（Form der Begegnung），並且本身具有一種事件性質，而這正是因爲這種理解不是單純的自發接受（kein blosses Dahingestelltseinlassen），而是包含了應用。語文學家彷佛是在不斷編織一張由傳統和習俗提供給我們的大網。

如果我們承認這一點，那麼語文學一定可以透過我們把它與歷 [I 344]
史學區分出來而達到它的眞正尊嚴和對它自身的正確理解。不過，我認爲這只是一半眞理。反之，我們必須探究這裡所描繪的歷史學態度的圖畫本身是否一幅歪曲的圖畫。也許不只是語文學家的態度，而且**歷史學家的態度亦然**，他們與其說按照自然科學的方法論理想確立自己的行爲方式，毋寧說按照法學詮釋學和神學詮釋學提供給我們的模式確定自己的行爲方式。歷史學家與正文的交往跟語文學家對其正文的原本依賴完全不同，這可能是符合實際情況的。歷史學家試圖返回到正文的後面，以便迫使正文產生它們不想給出並且自身也不能給出的解釋，這也可能是符合實際情況的。如果我們用個別正文所表現的標準來衡量，情況似乎就是這樣。歷史學家對其正文的態度，類似於審訊官盤問證人的態度。但是，單純地確立那些從證人一己之見而得到的事實，實際上並不使他成爲歷史學家；使他成爲歷史學家的東西是，理解他在確立的事實中所發現的意義。所以歷史的證據類似於法庭上給出的證詞。在德文中這兩種情況使用同一個詞絕非偶然。在這兩種情況裡，Zeugnis 都是指幫助確立事實的工具。但是，事實本身不是探究的眞正對象，而只是爲法官進行公正判決這一眞正任務和爲歷史學家確立某個事件在其歷史自我意識整體中的歷史意義這一眞正任務提供某種資料。

所以，整個區別也許只是一個標準問題。如果我們想把握眞正的東西，那麼我們不應太挑剔地選擇標準。既然我們已經指明傳統的詮釋學曾經人爲地限制了現象領域，那麼這一點也許也適合於歷史學的態度。這裡不也是這種情況，即眞正決定性的東西已經先於任何歷史方法的應用而存在嗎？那種並不使**歷史問題的本質**成爲中心，並且不探究促使歷史學家轉向傳承物的動機的歷史詮釋學，缺乏其最本質的核心。

如果我們承認這一點，那麼語文學和歷史學之間的關係會突然變得完全不同。雖然我們可以說語文學過多地受到歷史學的影響，但這不是事情的最終方面。在我看來，我們必須使語文學家想起的

[I 345] **應用問題，即使對於歷史學理解這一更為複雜的情況來說也是有決定性意義的**。的確，所有表面現象似乎都反對這一點，因爲歷史學理解似乎根本拒絕傳承物所提出的應用要求。但我們已經看到，歷史學理解並不是用正文自己的意向，而是用它自身特有的意向偏移（Intentionsverschiebung）來接受它的正文，即把它的正文看作一種原始歷史資料，試圖從這種資料獲得對某種正文自身根本不想說，但我們發現恰恰表現在正文中的東西的理解。

但是，如果我們更切近地加以考察，那麼將有這樣一個問題，即歷史學家的理解在本質結構上是否眞與語文學家的理解有區別。的確，歷史學家是從另一種觀點來觀看他的正文。但是，這種意向的改變只適合於這樣一些個別的正文。對於歷史學家來說，個別的正文是與其他原始資料和證據一起構成整個統一的傳統。這種整個統一的傳統就是他的眞正的詮釋學對象。他必須在同樣的意義上理解這種傳統，有如語文學家在統一的意義中去理解他的正文一樣。所以歷史學家必須承擔某種應用任務。這是關鍵之點，歷史學理解可以說是一種廣義的語文學。

但是，這並不是說我們贊成歷史學派的詮釋學態度，該學派的問題我們上面已經作了說明。在那裡我們已經講到過語文學圖式在歷史學自我理解中的統治地位，並特別援引狄爾泰爲精神科學所做的奠基工作來表明，歷史學派那種認爲歷史是實在而不是單純觀念關係展開的眞正目的是不可能實現的。我們絕不會像狄爾泰那樣主

張，所有事件都像一個可讀的正文那樣具有一種完美的意義內容。如果我們稱歷史學爲廣義的語文學，那麼這並不是說，歷史學應當被理解爲精神史。

其實，我們的想法正相反。我們認爲，我們已經更正確地理解了究竟何爲讀正文。的確，並不存在這樣的讀者，世界史這部大書只是單純地打開在他的眼前。但是，同樣也不存在這樣的讀者，當他面對他眼前的正文，他只是讀那裡有的東西。其實，所有的讀都包含一個應用，以致誰讀某個正文，誰就自身處於他所理解的意義之中。他屬於他所理解的正文。情況永遠是這樣，即在讀某個正文過程中他所得知的意義線索（Sinnlinie），必然被中斷於一個開放的不確定性之中。他可能承認，而且他必須承認，未來的世代將以不同的方式理解他在正文中所曾讀到的東西。凡是適合於每一個讀者的東西，也適合於歷史學家。只是歷史學家是研討整個歷史傳統，如果他想理解這個傳統，他必須把這個傳統與他自身現在的生 [I 346]
命連繫起來，並且他以這種方式使整個歷史傳統對未來保持開放。

所以，我們也承認語文學和歷史學之間有一種內在的統一性，但是我們既不是在歷史學方法的普遍性中，也不是在以原來讀者取代解釋者的客觀化做法中，又不是在對這種傳統的歷史批判中看到這種統一性，而是相反地在它們兩者都履行了同樣一個應用任務（區別只是程度上的）中看到了這種統一性。如果語文學家以我們所說的方式理解所與正文，即理解正文中的他自己，那麼歷史學家也理解他自己發現的世界史本身這個大正文——在這大正文中，每一個傳承下來的正文只是一個意義片段，一個字母——並且他也理解在這個大正文中的他自己。語文學家和歷史學家這兩者都是從自我忘卻（Selbstvergessenheit）中重返家園的，他們之所以被放逐到這種自我忘卻中，乃是由於這樣一種思想，對於這種思想來說，現代科學的方法論意識就是唯一的標準。他們兩者現在都在**效果歷史**

意識中找到了它們的眞正基礎。

這表明法學詮釋學模式實際上是富有成效的。如果法律學家認爲他自己有責任像法官那樣補充某個法律正文的原本意義，那麼他正是做了所有其他理解中已有的事情。**如果我們在語文學家和歷史學家的所有詮釋學活動中認識到效果歷史意識，那麼詮釋學學科的古老統一性又重新恢復了它的權利**。

包含在所有理解形式中的應用的意義，現在已經清楚。應用絕不是把我們自身首先理解的某種所與的普遍東西事後應用於某個具體情況，而是那種對我們來說就是所與正文的普遍東西自身的實際理解。理解被證明是一種效果（Wirkung），並知道自身是這樣一種效果。

3. 對效果歷史意識的分析

(a) 反思哲學的界限[1]

我們現在必須探究：知識和效果究竟有怎樣的關係？我們上面已經強調過，[2]效果歷史意識不是探究一部作品所具有的效果歷史， [I 347] 即不是探究一種彷佛是作品遺留在後面的痕跡——效果歷史意識其實是作品本身的一種意識，因此是它本身產生效果。我們關於境域形成（Horizontbildung）和視域融合（Horizontverschmelzung）的全部說明旨在描述效果歷史意識的作用方式（Vollzugsweise）。但是，這究竟是一種什麼樣的意識呢？這是一個關鍵問題。我們還可以這樣強調說，效果歷史意識彷佛就包含在效果本身之內。效果歷史意識既然作爲意識，它在本質上似乎就能夠使自己超越它是其意識的東西。反思性的結構基本上是一切意識所具有的。所以這種反思性的結構對於效果歷史意識也一定有效。

我們也可以這樣來表述這一點：當我們講到效果歷史意識時，我們是否不認爲自己被束縛於那種消除一切直接關係（Betroffenheit）——我們意指效果——的內在的反思規則性呢？我們是否不會被迫承認**黑格爾**是正確的，以及我們必須不把黑格爾所認爲的那種**歷史和真理的絕對媒介關係**認爲是詮釋學的基礎呢？

---

1 〔「反思哲學」（Reflexionsphilosophie）概念是黑格爾為反對雅可比、康德和費希特而提出的。最早出現在《信仰和知識》裡，不過是作為一種「主體性的反思哲學」。黑格爾自己以**理性**的反思與之相對立。〕

2 參見本書第 305 頁。

如果我們想到了歷史世界觀及其從施萊爾馬赫直到狄爾泰的發展，我們就根本不能輕視這一問題。任何地方都表現了這同樣的問題。在任何地方，詮釋學的要求只有在知識的無限性中，在全部傳承物與現在的思維性的媒介過程中才能實現。這種詮釋學要求是根據完美的啓蒙運動的理想，根據我們歷史視域的完全開放，根據我們自己的有限性可在無限的知識中得以消除而提出的，簡言之，是根據歷史認知精神的無所不在（Allgegenwärtigkeit）而提出的。說 19 世紀的歷史主義從未明確地承認這一結論，這顯然沒有什麼重要意義。歷史主義最終正是在黑格爾立場中才找到其合法根據，即使充滿經驗熱情的歷史學家所喜歡援引的不是黑格爾，而是施萊爾馬赫和威廉．馮．洪堡。但是，不管是施萊爾馬赫還是洪堡，他們都未眞正澈底地思考他們的立場。儘管他們非常強調個體性，強調我們的理解必須克服的陌生性障礙，但理解最終只是在某種無限的意識中才找到它的完成，而這種無限的意識乃是個體性思想的基礎。正是這種把一切個體都包含在絕對之中的泛神論觀點，才使理
[I 348] 解奇蹟得以可能。所以，這裡是存在和知識在絕對中的相互滲透。不管是施萊爾馬赫的康德主義，還是洪堡的康德主義，他們對於唯心論在黑格爾的絕對辯證法中的思辨完成都沒有給予獨立的系統的肯定。適用於黑格爾的反思哲學批判，也適用於他們。

我們必須探究，我們自己關於某種歷史詮釋學的嘗試是否受到同樣的批判，或者，我們是否能使自己擺脫反思哲學的形上學要求，並能透過記取青年黑格爾派對黑格爾的歷史性批判來證明詮釋學經驗的合法性。

首先，我們必須要認識到絕對反思的強迫力量，並且承認黑格爾的批判家們從未能夠眞正破壞這種反思的魔力圈。只有當我們不滿足於思辨唯心論的非理性主義的歸併（Aufweichung），而能夠保留黑格爾思想的眞理，那麼我們才能夠使歷史詮釋學問題擺脫思

辨唯心論的混雜結論。我們這裡所說的效果歷史意識是這樣來思考的，即作品的直接性和優越性在效果意識中並不被分解成單純的反思實在性，即我們是在設想一種超出反思全能的實在性。這一點是批判黑格爾的關鍵，正是在這一點上，反思哲學原則實際上證明自身優越於它的一切批判者。

黑格爾對康德「物自體」的著名批判可以明確地說明這一點。[3] 康德對理性所作的批判性界定已經限制了範疇對可能經驗對象的應用，並且解釋了作爲現象基礎的物自體在原則上是不可認識的。黑格爾辯證的論證反對說，理性由於作出這種限制並區分現象和物自體，其實也證明這種區分乃是它自己的區分。在作出這種區分時，理性絕不達到對它自身的限制，而是透過它作出這種限制而完全自在地存在。因爲這意味著，理性已經超出了這種限制。使一個限制成爲限制的東西，其實總是同時包含被限制所界限的東西所限制的東西（wogegen das durch die Grenze Eingegrenzte grenzt）。限制的辯證法是：只有透過它揚棄自身才存在。所以，標示物自體區別於它的現象的自在存在（Ansichsein）只是對我們才是自在的。在限制辯證法中表現爲邏輯普遍性的東西，在經驗中特殊化爲這樣的 [I 349]
意識，即被意識所區分的自爲存在乃是它自身的他物。它的眞理被認識，是當它被認識爲自我，即當它在完全絕對的自我意識中認識自身。我們後面將討論這個論證的正確性和限制性。

由於黑格爾批判而引起的對這種絕對理性哲學所進行的各種各樣批判，並不能抵禦黑格爾特別是在他的現象學（即現象知識科學）中所描述的那種總體辯證法自我媒介的結論。說他人必須被認作爲不是從純粹自我意識所把握的我自身的他物，而是要被認作爲他者、認作爲你——這是所有反對黑格爾辯證法無限性的原

---

3 參見《哲學百科全書》，第 60 節。

型——，這並沒有眞正擊中黑格爾的要害。《精神現象學》的辯證法過程也許不能被像承認你的問題這樣的任何東西所決定。我們只需要提到這個歷史過程中的一些階段：對於黑格爾來說，我們自己的自我意識只有透過被他人所承認才達到它的自我意識的眞理；男人和女人的直接關係是相互承認的自然而然的知識（325）。[4]另外，良知表現了被承認（Anerkanntwerden）的精神要素，並且相互的自我承認（在這種承認中精神是絕對的）只有透過坦白和寬恕才能達到。我們不能否認費爾巴哈和齊克果的反駁已經先期考慮到了黑格爾所描述的這些精神形式。

對這位絕對思想家的攻擊本身是沒有根據的。使黑格爾哲學澈底動搖的阿基米德點永遠不會透過反思而找到。這一點正構成反思哲學的形式性質，即任何出發點都包含在回到自身的意識的反思運動中。求助於直接性——不管是肉體本性的直接性，還是提出要求的你的直接性，不管是歷史改變的難以測知的事實性的直接性，還是生產關係實在性的直接性——總是一種自我反駁，因爲它本身就
[I 350] 不是一種直接的態度，而是一種反思的活動。黑格爾左派對單純的理智和解（這種和解不能說明世界的眞正變化）的批判，哲學轉向政治的整個學說，在根本上不可避免都是哲學的自我取消。[5]

所以出現了這樣一個問題，即反思哲學的辯證優越性在什麼範圍內符合某種事實眞理，以及在什麼範圍內它只產生一種形式的

4　〔最近我在《黑格爾辯證法——六篇詮釋學研究論文》（圖賓根，1980 年第 2 版，現收入我的著作集，第 3 卷）第 3 章中對承認辯證法（《精神現象學》，第 4 章 A，自我意識的獨立性和依賴性，主人和奴隸）已作了一個精確的解釋。〕

5　這一點在馬克思主義文獻裡直到今天還是明顯可以看到的。參見 J. 哈貝馬斯在〈關於馬克思和馬克思主義的哲學討論〉（《哲學評論》，第4卷，第3期，1957 年，第 183 頁以下）對於這一點的有力闡述。

現象。因爲反思哲學的論證最終不能掩蓋這一事實，即從有限的人的意識立場出發對思辨思想所進行的批判包含某種眞理。這一點特別明顯地表現在那種毫無創見的唯心主義形式上，例如：新康德主義對於生命哲學和存在哲學的批判。海因里希．李凱爾特——此人在 1920 年試圖透過論證摧毀「生命哲學」——根本不能獲得在當時已開始蔓延的尼采和狄爾泰的那種影響。儘管我們能夠很清楚地論證每一種相對主義的內在矛盾性——但是正如海德格所說的，所有這些得勝的論證本身卻具有某種使我們不知所措的突然襲擊的嘗試。[6] 儘管這些論證似乎是有說服力的，但它們仍抓不住關鍵的東西。雖然在使用它們時，我們可能被證明是正確的，但是它們本身並未表現出任何富有價值的卓識洞見。說懷疑論或相對主義的論點一方面要求是眞的，另一方面又反駁自己這種要求，這雖然是一個不可反駁的論證，但這究竟有什麼成果呢？以這種方式被證明得勝的反思論證其實又回到了論證者，因爲它使得我們對一切反思的眞理價值產生懷疑。這裡受到打擊的不是懷疑論或取消一切眞理的相對論的實在性，而是一般形式論證的眞理要求。

就此而言，這種反思論證的形式主義只在外表上具有哲學的合法性。事實上它並未告訴我們什麼。我們首先從古代詭辯派那裡熟悉了這種論證的表面合法性。柏拉圖就曾經證明了古代詭辯派的內在空虛。但柏拉圖也曾經是這樣的人，他清楚地認識到，根本不存在這樣充分的論證標準足以眞正區分哲學家的談話和詭辯派的談話。特別是他在第 7 封信中指出，一個命題的形式矛盾性並不必然排除它的眞理性。[7]

---

6 海德格：《存在與時間》，第 229 頁。

7 這是 343cd 那段費解的話的意義，對於這段話，那些否認第 7 封信可靠的人一定認為有第二匿名的柏拉圖。〔參見我的詳細解釋〈柏拉圖的第 7 封信裡的辯證法和詭辯論〉（我的著作集，第 6 卷，第 90-115 頁）。〕

[I 351] 一切空洞論證的模式是詭辯派的問題：我們一般怎麼能夠探究我們並不認識的東西呢。柏拉圖在《美諾篇》[8]裡表述的這個詭辯派的反駁，並不是透過一種卓越的論證解答，而是非常典型地透過援引靈魂預先存在的神話得到克服的。這當然是一種很富有諷刺意味的援引，因爲用來解決問題和探究之謎的預先存在和重新回憶的神話，其實並不表現一種宗教的確實性，而是依據於探究知識的靈魂的確實性，而這種確實性勝過形式論證的空洞性。然而對於柏拉圖在邏各斯裡所承認的弱點具有典型特徵的是，他不是邏輯地，而是神祕地確立對詭辯派論證的批判。正如眞意見是一種上帝的恩惠和禮物一樣，對眞邏各斯的探究和認識也不是人類精神的自由的私有物。我們以後將會看到，柏拉圖在這裡賦予蘇格拉底辯證法的神祕合法性是具有根本意義的。假如詭辯派並沒有被反駁——而且這不能透過論證來反駁——那麼這個論證就要被丟棄。這就是「懶散理性」（faule Vernunft）的論證，並且具有眞正象徵性的重要性，因爲所有空洞的反思，儘管有其得勝的假象，但最終都促使一般反思喪失信譽。

柏拉圖對辯證的詭辯論的神祕主義反駁，儘管看上去是令人信服的，但並不使現代思維感到滿足。黑格爾並不認識哲學的神祕主義基礎。對於他來說，神話其實屬於教育學。哲學的基礎最終只能是理性。由於黑格爾這樣深入地把反思辯證法作爲理性的整個自我媒介來研究，他從根本上超越了論證的形式主義——我們和柏拉圖一樣把這種形式主義稱爲詭辯派的形式主義。因此，黑格爾的辯證法與柏拉圖的蘇格拉底論證一樣，乃是反對理解的空洞論證，他把這種空洞論證稱之爲「外在反思」。但是正因爲這種原因，深入研究黑格爾對於詮釋學問題來說就具有根本意義。因爲黑格爾的精神

8 《美諾篇》，80d 以下。

哲學要求實現歷史和現代的整個媒介。在這種哲學裡所研討的問題並不是反思的形式主義，而是我們自身也必須堅持的同樣事情。黑格爾深刻地思索了作爲詮釋學問題根源的歷史度向。

因此，我們必須從黑格爾的觀點以及與黑格爾相區別的觀點來規定**效果歷史意識的結構**。黑格爾對基督教的唯靈論解釋——他用 [I 352] 這種解釋來規定精神的本質——並不受下面這種反對意見所影響，即這種解釋沒有爲他人的經驗和歷史他在的經驗留下地盤。精神的生命其實正在於：在他在中認識自身。旨在達到自我認識的精神知道自身與陌生的「實證東西」（Positiven）相分裂，並且必須學會使自身與這種實證東西相和解，因爲它把這種實證東西認作爲自己的和家鄉的東西。由於精神消除了實證東西的堅固性，所以它與自身達到了和解。就這種和解乃是精神的歷史性工作而言，精神的歷史態度就既不是自我反映（Selbstbespiegelung），也不是對它所經歷的自我疏離單純形式的辯證的取消，而是一種經驗實在的並且本身也是實在的**經驗**。

(b) 經驗概念和詮釋學經驗的本質

這正是我們在分析效果歷史意識時所必須堅持的東西：效果歷史意識具有**經驗**的結構。在我看來，經驗概念——儘管看起來非常荒謬——乃是我們所具有的最難以理解的概念之一。因爲經驗概念在歸納邏輯中對自然科學起了主導的作用，所以它被隸屬於一種知識論的解釋圖式，而這種解釋圖式在我看來似乎縮減了它原本的內容。我們可以想到，狄爾泰就曾經譴責英國經驗論缺乏歷史的教養。假如我們說他是在「生命哲學的」動機和科學理論的動機之間猶豫不決地搖擺的話，那麼我們可以認爲他這種譴責乃是半個批判。事實上，迄今爲止的經驗理論的缺點（也包括狄爾泰在內）在於：它們完全是從科學出發看問題，因而未注意經驗的內在歷史性。科學的目的是這樣來客觀化經驗，以使經驗不再包含任何歷史的要素。自然科學實驗是透過它的方法論程序做到這一點的。但是，歷史批判方法在精神科學裡也是執行這同樣的任務。在這兩種方法裡，客觀性都是這樣得到保證的，即我們可以使這些基本的經驗被每一個人重複。正如在自然科學裡實驗必須是可證實的一樣，在精神科學裡，全部程序也應當是可被檢驗的。就此而言，經驗的歷史性在科學裡是沒有任何地位的。

所以，現代科學在其方法論裡只是繼續貫徹一切經驗已經追求
[I 353] 的東西。一切經驗只有當被證實時才是有效的。因此經驗的威望依賴於它的原則上的可重複性。但這意味著，經驗按其自身本性要丟棄自己的歷史並取消自己的歷史。這一點適合於日常生活的經驗，並且對於任何一種科學的經驗觀來說也是正確的。因此，經驗理論在目的論上是與這種理論所獲知的眞理完全相關，這絕不是現代科學理論的偶然片面性，而是有事實根據的。

在當代，**埃德蒙德・胡塞爾**對這個問題給予特別的重視。他在其許多總是新的探究中試圖解釋那種在科學中出現的經驗理想化的片面性。[9] 爲了這個目的，胡塞爾給出了一個經驗的系譜，以說明經驗作爲生命世界的經驗在它被科學理想化之前就存在。不過，我認爲他似乎仍被他所批判的片面性所支配。因爲就他使知覺作爲某種外在的，指向單純物理現象的東西成爲一切連續的經驗的基礎而言，他總是把精確科學經驗的理想化世界投射進原始的

9　參見《經驗和判斷》第 42 頁以及他的大部頭著作《歐洲科學的危機和先驗現象學》第 48 頁以下，尤其是第 130 頁以下的說明。〔這裡作為基礎的是一個很不同的基本概念。我認為，「純粹的」知覺在現象學上就是一種單純的構造，這個構造相應於衍生出來的現成性（Vorhandenheit）概念——因此表現了他的科學理論仍有理想化傾向的殘餘。〕

世界經驗之中。我可以引證他的話：「即使由於這種感性的在場（Anwesenheit）它立即引起了我們的實踐的或情緒方面的興趣，對我們立即表現爲某種有用的、吸引的或排斥的東西——但所有這些東西都基於這樣一個事實，即它是帶有那些能夠單獨透過感覺加以理解的性質的支撐物（Substrat），對於這些性質任何時候都有一種可能解釋的途徑。」[10]〔我們可以看到，本體論的前概念「在場」是怎樣強烈地支配著他。〕胡塞爾試圖從意義起源學上返回到經驗的起源地並克服科學所造成的理想化，他這一嘗試顯然必須以一種特別的方式與這樣一種困難相抗爭，即自我的純粹先驗主體性實際上並不是作爲這樣的東西被給予的，而總是存在於語言的理想化中，而這種語言的理想化在所有獲得經驗的過程中已經存在，並且造成個別自我對某個語言共同體的隸屬性。

事實上，如果我們返回到現代科學理論和邏輯的開端，我們將發現這樣一個問題，即究竟在什麼範圍內能夠對我們的理性有這樣一種純粹的使用，使它按照方法論原則進行工作並擺脫一切前見和先入之見——首先是「語言方面的」前見和先入之見。在這個領 [I 354]
域內，**培根**的特殊成就在於：他並不滿足於那種把經驗理論發展成爲某種眞歸納理論的固有的邏輯任務，而是相反地討論了這種經驗工作在道德上的全部困難和在人類學上的可疑性。他的歸納方法試圖超出日常經驗所具有的無規則性和偶然性，並且特別是超出日常經驗的辯證使用。在這方面，他以一種預示方法論研究新時代的方式澈底地動搖了那種在當時仍被人文主義士林哲學所主張的基於簡單枚舉法的歸納理論。歸納概念利用了這樣一種觀念，即我們可以根據偶然觀察進行概括，只要不出現相反事例，我們就可認爲它有效。眾所周知，培根用**自然解釋**（interpretatio naturae），即對自

---

10 《胡塞爾文庫》，第 6 卷。參見本書第 251 頁以下。

然的眞實存在的專門解釋，來與這種**預期**（anticipatio），即這種對日常經驗的草率概括相對立。[11] 自然解釋應當透過按方法進行的實驗允許我們一步一步地上升到眞實的可靠的普遍性，即自然的簡單形式。這種眞實的方法的特徵是精神在那裡不能爲所欲爲。[12] 精神不能夠像它所想的那樣自由翱翔。爲了獲得一種有秩序的避免一切草率結論的經驗，它只需要 gradatim（一步一步地）從特殊東西上升到普遍東西。[13]

培根自己把他所要求的方法稱之爲實驗的方法。[14]但是我們必須記住，實驗在培根那裡並不總是指自然科學家的一種技術性的活動，即在孤立的條件下人爲地引出事件程序並使之得以量度。實驗其實是而且首先是對我們精神的一種巧妙的指導，阻止它縱情於草率的概括，並使它自覺地改變它對自然的觀察，自覺地面對最遙遠的、表面上最不同的事例，以致它可以學會以一種逐漸的和連續的方式，透過排除過程去達到公理。[15]

整個來說，我們將同意一般對培根的批判，並必須承認培根
[I 355] 的方法論建議是令人失望的。他的這些建議太含混和一般了，特別是在應用於自然研究時很少有成效，有如我們今天所看到的。的確，這位反對空疏的辯證和詭辯的學者本身也總是深深地陷入在他所攻擊的形上學傳統及其辯證的論證形式中。他那種透過服從自然而達到征服自然的目的，那種攻擊和強迫自然的新態度，以及所有那些使他成爲現代科學先驅的一切，只是他的工作的一個計畫性的方面，而在這方面他的貢獻很難說是不朽的。他的眞正成就其實在

11 F. 培根：《新工具》，第 1 卷，第 26 頁以下。

12 同上書，第 20 頁以下、第 104 頁。

13 《新工具》，第 1 卷，第 19 頁以下。

14 同上書，特別要參見「distributio operist」（「著作的分類」）。

15 《新工具》，第 1 卷，第 22、28 頁。

於，他廣泛地研究了那種支配人的精神並使人的精神脫離事物眞知識的成見，而且因此使精神進行了一場方法論上的自我純化，而這種精神自我純化與其說是方法毋寧說是**訓練**（disciplina）。培根這種著名的「成見」學說的最重要意義就在於使我們有可能遵照方法來使用理性。[16]正是這一點使我們對他發生了興趣，因爲這裡儘管是批判的，爲了排斥的目的，卻表述了那種與科學目的沒有任何目的論關係的經驗生命環節。例如：當培根在「種族假相」裡講到人的精神總是天生地傾向於記住肯定的東西和忘記**否定的東西**時，就是這樣。如信仰神諭就是依靠這種人的遺忘性，人的這種遺忘性只使人記住眞實的預言，而不注意不眞實的預言。同樣，在培根看來，人的精神與語言習慣的關係也是一種被空洞的傳統形式所混淆的知識形式。它屬於市場假相。[259]

這兩個例子足以表明，在培根那裡，支配我們問題的目的論方面並不是唯一可能的方面。肯定的東西在記憶中的優先性是否在任何地方都有效，忘記否定的東西這一生命傾向是否在任何地方都被批判地對待，這對我們來說乃是一個重要的問題。自從埃斯庫羅斯[260]的《普羅米修斯》以來，希望的本質是一個如此清晰的人類經驗的標誌，以致我們——由於人類經驗在人類學上的重要性——必須把那種承認目的論爲知識成就唯一標準的原則認爲是片面的。關於語言的重要性我們大概有同樣的看法，因爲語言是先於一切經驗而存在的。所以，雖然虛假的語詞問題可能得自於語言習慣的統治，但語言同時又確實是經驗本身的積極條件和指導。此外，胡塞爾也和培根一樣，在語言表達領域內更多注意的是否定的方式，而不是肯定的方式。

因此，在分析經驗概念時，我們將不讓自己受這些模式的指

16 同上書，第 38 頁以下。

[I 356] 導，因爲我們不能限制自己於這種至今已發現有很多問題的目的論方面。但這並不是說，這方面未正確地把握經驗結構中的眞正要素。經驗只有在它不被新的經驗所反駁時才是有效的（ubi non reperitur instantia contradictoria），這一點顯然表現了經驗一般本質的特徵，不管我們是在討論現代意義上的科學的經驗活動，還是在討論我們每一個人經常所具有的日常生活的經驗。

所以，這種特徵與**亞里斯多德**在他的《後分析篇》附錄裡對歸納概念所做的分析完全一致。[17] 亞里斯多德在那裡（同樣在《形上學》第 1 章裡）描述了一種統一的經驗是怎樣透過許多個體的記憶而從許多個別的知覺推導出來。這是一種什麼樣的統一呢？顯然，這是一種共相的統一。但是，經驗的普遍性不等於科學的普遍性。按照亞里斯多德的看法，經驗的普遍性其實是在許多個別的知覺和眞正的概念普遍性之間占據了一個顯然不確定的中間位置。科學和技術是以概念的普遍性爲它們的出發點。但是，什麼是經驗的普遍性，以及它怎樣過渡到新的邏各斯的普遍性呢？如果經驗向我們表明，某種特殊的藥劑具有某種特定的效果，那麼這意味著，某種共同的東西已從許多觀察裡被看出來了，而且眞正的醫學問題、科學問題確實只有從某種有保證的觀察出發才有可能：這就是邏各斯的問題。科學知道爲什麼，根據什麼理由這種藥劑才有治療的效果。經驗不是科學本身，但經驗卻是科學的必要前提。經驗必須已經是確實的，也就是說，個別的觀察必須表現同樣的規則性。只有當那種在經驗中所涉及的普遍性被達到了，我們才可能探討原因的問題並因此走向科學。我們重新要問：什麼是這樣一種普遍性？它顯然是涉及許多個別觀察的無差別的共同東西。正是因爲我們記住了這許多觀察，我們才可能作出某種確實的預見。

---

17 《後分析篇》，B19（第 99 頁以下）。

經驗（Erfahrung）、記憶（Behalten）與由之而得出的經驗統一性之間的關係在這裡顯然仍是不清楚的。亞里斯多德在這裡顯然依據於一種在他的時代已具有某種經典特徵的思想論證。我們首 [I 357] 先可以在安那克薩哥拉[261]那裡找到這種論證。按照普羅塔克的說法，安那克薩哥拉曾證明人之所以區別於野獸，在於人有 Empeiria（經驗）、Mneme（記憶）、Sophia（智慧）和 Techne（技藝）。[18] 在埃斯庫羅斯的《普羅米修斯》對「Mneme」（記憶）的強調裡我們也發現了同樣的觀點。[19] 雖然我們在柏拉圖的普羅塔哥拉斯故事裡沒有發現同樣的對「Mneme」的強調，但柏拉圖[20]和亞里斯多德都指出這已經是一種確定的理論。保留重要的知覺（monē）顯然是有一種相連繫的動機，即使我們能從個別人的經驗得到普遍東西的認識。所有具有這種意義——即過去意義和時間意義——的 Mneme（記憶）的動物，是與人類很相近的。我們需要一種特殊的探究，以考察記憶（mnēmē）和語言之間的關係怎樣在我們已概述其蹤跡的早期經驗理論裡發生作用。顯然這種獲得普遍概念的過程是與學習命名和講話的過程連繫在一起的，泰米斯修斯（Themistius）[262]毫不猶豫地透過語言學習和語詞形成的例子來解釋亞里斯多德對歸納法的分析。不過，我們應當注意，亞里斯多德所講的經驗普遍性無論如何絕不是概念普遍性和科學普遍性。（我們由於這種理論而觸及的問題無疑是詭辯派教育思想的問題。因爲我們在所有可得到的文獻中都發現這裡所涉及的人類特徵和自然的普遍安排之間有一種關係。但這種使人和動物彼此對立的動機正是

---

18 普羅塔克：《論幸運》，3P. 98F= 第爾斯：《前蘇格拉底哲學家殘篇》，安那克薩哥拉，B21b。

19 埃斯庫羅斯：《普羅米修斯》，461。

20 《斐多篇》，96。

詭辯派教育理想的當然出發點。）經驗總是只在個別觀察裡才實際存在。經驗在先在的普遍性中並不被認識。經驗對於新經驗的基本開放性（offen heit）正在於這裡——這不僅是指錯誤得以更正這種一般的意義，而且也指這樣的意思，即經驗按其本質依賴於經常不斷的證實，如果沒有證實，經驗必然會變成另外一種不同的東西（ubi reperitur instantia contradictoria）。

亞里斯多德對於這種處置方法的邏輯給出了一個很美的圖畫。他把某人所做的許多觀察與潰逃的（fliehenden）軍隊作比較。[263] 這些觀察是逃遁的（flüchtig，意即易變的），就是說，它們不是站得住的（stehenbleiben，意即不是固定不變的）。但是，如果在這種普遍的逃遁（Flucht，意即易變性）中一旦有某個觀察被重複
[I 358] 的經驗所證明，這個觀察就是站得住的（即固定不變的）。這樣一來，在這一點上就好像在普遍的逃遁中出現了第一個停止。如果他人也這樣停止，那麼整個逃亡的軍隊最後都停止，並再服從統一命令。這裡對整體的統一控制形象地說明了什麼是科學。這個圖畫應當用來表明科學，即普遍眞理怎麼才是可能的，科學不可能依賴於觀察的偶然性，而應當具有一種眞正普遍的有效性。如果觀察是這樣依賴於偶然性，怎麼能夠從觀察中產生科學呢？

這幅圖畫對於我們來說是重要的，因爲它揭示了經驗本質裡起決定性作用的要素。正如所有圖畫一樣，這幅圖畫也是不完美的。但是，圖畫的不完美並不是一個缺點，而是它所履行的抽象工作的反面情況。亞里斯多德關於逃亡的軍隊的圖畫是不完美的，因爲它從一個錯誤的前提出發，即在逃亡之前軍隊是站住不動的。這一點對於我們這裡所應當描畫的東西即知識產生方式當然是不適合的。但是，正是由於這個缺點我們看到了應當被這幅圖畫所說明的唯一東西：經驗的產生是這樣一個過程，對於這個過程沒有一個人能支配它，並且甚至不爲這個或那個觀察的特殊力量所決定，而在這個

過程中所有東西都以一種最終不可理解的方式被彼此組合整理在一起。圖畫敞開了這樣一種獲取經驗的特有過程，即經驗是突然地、不可預見地，然而又不是沒有準備地從這個或那個對象所獲得，並且從那時直到有新的經驗爲止都是有效的，即不僅對這個或那個事例，而是對所有這類東西都起決定性作用的。按照亞里斯多德的看法，正是透過這種經驗普遍性才產生眞正的概念普遍性和科學的可能性。所以圖畫說明了經驗的無規則的普遍性（經驗的綴合）怎樣實際導致 archē（始基）的統一〔archē=「命令」（Kommando）和「原則」（Prinzip）〕。

如果我們現在和亞里斯多德一樣，只就「科學」著眼來思考經驗的本質〔——這當然不是指「現代」科學（Wissenschaft），而是指「知識」（Wissen）——〕，那麼我們就簡化了這種經驗產生的過程。亞里斯多德的圖畫雖然描述了這個過程，但他的描述是根據一些過分簡單的前提，而這些前提又不是這樣有效的。好像我們能夠自發地對經驗給出一種不包含矛盾的說明似的！亞里斯多德在這裡已經作了這樣一個假設，即在觀察的逃遁之中站住的，作爲一種共相而出現的東西，事實上就是它們中共同的東西；對於亞里斯多德來說，概念的普遍性就是一種本體論上的在先東西（Prius）。亞里斯多德之所以有興趣於經驗，只是因爲經驗對於概念的形成有貢獻。

如果我們這樣從經驗的結果來考察經驗，那麼經驗產生的眞正過程就被忽略過去了。這個過程事實上是一個本質上否定的過 [I 359]
程。它不能簡單地被描述爲典型普遍性的不中斷的發展。這種發展其實是這樣產生的，即透過連續的錯誤的概括被經驗所拒絕，以及被認爲典型的東西被證明不是典型的。[21] 這一點在語言上已表

21 〔這一點同樣也可以用卡爾・波普[264]的 trial and error（試驗除錯）這個概念

現出來了，因爲我們是在兩種不同的意義上講到經驗，一是指那些與我們的期望相適應並對之加以證明的經驗，一是指我們所「做出」（macht）的經驗。後一種經驗，即眞正意義上的經驗，總是一種否定的經驗。如果我們對某個對象作出一個經驗，那麼這意味著，我們至今一直未能正確地看事物，而現在才更好地知道了它是什麼。所以經驗的否定性具有一種特殊的創造性的意義。經驗不單純是一種我們看清和做了修正的欺騙（Täuschung），而是我們所獲得的一種深遠的知識。所以，我們對之作出經驗的對象不能是一種任意撿起的對象，它一定具有這樣的性質，即我們透過它不僅獲得對它本身的更好的知識，而且也獲得對於我們事先已知道的東西，即某種共相的更好的知識。經驗透過否定而做到這一點，因此這種否定乃是一種肯定的否定。我們稱這種經驗爲**辯證的**（dialektisch）。

對於我們來說，對於經驗的辯證要素最重要的見證人，不再是亞里斯多德，而是**黑格爾**。在黑格爾那裡，歷史性要素贏得了它的權利。黑格爾把經驗設想爲正在行動的懷疑論（den sich vollbringenden Skeptizismus）。而且我們看到，某人所作出的經驗改變他的整個知識。嚴格地說，我們不能兩次「作出」同一個經驗。當然，經驗的本性就在於它不斷地被證實。好像只有透過重複，經驗才能被獲得。但是，作爲被重複和被證實的經驗，它又不再「成爲」新的經驗。當我們已做出一個經驗，這意味著，我們占有它。我們現在可以預見以前未曾期待的東西。同樣的東西對於某人不能再變成一種新的經驗。只有某個其他的未曾期待的東西才能

來解釋。——但有一個限制，即這概念太多地從人類經驗生活的意志出發，而太少地從激情出發。如果只是就《研究的邏輯》而言，這是正確的，但是，如果我們意指在人的經驗生活中實際起作用的邏輯，則這是不正確的。〕

對某個占有經驗的人提供某種新的經驗。所以正在經驗的意識已經顚倒了它的方向——即返回到它自身。經驗者（der Erfahrender）已經意識到他的經驗——他是一個有經驗者（Erfahrender）。所以，他獲得了一個某物對他能夠成爲經驗的新的視域。

這就是黑格爾對我們來說成爲一個重要的見證人的根本點。他在其《精神現象學》中曾經指出那種想確信自身的意識怎樣 [I 360] 作出它的經驗的。對於意識來說，它的對象就是自在之物（das Ansich），但究竟什麼是自在之物，總是只能以它對於經驗著的意識怎樣表現而被知道的。所以，經驗著的意識具有這種經驗：對象的自在性是「爲我們」（für uns）而自在。[22][265]

黑格爾在這裡分析了經驗概念——這是一個曾經引起海德格特別注意的分析，海德格對這個分析既感興趣又感到厭惡。[23] 黑格爾說：「意識對它自身——既對它的知識又對它的對象——所實行的這種辯證的運動，**就其潛意識產生出新的眞實對象這一點而言**，恰恰就是人們稱之爲**經驗**的那種東西。」[266] 讓我們回憶一下前面所說的東西，並且探究一下黑格爾究竟意指什麼，因爲他在這裡顯然想對經驗的普遍本質作某種陳述。海德格曾經指出——我認爲是正確的——黑格爾在這裡不是辯證地解釋經驗，而是相反地從經驗的本質來思考什麼是辯證的東西。[24] 按照黑格爾的看法，經驗具有一種倒轉意識（Umkehrung des Bewusstseins）的結構，因此它是一種辯證的運動。雖然黑格爾是在說通常對經驗所理解的東西好像是別的東西，即一般來說我們「是透過一個另外的對象而經驗到這第一個概念的非眞實性」（而不是說對象改變自身）[267]。但是，這

---

22 黑格爾：《精神現象學》，導論（霍夫邁斯特編，第 73 頁）。

23 海德格：「黑格爾的經驗概念」（《林中路》，第 105-192 頁）。

24 《林中路》，第 169 頁。

種不同只是一種表面現象。實際上，哲學意識知道經驗著的意識當它從一個對象過渡到另一個對象時究竟在做什麼：它在倒轉自身。所以黑格爾主張，經驗本身的眞實本質就在於這樣倒轉自身（sich so umzukehren）。[268]

正如我們所看到，經驗實際上首先總是否定（Nichtigkeit）的經驗。它不是像我們所認爲的那樣。鑑於我們對另外某個對象所作出的經驗，我們的知識及其對象這兩者都在改變。我們現在可以另一種方式而且更好地知道這一點，這就是說，對象本身「並不堅守住」（hält nicht ans）。新的對象包含關於舊的對象的眞理。

黑格爾以這種方式描述爲經驗的東西，乃是意識對於它自身所作出的經驗。「經驗的原則包含一個無限重要的規定，就是爲了要接受或承認某個內容爲眞，我們必須自身出現**在那裡**（dabei），

[I 361] 或更確切地說，我們必須發現那一內容與**我們自身的確實性**相結合和相統一」，黑格爾在《哲學百科全書》中這樣寫道。[25] 經驗概念正是意指這一點，即這種與我們自身的相結合首先被確立。這就是意識所發生的倒轉（Umkehrung），即在陌生的東西中、在他物中認識自身。經驗的運動不管是作爲一種向內容的多樣性的自我擴展，還是作爲越來越新的精神形式的湧現（哲學科學就是理解這種精神形式的必然性），在任何情況下它都是意識的倒轉。黑格爾對經驗的辯證描述具有某種眞理。

當然，按照黑格爾的看法，意識的經驗運動必然導致一種不再有任何他物或異己物存在於自身之外的自我認識（Sichwissen）。對於他來說，經驗的完成就是「科學」（Wissenschaft），即自身在知識（Wissen）中的確實性。因此他用以思考經驗的標準，就是自我認識的標準。這樣，經驗的辯證運動必須以克服一切經驗爲告

---

25 《哲學百科全書》，§ 7。

終，而這種克服是在絕對的知識裡，即在意識和對象的完全等同裡才達到。從這裡我們就可理解黑格爾對於歷史所作的應用爲什麼對於詮釋學意識不是正確的，因爲他把這種應用理解爲哲學的絕對自我意識的一部分。經驗的本質在這裡從一開始就被用某種超出經驗的東西來設想。經驗本身從來就不能是科學。經驗永遠與知識，與那種由理論的或技藝的一般知識而來的教導處於絕對的對立之中。經驗的眞理經常包含與新經驗的關聯。因此，我們稱爲有經驗的人不僅**透過**經驗而成爲那樣一種人，而且**對於**新的經驗也採取開放的態度。他的經驗的完滿性，我們稱爲「有經驗的」人的完滿存在，並不在於某人已經知道一切並且比任何其他人更好地知道一切。情況其實正相反，有經驗的人表現爲一個澈底非獨斷的人，他因爲具有如此之多經驗並且從經驗中學習如此之多東西，因而特別有一種能力去獲取新經驗並從經驗中進行學習。經驗的辯證運動的眞正完成並不在於某種封閉的知識，而是在於那種透過經驗本身所促成的對於經驗的開放性。

但是這樣一來，我們這裡所講的經驗概念就包含某種性質上嶄新的要素。它不只是指這一事物或那一事物給予我們教導這種意義上的經驗。它意指整個經驗。它是那種必須經常被獲取並且沒有人能避免的經驗。經驗在這裡是某種屬於人類歷史本質的東 [I 362]
西。雖然爲了某種教育的目的，例如：雙親在教導他們的孩子時，我們可以使某人免去某些經驗，但經驗作爲整體卻不是任何人能避免的東西。這種意義上的經驗其實包含了各種各樣期望的落空（mannigfache Enttäuschung von Erwartungen），並且只是由於這種期望落空，經驗才被獲得。說經驗主要是痛苦的和不愉快的經驗，這並不表示一種特別的悲觀（Schwarzfärberei），而是可由經驗的本質直接看出來。正如培根已經知道的，我們只是透過否定的事例才獲得新的經驗。每一種名副其實的經驗都與我們的期望相違背。所以人類的歷史存在都包含一種根本的否定性作爲本質要素，而這種否定性在經驗和洞見的本質關係中顯露出來。

洞見（Einsicht）的意義遠多於對這一情況或那一情況的認識。洞見經常包含從某種欺騙和蒙蔽我們的東西的返回（Zurückkommen）。就此而言，洞見總是包含某種自我認識的要素，並且表現了我們在眞正意義上稱之爲經驗的東西的某種必然方面。洞見是某種我們來到的東西（wozu man kommt）。所以洞見最終是人類存在本身的某種規定，即是有見識的（einsichtig）和富有洞見的（einsichtsvoll）。

如果我們想爲我們這裡所說的經驗本質第三個要素同樣舉出一個見證人，那麼最好的就是**埃斯庫羅斯**。埃斯庫羅斯發現了這樣一個公式，或者更確切地說，認識到這一公式裡那種表現了經驗的內在歷史性的形上學意義：「透過受苦而學習」（pathei-mathos）。這個公式不只是意味著，我們透過災難而變成聰明，以及對事物的更正確的認識必須首先透過迷惑（Täuschung）和失望（Enttäuschung）而獲得。如果這樣來理解，那麼這個公式可能就像人類經驗本身一樣古老。但是埃斯庫羅斯以此意味更多的東西。[26] 他意指事情爲什麼是這樣的理由。人應當透過受苦而學習的

26　H. 德里在其富有見識的研究「痛苦和經驗」（《美國科學和文學研究院院刊》，1956 年，第 5 卷）中曾經從諺語的角度探討 $\pi\acute{\alpha}\theta o\varsigma$ $\mu\acute{\alpha}\theta o\varsigma$ 這對押韻詞的起源。他推測，這個諺語的原始意義是，只有愚蠢的人為了成為聰明的人才必須受苦，而聰明人是小心謹慎的。他說，埃斯庫羅斯賦予這對詞以宗教意蘊，乃是後來的發展。這一點似不令人信服，假如我們想到埃斯庫羅斯所舉的神話是講人類性格的缺點，而不只是講個別愚蠢人的話。另外，我們人類預見的限制是一個如此早期的人類經驗，並且與一般人類痛苦經驗這樣緊密地連繫在一起，以致我們很難相信，這個洞見在埃斯庫羅斯發現它之前一直隱藏在一個無關緊要的諺語裡。〔最近在《文科中學》第 87 卷（1980 年）第 283 頁以下有海因茨·奈策爾關於埃斯庫羅斯的「基本詞」的文章，按照

東西，不是這個或那個特殊的東西，而是對人類存在界限的洞見，對人類與上帝之間界限的絕對性的洞見。它最終是一種宗教的認識——即那種促使希臘悲劇誕生的認識。 [I 363]

所以，經驗就是對人類有限性的經驗。眞正意義上有經驗的人是一個對此經驗有認識的人，他知道他既不是時間的主人，又不是未來的主人。這也就是說，有經驗的人知道一切預見的界限和一切計畫的不可靠性。在有經驗的人身上經驗的眞理價值得到實現。如果經驗過程裡的每一階段都已表現了有經驗的人對新的經驗具有一種開放性這一特徵，那麼這一特徵也完全適合於完滿經驗的觀念。所謂完滿經驗，並不是說經驗來到了終點和達到了一個更高級的知識形式（黑格爾），而是說經驗第一次完全地和眞正地得到了存在。在完滿經驗裡，一切獨斷論——起源於人類心境中的那種展翅翱翔的欲望——達到了某種絕對的界限。經驗教導我們承認實在的東西。正如所有一般的認識願望一樣，對存在東西（was ist）的認識乃是一切經驗的眞正結果。但是存在東西在這裡不是指這個或那個事物，而是指那種「不再可推翻的東西」（蘭克）。

眞正的經驗就是這樣一種使人類認識到自身有限性的經驗。在經驗中，人類的籌劃理性的能力和自我認識找到了它們的界限。說任何事物都能被反轉，對於任何事物總是有時間，以及任何事物都可以任意地重新出現，這只能被證明是一種幻覺。存在和行動於歷史中的人其實經常經驗到，沒有任何東西可以重新出現。對存在東西的承認在這裡並不意味著對一度存在於那裡的東西的認識，而是意味著對這樣一種界限的洞見，在這界限內未來對於期望和計謀仍是開放的——或者更澈底地說，意味著有限存在的一切期望和計

他的看法，這裡意指對傲慢的懲罰，正如「誰不想聽取，誰就必須自己去感受」。〕

謀都是有限的和有限制的。眞正的經驗就是對我們自身歷史性的經驗。所以，經驗概念的討論達到了這樣一個對於我們探究效果歷史意識的本質很有啓發性的結論。效果歷史意識作爲一種眞正的經驗形式，一定反映了經驗的普遍結構。所以我們必須在**詮釋學經驗**中找出那些我們在上面對經驗的分析中已經識別的要素。

詮釋學經驗與**傳承物**（Überlieferung）有關。傳承物就是可被
[I 364] 我們經驗之物。但傳承物並不只是一種我們透過經驗所認識和支配的事件（Geschehen），而是**語言**（Sprache），也就是說，傳承物像一個「你」那樣自行講話。一個「你」不是對象，而是與我們發生關係。如果認爲在傳承物中被經驗的東西可以被理解爲另一個人即「你」的意見，這將是錯誤的。我們寧可認爲，對傳承物的理解並不把傳承的正文理解爲某個「你」的生命表現，而是理解爲某種脫離有意見的人、「我」和「你」的一切束縛的意義內容。儘管如此，對「你」的態度和這裡出現的經驗的意義一定能夠有助於對詮釋學經驗的分析。因爲傳承物是一個眞正的交往夥伴（Kommunikationspartner），我們與它的夥伴關係，正如「我」和「你」的夥伴關係。

顯然，**「你」的經驗**一定是一種特殊的經驗，因爲「你」不是對象，而是與我們發生關聯。就此而言，我們上面提出的經驗結構要素在這裡將有一種變更。因爲經驗對象本身在這裡具有人的特徵，所以這種經驗乃是一種道德現象，並且透過這種經驗而獲得的知識和他人的理解也同樣是道德現象。因此讓我們考察當經驗是「你」的經驗和詮釋學經驗時，經驗結構將發生怎樣的改變。

存在這樣一種「你」的經驗，這種經驗試圖從同伴的行爲中看出典型的東西，並且能夠根據經驗作出關於另一個人的預見。我們把這稱之爲人性知識（Menschenkenntnis）。我們理解另一個人，正如我們理解我們經驗領域內的另外某個典型的事件。我們可以估

量他。正如所有其他工具一樣，他的行爲也是作爲工具服務於我們的目的。從道德上看，這種對「你」的態度意味著純粹的自我關聯性（Selbstbezüglichkeit），並與人的道德規範相抵觸。眾所周知，康德在解釋無上命令時曾經特別這樣說過，我們不應把其他人只作爲工具來使用，而應當經常承認他們本身就是目的。

如果我們把對「你」的態度和對「你」的理解這種表現人性認識的形式應用於詮釋學問題，那麼對應的東西是對方法的素樸信仰以及透過方法可能達到的客觀性。誰以這種方式理解傳承物，誰就使傳承物成爲對象，但這也就是說，他以一種自由的無動於衷的方式面對傳承物，並且由於他在方法上排除了與傳承物關係中的一切主觀因素，因而他知道傳承物包含什麼。我們曾經看到，他這樣一來就使自己脫離了那種曾使他自身具有歷史性實在的傳統的繼續影響（Fortwirken）。遵循 18 世紀方法論思想和休謨對此所作的計畫 [I 365] 性表述的社會科學方法，其實是一種模仿自然科學方法論的陳詞濫調。[27] 但是，這只是說明了精神科學實際工作程序的一個方面，甚至這一方面也極端地被簡化，因爲這裡所認識的只是人類行爲中典型的東西、合乎規則的東西。因此，正如我們在自亞里斯多德以來的關於歸納概念的目的論解釋中所認識到的，這同樣也使詮釋學經驗的本質失去了固有的光澤。

對「你」的經驗和「你」的理解還有第二種方式，這在於：「你」被承認爲一個人，但是，儘管此人在對「你」的經驗中有牽連，對「你」的理解仍是一種自我相關（Ichbezogenheit）的形式。這種自我相關起源於我—你關係的辯證法所引起的辯證假象。我—你關係不是一種直接關係，而是一種反思關係。對於任何一個要求都有一個相反的要求。這就是爲什麼關係中的每一方在反思上都能

27 參見本書導言關於這一問題的評論（第 1 頁以下）。

夠巧妙地越過另一方的理由。一個人要求從自身出發去認識另一個人的要求，甚至要求比另一個人對自身的理解還要好地去理解這另一個人。這樣，這個「你」就喪失了他對我們提出要求的直接性。他被理解了，但是這意味著，他是從另一個人的觀點出發被預期和在反思上被截取了。就這是一種相互關係而言，它有助於構造我—你關係本身的實在性。人們之間的一切生命關係的內在歷史性在於相互承認經常有爭鬥。相互承認可能採取不同程度的對立關係，一直到一個「我」被另一個「我」所完全統治。但是，甚至最極端的統治和奴役的形式也都是眞正辯證的結構關係，正如黑格爾所曾經指出的。[28][269]

這裡獲得的對「你」的經驗實際上比人性認識更恰當。因爲人性認識只試圖估量另一個人將怎樣行動。要把另一個人看成一個可以絕對被認識和使用的工具，這是一種幻覺。甚至奴隸也存在反抗主人的權力意志，正如尼采所正確說過的。[29] 但是，這種支配一切我—你關係的交互性辯證法對於個體的意識必然是隱蔽的。透過服役而對主人橫行霸道的奴隸，絕不會認爲他這樣做有他自己個人的目的。事實上，他自己的自我意識正在於擺脫這種交互性的辯證
[I 366] 法，從對他人的關係中反思他自身，並且因此成爲他所不能企及的。由於我們理解了他人，要求認識他人，我們就從他那裡取得他自己要求的一切合法性。特別是關懷照顧的辯證法是以這種方式起作用，因爲它把人類之間的一切關係都識破爲追求統治的一種反思形式。想預先理解他人的要求執行了這樣一種功能，即對他人要求

28　參見卡爾·勒維特在《同類角色中的個人》（1928 年）中關於這種「我」和「你」反思辯證法的卓越分析，以及我的評論，見《邏各斯》，XVIII（1929 年），第 436-440 頁。〔現收入我的著作集，第 4 卷。〕

29　《查拉圖斯特拉如是說》，第 2 部分（論自我超越）。

保持一種實際的距離。這一點我們從教育關係這一權威的關懷形式上就很爲熟悉。在這些反思的形式裡，我—你關係的辯證法得到更明確的規定。

在詮釋學領域內，與這種對「你」的經驗相對應的，乃是我們一般稱之爲**歷史意識**的東西。歷史意識知道他物的他性（Andersheit），知道在他物他性中的過去，正如對「你」的理解知道「你」爲一個人。歷史意識在過去的他物中並不找尋某種普遍規律性的事件，而是找尋某種歷史一度性的東西。由於它在對他物的認識中要求超出它自己的一切條件，所以它被束縛於一種辯證的假象中，因爲它實際上試圖成爲過去的統治者。這不一定是由於世界史哲學的思辨要求——它也可能作爲一種啓蒙運動的完美理想爲歷史科學的經驗態度指明道路，有如我們在狄爾泰那裡所認識的。在我們對詮釋學意識的分析中我們已經指出，歷史意識所創造的，與知識中所完成的經驗的辯證假象相符合的辯證假象乃是歷史啓蒙運動的不可能實現的理想。誰因爲他依據於他的方法的客觀性並否認他自己的歷史條件性而認爲自身擺脫了前見，他就把不自覺支配他的前見的力量經驗爲一種 vis a tergo（從背後來的力）。凡是不承認他被前見所統治的人將不能看到前見光芒所揭示的東西。這種情況正如「我」和「你」之間的關係一樣。誰在這樣一種關係的交互性之外反思自己，誰就改變了這種關係，並破壞了其道德的制約性。**同樣，誰在與傳統的生命關係之外來反思自己，誰就破壞了這種傳統的真實意義**。試圖理解傳統的歷史意識無需依賴於方法上是批判的工作方式來接觸原始資料，好像這種工作方式可以保證它不把自己的判斷與前見相混淆似的。歷史意識實際上必須考慮自己的 [I 367]
歷史性。正如我們已經表述的，立於傳統之中，並不限制認識的自由，而是使這種自由得以可能。

正是這種認識和承認才構成詮釋學經驗的第三個也是最高的類

型：**效果歷史意識**具有對傳統的開放性。所以，效果歷史意識與對「你」的經驗具有一種眞正的符合關係。正如我們所看到的，在人類行爲中最重要的東西乃是眞正把「你」作爲「你」來經驗，也就是說，不要忽視他的要求，並聽取他對我們所說的東西。開放性就是爲了這一點。但是，這種開放性最終不只是爲我們要聽取其講話的這個人而存在。而情況是這樣，誰想聽取什麼，誰就徹底是開放的。如果沒有這樣一種彼此的開放性，就不能有眞正的人類連繫。彼此相互隸屬（Zueinandergehören）總同時意指彼此能夠相互聽取（Auf-ein-ander-Hören-können）。如果兩個人彼此理解了，這就不是說，一個人「理解」，即通觀了另一個人。同樣，「聽取某人」（auf jemanden hören）也不只是指我們無條件地做他人所想的東西。誰這樣做，我們就稱他爲奴隸。所以，對他人的開放性包含這樣一種承認，即我必須接受某些反對我自己的東西，即使沒有任何其他人要求我這樣做。

這就是與詮釋學經驗相符合的東西。我必須同意傳統要求的有效性，這不僅是在單純承認過去的他在性的意義上，而且也是在傳統必定有什麼要對我說的方式上。所以，這要求一種根本的開放性。誰以這種方式對傳統實行開放，誰就看清了歷史意識〔指歷史主義〕根本不是眞正開放的，而是相反，當它「歷史地」讀它的正文時，它總已經先行地和基本地弄平了（nivelliert）傳統，以致我們自身認識的標準從未被傳統提出問題。這裡我想起了歷史態度一般進行的樸素比較方式。弗里德里希·施萊格爾的《呂克昂》第 25 節說道：「所謂歷史批判的兩個基本原則是平常公設和習慣公理。平常公設是：一切偉大的、善的和美的東西都是或然的，因爲它們是異常的，至少是可疑的。習慣公理是：事物必須到處都像它們對我們所呈現的那樣，因爲這一點對於一切事物都是這樣自然」——與此相反，效果歷史意識超出這種適應

（Angleichen）和比較（Vergleichen）的樸素性，因爲它讓自身經驗傳統，並對傳統所具有的眞理要求保持開放。詮釋學意識並不是在它的方法論的自我確信中得到實現，而是在同一個經驗共同體（Erfahrungsgemeinschaft）中實現——這共同體透過與受教條束縛 [I 368] 的人的比較來區分有經驗的人。這就是我們現在可以更精確地用經驗概念來刻畫效果歷史意識特徵的東西。

(c) 問題在詮釋學裡的優先性

(α) 柏拉圖辯證法的範例

這預示了我們繼續研究的方向。我們現在將考察那種刻畫詮釋學意識特徵的**開放性的邏輯結構**，並且提示我們在分析詮釋學境況時問題概念曾具有怎樣一種重要性。顯然，在所有經驗裡都預先設定了問題的結構。如果沒有問題被提出，我們是不能有經驗的。承認事情是不同的，不是像我們最初所想的那樣，這顯然預先假設了這樣一個問題在進行，即該事情是這樣還是不是這樣。經驗本質所包含的開放性從邏輯上看就是這種非此即彼的開放性。開放性具有問題的結構。正如經驗的辯證否定性是在完滿經驗的觀念裡得到它的實現——因爲在完滿經驗的觀念裡我們意識到我們的絕對有限性和有限存在——同樣，問題的邏輯形式和問題所包含的否定性也是在某種澈底的否定性即無知的知識中得到它的完成。這就是著名的蘇格拉底式的 docta ignorantia（博學的無知），這種無知在最極端的疑難否定性中開啓了問題的眞正優越性。如果我們想解釋詮釋學經驗的特殊性質，我們就必須深入地考察**問題的本質**。

問題的本質包含：問題具有某種意義。但是，意義是指方向的意義（Richtungssinn）。所以，問題的意義就是這樣一種使答覆唯一能被給出的方向，假如答覆想是有意義的、意味深長的答覆的話。問題使被問的東西轉入某種特定的背景中。問題的出現好像開啓了被問東西的存在。因此展示這種被開啓的存在的邏各斯已經就是一種答覆。它自身的意義只出現在問題的意義中。

柏拉圖關於蘇格拉底的描述提供給我們的最大啓發之一就是，提出問題比答覆問題還要困難——這與通常的看法完全相反。當蘇格拉底的對話者不能答覆蘇格拉底的麻煩問題，反轉矛頭，主張他們所謂的提問者的有利地位時，他們是完全失敗的。[30] 在柏拉圖對
[I 369] 話的這種戲謔性動機背後存在對眞正談話和非眞正談話的批判性區分。對於那些在談話中只是想證明自身正確而不是想得到有關事情的見解的人來說，提出問題當然比答覆問題更容易。他不能答覆問題，對他來說構不成什麼危險。但是談話對方再次的拒絕卻實際表明，那個認爲自己更好地知道一切的人根本不能提出正確的問題。爲了能夠提出問題，我們必須要知道，但這也就是說，知道我們並不知道。因此在柏拉圖所描述的問題和答覆、知識和無知之間的戲謔性的替換中，包含承認**問題**對於一切有揭示事情意義的認識和談話的**優先性**。應當揭示某種事情的談話需要透過問題來開啓該事情。

由於這種理由，辯證法的進行方式乃是問和答，或者更確切地說，乃是一切透過提問的認識的通道（Durchgang）。提問就是進行開放（ins Offene stellen）。被提問東西的開放性在於回答的不固定性（Nichtfestgelegtsein）。被提問東西必須是懸而未決的，才能有一種確定的和決定性的答覆。以這種方式顯露被提問東西的有問題性，構成了提問的意義。被問的東西必須被帶到懸而未決的狀態，以致正和反之間保持均衡。每一個問題必須途經這種使它成爲開放的問題的懸而未決通道才完成其意義。每一個眞正的問題都要

30 參見《普羅塔哥拉斯》第 335 頁以下關於談話形式的爭論。

求這種開放性。如果問題缺乏這種開放性，那麼問題在根本上說就是沒有眞實問題意義的虛假問題（Scheinfrage）。我們在教育問題裡看到了這類虛假問題，這類問題的困難和荒謬在於它們是沒有眞正提問者的問題。我們在修辭學問題裡也看到這類虛假問題，這類問題不僅沒有提問者，而且也沒有被問的對象。

問題的開放性並不是無邊際的。它其實包含了由問題視域所劃定的某種界限。沒有這種界限的問題乃是空的問題。沒有界限的問題之所以變成爲一個問題，就是因爲指定該問題方向的流動不確定性被提成爲（gestellt）某種「非此即彼」的確定東西。換句話說，問題必須**被提出**（gestellt）。提問（Fragestellung）既預設了開放性，同時也預設了某種限制（Begrenzung）。提問蘊含了對前提的明確確認，這些前提是確定的，並且正是由於這些前提，可疑問的東西，即還是開放的東西才表現出來。因此，提問可以是正確的或錯誤的，而且是根據它是否進入眞正開放領域而確定的。當某個提問並未達到開放狀態，而又透過堅持錯誤前提來阻止這種開放，我們便把這個提問稱之爲錯誤的。它是僞裝問題具有開放性和可決定性。但是，如果有疑問的東西沒有與實際上確立的前提區分或正確區分開來，它就不能眞正被帶進開放狀態，而且沒有任何東西能被決定。

這一點在我們於日常生活中如此熟悉的所謂歪曲問題的錯誤 [I 370]
提問裡表現得非常清楚。對於一個歪曲的問題，我們根本不能給出回答，因爲歪曲的問題只是表面上而不是實在地使我們途經那種可得以作出決定的開放的懸而不決狀態。我們之所以不把這種問題稱之爲錯誤的，而稱之爲歪曲的，就是因爲在其後總是隱蔽了一個問題，也就是說，它意指了一種開放——但這種開放並不處於所提問題所指定的方向之內。歪曲（Schief）就是指那種偏離方向的東西。一個問題的歪曲性在於，問題沒有眞實的方向意義，因而不可能有任何回答。同樣，對於那些並不完全錯誤，但也不是正確的主張，我們也說它們是歪曲的。這一點是被它們的意義，也就是說，被它們與問題的關係所決定的。我們之所以不把它們稱之爲錯誤的，是因爲我們在它們那裡發覺了某種眞實的東西，但是我們也不能因此稱它們爲正確的，因爲它們並不符合任何有意義的問題，因而除非它們本身被修正，否則它們不具有任何正確的意義。意義總是某個可能的問題的方向意義。正確東西的意義必須符合問題所開闢的方向。

因爲問題保持開放，所以問題經常包括肯定地被判斷的東西和否定地被判斷的東西。問題和知識之間的本質關係就依據於此。因爲知識的本質不僅在於正確地判斷某物，而且也在於同時並由於同樣理由去排除不正確的東西。問題的決定是通向知識之路。決定問題的東西就是那些肯定一種可能性和反對另一種可能性的理由占據優勢。但是這仍不是完全的知識。只有透過消除相反事例，只有當相反的論據被認爲是不正確的時候，事情本身才被認識。

這一點特別明顯地表現在中世紀的辯證法上。中世紀的辯證法不僅先列舉了正和反，然後提出它自己的判決，而且最後還把全部論證放回原處。這種中世紀辯證法形式不僅是辯論教學體系的結果，而且相反地也依賴於科學和辯證法的內在連繫，即答和問的內在連繫。在亞里斯多德的《形上學》中有這樣一句著名的話，[31] 這句話曾經引起許多人注意，並且可以用我們這裡所說的關係來解釋。亞里斯多德說，辯證法是這樣一種能力，它不僅可以不依賴「是什麼」（Was）去探究對立的東西，而且可以〔探究〕同一門科學是否能研討對立的東西。[270] 這裡辯證法的某種普遍的特徵（與
[I 371] 我們在柏拉圖的《巴門尼德篇》裡所發現的完全一致）似乎與我

31 《形上學》，M4，1078b25 以下。

們在《論辯篇》[32] 裡所熟悉的某種最特殊的「邏輯的」問題連繫在一起。同一門科學是否能研討對立的東西，這確實似乎是一個很特別的問題。因而人們曾經想把這問題作爲一種假問題而丟棄掉。[33] 事實上，如果我們接受了問題對於回答的優先性（這是知識概念的基礎），那麼這兩個問題的連繫就立刻可以得到理解。知識總是指同時研討對立的東西（auf das Entgegengesetzte Gehen）。知識優於先入之見就在於它能夠把可能性設想爲可能性。知識從根本上說就是辯證的。只有具有問題的人才能有知識，但問題包含是和否、是如此和不是如此的對立。只是因爲知識在這種廣泛的意義上是辯證的，所以才能夠有使是和否這種對立明確成爲其對象的「辯證法」。所以，是否可能有研討對立東西的同一門科學這一表面上非常特別的問題，事實上包含著辯證法眞正可能性的根據。

甚至亞里斯多德關於證明和推理的學說——這事實上使辯證法降低爲認識的一個附屬元素——也給予問題同樣的優先性，正如恩斯特·卡普（Ernst Kapp）在其論述亞里斯多德三段論起源的卓越著作中所特別指出的。[34] 問題對於知識的本質所具有的優先性以一種最本源的方式證明了方法論觀念對於知識的那種限制性——這一點正是我們整個思考的出發點。並不存在一種方法使我們學會提問，學會看出成問題的東西。蘇格拉底的例子其實告訴我們，重要的東西乃是對自身無知的認識（das Wissen des Nichtwissens）。因此，蘇格拉底的那種透過其使人誤入歧途的藝術（Verwirrungskunst）導致這一認識的辯證法爲提問確立了前提。一切提問和求知欲望都是以無知的知識爲前提——這也就是說，正

---

32 同上書，105b23。

33 H. 邁爾：《亞里斯多德的三段論》，II，2，168。

34 主要參見他在《古典文化實用百科全書》（RE）裡的詞條「三段論」。

是某種確切的無知才導致某種確切的問題。

柏拉圖在其令人難忘的論述裡曾經向我們指出，要認識我們是無知的，究竟困難存在於何處。這就是意見（Meinung）的力量，由於反對這種意見，我們才能非常困難地達到對無知的承認。意見就是壓制提問的東西。意見具有一種奇特的擴大自身的傾向。它經常想成爲普遍的意見，正如希臘人所用的 Doxa（意見）這個詞的詞義所表示的，這個希臘文詞同時意指議會大多數人所透過的決
[I 372] 議。那麼，怎樣會出現無知和提問呢？

首先我們確認，它們只有以像我們突然有一種想法的方式出現。的確，我們一般不說對於提問有突然想法，而是說對於回答有突然想法，即突然想到了謎語的答案。而且以此我們想確認，沒有什麼方法的途徑可以導致那種是解題的思想。但是，我們同時也知道，這種突然想法並不完全是無準備而出現的。它已經預先假定了某種使這種想法突然能出現的開啓領域的方向，但也就是說，它已經預先假定了提問。突然想法的眞正本質也許很少是使人突然想到謎語的答案，而更多的是使人突然想到那種推進到開放狀態並因而使回答有可能的問題。每一個突然想法都具有一種問題的結構。但是，突然想到問題已經就是對普遍意見的平坦前沿的突破。因此我們更多地是說問題來到了我們面前，問題自己提出來了或自己表現出來了，而很少說我們提出或設立問題。

我們已經看到，經驗的否定性從邏輯上看就包含了問題。事實上，正是透過不符合前見解的東西所給予我們的刺激，我們才具有經驗。因此提問更多地是被動的遭受（erleiden），而不是主動的行動（tun）。問題壓向我們，以致我們不再能避免它或堅持我們習慣的意見。

當然，下面這一點似乎與這種看法相矛盾，即在蘇格拉底—柏拉圖的辯證法中，提問的藝術被提升爲自覺的處理方式

（Handhabung）。但是，關於這種藝術有這樣一些特別的性質。我們看到，它被保留給那種想去認識的人，即那種已經有問題的人。提問的藝術並不是避免意見壓力的藝術——它已經假定了這種自由。它根本不是希臘人講到技藝（Techne）那種意義上的藝術，即不是一種我們可以掌握眞理知識的可教導的能力。第 7 封信裡的那句所謂知識論的離題話其實正是想使這種奇特的辯證法以其獨一無二的特徵區別於所有那些可教導的和可學到的東西。辯證法藝術並不是那種制服任何人的論證藝術。情況正相反，使用辯證法藝術，即使用提問和探究眞理的藝術的人在聽眾眼裡很可能論證失敗。作爲提問藝術的辯證法被證明可靠，只在於那個知道怎樣去問的人能夠掌握他的問題，也就是說，能夠掌握開放的方向。提問藝術就是能繼續提問的藝術（die Kunst des Weiterfragens），但也就是說，它是思考的藝術（die Kunst des Denkens）。它之所以被稱爲辯證法，是因爲它是進行某種眞正談話的藝術。

要進行談話，首先要求談話的夥伴彼此不相互抵牾。因此談話必然具有問和答的結構。談話藝術的第一個條件是確保談話夥伴與談話人有同樣的發言權（Mitgehen）。我們從柏拉圖對話中的對話者經常重複「是」這個情況可以更好地認識這一點。這種單調對答的積極方面是論題在談話中得以向前進展的內在邏輯必然性。進行談話，就是說，服從談話夥伴所指向的論題的指導。進行談話並不要求否證（niederzuargumentieren）別人，而是相反地要求眞正考慮別人意見的實際力量。因此，談話是一種檢驗的藝術（eine Kunst des Erprobens）。[35]但是檢驗藝術就是提問藝術。因 [I 373]

---

35 《形上學》，1004b25：「ἔoτι δὲ ἡ διαλεΚτικὴ ηειραστικὴ」（辯證法專務批評）。這裡已經有進行指導的意思，這就是真正意義上的辯證法，因為核對總和探究意見可提供贏得優勢的機會，並因而使自己的前見解得以大膽考察。

爲我們已經看到，提問就是暴露（Offenlegen）和開放（ins Offene stellen）。針對意見的頑固性，提問使事情及其一切可能性處於不確定狀態。誰具有提問「藝術」，誰就是一個能阻止主導意見對於問題的壓制的人。誰具有這種藝術，誰就會找尋一切支持意見的東西。辯證法並不在於試圖發現所說東西的弱點，而是在於顯露它的眞正強大。辯證法並不是那種能使某個軟弱東西成爲強大東西的論證藝術和講演藝術，而是那種能從事物本身出發增強反對意見的思考藝術。

柏拉圖對話的無與倫比的現實意義應歸功於這種強化藝術。因爲在這種強化過程中被說的東西不斷地變成最大可能的正確和眞，並且克服所有想限制其有效性的反對論證。這裡顯然不是單純地讓論題逗留不決（Dahingestelltseinlassen）。因爲凡是想認識某種東西的人，不能滿足於單純的意見，也就是說，他不能對那些有疑問的意見置之不顧。[36] 講話者總是一直被要求著，直到所講東西的眞理最後湧現。蘇格拉底對話的那種創造性的助產術（Maieutik）[271]，即那種像助產士一樣使用語言的藝術（Hebammenkunst des Wortes），確實是針對那些是談話夥伴的具體個人，但是它只涉及他們所表述的意見，而這些意見的內在的客觀的一貫性是在談話裡被展開的。在其眞理中所出現的東西是邏各
[I 374] 斯，這種邏各斯既不是我的又不是你的，它是這樣遠遠地超出談話夥伴的主觀意見，以致談話的引導者自身也經常是無知的。辯證法作爲一門進行談話的藝術，同時是那種在某個統一方面通觀（Zusammenzuschauen）事物的藝術（synhoran eis hen eidos），也就是說，它是闡明共同所指的概念構成的藝術（die Kunst der Begriffsbildung als Herausarbeitung des gemeinsam Gemeinten）。

---

36 參見本書第 300 頁以下、第 342 頁以下。

這一點正構成談話的特徵——相對於那種要求用文字寫下來的陳述的僵硬形式——即這裡語言是在問和答、給予（Geben）和取得（Nehmen）、相互爭論（Aneinandervorbeireden）和達成一致（Miteinanderübereinkommen）的過程中實現那樣一種意義溝通（Sinnkommunikation），而在文字傳承物裡巧妙地作出這種意義溝通正是詮釋學的任務。因此，把詮釋學任務描述爲與正文進行的一種談話（ein In-das-Gesprächkommen mit dem Text），這不只是一種比喻的說法——而是對原始東西的一種回憶。進行這種談話的解釋（Auslegung）是透過語言而實現，這一點並不意味著置身於陌生的手段中，而是相反地意味著重新產生原本的意義交往。因此，用文字形式傳承下來的東西從它所處的疏離中被帶出來而回到了富有生氣的正在進行談話的當代，而談話的原始程序經常就是問和答。

所以，如果我們要在詮釋學現象中強調問題的優先地位，我們可以援引柏拉圖。雖然柏拉圖自己已經以某種特別的方式揭示了詮釋學現象，但我們可以比他更好地做到這一點。我們應當探究他對文字著述東西的批判，他之所以進行這種批判，是因爲詩歌傳承物和哲學傳承物在當時雅典人的眼中已成了文學。我們在柏拉圖的對話裡可以看到，詭辯派在談話中所培育的對正文的「解釋」（Interpretation），特別是爲了教育目的對詩的解釋，怎樣遭到柏拉圖的反對。另外，我們還可以看到，柏拉圖怎樣試圖透過其對話詩克服 Logoi（語言）的弱點，特別是文字東西的弱點。對話的文學形式把語言和概念放回到談話的原始運動中。這樣，語詞免受了一切獨斷論的濫用。

談話的原始形式也可以在那些問和答之間的對應關係被掩蓋了的衍生形式中表現出來。例如：通信（die Korrespondenz）就是一種有趣的過渡現象，它好像是這樣一種同時展開相互爭論和達成一致運動的書面談話。通信的藝術在於不讓文字的陳述成爲論文，而是使它適合於通信者的相互接受（Entgegennahme）。但另一方面
[I 375] 恰恰相反，它也在於正確地遵照和執行一切文字陳述東西所具有的最終有效的標準。寄出信件和收到回信之間的時間間距不只是一種外在因素，而且使這種通信交往形式具有作爲特殊寫作形式的眞正特有的性質。所以我們曾指出，縮短郵寄時間根本不導致這種交往形式的增強，反而導致書信寫作藝術的衰落。

談話作爲問答關係的原始性質，甚至在一個如此極端的事例中，如黑格爾的作爲哲學方法的辯證法所表現的事例中也可以被看到。要展開思想規定的整體性——這是黑格爾的邏輯學的目的——就好像是試圖在現代「方法」的偉大獨白中去把握意義連續統（das Sinnkontinuum），而這種意義連續統本是個別地實現於正在進行的談話中。當黑格爾提出要融化和精製抽象的思想規定的任務，這就意味著，把邏輯學融化於語言的程序（Vollzugsform）中，把概念融化於進行問和答的語詞的意義力量之中——這是對於辯證法過去和現在究竟是什麼的一個不成功的偉大提示。黑格爾的辯證法就是這樣一種思想獨白，它想先行地完成那種在每一次眞正談話中逐漸成熟的東西。

(β) 問和答的邏輯

這樣，我們就回到了下面這個論點上來，即詮釋學現象本身也包含了談話的原始性質和問答的結構。某個傳承下來的正文成爲解釋的對象，這已經意味著該正文對解釋者提出了一個問題。所以，解釋經常包含著與提給我們的問題的本質關聯。理解一個正文，就是理解這個問題。但是正如我們所指出的，這是要靠我們取得詮釋學視域才能實現。我們現在把這種視域看作是正文的意義方向得以規定的**問題視域**（Fragehorizont）。

誰想尋求理解，誰就必須反過來追問所說的話背後的東西。他必須從一個問題出發把所說的話理解爲一種回答，即對這個問題的回答。所以，如果我們**返回**到所說的話背後，我們就必然已經**超出**所說的話進行追問（hinausgefragt）。我們只有透過取得問題視域才能理解正文的意義，而這種問題視域本身必然包含其他一些可能的回答。就此而言，命題的意義是相對於它是其回答的問題的，但這也就是說，命題的意義必然超出命題本身所說的東西。由這種考慮可以看出，精神科學的邏輯是一種關於問題的邏輯。

儘管有柏拉圖，我們仍然談不上有這樣一種邏輯。我們在這方面能夠援引的幾乎是唯一的人，乃是 R. G. 科林伍德 [272]。他在 [I 376]
一篇對實在論的牛津學派的機智而卓越的批判文章裡，曾經提出一種關於「問和答的邏輯」的想法，只可惜他的這一想法並未得到系統的發揮。[37] 他曾經敏銳地認識到流行的哲學批判以之爲基礎的樸素詮釋學所缺乏的東西。特別是科林伍德在英國各大學裡所看到的那種討論「**陳述**」（statements）的做法，儘管也許是一個很好的智力訓練，但顯然忽視了一切理解所包含的歷史性。科林伍德是這樣論證的：我們實際上只有在已經理解了正文是對其回答的問題之後，才能理解正文。但是，因爲我們只有從正文才能引出這個問題，從而回答的恰當性表現爲重構問題的方法論前提，所以我們從任何地方對這個回答所進行的批判純粹是欺人之談。這個情況與理解藝術作品的情況相似。只有當我們預先假定一件藝術作品充分表

---

37 參見科林伍德：《自傳》，第 30 頁以下。這篇自傳由於我的建議而以《思想》這一書名出版了德文譯本。同時也可參見海德堡大學約阿希姆 · 芬克爾戴（Joachim Finkeldei）的尚未付印的博士論文「問題的根據和本質」（1954 年）。克羅齊（此人曾影響過科林伍德）已經採取了同樣的立場，他在其《邏輯》一書（德文版，第 135 頁以下）中把每一個定義理解為對某個問題的回答，因而定義也是「歷史性的」。

現了一個藝術理念（Adäquation）時，藝術作品才能被理解。在這裡我們也必須發現藝術作品所回答的問題，如果我們想理解藝術作品——即把它作爲一種回答來理解的話。事實上這裡涉及到了一切詮釋學的某個公理，這個公理我們前面曾描述爲「完全性的前把握」（Vorgriff der Vollkommenheit）。[38]

對於科林伍德來說，這是一切歷史認識的要害。歷史的方法要求我們把問答邏輯應用於歷史傳承物。只有當我們重構了有關人物的歷史行動所回答的問題時，我們才能理解歷史事件。科林伍德舉了特拉法爾加之戰和作爲其基礎的納爾遜計畫爲例[273]。這個例子將表明，戰役的進程之所以有助於我們理解納爾遜的眞正計畫，正是因爲這個計畫被成功地實現了。反之，他的對手的計畫卻由於相反的理由，即因爲計畫失敗，而不能從該事件加以重構。因此理解這次戰役進程和理解納爾遜在戰役中所執行的計畫，乃是同一個過程。[39]

事實上我們不能不看到，問和答的邏輯在這種情況裡必須重構
[I 377] 具有兩種不同回答的兩個不同的問題。某個重大事件進程的意義問題和這個進程是否按計畫進行的問題。顯然，只有當人的計畫與事件的進程實際上都一樣重要時，這兩個問題才會同時發生。但這是一個我們不能把它作爲方法論原則加以維護的前提，因爲我們自己就是置身於歷史中的人，並且面對某個同樣講述這種處於歷史中的人的歷史傳承物。托爾斯泰對於戰役前的軍事會議的著名描述——人們詳盡而透澈地估計了所有戰略上的可能性並考慮到所有的計

---

[38] 參見本書第 299 頁以下以及我對瓜爾迪尼的批判，載《短篇著作集》，第 2 卷，第 178-187 頁（我的著作集，第 9 卷），在那裡我說：「對文學的一切批判總是解釋的自我批判。」

[39] 科林伍德：《思想》，第 70 頁。

畫，而那位將軍當時卻坐在那裡睡著了，但在戰役前夕他卻巡視了所有前哨站——顯然是非常精確地記述了我們稱之爲歷史的事情。庫圖佐夫比參加軍事會議的戰略家更了解眞實情況和起決定性作用的兵力 [274]。我們從這個例子必須得出這個基本結論，即當歷史的解釋者把一組前後關係的意義認作是行動者和計畫者實際所意圖的目的時，他們總是冒著使這組關係實在化的風險。[40]

這個結論只有在黑格爾的前提下才是合理的，即歷史哲學可以得知世界精神的計畫，並能根據這種所得到的知識認定某些個人在世界史上具有重要意義，因爲在他們的個別思想和事件的世界史意義之間存在一種眞正的一致性。但是從這些以歷史中主客體相一致爲標誌的事例中，我們卻不能推導出一個認識歷史的詮釋學原則。對於歷史傳承物來說，黑格爾的學說顯然只具有部分的眞理。構成歷史的由各種動機所交織成的無限延伸的網路，只是暫時和短期內才在某個個人身上獲得那種合乎計畫東西的明亮性。所以，黑格爾所描述的那種非同尋常的情況乃依據於一個個別人的主觀思想和整個歷史進程的意義之間所存在的不相稱關係這一普遍基礎。一般來說，我們所經歷的事物進程是某種可能不斷改變我們的計畫和期待的東西。誰試圖頑固地堅持他的計畫，誰恰恰就會發現他的理智 [I 378]
是怎樣的無能。只有非常罕見的場合，一切事情才會「自發地」發生，即事件自行地符合我們的計畫和願望。只有在這種場合我們才能夠說一切都是按計畫進行的。但是把這種經驗應用於整個歷史，就是作出了一個與我們的歷史經驗完全相矛盾的駭人聽聞的推斷。

科林伍德把問答邏輯應用於詮釋學理論的做法，現在由於這種

---

40 關於這一點埃里希．澤貝格有一些很卓越的看法，參見他的《關於氣體注釋學問題》，載《塞林紀念文集》，第 127 頁以下。〔現收入 H-G. 高達美和 G. 貝姆編：《詮釋學和科學》，法蘭克福，1978 年，第 272-282 頁。〕

推斷而變得意義含糊不清。我們對於以文字形式傳承下來的東西本身的理解並不具有這樣一種性質，即我們能夠在我們於這種文字傳承物裡所認識的意義和它的原作者曾經想到的意義之間簡單地假定一種符合關係。正如歷史事件一般並不表現出與歷史上存在的並有所作爲的人的主觀思想有什麼一致之處一樣，正文的意義傾向一般也遠遠超出它的原作者曾經具有的意圖。[41] 理解的任務首先是注意正文自身的意義。

這顯然正是科林伍德根本否認在被認爲是正文所回答的歷史問題和哲學問題之間有任何區別時所想到的東西。然而我們必須堅持這一論點，即我們所想加以重構的問題首先並不涉及作者的思想上的體驗，而完全只涉及正文自身的意義。所以，如果我們理解了某個命題的意義，即重構了該命題所實際回答的問題，那麼我們一定可能追問提問者及其用意，對於後者來說，正文或許只是其所謂的回答。科林伍德的錯誤在於，他認爲把正文應是其回答的問題和正文眞正是其回答的問題區別開來的做法，在方法論上是荒謬的。他的這種講法只有在下述情況裡才是正確的，即當我們意指正文所講述的事情時，對正文的理解一般才不包含這樣一種區分。反之，重構某位作者的思想卻是一項完全不同的任務。

我們必須追問，在什麼條件下我們才提出這項不同的任務呢？因爲下面這一點無疑是正確的，即對於理解正文意義的眞正詮釋學經驗來說，重構作者事實上曾經想到的意圖乃是一項還原的任務。正是歷史主義的誘惑才使我們把這種還原視爲科學性的美德，並把
[I 379] 理解認作是一種彷佛重複正文形成過程的重構。因此，歷史主義遵循我們在自然認識中所熟悉的認識理想，按照這種理想，只有當我們能夠人爲地產生一種過程時，我們才理解這個過程。

41　参見本書第 187 頁、第 301 頁的解釋。

我們前面已經指出，[42] 維柯那種認爲這種理想在歷史中可得到最純粹實現的說法是多麼成問題，因爲照他看來，正是在歷史中人才接觸他自身的人類歷史實在。反之我們曾經強調，每一個歷史學家和語文學家必須考慮他進行理解活動的意義境域的基本開放性（Unabschliessbarkeit）。歷史傳承物只有在我們考慮到它由於事物的繼續發展而得到進一步基本規定時才能被理解，同樣，研討文學正文和哲學正文的語文學家也知道這些正文的意義是不可窮盡的。在這兩種情況裡，都是透過事件的繼續發展，傳承物才獲得新的意義方面。透過在理解中新的強調，正文被帶進某個眞正進程之中，這正如事件透過其繼續發展被帶入眞正進程之中一樣。這正是我們所說的詮釋學經驗裡的效果歷史要素。理解的每一次實現都可能被認爲是被理解東西的一種歷史可能性。我們此在的歷史有限性在於，我們自己意識到在我們之後別人將以不同的方式去理解。然而下面這一點對於我們的詮釋學經驗來說同樣是確鑿無疑的，即對於同一部作品，其意義的充滿正是在理解的變遷之中得以表現，正如對於同一個歷史事件，其意義是在發展過程中繼續得以規定一樣。以原作者意見爲目標的詮釋學還原正如把歷史事件還原爲當事人的意圖一樣不適當。

重構給定正文是其回答的問題，當然不能被認爲是歷史方法的純粹成就。一開始出現的其實是正文向我們所提出的問題，即我們對於傳承物的文字的反應（Betroffensein），以致對傳承物的理解總是已經包含現代與傳承物的歷史自我媒介的任務。所以問題和回答的關係事實上被顚倒了。對我們講述什麼的傳承物——正文、作品、形跡——本身提出了一個問題，並因而使我們的意見處於開放狀態。爲了回答這個向我們提出的問題，我們這些被問的人就必

---

42 參見本書第 226 頁以下、第 280 頁以下。

須著手去提出問題。我們試圖重構傳承物好像是其回答的問題。但是，如果我們在提問上沒有超出傳承物所呈現給我們的歷史視域，
[I 380] 我們就根本不能這樣做。重構正文應是其回答的問題，這一做法本身是在某種提問過程中進行的，透過這種提問我們尋求對傳承物向我們提出的問題的回答。一個被重構的問題絕不能處於它原本的視域之中。因為在重構中被描述的歷史視域不是一個眞正包容一切的視域。其實它本身還被那種包括我們這些提問，並對傳承物文字作出反應的人在內的視域所包圍。

就此而言，詮釋學必然要不斷地超越單純的重構。我們根本不能不去思考那些對於作者來說是毫無疑問的因而作者未曾思考過的東西，並且把它們帶入問題的開放性中。這不是打開任意解釋的大門，而只是揭示一直在發生的事情。理解傳承物的文字總是要求把重構的問題放入其可置疑的開放狀態之中，即變成傳承物對我們所呈現的問題。如果「歷史的」問題自為地顯現出來，那麼這總是已經意味著，它本身不再「提升」自己成為問題。這種問題乃是不再理解的剩餘產品，我們停滯不前的迂迴之路。[43] 反之，眞正的理解活動在於：我們是這樣重新獲得一個歷史過去的概念，以致它同時包括我們自己的概念在內。我在前面[44]曾把這種活動稱之為視界融合。我們可以同意科林伍德的說法，即只有當我們理解了某物是其回答的問題，我們才理解該物，並且這樣被理解的東西確實不能讓其意義同我們自己的意見分開。重構那些把正文的意義理解為對其回答的問題其實變成了我們自己的提問。因為正文必須被理解為對某個眞正提問的回答。

43　參見我們前面關於斯賓諾莎《神學政治論》分析中對於這種歷史東西的迂迴之路的說明，在本書第 184 頁以下。

44　參見本書第 311 頁以下。

提問和理解之間所表現的密切關係給予詮釋學經驗以其眞正的度向。誰想理解，誰就可能如此強烈地對於所意指東西的眞理猶豫不決。他可能如此強烈地偏離事情的直接意見轉而考慮深層的意義，但並不把這種深層意義認爲是眞實的，而只是把它當作有意義的，以致眞理可能性仍處於懸而未決之中——進入這樣一種懸而未決之中（Solches In-die-Schwebe-bringen），就是提問的特有的和原始的本質。提問總是顯示出處於懸而未決之中的可能性。所以，正如不可能有偏離意見的對於意見的理解，同樣也不可能有偏離眞正提問的對於可問性（Fraglichkeit）的理解。**對於某物可問性的理** [I 381]
解其實總已經是在提問。對於提問不可能有單純試驗性的、可實現的態度，因爲提問並不是設立（setzen），而本身就是一種對於可能性的試驗。這裡提問的本質顯示出柏拉圖對話實踐所證明的東西。[45] 誰想思考，誰就必須提問。即使某人說「在這裡我們可能提問」，這也已經是一個眞正提問，不過由於謹愼或客氣這一提問被掩蓋起來罷了。

這就是一切理解爲什麼總是超出對某個他人意見的單純再思考（Nachvollziehen）的理由。因爲提出問題，就是打開了意義的各種可能性，因而就讓有意義的東西進入自己的意見中。只有在不正確的意義上我們才能理解我們自己並未問的問題，例如：那些我們認爲過了時的或者無意義的問題。因此這意味著，我們理解某些問題是怎樣在某些歷史前提下被提出來的。因此，理解這類問題就等於說理解那些由於其消失而使問題變得無意義的具體前提，例如：永恆運動就是一個實例。這類問題的意義境域只是表面看來還是敞開的，這類問題不再被人理解爲問題。因爲在這裡我們所理解的東西恰恰就是：這裡沒有問題。

---

45 參見本書第 368 頁以下。

理解一個問題，就是對這問題提出問題（Eine Frage verstehen heisst, sie fragen）。理解一個意見，就是把它理解爲對某個問題的回答（Eine Meinung verstehen heisst, sie als Antwort auf eine Frage verstehen）。

科林伍德提出的問答邏輯結束了那種作爲「牛津實在論者」與古典哲學家關係基礎的永恆**問題**（Problem）的談論，並且同樣結束了新康德主義提出的**問題史**（Problemgeschichte）概念。問題史只有在它承認問題的同一性是一種空疏的抽象並使自身轉爲提問時，才可能是眞正的歷史。事實上並不存在一種超出歷史之外的立足點，以使我們站在上面可以從歷史上對某個問題的各種解決嘗試中去思考該問題的同一性。誠然，對於哲學正文的一切理解都需要重新認識有關這些正文所知道的東西。沒有這種知識我們就什麼也不會理解。但是，我們卻不能因此而超出我們所處的並由之而進行理解的歷史條件之外。我們重新認識的問題，其實並不簡單就是在一次眞正提問中被理解的同一問題。我們只是由於自己的歷史短見才會把它當成相同的問題。我們藉以設想問題眞正同一性的所謂超立場的立場，乃是一種純粹的幻覺。

我們現在可以理解爲什麼如此的理由。問題概念（Der Begriff
[I 382] des Problems）顯然表述一種抽象，即把問題的內容與最初揭示該內容的問題（Frage）分離出來。問題概念是指那些眞實的和眞正有明確目的的問題（Frage）可以還原和可以歸屬的抽象圖式。這樣一種「問題」是脫離了有明確目的的問題連繫的，而只有在這種問題連繫中問題才能有清晰的意義。所以這種問題（Problem）是不能解決的，正如每一個沒有明確意義的問題（Frage）一樣，因爲它並不是眞正有明確目的而提出來的。

問題概念（Problembegriff）的起源也證明了這一點。問題概念不屬於那種發現事物眞理的所謂「善意的反駁」（wohlgemeinte

Widerlegungen）[46]的領域，而是屬於作爲一種使對手感到驚奇或難堪的武器的辯證法的領域。在亞里斯多德那裡，「問題」（Problem）一詞指那些表現爲明顯懸而未決（Alternative）的問題（Frage），因爲這些問題兩方面都有證據，並由於它屬於重大問題，我們不認爲有理由能夠決定它們。[47]所以，問題（Problem）並不是那種呈現自身並因而可以從其意義起源處獲取其回答模式的眞正問題（Frage），而是我們只能丢下不管和只能用辯證法方式加以處理的意見抉擇（Alternativen des Meinens）。眞正說來，「問題」（Problem）的這種辯證法意義是在修辭學裡而不是在哲學裡具有其地位。問題概念的性質就是不可能根據理由來得出一個明確的決定。這就是爲什麼康德把問題概念的使用限制於純粹理性的辯證法上的原因。問題（Problem）就是「完全從其根芽處起源的任務」，也就是說，問題是理性本身的產物，理性絕對不能期望有對問題的完滿解決。[48]富有意義的是，在19世紀隨著哲學問題的直接傳統的消失和歷史主義的興起，問題概念獲得了普遍的有效性——這是一個標誌，表明那種對於哲學的實際問題的直接關係不再存在。所以，哲學意識困惑的典型表現就是當其面對歷史主義時，躲進抽象的問題概念裡而看不到那種問題是以怎樣的方式「存在」的問題。新康德主義的問題史就是歷史主義的冒牌貨。憑藉問答邏輯來進行的對問題概念的批判，必然摧毀那種認爲問題的存在猶如天上繁星一樣的幻覺。[49]對於詮釋學經驗的思考使問題（Problem） [I 383]

---

46 柏拉圖：《第七封信》，344b。

47 亞里斯多德：《論辯篇》，A11。

48 《純粹理性批判》，第321頁以下。

49 尼古拉．哈特曼在其論文〈哲學思維及其歷史〉（《普魯士科學院論文集》，1936年，第5卷；現在收入《N. 哈特曼短篇著作集》，第2卷，第1-47頁）中正確地指出，重要的事情是重新認識偉大思想家曾經認識的東西。但是，重新回到那些自身呈現的問題和從其動機中獲取其意義的問題（Frage）。

我們在詮釋學經驗的結構中所揭示的這種問和答的辯證法，現在能夠更進一層規定究竟一種什麼樣的意識才是效果歷史意識。因爲我們所論證的問和答的辯證法使得理解關係表現爲一種類似於某種談話的相互關係。雖然一個正文並不像一個「你」那樣對我的講話。我們這些尋求理解的人必須透過我們自身使它講話。但是我們卻發現這樣一種理解上的使正文講話（solches verstehendes Zum-Reden-Bringen），並不是一種任意的出於我們自己根源的做法，而本身就是一個與正文中所期待的回答相關的問題。期待一個回答本身就已經預先假定了，提問題的人從屬於傳統並接受傳統的呼喚（der Fragende von Überlieferung erreicht und aufgerufen ist）。這就是效果歷史意識的眞理。經驗歷史的意識由於放棄完全領悟的幻想，所以它對歷史經驗是敞開的。我們把它的實現方式描述爲理解視域的交融，這就是在正文和解釋者之間起媒介作用的東西。

下面討論的主導思想是：**在理解中所發生的視域交融乃是語言的真正成就**。當然，語言是什麼乃是人類反覆思考的最神祕莫測的難題之一。語言性（Sprachlichkeit）是這樣不可思議地接近我們的

如果他為了維護某種固定的東西以反對歷史主義的侵蝕，區分了真正問題內容（Problemgehalte）的固定性與它們被問（Problemstelluugen）和被回答（Problemlagen）方式的變更性，那麼他就不能看到這一事實，即既沒有「變更性」又沒有「固定性」，既沒有「問題」和「體系」的對立，又沒有「成就」的標準符合於哲學作為知識的性質。當他寫道：「只有當某個人在認識中利用了數世紀的巨大知性經驗，只有當他自己的經驗基於他已認識並作過很好檢驗的東西上，……他的知識才能確保他自己的進步」（前引書，第18頁），他就按照經驗科學和認識進步的模式解釋了「帶有問題的系統接觸」，而這一模式並不完全量度我們在詮釋學意識裡已經看到過的那種傳統和歷史的複雜網路。

思想，而在它發揮作用時又是這樣少地成爲我們的對象，以致它對我們隱藏了它自己本身的存在。可是在我們對精神科學思維的分析中，我們是這樣地接近語言這種普遍的先於一切其他事物的奧祕，以致我們能夠信賴我們正在研究的對象，讓它安全地指導我們進行探討。我們試圖從我們所是的談話（Gespräch）出發去接近語言的奧祕。

如果我們試圖按照兩個人之間進行的談話模式來考慮詮釋學現象，那麼這兩個表面上是如此不同的情況，即正文理 [I 384]
解（Textverständnis）和談話中的相互理解（Verständigung im Gespräch）之間的主要共同點首先在於，每一種理解和每一種相互理解都涉及到了一個置於其面前的事物。正如每個人都試圖與他的談話夥伴關於某事物取得相互理解一樣，解釋者也試圖理解正文對他所說的事物。這種對事物的理解必然透過語言的形式而產生，但這不是說理解是事後被嵌入語言中的，而是說理解的實現方式——這裡不管是涉及正文還是涉及那些把事物呈現給我們的談話夥伴——就是事物本身得以語言表達（das Zur-Sprach-Kommen der Sache selbst）。所以我們首先將考察眞正談話的結構，以便揭示那種表現正文理解的另一種談話的特殊性。既然我們上面透過談話的本質著重指出了問題（Frage）對於詮釋學現象的構成性意義，現在我們就必須把作爲問題基礎的談話的**語言性**證明爲一種詮釋學要素。

首先，我們確認，使某物得以表述的語言絕不是這一個談話夥伴或那一個談話夥伴可以任意支配的財產。每一次談話都預先假定了某種共同的語言，或者更正確地說，談話創造了某種共同的語言。正如希臘人所說的，中間放著某種事物，這是談話夥伴所共有的，他們彼此可以就它交換意見。因此關於某物的相互理解——這是談話所想取得的目的——必然意味著：在談話中首先有一種共同的語言被構造出來了。這不是一種調整工具的外在過程，甚至說談話夥伴相互適應也不正確，確切地說，在成功的談話中，談話夥伴都處於事物的眞理之下，從而彼此結合成一個新的共同體。談話中的相互理解不是某種單純的自我表現（Sichausspielen）和自己觀點的貫徹執行，而是一種使我們進入那種使我們自身也有所改變的公共性中的轉換（eine Verwandlung ins Gemeinsame hin, in der man nicht bleibt, was man war）。[50]

50　參見我的論文〈什麼是真理？〉（《短篇著作集》，第1卷，第46-58頁）。〔我的著作集，第2卷，第44-56頁。〕

第三部分 以語言爲主線的詮釋學本體論轉向

詮釋學的一切前提不過只是語言。

——F.施萊爾馬赫

[I 387]

1. 語言作爲詮釋學經驗之媒介

雖然我們說我們「進行」一場談話，但實際上越是一場眞正的談話，它就越不是按談話者的任何一方的意願而進行。因此，眞正的談話絕不可能是那種我們意想進行的談話。一般說來，也許這樣說更正確些，即我們陷入了一場談話，甚至可以說，我們被捲入了一場談話。在談話中某個詞如何引出其他的詞，談話如何發生其轉變，如何繼續進行，以及如何得出其結論等等，雖然都可以有某種進行的方式，但在這種進行過程中談話的參加者與其說是談話的引導者，不如說是談話的被引導者。誰都不可能事先知道在談話中會「產生出」什麼結果。談話達到相互了解或達不到相互了解，這就像是一件不受我們意願支配而降臨於我們身上的事件。正因爲如此，所以我們才能說，有些談話是卓越的談話，而有些談話則進行得不順利。這一切都證明，談話具有其自己的精神，並且在談話中所運用的語言也在自身中具有其自己的眞理，這也就是說，語言能讓某種東西「顯露出來」（entbirgen）和湧現出來，而這種東西自此才有存在。

我們在對浪漫主義詮釋學的分析中已經發現，理解的基礎並不在於使某個理解者置身於他人的思想之中，或直接參與到他人的內心活動之中。正如我們所看到的，所謂理解某人所說的東西，就是在語言上取得相互一致（sich in der Sprache Verständigen），而不是說使自己置身於他人的思想之中並設身處地地領會他人的體驗[275]。我們曾經強調說，在理解中這樣所產生的意義經驗總是包含著應用（Applikation）。現在我們注意到，**這整個理解過程乃是一種語言過程**。理解的眞正問題以及那種巧妙地控制理解的嘗試——這正是詮釋學的主題——在傳統上都歸屬於語法和修辭學領域，這一點絕不是沒有理由的。語言正是談話雙方進行相互了解並對某事取得一致意見的核心（Mitte）。

正是在相互了解受到阻礙或變得困難的情況中，我們才最清楚地意識到一切理解所依據的條件。因此，在兩個操不同語言的人之間只有透過翻譯和轉換才可能進行談話的這樣一種語言過程就特別具有啓發性。在這種談話中，翻譯者必須把所要理解的意義置入另一個談話者所生活的語境中。這當然不是說，翻譯者可以任意曲解講話人所指的意義。相反，這種意義應當被保持下來，但由於這種 [I 388]
意義應當在一種新的語言世界中被人理解，所以這種意義必須在新的語言世界中以一種新的方式發生作用。因此，一切翻譯就已經是解釋（Auslegung），我們甚至可以說，翻譯始終是解釋的過程，是翻譯者對先給予他的語詞所進行的解釋過程。

所以，翻譯這一例子使我們意識到語言性（Sprachlichkeit）是相互了解的媒介，而這種媒介只有透過明確的傳達才能被巧妙地製造出來。當然，這樣巧妙地製造媒介的活動不是談話的正常情況，所以翻譯也不是我們處理一門陌生語言的正常情況。我們寧可說，對翻譯的依賴就像談話的雙方被剝奪了自我獨立性。凡需要翻譯的地方，就必須要考慮講話者原本語詞的精神和對其複述的精神之間的距離。但這種距離是永遠不可能完全克服掉的。因此，在這些情況中相互了解並非眞正地發生在談話的參與者之間，而是產生於翻譯者之間，因爲翻譯者能在一個共同的相互了解的世界中眞正地相遇。（最困難的對話顯然莫過於兩個操不同語言的人之間的對話，因爲這兩個對話者雖說理解對方的語言，但卻不會說對方的語言。於是，就好像是由於一種更高的力量所迫使，這兩種語言中的一種就試圖使自己而不是另一種語言成爲理解的媒介。）

凡是產生相互了解的地方，那裡就無需翻譯，而只是說話。

理解一門外語的意思就是說，無需再把它翻譯成自己的語言。誰眞正掌握了一門語言，那就無需再翻譯，甚至可以說，任何翻譯都似乎是不可能的。理解一門語言本身根本不是眞正的理解，而且也不包括任何解釋過程，它只是一種生活過程（Lebensvollzug）。我們理解一門語言，乃是因爲我們生活於這門語言之中——這個命題顯然不僅適用於尚在使用著的活語言，而且也適用於已廢棄不用的死語言。因此，詮釋學問題並不是正確地掌握語言的問題，而是對於在語言媒介中所發生的事情正當地相互了解的問題。一切語言都是可以學會的，以致完滿地使用語言就包含著以下意思，即我們無需再把自己的母語譯成另外一門語言，或把另外這門語言譯成自己的母語，而是用外語進行思維。爲了在談話中達到相互了解，能這樣掌握語言恰是一個前提條件。一切談話都有這樣一個不言而喻的前提，即談話者都操同一種語言。只有當透過相互談話而在語言上
[I 389] 取得一致理解成爲可能的時候，理解和相互了解的問題才可能提出來。對翻譯者的翻譯的依賴乃是一種特殊情況，它使詮釋學過程即談話雙重化了：談話一方面是翻譯者同對方的談話，另一方面是自己同翻譯者的談話。

談話是相互了解並取得一致意見的過程（ein Vorgang der Verständigung）。因此，在每一場眞正的談話中，我們都要考慮到對方，讓他的觀點眞正發揮作用，並把自己置身於他的觀點中，以致我們雖然不願把對方理解爲這樣的個性，但卻要把他所說的東西理解爲這樣的個性。在談話中需要把握的是對方意見的實際根據，這樣我們就能對事情達到相互一致看法。因此，我們並不是把對方的意見置回於他自身之中，而是置於我們自己的意見和猜測之中。如果我們眞的把對方視作個性，比如在心理治療的談話或對被告的

審問等情形中，那麼達成相互了解的情況就絕不會出現。[1]

在談話中作爲相互了解情況特徵的一切東西，當其涉及到**對正文的理解**時就眞正地轉向了詮釋學領域。我們仍然以對陌生語言進行翻譯爲例。在對某一正文進行翻譯的時候，不管翻譯者如何力圖進入原作者的思想感情或是設身處地把自己想像爲原作者，翻譯都不可能純粹是作者原始心理過程的重新喚起，而是對正文的再製作（Nachbildung），而這種再製作乃受到對正文內容的理解所指導，這一點是完全清楚的。同樣不可懷疑的是，翻譯所涉及的是解釋（Auslegung），而不只是重現（Mitvollzug）。對於讀者來說，照耀在正文上的乃是從另一種語言而來的新的光。對翻譯所提出的「信」（Treue）的要求不可能消除語言所具有的根本區別。儘管我們在翻譯中力求「信」，我們還是會面臨困難的選擇。如果我們在翻譯時想從原文中突出一種對我們很重要的性質，那麼我們只有讓這同一原文中的其他性質不顯現出來或者完全壓制下去才能實現。這種行爲恰好就是我們稱爲解釋（Auslegung）的行爲。正如所有的解釋一樣，翻譯也是一種突出重點的活動（Überhellung）。誰要翻譯，誰就必須進行這種重點突出活動。翻譯者顯然不可能對他本人還不清楚的東西予以保留。他必須明確表示自己的觀點。雖然也有難以確定的模稜兩可情況，即在原文中（以及對於「原來的讀者」來說）也確實有一些含糊不清之處。然而正是這種詮釋學的模稜兩可狀況才使翻譯者經常遇到的困境得以清楚顯露。翻譯者在這裡必須丟棄這種模稜兩可狀況。他必須清楚地說明他自己對此作何種理解。雖然翻譯者總可以不把正文的所有意義因素都表達出

1　本書前面（第 368 頁）提到的在這種談話中所提問題的不真實性乃是與這種自我置入（Sich-Versetzen）——這指置入對方而不是指置入對方的客觀根據——相適應的。

[I 390] 來，但這對他來說總意味著一種放棄。所有認眞進行的翻譯總比原文要更爲清楚和更爲明白。即使這種翻譯是一種唯妙唯肖的仿製，它也總會缺少某些原文中所帶有的韻味。（只有在極少數絕妙的翻譯著作中這種損失才會得到彌補甚或獲得新的效果——例如：我想到波德萊爾的《惡之花》在施太芬・格奧爾格（Stefan George）的意譯中似乎顯出一種特有的新活力。）

所以，翻譯者經常痛苦地意識到他同原文之間所具有的必然的距離。他處理正文的情況也需要有那種在談話中力求達到相互了解的努力。只不過翻譯的情況乃是一種特別艱難地取得相互了解的情況，因爲在這裡我們認識到，要排除那種同自己意見相反的意見的距離歸根到底是不可能的。正如在存在有這種不可排除的距離的談話時可能會在交換意見的過程中達到一種妥協一樣，翻譯者也會在反覆斟酌和磋商中尋找最佳的解決辦法，不過這種解決也總只能是一種妥協。在談話中人們爲了達到這個目的而置身於對方的立場，以便理解對方的觀點，同樣，翻譯者也要完全置身於他的作者的立場。然而，談話中的相互了解並不是透過設身處地而取得的，對於翻譯者來說，這種設身處地也並不就是再創造的成功。這兩者的結構顯然是很相似的。談話中的相互了解既包括使談話夥伴對自己的觀點有所準備，同時又要試圖讓陌生的、相反的觀點對自己產生作用。如果在談話中這種情況對談話雙方都發生，而且參加談話的每一方都能在堅持自己理由的同時也考慮對方的根據，這樣我們就能在一種不引人注意的，但並非任意的觀點交換中（我們稱之爲意見交換）達到一種共同語言和共同意見。翻譯的情況也與談話完全相同，翻譯者必須固守據以翻譯的自己母語的權利，但同時也必須讓外語對自己發生作用，甚至可以說，必須讓原文及其表達方式的那種對立東西對自己發生作用。——不過，對翻譯者的工作作如此描述也許太簡單。即使是在必須把一門語言翻譯成另一門語言的這種特殊情況中，事情還是不能同語言相分離的。只有當翻譯者能把正文向他揭示的事情用語言表達出來，他才能唯妙唯肖地再製作，但這就是說：他必須找到一種語言，但這種語言並不僅僅是翻譯者自己的語言，而且也是適合於原文的語言。[2]因此翻譯者的情況和解釋者的情況從根本上說乃是相同的情況。

翻譯者必須克服語言之間的鴻溝，這一例證使得在解釋者和正文之間起作用的並與談話中的相互了解相一致的相互關係顯得特別明顯。因爲所有翻譯者都是解釋者。外語的翻譯情況只是表示一種更爲嚴重的詮釋學困難，既面對陌生性又要克服這種陌生性。所謂陌生性其實在相同的、明確規定的意義上就是傳統詮釋學必須處理的「對象」。翻譯者的再製作任務同一切正文所提出的一般詮釋學任務並不是在質上有什麼區別，而只是在程度上有所不同。 [I 391]

當然這並不是說，面對正文的詮釋學境況完全等同於兩個談話者之間的境況。在正文中所涉及的是「繼續固定的生命表現」。[3]這種「生命表現」應該被理解，這就是說，只有透過兩個談話者之中的一個談話者即解釋者，詮釋學談話中的另一個參加者即正文才能說話。只有透過解釋者，正文的文字符號才能轉變成意義。也只有透過這樣重新轉入理解的活動，正文所說的內容才能表達出來。這種情況就像眞正的談話一樣，在談話中共同的東西乃在於把談話者互相連繫起來，這裡則是把正文和解釋者彼此連繫起來。因此，正如口譯者在談話中只有參與到所談論的事情之中才可能達到理解一樣，解釋者在面對正文時也有一個不可或缺的前提條件，即他必須

2 這裡就產生了「疏離」（Verfremdung）問題，沙德瓦爾特（Schadewaldt）在其《奧德賽》譯本的後記中（古典作家叢書，1958 年，第 324 頁）已對此作了相當重要的論述。

3 德羅伊森：《歷史學》，休伯納編，1937 年，第 63 頁。

參與到正文的意義之中。

因此，說有一種**詮釋學的談話**，這是完全正確的。但這就會引出以下的結論，即詮釋學談話必須像眞正的談話一樣力求獲得一種共同的語言，但這種共同語言的獲得過程卻並不像在談話中那樣只是爲了達到相互了解的目的而對某種工具的準備過程，而是與理解和相互了解的過程本身正好相合。而且，在這種「談話」的參加者之間也像兩個個人之間一樣存在著一種交往（Kommunikation），而這種交往並非僅僅是適應（Anpassung）。正文表述了一件事情，但正文之所以能表述一件事情，歸根到底是解釋者的功勞。正文和解釋者雙方對此都出了一份力量。

因此，我們不能把正文所具有的意義等同於一種一成不變的固定的觀點，這種觀點向企圖理解的人只提出這樣一個問題，即對方怎麼能持有這樣一種荒唐的意見。在這個意義上我們可以說，在理解中所涉及的完全不是一種試圖重構正文原義的「歷史
[I 392] 的理解」。我們所指的其實乃是**理解正文本身**。但這就是說，在重新喚起正文意義的過程中解釋者自己的思想總是已經參與了進去。就此而言，解釋者自己的視域具有決定性作用，但這種視域卻又不像人們所堅持或貫徹的那種自己的觀點，它乃是更像一種我們可發揮作用或進行冒險的意見或可能性，並以此說明我們眞正占有正文所說的內容。我們在前面已把這一點描述爲視域融合（Horizontverschmelzung）。現在我們在這裡認識到一種**談話的進行方式**（Vollzugsform des Gesprächs），在這種談話中得到表述的事情並非僅僅是我的意見或我的作者的意見，而是一件共同的事情。

對於談話的語言性在所有理解裡所具有的這種重要意義的認識，我們應當歸功於德國浪漫主義派。德國浪漫主義派曾告訴我們，理解（Verstehen）和解釋（Auslegung）歸根究柢是同一回

事。正是透過這種認識，解釋這一概念才正像我們所見的那樣從它在 18 世紀所具有的教育性的附屬意義上升到一個重要的地位，這個地位我們可以說是語言問題對於哲學探究取得根本意義的關鍵地位。

自從浪漫主義派產生以來，我們不再這樣想理解問題，好像當我們缺乏直接的理解時我們是透過一些進行解釋的概念而達到理解的，而這些概念是我們按照需要從它們原來所處的語言貯存室中取出的[276]。**其實，語言就是理解本身得以進行的普遍媒介。理解的進行方式就是解釋**。這種說法並非意指不存在特別的表述問題。正文的語言和解釋者的語言之間的區別，或者說把翻譯者同原文相隔開的語言鴻溝，並不是無足輕重的問題。恰好相反，語言表達問題實際上已經是理解本身的問題。一切理解都是解釋（Auslegung），而一切解釋都是透過語言的媒介而進行的，這種語言媒介既要把對象表述出來，同時又是解釋者自己的語言。

因此，詮釋學現象就表現爲思維和講話這一普遍關係的特殊情況，它們之間謎一般的內在性甚至導致語言隱匿在思維之中。解釋就像談話一樣是一個封閉在問答辯證法中的圓圈。透過語言媒介而 [I 393]
進行的，因而我們在解釋正文的情況中可以稱之爲談話的乃是一種眞正歷史的生命關係。理解的語言性是**效果歷史意識的具體化**。

語言性和理解之間的本質關係首先是以這種方式來表示的，即傳承物的本質就在於透過語言的媒介而存在，因此最好的解釋**對象**就是具有語言性質的東西。

(a) 語言性作爲詮釋學對象之規定

傳承物的本質透過語言性而得到標誌，這具有其詮釋學的後果。理解語言傳承物相對於理解其他傳承物具有特有的優勢。雖然語言傳承物在直觀的直接性這方面不如造型藝術的文物。但語言傳承物缺乏直接性並不是一種缺陷，相反，在這種表面的缺陷中，在一切「正文」的抽象的陌生性中卻以特有的方式表現出一切語言都屬於理解的先行性質。語言傳承物是眞正詞義上的傳承物，這就是說，語言傳承物並非僅僅是些留存下來的東西，我們的任務只是把它們僅作爲過去的殘留物加以研究和解釋。凡以語言傳承物的方式傳到我們手中的東西並不是殘留下來的（übriggeblieben），而是被遞交給我們的（übergeben），也就是說，它是被訴說給我們（uns gesagt）——不管它是以神話、傳說、習俗、諺語得以生存的直接重說的形式，還是以文字傳承物的形式，在文字傳承物中，其文字符號對一切懂得閱讀它們的讀者都是同樣直接確定的。

傳承物的本質以語言性作爲標誌，這一事實顯然在傳承物是一種**文字**傳承物的情況中達到其完全的詮釋學意義。語言在文字中是與其實現過程相脫離的。以文字形式傳承下來的一切東西對於一切時代都是同時代的。在文字傳承物中具有一種獨特的過去和現代並存的形式，因爲現代的意識對於一切文字傳承物都有一種自由對待的可能性。進行理解的意識不再依賴那種所謂使過去的消息同現代進行媒介的重述，而是在直接轉向文字傳承物中獲得一種移動和擴展自己視域的眞正可能性，並以此在一種根本深層的度向上使自己的世界得以充實。對文字傳承物的精神占有（Aneignung）甚至超
[I 394] 過了那種在陌生語言世界中進行漫遊和歷險的經驗。鑽研陌生語言和文學的讀者每時每刻都保持著返回自身的自由運動，因此，他們總是這樣地同時處於一切地方。

文字傳承物並不是某個過去世界的殘留物，它們總是超越這個世界而進入到它們所陳述的意義領域。正是語詞的理想性（Idealität）使一切語言性的東西超越了其他以往殘存物所具有的那種有限的和暫時的規定性。因此，傳承物的承載者絕不是那種作

爲以往時代證據的手書，而是記憶的持續。正是透過記憶的持續，傳承物才成爲我們世界的一部分，並使它所傳介的內容直接地表達出來。凡我們取得文字傳承物的地方，我們所認識的就不僅僅是些個別的事物，而是以其普遍的世界關係展現給我們的以往的人性（ein vergangenes Menschentum）本身。因此，如果我們對於某種文化根本不占有其語言傳承物，而只占有無言的文物，那麼我們對這種文化的理解就是非常不可靠的和殘缺不全的，而我們也不把這種關於過去的資訊稱爲歷史。與此相反，正文卻總是讓總體得到表述。某些似乎是簡直不可理解的無意義的筆畫一旦被認作爲可解釋的文字時，就突然從自身出發表現得最可理解，甚至當其上下文連繫被理解爲完整的連繫時，它們還能糾正不完善傳承物的偶然性。

因此，文字固定的正文提出了眞正的詮釋學任務。文字性（Schriftlichkeit）就是自我陌生性（Selbstentfremdung）。所以，對這種自我陌生性的克服，也就是對正文的閱讀，乃是理解的最高任務。甚至可以說，只有當我們能夠把正文轉換成語言的時候，我們才能正確地理解和解釋某種碑文的純符號成分。但這種把正文轉換成語言的活動——我們可以回想到——總是同時也產生一種與被意指的東西，即被談論的事物的關係。理解過程在此是完全活動於那種由語言傳承物所傳介的意義域之內。因此，對於某塊碑文來說，只有當事先存在有（作爲正確前提的）辨譯的情況下才提出詮釋學的任務。而非文字性的文物則只是在擴展的意義上才算提出一種詮釋學的任務。因爲這些文物並非從其本身就可理解。它們所意味的東西乃是一個對其進行解釋的問題，而不是對其字面的辨譯和理解。

語言在文字性中獲得其眞正的精神性，因爲理解的意識面對文字傳承物才達到它的完全自主性。理解的意識在其存在中無須依賴任何東西。因此閱讀的意識潛在地占據著理解意識的歷史。「語

文學」（Philologie）這個概念本來的意思是指對說話的愛好，然
[I 395] 而隨著文字文化的產生，這個概念就完全轉變成包容一切的閱讀藝術，並喪失了這個概念原本所具有的與講話和論證的關聯。閱讀的意識必然是歷史的意識，是同歷史傳承物進行自由交往的意識。因此，當我們像黑格爾一樣把歷史的開端等同於某種求傳承的意願的產生，等同於某種求「思念持存」的意願的產生，那是很有道理的。[4]文字性絕不只是對於口頭傳承物的發展在質上並無改變的純粹偶然的情況或純粹的補充。追求延續、追求持存的意願當然也可以無須文字而存在。但只有文字傳承物才能和已經成爲生命殘餘物的純粹持存相分離，雖然現今此在可以從這種殘餘物出發有所補充地推知以往此在。

碑文這一類傳承物並不是從一開始就加入了我們稱之爲文學的自由傳承物形式，因爲它依賴於殘餘物的存在，不管它們是石料的或者是其他材料的殘餘物。追求持存的意願要爲自己創造固有的延續形式，也就是我們稱之爲文學的東西，這對於一切透過抄件而到達我們手中的傳承物卻是完全適合的。文學中所存在的並非僅僅是些紀念碑或符號的東西。所謂文學其實都與一切時代有一種特有的共時性。所謂理解文學首先不是指推知過去的生活，而是指當代對所講述的內容的參與（gegenwärtige Teilhabe an Gesagtem）。因此，這裡根本不涉及兩個人之間的關係，例如：讀者和作者之間的關係（作者也許是讀者完全不認識的），而是涉及到對正文向我們所作的傳達的參與。凡在我們理解的地方，那裡文學作品中所講內容的意義就完全不依賴於我們是否能從傳承物中對作者構成一種形象，或者對傳承物作某種源泉的歷史闡明是否就是我們的願望。

在此我們回想起一件事實，即詮釋學本來的任務或首要的任務

4　黑格爾：《歷史中的理性》（拉松版），第 145 頁。

就是理解正文。正是施萊爾馬赫才降低了文字的固定性對於詮釋學問題所具有的本質重要性，因爲他在口頭講述中——這是他眞正所完成的工作——發現了存在著理解問題。我們在前面已經講過，[5]施萊爾馬赫帶進詮釋學中的心理學轉向如何關閉了詮釋學現象原本有的歷史度向。實際上，文字性對於詮釋學現象之所以具有中心的意義，只是因爲在文字中同書寫者或作者的分離有如同某個收信人或讀者的姓名的分離一樣，乃使自己達到了一種自身的此在。因此以 [I 396] 文字形式固定下來的東西就在一切人眼前提升到一種意義域之中，而每一個能閱讀它的人都同時參與到這個意義域之中。

與言語性相比，文字性顯然是第二性的現象。文字的符號語言總要歸結到眞正的講話語言。但是，語言能夠被書寫這一點對於語言的本質卻絕非第二性的。語言之所以能被書寫，其根據就在於講話本身加入了講話中所傳達的純粹的意義觀念性，而在文字中被講出的這種意義卻是純粹自爲的、完全脫離了一切表達和傳告的情感因素。我們將不把某一正文理解爲生命的表達，而是對它所說的內容進行理解。文字性乃是語言的抽象理想性。因此，文字記錄的意義從根本上說是可辨認的和可複述的。在複述中所同一的只是在文字記錄中實際記下的東西。這就同時清楚地表明，這裡所說的複述並不是嚴格意義上的複述。複述所指的並不是歸結到最早講出或寫下某種東西的原始意蘊。閱讀的理解並不是重複某些以往的東西，而是參與了一種當前的意義。

文字性所具有的方法上的優點在於，在文字這裡詮釋學問題脫離了一切心理學因素而純粹地顯露出來。在我們眼裡和對於我們的目的來說，表現爲方法優點的東西當然同時也是一種特殊弱點的表現，這種弱點更多表現了文字的特徵而不是講話的特徵。如果我

5 參見本書第 189 頁以下、第 302 頁以下。

們認識了一切文字的弱點，那麼理解的任務就會特別清楚地被提出來。對此我們只要再一次回想到柏拉圖這位先驅。柏拉圖認爲文字固有的弱點在於，如果書寫的文字有意或無意地陷入了誤解，那就無人能夠幫助它。[6]

柏拉圖在文字的無助性中顯然發現了一種比講話所具有的還更嚴重的弱點（to asthenes tōn Logōn），當他要求辯證法以幫助講話的弱點時，他卻聲稱文字是毫無希望的，這當然是一種諷刺性的誇張，藉助這種誇張柏拉圖掩蓋了他自己的文字作品和他自己的藝術。實際上書寫與講話所遇到的麻煩是相同的。正如在說話中存在
[I 397] 著現象的藝術和眞正思維的藝術——詭辯術和辯證法——的相互對應，同樣也存在相對應的兩種書寫藝術，其中一種書寫藝術爲詭辯術服務，另一種爲辯證法思維服務。確實存在著一種能夠幫助思維的書寫藝術，歸屬於這種藝術之下的就是理解的藝術，它也給書寫下的東西提供同樣的幫助。

正如我們已經說過，一切文字性的東西都是一種疏離了的話語，因此它們需要把符號轉換成話語和意義。正因爲透過文字性就使意義遭受到一種自我疏離，因此把文字符號轉換成話語和意義就提出了眞正的詮釋學任務。所說內容的意義應當純粹根據依文字符號而傳承的字詞（Wortlaut）重新表達出來。與所說出的話語相反，對文字的解釋沒有任何其他的輔助手段。因此，這裡在某種特殊的意義上取決於書寫的「藝術」。[7]被說出的話語以令人吃驚的程度從自身出發解釋自身，既可以透過說話方式、聲音、速度等等，

---

6 柏拉圖：《第七封信》，341C、344C；《斐德羅篇》，第 275 頁。

7 「講話」和「書寫」、朗讀風格和文字固定物所需的高一級風格要求之間的巨大區別就基於這一事實。

同時也可以透過說話時的環境。[8]

然而，同樣也存在所謂能從自身出發閱讀自身的文字寫下的東西。兩個偉大的德國哲學著作家席勒和費希特所進行的關於哲學中的精神和字母的重要爭論就是從這個事實出發的。[9]在我看來，很值得我們注意的是，由於這兩人所使用的美學標準不同，這場爭論是不可能得到平息的。這裡所涉及的問題從根本上說並不是所謂優美風格的美學問題，而是一個詮釋學問題。如何激起讀者的思想並使其取得創造性活動的寫作「藝術」很少同傳統的修辭學或美學的藝術手段有關。毋寧說，它完全關係到人們如何被引到共同思考文中所想的內容。寫作的「藝術」在這裡根本不能作如此理解和注意。寫作的藝術如同講話的藝術一樣本身並不是目的，因此也不是詮釋學努力的根本對象。理解完全是被事情拖入它的軌道的。因此，對於理解的任務來說，含糊地思考以及「糟糕」地寫作並不是足以使詮釋學藝術得以顯示其全部榮耀的卓越例子，而是相反，它們乃是 [I 398]
詮釋學成功的根本前提，即所指意義的單義性發生動搖的模稜兩可情況。

一切文字性的東西都要求能從自身出發被喚入講說的語言中，這種意義自主的要求得到極大的強調，甚至一種眞正的朗讀，例如：詩人朗讀自己寫的詩，如果聽眾的注意力從作爲理解者的我們所眞正對準的焦點偏離開，也會顯出某種疑惑。對正文的解釋正因爲要依賴於該正文眞正意義的傳達，所以對正文的這種解釋已經受制於一種實際的模式。這就是柏拉圖的辯證法所提出的要求，它試圖使邏各斯作爲這個目的而發揮作用並超越實際談話的參加者。的

8 基彭貝格（Kippenberg）曾講過，里爾克 [277] 有一天朗讀一首杜依諾斯哀歌，聽眾根本未覺察該詩的難度。

9 參見費希特書信，該信收入費希特《論哲學中的精神和字母》（《費希特書信集》，第 2 卷，第 5 章）。

確，文字的特殊弱點，亦即文字相對於生動的談話更加需要幫助這種弱點也有其另外的一面，即它使理解的辯證任務加倍清楚地顯露出來。因此，在文字中就像談話時一樣，理解必須尋求增強被說出的話的意義。在正文中所說的內容必須與加於它身上的一切關聯相分離，並且必須在對它才唯一有效的完全的理想性中被把握。正因爲文字的固定化使陳述的意義與陳述的人完全相分離，所以它就使得進行理解的讀者重新成爲它的眞理要求的辯護人。讀者也就在它的一切有效性中得知向他訴說和他所理解的東西。讀者所理解的已經不僅僅是一種陌生的意見——它總已經是可能的眞理。這就是透過把所說的東西與說話者相分離，把文字所賦予的持存與時間延續相分離所產生的結果。如果像本書前面所曾指出過的那樣，[10] 不習慣於閱讀的人根本不曾懷疑過寫下的東西可能是錯的，因爲對他們來說一切文字的東西就像一件文獻一樣本身就是可信的，那麼這是有其更深的詮釋學根據的。

一切文字的東西實際上是更主要的詮釋學對象。我們在外語以及翻譯問題等例子中所說明的一切也在閱讀的自主性上得以證實：理解並不是心理的轉化。理解的意義視域既不能完全由作者本來頭腦中的想法所限制，也不能由正文原來寫給其看的讀者的視域所限制。

我們不該在正文中置入作者和原來的讀者未曾想到的內容，這種說法最初聽起來好像是一種受到普遍承認的合理的詮釋學規則。
[I 399] 其實這條規則只有在很極端的情況下才能被應用。因爲正文不能被理解成作者主觀性的生動表現。某一正文的意義不能從作者的主觀性出發找到它的範圍。而且，不僅把某一正文的意義限制在**作者**「眞實的」思想上是大有問題的，就是我們爲了試圖客觀地規定某一正文的意義而把它理解成同時代人之間的談話並把它關聯到它原

[10] 參見本書第 277 頁。

來的讀者——這是施萊爾馬赫的基本假定——我們還是不能跳出一種偶然界限。同時代的讀者（Adressat）這個概念只能要求某種有限的批判效果。因爲究竟什麼叫同時代？前天的聽眾和後天的聽眾都總是屬於我們把他們當作同時代人向之說話的人。我們該如何確定出後天的界限，從而把某個後天的讀者劃在界限之外？什麼叫同時代人？鑑於昨天和後天之間的這種多方面的混淆，某一正文的眞理要求又是什麼？所謂原來的讀者這個概念完全是未經澄清的抽象。

我們關於文字傳承物本質的觀點還包含著澈底反對原來讀者這一概念在詮釋學裡的合法性。我們已經看到，文學如何透過求傳承的意願所規定。進行抄寫和傳承的人想的總是他的同時代人。因此，參考原來的讀者看起來就像參考作者的意義一樣只是表現了一種很粗糙的歷史－詮釋學規則，這種規則不能眞正劃定正文的意義域。透過文字固定下來的東西已經同它的起源和原作者的關聯相脫離，並向新的關係積極地開放。像作者的意見或原來讀者的理解這樣的規範概念實際上只代表一種空位（eine leere Stelle），而這空位需不斷地由具體理解場合所塡補。

(b) 語言性作爲詮釋學過程之規定

我們由此進入語言性和理解之關係得以表現的第二層領域。不僅是傳承物這種優越的理解對象是具有語言性的——就是理解本身也和語言性有著根本的連繫。我們據以出發的命題是，理解就已經是解釋（Auslegung），因爲理解構造了正文的意見得以起作用的詮釋學視域。但爲能使某一正文的意見以其實際內容表達出來，我們就必須把這種意見翻譯成我們的語言，但這也就是說，我們把它置於和我們得以進行語言活動的整個可能意見的關係中。我們已經 [I 400]
從適合於詮釋學現象的**問題**這一絕好的角度研究了可能性意見整體

的邏輯結構。如果說我們現在研究的是一切理解的語言性，那麼我們只是從另外角度重新表達了我們在問答辯證法中業已指明的內容。

這樣，我們就進入了歷史科學占統治地位的觀點所普遍忽視的領域。因爲歷史學家一般在選擇他用來描述其研究對象的歷史特點的概念時都未曾對這些概念的來源及其正確性作明確的反思。他只遵循自己的實際利益而沒有考慮過，他在由自己選擇的概念中所發現的描述能力對他自己的見解可能是極其糟糕的，因爲這些概念把歷史上陌生的東西混同於熟悉的東西，並在作最不帶偏見的解釋時已經把對象的異在納入自己的前概念之中。因此儘管歷史學家遵循一切科學的方法論，他還是和一切其他人的態度一樣，他們作爲時代的產兒無疑是受到自己時代前概念和前見的控制。[11]

只要歷史學家不承認他的這種天眞性，他無疑就不可能達到事物所要求的反思水準。如果他開始意識到這種疑難因而提出要求，要人們在歷史的理解中排除自己的概念而只在被理解時代的概念中進行思維，那麼他的天眞就眞的不可救藥了。[12] 這種要求聽起來像是歷史意識一貫的要求，實際上對每一個有思考能力的讀者來說只是一種天眞的幻想。這種要求的天眞性並不在於說歷史意識的這種要求和決心是不可能實現的，因爲解釋者不可能完全達到把自己排除掉的這一理想。而這將總是還意味著，這種理想只是我們必須盡可能地接近的合理的理想。歷史意識想從某個時代本身的概念出發理解這個時代的這一合法要求所眞正意味的卻完全是另外的意思。所謂排除當代概念的要求所指的並不是天眞地使自己置身於過去，

11　參見本書第 367 頁，特別參見《弗里德里希－施萊格爾箴言集》。

12　參見我關於 H. 羅斯（Rose）的著作《作為西方思維形式的古典主義》（格諾蒙，1940 年）第 433 頁以下的評論〔參見我的著作集，第 5 卷，第 353-356 頁〕。我後來發現，我在 1931 年的《柏拉圖的辯證倫理學》的方法論導論中已含蓄地進行了相同的批判〔參見我的著作集，第 5 卷，第 6-14 頁〕。

不如說這種要求本質上是個相對的要求，只有當其涉及到自己的概念時才有意義。如果歷史意識爲了要達到理解而想排除掉使理解唯一可能實現的東西，那它就搞錯了。所謂**歷史地思維**實際上就是說，如果我們試圖用過去的概念進行思維，我們就必須**進行那種在** [I 401] **過去的概念身上所發生過的轉化**。歷史地思維總是已經包含著過去的概念和我們自己的思想之間的一種媒介。企圖在解釋時避免運用自己的概念，這不僅是不可能的，而且顯然也是一種妄想。所謂解釋（Auslegung）正在於：讓自己的前概念發生作用，從而使正文的意思眞正爲我們表述出來。

我們在分析詮釋學過程時已經把解釋視域的獲得認作一種視域融合。這一點現在也被解釋的語言性這一點加以證明。正文應該透過解釋而得到表述。如果正文或書籍不以其他人也可理解的語言說話，那麼它們就不可能說話。因此，如果解釋眞正地想把正文加以表述，它就必須尋找正確的語言。所以我們之所以絕不可能有一種所謂正確的「自在的」解釋，就是因爲一切解釋都只與正文本身有關。傳承物的歷史生命力就在於它一直依賴於新的占有（Aneignung）和解釋（Auslegung）。正確的「自在的」解釋也許是一種毫無思想的理想，它認錯了傳承物的本質。一切解釋都必須受制於它所從屬的詮釋學境況。

和境況相連繫絕不是說，一切解釋都必然會提出的正確性要求將一定消溶於主觀性和偶然性之中。我們並沒有倒退到浪漫主義的認識觀後面去，雖然詮釋學問題正是透過浪漫主義的認識觀才清除了一切偶然的動機。對我們來說，解釋同樣也不是一種教育行爲，而是理解本身的實現，理解不僅僅對於我們正爲之解釋的對方來說，同樣也對於解釋者本人來說，只有在解釋的語言表達性中才能實現。由於一切解釋都具有語言性，因此在一切解釋中也顯然包括和他者的可能關係。如果在說話中不同時包括說話者和聽說話的人，這就不可能有任何說話。這也同樣適用於詮釋學過程。但這種關係卻並非以有意識地順應某種教育境況的方式規定解釋性的理解過程，相反，這種過程只不過是意義**本身的具體化**。我想到我們曾經怎樣讓完全從詮釋學中被排除掉的應用因素重新發揮作用的。我們已經看到：所謂理解某一正文，總是指，把這一正文運用到我們身上。我們知道，儘管某一正文總是肯定可以作另外的理解，但它仍是在以前表現爲其他面目的同一件正文。於是一切解釋的眞理要
[I 402] 求根本不是相對的這一點就顯得很清楚了。因爲一切解釋本質上都與語言性相適應。理解透過解釋而獲得的語言表達性並沒有在被理解的和被解釋的對象之外再造出第二種意義。進行解釋的概念在理解中根本不是主題性的，而是命定要消逝在由它們解釋地表達出來的內容之後。聽起來這種說法有點矛盾，即一種解釋只有在它能以這種方式讓自身消逝才是一種正確的解釋。然而它同時又必須以註定要消逝的形式表現出來，理解的可能性就依賴於這種進行媒介的解釋的可能性。

這也適用於直接產生理解的情況以及不存在明顯解釋的情況。因爲即使在這些理解的情況中也有一點，即解釋必須是可能的。但這意味著，解釋是潛在地包含於理解過程中，解釋只是使理解得到明顯的證明。解釋並不是藉以引出理解的一種手段，相反，解釋倒是進入被理解的內容之中。我們可以回憶，這並非僅僅指正文的含意（Sinnmeinung）可以統一地被思考，而是指正文所陳述的事情也將由此得到表述。解釋似乎是把事情擱在語詞的天平上。——這種論斷的普遍性如今經歷了一些能間接證明這種普遍性的有特色的變化。凡是我們須理解和解釋語言性正文的地方，以語言爲媒介的解釋就清楚地表明理解到底是怎麼一回事：理解就是這樣一種對所說的東西進行占有的過程（eine solche Aneignung des Gesagten），以使它成爲自身的東西。語言的解釋就是一般解釋的形式。因此，

即使要解釋的東西不具有語言的性質，並非正文，而是一件繪畫作品或音樂作品，那裡也還是存在著解釋。我們只要不被那些雖說不是語言性的，但實際上卻以語言性爲前提的解釋形式搞混淆就行了。例如：我們可以透過對比的手段來展示（demonstrieren）一些問題，比如我們可以把兩幅畫並列在一起，或依次朗讀兩首詩，從而使其中的一幅畫或一首詩對另一幅畫或另一首詩進行解釋。在這種情況中，指示性的展示似乎是排除語言解釋的。但這實際上意味著這種展示乃是語言性解釋的另一種形式。在被指示的東西中存在著解釋的相反現象（Widerschein），它把指示用作某種直觀的縮寫。正如翻譯概括了解釋的結果，對正文正確的朗讀必然已經決定了解釋問題（因爲我們只能朗誦我們已經理解了的東西）一樣，指 [I 403]
示在同樣意義上也是一種解釋。理解和解釋以一種不可分開的方式彼此交織在一起。

與一切解釋（Auslegung）都進入理解這一點相連繫的是，解釋（Interpretation）概念不僅被應用於科學的解釋，同時也被應用於藝術的**再現**（Reproduktion），例如：音樂或戲劇的演出。我們在上面已經指出，這種再現並不是在原作之外的第二種獨立作品，而是讓藝術品眞正達到它的表現。使音樂正文或某個劇本得以存在的符號文字也只有在這種再現中才能得以兌現。朗讀也是這一類的過程，亦即在一種新的直接性中喚起正文和轉換正文。[13]

但由此可以推知，這一點也肯定適用於一切默讀的理解。從根本上看閱讀就總是已包含著解釋。因此我們就不該說，閱讀的理解是一種內心的演出，在這種演出中藝術品就如在眾目睽睽的演出中

---

13 〔關於「閱讀」和「再現」的區別請參見我的著作集第 2 卷「在現象學和辯證法之間——一種自我批判的嘗試」，第 3-23 頁；以及該卷中刊登的論文〈正文和解釋〉，第 330 頁以下。〕

一樣地具有獨立的存在——雖然留駐於心理內部的祕密性之中。我們倒是應該反過來說，在外部的時間和空間中進行的演出和藝術品相比實際上根本不具有獨立的存在，而只有在衍生的審美區分中才能獲得這種存在。從詮釋學觀點來看，音樂或詩歌透過演出而得到的解釋與透過閱讀對正文的理解並沒有什麼區別：理解總是包含著解釋。語文學家所做的工作同樣在於使正文變得可以閱讀和理解，也就是說，確保我們正確閱讀和理解正文。因此，在一件作品透過再現而得到的解釋與語文學家所作的解釋之間並無原則差別。進行再現的藝術家儘管可以把語文學家以語詞所作的解釋的正當性感受爲無足輕重的，並作爲非藝術性的解釋加以否認——但他絕不可能想去否認再現性的解釋從根本上說具有這種正當性。進行再現的藝術家必然也希望自己的觀點是正確的、令人信服的，他也不會否認自己與眼前的正文之間的連繫。但這種正文也就是給科學的解釋者提出任務的正文。因此，進行再現的藝術家絕不可能從根本上反對以下的說法，即他自己的、以再現性的解釋表現出來的對作品的理
[I 404] 解可以被重新理解，亦即可以透過解釋而得到證明，而且這種解釋將以語言的形式進行。這種解釋也不是意義的新創造。與此相應的是，它作爲一種解釋又將重新消逝並在理解的直接性中保持它的眞理性。

對解釋和理解之間內在關聯性的認識也將導致去摧毀以天才說美學爲標誌的藝術家和認識者所曾進行並正在進行的那種錯誤地對待直接性的浪漫主義觀點。解釋不可能替代被解釋的作品。例如：它不可能透過自己陳述的詩意力量而吸引別人對自己的注意。我們寧可說解釋具有一種**根本的**偶然性。這一點不僅適用於作解釋的語詞，同樣也適用於再現性的解釋。解釋的語詞總具有某些偶然因素，因爲它受詮釋學的問題所推動，這不僅是由於在啓蒙時代人們曾經把解釋限制在教育的目的上，而且也因爲理解總是一種眞正的

事件。[14] 同樣，作爲再現性的解釋從某種根本意義上說來也是偶然的，這就是說，並非唯有當人們爲了教導的目的而過分誇張地進行表演、示範、翻譯或朗讀時它才顯出偶然性。因爲在這種情況中，再現在特殊的、指示的意義上就是解釋，也就是說它在自身中包括了一種故意的誇張和重點的突出，而這一點實際上與其他一切再現性的解釋並未構成根本性的不同，而只形成程度的差別。儘管詩歌或音樂作品是透過演出才獲得戲劇性的表現，但每次演出都有其重點。因此，這種故意的強調與爲了教育目的而進行的強調之間區別並不大。一切演出都是解釋。在一切解釋中都有重點的突出。

只是因爲演出並沒有持續性的存在，並將消逝在它再現出的作品之中，故這個事實就顯得不很明顯。不過，如果我們從繪畫藝術中舉出一些相似的例子，例如：由一個偉大的藝術家臨摹某個古典大師的繪畫，我們就會在其中發現同樣突出重點的解釋。同樣我們也可以在重放老電影時判斷出這種特有的效果，或者在一部對某人說來記憶猶新的電影直接重放時產生這種特有的效果：電影的一切情節都顯得特別清楚。── 這就很好地證明，我們在每一次再現時都談論著作爲這種再現之基礎的某種觀點，而這種觀點肯定能夠表明其正確。這種觀點從總體上說是由上千種都願成爲正確的小決定組成的。論證性的證明和解釋無須成爲藝術家自己的事情；此外， [I 405]
語言解釋的明顯性基本上只具有大致的正確性，並將在本質上不及「藝術家的」再現所能達到的完整表現── 不過一切理解同解釋的內在連繫以及語詞解釋的基本可能性在這裡都未觸及。

我們聲稱語言性所具有的根本優越性必須正確地加以理解。語言顯然很少能夠表達我們的感覺。面對著藝術品動人心魄的存在，用語言去把握它向我們訴說的內容這個任務顯得好像是從毫無希望

---

14 參見本書第 312 頁以下〔以及我的著作集第 2 卷第 4 部分的論文〕。

的遠方所進行的一項無止境的工作。這樣就能激起一種對語言的批判，即我們的理解欲望和理解能力總是不斷地超出業已達到的任何陳述。但僅僅這一點卻無法改變語言性所具有的根本優越性。我們的認識能力看起來比語言賦予我們的表達能力更具有個體性。面對語言據以強迫理解納入束縛我們的確實圖式這種社會所造成的統一傾向（Einebnungstendenz），我們的求知意志試圖批判地擺脫這種圖式化和前把握性（Vorgreiflichkeit）。但我們對於語言所要求的批判性考慮卻與語言表達的習慣根本沒有關係，而是和反映在語言中的意見的習慣有關。因此它根本不反對理解與語言性之間的本質連繫。實際上它傾向於證明這種本質連繫本身。因爲一切這樣的批判，即爲了理解而超越我們陳述的圖式都在語言形式中再一次找到它的表現。就此而言，語言勝過了所有對它管轄權的反對。語言的普遍性與理性的普遍性同步。詮釋學意識在這裡只涉及那種構成語言和理性一般關係的東西。如果一切理解都與其可能的解釋處於一種必然的等値關係，如果理解根本就沒有界限，那麼理解在解釋中所經驗到的語言性把握也必然會在自身中具有一種克服一切限制的無限性。語言就是理性本身的語言。

這種說法肯定會使人感到猶豫。因爲這就使得語言與理性，但也就是說與它所命名的事物之間的關係如此密切，從而使以下事實變得撲朔迷離，即爲何還會存在許多不同的語言，而且這些語言都似乎同樣與理性和事物有著密切的關係。誰在語言中生活，誰就被
[I 406] 他使用的語詞與他意指的事物之間不可超越的適應性所充滿。看起來陌生語言的其他語詞絕不可能同樣恰當地命名同一個事物。合適的語詞似乎總只能是自己的語詞和唯一的語詞，這樣所意指的事實才可能是同樣的事實。翻譯的煩惱歸根到底就在於，原文的語詞和所指的內容似乎不可分離，因此爲要使某一正文可以被人理解，我們就必須經常對它作詳盡的解釋性的改變，而不是對它翻譯。我們

的歷史意識越是敏感，就越能感覺到外語的不可翻譯性。但這樣一來所謂語詞和事物間的內在一致性就成了一種詮釋學醜聞。因爲，假如我們以這樣的方式被關閉在我們所說的語言中，那怎麼可能去理解一件陌生的傳承物呢？

我們有必要識破這種論證過程的假象。實際上我們歷史意識的敏感性所證明的恰好相反。理解和解釋的努力總是有意義的。在這種努力中顯示了理性藉以超越一切現存語言之限制的高超的普遍性。詮釋學經驗是調整的經驗，思維的理性正是透過這種調整經驗而擺脫語言的樊籬，儘管理性本身乃是語言性地構造出來的。

從這種觀點看，則語言問題立刻就不具有**語言哲學**（Sprachphilosophie）所追問的那種意義。當然，語言科學所感興趣的語言的多樣性也給我們提出了一個問題。但這個問題僅僅是問，儘管每一種語言都與其他語言有著千差萬別，它爲何還能夠講述它想講述的一切東西。語言科學所教導我們的就是說，一切語言都以它自己的方式做到這一點。從我們這方面所提的問題則是，在說話方式的這種多樣性中是如何會到處具有思維和說話之間的這種一致性，以致一切文字傳承物都可以從根本上得到理解。因此，我們感興趣的與語言科學試圖研究的恰好相反。

語言和思維的內在一致性同樣是語言科學據以出發的前提。只有透過這個前提，語言科學才能成爲一門科學。因爲只有存在這種一致性，研究者藉以使語言成爲對象的那種抽象對於他們來說才有意義。正是透過同傳統的神學偏見和理性主義偏見決裂，赫爾德和洪堡才能把語言看作世界觀。由於他們承認思維和語言之間的一致性，他們才提出比較這種一致性的各種形式的任務。我們現在也從 [I 407]
同樣的觀點出發，但我們走的卻是相反的道路。我們試圖不顧說話方式所具有的千差萬別而堅持思維和語言之間不可消解的統一性，這種統一性在詮釋學現象中則表現爲理解和解釋的統一性。

因此，我們在這裡所追問的問題就是**一切理解的概念性**（Begrifflichkeit）。這個問題只有從表面看來才是個無關緊要的次要問題。我們已經看到，概念性的解釋就是詮釋學經驗本身的進行方式。因此，這裡所提的問題也是很困難的。解釋者並不知道他把自己和自己的概念都帶入了解釋之中。解釋者的思想完全成爲語言表述的一個部分，因此他根本不會把語言表述作爲一個對象。這樣我們就可以理解，詮釋學過程的這一個方面何以一直未曾被人注意。而且更有甚者，不恰當的**語言理論**還混淆了實際眞相。顯而易見，把語詞和概念看作現存準備好的工具這種工具主義的符號理論誤解了詮釋學現象。如果我們固守語詞和話語中所發生的，尤其是精神科學與傳承物進行的談話中所發生的情況，則我們就必須承認，在這些過程中不斷地進行著概念的構成。這並不是說，解釋者使用了新的或不習慣的語詞。但運用習慣的語詞卻不產生於邏輯歸屬活動，而個別性就是透過這種邏輯歸屬而歸到概念的一般性之中的。我們可以回想到，理解總是包括一種運用因素，因此理解總是不斷地繼續進行概念的構成。如果我們想把與理解相連的語言性從所謂語言哲學的偏見中解放出來，我們就必須考慮到這一點。解釋者運用語詞和概念與工匠不同，工匠是在使用時拿起工具，用完就扔在一邊。我們卻必須認識到一切理解都和概念性具有內在的關聯，並將拒斥一切不承認語詞和事物之間內在一致性的理論。

而且情況可能還更爲困難。我們所問的是，現代語言科學和語言哲學據以出發的**語言概念**究竟是否符合實際情況。最近，從語言科學方面所作的研究正確地指出，現代語言概念以一種語言意識爲前提，而這種語言意識本身乃是一種歷史的結果，它並不適用於歷史開端時的語言概念，尤其不適用於希臘的語言概念。[15] 從古希

15　J. 洛曼（Lohmann）：《讀書——語言哲學、語言歷史和概念探究的研究》，

臘時期對語言的完全無意識開始一直走到了近代把語言貶低爲一種 [I 408] 工具，這種同時包括了語言行爲變化的意識產生過程才第一次有可能達到對「語言」本身進行獨立的考察，也就是說，按照語言的形式，脫離一切內容，對語言進行獨立的考察。

我們可以懷疑，語言行爲和語言理論之間的關係是否這樣就得到了正確的刻畫——但無可懷疑的是，語言科學和語言哲學的工作前提是，只有語言**形式**才是它們唯一的論題。這裡所說的形式這個概念是否恰當？語言難道眞的如卡西爾所說只是一種象徵形式？如果我們說語言性包含了被卡西爾稱爲象徵形式的一切東西，即神話、藝術、法律等等，這是否就算正確地評價了語言的特點呢？[16]

我們在分析詮釋學現象的過程中遇到了語言性的普遍作用。詮釋學現象透過揭露其語言性而獲得絕對普遍的意義。理解和闡釋都以特定的方式被歸置到語言傳承物之中。但與此同時它們又超越了這種關係，這不僅是因爲一切人類文化的創造物，也包括非語言性的創造物，都可以用這種方式得到理解；更根本的是，一切合理智的東西一般都必然可以理解和闡釋。這一點不僅適用於理解，同樣也適用於語言。這兩者不能僅僅被當作人們可以經驗地研究的一種因素。這兩者絕不是純粹的對象，相反，它們包括了一切可以成爲對象的東西。[17]

如果我們認識了語言性和理解之間的根本連繫，那我們就不可

第 3 卷，以及其他地方。

16 參見恩斯特・卡西爾：《象徵概念的本質和作用》，1956 年（首先包括在瓦爾堡圖書館出版的論文）。R. 荷尼希斯瓦爾德（Hönigswald）的《哲學和語言》（1937 年）附有對他的批判。

17 荷尼希斯瓦爾德這樣說：語言並非僅僅是事實，它同時也是原則（《哲學和語言》，第 448 頁）。

能把那種從語言無意識經由語言意識再到低估語言價值的發展[18]認爲是對歷史過程的明顯正確的描述。據我看來，這種圖式不僅如它表明的那樣，並不適合於語言理論的歷史，它更不適合於活生生實
[I 409] 現的語言生命本身。存在於講話之中的活生生的語言，這種包括一切理解，甚至包括了正文解釋者的理解的語言完全參與到思維或解釋的過程之中，以致如果我們撇開語言傳給我們的內容，而只想把語言作爲形式來思考，那麼我們手中可思考的東西就所剩無幾了。語言無意識並未中止成爲說話眞正的存在方式。因此讓我們把注意力轉向**希臘人**，當語詞和事物之間統治一切的統一性在他們眼中顯得問題百出、疑慮重重時，他們對於我們稱爲語言的東西還沒有找出一個詞彙。我們還將把注意力轉向**中世紀的基督教思想**，它從教義神學的興趣出發重新思考了這種語詞和事物統一的神祕性。

18　J. 洛曼在《讀書——語言哲學、語言歷史和概念探究的研究》中這樣描寫這種發展。

2.「語言」概念在西方思想史上的發展

(a) 語言和邏各斯（Logos）[278]

語詞和事物之間的內在統一性對於一切遠古的時代是這樣的理所當然，以致某個眞正的名稱即使不被認爲是這個名稱的承載者的代表的話，它也至少被認爲是這個名稱的承載者的一個部分。對此富有特徵的是，希臘文中指「語詞」（Wort）的這個詞 Onoma 同時也包含有「名稱」（Name）的意思，尤其包含有「名字」（Eigenname）即稱呼（Rufname）的意思。語詞首先被人們從名稱的角度來理解。但名稱乃由於某人這樣稱呼或他的名字就這樣稱呼，所以才成其爲名稱。名稱附屬於它的承載者。名稱的正確性就是透過某人這樣被稱呼而得到證明。因此名稱似乎屬於存在本身。

希臘哲學正是開始於這樣的認識，即語詞**僅僅**是名稱，也就是說，語詞並不代表眞正的存在。哲學問題正是透過名稱而突破了原本的無爭論的因襲觀點。對語詞的相信和懷疑就是希臘啓蒙思想據以觀察語詞和事物之間關係的兩種問題情況。透過這兩種情況，名稱從範例作用（Vorbild）走向了反面（Gegenbild，即從表現事物變成了替代事物）。[279] 名稱是由人所給出，並且人可以對之進行改變，這引起了對語詞的眞理性的懷疑。我們究竟能否談論名稱的正確性？難道我們肯定不能談論語詞的正確性？也就是說，我們肯定不能要求語詞和事物的一致性？難道赫拉克利特這位所有古代思想家中最深邃的思想家不曾發現語詞遊戲的深刻含意？這就是柏拉圖的《克拉底魯篇》（Kratylos）得以產生的背景，柏拉圖這篇著

[I 410] 作是古希臘人關於語言問題的基本著作，它包含了該問題的全部範圍，因此，我們僅僅不完整地認識的後期希臘人關於該問題的討論幾乎沒有增加什麼本質上不同的東西。[1]

在柏拉圖的《克拉底魯篇》中所討論的兩種理論試圖用不同的方式規定語詞和事物的關係。傳統的理論認爲，透過協議和實踐所取得的單義性的語言用法就是語詞意義的唯一源泉。與之相反的理論則主張語詞和事物之間具有一種自然的相符關係，而正確性（orthotēs）這個概念所指的就是這種相符關係。顯然，這兩種觀點都比較極端，因此，在實際情況中，這兩種觀點根本不必互相排斥。不管怎樣，說話的個人是並不知道作爲這種觀點前提的語詞的「正確性」這個問題的。

被我們稱爲「一般語言用法」的語言的存在方式給這兩種理論都劃定了界限，**約定主義**的界限在於：如果**語言**要想存在，我們就不能任意地改變語詞的含意。「特定語言」的問題指出了這種重新命名所需的條件。《克拉底魯篇》中的赫墨根尼自己舉了一個例子：重新命名一個奴僕。[2] 奴僕生活世界的內在依賴性，奴僕個人和他的職能的連繫使得這種重新命名成爲可能，而這種命名由於人對自己自爲存在的要求，由於人要保全自己榮譽的要求本來是不可能做到的。孩子和情人同樣也有「他們的」語言，透過這種語言，他們在只屬於他們的世界中達到相互理解，但這也並不是由於任意的約定，而是由於一種語言習慣的形成。唯有世界的共同性——即

1 赫爾曼．施泰因塔爾（Hermann Steinthal）對這個問題的表述很有價值，參見《特別顧及邏輯學的希臘和羅馬語言科學史》，1864 年。〔目前最有代表性的著作是 K. 蓋塞爾（Gaiser）的著作《柏拉圖的〈克拉底魯篇〉裡的名稱和事物》，海德堡，1974 年，同時參見《海德堡科學院論文集》，哲學歷史學卷，1974 年，第 3 卷。〕

2 《克拉底魯篇》，384d。

使只是一個假扮的世界——才是「語言」的前提。

但是，**相似性理論**（Ähnlichkeitstheorie）的界限同樣也是很明顯的：我們不可能看著所指的事物而想著對語言進行批判，說語詞並沒有正確地反映事物。語言根本不像是一種我們可以操起使用的單純工具，我們製造它是爲了用它進行傳達或作出區分。[3]對語詞的這兩種解釋都從語詞的此在和使用上手（Zuhandensein）出發，並讓事物作爲事先意識到的自爲存在。因此這兩種解釋從一開始就起 [I 411] 步太晚。所以我們有必要追問，當柏拉圖指出了這兩種極端的論點內在的無根據性時，他是否想對這兩種論點的共同前提提出疑問。在我看來，柏拉圖的意圖是很清楚的——由於人們一直把《克拉底魯篇》誤認爲系統地討論語言哲學的問題，因而這一點未能得到足夠的強調：柏拉圖想用當時關於語言理論的討論指出，在語言中、在語言對正確性的要求中（orthotēs tōn onomatōn），是不可能達到實際眞理的（alētheia tōn ontōn），因此我們必須不藉助於語詞（aneu tōn onomatōn）而純粹從事物自身出發（auta ex heautōn）認識存在物（das seiende）。[4]這樣，問題就可以澈底地深化到一種新的層次。柏拉圖所欲達到的辯證法顯然要求思維單獨依據於自身，並開啓思維的眞正對象，亦即「理念」，從而克服語詞的力量（dynamis tōn onomatōn）和語詞在詭辯術中惡魔般的技術作用。語詞的領域（onomata）被辯證法所超過，這當然不是說，眞的有一種與語詞沒有關係的認識，而只是說，並不是**語詞**開闢了通向眞理的道路，恰好相反，語詞的「恰當性」（Angemessenheit）只有從事物的知識出發才能得到判斷。

我們將承認這一點，但同時又將感到有些不足：柏拉圖顯然

---

3 同上書，388c。

4 《克拉底魯篇》，438d-439b。

在語詞和事物的眞正關係面前退縮了。柏拉圖在這裡解釋了人們何以能知道某物是一個最根本的問題，而在他眞正講到這種關係的地方，在他描述辯證法眞正本性的地方，如在第7封信的附錄裡，[5]語言性只被說成是一種具有可疑的含糊性的外在因素。正如事物的感性現象一樣，語言乃屬於突出自身的表面之物（proteinomena），眞正的辯證法家必須對它棄置不顧。理念的純粹思維，即所謂的Dianoia，作爲靈魂同自己的對話因而是沉默的（aneu phōnēs）。邏各斯[6]就是從這種思維出發透過嘴而發出的聲音之流（rheuma dia tou stomatos meta phthongou）。聲音的可感性（Versinnlichung）並不要求自己的眞理性，這是很顯然的。毫無疑問，柏拉圖並未考慮到，他視爲靈魂自我對話的思維過程自身就包括一種語言的束縛性，而且當我們在第 7 封信中讀到關於語言的束縛性時，它是和認知辯證法相連繫的，亦即和認識的整個運動都指向一（auto）這種方式相連繫的。如果說在第 7 封信中語言的束縛性得到了澈底的承認，那麼它並不是眞正在它的意義中出現。這種語言束縛性僅只是認識的一個因素，這種因素完全是從認識所指向的事物本身出發而
[I 412] 顯露在它的辯證的暫時性中的。因此，我們必須得出以下的結論，即柏拉圖所謂的發現理念過程比起詭辯派理論家的工作還更爲澈底地掩蓋了語言的眞正本質，因爲詭辯派理論家是在語言的使用和誤用中發展他們自己的技巧（technē）的。

不管怎樣，即使在柏拉圖鑑於他的辯證法而最初超出《克拉底魯篇》的討論範圍的地方，我們也未讀到任何其他的同語言的關係，我們所讀到的只是在這個範圍內已經討論過的關係：即語言是工具，是對來自於原型、事物本身這一類東西的描摹、製作和

5 參見《第七封信》，第 342 頁以下。

6 《智者篇》，263e、264a。

判斷。因此，雖說柏拉圖並未賦予語詞的領域（onomata）以獨立的認識功能，但他由於要求越出這個領域，他便進入了一種問題視域，而名稱的「正確性」的探究就是在這一視域中得以提出的。柏拉圖（例如：在第 7 封信中）雖然也許對於名稱的某種自然正確性並不想知道些什麼，但他卻在那裡堅持把相等關係（homoion）作爲尺度：摹本（Abbild）和原型（Urbild）對他來說甚至成爲形上學的模式，他用這種模式思考一切有關知識論範圍內的事物。不管是工匠的藝術還是神聖的創世者的藝術，不管是演說家的藝術還是哲學辯證法家的藝術，都在用各自的工具描摹理念的眞實存在。不過，距離（apechei）總是存在的——儘管眞正的辯證法家要爲自己克服這種距離。眞正的談話要素總是語詞（onoma 和 rhēma）——相同的語詞，眞理把自己隱身於這種語詞之中，直至使自己變得不可辨認和完全的虛無。[7]

如果我們從這種背景來考察《克拉底魯篇》試圖解決的關於「名稱的正確性」的爭執，那麼在那裡所討論的理論就會突然具有一種超越柏拉圖和他自己觀點的興趣。因爲柏拉圖筆下的蘇格拉底證明無效的那兩種理論並未在其完全的眞理性中得到衡量。約定論把語詞的「正確性」歸結爲一種稱謂的給定（Namengeben），把它等同於用一個名稱來給事物命名。對這種理論說來，名稱中顯然不存在有對實際知識的要求——蘇格拉底是這樣論述這種較爲冷靜觀點的辯護者的：他從眞的邏各斯和假的邏各斯的區別出發，把邏各斯的成分，即語詞也區分爲眞的和假的，並把命名（Nennen）作爲說話的一個部分同在講話中所發生的對存在（ousia）的發現 [I 413]

7 〔關於模仿請參見本書第 118 頁以下，以及亞里斯多德在其《形上學》A6，987b10-13 中所證明的從「模仿」（Mimesis）到「參與」（Methexis）的重要轉變。〕

相連繫。[8]這種論斷同約定論的論點極爲矛盾，因此很容易由此出發相反地演繹出一種對於眞名稱和正確給定名稱具有標準性的「自然本性」。蘇格拉底自己也承認，對名稱的「正確性」作這樣的理解，將會導致詞源學的陶醉和最荒謬的結果。——不過，在他處理相反論點時（按照這種觀點，語詞具有自然屬性）情況也是如此。如果我們期望這相反的理論將透過揭露它錯誤地從講話的眞理推斷出語詞的眞理（對此我們在《智者篇》中可以讀到實際的改正）而遭到反駁，那麼我們將會感到失望。這種解釋完全停留在「自然屬性」理論的基本前提之內，亦即它依賴於相似性原則，而這種相似性原則只有透過逐步的限制才會清除：如果說名稱的「正確性」眞的只能以正確的，也就是說與事物相符合的名稱找出過程爲依據，那麼就會像所有這種符合性一樣，也會存在正確性的程度和層次。因此，如果一種只有**較少**正確性的名稱仍然能描摹事物的概貌（typos），那麼這個名稱作爲使用就已經足夠了。[9]但我們必須更爲寬宏大量一些：如果某個詞所發的聲音同事物絕無絲毫相似之處，那麼顯然只有出自於習慣和約定才能被理解。——這樣，相似性理論的整個原則就發生了動搖，並被比如表示數字的詞這種例子所駁倒。在表示數字的詞中根本不存在相似性，因爲數字並不屬於可見和可動的世界，因此，只有約定原則才對它適用。

這種對於自然屬性理論（Physei-Theorie）的放棄顯得很有和解性，也就是說，凡相似性原則（Ähnlichkeitsprinzip）不能適用的地方，約定原則（Konventionsprinzip）就必須作爲補充而出現。柏拉圖似乎認爲，雖說相似性原則在應用時只是一種運用很自由的原則，但它卻是一種理性的原則。在實際的語言運用中表現出來並

---

8 《克拉底魯篇》，385b、387c。

9 《克拉底魯篇》，432a 以下。

單獨構成語詞正確性的約定和慣例雖然可能使用相似性原則，但它卻未束縛於這一原則。[10]這是一種很適中的觀點，但它卻包含著這樣一個基本前提，即語詞並不具有實際的認識意義——這種結論超越了整個語詞的領域以及關於語詞的正確性的問題而指向了事物的知識。顯然，這才是柏拉圖唯一所關心的東西。

然而，蘇格拉底反對克拉底魯的論證由於堅持找出名稱 [I 414]
（Namenfindung）和設立名稱（Namensetzung）的格式，從而壓制了一系列不可能實現的觀點。所謂語詞是一種人們爲了有教導性地並有區別地同事物打交道而設立的工具，亦即一種或多或少地同其存在相符合、相適應的存在物，這種說法已經把探究語詞本質的問題以一種很成問題的方式規定下來。這裡所談到的和事物打交道是把所意指的事物顯現出來。語詞只有把事物表達出來，也就是說只有當語詞是一種表現（mimēsis）的時候，語詞才是正確的。因此，語詞所處理的絕不是一種直接描摹意義上的模仿式的表現，以致把聲音或形象模仿出來，相反，語詞是存在（ousia），這種存在就是值得被稱爲存在（einai）的東西，它顯然應由語詞把它顯現出來。但我們要問的是，我們爲此而在談話中所使用的概念，即mimēma（描摹），亦即被理解爲mimēma（描摹）的dēlōma（開啓）這個概念是否正確[280]。

命名一個對象的語詞之所以能按對象所是而命名，這是因爲語詞本身具有一種可以藉以命名所意指東西的意義，但是這並非必然包含一種描摹關係。在mimēma（描摹）的本質中肯定具有這一性質，即除了它表現自身之外，在它之中還表達了某種其他的東西。所以，純粹的模仿、「相像」（sein wie）總是已經包含了對模仿和樣本之間的存在距離進行反思的可能開端。但是，語詞對事物

---

10 《克拉底魯篇》，434e。

的命名所用的方式比起相似性距離，即或多或少正確的描摹要更爲內在、更具有精神性。當克拉底魯對此表示反對時，他是非常正確的。當克拉底魯說，只要一個詞是詞，它就必定是「正確的」詞，正確的「合適的」詞，他這種說法同樣非常正確。如果情況不是這樣，也就是說，如果詞根本沒有意義，那麼詞就只是一塊單純會發聲音的礦石。[11]在這種情況下，再談論什麼錯誤顯然是毫無意義的。

當然，我們也很可能沒有用正確的名稱稱呼某人，因爲我們弄錯了人，同樣，我們也可能對某事未能使用「正確的詞」，因爲我們認錯了這件事。但這並不是說語詞錯了，而是語詞的使用不當。語詞只是從表面看來才適合於它所描摹的事物。其實語詞適合於另外的東西，而且只有這樣它才是正確的。同樣，如果有誰學習一門外語，並爲了學習外語而去記詞彙，亦即去記他所不認識的詞的意思，那麼這就假定了，語詞自有其眞正的意思，這種意思是百科辭典從語言用法中獲知並告知的。我們可能會搞錯這種意思，但這不
[I 415] 過說明：錯誤地使用了「正確的」語詞。這樣，談論**語詞的絕對完滿性**就有了意義，因爲在語詞的感性現象和意義之間根本不存在感性的關係，根本不存在距離。因此，克拉底魯似乎根本沒有理由使自己置於摹寫論（Abbildschema）的桎梏之中。雖然對於摹本來說可以不必成爲原型的純翻版而與原型相肖，亦即作爲某種另外不同的東西，並透過它並不完全的相似而指示出它所表現的另外東西。但對於語詞和它的意義之間的關係來說顯然卻不是這麼回事。因此，當蘇格拉底認爲語詞同繪畫（zōa）不一樣，語詞不僅具有正確性，而且具有眞實性（alēthē）時，這就像在完全黑暗的眞理領域中的一道閃電。[12]語詞的「眞理性」當然並不在於它的正確性，

---

11 《克拉底魯篇》，429bc、430a。

12 《克拉底魯篇》，430d⁵。

並不在於它正確地適用於事物。相反，語詞的這種眞理性存在於語詞的完滿的精神性之中，亦即存在於詞義在聲音裡的顯現之中。在這個意義上，我們可以說一切語詞都是「眞的」，也就是說，它的存在就在於它的意義，而描摹則只是或多或少地相像，並因而——就事物的外觀作衡量——只是或多或少地正確。

正如在柏拉圖那裡的通常情況一樣，蘇格拉底對他所反駁的東西茫然無知也具有實際的根據。克拉底魯自己並不清楚語詞的意思同其所命名的事物並非只是同一，而且他更不清楚的是——這正是柏拉圖筆下的蘇格拉底沉默的優越性的原因——邏各斯、演講和說話以及在它們之中實現的對於事物的開啓不同於存在於語詞之中意義的表達（Meinen）——以及語言傳達正確的和眞實的東西的眞正可能性只有在後者這裡才適得其所。如果認錯了話語所固有的這種眞實可能性〔即隸屬於相反的可能性，即本質的錯誤、虛假（pseudos）〕，就會產生出對它詭辯派的誤用。如果我們沒有把話語的這種眞理功能和語詞的意義性質徹底區別開來，而把邏各斯理解爲事物的表現（dēlōma），理解爲事物的顯現，那麼就會造成一種語言所特有的混亂可能性。這樣人們就能說，在語詞中具有事物。於是，固守著語詞就會顯得像是合法的認識之路。然而，相反的道路也同樣適用：凡人們取得知識的地方，話語的眞理肯定就像從它的要素中構成一樣是從語詞的眞理中構成的，而且正如我們是以這些語詞的「正確性」作爲前提，亦即以語詞自然地適合於由語詞所命名的事物爲前提，我們也將能夠用它們對於事物所具有的描 [I 416]
摹功能而解釋這些語詞的要素，即字母。這就是蘇格拉底迫使他的對話者接受的結論。

但在所有這些說法中都忽視了這一事實，即事物的眞理存在於話語之中，亦即特別存在於對事物統一的意見的講說之中，而不存在於個別的語詞之中——甚至也不存在於某種語言的整個詞庫中。

正是這種忽視使得蘇格拉底有可能對克拉底魯的反駁進行駁斥，儘管那些反駁對於語詞的眞理即語詞的意義性來說是恰當的。蘇格拉底利用語詞的用法，亦即利用話語，即具有眞假可能性的邏各斯來反對克拉底魯。名稱和語詞的眞或假，似乎是就它們被眞實地或錯誤地使用來說的，也就是就它們正確地或不正確地配列於事物來說的。但這樣一種配列（Zuordnung）已經根本不再是語詞的配列，而已經是邏各斯（判斷關係），並能在這樣的邏各斯當中找到與之相適合的表達。例如：稱呼某人爲「蘇格拉底」，這就是說，這個人叫做蘇格拉底。

因此，作爲邏各斯的配列已經不再僅僅是語詞和事物之間的符合——就像它最終與埃利亞派存在學說相符合併作爲描摹理論的前提那樣。正因爲在邏各斯之中的眞理並不是純聽取（noein）的眞理，不是存在的單純表現，而是把存在置於某種關係（Hinsicht）之中，賦予和歸於存在以**某物**的東西，所以眞理（當然也是非眞理）的負載者就不是詞語（onoma），而是邏各斯。由此就必然會得出如下結論：與邏各斯把事物歸置於其中並據以對事物進行解釋的關聯式結構（Beziehungsgefüge）相比，表述性（Ausgesagtheit）和語言連繫性（Sprachgebundenheit）完全是次要的。——我們可以發現，**並不是語詞，而是數**才是知識論（Noetischen）的眞正範例，數的命名顯然是純粹的約定，數的「精確性」也只是在於每一個數都由它在數列中的位置而得到規定，因此，數是一種純粹理智的產物，是一種並非在削弱它的存在效用意義上，而是在它完美的合理性意義上的理智存在物（ens rationis）。這就是與《克拉底魯篇》有關的眞正結果，這種結果具有一種最富有成效的後果，它在事實上影響著後來一切關於語言的思考。

如果說邏各斯的領域表現了處於多種配列關係之中的知識論的（Noetischen）領域，那麼**語詞**就完全像數一樣成爲一種恰當定義了的並預先被意識到的存在的單純**符號**（Zeichen）。這樣，問題就根本上倒過來了。如今再也不會從事物出發去探究語詞的存在和工具存在（Mittelsein），而是從語詞工具出發去探究語詞對使用它的人傳達了什麼，以及它怎樣進行這種傳達。**符號**的本質在於：它在其運用功能中才有其存在，正因爲此，它的能力就唯一在於進行指示（verweisend zu sein）。因此**符號**必然會在它的這種功能中 [I 417]
被它所遭遇的並作爲符號使用的環境襯托得更爲突出，以便揚棄它自身物的存在，並化成（消失）爲它的意義。這就是指示本身的抽象。

因此，符號並不是那種使它自身含意發生作用的東西。符號同樣也無須具有與它所指示東西相似的含意，如果符號具有這種相似性，那麼它就只能是圖表式的符號。但這就說明，一切可見的本身內容都被縮小到能使它的指示功能發揮出來的最小量。由某個符號物所作的指稱越是單義，這種符號就越是純符號，也就是說，這種符號完全消溶在這種配列關係之中。因此，例如：文字符號是和確定的聲音相配列，數字符號是和確定的數目相配列，它們是一切符號中最具精神性的符號，因爲它們的配列是一種澈底的、使符號完全消溶自身的配列。標記（Merkzeichen）、記號（Abzeichen）、預兆（Vorzeichen）、徵象（Anzeichen）等在被作爲符號而使用時，亦即按它們的指示存在被抽象考慮時，都具有精神性。符號的此在在這裡僅依賴於某些其他的東西，而這些東西作爲符號物一方面既有自爲的存在而有它們自己的意義，另一方面也有它作爲符號所指稱的意義。在這種情況下就會產生以下情形：符號意義只有在同使用符號的主體相關時才適合於符號——「符號本身並沒有自己的絕對意義，這就是說，主體在它之中並沒有被拋棄」[13]：主體總是

---

13 黑格爾：《耶拿現實哲學 I》，第 210 頁。〔現在收入《著作集》，第 6 卷，《耶拿體系草稿 I》，杜塞多夫，1975 年，第 287 頁。〕

直接的存在物。符號只有和其他存在物相連繫時才有它的存在。例如：即使文字符號在某種裝飾情況中也具有裝飾價值，並且依據它的直接存在，符號才同時成爲指示的符號、觀念的符號。符號的存在與符號的意義之間的區別是絕對的。

在語詞規定中起作用的另一對立極端即**摹本**（Abbild）中，情況就完全不一樣。摹本當然也包括它的存在和意義之間的同樣矛盾，但它卻藉助於它本身具有的相似性而揚棄了這種矛盾。摹本並不是從使用符號的主體那裡獲得它的指示功能或表達功能，而是從它自身的實際內容中獲得這種功能。摹本並不是純符號。因爲在摹本中被描摹的東西也得到表現，並獲得持存和當下存在（zum Bleiben gebracht und gegenwärtig）。正是因此，摹本可以從相似性標準而得到評價，亦即看它能**在多大程度上**使並不當下存在的東西（das Nichtgegenwärtige）在當下表現出來。

語詞是否僅僅只是「純符號」，或者自身也具有某種「圖像」
[I 418] （Bild）這個合理的問題被《克拉底魯篇》澈底地破壞掉了。因爲在《克拉底魯篇》中已經表明，說語詞是一種摹本的說法是荒謬的，因此剩下的唯一可能就只能說語詞是一種符號。這種結果產生於《克拉底魯篇》的消極的討論——儘管它沒有得到特別的強調——並透過知識的指示而占據了理智領域，以致從此之後，在整個關於語言的反思中，圖像（eikōn）概念就被符號（sēmeion，即 sēmainon）概念所代替。這不僅是一種術語的變化，而且表現了對於語言到底爲何物的思維的決定，這種決定是劃時代的。[14] 事物的眞實存在應該「無須名稱」地加以研究，這說明，在語詞

14　J. 洛曼強調了斯多噶派的語法學和旨在模仿希臘概念語言的拉丁概念語言的建立具有何等的意義，參見他編輯出版的《讀書——語言哲學、語言歷史和概念探究的研究》第 2 卷（1949-1951 年）。

的自身存在中並沒有通向眞理的通道——雖然一切探究、詢問、回答、教導和區分都顯然不能沒有語言的工具。這樣就應該說，思維根本地擺脫了語詞的固有存在而把語詞作爲純粹的符號，透過這種符號而使被指稱物、思想和事物顯現出來，以致語詞和事物的關係就完全處於一種次要的地位。語詞只是純粹的傳達工具，它透過聲音媒介讓所意指的東西顯現出來（ekpherein）和報導出來（logos prophorikos）。由此引出的結論就是：理想的符號系統——其唯一的意義就是單義的配列——讓語詞的力量（dynamis tōn onomatōn）這種存在於具體歷史發展著的語言中的偶然變化因素作爲對它們有用性的單純障礙表現出來。正是在這裡產生了所謂普遍語言（characteristica universalis）的理想。[281]

對語言越出其作爲一種符號標誌的職能進行排除，亦即語言透過一種人工的、清楚地定義了的符號系統進行自我克服，這種 18 世紀和 20 世紀的啓蒙理想同時也描繪了理想的語言，因爲一切可知的，作爲絕對可支配的對象的存在都與它相適應。如果說一切這樣的數學符號語言離開了一種採用它的約定的語言都是不可設想的，那麼這也並不能作爲一種澈底的反駁。這種「後設語言的」問題也許是不可解決的，因爲它包含著一種反覆的過程。但這種過程不可能完全實現這一點對於澈底承認它所趨向的理想卻不意味著什麼否定。

我們也必須承認，一切科學術語的創立，不管它的用途是怎 [I 419]
樣的狹窄，它總是表現爲這種過程的一個階段。什麼叫一**個術語**？術語就是一種語詞，只要它所指的是一個確定的概念，它的意義就受到清晰的限定。術語總是具有某些人工的因素，這或者是因爲語詞本身就是人工構造的，或者是因爲——這是更多的情況——我們往往是把一個已經通用的語詞從它的意義關聯的領域中提取出來，並使其置於一種確定的概念意義之中。威廉·馮·洪堡曾經正確地指出，[15] 談話語言中的語詞的生動意義在本質上具有一種靈活性，而與此相反，術語則是一種意義固定的語詞，對語詞作專業術語的使用則是對語言所行使的一種強制行動。術語的使用與邏輯演算的純符號語言不同，它總是融入一種語言的說話之中（雖說總是以陌生語詞的方式）。根本不存在純專業術語的談話，而人工地，與語言精神相違背地造出的技術表述（現代廣告世界的藝術表述即爲一種代表）也總是要返回到語言的生命中去。對此我可以提出一種間接的證明，即某些時候某種專業術語的區分並不能進行，而且它還經常被語言普通用法所拒斥。這顯然表明，術語的使用必須遵從語言的要求。例如：我們可以想一下新康德學派對於「先驗的」（transzendental）一詞用作爲「超驗的」（transzendent）的錯誤做法所作的軟弱無力的吹毛求疵，或者想一下在積極的、教條意義上使用的「意識形態」（Ideologie）一詞，儘管它帶有原本的論爭性、工具性的印記卻仍然被廣泛採用。[282] 因此，作爲科學正文的解釋者，我們總是必須考慮到一個語詞在專業術語方面的使用和自由的使用之間的相互關聯。[16] 古代正文的現代解釋者很容易傾向於低估這種要求，因爲概念在現代科學用法中比起古代用法更加人工化和固定化，古代根本不知道有外來詞，並且很少有人爲製造的混合詞。[283]

也許只有透過數學符號學（Symbolik）才可能澈底超越歷史語言的偶然性及其概念的不確定性：按照萊布尼茲的想法，透過某種

15　W. v. 洪堡：《論人類語言構造的多樣性》，§ 9。

16　例如：我們可以想一下亞里斯多德關於 φρόνησις（實踐知識）這個詞的語言用法，正如我以前試圖向 W. 耶格爾（Jaeger）指明的，該詞非專業術語性的存在危及了那種按發展史進行的推論的確實性（參見〈亞里斯多德的告誡〉，載《赫爾默斯》，1928 年，第 146 頁以下）。〔參見我的著作集，第 5 卷，第 164-186 頁。〕

這樣的符號系統的排列和組合，我們就能獲得具有數學確定性的新 [I 420] 的眞理，因爲由這樣一種符號系統所類比的**秩序**（ordo）將在一切語言中都找到一種對應。[17] 很清楚，這樣一種**普遍語言**的要求，就如萊布尼茲所提出的，作爲一種發明的技術（ars inveniendi）正是依據於這種符號學的人造性（Künstlichkeit）。這就是使演算成爲可能的東西，亦即從組合系統的形式規則中發現關係——而不管經驗是否爲我們提供事物之間的相應這種組合的關係。因此，由於預先思考了可能性領域，思維著的理性本身就被置於其絕對的完善性之上。對於人類的理性來說，根本不存在比已知的數字序列（die notitia numerorum）還更高的認識恰當性（Adäquatheit），[18] 所有演算都是按照它的模式進行的。然而一般說來，人類的不完善性並不允許有一種先天的恰當的認識，而經驗則是不可缺少的。透過這樣的符號（Symbole）而進行的認識並不具有清楚明晰性，因爲這種符號並不代表直觀的給定，相反，只要這種符號處於某種眞正知識的地位，這種認識就是「盲目的」，因爲眞正的認識只有透過指明（anzeigend）才能獲得。

因此，萊布尼茲所追求的語言理想就是一種理性的「語言」，一種**概念的分析**（analysis notionum），它從「第一級」概念出發而發展出整個眞概念系統，並成爲對一切存在物的摹寫，有如上帝的理性所做的。[19] 作爲上帝謀劃的世界的創造，亦即上帝在存在的

---

17 參見《萊布尼茲哲學著作集》，愛德曼編，第 2 卷，第 77 頁。

18 萊布尼茲：「論認識、真理和理念」（1684 年），見同上書，愛德曼編，第 79 頁以下。

19 眾所周知，笛卡兒在 1629 年 11 月 20 日寫給梅斯納（Mersenne）的信中（萊布尼茲是知道這封信的）已經根據數字符號圖形的模式提出了這樣一種理性符號語言的思想，它包括了整個哲學。其實，在庫薩的尼古拉那裡，這種思想的前期形式已經出現，當然是在柏拉圖主義的限制中出現的，參見庫薩的

可能性中計算出的最好的一種世界的創造，就將以這種方式由人類的精神來進行核算了。

實際上，我們從這種理想中看得很清楚，語言並非僅僅是指稱對象整體的符號系統。語詞並非僅僅是符號。在某種較難把握的意義上，語詞幾乎就是一種類似摹本的東西。我們只需要考慮一下純人工語言的極端相反可能性，以便在這樣一種混亂的語言理論中認識一種相對的合理性。語詞以一種謎一般的方式同「被描摹的對象」相連結，它附屬於被描摹對象的存在。這有一種根本性的意義，這並非僅僅指模仿關係在語言構造中具有某種參考作用。因爲
[I 421] 這一點是無可爭議的。柏拉圖顯然已經在這種意義上進行過考慮，當今天的語言研究使狀聲詞在語言史上保持某種功能時，它們也是這樣思考的。但人們在進行這樣的思考時卻在根本上把語言想得同被思考的存在完全分離，作爲主觀性的一種工具。這就是說，人們遵循一種抽象的思路，在這條思路的盡頭則是一種人工語言的理性結構。

據我看來，人們這樣做實際上已經和語言的本質背道而馳。[20] 語言性和關於事物的思想是這樣緊密相連，以致如果我們把眞理的系統想像成一種存在可能性的先定系統，被操縱符號的主體所運用的符號則歸屬於這種系統，那麼這種想法就是一種抽象。語言性的語詞並不是由人操縱的符號，它也不是人們造出並給予他人的符號，語詞甚至於也不是存在物，人們可以拿起它並使其載以意義的觀念性，[284] 以便由此而使其他存在物顯現出來。這種觀點從兩方面看都是錯誤的。毋寧說意義的觀念性就在語詞本身之中。語詞已經就是意義。但從另一方面看，這並不是說，語詞先於一切存在者

尼古拉：《理解的謊言》，第 III 卷，第 VI 章。

20 《後分析篇》，第 2 章，第 19 節。

的經驗而存在，透過它使經驗屈服於自己，從而從外部加入到一個已經形成的經驗之中。經驗並非起先是無詞的（wortlos），然後透過命名才成爲反思的對象，例如：透過把經驗歸入語詞的普遍性的方式而後才成爲反思的對象。相反，經驗的本性就在於：它自己尋找並找到表達出它的語詞。我們尋找正確的語詞，這就是說，尋找眞正屬於事物的語詞，從而使事物在語詞之中表述出來。即使我們堅持認爲，以上說法並不意味著簡單的描摹關係——只要語詞仍然屬於事物本身，語詞就不是作爲符號而在事後配列於事物。我們在上面討論過的亞里斯多德關於概念經由歸納而構成的分析對此提出了一種間接的證據。雖然亞里斯多德自己並未明確地將概念的構成和語詞的構成以及學會語言的問題相連繫，但泰米斯修斯（Themistius）在他的解釋中卻能直接把概念的構成與兒童學習語言的例子相比喻。[21] 語言就這樣深深地根植於邏各斯之中。

如果說希臘哲學不願承認語詞和事物、說話和思想之間的這種關係，其理由也許就在於思想必須抵禦說話人生活於其中的語詞和事物之間的緊密關係。這種「一切語言中最能說的語言」（尼采）對思想的統治是這樣強大，以致哲學最根本的任務就在於努力使自 [I 422]
己擺脫語言。因此，希臘哲學家很早就開始在「Onoma」（名稱）中與搞錯和弄混思維進行爭鬥，並且堅持經常在語言中實現的理念性。巴門尼德就已開始採取這種觀點，他從邏各斯出發考慮事物的眞理，到柏拉圖轉向「講話」時則使這種觀點臻於完成，亞里斯多德把存在的形式指向陳述的形式（schēmata tēs katēgorias）也是遵循這種轉向。因爲對理念（Eidos）的指向在這裡被認作邏各斯的

---

21 〔我並不否認，「語言學的轉向」（Lingustic turn）——我在50年代對此尚未認識——已經認識到這一點。參見我在我的論文〈現象學運動〉（《短篇著作集》，第3卷，第150-189頁；現收入我的著作集，第3卷）中對此的論及。〕

規定物，所以語言的本身存在就只能被認作爲迷惑（Beirrung），而思想的努力就在於排除並控制住這種迷惑。因此，在《克拉底魯篇》中所進行的對名稱正確性的批判已經表現爲在這個方向上邁出的第一步，而處於這個方向盡頭的則是近代關於語言的工具理論和理性的符號系統的理想。擠在圖像和符號之間的語言的存在只能被認作純符號存在。

(b) 語言和話語（Verbum）[285]

然而另外卻還存在一種並非希臘的思想，這種思想更適合於語言的存在，從而使西方思想不至於完全遺忘掉語言。這就是基督教的**道成肉身**（Inkarnation）思想。道成肉身顯然並不是外入肉體（Einkörperung）。與基督教的道成肉身概念相吻合的，既不是靈魂的觀念，也不是上帝的觀念，因爲這些觀念只同這種外入肉體相連繫。[286]

在這種理論中以及在柏拉圖－畢達哥拉斯哲學中所思考並與靈魂輪迴的宗教觀念相適合的關於靈魂和肉體的關係，是把靈魂置於與肉體完全對立的地位。靈魂在一切外入肉體中都保持著它的自爲存在，靈魂與肉體的分離則作爲一種淨化，也就是說重新獲得它的眞實的、眞正的存在。使希臘宗教帶上濃厚人間味道的神以人的形象的出現，也與道成肉身毫無關係。在希臘宗教中，神並未變成人，而是以人的形象向人顯示自己，因爲神總是使自己同時完全保持著超人的神性。與此相反，基督教所教導的上帝人化（die Menschwerdung Gottes）理論中卻包括著犧牲，這種犧牲是以作爲人類之子的耶穌受難於十字架上而實現的，但這卻是一種充滿祕密性的另外的關係，它的神學解釋表現在三位一體的理論中。

基督教思想中這種最爲重要的觀念之所以對我們尤爲重要，

是因爲在基督教思想中道成肉身同樣是與話語的問題緊密相連繫的。中世紀基督教思想所面臨的最重要任務是對**三位一體之祕密**進 [I 423] 行解釋，而這種解釋自教父時期以來並最終在士林哲學奧古斯丁主義系統的精心製作中一直依靠人類關於說話（Sprechen）和思想（Denken）的關係。因此，教義神學首先遵循的是約翰福音的前言。雖然教義神學是在試圖利用希臘思想作爲工具來解決自己的神學問題，但哲學思想卻透過這種工具而獲得一種希臘思想所不理會的度向。如果話語變成了肉，而聖靈的現實性只是在這種道成肉身中才得以實現，那麼邏各斯就由此從同時也意味著它宇宙潛能的精神性中解放出來。拯救事件的一次性把歷史本質引入西方思想，並把語言現象從它在意義理念性的沉溺中解脫出來，從而把它提供給了哲學反思。因爲和希臘的邏各斯不同之處在於：話語是純粹的事件（verbum proprie dicitur personaliter tantum，話語眞正說來是爲人說話而創造的）。[22][287]

顯然，人的語言在這裡只是間接地被提升爲思考的對象。神學上的語詞問題，verbum dei（上帝的話語）的問題，亦即聖父和聖子的統一，只有在與人類話語的對照下才能出現。然而對我們說來最爲重要的卻在於，這種統一的神祕性被反映在語言的現象上。

教父時代關於道成肉身之神祕的神學思考怎樣和後期希臘思想相連繫的方式，對於其以後所追求的新趨向是富有特徵的。所以人們開始試圖使用了斯多噶派關於內在邏各斯和外在邏各斯的對立概念（Logos endiathetos-prophorikos），[23]這種區分原本乃是使斯多噶

22 多瑪斯．阿奎那：《神學大全》，第 1 部，問題 34 及其他地方。

23 我在以下的討論中將引證《天主教神學辭典》裡的「語詞」這一富有教益的詞條以及萊布雷通（Lebreton）的《三位一體教義史》。

派的邏各斯世界原則從單純模仿的外在性中區分出來。[24] 但對於基督教的啓示信仰說來則剛好是相反的方向具有積極的意義。內在話語和講話時發出聲音的外在話語之間的相似性現在就獲得一種示範的價值。

世界的創造曾是透過上帝的話語而實現的。因此，早期教父為了使這種非希臘的創世觀念可以想像就早已使用了語言的奇蹟。然而在《約翰福音》的前言中，眞正的拯救行為，即上帝之子（聖子）
[I 424] 的創生這種道成肉身的神祕卻首先是用話語來描寫的。[288]《聖經》注釋家把話語的發聲（das Lautwerden des Wortes）同樣解釋為如同上帝的肉化（das Fleischwerden Gottes）一樣的奇蹟。在話語的發聲和上帝的肉化這兩者中所涉及的生成（Werden）並不是從某種東西中生出其他東西的生成。這裡所涉及的既不是某種東西從其他東西中的分離（kat′apokopēn），也不是內在話語透過它在外在性中的出現而導致的減少，更不是內在話語被消耗掉的某種其他東西的生成。[25] 在最早的對希臘思想的應用中我們就已經可以認出一種新的探究聖父與聖子、精神和話語之間神祕統一的傾向。如果說和話語的發聲、外在話語直接的關聯在基督教的教義中——由於對等級從屬說（Subordinationismus）[289] 的擯棄——最終被擯棄了，那麼恰好在這種決定的基礎上我們有必要對語言的神祕性及其與思維的關係重新進行哲學的闡明。語言更大的奇蹟並不在於話語變成了肉並表現為外部的存在，而是在於，凡是這樣出現並取得外部表現的東西就總已經是〔意義和聲音相統一的〕話語。話語與上帝同

24　參見塞克斯都·恩彼里柯：《反數學家》，第 8 卷，第 275 頁中關於鸚鵡的論述。

25　Assumendo non consumendo（透過吸收，而不是透過消耗），參見奧古斯丁：《三位一體論》，第 15 章，第 11 節。

在，並來源於永恆性，這是教會在抵禦從屬主義中獲勝的理論，它把語言問題完全導回到思想的內在性中。

奧古斯丁——他總是不斷地討論語言問題——已經很明確地貶低了外在話語的價值，從而貶低了關於語言多樣性這整個問題的價值。[26] 外在話語就如只能內在地複製的外在話語一樣，都和某種確定的舌頭相連繫（Iingua）。在每一種語言中**話語**（verbum）都有不同的發音這一事實只說明，話語不能透過人類的舌頭表明它的眞實的存在。奧古斯丁完全用柏拉圖那種貶低感官現象的方式說：non dicitur, sicuti est, sed sicut potest videri audirive per corpus（我們不能說出事物本身是什麼，而只能說出事物就我們肉體所看和所聽是什麼）。「眞正的」話語，das verbum cordis（內心中的話語）是完全獨立於這種感性現象的。話語既不可外在地表現出來（prolativum），又不可用與聲音的相似性去思考（cogitativum in similitudine soni）。因此，這種內在話語就是上帝**話語**的鏡子和圖像。當奧古斯丁和士林哲學研究話語問題，以便獲得概念工具去解釋三位一體的祕密時，他們所討論的唯一只是這種內在話語、內心的話語及其與**理智**（intelligentia）的關係。

這樣就使語言本質中的某種非常確定的方面顯現出來。三位一 [I 425]
體的祕密在語言的奇蹟中得到反映，因為眞實的話語，即說出事物本身怎樣的話語，並沒有自為的成分而且並不想成為自為的存在：nihil de suo habens, sed totum de illa scientia de qua nascitur（話語並沒有出自自身的東西，一切東西是由它們所從之產生的那種知識中

---

26 以下所述首先參見奧古斯丁的《三位一體論》，第 15 章，第 10-15 節。〔最近 G. 理彭迪（Ripanti）在一篇富有見識的研究著作中指出，在基督教的三位一體學說中已有了某種《聖經》詮釋學的基本特徵，這種《聖經》詮釋學不是神學的方法論學說，而是描述了閱讀《聖經》的經驗方式。參見 G. 理彭迪：《奧古斯丁作為解釋的理論家》，布雷西亞，1980 年。〕

得到的）。話語是在它的顯示（Offenbarmachen）中有其存在。這也恰好適用於三位一體的神祕。這裡也同樣不牽涉到救世主的那種塵世的現象，而是涉及到他完全的神性，涉及到他和上帝的同一本質性。在這種同一本質性中去思考基督自身的個人存在，這就是神學的任務。人類的關係正是爲此被召喚出來的，這種關係在精神的話語中，在理智的話語（verbum intellectus）中是可見出的。這裡所涉及的並非一種純粹的圖像，因爲人類關於思想和說話的關係儘管有其不完善之處卻適合三位一體的神性關係。精神的內在話語與思想完全是同本質的，就如聖子與聖父是同本質的一樣。

也許有人會問，這樣是否是用不可理解性來解釋不可理解的東西。如果說有一種話語一直保持著作爲思想的內在講話而從不發聲，那麼它究竟是怎樣的一種話語？眞的會有這樣的話語嗎？難道所有我們的思想不是早已循著某種確定語言的軌道，難道我們不是很清楚地知道，如果我們眞的想說某種語言，我們就必須以這種語言進行思考？儘管我們可以想起我們的理性面對我們思維所受的語言束縛性仍爲自己保留自由，不管這種自由是透過發明並使用人工的符號語言所獲得的，抑或因爲理性能夠把某種語言譯成另外的語言，即假定自身有能力超越語言束縛性而達到所指的意義，但是每一種這樣的超越本身卻都是語言性的超越，正如我們已經見到的那樣。「理性的語言」並不是自爲的語言。當我們面對我們語言束縛的不可揚棄性時談論一種「內在的話語」，一種好像以純理性語言所述說的話語時，這到底有什麼意義？如果並沒有任何實際有聲音的話語，甚至也沒有對這樣一種話語的想像，而是只有由這種話語用符號所標明的東西，亦即所意指和思想的東西本身，那麼理性的話語（如果我們在這裡以理性來代替理智）如何證明自己爲一個眞正的「話語」呢？

由於內在話語的理論本是透過其類推而對三位一體進行神學闡

明的，所以這些神學問題對我們不可能有進一步的幫助。相反，我們必須探究的事實是，這種「內在話語」究竟該是怎樣的東西。它不可能就是希臘的邏各斯，不可能是靈魂同自己進行的談話。「邏各斯」既可以由「理性」（ratio），又可以由「話語」（verbum） [I 426]
替換這一單純事實倒是證明：當士林哲學在對希臘的形上學進行加工時，語言現象比起在希臘人那兒時更爲有力地起著作用。

使士林哲學的思想對我們的探究有所幫助的特別困難在於，（正如我們在教父們部分地依靠後期古代思想，部分地改造後期古代思想的工作中所發現的）基督教對話語的理解隨著後期士林哲學吸收亞里斯多德哲學而重又接近了古典希臘哲學的邏各斯概念。所以多瑪斯就曾經系統地用亞里斯多德的思想傳達了從《約翰福音》的前言中發展出來的基督教理論。[27] 值得注意的是，多瑪斯根本沒有談到語言多樣性的問題，這個問題卻是奧古斯丁一直討論的問題，雖說他爲了「內在話語」的緣故而排除了這個問題。對於多瑪斯說來，「內在話語」的理論正是他研究**形式**（forma）和**話語**（verbum）之關係的不言而喻的前提。

然而，即使在多瑪斯那裡，邏各斯和話語也並非完全相符。雖然**話語**並不是陳述的行爲，並非那種把自己的思想不可收回地交付給另一個他者的行爲，但話語的存在特性卻仍然是一種行爲。內在的話語總是同它可能的表述相連繫。它被理智把握的那種事實內容同時也爲著可發出聲音（Verlautbarung）而被安置。（similitudo rei concepta in intellectu et ordinata ad manifestationenem vel ad se vel ad alterum，在理智中所把握和安置的事物或者由於自身或者由

27 參見《〈約翰福音〉注釋》第 1 章〈關於神性詞和人間詞的區別〉，以及由多瑪斯原文彙編的相當晦澀但內容豐富的小冊子《論理性詞的本性》，這兩篇著作是我們以下論述的主要依據。

於他物而在現象上具有一種相似性）。因此，內在話語顯然並不是同某種特定的語言相關，它甚至根本不具有從記憶中產生的話語的浮現特性（charaktereines Vorschwebens），相反，它是一直要想到底的內容（forma excogitata）。只要它所涉及的是一種想到底的思維（ein Zuendedenken），那我們就可以在內在話語之中承認一種過程的因素，它是**透過外在方式**（per modum egredientis）而進行。雖然內在話語並不是表述出來的話語，而是思想，但它是在這種自我講話（Sich-Sagen）中所達到的思想的完善。內在話語由於表述了思想同時也可以說描摹了我們推論性的理智的有限性。因爲我們的理智不能僅以一種思維的眼光把握它所知道的東西，所以它必須從自己產生出它所思考的東西，並且像一種內心的自我談話那樣把它置於自己面前。在這種意義上可以說一切思維都是一種自我說話（Sichsagen）。

希臘的邏各斯哲學也顯然知道這一切。柏拉圖把思維描寫成靈魂同自己的內部談話，[28] 而他對哲學家要求的辯證法努力的無限
[I 427] 性就是對我們有限理智的推論性（Diskursivität）的表述。不管柏拉圖怎樣要求「純思維」，在根本上他仍然經常承認 onoma（語詞）和邏各斯作爲思維事物的媒介是不可或缺的。如果說內在話語的理論所指的只是人類思維和談話的推論性，那麼「話語」又怎麼能對三位一體理論所說的神性位格過程（Prozess der göttlichen Personen）構成一種類似呢？難道不正是直覺和推論這種對立一直在起著作用？而在直覺的「過程」和推論的過程中何處又有共同性呢？

顯然，對於神性位格的關係說來，時間性是不適合的。然而作爲人類思維推論之特徵的相繼性（Nacheinander）從根本說來也不是一種時間關係。當人的思維從一件事轉到另一件事時，亦即

28　柏拉圖：《智者篇》，263e。[290]

先想某件事然後再想另一件事時，它並不是從一件事被帶到另一件事。人的思維並不是按照先想某件事，然後再想另一件事這種前後相繼的順序進行的——這種相繼性只意味著思想本身總是由此而經常地發生變化。如果我們說人的思維既想這件事又想另一件事，那麼這意思是說，思維知道該如何對待這兩件事，這就意味著人的思維懂得如何把一件事和另一件事連繫起來。因此，這裡根本不存在時間關係，它所涉及的只是一種精神的過程，一種 emanatio intellectualis（理智的流射）。[291]

多瑪斯試圖用這種新柏拉圖主義的概念像描寫三位一體的過程那樣來描寫內在話語的過程性質。這樣就出現了某些在柏拉圖的邏各斯哲學中並未包含的東西。新柏拉圖主義中的流射（Emanation）概念包含的意思很多，它並非僅指作爲運動過程的流溢這種物理現象。它是最早出現的源泉（Quelle）的圖像。[29] 在流射過程中，流射出其他東西的太一本身並未因此而受到損失或減少。這也適用於聖父產生出聖子，聖父並未因此而消耗掉自身的任何東西，而是把某些東西補充到自身中來。這對於在思維的過程中，亦即在自我講話過程中實現的精神的出現（das geistige Hervorgehen）同樣適用。這樣一種出現同時也是一種完全的自我保存（Insichbleiben）。如果話語和理智之間的神性關係可以作如是描述，即話語並非部分地，而是整個地（totaliter）從理智中獲得它的起源，那麼對我們來說，則一個話語是整個地從另一個話語產生出來的，但這也就是說，話語的起源在於精神之中，就如推論的結果是從前提產生

29 參閱克里斯多夫·瓦格納（Christoph Wagner）未發表的海德堡博士論文《多種比喻及一種柏羅丁式的形上學模式——對柏羅丁具有本體論意義之比喻的探究》（1957 年）。[292] 關於「源泉」概念參見補注 5（我的著作集，第 2 卷，第 383 頁以下）。

[I 428] 出來一樣（ut conclusio ex principiis）。因此，思維的過程及其產生並非一種改變的過程（motus），也不是從潛能向現實的轉化，而是一種 ut actus ex actu（從現實到現實）的產生：話語並非在認識完成之後才產生，用士林哲學的術語說，話語並非是在理智透過**類**（species，即理念）而納入形式（Information）之後才被構成，相反，話語就是認識過程本身。因此，話語也就與這種理智的構成（formatio）是同時的。

這樣我們就可以理解話語的產生何以被理解爲三位一體的眞實摹本了。這裡雖然在生產者之旁並不存在一個接受者，但卻是眞正的產生（generatio）、眞正的誕生。正是話語的產生所具有的這種理智特性對於它的神學示範功能具有決定性的作用。在神性位格的過程以及思想的過程之間確實存在著某些共同之處。

然而，對我們說來更爲重要的並非神性話語和人間話語之間的相似性，而是它們之間的區別。從神學方面看，這是非常清楚的。藉助於與內在話語的相似而闡明的三位一體的神祕從人類思維角度看最終必定仍然是不可理解的。如果說在神性話語中說出了整個神性的精神（聖靈），那麼在這種話語中的過程因素就意味著某些對我們來說根本不具有類似性的東西。如果神性精神（聖靈）透過認識自身的方式同時也認識了一切存在物，那麼上帝的話語也就是在直觀中（intuitus）觀看並創造一切的精神的話語。發生過程（Hervorgang）消失在神的全知性的現實中。即使是創造也並非是眞正的過程，而僅僅是在時間的框架中展示世界整體的秩序結構。[30] 如果我們想要更詳細地了解話語的過程因素——它對於我們

30　不可忽視的是，教父哲學和士林哲學關於本源的解釋在某種意義上只是重複那種在柏拉圖門徒中所進行的關於正確把握《蒂邁歐篇》的討論。〔參見我的研究論文〈柏拉圖的《蒂邁歐篇》中的理念和實在〉（《海德堡科學院會議

探究語言性和理解之間的關係十分重要——那麼我們就不該停留在與神學問題的相似處之上，相反我們必須駐足於人類精神的不完滿性及其與神性精神的區別之上。在這方面我們也可以遵循多瑪斯的觀點，因爲他提出了人類精神和神性精神之間的 3 點區別。

1. 首先，人類的話語在被實現之前只是潛在的。人類的話語可以塑造成形，但它尚未成形。思想的過程只是當我們從記憶中想起某些東西時才開始進行。這已經是一種流射（Emanation），因 [I 429]
爲記憶並未因此而受到損害或喪失什麼東西。然而，我們所想到的東西卻並不是完成了的或想到底了的東西。也許眞正的思維運動只是到此刻才算開始。在這種思維運動中精神忙碌地從此到彼、來回翻動、思考這一和那一問題，並以研究（inquisitio）和思索（cogitatio）的方式尋找它思想的完整表述。因此，完成了的話語只有在思維中才能構成，在這種意義上可以說話語就像一種工具，然而，當話語作爲思想的至善至美存在於那裡的時候，它就生產不出任何東西。寧可說事物已經存在於話語之中。因此，話語並不是眞正的工具。多瑪斯對此發現了一個很好的例子。話語就像一面鏡子，在這面鏡子中可以看到事物。但這面鏡子的特殊性卻在於，它從不會越出事物的圖像。在鏡子中映出的只是這映在其中的事物，因此整個鏡子只不過映出它的圖像（similitudo）。這個例子的深刻之處在於，話語在這裡只是作爲事物完善的反映，也就是被理解爲事物的表達並超越了思維的道路，雖然話語的存在乃只是由於思維，但在神性精神中卻不存在這種情況。

2. 與神性話語相區別，人類的話語就其本質說是不完善的。沒有一種人類的話語能夠以完善的方式表達我們的精神。但正

文件》，哲學歷史卷，論文集 2，海德堡，1974 年；現收入我的著作集，第 6 卷，第 242-270 頁。）〕

如上面關於鏡子的例子所說明的，這並不眞正是這種話語的不完善性。話語可以完全地轉述精神所意指的內容。毋寧說這是人類精神的不完善性，因爲人類精神從不具有完全的自我在場（Selbstgegenwart），而是分散在這種或那種意見之中。從人類精神的這種本質上的不完善性出發可以得出以下結論，即人類的話語並不像神性的話語那樣是唯一的，而必然是許多種話語。因此，話語的多樣性並不意味著個別的話語因爲不能完滿地表達出精神所意指的東西就具有一種我們可以去除掉的缺陷。相反，正是因爲我們的理智是不完善的，亦即它並不能完滿地居於它所知道的東西之中，所以它才需要話語的多樣性。我們的理智並不眞正知道它所知道的是什麼。

3. 這樣就連繫到第三個區別。如果說上帝在話語中是以純粹的現實性完善地講述出他的本性和實質，那麼我們所思考的一切思想，以及使這些思想得以實現的一切話語都只是精神的偶然事件。雖說人類思想的話語是指向事物的，但它卻不能把事物作爲一個整
[I 430] 體包含在自身之中。於是，思維就不斷開闢通向新概念的道路，並且本質上是完全不可能完成的。思維的不可完成性也有其相反的一面，即它積極地構成了精神的無限性，從而使精神不斷地在新的精神過程中超越自己，並在其中找到通向越來越新的設想的自由。

現在讓我們概括一下我們從話語的神學中所獲得的思想，**首先**，我們應該堅持一種觀點，這種觀點在以往的分析中幾乎未曾顯露，在士林哲學的思想中也幾乎未得到表現，但它對我們所研究的詮釋學現象卻尤其具有特別的重要性。思想與那種與道成肉身的三位一體神祕相適應的自我說話的內在統一包含著如下結論：精神的內在話語**並不是由某種反思活動構成的**。誰思維某物，亦即對自己講某物，這裡某物就是指他所思維的東西，即事物。因此，如果他構成了話語，則他並非返身指向他自己的思想。我們寧可說話語

就是他精神工作的產物。只要他把思想思索澈底，他就在自身中繼續構成了話語。話語同一般產品的區別就在於它完全停留在精神性之內。這樣就產生了一種假象，似乎這裡涉及的是與自身的關係，而自我說話則似乎是一種反思。實際情況並非如此，而且正是在這種思維的結構中證明，爲什麼思維能夠反思地指向自身並使自己成爲對象。正是這種構成思維和說話之間內在統一的話語的內在性，才是導致「話語」的直接的、非反思的特性容易被人誤解的原因。我們在思維的時候並不是從某件事進到另一件事，從思維進到自我說話。話語並非存在於一個與思維無關的精神領域（in aliquo sui nudo）。這樣就引起一種假象，即話語的構成來自於精神的某種自身指向自身的活動（einem Sich-auf-sich-selbst-Richten des Geistes）。實際上在話語的構成中根本沒有反思活動，因爲話語所表達的根本就不是精神，而是所意指的事物。話語構成的出發點是那種充滿精神的事情內容（die species）。尋找其表達的思維並非和精神相關，而是和事情有關。因此，話語並不是精神的表達，而是涉及到 similitudo rei（事物的相似）。被思考的事情（die species）和話語是緊密連繫的。它們之間的連繫極爲緊密，以致話語並不是在精神中作爲第二位的東西列在事情的旁邊，相反，話語是認識得以完成的場所，亦即使事物得以完全思考的場所。多瑪斯指出，話語就像光一樣，而顏色正是在光裡才能被人看見。

然而，這種士林哲學的思想告訴我們的還有**第二點**。神性話語的統一性和人類話語的多樣性之間這種區別並沒有把實際情況完全說清楚。倒不如說統一性和多樣性具有一種根本的辯證關係。這 [I 431]
種關係的辯證法支配著話語的整個本質。即使神性話語也並不是完全擺脫多樣性概念。雖然神性話語確實只是一種唯一的話語，它只是以拯救者的形態才來到世界上，但只要它仍然是一種事件——正如我們看到，儘管對等級從屬觀點（Subordination）有各種拒斥，但情況還是如此——這樣就會在神性話語的統一性和它在教會中的表現之間產生出一種本質連繫。作爲基督教福音內容的拯救宣告（Verkündigung）本身就是在聖禮和布道中的一種固有的事件，並且只是述說基督的拯救活動中所發生的事。但不管怎樣它還是一種唯一的話語，布道時總是不斷重複地宣告這種話語。顯然，作爲福音，則它的特性中已經指示出它宣告的多樣性。話語的意義與宣告事件不可分離。**毋寧說這種活動的特性就屬於意義本身**。這就像在詛咒的時候詛咒既不能同詛咒的人分離，又不能同被詛咒的人分離。在詛咒中能被理解的東西並不是所說話語的抽象的邏輯意義，而是在詛咒中所發生的連繫。[31] 這對於由教會所宣告的話語的統一性和多樣性也同樣適用。基督被釘死在十字架並且重新又復活，這是在一切布道中所宣告的拯救的內容。復活的基督和布道所講的基督是同一個人。尤其是近代新教神學詳細論述了信仰的末世論特性，這種特性就以這種辯證關係作爲其基礎。

相反在人類的話語中，話語的多樣性和話語的統一性的辯證關係則以新的光亮表現出來。人類的話語具有說話的特性，亦即透過話語的多樣性的組合而把一種意見的統一體表達出來，這一點柏拉圖已經認識到，並以辯證的方法展開了這種邏各斯的結構。然後亞里斯多德又指出了構成命題、判斷或命題組合以及推論的邏輯結構。但這樣並未把實際情況揭示殆盡。以話語的多樣性解釋自身的話語的統一性，這使某些在邏輯學的本質結構中並未展開的東西展現出來，並使**語言的事件性質**（Geschehenscharakter der Sprache），亦即**概念的構成過程**產生作用。當士林哲學思想家發展話語理論（Verbumlehre）時，他們並沒有停留在把概念的構成

31　在漢斯．李普斯（Hans Lipps）的《詮釋學邏輯研究》（1938 年）以及奧斯丁的《如何用詞做事》（牛津，1962 年）中可以找到極好的說明。

只看成對存在秩序的描摹上。

(c) 語言和概念構成(Begriffsbildung) [I 432]

與語言齊頭並進的**概念的自然構成**並非總是跟從本質的秩序,相反,它總是根據偶然性和關係而發生,這種觀點在柏拉圖的概念分析和亞里斯多德的定義中都起著作用,這是任何明眼人都能發現的。然而由實體概念和偶性概念所規定的邏輯本質秩序的優先性卻使語言概念的自然構成僅僅表現爲我們有限精神的一種不完滿性。人們認爲,因爲我們只認識偶然性,所以我們在概念的構成中只能遵循偶然性。但即使這一點是正確的,從這種不完滿性中也可以推出一種特有的優越性——似乎多瑪斯已經正確地認識到了這一點——亦即進行無限的概念構成的自由以及不斷地深入到所意指內容中去的自由。[32] 由於思維過程被看成用語詞進行解釋的過程,這就使語言的邏輯成就顯現出來,這種成就從事實秩序的關係出發就像面對一種無限的精神一樣,是不可能完全把握的。亞里斯多德和跟隨他的多瑪斯所教導的那種觀點,即把語言中出現的自然的概念構成置於邏輯的本質結構之中,只具有相對的眞理性。**當希臘邏輯思想被基督教神學所滲透時,某些新的因素產生了:語言中心**(Die Mitte der Sprache),**正是透過這種語言中心,道成肉身活動的調解性**(Mittlertum)**才達到它完全的真理性**。基督學變成一種新的人類學的開路者,這種人類學以一種新的方式用神的無限性調解人類精神的有限性。我們稱之爲詮釋學經驗的東西正是在這裡找到它眞正的根據。

---

32 我認為 G. 拉柏奧(Rabeau)的多瑪斯解釋《語詞的類別》(巴黎,1938 年)正確地強調了這一點。

所以我們就必須把我們的注意力轉向語言中所發生的自然的概念構成。儘管說話包含著把所意指的東西置於已有的詞義的普遍性中去的意思，但卻不能把說話認作是這樣一種把特殊事物置於普遍概念中去的歸類活動的組合，這一點是顯而易見的。說話的人——也就是說，使用普遍的詞義的人——是如此地指向對事物進行直觀的特殊因素，以致他所說的一切都分有了他正在考慮的環境的特殊本質。[33]

這反過來又意味著，透過語詞構成而被意指的一般概念自身也
[I 433] 透過每次的對事物的直觀而得到充實，從而最終也產生出一種更適合於直觀事物特殊性的新的、更專門的語詞構成。因此，說話儘管是以使用具有普遍意義的前定詞爲前提的，但它同時又確實是一種經常的概念構成過程，語言的意義生命就透過這種過程而使自身繼續發展。

然而歸納和抽象的邏輯圖式對此卻起著錯誤引導的作用，因爲在語言的意識中並不存在對不同物之間的共同性的明確反思，而對語詞在其普遍意義中的使用卻並不把透過這種意義所命名和指稱的東西理解成某種歸入普遍性的事情。類的普遍性和分類的概念構成對於語言意識完全是風馬牛不相及。即使我們撇開同類概念無關的一切形式普遍性：如果某人把某種表述從一種事物轉用到另一種事物上去，雖說他注意的是某些共同性的東西，但這肯定不是一種類的普遍性。不如說他遵循著自己擴展著的經驗，這種經驗發覺相似性——不管它是事物顯現的相似性，抑或它的重大意義對我們具有的相似性。這裡就存在著語言意識的天才性，即它知道如何表達這種相似性。我們把這稱作它澈底的比喻性（Metaphorik），關鍵的

---

33 特奧多・利特（Theodor Litt）正確地強調了這一點，參見〈精神科學認識構造中的普遍性〉（《薩克森科學院報告》，第 93 卷，第 1 期，1941 年）。

東西在於要認識到，如果把某個語詞轉義的用法認爲是非本質的使用，那麼這就是某種與語言相逆的邏輯理論的偏見。[34]

不言而喻，經驗的特殊性是在這樣的轉義中找到它的表達，它根本不是某種透過抽象而進行的概念構成的結果。但同樣不言而喻的是，透過這種方式同樣也能達到對共同性的認識。所以思維就能夠趨向語言爲其準備的貯存，以達到自己的闡明。[35] 柏拉圖曾經用他「逃入邏各斯」的說法做到了這一點。[36] 然而，即使是分類邏輯（klassifikatorische Logik）也和語言爲它做好的邏輯準備（Vorausleistung）相連繫。

只要看一下概念構成的**前史**，尤其是看一下柏拉圖學派的概念構成理論就能證明這一點。我們甚至看到，柏拉圖那種超越名稱的要求是以理念宇宙原則上獨立於語言爲前提的。然而，只要這種對 [I 434]
名稱的超越是鑑於理念而產生並被規定爲辯證法，亦即作爲一種對所觀世界之統一的洞見，作爲一種從不同的現象中找出共同性的觀看，那麼它所遵循的仍然是語言自身構成的自然方向。對名稱的超越僅僅說明，事物的眞理並非存在於名稱之中。這並不是說，對於思維說來似乎可以無須使用名稱和邏各斯。相反，柏拉圖經常承認需要這種思維的媒介，只要它們也必須被看作可以不斷改進的。作爲事物之眞正存在的理念不能以任何其他方式被認識，而只能透過這些媒介被認識。但是否存在有一種本身作爲這種確定和個別東西

34 L. 克拉格斯（Klages）首先看到這一點。參見 K. 勒維特：《常人角色中的個人》，1928 年，第 33 頁以下。〔以及我的評論，載《邏各斯》，第 18 卷（1929 年），第 436-440 頁；現收入我的著作集，第 4 卷。〕

35 這種情況是不自覺地產生的，它還證明了海德格所指出的 λέγειυ= 說話和 λέγειυ= 共同讀之間的意義相似（首先在他為 H. 揚岑寫的紀念文章〈赫拉克利特的邏各斯學說〉中）。

36 柏拉圖：《斐多篇》，99e。

的理念的知識呢？事物的本質不正如語言是一種整體一樣也以同樣的方式作爲一種整體？正如個別語詞只有在話語的統一性中才有它的意義和相對的單義性一樣，事物的眞正知識也只有在理念之相關結構的整體中才能達到。這就是柏拉圖《巴門尼德篇》的課題。但由此就產生出以下問題：人們爲了僅僅定義一個單一的理念，亦即爲了能把它同其他事物相區別，難道不是必須要了解整體嗎？

如果我們像柏拉圖一樣把理念的宇宙當作存在的眞正結構，那我們就很難避開這種結果。事實上，柏拉圖學院的接替者，柏拉圖主義者斯鮑錫普（Speusipp）[293] 曾經講過，他確實得出了這種結論。[37] 我們從他那裡知道，他特別關注於找出共同性（homoia），他把類似性（Analogie），亦即按比例的相應性作爲研究方法，從而遠遠超越了在類邏輯意義上的普遍化。發現共同性以及從多中看出一這種辯證的能力在這裡非常接近於語言的自由普遍性和語言的語詞構成原則。斯鮑錫普到處尋找的類似的共同性——種類的相應性，如：與鳥類所相應的是翅膀，與魚類相應的則是魚鰭——是爲概念的定義服務的，因爲這種相應性同時也表現爲語言中語詞的最重要的構成原則之一。從一個領域到另一個領域的轉換不僅具有一
[I 435] 種邏輯功能，而且還和語言澈底的比喻相吻合。已知比喻的樣式只是這種普遍的，同時又是語言和邏輯的構成原則的修辭學形式。因此亞里斯多德才可以說「好的轉換就意味著認識共同性」。[38] 一般來說，亞里斯多德的《論辯篇》（Topik）爲概念和語言之間連繫的不可消除性提供了大量的證明。對共同的類進行定義設定，很明

37　參見 J. 斯坦策爾（Stenzels）在《古典文化實用百科全書》中關於斯鮑錫普所寫的重要詞條。

38　《詩學》，22，1459a8。

顯是從對共同性的觀察而引導出來的。[39] 因而類邏輯的開端處就有語言事先所做的工作。

和這種情況相符的是，亞里斯多德到處都對那種如何在關於事物的談話中使事物秩序顯現出來的方式賦予最重要的意義。（《範疇篇》── 而不僅是那些亞里斯多德曾明確說是陳述的形式的東西。）由語言引導的概念構成不僅被哲學思維所利用，而且在某些方向上得到繼續發展。我們在上面已經提到，亞里斯多德關於概念構成的理論，即 Epagoge（歸納）理論，可以透過兒童學習說話來加以解釋。[40] 實際上，對於亞里斯多德來說，儘管他自己的「邏輯學」的修養起著決定性的作用，儘管他也努力有意識地使用定義邏輯，尤其是在自然的分類描述中對本質的秩序進行描摹，並力求擺脫語言的偶然性，但他還是完全受到說話和思維之間統一性的束縛。

因此，在亞里斯多德一般講到語言的少數地方都沒有使語言的意義域從由語言所命名的事實世界中孤立出來。當亞里斯多德說到聲音和文字符號只有成為「象徵」（symbolon）然後才能進行「指稱」時，這意思正是說，聲音和文字符號並非自然東西，而是按照某種協議（kata synthēkēn）。但這裡並不是一種工具式的符號理論。毋寧說，使得語言聲音或文字符號能意指什麼東西的這種協議（Übereinkunft），並不是關於某種相互理解手段的約定 ── 這樣一種約定總是已經以語言作為前提 ── 這種協定是人類共同體及其關於什麼是善和正當的一致意見以之為基礎的協議（Übereingekommensein）。[41] 在聲音和符號的語言應用中所作的協

39 《論辯篇》，A18，108b7-31詳盡地論述了 τοῦ ὁμοίυ δεωρ ία（共同的類理論）。

40 參見本書第 421 頁。

41 因此我們必須藉助於《政治學》來看《解釋篇》περί έρμηνείας 中專門術語性的表述（《政治學》，A2）。

議只是對那種何爲善和正當的東西所作的基本協定的表述。儘管希[I 436]臘人喜歡把善和正當以及他們稱爲 Nomoi（規範）的東西理解爲神性人的決定和成就。但對於亞里斯多德說來，這種 Nomos（規範）的起源更多地是刻畫了它的效果而不是它眞正的產生。這並不是說，亞里斯多德根本不重視宗教的傳統，相反，宗教傳統以及每一種關於起源的探討對於亞里斯多德乃是通向存在知識和效用知識的道路。因此，亞里斯多德對於語言所說的協定刻畫了語言存在方式的特徵，而不是講它的起源。

我們回憶一下關於 Epagoge（歸納）的分析也可以證明這一點。[42] 正如我們所知，亞里斯多德在那裡以最機智的方式闡明了一般概念的構成究竟是如何實現的。我們現在知道，亞里斯多德已經考慮到語言概念的自然構成總是一直在進行的情況。按照亞里斯多德的觀點，語言的概念構成具有一種完全非教條性的自由，因爲從所遇到的經驗中所看到的共同性並成爲一般性的東西具有純粹前準備工作（Vorleistung）的特徵，這種前準備工作雖說處於科學的開端，但卻並非科學。這就是亞里斯多德所強調的。如果科學把有說服力的證明作爲理想，那它就必然要超越這種程序方法。因此，亞里斯多德既批判了斯鮑錫普關於共同性的理論，又從他的證明理想角度出發批判了柏拉圖二分的辯證法。

但是這種用邏輯的證明理想進行衡量的結果是，亞里斯多德的批判使語言的邏輯成就喪失了科學合法性。語言的邏輯成就只有從修辭學的角度才能獲得承認並在修辭學中才被理解爲**比喻**的藝術手段。正是對概念進行上下歸屬的邏輯理想，現在成了君臨於生動的語言比喻之上的東西，而一切自然的概念構成則都是以語言的比喻爲基礎的。因爲只有一種以邏輯學爲指向的語法才能將語詞的**自身**

---

42 《後分析篇》，B19。參見本書第 356 頁以下。

意義同它的**轉換意義**相區別。以前構成語言生命之根據並構成它邏輯創造性的東西，亦即天才而富有創造性地找出那種使事物得以整理的共同性的活動，現在卻作爲比喻而被排擠到一邊，並工具化爲修辭學的形態。圍繞希臘青年的教育而進行的哲學和修辭學之間的爭鬥（這種爭鬥以阿提克[294]哲學的取勝而告終）也具有這方面的因素，即關於語言的思維變成了一種語法學和修辭學的事情，而這兩門學問早就認可科學的概念構成的理想。這樣就開始把語言的意義域與以語言形態而出現的事物相分離。斯多噶派的邏輯學最早談 [I 437]
到那種非物質的意義。關於事物的談話正是藉助於這種意義才得以進行（to Lekton）[295]。最值得注意的是，這種意義同 topos 亦即空間被置於同一層次。[43] 正如空的空間只有用思維撇開在其中並列安置的事物才能成爲思維的對象一樣，[44] 這種「意義」也只有當我們用思維撇開藉助於詞義而命名的事物才能被認爲是一種自爲的「意義」，並爲這種意義形成一個概念。所以意義就像一個空間，事物可以並列安置在其中。

只有當說話和思維之間的內在統一性這種自然的關係受到干擾時，這種思想才可能顯示出來。我們可以在這裡像洛曼（Lohmann）曾經指出的那樣，[45] 提及斯多噶派思想和拉丁語的

43 《早期斯多噶派著作殘篇》，阿尼姆（Arnim）編，第 2 卷，第 87 頁。

44 參見被亞里斯多德鄙棄的 διάστημα（並列存在）理論（《物理學》，A4，211b14 以下）。

45 J. 洛曼報導了他最近有趣的觀察結果，按照他的看法，「理想的」聲音形象和數的世界的發現都有其固有的構詞方式，並由此而第一次引起了語言意識。參見 J. 洛曼：《音樂科學文獻》，第 XIV 卷，1957 年，第 147-155 頁；第 XVI 卷，1959 年，第 148-173 頁、第 261-291 頁；《讀書——語言哲學、語言歷史和概念探究的研究》，第 4 卷，第 2 集；以及〈論希臘文化的範例性質〉（載《高達美紀念文集》，1960 年）。〔現在斯圖加特 1970 年出版了 1 卷《音樂和邏各斯》，但是這卷本想收集洛曼最重要論文，卻只有很少一部分令人滿意。〕

語法—句法構成之間的相應性。兩種語言開始普遍使用希臘語的Oikumene（共同性）對關於語言的思維起著一種促進的作用，這一點是無可爭議的。也許其產生的根源更爲久遠，並且正是科學本身的產生才造成了這個過程。這樣，這個過程的開端就被追溯到希臘科學的早期。對於這一點，可以由音樂、數學和物理學中的科學概念的構成得到證明，因爲在這些學科中都須標出一個理性的對象領域，要構造這種對象領域就必須有相應的關係，而我們卻根本不可能把這種關係稱作語言。從根本上可以說，凡在語詞取得一種純符號功能的地方，則說話和思維之間的本來連繫（我們的興趣也正在此）就會轉變成一種工具式的關係。這種關於語詞和符號之間改變了的關係正是科學的概念構成的全部基礎，而且它對我們來說已經是這樣不言而喻，以致我們甚至需要一種巧妙的回想才能記起，在科學的單一指稱的理想旁邊尚有語言本身的生命未加改變地繼續存在著。

如果我們注意一下哲學史，那自然不會缺少這種回憶。我們曾
[I 438] 經指出，在中世紀的思想中，語言問題的神學重要性如何總是又回溯到思維和說話的統一性的問題，並由此使一種在古典希臘哲學中尚未想到的因素起作用。語詞是一種過程，意義的統一性就在這種過程中達到完全的表達——正如在關於語詞的思考中所考慮的——這種觀點相對於柏拉圖關於一與多的辯證法指明了某些新的因素。因爲對於柏拉圖來說，邏各斯本身只是在這種辯證法的內部進行運動，它只不過是理念所遭受到的辯證法。這裡並不存在眞正的解釋（Auslegung）問題，因爲作爲解釋工具的語詞和話語總是被思維著的精神所超越。與此相區別，我們在三位一體的思辨中發現，神成人的過程包含了新柏拉圖主義關於展開（Entfaltung），亦即關於如何從一中產生（Hervorgang）的探究，從而第一次表明了語詞的過程特性。然而，只是當士林哲學在調解基督教思想和亞里斯多

德哲學時用一種新的因素作了補充，而這種因素使神性精神和人性精神的區別轉變成具有積極意義的區別，並對新的時代具有最重要的意義，只是到了那時，語言問題才完全表露出來。這種因素就是**創世**的共同性。我認爲，庫薩的尼古拉 [296] 這位近來常被人們討論的哲學家的地位自有其根本的突出之處。[46]

兩種創世方式之間的類似性自然有其界限。這種界限和上面提到的神的話語和人的話語之間的區別相對應。雖說神的話語創造了世界，但並非以一種具有時間順序的創造思想和創造日來創造世界的。與此相反，人類的精神卻只有在時間的相繼性中才能把握它的思想整體。——當然這並非純粹的時間關係，正如我們在多瑪斯那裡所看到的。庫薩的尼古拉特別強調了這一點。人類精神的這種關係就像數列一樣。因此人類精神的創造根本不是一種時間性的事件，而是一種理性的運動。庫薩的尼古拉在語詞的屬（Gattungen）和種（Arten）如何從感覺中形成並在個別概念和語詞中展開的活動中發現同一種理性的活動。所以這兩種語詞（即屬和種）同樣也 [I 439]
是理性存在物（entia rationis）。不管這種關於展開的說法聽起來如何帶有柏拉圖—新柏拉圖主義的味道，實際上庫薩的尼古拉在關鍵之處克服了新柏拉圖主義解釋理論的流射說框架。他用基督教的話語理論來反對這種新柏拉圖主義的觀點。[47] 對他說來，語詞只

---

46 參見 K. H. 福爾克曼—施魯克（Volkmann-Schluck），他試圖首先從「圖像」（Bild）的思想去規定庫薩的尼古拉在思想史上的地位，參見他的《庫薩的尼古拉》，1957 年，尤其參見第 146 頁以下。〔另外請參見 J. 柯赫（Koch）的《庫薩的尼古拉的揣想技巧》（《北萊茵—威斯特伐倫州研究協會會刊》，第 16 卷）以及我自己的論文〈庫薩的尼古拉與當代哲學〉（《短篇著作集》，第 3 卷，第 80-88 頁，現收入我的著作集，第 4 卷）和〈庫薩的尼古拉在認識問題史中的地位〉（《庫薩的尼古拉學會會刊》，第 11 卷，1975 年，第 275-280 頁，現收入我的著作集，第 4 卷）。〕

47 Philosophi quidem de Verbo divino et maximo absoluto sufficienter instructi

不過是精神的存在，而並不是精神被縮小或削弱了的顯現。對這一點的認識構成了基督教哲學家優越於柏拉圖主義者的高明之處。與此相適應，人類精神得以展開的多樣性也絕不是對眞實統一性的背離，絕不是喪失了自己的家。相反，儘管人類精神的有限性總是同絕對存在的無限統一性相關，但卻必然會找到它積極的合法性。這種觀點被包含在 complicatio（綜合、概括）這個概念之中，從這個角度出發則語言現象也獲得了一種新的因素。這就是既進行概括（Zusammenfassen）又進行展開（Entfalten）的人類精神。在談話的多樣性中進行的展開並非只是一種概念的展開，這種展開而是一直延伸到語言性之中。這就是可能命名的多樣性——根據語言的不同性——這種多樣性增強了概念的差異性。

隨著古典本質邏輯的唯名論的消除，語言問題也進入了一個新的階段。於是人們能夠用各種方式（雖然不是以任意的方式）說出事物的一致性和區別處，這一點突然取得了積極的含意。如果屬和種的關係不僅可以從事物的本性——即按照自我建造的富有生命的自然中的「眞實的」種——得到證明，——而且同樣也可以另外的方式而與人及其命名的主權相關，那麼歷史地生長起來的語言，其意義史及其語法和句法就能作爲一種經驗邏輯的，亦即一種自然的、歷史的經驗（這種經驗本身又包含超自然的東西）的變化形式而發生作用。事物本身本來是清楚明白的。[48] 每一種語言以自己特有的方式對語詞和事物所進行的劃分（Aufgliederung）到處都表現了一種最初的自然的概念構成，這種自然的概念構成和科學的

---

non erant...Non sunt igitur formae actu nisi in Verbo ipsum Verbum...De docta ignorantiaII, 9.〔「哲學家並不十分了解神性的最絕對的話語……假如（神性的）話語本身存在於話語之中的話，那麼形式只存在於現實之中」，載《論有學識的無知》，第 2 卷，第 9 章。〕

48 參見本書第 431 頁。

概念構成系統相距甚遠。它完全遵循事物的人為方面，遵循人的需求和利益的系統。如果語言共同體只掌握所有事物的相同的、本質 [I 440] 的方面，那麼對於一種語言共同體來說是某種事物本質的東西就能用另外的，甚至完全是另外種類的事物把它歸屬到一種統一的命名之中。命名（impositio nominis）與科學的本質概念及其屬和種的歸類系統根本不相吻合。相反，與這種科學的屬和種的歸類系統相比，常常是偶然性引導著某個語詞的一般意義。

於是我們就可以考慮到科學對語言的某種影響。例如：我們今天已不再說鯨魚（Walfisch），而只說鯨（Wal），因為我們都已知道，鯨是一種哺乳動物。另一方面，大量民間關於確定事物的稱呼部分地透過現代交往生活，部分地透過科學一技術的標準化而漸漸地趨向一律，正如我們實際所使用的語言詞彙根本不是增多，而是逐漸減少。也許會有某種非洲語言具有 200 種關於駱駝的不同表述，這些表述都是根據駱駝和沙漠居民的生活關聯而作出的。根據「駱駝」在所有這些表述中所保留的占支配地位的意義來看，駱駝就好像是另一種存在物。[49] 我們可以說，在這種情況中，屬概念和語言的稱呼之間的距離是很顯著的。然而我們也可以說，追求概念的普遍性和追求實用的意義這兩種傾向之間的平衡，是任一種有生命力的語言都不可能完全達到的目標。因此，如果我們用眞實的本質秩序衡量自然概念構成的連繫（Kontingenz），並把它理解為純粹的偶然，那麼這就包含某種人為的並且違背語言本質的東西。實際上這種連繫是透過必要而又合法的變化範圍而產生的，正是在這種變化範圍中，人類精神才能表述出事物的本質秩序。

儘管人類語言的混淆自有其《聖經》上的意義，但拉丁語的中世紀卻並未眞正追隨語言問題的這個方面，這一事實也許首先應

49　參見凱西爾：《象徵形式的哲學》，第 1 卷，1923 年，第 258 頁。

該從拉丁語在學者之間具有不言而喻的統治地位而得到解釋，同時也可從希臘邏各斯理論的繼續影響得到解釋。只是到了俗人的作用變得重要起來而民族語言進入了學者的教育之中的文藝復興時期，則這種民族語言與內部話語即和「自然」詞彙的關係才得到富有成果的反思。但我們必須注意，不要在進行這種反思時把現代語言哲學的立場及其工具式的語言概念作爲前提。語言問題之所以到了文藝復興時期才出現，其意義乃在於那時希臘—基督教的遺產仍然
[I 441] 以不言而喻的方式起著作用。這在庫薩的尼古拉身上表現得最爲明顯。作爲精神統一的展開而用語詞表達的概念同樣也同一種自然詞（vocabulum naturale）保持著關係〔這種自然詞反映在概念之中（relucet）〕而不管個別的命名可能是任意的（impositio nominis fit ad beneplacitum）。[50] 我們也許可以問，這是一種怎樣的關聯和怎樣的一種自然詞。然而，就一切語言都是某種精神統一的展開而言，一種語言中的個別詞與所有其他語言中的個別詞都具有某種最終的一致性，這種觀點在方法論上具有正確的意義。

庫薩的尼古拉用**自然詞**所指的也並非一種始於人類語言混亂之前的原始語言的語詞。這樣一種原始狀態理論意義上的亞當的語言對於庫薩的尼古拉是很陌生的。相反，他是從一切人類認識之澈底的不精確性出發的。眾所周知，他的知識論乃是柏拉圖主義的動機和唯名論的動機相互交雜的結果：一切人類的知識都只是純粹的揣想和意見（coniectura, opinio）。[51] 這就是他應用於語言上的理論。這樣他就可以承認民族語言的差異性及其詞彙表面上的任意性，而

---

[50] 我們在下文中所援引的最重要證據是庫薩的尼古拉的《理解的謊言》，第 3 卷，第 2 章：「Quomodo est vocabulum naturale et aliud impositum secundum illud citra praecisionem...」（「正如一個自然詞一樣，並且一個其他詞是按照自然詞而超出精確性的⋯⋯」）。

[51] J. 柯赫：《富有見識的表述》，參見本書第 438 頁的注釋 46。

無須接受一種純約定的語言理論以及一種工具性的語言概念。正如人類的知識本質上是「不精確的」，亦即可以允許有出入的，同樣，人類的語言也是不精確的，允許有出入的。凡在一門語言中具有其固有表述（propria vocabula）的東西，則在另外的一種語言中也會有一種更粗疏、更冷僻的表述（magis barbara et remotiora vocabula）。因此，或多或少地存在著一種固有的表述（propria vocabula）。一切實際的命名在某種意義上都可以說是任意的，但它們卻必然同相應於事實本身（forma）的自然表述（nomen naturale）相關。一切表述都是恰當的（congruum），但並非每一種表述都是精確的（precisum）。

這種語言理論的前提是，即使是附有語詞的事物（formae）也不隸屬於人類認識逐漸趨近的前定的原型秩序，相反，這種秩序是透過區別和概括從事物的給定性中構成的。這樣，在庫薩的尼古拉的思想中就產生了唯名論的轉向。如果屬和種（genera et species）本身就是理智存在物（entia rationis），那就很可以理解，儘管我們使用了不同語言中的不同的語詞，但語詞還是能夠同它所表述的 [I 442]
事物直觀取得一致性。正因爲所涉及的並不是表述的變化，而是事物直觀的變化以及隨之而來的概念構成的變化，所以這裡涉及到一種本質的不精確性，這種不精確性並不排除在一切表述中都有一種事物本身（der forma）的反映。顯然，只有當精神被提升爲無限的精神時，這種本質的不精確性才能被克服。在無限的精神中只存在一種唯一的事物（forma）和一種唯一的語詞（vocabulum），亦即在一切事物中反映（relucet）出來的不可說出的上帝的話語（verbum Dei）。

如果我們把人類的精神看作對神性原型的模仿，這樣我們就可以讓人類語言的變化域起作用。正如一開始在柏拉圖學院中對類比研究的討論一樣，在中世紀關於共相討論的末尾也考慮到語詞和概念之間眞實的相近性。但這裡離開現代思想從語言的變化而爲世界觀引出的相對論的後果還很遙遠。庫薩的尼古拉在一切區別之中仍然保持著下面這一點的一致性，而基督教的柏拉圖主義者就依賴於這一點：正是一切人類語言中的事物連繫，而並非人類事物認識的語言束縛性才對他是根本性的。人類事物認識的語言束縛性只是表現了一種光譜的折射，眞理就在這種折射中顯現。

3. 語言作爲詮釋學本體論的視域

(a) 語言作爲世界經驗

如果我們特地深入到語言問題史的某些階段之中，語言是世界經驗這一點就會在某些與現代語言哲學和語言科學相距甚遠的觀點中被認識到。現代關於語言的思維自赫爾德和洪堡以來就受到一種完全不同的興趣的支配。它希望要研究一下，人類語言的自然性——這是一種很難與唯理論和正統教義截斷的觀點——是如何在人類語言構造多樣性的經驗範圍內展開的。它在每種語言中都認出一種有機的結構，從而試圖在比較的觀察中研究人類精神爲行使其語言能力而使用的豐富的手段。這種經驗比較的研究方法對於庫薩 [I 443]
的尼古拉是很陌生的。他在以下這點上可以說仍然是個柏拉圖主義者，即不精確東西的區別並不包含固有的眞理性，因而，只有就這種區別與「眞實的東西」一致而言，他才對這種區別感興趣。庫薩的尼古拉對生成著的民族語言的民族特性根本沒有興趣，而洪堡則受這種興趣所推動。

如果我們想正確地對待威廉·馮·洪堡這個現代語言哲學的創始人，我們就必須在他那裡提防由他開創的比較語言研究和民族心理學所造成的過度共鳴。「語詞的眞理性」問題[1]在洪堡那裡尚未完全顚倒。洪堡並不只是探究人類語言構造的經驗多樣性，以便在這種可以把握的人類表達領域中深入到不同民族的個體特性中

[1] 〔參見我的著作集第 8 卷中同一題目的論文。〕

去。[2]洪堡對個體性的興趣正如他同時代人的這種興趣一樣，根本不能被理解爲對概念的一般性的背離。對他來說，毋寧說在個體性和一般的本性之間存在著一種不可分離的連繫。個體性的感覺總是具有對某種全體性的預感。[3]因此，深入到語言現象的個體性中就意味著一種通向認識人類語言整體狀況的道路。

洪堡的出發點是，語言是人類「精神力量」（Geisteskraft）的產物。凡有語言的地方，都有人類精神原始的語言力量在起作用，而每一種語言都懂得如何達到人類的這種自然力所追求的普遍目標。但這並不排除而且正是證明語言比較所探究的是語言自身得以區別的完善性尺度。因爲「力求使語言完善的理念得以實現的努力」對一切語言都是共同的，而語言研究者的工作就在於探究，各種語言到底以何種手段在何種程度上接近這種理念。因此，對洪堡來說，在語言的完善性中完全存在著區別。但這並不是一種預先存在的尺度，從而他可以把現象的多樣性置於這種尺度之下，相反，他是從語言本身的內部本質及其豐富的現象中才獲得這種尺度的。

洪堡據以比較各種人類語言的語言構造的規範興趣並未取消對個體性的承認，也就是說，這種興趣並未取消對每種語言的相對完善性的承認。眾所周知，洪堡曾經說過要把每一種語言都理解爲
[I 444] 一種特有的世界觀（Weltansicht），因爲他研究了人類語言構成的原始現象據以區別的**內在形式**。這一觀點的基礎並非只是那種強調主體在把握世界時的突出作用的唯心主義哲學，而且還有由萊布尼茲首次創立的**個體性形上學**。這不僅表現在精神力這個概念有語言現象歸屬於它，而且還特別表現在，洪堡除了透過聲音區別語言之

2　下面請參見《論人類語言構造的多樣性及其對人類精神發展的影響》（首次於 1836 年發表）。

3　同上書，§6。

外還要求把精神力作爲內在的語言意識而對語言進行區別。他談到「現象中的內在意識的個體性」，並用它來指「力量的能」（die Energie der Kraft），內在意識就以這種能來對聲音行使影響。[4] 當然，他認爲這種能不可能到處都一樣的。正如我們看到，他還分享了啓蒙運動這樣的形上學原則，即在對於眞實的和完滿的東西的接近中看出個體化原則。這正是萊布尼茲的單子論宇宙，人類語言構成的多樣性就借這種單子論宇宙而得以標明。

這樣，洪堡所開創的研究道路就受到**形式抽象**（die Abstraktion auf die Form）的規定。因此人類語言的意義雖然被洪堡解釋成民族精神特性的反映，但語言和思維之連繫的普遍性卻被限制到一種能力（Können）的形式主義。

洪堡看到了語言問題的根本意義，他說：「語言乃是與一種無限的、眞正無窮無盡的領域，與一切可思維事物之總和完全相對應的。因此，語言必須對有限的手段進行無限的使用，並且是透過產生思想和語言的力量之同一性而可能做到這一點的。」[5] 能夠對有限的手段進行無限的使用，這就是語言所特有的力量的眞正本質。語言的力量能夠把握所有它能對之進行作用的東西。這樣，語言的力量就超越一切內容的應用。作爲一種能力的形式主義，語言就和一切所說之內容規定性脫離。洪堡甚爲受惠於這種天才的觀點，尤其是因爲他沒有認錯，個體的力量相對於語言的力量顯得極爲微小，因而在個體和語言之間存在著一種變換關係，這種關係賦予人以相對於語言的某種自由。洪堡同樣也沒有認錯，這種自由只是一種有 [I 445] 限的自由，因爲每一種語言都相對於每次所說的內容而構成一種特有的此在，從而使人們能在語言中特別清楚而生動地感覺到「遙遠

---

4 參見 W. v. 洪堡的《論人類語言構造的多樣性及其對人類精神發展的影響》。

5 參見 W. v. 洪堡的《論人類語言構造的多樣性及其對人類精神發展的影響》。

的過去如何和現在的感覺相連繫，因爲語言是透過我們前輩的感受而流傳下來並保存了他們的情調」。[6]洪堡還在被作爲形式而把握的語言中看到了精神的歷史生命。以語言力量這個概念爲基礎而建立語言現象，這賦予內在形式概念以一種特有的合法性，而這種合法性可以由語言生命的歷史活動性得以證明。

儘管如此，這種語言概念同時也表現了一種抽象，而這種抽象我們爲著我們的目的是必須要考慮的。**語言形式和傳承的內容在詮釋學經驗中是不可分離的**。假如每一種語言都是一種世界觀，那麼語言從根本上說首先就不是作爲一種確定的語言類型（就如語言學家對語言的看法），相反，語言是由在這種語言中所述說的內容而流傳下來的。

透過承認語言和傳承物的統一性如何深化了問題或使問題變得更爲恰當，也許在下面這個例子中表現得很清楚。威廉．馮．洪堡曾經說過，學會一門外語肯定是在迄今爲止的世界觀中獲得一種新的角度，他繼續說道：「只是因爲人們總是或多或少地把他自己的世界觀，或者說他自己的語言觀帶入外語之中，所以這種結果很少被人純粹而完全地感覺到。」[7]在這裡作爲一種限制和缺點而談的東西（從帶有其自己認識方法的語言研究者的觀點看，這是正確的），實際上表現了詮釋學經驗的實現方式。把一種新的角度引入「迄今爲止的世界觀之中」，並不是對某門外語的領會，而是對這門外語的使用，不管這種使用是在與外國人的生動交談之中，抑或在對外國文學的研究之中。儘管我們會很深地置身於陌生的精神方式，但我們絕不會因此而忘掉我們自己的世界觀，亦即我們自己的語言觀。也許我們所面對的其他世界並非僅是一個陌生的世界，而

6　同上書，§9。

7　參見 W. v. 洪堡的《論人類語言構造的多樣性及其對人類精神發展的影響》。

是一個與我們有關聯的其他世界。它不僅具有其**自在**的眞理，而且還有其**為我們**的眞理。

在外語中所體驗到的其他世界甚至並非就是研究、熟識（Sichauskennen）和了解（Bescheidwissen）的對象。誰對某門外語的文學傳承物採取消極等待的態度，從而只是用這門外語說話的人，就不會對這種語言具有對象性的關係，其情形就如使用這門外 [I 446]
語的旅遊者一樣。旅遊者的行爲舉止與語文學家完全不同，對於語文學家說來，語言傳承物就是語言史和語言比較的材料。我們僅從外語的學習和學校藉以把我們引入外語中的文學作品所特有的死滅情況中才能很好地認識到這種材料。如果我們形式地對待語言，我們顯然就不能理解傳承物。如果這種傳承物不是以一種必須用正文的陳述來傳達的熟悉性（Bekanntes und Vertrautes）加以表現，那麼我們同樣不能理解它所說的和必然所說的內容——這是並非不值得注意的問題的另一方面。因此，學會一門語言就是擴展我們能夠學習的東西。只有在語言研究者的反思層面上，這種連繫才會取得這種形式，即學會某門外語的後果「未被純粹而完全地感受到」。詮釋學經驗本身則恰好相反：學會一門外語和理解一門外語——這種能力的形式主義——只是指能夠使在語言中所說的東西自己對我們說出來。這種理解的完成總是指所說的東西對我們有一種要求（Inanspruchnahme），而如果我們沒有把「我們自己的世界觀，亦即自己的語言觀」一起帶入的話，則這種要求就不可能達到。洪堡自己對不同民族的文學傳承物實際的熟悉性究竟在多大程度上影響了他對語言抽象方向的研究，這個問題也許是很值得研究一下的。

這個問題對於詮釋學問題所具有的眞正意義是在另外方面：在於它證明了**語言觀就是世界觀**。洪堡把生動的說話過程、語言的活動能力（Energeia）認作語言的本質，從而克服了語法學家的教條主義。從指導他關於語言所有思考的力的概念出發，洪堡特別地糾正了關於語言起源的問題，該問題曾經被神學的思考弄得特別困惑。他指出，這個問題非常錯誤，因爲它包括了一個無語言的人類世界的結構，而其向語言性的提升則是在某時某地來到我們這裡的。針對這樣一種結構，洪堡正確地強調了語言從一開始就是人類的語言。[8]這種論斷不僅改變了語言起源這個問題的意義——它還是一種影響深遠的人類學觀點的基礎。

語言並非只是一種生活在世界上的人類所適於使用的裝備，相反，以語言作爲基礎，並在語言中得以表現的是，人擁有世界。世
[I 447] 界就是對於人而存在的世界，而不是對於其他生物而存在的世界，儘管它們也存在於世界之中。但世界對於人的這個此在卻是透過語言而表述的。這就是洪堡從另外的角度表述的命題的根本核心，即語言就是世界觀。[9]洪堡想以此說明，相對附屬於某個語言共同體的個人，語言具有一種獨立的此在，如果這個人是在這種語言中成長起來的，則語言就會把他同時引入一種確定的世界關係和世界行爲之中。但更爲重要的則是這種說法的根據：語言離開了它所表述的世界則沒有它獨立的此在。不僅世界之所以只是世界，是因爲它要用語言表達出來——語言具有其根本此在，也只是在於，世界在語言中得到表述。語言的原始人類性同時也意味著人類在世存在的原始語言性。我們將必須探究**語言和世界**的關聯，以便爲**詮釋學經驗的語言性**獲得恰當的視域。[10]

擁有世界的意思是：對世界採取態度（sich zur Welt verhalten）。但要對世界採取態度卻要求我們盡可能地和由世界而來的

8　參見 W. v. 洪堡的《論人類語言構造的多樣性及其對人類精神發展的影響》，§9，第 60 頁。

9　同上書，§9，第 59 頁。

10　〔參見我的著作集第 2 卷在「III 補充」這一欄裡的論文，在該卷第 121-218 頁。〕

相遇物（Begegnenden）保持距離，從而使它們能夠如其本來面目那樣地出現在我們之前。而這種能夠也就是擁有世界和擁有語言。這樣，**世界**（Welt）概念就成爲**環境**（Umwelt，或譯周遭世界）的概念反義詞，環境是爲一切在世界上存在的生物所擁有。[297]

的確，環境概念首先是爲人類環境而使用，而且也只爲人類環境而使用。環境就是人們生活於其中的「周圍世界」（Milieu），而環境對生活於其中的人的性質和生活方式的影響就構成了環境的意義。人並非獨立於世界向他顯示的特殊方面。因此，環境概念最初是一個社會概念，這個概念試圖揭示個體對於社會世界的依賴性，因此這個概念只和人類相關聯。環境概念可以在廣義上應用於一切生物，以便概括出這些生物的此在所依賴的條件。但在這種情況下我們也可以清楚地看出，人類與所有其他的生物不同，因爲人擁有「世界」，而生物則並不具有同樣意義上的同世界的關係，它們似乎是被置於它們的環境之中。因此，把環境概念擴展到所有生物身上實際上就改變了這個概念的意義。

因此，和一切其他生物相反，人類的世界關係是透過**無環境** [I 448]
性（Umweltfreiheit）[298] 來表現其特徵的。這種無環境性包含了世界的語言構造性（die sprachliche Verfaβtheit der Welt）。這兩者是相互隸屬的。使自己超越於由世界湧來的熙熙攘攘的相遇物就意味著：擁有語言和世界。最近的哲學人類學在與尼采的爭辯中就以這種形式提出了人類的特殊地位，並指出世界的語言構造性根本不是指人的世界舉止被閉鎖於一種用語言框架編制起來的環境之中。[11] 相反，只要有語言和人存在，那就不僅有超越（Erhebung）或脫離（Erhobenheit）世界之壓力的自由——而且無環境性也同我們賦予

---

[11] 馬克斯・舍勒（Max Scheler）、赫爾姆特・普利斯納（Helmut Plessner）、阿諾德・格倫（Arnold Gehlen）。

事物的名稱的自由相連繫，正如深刻的宗教注釋所說，亞當就是以此爲根據而從上帝那裡接受了制定名稱的全權。

如果我們認識到這一點的重要意義，那就很可以理解，爲什麼和人類普遍的語言世界關係相對還存在著各種語言的多樣性。由於人的無環境性，因此他的自由的語言能力一般是給定的，從而也就具有了歷史多樣性的根據，人的說話就以這種多樣性而與世界交往。當神話談到一種原始語言以及一種語言混亂的產生時，這種神話觀雖說以富有意義的方式反映了那種語言多樣性對理性所表現的眞實的謎，但按其實際所理解的則這種神話報導是把事實頭足倒置了，因爲它認爲人類在使用一種原始語言時的原始一致性被一種語言混亂摧毀了。實際情況是，由於人總是能夠超越他所處的每一偶然環境，而他的講話又總是能把世界表達出來，所以人從一開始就具有行使其語言能力的變化性。

超越環境在這裡從一開始就具有一種人類的意義，亦即具有一種語言的意義。動物也能夠離開它的環境並漫遊整個世界，而無須擺脫它的環境束縛。與此相反，對人類說來，超越環境就是**越向世界**（Erhebung zur Welt），它指的並不是離開環境，而是指用另外的態度對待環境，指一種自由的、保持距離的舉止，而這種態度或舉止的實現總是一種語言的過程。說有動物的語言只是 per aequivocationem（由於含糊性）。因爲語言是一種在其使用中自由而可變的人的能力。語言對人的可變性並不僅是指還存在著我們可以學習的其他陌生語言。對於人說來，語言本身就是可變的，因爲
[I 449] 它對於同一件事爲人準備了各種表述的可能性。即使是在特殊情況下，例如：在聾啞人那裡，語言也並非是一種眞正的非常明顯的手勢語，而是透過清楚的手勢使用而對同樣清楚的默語的一種替代性的模仿。動物之間的相互理解可能性則不知道這種可變性。這種說法的本體論意義在於，雖然動物能夠相互理解，但並不能理解構成

世界的事實情況。亞里斯多德已經非常清楚地看到這一點：動物的叫喚是向同類指示出某種舉止，但由邏各斯而進行的語言理解則揭示了存在物本身。[12]

從語言的世界關係中引出了語言特有的**事實性**（Sachlichkeit）。語言所表達的是事實情況（Sachverhalte）。一個具有如此這般情況的事實——這種說法就包含著對其獨立他在性的承認，這種他在性以說話者同事物的距離作爲前提。[299] 以這種距離作爲基礎，就可以有某些東西作爲眞正的事實情況而襯托出來並成爲某種陳述的內容，這種陳述是其他人也能理解的。在襯托出來的事實情況的結構中顯然也總是有否定性的因素一起存在。正是某些因素的顯現而不是另一些因素的顯現，這才構成一切存在物的規定性。因此，從根本上說也存在否定性的事實情況，這種否定性的事實情況是希臘思想首先想到的。早在對埃利亞派關於**存在**（Sein）和**非存在**（Noein）的配列這個基本命題默默的重複中，希臘思想就遵循了語言的根本事實性，而柏拉圖在克服埃利亞派的存在概念時又把存在中的不存在認作談論存在物的根本可能性。當然，正如我們所看到，在對理念（Eidos）邏各斯的精心表述中，對語言本身存在的探討是不能得到正確展開的，因爲希臘思想充滿了語言的事實性。希臘思想在其語言的形成中遵循自然的世界經驗，從而把世界設想爲存在。一直被希臘思想認作存在物的東西從構成語言世界視域的包羅萬象的總體中作爲邏各斯，作爲可陳述的事實情況而區別出來。如此被認作存在物的東西其實並不眞是陳述的**對象**，而是「在陳述中得以表達」。從而希臘思想就在人類思維中獲得了它的眞理性和可顯現性。所以希臘的本體論就建築在語言的事實性之

---

12 亞里斯多德：《政治學》，A2，1253a10 以下。〔也可參見我的著作集，第 2 卷，第 146 頁。〕

上，因爲它從陳述出發思考語言的本質。

與此相對當然應該強調，語言只有在談話中，也就是在**相互理解**的實行中才有其根本的存在。但這並不能理解成，似乎語言的目標已經由此而確定。相互理解（Verständigung）並不是純粹的活
[I 450] 動，不是實現目的的行動，有如造出某種我可以把自己的意見告知他人的符號。毋寧說，相互理解根本不需要眞正詞義上的工具。相互理解是一種生活過程（Lebensvorgang），在這種生活過程中生活著一個生命共同體。在這一點上可以說人類透過談話達到的相互理解與動物相互照料的相互理解並沒有區別。因此，人類的語言就「世界」可以在語言性的相互理解中顯現出來而言，必須被認作一種特別的、獨特的生活過程。語言性的相互理解把它的論題放到相互理解的人面前，就像黨派之間的爭論對象被置於它們之間一樣。世界這樣就構成一塊公共的基地，誰也不曾踏上過它，但誰都認可它，這種公共基地把所有相互說話的人都連結在一起。一切人類生活共同體的形式都是語言共同體的形式，甚至可以說：它構成了語言。因爲語言按其本質乃是談話的語言。它只有透過相互理解的過程才能構成自己的現實性。因此，語言絕不僅僅是達到相互理解的手段。

因此，由人發明的人工理解系統根本不是語言。因爲人工語言，例如：祕密語言或數學符號語言都沒有語言共同體和生活共同體作爲它們的基礎，而只是作爲相互理解的手段和工具而被引入和使用。這就說明，人工語言總是以生動地進行的相互理解作爲前提，而這正是語言性的。顯然，某種人工語言據以成立的協議必然附屬於另一種語言。與此相反，在一種眞正的語言共同體中我們並不是爾後才達到一致，而是如同亞里斯多德所指出的，已經存在著

一致。[13]在共同生活中向我們顯現的、包容一切東西的並且我們的相互理解所指向的正是世界，而語言手段並不是語言的自爲對象。對一種語言的相互理解並不是眞正的相互理解情況，而是約定一種工具、一種符號系統的特殊情況，這種工具或符號系統並不在談話中具有它的存在，而是作爲報導目的的手段。人類世界經驗的語言性給予我們關於詮釋學經驗的分析以一種擴展的視域。在翻譯的例子以及超越自己語言界限而可能達到相互理解的例子中所指出的東西證明：人所生活於其中的眞正的語言世界並不是一種阻礙對自在存 [I 451] 在認識的柵欄，相反，它基本上包含了能使我們的觀點得以擴展和提升的一切。在某個確定的語言和文化傳統中成長起來的人看世界顯然不同於屬於另一種傳統的人。因此，在歷史過程中相互分離的歷史「世界」顯然互相不同，而且也與當今的世界不同。不過，在不管怎樣的傳承物中表現自己的卻總是一種人類的世界，亦即一種語言構成的世界。每一個這樣的世界由於作爲語言構成的世界就從自身出發而對一切可能的觀點並從而對其自己世界觀的擴展保持開放並相應地向其他世界開放。

這一點卻具有根本的意義。因爲這就使「自在世界」（Welt an sich）這個概念的使用產生了疑問。衡量自己世界觀不斷擴展的尺度不是由處於一切語言性之外的「自在世界」所構成。相反，人類世界經驗無限的完善性是指，人們不管在何種語言中活動，他們總是只趨向一種不斷擴展的方面，趨向一種世界「觀」（Ansicht）。這種世界觀的相對性並不在於，似乎我們可以用一個「自在世界」與它對置；好像正確的觀點能夠從一種人類—語言世界之外的可能方位出發遇見這個自在存在的世界。世界沒有人也能夠存在，也許將存在，這一點絕對沒有人懷疑。它的相對性乃在於所有人類—語

13 參見本書第 435 頁以下。〔以及我的著作集，第 2 卷，第 16、74 頁。〕

言地把握的世界觀生活於其中的感官意義部分。一切世界觀中都提到世界的自在存在。世界就是語言地組織起來的經驗與之相關的整體。這樣一種世界觀的多樣性根本不意味「世界」的相對化。相反，世界自身所是的東西根本不可能與它在其中顯示自己的觀點有區別。

這種關係同感覺事物時的情況相同。從現象學的觀點看，「自在之物」只在於它的連續性，由於這種連續性，感覺事物在感覺上的細微差別（die perspektivischen Abschattungen）[300] 才能相互連結起來，胡塞爾曾經指出過這點。[14] 誰若是把「自在存在」（Ansichsein）與這些「觀點」（Ansichten）對置，那他就必須或者是神學地思考——這時自在存在就不是對他而言，而僅僅是對上帝而言了——；或者是撒旦式地思維，即像那個妄想使整個世界都必須服從他來證明他自己的神性的魔鬼一樣——這樣，世界的自在存在對於他就是其想像的全能的限制。[15] 我們可以在像感覺這樣的
[I 452] 相似的意義上談論「語言的細微差別」，這種細微差別是世界在各種不同的語言世界中所經驗到的。但在兩者之間仍然有一種顯著的區別，對事物感覺的每一種「細微差別」都和其他感覺絕對不同，並且一起構成作爲這種細微差別之連續性的「自在之物」，反之，在語言世界觀的細微差別中，每一種語言世界觀都潛在地包含了一切其他的語言世界觀，也就是說，每一種語言世界觀都能使自己擴展到其他的語言世界觀中。它能使在另一種語言中所提供的世界的「觀點」從自身而得到理解和把握。

---

14 《純粹現象學和現象學哲學的觀念》，第 1 卷，§ 41。

15 如果人們援引世界的自在存在來反對唯心主義——不管是先驗唯心主義還是「唯心主義的」語言哲學，那就純屬誤解。因為他們認錯了唯心主義的方法意義，而其形上學形態自康德以來就已經一般被克服了。（參見康德《純粹理性批判》第 274 頁以下「對唯心主義的反駁」。）

因此，我們確信，我們世界經驗的語言束縛性（Sprachgebundenheit）並不意味著排外的觀點；如果我們透過進入陌生的語言世界而克服了我們迄今爲止的世界經驗的偏見和界限，這絕不是說，我們離開了我們自己的世界並否認了自己的世界。我們就像旅行者一樣帶著新的經驗重又回到自己的家鄉。即使是作爲一個永不回家的漫遊者，我們也不可能完全忘卻自己的世界。即使我們作爲具有歷史意識的學者很清楚人類對世界之思考的歷史條件性以及自己的條件性，那我們也並未由此而達到了一種無條件的立場。如果說接受條件性這件事本身是絕對而無條件地眞的，從而把它運用於自己身上不能沒有矛盾，那這也絕不是對接受這種澈底條件性的反駁。對條件性的意識本身絕不會揚棄條件性。這正是反思哲學的一種偏見，它們把根本不在同一邏輯層次上的東西理解成命題的關係。因此，反思哲學的論據在這裡是不合適的。因爲這裡涉及的根本不是無矛盾地保持判斷關係，而是涉及到生活關係。只有我們世界經驗的語言構造性才能把握多種多樣的生活關係。[16]

因此，儘管哥白尼對於世界的解釋早已成爲我們知識的一個部分，但我們仍然可以說太陽下山。顯然，我們既確認觀察的印象（Augenschein），同時又了解這種印象在理智世界中另外的一面，這兩者是完全可以互相結合的。難道不正是語言在多層次的生活關係中起著促進和調解的作用？我們關於太陽下山的說法顯然不 [I 453]
是任意的，而是說出了一種實在的現象。正是現象在向那自身不動

---

16 K.-O. 阿佩爾（Apel）：〈一種指向內容的語言科學的哲學真理概念〉，載《威斯蓋伯紀念文集》，第 25 頁以下。〔現在收入阿佩爾的《哲學的轉變》，2 卷本，法蘭克福，1973 年，參見該書第 1 卷，第 106-137 頁。〕阿佩爾正確地指出，人們關於自身的談話根本不能被理解成是對這樣一種存在（Sosein）進行對象性確定的論斷，因此，透過指出某種陳述的邏輯自身相關性和它的矛盾性從而駁斥這種陳述乃是毫無意義的。

的人進行顯現。正是太陽把它的光線投射給我們復又離開我們。因此，太陽下山對於我們的直觀來說乃是一種實在。〔它是「此在的相對性」（daseinsrelativ）〕。然而我們又能透過另一種模式結構而從這種直觀證據中思維地擺脫出來，並且正因爲我們能夠做到這一點，所以我們同樣能夠講出哥白尼理論這種理智的觀點。但我們不能用這種科學理智的「眼光」去否認或駁斥自然的觀察印象。這不僅因爲觀察印象對我們是一種眞實的現實，因而這種駁斥是無意義的，而且因爲科學所告訴我們的眞理本身只是相對於某種確定的世界定向（Weltverhalten）而根本不能要求自己成爲整體的眞理。也許正是語言才眞正解釋了我們世界定向的整體，而在這種語言整體中，不光科學找到自己的合法性，觀察印象也同樣保持了自己的合法性。

當然這並不是說，語言是這種精神惰性力的原因，而只是說，我們對世界的直觀和對我們本身的直觀的直接性（我們就保持在這種直觀的直接性中）在語言之中被保存和發生變化，因爲我們這些有限的生物總是承上啓下、有生有滅。在語言之中，超越一切個體意識的實在才會顯現。

因此，在語言現象中不僅恆定物有其住所，而且事物的變化也能找到它的場所。從而我們就可以例如在語詞的衰亡中認出道德和價值觀的變化。例如：「德行」（Tugend）這個詞在我們的語言世界中幾乎只具有諷刺的含意。[17] 如果我們不用德行這個詞而代之以其他的詞，而這種詞在其標誌出德行的謹愼考慮中使道德規範以一種與固定的習俗世界背道而馳的方式繼續生效，那麼這樣一種過程就是實際現實的反映。即使詩歌所用的詞也經常成爲對眞實東西的檢驗，因爲詩歌在似乎已顯得過時不用的詞中喚醒了祕密的生命，

17 參見馬克斯．舍勒〈為德行恢復名譽〉一文，載《價值的起源》，1919 年。

並使我們對於自己有所知曉。所有這一切都使語言能夠具有開放性，因爲語言並不是反思思想的創造物，而是與我們生活於其中的世界舉止一起參與活動的。

這樣就從總體上證實了我們在上面所提出的觀點：世界本身是在語言中得到表現。語言的世界經驗是「絕對的」。它超越了一切存在狀態的相對性，因爲它包容了一切自在存在，而不管自在存在 [I 454]
在何種關係（相對性）中出現。我們世界經驗的語言性相對於被作爲存在物所認識和看待的一切都是先行的。因此，**語言和世界的基本關係並不意味著世界變成了語言的對象**。一切認識和陳述的對象都總是已被語言的世界視域所包圍。這樣一種人類世界經驗的語言性並不意指世界的對象化。[18]

與此相反，科學所認識並據以而保持其自身客觀性的對象性卻屬於由語言的世界關係所把握的相對性。構成「認識」本質的「自在存在」（Ansichsein）概念在對象性中獲得一種**意志規定**（Willensbestimmung）的特性。自在存在的事物獨立於我們的願望和選擇。然而因爲這種事物是在它的自在存在中被認識的，因此它也由此而受到人的支配，以致人們可以打它的算盤，即可以把它編入人自己的目標之中。

正如我們所見，這種自在存在概念只是在表面上像是希臘的kath'hauto（從自身）概念的等値物。後者首先指的乃是這樣一種本體論的區別，即某種按其實質和本質而存在的存在物在本體論上不同於那種能自身存在並變化的東西。凡屬於存在物之持存本質的東西顯然在一種突出的意義上是可知的，這就是說，它總是預先已隸屬於人類的精神。然而，現代科學意義上所謂「自在」的東西卻和

---

[18] 〔在下面 3 頁内正文有些較小的改動。對此部分請參見〈在現象學和辯證法之間——一種自我批判的嘗試〉，載我的著作集，第 2 卷，第 3 頁以下。〕

這種本質的和非本質的東西之間的本體論區別毫不相干，而是把自己規定爲准許我們控制事物的確實知識。確實事實就是像人們必須要考慮的對象和阻力。正如馬克斯．舍勒特別指出的，自在的事物對於某種特定的認識和意願方式來說也是相對的。[19]

這並不意味著有一種確定的科學，它以特定的方式指向對存在物的統治並從這種統治意志出發規定相應的自在存在的意義。雖說舍勒正確地強調過，機械學的世界模式以特定的方式和製造事物的
[I 455] 能力（Machenkönnen）相關。[20]但這顯然是一種太片面的模式。「統治知識」（Herrschaftswissen）乃是現代自然科學的綜合知識。這一點既適合於剛剛發展起來的關於生命的介於物理學—化學之間的科學研究的自我理解，也適合於重新發展了的進化論。這一點特別明顯地表現在那樣一些具有與某種新的研究觀點相連繫的新的研究目標的領域。

所以，例如：生物學家馮．於克斯科爾[301]的環境研究講到了某種似乎不是物理世界的生命宇宙：在其中有多種多樣的植物、動物和人的生命世界進行相互連繫的宇宙。

這種生物學的立場要求克服以往動物觀察在方法論上的天眞的人類中心主義（Anthropozentrik），因爲它研究生物生活於其中的環境的具體結構。人類的生活世界也像動物的環境一樣以同樣的方式從適用於人類感官的標記建造起來。如果「世界」以這種方式被認作生物學的計畫方案，那就當然是要以經由物理學而造成的自在存在的世界爲前提，因爲人們訂出了物競天擇的原則，各種生物就

---

19 雖然舍勒把先驗唯心主義的意義誤解成生產唯心主義（Erzeugungsidealismus）並把「自在之物」當作主觀地製造對象的反義詞，但他這種觀點仍然是正確的。

20 首先參見舍勒的論文〈認識和勞動〉，載《知識形式和社會》，1926年。〔現在收入他的《著作集》，第8卷。〕

按這種原則從「自在存在」的材料中構築它們的世界。生物學的宇宙就這樣從物理學宇宙中透過重新塑造而獲得，並間接地以物理學宇宙作爲前提。顯然，這裡涉及的是一種新的立場。這是一種今天一般承認爲行爲生物學（Verhaltensforschung）的研究方向。這種研究方向當然也包括了人類這個特殊的種類。這種研究方向發展了一門物理學，人們藉助於這門物理學把人類所發展的時一空觀理解成相當複雜的數學結構的一種絕妙的特以人爲定向的特殊情況——例如：當我們今天能夠把蜜蜂的定向能力歸屬到它們的紫外線感覺後，我們就能了解蜜蜂的世界。

因此，物理學世界似乎既包括了動物世界又包括了人類世界。這樣就產生一種假象，好像物理學「世界」就是眞實的、自在存在的世界，同時又是生物各以自己的方式共同對待的絕對實在。

難道這種世界眞是一個自在存在的世界？它眞的超越了一切此在的相對性，而關於它的知識則可以被稱作絕對的科學？某種「絕對的對象」這個概念本身豈不已經是一種自相矛盾（einhölzernes Eisen）？無論生物學的宇宙還是物理學的宇宙實際上都不可能否認它們各自特定存在的相對性。因此，物理學和生物學具有同樣的本體論視域，作爲科學，它們根本不可能越過這個視域。正如康德 [I 456]
所指出的，它們對事物的認識只是意味著這些東西如何在空間和時間中存在，並且只是經驗的對象。這恰好規定了在科學中所設定的知識進步的目標。即使是物理學世界也根本不可能想成爲存在物的整體。因爲即使是描繪一切存在物的世界方程式，以致體系的觀察者也出現在體系的諸方程式中，也是以作爲計算者而不是作爲被計算的對象的物理學家的存在爲前提。如果說有一種物理學既是進行計算同時又是自身計算的對象，這種說法是自相矛盾的。對於研究一切生物的生活世界以及人類的行爲方式的生物學也是如此。生物學所研究的當然也包括研究者的存在——因爲他本身也是一種生物和一個人。但絕不能由此而認爲，生物學只是一種人類的行爲方式因而只能作爲人類的行爲方式被觀察。因此生物學乃是認識（或錯誤）。生物學恰如物理學一樣研究存在的東西，但本身卻不是它所研究的對象。

不管是物理學還是生物學所研究的自在存在，都是相對於在它們的研究領域中設置的存在設定。不存在哪怕最微小的理由可以正確要求物理學超出這種存在設定而認識自在存在。無論物理學還是生物學，作爲科學它們都預先設定了自己的對象領域，對這種對象領域的認識則意味著對它們的統治。

與此相反，人類的世界關係如其在語言過程中所處的那樣在總體上所指的卻是一種完全不同的情況。語言地表現並被語言地把握的世界，並不像科學的對象那樣在同一意義上是自在的和相對的。它不是自在的，因爲它根本不具有對象性的特性。就它作爲包羅萬象的總體而言，它根本不可能在經驗中被給出。就它作爲世界而言，它也並不相對於某種特定語言。因爲在一種語言世界中生活，就像我們作爲語言共同體的成員所做的那樣，這並不意味著進入一種環境，就像動物進入它們的生活世界一樣。我們不可能用相應的方式從上面觀察語言世界。因爲根本不存在外在於語言世界經驗的立場，似乎可以從此出發把語言本身變成對象。物理學並不能給出這樣的立場，因爲物理學作爲其對象進行研究和考慮的根本不是世界，亦即存在物的總體。同樣，研究語言構造的比較語言學也不可能找出一種與語言相脫離的立場，彷彿從這種立場出發就能認識存
[I 457] 在物的自在，而語言世界經驗的各種形式對於這種立場就可以作爲從自在存在物中所得出的概括選擇而重新構造的——就如人們研究其構造原則的動物的生活世界一樣。其實在每種語言中都同存在物的無限性具有一種直接的連繫。擁有語言意味著一種和動物的環境束縛性完全不同的存在方式。由於人類學會了陌生的語言，所以他

們並不改變他們的世界關係，有如變成了陸地動物的水中動物那樣，相反，由於人類堅持其自己的世界關係，所以他們透過陌生的語言世界反而擴充和豐富了這種世界關係。誰擁有語言，誰就「擁有」世界。

如果我們堅持了這一點，我們就再也不會把語言的事實性和**科學的客觀性**相混淆。在語言的世界關係中存在的距離並不像自然科學透過清除認識中的主觀因素而達到的客觀性那樣起作用。距離和語言的事實性顯然也是一種並非由自身造成的眞正的成就。我們知道，對經驗的語言把握對於經驗的掌握起了怎樣的作用。它是成比例地出現、間接地構成並由此而受到限制，似乎它那緊迫的茫然不知所措的直接性已被推到遙遠的地方。這樣地掌握經驗當然不同於科學對經驗的加工，科學把經驗客觀化並使其服務於有利的目的。當自然研究者認識了某種自然過程的規律性的，他就能掌握某物，並能試驗他是否能重新構造它。但在語言所滲透的自然的世界經驗中卻根本不涉及這類現象。講話根本不是指使對象可以支配、可以計算。這不僅是說陳述和判斷乃是語言舉止多樣性中的一種純粹的特殊形式——它們總是交織在生活舉止之中。客觀化的科學把世界的自然經驗的語言可塑性當作一種偏見的源泉，正如培根的例子教導我們的，新科學必然會用其精確的數學衡量的方法既反對語言的偏見又反對它天眞的目的論，以便爲它自己的建設性研究計畫騰出地盤。[21]

另一方面，在語言的事實性和人類的科學能力之間也存在一種積極的實際連繫。這一點在古代科學那兒顯得尤其明顯。古代科學起源於語言的世界經驗，這既是它的特別突出之處，同時也是它特有的弱點。爲了克服它的弱點，亦即克服它天眞的人類中心主義， [I 458]

---

21 參見本書第 354 頁以下。

現代科學同時也放棄了它的突出之處，即加入自然的人類世界定向之中。**理論**（Theorie）這個概念可以很好地表明這一點。在現代科學中，理論的含意就如它所表現的那樣，和希臘人用以接受世界秩序的觀看和認識行爲幾乎完全無關。現代理論是一種建設手段，人們透過理論而統一地概括經驗並能夠統治經驗。正如語言所說，人們是「構造」理論。這就包含了以下的意思，即一種理論會取代另一種理論，而每一種理論從一開始只要求有條件性的有效性，亦即並不勸導前進著的經驗改變觀點。但古代的理論（Theorie）卻並不是同樣意義上的手段，而是目的本身，是人類存在的最高方式。[22]

儘管如此，兩者之間還是存在著緊密的連繫。無論古代理論還是現代理論都克服了實際—實用的利益，這種利益把一切所發生的事都從自己的觀點和目的去看待。亞里斯多德告訴我們，只有當一切生活必需品都已齊備時，才可能出現理論的生活態度。[23] 現代科學的理論態度對自然所提的問題也並不是爲著特定的實際目的。雖說現代科學的問題和研究方式都針對著對存在物的統治因而可以在自身中被稱爲實踐的科學。但是，對於個別研究者的意識而言，他的知識的應用在以下意義上只是第二位的，即雖說這種應用是從知識而來，但這種應用只是爾後的事情，因此，任何認識者都無需知道被認識的對象是否被應用或將派何種用場。然而，儘管有這種種相符性，但在「理論」和「理論性的」這兩個詞的詞義中已經有了區別性。在現代語言用法中，「理論性的」這個概念幾乎是一種否定的概念。所謂理論性的東西僅僅指那些和行動目的不具備可行

---

22 〔參見我的論文〈讚美理論〉，載我編輯出版的同名書，法蘭克福，1983 年，第 26-50 頁；也見我的著作集，第 10 卷。〕

23 《形上學》，A1。

的、確定的連繫性的東西。反之，被設想出的理論本身卻從應用的可能性出發被評價，也就是說，理論知識本身將從對存在物的有意識統治出發並且不是被當作目的，而是當作手段。相反，古代意義上的理論卻完全不同。古代理論不僅觀察現存的秩序，而且理論的含意還超出這種活動而指加入到秩序整體之中去。24[302]

據我看來，希臘的理論和現代科學之間的這種區別可以在對待**語言的世界經驗**的不同關係中找到它眞正的根據。正如我們在上面 [I 459]
強調的，希臘知識在語言的世界經驗中自有它的位置，並深深地受到語言的誘惑，因此，它反對 dynamis tōn onomatōn（語詞力）的爭鬥從來不會導致產生一種必須完全克服語言力量的純符號語言的理想，而這種理想正是現代科學及其旨在統治存在物的方向所追求的。無論是亞里斯多德在邏輯學中使用的字母表示方法，還是他在物理學中使用的對運動過程作比例的、相對的描述方式，都顯然完全不同於數學在 17 世紀所應用的方式。

所有援引科學起源於希臘的人都不能忽略這一點。這個時代終於應當結束了，因爲人們已把現代科學的方法作爲標準，用康德來解釋柏拉圖，用自然規律來解釋理念（新康德主義）或者稱讚在德謨克利特那裡已經具有了眞正「力學的」自然知識富有希望的開端。只要回想一下黑格爾以生命理念作爲主線澈底克服理智觀點的做法就可以指明這種看法的界限。25 據我看來，只有海德格在《存

24　參見本書第 129 頁以下。

25　按照事實看來，黑格爾對理智觀點的同期性的表述，即把柏拉圖的理型當作靜止的規律領域而與現代力學的自然知識一起看待的做法完全適合於新康德主義的觀點。（參見我為紀念保羅．納托普的演講：「保羅．納托普」，載《哲學分類學》，XVII 附注，以及《哲學見習》，第 60 頁以下。）——當然也有區別，即新康德主義當作最終方法理想的東西，對於黑格爾則只具有將被超越的真理。〔關於原子理論，請參見我在 1934 年所寫的短文〈古代原子理論〉，載我的著作集，第 5 卷，第 263-279 頁。〕

在與時間》中才獲得這樣一種立場，站在這種立場上不僅可以思考希臘科學和現代科學的區別，同樣也可以思考它們之間的連繫。當海德格把「現成在手狀態」（Vorhandenheit）這個概念證明爲一種有缺陷的存在樣式，並把它認作是古典形上學及其在近代主觀性概念中的連續影響的根據時，他所遵循的是希臘理論和現代科學之間本體論上正確的連繫。在他對存在進行時間解釋的視域中，古典形上學整個來說是一種現成在手東西的本體論，而現代科學則不知不覺地是這種本體論的遺產繼承人。但在希臘的理論中則當然還存在著另外的因素。理論與其說領會現成在手的東西，毋寧說把握具有「物」之尊嚴的事物本身。物的經驗和純粹現成在手東西的單純可固定性毫不相關，和所謂經驗科學的經驗也不相干，這一點後期海
[I 460] 德格已經作過強調。[26]因此，我們必須把物的尊嚴和語言的事實性從源於現成在手東西的本體論的偏見以及客觀性概念中解放出來。

我們的出發點是，在對人類世界經驗的語言把握中，不是現成在手的東西被考慮和衡量，而是存在物被表述，它作爲存在著的和有意義地向人顯示的東西。正是在這裡——不是在統治著現代數學自然科學的理性構造方法理想中——才能重新認識在精神科學中所進行的理解。如果說我們在前面透過語言性來刻畫效果歷史意識進行方式的特徵，那麼這裡也是同樣，因爲語言性完全表現了我們人類世界經驗的特徵。所以，正如「世界」在語言中並未被**對象化**，效果歷史也不是詮釋學意識的**對象**。

26　關於「物」，參見《講演和論文》，第 164 頁以下。最初在《存在與時間》中所採取的用「現成在手東西的科學」來對「理論」所作的概括式的綜觀，被後期海德格的探究丟棄了（參見該書第 51 頁以下）。〔也可參見我在 M. 海德格的《藝術作品的起源》裡所寫的後記，斯圖加特，1960 年（雷克拉姆版），第 102-125 頁，現在收入《海德格之路——後期作品研究》，圖賓根，1983 年，第 81-92 頁；以及我的著作集，第 3 卷。〕

正如透過適用（Eignung）和意義而建立起來的我們世界經驗之統一體這種物得到表達一樣，那些遞交給我們的傳承物也透過我們的理解和解釋而重新得到表述。這種表述的語言性就是一般人類世界經驗的語言性。這就是我們對於詮釋學現象的分析最終所引向的關於語言和世界之關係的討論。

(b) 語言中心及其思辨結構

人類世界經驗的語言性顯然是自柏拉圖「逃入邏各斯」（Flucht in die Logos）以來希臘形上學發展關於存在的思想所依據的主線。因此我們必須探究，在希臘形上學中存在的回答——它一直繼續到黑格爾——在多大程度上適合於指導著我們的提問。

這種回答是一種神學的回答。在思考存在物的存在時，希臘形上學把這種存在認爲是在思想中實現自身的存在。這種思想就是奴斯（Nous）的思想，奴斯被設想爲最高和最本眞的存在物，它把一切存在物的存在都聚集於自身之中。說出邏各斯（Artikulation des Logos）就是把存在物的結構帶入語言，這種來到語言（Zursprachekommen）對於希臘思想無非只是存在物本身的在場（Gegenwart），即它的 Aletheia（眞理）。人類思想把這種在場的無限性理解爲其自身被實現的可能性，即其自身的神性。 [I 461]

我們並不跟隨這種思想澈底的自我遺忘性，並且必將再探究，我們究竟能在多大程度上在黑格爾絕對唯心主義所表現的近代主觀性概念的基礎上重新恢復這種思想。因爲我們是被詮釋學現象所引導。但詮釋學現象規定一切的根據就是**我們歷史經驗的有限性**。爲了正確對待這種有限性，我們繼續抓住語言的線索，因爲在語言中存在結構（Seinsgefüge）並不是單純地被模仿，而是在語言的軌跡中我們經驗的秩序和結構本身才不斷變化地形成。

語言是有限性的軌跡，這並不是因爲存在著人類語言構造的多樣性，而是因爲每種語言都不斷地構成和繼續構成，它越是把自己的世界經驗加以表達，這種構成和繼續構成就越頻繁。語言是有限的，這並不是因爲它並不同時就是所有的其他語言，而是因爲它就是語言。我們曾經探究了西方關於語言思想的重要轉捩點，這種探究告訴我們，語言現象在比基督教關於「話語」的思想所產生的效果還更澈底的意義上是與人的有限性相適應的。我們的整個世界經驗以及特別是詮釋學經驗都是從**語言這個中心**（Mitte der Sprache）出發展開的。

語詞並不像中世紀思想所認爲的只是「類」（Species）的完善化。如果說存在物是在思維著的精神中被表現的，那麼它並不是一種預先存在的存在秩序的摹寫，這種存在秩序的眞實關係只能被一種無限精神（創造者的精神）所認識。語詞也不是一種工具，有如數學語言可以建造一種經由計算而可支配的對象化的存在物宇宙。無限的意志與無限的精神一樣都不能超出同我們的有限性相適應的存在經驗。唯有語言中心，這種與存在物的總體相關的語言中心，才能使人類有限的歷史的本質同自己及世界相調解。

這樣，柏拉圖作爲邏各斯事件（Widerfahrnis）抓住不放並在中世紀三位一體思辨中得到神祕證明的一和多的辯證法之謎才獲得它眞正的基礎和根據。當柏拉圖認識到語言的語詞既是一同時又是多，他只邁出了第一步。我們講給他人和他人講給我們的語詞（神
[I 462] 學上：上帝的語詞）都只是**一種語詞**——但正如我們所看到的，這種語詞的統一總是在語詞所發出的聲音中發展。柏拉圖和奧古斯丁的辯證法所發現的這種邏各斯和語詞（Verbum）的結構只是其邏輯內容的單純反映。

但是還存在著另一種語詞的辯證法，它給每一個語詞都配列了一種內在的多重性範圍：每一個語詞都像從一個中心迸出並與整體

相關聯，而只有透過這種整體語詞才成其爲語詞。每一個語詞都使它所附屬的語言整體發生共鳴，並讓作爲它基礎的世界觀整體顯現出來。因此，每一個語詞作爲當下發生的事件都在自身中帶有未說出的成分，語詞則與這種未說出的成分具有答覆和暗示的關係。人類話語的偶緣性並不是其陳述力的暫時不完善性——相反，它是講話的生動現實性（Virtualität）的邏輯表述，它使一種意義整體在發生作用，但又不能把這種意義整體完全說出來。[27]一切人類的講話之所以是有限的，是因爲在講話中存在著意義之展開和解釋的無限性。因此，詮釋學現象只有從這種存在的基本的有限狀況出發才能得到闡明，而這種基本有限狀況從根本上則是語言性構成的。

如果說我們在前面談的是解釋者對於他的正文的**隸屬性**（Zugehörigkeit），並用效果歷史意識概念概括了傳統和歷史之內在關係的特徵，那麼現在我們就能從語言性構成的世界經驗的基礎出發更切近地規定隸屬性這個概念。

於是，我們就會像我們所必然希望的那樣進入到自古以來哲學就很熟悉的問題領域。**隸屬性**在形上學中指存在和眞理之間的先驗關係，這種關係把認識當作存在本身的一種因素而並不首先當作一種主體的活動。這種把認識加入到存在之中的做法是古代和中世紀思想的前提。存在的事物就其本質而言是眞實的，這就是說：出現在一種無限精神面前，而只有這樣才使有限的人類思維有可能認識存在物。因此，這裡思考並不是從一種自爲存在的並使一切其他東西成爲客體的主體概念出發。相反，在柏拉圖那裡，「靈魂」存在的規定在於，它分有了眞實的存在，亦即像理念一樣屬於同一種本質領域，而亞里斯多德對於靈魂則說，靈魂在某種意義上就是一切

27 這是漢斯・利普斯的功績，他在《詮釋學邏輯》中衝破了傳統判斷邏輯的藩籬，並揭示了邏輯現象的詮釋學因素。

[I 463] 存在物。[28] 在這種思想中根本沒有談到一種與世界無關的精神，這種精神自己意識到必須尋找通向世界存在的通路，相反，精神和存在從根本上互相依存。唯有關係才是根本的。

較早的思想是透過目的論思想所具有的普遍本體論作用來考慮這種關係的。在目的關係中，使某物得以獲取的媒介並非偶然地證明自身適合於達到目的，相反，它從一開始就被選爲和理解爲與目的相符合的手段。因此，手段之歸屬於目的是先行的。我們稱它爲合目的性（Zweckmässigkeit），當然並非只有理性的人類行爲才以這種方式而具有合目的性，它也適合於根本不談目的的設定和手段之選擇的地方，例如：在一切生活關係中，生活關係也唯有在合目的性的理念之中才能被看作一切部分彼此間的相互和諧（Zusammenstimmen）。[29] 所以這裡整體的關係也比部分的關係更根本。甚至在進化論中，我們只有很謹愼才能運用適應（Anpassung）概念，因爲這種理論是以不適應性作爲自然的關係爲前提的——似乎生物是被置於一個它們必須在事後加以適應的世界中。[30] 正如適應性本身在這裡構成了生物的生活關係，處於目的論思想支配下的認識概念也把自己規定爲人類精神對物之自然界的自然配列（die natürliche Zuordnung）。

在現代科學中，這種把認識主體附屬於認識客體的形上學觀點並沒有合法性。[31] 現代科學的方法論理想確保了它每一前進步伐都可以回溯到它的認識由之而建立起來的諸因素——另一方面，

28　柏拉圖：《斐多篇》，72；亞里斯多德：《動物學》，III，8，431b21。

29　康德的目的論判斷力批判也明顯地讓這種主觀必然性存在。

30　參見 H. 利普斯：〈論歌德的顏色理論〉，載《人的現實性》，第 108 頁以下。

31　〔按照我的看法，如果我們把量子物理學中適用的「不精確性」——即由於從觀察者出發的「能」（Energie）本身似乎是要測量的，因而對所觀察東西所具有的不精確性——認作為是「主體的作用」，那麼這完全是一種混淆。〕

「物」類或整個有機界的目的論的意義統一性對於科學的方法論則喪失了它的正確性。特別是我們在前面提到的對亞里斯多德—士林學派科學的言語表達的批判取消了作爲邏各斯哲學基礎的那種人和世界的古老配列關係。

然而，現代科學卻從未完全否認其希臘的起源，儘管自 17 世紀以來，現代科學已經意識到自身及向它顯現的無限可能性。但眾所周知，笛卡兒關於方法的眞正的論文，即他那本作爲現代科學 [I 464] 眞正宣言的《規則》是到他死後很久才發表的。與此相反，他對於數學自然知識和形上學之連結可能性的沉思則給整個時代提出了任務。從萊布尼茲到黑格爾的整個德國哲學都不斷地試圖用哲學和思辨科學來補充新的物理學，而亞里斯多德的遺產則在這種哲學和思辨科學中得到更新和保存。我只要提及歌德對牛頓的異議，謝林、黑格爾和叔本華都以同樣的方式表示過這種異議。

因此，在經過又一個世紀由近代科學，特別是歷史精神科學的自我思考而進行的批判經驗之後，我們又一次同這種遺產相連繫，這就無須驚奇了。如果我們想要正確地對待事情的話，那麼在一開始只是作爲次要而附屬的論題，作爲德國唯心主義龐大遺產中不起眼的一章的精神科學的詮釋學就把我們引回到古典形上學的問題域之中。

辯證法概念在 19 世紀哲學中所起的作用已經證明了這一點。它從它的希臘起源中證實了問題連繫的連續性。如果說問題在於理解統治著歷史的超主體的力量，那麼希臘人則在某種程度上超過了我們，因爲我們深深地陷入了主觀主義的困境中。希臘人並不試圖從主觀性出發並爲了主觀性而論證認識的客觀性。毋寧說，希臘的思想從一開始就把自己視作存在本身的一個因素。巴門尼德在思想中發現了通向存在眞理之路上最重要的路標。正如我們所強調的，作爲邏各斯事件的辯證法對於希臘人並非一種完全由思想指引的運動，而是一種可被思想經驗的事物本身的運動。雖然這聽起來像是黑格爾的話，但這並不說明是一種錯誤的現代化，而是證明了一種歷史的連繫。黑格爾在我們所標誌的近代思想的情況下有意採納了希臘辯證法的模式。[32] 誰想要研究希臘思想，誰就必須首先從黑格爾學習。黑格爾關於思想規定的辯證法和知識形態的辯證法以一種
[I 465] 引人入勝的方式重複了思維和存在的整個媒介，而這種媒介以前則是希臘思想的自然因素。我們的詮釋學理論想要承認事件和理解的相互交織，那它就不僅要回溯到黑格爾，而且也應該一直回溯到巴門尼德。

如果我們這樣把我們從歷史主義的困境中獲得的隸屬性概念和一般形上學的背景相連繫，那我們並不是想復活古典的存在可理解性的理論，或者想把這種理論應用於歷史的世界。這種做法將是純粹重複黑格爾，它不僅在康德和現代科學的經驗立場面前站不住腳，而且首先在不再受神跡指引的歷史經驗面前也站不住腳。如果我們超越客體概念和理解之客觀性概念而走入主體和客體之相互相關性的方向，那麼我們只是追隨事物本身的內在必然性。正是美學意識和歷史意識的批判必然導致我們對客觀性概念的批判並規定著我們離開現代科學的笛卡兒主義基礎和復活希臘思想的眞理因素。但我們既不能簡單地跟從希臘人，也不能簡單地追隨德國唯心主義的同一哲學：我們是從語言中心出發進行思維。

從語言中心出發，則隸屬性概念就不能像它在形上學中所認爲的那樣被當作精神與存在物之本質結構的目的論關聯。詮釋學經驗具有語言的實現方式以及在傳承物和解釋者之間存在著對話這一事實表現了一種完全不同的基礎。關鍵的東西是這裡有某種東西發生

32　參見我在《黑格爾研究 I》中的論文〈黑格爾和古代辯證法〉，載《黑格爾的辯證法》（1971 年 /1980 年），第 7-30 頁。〔現收入我的著作集，第 3 卷。〕

（etwas geschieht）。[33]解釋者的意識並不是作爲傳承物的詞語而到達解釋者這兒的東西的主人，人們也不能把這裡發生的東西適當地描寫成存在東西的進一層認識，從而使一種無限的理智能包容一切從傳承物總體才能說的東西。從解釋者的觀點看，發生的事件意味著解釋者並不是作爲認識者尋找他的對象，他並非運用方法的手段去「努力找出」（herausbekommen）對象的眞正含意以及它本來究竟如何，即使這種工作很容易受到自己偏見的阻礙和欺騙。這只是眞正的詮釋學事件的外部因素。它引起了人們對待自己的不可缺少的方法原則。但眞正的事件只有當作爲傳承物傳到我們手中而我們又必須傾聽的語詞眞正與我們相遇，並且就像在和我們講話、自 [I 466]
己向我們顯露意思時才成爲可能。我們在前面已經把事物的這個方面作爲詮釋學的問題邏輯而作了強調，並且指出，提問者如何轉變成被問者，以及詮釋學事件又如何在問題辯證法中得以進行。我們在這裡提到這些，是爲了正確地規定隸屬性這個概念的意義如何適應於我們的詮釋學經驗。

因爲從另一方面看，即從「對象」方面看，則這種事件就意味著進入表現（Insspielkommen），意味著傳承物的內容在它更新的，透過其他接受者而重新擴大的意義可能性和共鳴可能性中的自我表現（Sichausspielen）。透過重新表達傳承物的方式，就有一些以前並不存在的東西產生出來並繼續生存下去。我們可以在任何一種歷史事例中指明這一點。不管傳承物是一種詩意的藝術品，或是傳達某件重大事件的消息，無論哪種情況下，所傳達的東西都以自我表現的形式重新進入此在。如果荷馬的《伊里亞德》或亞歷山大的《印第安之戰》是以重新占有傳承物的方式向我們說話，那就

---

33 〔關於對話優於一切陳述，請參見我的著作集，第 2 卷，第 121-217 頁「補充」。〕

不會有只會不斷被揭露的自在存在，而是像在一場眞正的談話中一樣，總會產生出一些對話雙方從自身出發不可能包括的東西。

如果我們想要正確地規定這裡所涉及的隸屬性概念，那麼我們就必須注意存在於**傾聽**（Hören）之中的特定辯證法。[303] 傾聽的人並非僅僅被人攀談。毋寧說，被攀談的人不管他願意或不願意都必須傾聽。他不可能像觀看時那樣透過觀看某個方向從而不看對方的方法來不聽其他人所講的東西。在看和聽之間的這種區別對於我們十分重要，因爲正如亞里斯多德早已認識到的那樣，傾聽的優先性是詮釋學現象的基礎。[34] 對於亞里斯多德來說，不存在藉助於語言的傾聽不能達到的東西。如果說其他的一切感覺都無法直接參與語言世界經驗的普遍性，而只能開啓其專門的領域，那麼傾聽則是一條通向整體的道路，因爲它能夠傾聽邏各斯。從我們的詮釋學立場看，這種傾聽優先於觀看的古老認識獲得了一種全新的重要性。傾聽所參與的語言不僅僅是在以下意義上才是普遍的，即一切都能用語言表達。詮釋學經驗的意義而是在於：語言相對於一切其他世界
[I 467] 經驗而開啓著一種全新的度向，一種深層的度向，傳承物就從這種深層的度向達到當下活生生的世界。即使在文字使用之前，這一點也已經是傾聽的眞正本質，當時傾聽者能夠傾聽傳說、神話和古老的眞理。我們所認識的傳承物的文字傳達與此相比並不意味什麼新東西，它只是改變了形式並增加了眞正傾聽任務的難度。

但隸屬性概念卻以新的方式得到了規定。所謂隸屬的東西就是從傳承物的訴說而來的東西。誰這樣處於傳承物之中——正如我們

34　亞里斯多德：《論感覺》，473a3，以及《形上學》，980b23-25。傾聽優先於觀看是透過邏各斯的普遍性而傳達的，它和亞里斯多德經常所強調的觀看特別優先於其他感覺的說法並不矛盾。〔參見《觀看、傾聽、閱讀》，蘇納爾紀念文集，海德堡，1984 年。〕

知道，這也適用於經由歷史意識而被遺棄在一種新的現象自由中的人——誰就必須傾聽從傳承物中向他湧來的東西。傳承物的眞理與直接向感官顯現的在場（Gegenwart）是一樣的。

傳承物的存在方式當然不具有感官直接性。它是語言，而理解傳承物的傾聽者則透過對正文的闡釋把傳承物的眞理納入其自身的語言世界關係之中。正如我們所指出的那樣，這種在當下和傳承物之間的語言交往是在一切理解活動中進行著的事件。詮釋學經驗必須把它所遇到的一切當下的東西都當作眞實的經驗。它不具備事先選擇和拒斥的自由。它可以對理解顯得比較特殊的東西留而不決，但即使這樣也不能聲稱自己具有絕對的自由。詮釋學經驗不可能使那種就是自己本身的事件不發生。

和科學的方法論思想如此澈底抵牾的這種詮釋學經驗的結構，從自身來說是依據於我們詳細說明了的語言是事件這一特性。這不僅是因爲語言用法和語言手段的進展乃是這樣一個並沒有個別求知和進行選擇的意識與之相對立的過程——就此而言，說「語言向我們訴說」（die Sprache uns spricht）比起說「我們講語言」（Wir sie sprechen）在字面上更爲正確（因此，比如某一正文的語言用法可比它的作者更爲精確地確定它的產生時間）——更重要的東西還在於我們所經常證明的，即構成眞正詮釋學事件的東西並不是作爲語法或辭典的語言的語言，而是在傳承物中所說的東西進入語言（Zursprachekommen），這種事件同時也就是占有（Aneignung）和解釋（Auslegung）。只有這樣才眞正可以說，這種事件並非我們對於事物所做的行動，而是事物本身的行動。

這就證明了我們業已預示過的我們的立場向黑格爾和古代思想家立場的靠攏。現代方法論概念的不足之處就是我們研究的出發點。但這種不足卻透過**黑格爾對希臘方法論概念明顯的依賴**而得到 [I 468]
其最引人注目的哲學證明。黑格爾曾經以「外在反思」（äuβeren

Reflexion）這一概念批判了那種把自己作爲某種和事物相異的行動而進行的方法概念[304]。眞正的方法乃是事物本身的行動。[35]這種斷言當然不是說，哲學認識也並非一種行動，並非一種要求「概念努力」的努力。但這種行動或努力卻在於，並非任意地，並非用自己突然產生的想法，運用這種或那種業已存在的觀點去侵入思想的內在必然性。事物顯然不是在我們並不思維的情況下進行其進程，但思維就意味著：使事物在其自身的結果中得到展開。屬於這種過程的還有防止「習於侵入的」（die sich einzustellen pflegen）觀念，以及堅持思維的結果。自希臘人以來我們就一直把這稱之爲**辯證法**。

黑格爾爲了描述作爲事物自身之行動的眞正方法而援引了柏拉圖，柏拉圖喜歡在與青年的談話中突出蘇格拉底，因爲這些青年根本沒有注意到占支配地位的意見就準備跟從蘇格拉底提問所導致的結論。他在這些「可塑的青年」身上展現他自己的辯證發展的方法，因爲這些青年人並不炫示自己的想法，而是寧可避免阻礙事物本身的進程。辯證法在這裡只不過是引導談話的藝術，而且尤其是一種透過提問和進一步追問而發現支配某人意見的不恰當性的藝術。因此，辯證法在這裡是**消極的**，它把意見弄得混淆。但這種混淆又同時意味著一種澄清，因爲它使對事物的正確觀照顯露出來。正如在著名的《美諾篇》的情節中那位奴隸在其一切站不住腳的成見都被摧毀之後，就從他的混亂中被引導到向他提出的數學問題的眞正答案，所以一切辯證法的否定性包含著一種對眞實東西的實際預示。

不僅在一切教育性的談話中，而且在一切思想中，也唯有跟從事物自身的結果才能產生出屬事物本質的東西。如果我們完全依靠思想的力量並且不讓直觀和意見的不言而喻性發揮作用，那麼只

35　黑格爾：《邏輯學》，第 2 卷，第 330 頁（邁納版）。

有事物才使自身發生作用。這樣，柏拉圖就把我們在芝諾那裡首先認識到的埃利亞派的辯證法與蘇格拉底的談話術相連繫，並在他的《巴門尼德篇》中使埃利亞派這種辯證法提升到一種新的反思層次。事物在思想的結果中悄悄地發生了轉變，轉變成其對立面，而思想則在「不知道什麼中從對立的假設中試驗性地引出結果」的情 [I 469]
況下獲得了力量，[36] 這就是思想的經驗，黑格爾那種作爲純思想向眞理之系統整體自我展開的方法概念就建築在這種經驗之上。

因此，我們試圖從語言中心出發思考的詮釋學經驗顯然不像自稱和語言力量完全脫離的概念辯證法那樣，在同樣的意義上作爲思想的經驗。同樣，在詮釋學經驗中也會發現類似辯證法的東西，即一種事物自身的行動，這種行動與現代科學的方法論相反，乃是一種遭受（Erleiden），一種作爲事件的理解。

然而，詮釋學經驗也有其後果：即不受外界影響的傾聽的後果。對於詮釋學經驗來說，事物表現自身也並非沒有其自己的努力，而這種努力就在於：「否定地對待自身。」誰試圖理解某一正文，誰就必須拒斥某些東西，亦即避開那些從其自己的前見出發而作爲意義期待起作用的東西，只要這些東西是被正文的意義所避開的話。即使是相反的經驗——這作爲辯證法的眞正經驗是在講話中不斷發生的——也在其中找到相適之處。理解所指向的意義整體的展開必然強迫我們作出解釋和重新收回這些解釋。解釋的自我取消（Selbstaufhebung）只有當事物本身——正文的意義——產生作用的時候才算完成。解釋的運動之所以是辯證的並不在於每種陳述的片面性都可以從另外一面來補充——正如我們將看到的，這只是解釋中次要的現象——而首先在於，適合於解釋正文意義的語詞把這種意義的整體表達了出來，從而使意義的無限性以有限的方式在語

---

[36] 亞里斯多德：《形上學》，M4，1078b25；參見本書第 370 頁。

詞中得以表現。

這裡存在著從語言中心出發考慮的辯證法，這種辯證法如何和柏拉圖和黑格爾的形上學辯證法相區別，這需要更爲詳細的討論。依據由黑格爾證明的語言用法，我們把形上學辯證法與詮釋學辯證法之間的共同點稱爲**思辨性**（Spekulative）。思辨性在這裡意味著映現關係（das Verhältnis des Spiegelns）。[37]映現經常是種替換
[I 470] （Vertauschung）。某物在他物中得到映現，例如：城堡在池塘中得到映現，就是說，池塘映現出城堡的圖像。映射（Spiegelbild）是透過觀察者媒介而和視象（Augenblick）本身本質地相連。它並沒有自爲存在，它就像一種「現象」，它並不是自身，而是讓景象（Anblick）本身映射地表現出來。它是那種只是一個東西之存在的雙重化。映現的眞正神祕就是圖像的不可把握性，以及純再現（Wiedergabe）的飄浮性。

如果我們現在以1800年左右的哲學賦予「思辨」這個詞的意義來使用這個詞，例如：稱某人具有思辨的頭腦或發現某種思想非常思辨，那麼這種語詞用法的基礎就是映現的思想。思辨性就意味著日常經驗之教條的對立面。說某人是思辨的，就是說他並不直接沉溺於現象的堅實性或所意指東西的固定規定性，相反，他懂得反思——用黑格爾的話說就是：他能把自在之物認作爲我之物。說某種思想是思辨的，這就是說這種思想並不把它陳述的關係認作是某種單義地指定給某個主體的性質，認作是某種單義地指定給所與物的特性，而是把它看作是一種映現關係，在這種關係中，映現本身

37 「映現」這個詞如何從Speculum（思辨）中引申出來，可參見多瑪斯．阿奎那：《神學大全》，第2部，第2章，問題180論證3，以及謝林對「思辨對象」所作的生動描畫，布魯諾說（I，IV，第237頁）：「你要思考一下對象以及從鏡子中反射回來的圖像……。」

就是被映現事物的純粹表現，如一就是他者的一，而他者就是一的他者。

黑格爾在他對哲學命題的出色的邏輯分析中描述了思維的思辨關係。[38] 他指出，哲學命題只是按其外部形式看才是一種判斷，也就是說，把一個述項列在主詞概念之後。實際上，哲學命題並非從主詞概念轉移到另一個與之發生關聯的概念，相反，它是以述詞的形式講出主詞的眞理。「上帝是唯一者」這個命題並不是說，成爲唯一者（Einer zu sein）是上帝的一種特性，相反，它是說，成爲一（die Einheit zu sein）就是上帝的本質。規定的運動在這裡和主詞的堅固基礎並無關係，「它在這個基礎上來回運動」。主詞並沒有一會兒被規定爲如此，一會兒又規定爲那般，用這種眼光看是如此，用另一種眼光看則又是別樣。這只是想像思維的方式而並非概念的方式。在概念的思維中，對命題主詞的規定通常會出現的離題現象受到了阻礙，「我們甚至可以想像它遭受到一種反擊。因爲從主詞出發，彷彿主詞始終可以作爲基礎，可是當述詞即是實體的時候，它發現主詞已經轉變成了述詞，因而已經被揚棄了。而且，好像是述詞的東西既然已經變成了完整而獨立的尺度，那麼思維就不能再自由地到處馳騁，反而是被這種重力所阻礙而停頓下來了」。[39] 這樣，命題的形式自身就崩潰了，因爲思辨的命題並不是 [I 471]
陳述某物具有什麼，而是把概念的統一性表現出來。哲學命題這種透過反擊而出現的雙峰對峙性業已由黑格爾透過同節律所作的出色比較而得到描述，節律也是類似地從韻律和重音這兩個因素作爲其擺動著的和諧而產生出來的。

---

38 〔對此可參見我的《黑格爾的辯證法——六篇詮釋學研究論文》，圖賓根，1980 年第 2 版；以及我的著作集，第 3 卷。〕

39 黑格爾：《精神現象學》，前言，第 50 頁（霍夫邁斯特編）。

當一個命題透過其內容而強迫思維放棄其習慣的認識態度時，思維就會經受到不習慣的阻礙（hemmen），這種阻礙實際上就構成一切哲學的思辨本質。黑格爾所撰寫的傑出的哲學史已經表明，哲學如何從一開始就在這種意義上說是思辨的。如果哲學以述詞的形式說話，亦即用固定的觀念處理上帝、靈魂和世界，那它就錯誤理解了哲學的本質並追求了一種片面的「關於理性對象的理智觀點」。按照黑格爾的觀點，這就是康德以前的獨斷形上學的本質，並完全構畫出了「最近之非哲學時代的特徵。柏拉圖則無論如何也不是這樣的形上學者，亞里斯多德更不是，雖說有時人們認為他們是」。[40]

按照黑格爾的看法則關鍵在於，當思維輕易接受觀念的習慣被概念打斷時所經歷的內在阻礙（die innerliche Hemmung），我們應當加以**明確的表現**。非思辨的思維同樣也能夠要求這一點。思維具有「那種有效的，但以思辨命題的方式而未被注意的權利」。思維所能要求的，就是**說出**命題的辯證的自我摧毀。「在其他種類的認識中，證明（Beweis）構成了內在性這個外在陳述方面，然而，當辯證法與證明相分開之後，哲學證明這一概念事實上就已經喪失了。」不管黑格爾用這句話意指什麼，[41] 他總是想重建哲學證明的意義。這種意義產生於命題的辯證運動的表現裡。這種辯證運動才**真正**是思辨的，而只有對辯證運動的表述才是思辨的表現。〔因此，思辨的關係必然轉變成辯證的表現。〕按照黑格爾的意見，這就是哲學的要求。當然，這裡所說的表達（Ausdruck）和表現

40 黑格爾：《哲學全書》，§ 36。

41 《精神現象學》，前言，第 53 頁（霍夫邁斯特編）。黑格爾所指的是亞里斯多德還是雅可比或浪漫主義？參見《黑格爾的辯證法》，第 7 頁以下；以及我的著作集，第 3 卷。關於表達概念，參見本書第 341 頁，以及補注 VI（我的著作集，第 2 卷，第 384 頁以下）。

（Darstellung）根本不是一種證明的行動，而是事物透過自身表達和表現的方式來證明自身。所以，當思維遭受到向其對立面的不可理解的轉化時，辯證法就眞正地被經驗到了。正是對思想之結果的 [I 472] 堅持才導致了轉化的迅速運動。因此，尋找公正的人就會發現，死守著公正的觀念如何會變得「抽象」，從而證明自身是最大的不公正（summum iussumma iniuria）。

黑格爾在此對思辨性和辯證性作了一個確切的區別。辯證法就是思辨性的表達（Ausdruck），是眞正存在於思辨性中的東西的表現（Darstellung），因而也就是「眞正的」思辨性。但正如我們所見，這種表現並非一種添加的行動，而是事物本身的呈現（Herauskommen），因此，哲學證明本身就屬於事物自身。雖然我們知道，這種證明起源於普通想像認識的要求，因而它是理智外在反思的表現。但儘管如此，這種表現其實卻並非外在的。只有在思維不知道它最終只不過證明是事物在自身中的反思的情況下，這種表現才顯得似乎是外在的。因此，黑格爾只是在《精神現象學》前言中才強調了思辨性和辯證性之間的區別。正因爲這種區別事實上是自我揚棄的，因此，後期站在絕對知識立場上的黑格爾就不再堅持這種區別。

正是在這一點上，我們自己的探究與柏拉圖和黑格爾的思辨辯證法的親近處就發現了一種根本的界限。我們在黑格爾思辨的概念科學中發現的對思辨性和辯證性之區別的揚棄表明，黑格爾是如何視自己爲希臘邏各斯哲學的完成者。他所稱的辯證法和柏拉圖所稱的辯證法，其實際根據都是把語言置於「陳述」（Aussage）的統轄之下。但是，辯證地發展到矛盾頂點的這種陳述概念與詮釋學經驗以及人類世界經驗的語言性的本質卻截然對立。雖說黑格爾的辯證法實際上也遵循語言的思辨精神，但根據黑格爾的自我理解，他只想考察語言那種規定思想的反思作用，並讓思維透過有意識認識整體性的辯證媒介過程達到概念的自我意識。這樣，他的辯證法就只停留在陳述的領域之中而沒有達到語言世界經驗的領域。所以我們只需寥寥數筆，就能指明語言的辯證本質對於詮釋學問題所具有的意義。

從另一種完全不同的意義上亦可說語言本身就包含著某些思辨的因素——並非只是在黑格爾所指的邏輯反思關係的本能預備性知
[I 473] 識這種意義上，而是作爲意義的實現，作爲講話、贊同、理解的事件。這樣一種實現之所以是思辨的，是因爲語詞的有限可能性就如被置於無限的方向中一樣地被隸屬於所指的意義之中。誰需要說某種東西，他就必須找出能使其他人理解的語詞。這並不意味著他作了「陳述」（Aussagen）。誰要是曾經經歷過審訊——哪怕只是作爲證人——誰就都會明白作證到底是怎麼回事，並且都知道這種作證極少地表達出作證人所指的意思。在作證時，本該被說出東西的意義域被方法的精確性所掩蓋。因此在證詞中所剩下的只是所陳述的「純」意義。這種純意義就是記錄下來的意義。但這種意義因其被縮小到被講出的話之中，故而總是一種被歪曲了的意義。

說話（Sagen）作爲讓人理解某人所指的意義的活動正好與此相反，它把被說出的話同未說出的無限性連結在意義的統一體之中並使之被人理解。用這種方式說話的人也許用的只是最普通最常用的語詞，然而他卻用這些語詞表達出未說的和該說的意思。因此，當說話者並非用他的語詞模仿存在物而是說出和存在整體的關係並把它表達出來時，他就表現出一種思辨性。與此相關，如果誰像記錄證詞的人那樣原封不動地轉告所說的話語，那他無須有意識地進行歪曲就會改變掉所說話語的意義。即使在最普通的日常說話中我們也能看出思辨反映的這種本質特性對意義的最純粹的重述恰是不可理解的。

這一切都以一種強化的意義出現在詩歌所用的語詞中。說在詩的領域內我們可以在詩的「陳述」（Aussage）中看到詩的話語的眞正現實性，這當然是對的。因爲在詩的領域中，詩歌所用語詞的意義不帶任何附加的偶然知識就被陳述在所說的話語本身中，這不僅是有意義的，而且還被要求這樣做。如果說在人們之間的相互理解活動中陳述的意義發生了改變，那麼陳述這個概念在這裡就達到了它的完成。所說出的話與作者的一切主觀意圖和個人經歷相分離才構成了詩的語詞的現實性。那麼這種詩的陳述到底說了些什麼呢？

首先很清楚，構成日常談話的一切東西都可以再現在詩的語詞中。如果說詩在談話中向人顯示，那麼在詩的陳述中就不會重複記錄所保存的「陳述」，而是談話整體以一種神祕的方式出現在那裡。以詩的形式由人說出的語詞就如日常生活的說話一樣變成思辨性的：說話者就像我們上面所講過的那樣在其說話中表達出一種對存在的關係。如果說我們講到了一種詩的陳述，那麼我們所指的並 [I 474]
不是某人在詩中所講出的陳述，而是像詩的語詞一樣作爲詩本身的陳述。只有當詩的語詞的語言事件從它那方面講出其同存在的關係時，詩意的陳述才是思辨的。

如果我們考察像賀德林所描寫的那種「詩意精神的進行方式」，那就會很清楚地看出，詩的語言事件究竟在何種意義上才是思辨的。賀德林曾指出，要找到一首詩的語言乃是以徹底消除一切熟悉的語詞和說話方式爲前提的。「由於詩人用他原始感覺的純粹聲調感到自己處於其整個內部和外部的生活之中並在他的世界中環視他自己，因此這個世界對他是新的、不熟悉的，他的所有經驗、知識、直觀、回憶以及表現在他內部和外部的藝術和自然等等都似乎第一次向他湧現，因而都是不可理解的、未規定的、消融在喧嚷的材料和生活之中。最爲重要的是，他在這個當口並不接受既成的東西，並不從任何肯定的東西出發，而自然和藝術，儘管像他以前學到過和看到過的那樣，在對**他**來說有一種語言存在於那裡之前，甚至都不發一**言**……」（我們可以注意到這種說法和黑格爾對實證性的批判的接近之處）。作爲成功作品和創作品的詩則並不是理想，而是從無限的生活中重新復活的精神（這種說法也使我們想到黑格爾）。詩並不描述或意指一種存在物，而是爲我們開闢神性和人類的世界。詩的陳述唯有當其並非描摹一種業已存在的現實性，並非在本質的秩序中重現**類**（Species）的景象，而是在詩意感受的想像媒介中表現一個新世界的新景象時，它才是思辨的。

我們業已不僅指出了日常話語而且也指出了詩意話語的語言事件的思辨結構。在那裡所表明並把詩的語詞作爲日常談話的強化而與日常談話相連繫的內在吻合性已經從心理學—主觀性方面出發在唯心主義的語言哲學和由克羅齊[305]、弗斯勒[306]而導致的語言哲學的復興中被我們所認識。[42]如果說我們強調的是另外一面，即把
[I 475] 來到語言（Zursprachekommen）作爲語言事件的眞正過程，那麼我們就由此而爲詮釋學經驗準備了地盤。正如我們所知，傳承物如何被理解以及如何不斷地重新得到表述乃是與生動的談話同樣的眞實的事件。其特別處僅在於，語言世界定向的創造性由此而在一種業已語言地傳達的內容中發現了新的應用。詮釋學關係也是一種思辨的關係，但這種關係與黑格爾的哲學科學所描寫的精神的辯證自我展開具有根本的區別。

如果說詮釋學經驗包含著與黑格爾的辯證表述相吻合的語言事件，那麼它也就參與了一種辯證法，即我們前面所提到的問答辯證法。[43]正如我們所知道的，對流傳下來正文的理解與對它的解釋具有一種內在的本質連繫，如果說這種解釋總是一種相對的、不完全的運動，那麼理解就在這種解釋中得到一種相對的完成。正如黑格

42　參見卡爾·弗斯勒的《唯心主義語言哲學基本特徵》（1904年）。

43　參見本書第375頁以下。

爾所說，如果哲學陳述的思辨內容要想成爲眞正的科學，那它就需要與此相應地辯證地表達出其中所存在的矛盾。這裡存在著一種眞正的吻合關係。解釋參與了人類精神的討論，而這種人類精神又唯有在前後相繼之中才能思考事物的統一性。正因爲一切解釋都必須具有某個開端並力求擺脫掉由解釋而引起的片面性，所以解釋就具有一切有限一歷史存在的辯證結構。對於解釋者說來，似乎總有些東西必然要被講出並被表達出來。在這種意義上可以說一切解釋都受動機推動並從其動機連繫中獲得它的意義。透過這種片面性，解釋就使得事物的某個方面得到了強調，以致爲了達到平衡，這與一個事物的另外方面必然會繼續地被講出。正如哲學辯證法透過矛盾的激化和提升使一切片面的觀點得到揚棄，從而使眞理的整體得到表現，詮釋學的努力也就有這樣的任務，即從它所關聯的全面性中開闢意義的整體。被意指意義的個別性和一切思想規定的整體性相符合。我們可以回想一下施萊爾馬赫，他把自己的辯證法建立在個體形上學的基礎上，而在其詮釋學理論中又從相反的思想路線出發建構了解釋的過程。

然而，從施萊爾馬赫的個體辯證建構和黑格爾的整體辯證建構中似乎得出的詮釋學辯證法和哲學辯證法之間的相符關係，並不是眞正的相符關係。因爲在這樣一種連繫秩序中，詮釋學經驗的本質以及作爲其基礎的澈底有限性被錯誤地認識了。解釋當然必須從 [I 476]
某處開始。但它卻不能從任意地方開始。它其實根本不是眞正的開始。我們已經看到，詮釋學經驗總是包含著如下事實，即被理解的正文是在由前意見所規定的處境中講話。這種處境並不是有損理解純粹性的令人遺憾的歪曲，而是其可能性的條件，我們稱其爲詮釋學處境。只是因爲在理解者和其正文之間並不存在不言而喻的一致性，我們才可以在正文上加入詮釋學的經驗。只是因爲正文必須從其陌生性轉入被人掌握的東西，所以想理解的人就必須說點什麼。

只是因爲正文這樣要求，所以理解者所說的東西就進入了解釋，並且僅僅如正文所要求的那樣進入解釋。解釋在表面上所具有的開端其實只是一種回答，而正如所有的回答一樣，解釋的意義乃是由提出的問題所規定。**回答辯證法總是先於解釋辯證法而存在。正是它把理解規定為一種事件**。

從這種觀點可以引出以下結論，即詮釋學不可能像黑格爾的邏輯學所認識的科學開端問題那樣認識**開端問題**。[44] 凡提出開端問題的地方，這個問題實際上就是終結的問題。因爲開端從終結來看乃被規定爲終結的開端。這也許可以在無限知識以及思辨辯證法的前提下導致一種根本無法解決的問題，即開端究竟從何開始。一切開端都是終結，而一切終結也都是開端。不管怎樣，在這種完滿的循環中，追問哲學科學之開端的思辨問題從根本上是從它的完成來看才成立。

對於效果歷史意識說來情況就完全不一樣，詮釋學經驗乃是在效果歷史意識中實現的。效果歷史意識知道它所參與的意義事件的絕對開放性。當然，對於所有的理解這裡也有一種尺度，理解就是按這種尺度進行衡量並達到可能的完成——這就是傳承物內容本身，唯有它才是標準性的並且表達在語言裡的。但卻不存在可能的意識——我們業已反覆強調過這一點，而理解的歷史性也正以此爲基礎——根本不存在可能的意識，儘管它還似乎是這樣強烈的無限的意識，好像在這種意識中，流傳下來的「事物」就能在永恆之光中得到顯現。對傳承物的每一次占有或領會（Aneignung）都是
[I 477] 歷史地相異的占有或領會——這並不是說，一切占有或領會只不過是對它歪曲的把握，相反，一切占有或領會都是事物本身某一「方面」的經驗。

---

44 黑格爾：《邏輯學》，第 1 卷，第 69 頁以下。

一切傳承物的內容都具有的矛盾，即既是此一物又是彼一物，這種矛盾證明一切解釋實際上都是思辨的。因此，詮釋學必須識破「自在意義」的獨斷論，正如批判哲學識破了經驗的獨斷論那樣。這當然不是說，每個解釋者都認爲他自己的意識是思辨的，亦即他具有一種存在於他自己解釋意向中的獨斷論意識。相反，它指的是，一切解釋都超越其方法的自我意識而在其實際進程中成爲思辨的——這就是解釋的語言性所顯露的東西。因爲用以解釋的語詞是解釋者的語詞——它並不是被解釋正文的語言和詞彙。這一事實表明，占有或領會並不是對流傳下來的正文的單純的再思考（Nachvollzug）或單純的再講述（Nachreden），而是有如理解的一種新創造。如果我們正確地強調一切意義的自我關聯性（die Ichbezogenheit），[45] 那麼就詮釋學現象來說，它就意味著以下意思，即傳承物的所有意義都在同理解著的自我的關係中——而不是透過重構當初那個自我的意見——發現那種它得以被理解的具體性。

理解和解釋的內在統一可以由以下這一事實得到確實證明，即展開某一正文的含意並用語言的方式使之表達出來的解釋，和既存的正文相比表現爲一種新的創造，但它並不宣稱自己可以離開理解過程而存在。我們在上面業已指出，[46] 進行解釋的概念在理解完成之後就被拋棄，因爲它被規定要消失。這就說明，它並不是任意的輔助手段，人們用時拿起用完又可甩到一邊，相反，它屬於事物（亦即意義）的內在結構。對於作解釋的語詞，以及對於所有使思維得以進行的語詞說來也一樣，它們並不是對象性的。作爲理解的進程，這種語詞就是效果歷史意識的現實性，而作爲這種現實性，

45　參見斯坦策爾的出色著作《論意義、意思、概念和定義》，現在由於有新版本，此書很容易得到（科學書籍協會，達姆施塔特，1958 年）。

46　參見本書第 402 頁以下。

它們才是眞正思辨性的：它們沒有確切的自身存在，而是反映對它們所呈現的圖像（ungreifbar seinem eigenen Sein nach und doch das Bild zurückwerfend, das sich ihm bietet）。

也許與人們之間相互理解的直接性以及詩人的語詞相比，解釋者的語言只是一種第二性的語言現象。它仍然同語言性有關。但解
[I 478] 釋者的語言同時又是語言性的全面展現，它把語言用法和語言形態的所有形式都包括在自身之中。我們研究的出發點就是理解的這種全面語言性及其同理性的相關性，現在我們看到，我們整個的研究如何在這個方面連繫起來。我們業已說明的詮釋學問題從施萊爾馬赫經由狄爾泰到胡塞爾和海德格的發展從歷史角度證明了我們現在所得到的結論：語文學的方法論自我思考進入了一種重要的哲學提問。

(c) 詮釋學的普遍性觀點

語言是連繫自我和世界的媒介，或者更正確地說，語言使自我和世界在其原始的依屬性中得以表現，這種觀點引導著我們的研究。我們業已說明，語言這種思辨的媒介如何相對於概念的辯證媒介而表現爲一種有限的事件。在我們所分析的一切情形中，不管是談話的語言或是詩歌的語言或者解釋的語言，語言的思辨結構都並不表現爲對一種固定既存物的模仿，而是一種使意義整體得以說明的語言表述（Zur-Sprache-Kommen）。我們也正因此而靠近了古代的辯證法，因爲在古代的辯證法裡存在的不是主體的方法上的主動性，而是思維所「遭受」的事物本身的行動。這種事物本身的行動就是攫住說話者的眞正的思辨運動。我們已經研究過這種思辨運動在說話中的主觀反映。我們現在認識到，這種關於事物本身的行動的說法，關於意義進入語言表達的說法，指明了一種普遍的一本體論的結構，亦即指明了理解所能一般注意的一切東西的基本狀

況。**能被理解的存在就是語言**（Sein, das verstanden werden kann, ist Sprache）。詮釋學現象在此好像把它自己的普遍性反映在被理解對象的存在狀況上，因爲它把被理解對象的存在狀況在一種普遍的意義上規定爲**語言**，並把它和存在物的關係規定爲解釋。因此，我們就不再僅僅談論藝術的語言，而且也要談論自然的語言，甚至談論引導事物的任何語言。

我們前面已經強調了伴隨近代科學開端的自然知識和語文學之間特有的關聯。[47] 現在我們仍要對此作深入研究。〔絕非偶然，有人講到「自然之書」像書籍之書（das Buch der Bücher）一樣包含 [I 479]
了同樣多的眞理。〕能被理解的東西只是語言。這就是說，它具有這樣的性質，只有從自身出發才能向理解顯示。從這個方面也證明了語言的思辨結構。來到語言表達（Zur-Sprache-Kommen）並不意味著獲得第二種存在。某物表現自身所是的東西其實屬於其自身的存在。因此，在所有這些作爲語言的東西中所涉及的是它的思辨統一性：一種存在於自身之中的區別：存在和表現的區別，但這種區別恰好又不應當是區別。

語言的思辨存在方式具有普遍的本體論意義。雖然語言表達的東西是和所說的語詞不同的東西，但語詞只有透過它所表達的東西才成其爲語詞。只是爲了消失在被說的東西中，語詞才有其自身感性意義的存在。反過來也可以說，語言表達的東西絕非不具語言的先予物，而是唯有在語詞之中才感受到其自身的規定性。

我們現在知道，我們在審美意識批判以及歷史意識批判——正是這些批判我們開始了我們關於詮釋學經驗的分析——中所發現的正是這種思辨的運動。藝術品的存在並不是同它的再現或它顯現的偶然性相區別的自在存在——只有在一種衍生的對它們兩者的理論

47　參見本書第 185 頁，以及第 243 頁以下。

性處理中才會造成這樣一種「審美區分」。同樣，凡是提供給我們源自傳統或作爲傳統（歷史的或語文學的）的歷史認識的東西——某一事件的含意或某一正文的意義——都不是只需我們堅守的固定而自在存在的對象。即使是歷史意識實際上也包含著過去和現在的媒介。透過把語言性認作這種媒介的普遍媒介，我們的探究就從對審美意識和歷史意識的批判以及在此基礎上設立的詮釋學這種具體的出發點擴展到一種普遍的探究。因爲人類的世界關係絕對是語言性的並因而是可理解性的。正如我們所見，詮釋學因此就是**哲學的一個普遍方面**，而並非只是所謂精神科學的方法論基礎。

從語言作爲媒介這一觀點出發，進行對象化處置的自然知識以及與一切知識意向相符合的自在存在概念就被證明只是一種抽象的結果。自然知識從存在於我們世界經驗的語言狀況中的原始世界
[I 480] 關係抽象出來，試圖透過在方法上建立它的知識而證明存在物。因而它也就貶損一切不允許這種證明並不能爲日益增長的對自然的統治服務的知識。與此相反，我們則試圖把藝術和歷史的存在方式以及與它們相符的經驗從本體論的偏見中解放出來（這種本體論的偏見存在於科學的客觀性理想之中），並鑑於藝術和歷史的經驗而導向一種和人類普遍世界關係相適合的普遍詮釋學。如果我們從語言概念出發表述了這種普遍的詮釋學，那麼不僅曾強烈地影響過精神科學中客觀性概念的錯誤的方法論主義應該被拒斥——同時也該避免黑格爾式的關於無限的形上學的唯心論唯靈主義。詮釋學的基本經驗並非僅僅透過陌生性和熟悉性、誤解和理解之間的對立而向我們表現，施萊爾馬赫的設想中所充斥的正是這些東西。在我們看來，施萊爾馬赫透過其理解完成於預感東西（divinatorischen）這一學說最終也屬於黑格爾流派。如果我們從理解的語言性出發，那麼我們正好相反強調了語言事件的有限性，而理解則正是在語言事件中得到實現。引導事物的語言——不管它是哪一類事物——並

不是 Logos ousias（本質邏各斯），也不是在某種無限理智的自我直觀中得到實現——它是我們有限—歷史的生物在學會講話時所熟悉的語言。這適用於引導流傳下來的正文的語言，因而就產生了眞正歷史性的詮釋學任務。它也同樣適用於藝術經驗和歷史經驗——實際上，「藝術」和「歷史」這兩個概念本身都是理解形式（Auffassungsformen），它們作爲詮釋學經驗的形式是從詮釋學存在的普遍存在方式而形成的。

顯然，藝術作品的特殊規定並不是在它的表現中取得其存在，同樣，歷史存在的特殊性也不是在它的含意中被理解。自我表現（Sichdarstellen）和被理解（Verstandenwerden）並不只是相互隸屬，以致可以相互過渡，藝術作品和它的效果歷史、歷史傳承物和其被理解的現在乃是一個東西——使自己和自己相區別的、表現自身的思辨語言，也就是陳述意義的語言，並不只是藝術和歷史，而是一切存在物（只要它們能被理解）。作爲詮釋學基礎的思辨存在特徵具有與理性和語言相同的普遍範圍。

隨著我們的詮釋學探究所採取的本體論轉向，我們就接近了一 [I 481]
種形上學概念，這一概念的豐富含意我們可以透過對它的起源進行考察來指明。這就是**美的概念**，這個概念在 18 世紀與崇高概念一起曾在美學問題內占據了中心地位，而在 19 世紀又由於對古典主義美學的批評而完全地消失。眾所周知，美的概念在以前是一個普泛的形上學概念，它在形上學內部，亦即一般的存在學說內部，具有一種絕非可以限制在嚴格美學意義上的作用。這就表明這個古老的美的概念也能爲包容一切的詮釋學服務，爲我們說明詮釋學如何從對精神科學的方法論主義的批判中產生出來。

甚至對它的詞義進行分析就可以看出，美的概念與我們進行的探究具有一種緊密的關係。德文 schön（「美」）這個詞的希臘文是 kalon。雖然德文中沒有與這個希臘詞完全等值的詞，即使把 pulchrum 作爲媒介詞也不能說完全等值。但希臘思想對德語中「美」這個詞的詞義史卻具有確然的影響，以致希臘文的 kalon 和德文的 schön 這兩個詞根本的含意因素是相同的。例如：我們可以說「美」的藝術。由於用了「美」這個修飾詞從而我們就把這種藝術和我們稱爲技術的東西，亦即和生產有用東西的「機械的」藝術相區別。同樣，我們也可以說美的習俗、美的文學、美的精神等等。在所有這些組合詞中美這個詞就像希臘文的 kalon 這個詞一樣，和 chrēsimon（有用）這個概念處於對立之中。所有不屬於生活必需品，而關係到生活的方式，關係到 eu zēn，亦即被希臘人理解爲 paideia（人文教育）的東西就叫作 kalon。美的事物就是那些其價值自明的東西。我們不可能詢問美的事物究竟用於何種目的。它們之完美全然只與自身相關（di' hauto haireton），而不像有用的事物只是爲著其他的目的。因此，語言用法就能使我們認識到被稱爲 kalon 的事物的存在範圍。

即使是通常用來作爲美這個概念的反義詞的醜（aischron）這個詞也證明了同樣的含意。所謂 Aischron（醜）的東西就是不忍卒看的東西。美則是任人觀賞，亦即最廣義上的漂亮（Ansehnliche）。「漂亮」一詞在德語用法裡又表示偉大。事實
[I 482] 上在應用「美」這個詞時——不管希臘文抑或德文——總是要求某種可觀的偉大。由於漂亮這個詞的含意被置於由道德指點的整個恰當東西領域，這樣它就同時接近於這樣一種概念表達，即由有用物（chrēsimon）的反義詞所規定的概念表達。

於是，美的概念就和善（agathon）具有了密切的關係，因爲善也是爲自身而被選擇的東西，是目標，並把其他一切都歸屬爲有用的手段。而美的事物則絕不能被看作是爲其他事物服務的手段。

所以我們在柏拉圖的哲學中可以發現善的理念和美的理念之間具有一種緊密的連繫，而且兩者經常互用。兩者都超越了一切條件

性和眾多性：愛的靈魂在一條由眾多的美所引導的道路的盡頭遇到了作爲單一的東西、不變的東西、無邊際的東西的自在之美（《會飲篇》），正如超越了一切條件性和眾多性的善的理念一樣，即在某個確定方面才是善的東西（《理想國》）。自在之美表明自己超越了一切存在物，正如自在之善（epekeina）一樣。因此，趨向於單一的善的存在物秩序就同美的秩序相一致。第歐梯瑪（Diotima）所教導的愛之路超越了美的軀體而達到美的靈魂，並由美的靈魂而達到美的制度、道德和法律，並最終達到美的科學（例如：達到數學所知道的美的數字關係），達到「美的話語的寬闊大海」[48]——而且超越這一切。我們可以自問，感官可見的領域突入「理智的」領域是否眞地意味著一種區別以及美的事物之美的程度的提高而並非僅僅是美的存在物。然而，柏拉圖顯然認爲目的論的存在秩序也是一種美的秩序，美在理智領域要比感官領域表現得更純潔更清晰，因爲感官領域受到不同尺度和不完善性的欺騙。中世紀哲學也以同樣的方式把美的概念與善的概念（bonum）最緊密地連繫起來，由於這種連繫極爲緊密，以致中世紀的人幾乎不能理解亞里斯多德關於 kalon 的經典論斷，從而中世紀乾脆就用善（bonum）來翻譯古希臘的美（kalon）。[49]

美的理念與目的論的存在秩序的理念之間緊密連繫的基礎是畢達哥拉斯一柏拉圖的尺度概念（Massbegriff）。柏拉圖用尺度、

---

[48] 《會飲篇》，210d：話語＝關係。〔參見〈走在文字的途中〉，載我的著作集，第 9 卷。〕

[49] 亞里斯多德：《形上學》，M4，1078a3-6。參見格拉伯曼關於烏利希．馮．斯特拉斯堡引言，見《論美》，第 31 頁（巴伐利亞科學院年鑑，1926 年）以及 G. 桑梯奈洛關於庫薩的尼古拉引言「我的女朋友，你是非常美」（Tota pulchra es），見《帕都拉科學院論文和報告》，LXXI。尼古拉的觀點源自偽丟尼修和大阿爾伯特，他們規定了中世紀關於美的思想。

合適性和合比例來規定美，亞里斯多德則把秩序（taxis）、恰當的比例性（symmetria）和規定性（hōrismenon）稱爲美的要素
[I 483] （eidē），並發現這一切在數學中以典範的方式而存在。數學的美的本質秩序和天體秩序之間的緊密連繫具有更廣的含意，它說明作爲一切可見秩序之典範的宇宙同時也是可見領域內美的最高典範。適當的尺度、對稱性就是一切美之存在物的決定性條件。

正如我們所知道的，這樣一種關於美的規定乃是一種普遍的本體論的規定。自然和藝術在這裡絕不是對立的。這當然也說明，正是鑑於美，自然所具有的優先性也是無可爭議的。藝術可以在自然秩序的整個形態內部感受到剩留的藝術形態的可能性，並以這種方式完善存在秩序的美的自然。但這絕不說明「美」首先並主要出現在藝術之中。只要存在物的秩序被理解爲自身就具有神性或理解爲神的創造物——直到18世紀存在物的秩序都被當作神的創造物——那麼藝術的特例也就唯有在這種存在秩序的視域中才被理解。我們已在前面描述過，美學問題如何只是到了19世紀才轉移到藝術的立足點上。現在我們又看到，這是以一種形上學的過程爲基礎的。這樣一種向藝術立足點的轉移在本體論上是以一種被認爲無形態的，即由機械規律所統治的存在質（Seinsmasse）爲前提的。從機械結構中構造出有用物的人類藝術精神也使一切美的東西最終只能從人自己的精神作品角度來理解。

與此相連繫，近代科學只是在存在物的機械可造性的界限中才回想到「格式塔」的獨立存在價值，並把格式塔的思想——但也包括形式的對稱性——作爲一種補充的認識原則而加入到自然的解釋之中——首先是對有生命自然的解釋之中（生物學、心理學）。近代科學這樣做並沒有放棄它根本的立場，它只是試圖以一種更精巧的方式更好地達到它科學統治存在物的目標。這種觀點必須要強

調，以便反對現代自然研究的自我觀。[50]但科學同時又讓服務於無功利愉悅的自然美和藝術美在它自己的界限處，即由它引導的統治自然的界限處起作用。我們已經在講到自然美和藝術美的關係被顛 [I 484] 倒時描述了這種轉變過程，由於這種轉變，自然美最終喪失了它的優先地位，從而使自然美被當作一種精神的反射。我們也許還可以補充說，「自然」這個概念本身只有在與藝術概念的對照中才能得到自盧梭以來給它身上打下的印記。它變成了一個頗成問題的概念，變成精神的他在，成了非我，作爲這樣一種概念，它就不再具有普遍的本體論莊嚴地位，而這種莊嚴地位乃是作爲美的事物之秩序的宇宙所擁有的。[51]

顯然，不會有人想到對這種發展進行簡單回溯，而且也不會有人想透過恢復希臘傳統的最近形態，即 18 世紀的完美性美學（Vollkommenheitsästhetik），來重新建立我們在希臘哲學中所發現的美所具有的形上學地位。儘管康德所開創的近代美學向主觀主義的發展對我們來說是很不令人滿意的，但康德卻令人信服地證明了美學理性主義是站不住腳的。它的不正確在於把美的形上學僅僅建築在尺度本體論和目的論的存在秩序之上，而理性主義規則美學（Regelsästhetik）的古典形態就是最終建立在這種基礎上的。實際上美的形上學同這種美學理性主義的運用毫無關係。如果我們追溯到柏拉圖，那麼美的現象所具有的完全不同的一面就會顯露出來，而這一方面正是我們的詮釋學探究所感興趣的。

---

50 〔上述的說明必須要仔細分別。在人的科學中所涉及的不只是有形態的東西。即便從機械構造概念出發，「對稱性」、「秩序形態」、「體系」也不能被理解。但是，解答研究者的這種「美性」（Schönheit）卻絕不是人同自身的自我照面（Selbstbegegnung）。〕

51 〔參見後來出版的維也納會議報告「人的哲學和科學」（1984 年）以及龍德會議的報告「自然科學與詮釋學」（1986 年）。〕

儘管柏拉圖把美的理念與善的理念緊密連繫，但他還是認識到兩者之間具有區別，這種區別包含著一種特有的**美的優先性**。我們已經看到，善的不可把握性在美之中，亦即在存在物和附屬於它的澄明性（alētheia）之間的和諧性中發現一種相適性，因爲美具有一種最終的顯明性（Überschwenglichkeit）。但柏拉圖又可以補充說，正是在試圖認識善本身的過程中，善才逃避進美之中。[52]因此，美與絕對不可把握的善的區別就在於它是可以被把握的。美的固有本質就在於能表現出來。美就表現在對善的追求之中。對
[I 485] 於人類靈魂來說，美首先就是善的一種標誌。凡以完善的形態表現的東西就具有了對自身愛的要求。美是直接使人喜愛它，而人類德行的主要形象在昏暗的表現媒介中只能模糊地認出，因爲它並不具有自身的光，從而我們經常爲德行的不純的模仿和假象所欺騙。但在美這兒情況就完全兩樣。美自身就有光亮度，因而我們不會受到歪曲摹本的欺騙。因爲「只有美才享有這一點，即它是最光亮的（ekphanestaton）和最值得愛的東西」。[53]

在柏拉圖令人難忘地描繪的這種美的神祕的功能中，我們可以發現美的本體論結構因素以及一種普遍的存在本身的結構。顯然，美相對於善的突出之處在於，美是由自身得到表現，在它的存在中直接呈現出來。這樣美就具有一種能夠給出美的最重要的本體論功能，即能使理念和現象之間進行媒介的功能。這正是柏拉圖主義的形上學難點。這種困難在分有（methexis）這個概念上尤爲明顯，它不僅涉及到現象與理念的關係，而且也涉及到理念之間的關係。

---

52 《斐利布斯篇》，64e5。在我的著作《柏拉圖的辯證倫理學》一書中，我更詳細地討論了這個問題（§ 14）〔現收入我的著作集，第 5 卷，第 150 頁以下〕，另見 G. 克呂格爾的《理智和激情》，第 235 頁以下。

53 《斐多篇》，250d7。

正如我們在《斐多篇》裡所看到的，柏拉圖特別喜歡用美的例子來闡明這種有爭議的「分有」關係，這絕非偶然。美的理念不可分割地、完整地眞實存在於美的事物中。因此在美的例子中，柏拉圖所指的理念（Eidos）的「感性顯現」（Parousie）就得到了闡明，並相對於「生成」分有「存在」的邏輯困難而提供了事物的證明。「在場」（Anwesenheit）以令人信服的方式屬於美的存在本身。儘管美就像某種超凡東西的反照那樣被人強烈地體驗——但它卻處於感官可見的領域中。美在感官領域中其實是一種他在，是一種另外秩序的本質，這一點表現在它的顯現方式中。美是突然地出現，並且同樣突然地，並無媒介環節地消失。如果我們必須和柏拉圖談論感官事物和理念之間的裂縫（chörismos），那麼我們就可以說：它存在於此，它又在此被彌合。

美不僅僅在感官可見的事物中表現出來，而且還是以這樣的方式，即美只有透過感官可見的事物才眞正存在，亦即作爲眾多中產生的一而突出出來。美自身確實是「最爲光亮的」（to ekphanestaton）。在美和不分有美的事物之間存在有明顯的界限， [I 486]
這也是從現象學上得到保證的結果。亞里斯多德就講到過「絕妙的作品」，[54] 這種作品既不能加一分也不能減一毫：美最古老的本質成分就是敏感中心，比例關係的精確性。——我們只要想一下音樂據以產生的聲調和諧的敏感性。

「耀現」（Hervorscheinen）並非只是美的東西的特性之一，而是構成它的根本本質。把人類靈魂的要求直接吸引到自己身上的這種美的標誌就是建立在它的存在方式上的。正是存在物的相稱性

54 《尼各馬可倫理學》，B5，1106b6：öθεγ είώασοιγ έηιλεγειγ τοίζ εῦ ἔχουοσιγ ἔργοιζ, ö̈τι οῢιε ἀφελεῖυ ἕοτιυ οῢτε προσθεῖυαι（因此我們不得不說，人們在完滿的作品裡既不能去掉什麼，也不能增添什麼）。

使存在物不能只是它所是的東西，而是使其作爲一個自身均衡的、和諧的整體而顯露。正是柏拉圖在《斐利布斯篇》中所說的澄明性（alētheia）才是美的本質。[55] 美並非只是對稱均勻，而是以之爲基礎的顯露（Vorschein）本身。美是一種照射。但照射就意味著：照著某些東西，並使光亮所至的東西顯露出來。美具有**光**的存在方式。

這並不是說，沒有光就不可能有美的東西出現，沒有東西可能是美的。它只是說明，美的東西的美只是**作為**光，作爲光輝在美的東西上顯現出來。美使自己顯露出來。實際上光的一般存在方式就是這樣在自身中把自己反映出來。光並不是它所照耀東西的亮度，相反，它使他物成爲可見從而自己也就成爲可見，而且它也唯有透過使他物成爲可見的途徑才能使自己成爲可見。古代思想曾經強調過光的這種反射性（Reflexionsverfassung），[56] 與此相應，在近代哲學中起著決定作用的反思概念本來就屬於光學領域。

光使看（sehen）和可見之物（sichtbares）結合起來，因此，沒有光就既沒有看也沒有可見之物，其根據就在於構成光存在的反射性。如果我們思考光和美以及美之概念的意義域的關係，那麼這種平平常常的論斷就會具有豐富的結果。實際上，正是光才使可見物獲得既「美」又「善」的形態。然而美卻並非限制在可見物的範圍。正如我們所知道的，一般善的顯現方式就是存在物應當如何存在的顯現方式。不僅使可見之物，而且也使可理解領域得以表現的
[I 487] 光並不是太陽之光，而是精神之光，即奴斯（Nous）之光。柏拉圖的深刻模擬已經暗示過這一點，[57] 亞里斯多德從這種模擬出發提出了**奴斯**的理論，而追隨亞里斯多德的中世紀基督教思想則發展了

55　柏拉圖：《斐利布斯篇》，51d。

56　《早期斯多噶派著作殘篇》，第 I 編，24，36，36：9。

57　《理想國》，508d。

創造之理智（intellectus agens）的理論。從自身出發展現出被思考物之多樣性的精神同時也在被思考物裡展現了自身的存在。

我們在前面作過詳細評價的基督教關於**創世話語**（verbum creans）的理論正是和柏拉圖—新柏拉圖主義光的形上學有連繫。如果我們把美的本體論架構為一種使事物在其尺度和範圍中得以出現的顯露（Vorschein），那麼它也相應地適用於可理解領域。使一切事物都能自身闡明、自身可理解地出現的光正是語詞之光。正是在光的形上學基礎上建立了美之物的顯露和可理解之物的明顯之間的緊密連繫。[58] 而正是這種關係在我們的詮釋學研究中指導著我們。我想到對藝術作品的存在分析是如何被引入詮釋學的研究之中，以及詮釋學研究又如何擴展到一種普遍的研究。這一切都不是依據光的形上學而產生的。如果我們現在對光的形上學與我們的研究之間的關係加以注意，它就會說明我們認識到，光的結構顯然和一種新柏拉圖主義—基督教思想風格的感官—精神之光源的形上學觀點相分離。這從奧古斯丁對上帝創世說所作的教義解釋中可以看得很清楚。奧古斯丁注意到，[59] 光是在物的區分和發光天體的創造之前就被創造了。他特別強調，天地之開初的創造是在沒有上帝語詞的情況下發生的。〔正是隨著光的創造，上帝才第一次**說話**。〕[307] 奧古斯丁把這種吩咐光和創造光的說話解釋為精神性的光之生成（die geistige Lichtwerdung），正是透過光的生成，有形態事物的區別才成為可能。正是透過光，第一次被造出的天地之混沌的無形狀才可能取得多種多樣的形式。

---

58 從偽丟尼修和大阿爾伯特到士林哲學的新柏拉圖主義傳統無一例外地都認識到這種關係。關於該傳統的前史可參見漢斯．布魯門伯格的〈光作為真理之比喻〉，載《一般研究》，1957 年第 7 期。

59 在他的 Genesis 注解評論中。

我們在奧古斯丁對「天地之源」（Genesis）所作的富有才智的解釋中認識到語言的思辨解釋的前奏，這種語言的思辨解釋乃是我們在對詮釋學的世界經驗所作的結構分析中發展出來的，按照這種思辨解釋，被思考物的多樣性是從語詞的統一性中產生的。我們
[I 488] 同時還認識到，光的形上學使古代美的概念的一個方面發生作用，使它脫離了實體形上學的連繫並和神性無限精神的形上學相關聯而要求自己的權利。我們對美在古代希臘哲學中地位的分析還產生了以下結果，即形上學的這個方面對我們仍然具有一種創造性的意義。[60] 存在就是自我表現，一切理解都是一種事件，這兩種觀點都以同樣的方式超越了實體形上學的視域，正如實體概念在主觀性概念和科學客觀性概念中所經歷過的那種根本變化（Metamorphose）一樣。這樣，美的形上學就對我們的研究產生了結果。如今我們不再像 19 世紀的討論那樣把藝術以及藝術品的眞理要求——或者歷史和精神科學方法論的眞理要求——加以科學理論的證明作爲任務。我們如今處理的任務遠爲普遍，即要使詮釋學世界經驗的本體論背景發生作用。

從美的形上學出發首先能使我們認識到兩個要點，這兩個要點產生於美之物的顯露（Vorschein）與可理解之物的明顯（Einleuchten）之間的關係。第一個要點是，美之物的顯現和理解的存在方式都具有**自成事件性**（Ereignischarakter）；第二個要點是，詮釋學經驗，即對傳承下來意義的經驗，具有**直接性**，而這種直接性則像**真理**的一切自明性一樣永遠是美的經驗的特徵。

1. 首先，讓我們在傳統的光的思辨和美的思辨爲我們準備的

60　在這方面值得注意的是，教父哲學和士林哲學的思想是如何從海德格出發而得到創造性的解釋，例如：可參見馬克斯．米勒的《存在和精神》（1940 年）及《當代精神生活中的存在哲學》，第 2 版，第 119 頁以下、第 150 頁以下。

背景基礎上來證明我們賦予事物的行動在詮釋學經驗內部所具有的優先性。很清楚，我們在這裡既不涉及神話學也不涉及黑格爾式的單純的辯證轉變，而是涉及一種面對近代科學方法論而能堅持的古老眞理要素的繼續影響。我們所用概念的**語詞史**就已經證明了這一點。我們談到，美和一切有意義的事物一樣都是「恍然閃現的」（einleuchtend）。

恍然閃現（Einleuchten）這個概念屬於修辭學傳統。所謂eikos（模仿的）、verisimile（似眞的）、wahr-scheinliche（或眞的）以及明顯的都屬於同一個系列，它們相對於被證明東西（Bewiesenen）和被意識東西（Gewuβten）的眞實和確實而維護 [I 489]
自己的正確性。我回想到我們曾賦予共通感（sensus communis）以一種特殊的意義。[61] 也許有一種澄明（illuminatio）、頓悟（Erleuchtung）的神祕虔信的聲音對這一概念起著影響（這種聲音也可以在共通感裡被聽到，例如：厄廷格爾就這樣認爲）。[62] 不管怎樣，光的隱喻被用於這些領域則絕非偶然。關於事件或事物的行動的講話都是從事物本身出發提供的。恍然閃現的東西總是一種被說出的東西：一項建議，一個計畫，一種猜測，一種論據或諸如此類。應該考慮到的是，恍然閃現的東西並不是被證明的，也不是完全確實的，而是在可能和猜想的東西中作爲最好的而起作用。甚至我們可以這樣說，即使我們正在進行反對某一論據的證明，該論據也有某種自身恍然閃現的因素。它是如何與我們自認爲正確的整體連繫起來，乃是一個懸而未決的問題，我們只可以說，它「自在地」就是恍然閃現的，亦即有某種東西對它支持的。這樣一種說法

61 參見本書第 24 頁以下。

62 〔對此參見我的論文〈作為哲學家的厄廷格爾〉（《短篇著作集》，第 3 卷，第 89-100 頁；現收入我的著作集，第 4 卷）。〕

就把與美的連繫清楚地表現出來了。因爲美也是令人對它陶醉的，它並不直接歸附於我們的定向和價值觀整體。確實，正如美也是一種經驗，它像一種魔術或一種冒險一樣在我們經驗整體內部呈現出來並突出出來，並提出一種詮釋學綜合的固有任務，同樣，恍然閃現的東西顯然也是某種使人驚異的東西，就如一道新的光芒的出現，透過這種光就使被觀察的領域得到了擴展。

詮釋學經驗屬於這種情況，因爲它也是一種眞實經驗的事件。所說的東西裡總有某種明顯的東西，而這種東西卻無須在每一細節上加以確保、判斷和決定，這種情況實際上在傳承物對我們說些什麼的任何地方都適合。傳承物透過被理解而肯定自身的眞理，並且變動了先前一直包圍著我們的視域。這在我們所指出的意義上就是一種眞正的經驗。美的事件和詮釋學過程這兩者都以人類存在的有限性作爲基本前提。我們完全可以問，美對於無限的精神是否像對我們一樣得到體驗。無限精神是否可能看到一些和它眼前存在的整體美不同的東西？美的「顯露」似乎是人類有限經驗的專利。中世紀的思想也認識到相同的問題，即美在上帝中如何可能存在，因爲
[I 490] 上帝是唯一的而並不是眾多的。只有庫薩的尼古拉關於上帝眾多之困難性理論才表現了一種令人滿意的解決（參見本書〔第 452 頁〕所引的他的著作《美的對話錄》）。從這種理論看來以下的觀點似乎是正確的，即正如在黑格爾的無限知識哲學裡那樣，藝術乃是在概念和哲學中被揚棄的表象形式。同樣，詮釋學經驗的普遍性基本上也不接近於一種無限的精神，因爲這種無限的精神把一切意義、一切 noēton（所思想的東西）都從自身展現出來，並在對它自身的完全自我觀照中思考一切可思考的對象。亞里斯多德的上帝（以及黑格爾的精神）超越了作爲有限存在之運動的「哲學」。柏拉圖則

說，諸神都不作哲學思考。[63]

我們之所以能夠不顧希臘的邏各斯哲學只是相當片面地揭示詮釋學經驗的土壤即語言中心而不斷地援引柏拉圖，這顯然得歸功於柏拉圖美學理論的這種另外方面，這個方面在亞里斯多德—士林哲學的形上學歷史中就像暗流一樣存在著，並在有的時候，例如：在新柏拉圖主義和基督教的神祕主義以及神學的和哲學的唯靈主義中還得以明確的表現。在這種柏拉圖主義的傳統中，爲人類存在有限性思想所需要的概念詞彙被構成了。[64]在柏拉圖的美學理論和普遍詮釋學觀點之間存在的親緣關係也證明了這種柏拉圖傳統的持續性。

2. 如果我們從存在就是**語言**，亦即**自我表現**——這是詮釋學的存在經驗向我們揭示的——這種基本的本體論觀點出發，那麼由此產生的就不僅是美的自成事件性（Ereignischarakter）和一切理解的事件結構。正如美的存在方式被證明是一種普遍存在狀況的標誌，從隸屬的**真理概念**中也能表現出一種同樣的東西。我們在此也能從形上學的傳統出發，但我們在此也必須問，這種傳統對於詮釋學經驗有何種適用之處。按傳統的形上學，存在物的眞（Wahrsein）屬於它的先驗規定，而且和善（Gutsein）具有最緊密的連繫〔而在善上又同時顯現美（Schönsein）〕。所以我們想到了多瑪斯的說法，按他的說法，美是在同認識的關聯中，善是在和欲求的關聯中得到規定的[65]。美就是這樣的東西，即在任何人對美 [I 491]
的注視中卻出現了對安靜的要求：cuius ipsa apprehensio placet（領會本身自我滿足）。美不僅越過善而且也給認識能力補充了一種秩

63 《會飲篇》，204a1。

64 參見《夏爾特學派（Chartres）對庫薩的尼古拉的意義》。〔這種意義首先是由R. 克里班斯基所強調。參見J. 柯赫編的《論推測藝術》，科隆，1956年。〕

65 多瑪斯·阿奎那：《神學大全》，第1部，問題4、5以及其他地方。

序：addit supra bonum quemdam ordinem ad vim cognoscitivam（美越過善給認識力補充秩序）。美的「顯露」在這裡就像照耀著有形物的光一樣出現：Lux splendens supra formatum（照耀有形物之光）。

我們試圖透過再一次援引柏拉圖把這種說法從它與形上學的形式學說（Forma-Lehre）的連繫中解放出來。柏拉圖首先在美之中把 alētheia（顯露、澄明或眞理）證明爲它的本質因素，他這樣做的意思很明顯：美作爲善在其中得以表現的方式是在它的存在中使自身顯現的，即表現自身的。這樣表現自身的東西因爲是表現自身，所以是不能同自身相區別的。它不是對自身來說是一物，而對他者來說是另一物。它也不是透過他物而存在的東西。美並不是從外界照射並傾注在某種形態上的光輝。毋寧說，形態的存在狀況本身正在於這樣地閃光，這樣地表現自身。由此引出的結論是，鑑於美，美之物就必須在本體論上總被理解爲「圖像」（Bild）。至於它是「自身」抑或它的摹本，那是沒有區別的。正如我們所見，美的形上學標誌就在於，它彌補了理念和表現之間的裂縫。很顯然，正是「理念」（亦即它屬於一種存在秩序）把自己提升爲某種不管怎樣表現而自身始終是固定的東西。但同樣確實的是，美是自己出現的。正如我們所看到的，這絕不意味著對理念學說的反對，而是理念學說問題的集中範例。凡在柏拉圖呼喚美的證據的地方，他都無須堅持「自身」和摹本之間的對立。正是美本身既設定了這種對立又使這種對立得到揚棄。

對柏拉圖的回溯使眞理問題再次得到彰明。我們在對藝術品進行分析時曾試圖證明，自我表現應該被認爲是藝術品的眞實存在。爲此目的我們提出了遊戲概念，這種遊戲概念又使我們進入了一般的連繫。因爲我們在遊戲概念中發現，在遊戲中表現自身的東西的眞理並非超越對遊戲事件的參與而被「相信」或「不相信」。[66]

這在美學領域中對我們是不言而喻的。如果某個詩人被人尊敬爲先知，那麼這並不是說人們在他的詩中眞的發現了一種預言，例如：在賀德林關於諸神回鄉的詩歌中。恰好相反，詩人之所以是先 [I 492]
知，乃是因爲他表達了曾經存在、正在存在和將要存在的事物，由此，他所宣告的東西自身就得到了證明。確實，詩歌的陳述就像預言一樣本身具有某種含糊性。但正是在這種含糊性中存在著它們的詮釋學眞理。誰在其中看到一種缺乏生存性嚴肅的審美學上的不受約束性，那他就顯然沒有認識到，人類的有限性對於詮釋學世界經驗具有何等根本的意義。預言所具有的含糊性並不是它的弱點，恰好是它的力量所在。如果有人想要以此證明賀德林或里爾克是否眞的相信他們的上帝或天使，那這種研究肯定也是徒然的。[67]

康德把審美的愉悅基本地規定爲無功利的愉悅，其意義並非只是消極的，即趣味的對象既不能當作有用物也不能作爲善的東西被人追求，實際上，它也有積極的含意，即「此在」對於愉悅的審美內涵，亦即「純直觀」（der reine Anblick）並不能附加任何東西，因爲審美的存在乃是自我表現的。唯有從道德立場出發才會對美的此在產生一種功利感，例如：對夜鶯的鳴唱的興趣，按照康德的說法，夜鶯的騙人模仿乃是一種道德上的侮辱。從這種美學存在觀出發是否眞會得出以下結論，即這裡不能夠尋找眞理，因爲這裡不存在認識問題，這種結論還是有問題的。我們在對審美特性的分析中曾經指出了認識概念的侷限性，它限制了康德的研究，並從對藝術

66 參見本書第 109 頁以下。

67 參見本書第 376 頁引證的與 R. 瓜爾迪尼關於里爾克的爭論。〔也可參見我關於 R. M. 里爾克的論文，載《詩學——選文集》，法蘭克福，1977 年，第 77-102 頁；現收入我的著作集，第 9 卷。〕

眞理的探究出發找到了通向詮釋學的道路，在詮釋學中藝術和歷史對我們來說是連繫在一起的。

如果我們把理解過程僅僅當作對它正文的「眞理」是無所謂的一種語文學意識的內在努力，那麼這相對於詮釋學現象就表現爲一種不正確的限制。從另一方面看顯然也很清楚，對正文的理解並不是從一種占壓倒優勢的實際知識立場出發事先決定眞理問題，或在理解過程中只是把自己占壓倒優勢的實際知識灌輸到理解中去。相反，詮釋學經驗的全部尊榮——包括歷史對一般人類知識所具有的意義——對我們說來就在於：詮釋學並不是把要解釋的東西簡單地歸置到我們熟識的東西之中，相反，我們在傳承物中所遇到的東西
[I 493] 卻向我們訴說著某些東西。顯然，理解的滿足並不在於對一切所寫的東西達到一種技藝精湛的「理解」。理解毋寧是眞實的經驗，亦即同作爲眞理而發生作用的東西的照面（Begegnung）。

出於我們業已討論過的原因，這種照面本身是在語言的解釋過程中進行，並由此而證明語言現象和理解現象是存在和認識的普遍模式，這就使在理解中起作用的眞理的意義得到更詳細的規定。我們把表達事物的語詞本身認作一種思辨的事件。眞理就存在於用語詞所講出的話中，而不是存在於封閉在主觀部分軟弱無能之處的意見之中。我們認識到，對某人所說東西進行理解並不是一種猜出說話者內心生活的設身處地活動（Einfühlungsleistung）。顯然在一切理解中，所說出的內容往往透過偶然的意義補充而獲得它的規定性。但這種由境況和連繫所獲得的規定（正是這種境況和連繫把一句話語補充到意義整體性之中，並使所講的話眞正講出來）並不適用於講話者，而是適用於被講出的內容。

與此相應，詩的陳述表明爲一種完全進入陳述和完全體現在陳述中的意義的特例。在詩歌中，來到表達（Zur-sprache kommen）就像進入秩序的關聯，透過這種關聯，所講內容的「眞理」就有了

支持並得到了確保。不僅是詩歌的陳述，而且一切表達都具有某種這樣的自身證明性質。「在詞語破碎處，無物存在。」正如我們所強調的，講話從來就不僅僅是把個別置於一般概念之中。在使用語詞的時候，可見的所與物並不是作爲某個一般概念的特殊情況而出現，而是自身表現在所說出的內容中——正如美的理念就存在於美的東西之中。

在這種情況下什麼叫眞理，最好還是從**遊戲**概念出發作出規定：我們在理解中所遇到的事物如何使其重點發揮出來，這本身就是一種語言過程，或者說是圍繞著所意指內容而用語詞進行的一場遊戲。所以正是**語言的遊戲**使我們在其中作爲學習者——我們何時不是個學習者呢？——而達到對世界的理解。讓我們在此回想一下我們關於遊戲本質的基本觀點，按照這種觀點，遊戲者的行爲不能被理解爲一種主觀性的行爲，因爲遊戲就是進行遊戲的東西，它把遊戲者納入自身之中並從而使自己成爲遊戲活動的眞正**主體** [I 494]（Subjectum）。[68]與此相應，我們在此並不說用語言進行的遊戲或用向我們訴說的世界經驗或傳統的內容進行的遊戲，相反，我們說的是語言遊戲本身，這種遊戲向我們訴說、建議、沉默、詢問，並在回答中使自身得到完成。

理解是一種遊戲，但這並不是說理解者遊戲般地保持著自己，並對向他提出的要求隱瞞了自己的意見。能夠自己隱瞞的這種自我保持的自由在這裡是根本不存在的，這只有透過遊戲概念在理解中的運用才能講出。誰進行理解，誰就總是已經進入了一種事件，透過這種事件有意義的東西表現了出來。所以這就很好地證明了詮釋學現象所使用的遊戲概念恰如美的經驗所用的遊戲概念一樣。當我

68 參見本書第 107 頁以下，以及 E. 芬克的《作為世界象徵的遊戲》（1960 年）和我的介紹，載《哲學評論》，第 9 卷，第 1-8 頁。

們理解某一正文的時候，正文中的意義對我們的吸引恰如美對我們的吸引一樣。在我們能夠清醒過來並檢驗正文向我們提出的意義要求之前，正文的意義就已經自己在發揮作用，並自身就已經有一種吸引作用。我們在美的經驗以及理解傳承物的意義時所遭遇的事情確實具有某種遊戲的眞理。作爲理解者，我們進入了一種眞理的事件，如果我們想知道我們究竟該相信什麼，那麼我們簡直可以說到達得太晚。

因此，絕不可能存在擺脫一切前見的理解，儘管我們的認識意願必然總是力圖避開我們前見的軌跡。我們的整個研究表明，由運用科學方法所提供的確實性並不足以保證眞理。這一點特別適用於精神科學，但這並不意味著精神科學的科學性的降低，而是相反地證明了對特定的人類意義之要求的合法性，這種要求正是精神科學自古以來就提出的。在精神科學的認識中，認識者的自我存在也一起在發揮作用，雖然這確實標誌了「方法」的侷限，但並不表明科學的侷限。凡由方法的工具所不能做到的，必然而且確實能夠透過一種提問和研究的學科來達到，而這門學科能夠確保獲得眞理。

版本

Bibliographische Nachweise

《真理與方法——哲學詮釋學的基本特徵》

Wahrheit und Methode・Grundzüge einer philosophischen Hermeneutik

1. Erstdruck Tübingen J. C. B. Mohr (Paul Siebeck) 1960, XVII, 486 S.
   Exkurse S. 466-476, jetzt in Ges. Werke Bd. 2, (26)S. 375ff.
   Register S. 477-486, jetzt in Ges. Werke Bd. 2, S. 513ff.
2. erweiterte Auflage Tübingen 1965, XXVII, 512S.
   Vorwort zur 2. Aufl, S. XVI-XXVI, jetzt in Ges. Werke Bd. 2, (29) S. 437ff.
3. erweiterte Auflage Tübingen 1972, XXXI, 553S.
   Nachwort zur 3. Aufl. S. 513-541, jetzt in Ges. Werke Bd. 2, (30)S. 449ff.
4. unveränderte Auflage Tübingen 1978.
5. durchgesehene und erweiterte Auflage Tübingen 1986, XII, 495S.
   Vorwort [zur 5. Auflage] S. V.
6. durchgesehene Auflage Tübingen 1990, XII, 495 S.

經典名著文庫 167

詮釋學 I：眞理與方法

哲學詮釋學的基本特徵

Hermeneutik I: Wahrheit Und Methode:
Grundzuge Einer Philosophischen Hermeneutik

作　　者 —— 〔德〕高達美（Hans-Georg Gadamer）
譯　　者 —— 洪漢鼎
發 行 人 —— 楊榮川
總 經 理 —— 楊士清
總 編 輯 —— 楊秀麗
文庫策劃 —— 楊榮川
本書主編 —— 蘇美嬌
封面設計 —— 姚孝慈
著者繪像 —— 莊河源
出 版 者 —— 五南圖書出版股份有限公司
地　址 —— 台北市大安區 106 和平東路二段 339 號 4 樓
電　話 —— 02-27055066（代表號）
傳　眞 —— 02-27066100
劃撥帳號 —— 01068953
戶　名 —— 五南圖書出版股份有限公司
網　址 —— https://www.wunan.com.tw
電子郵件 —— wunan@wunan.com.tw
法律顧問 —— 林勝安律師
出版日期 —— 2023 年 3 月初版一刷
定　　價 —— 650 元

國家圖書館出版品預行編目資料

詮釋學 I 真理與方法 / 高達美 (Hans-Georg Gadamer) 著；洪漢鼎譯 . -- 初版 -- 臺北市：五南圖書出版股份有限公司，2023.03
面；公分
譯自：Hermeneutik: Wahrheit und Methode.
ISBN 978-626-343-151-5(第 1 冊：平裝). --
ISBN 978-626-343-152-2(第 2 冊：平裝)

1.CST: 詮釋學

143.89　　111012079